Rechtsbehelfe des Käufers im Warenkaufrecht

Frankfurter wirtschaftsrechtliche Studien

Herausgegeben von
Theodor Baums, Andreas Cahn, Friedrich Kübler,
Hans-Joachim Mertens, Eckard Rehbinder
und Gunther Teubner

Band 69

PETER LANG
Frankfurt am Main · Berlin · Bern · Bruxelles · New York · Oxford · Wien

Maia Tacheva

Rechtsbehelfe des Käufers im Warenkaufrecht

Eine rechtsvergleichende Untersuchung
des Übereinkommens der Vereinten Nationen
über Verträge über den internationalen
Warenkauf (CISG), des englischen
Sale of Goods Act, des bulgarischen Kaufrechts
und des deutschen Kaufrechts vor und nach
dem Schuldrechtsmodernisierungsgesetz

PETER LANG
Europäischer Verlag der Wissenschaften

Bibliografische Information Der Deutschen Bibliothek
Die Deutsche Bibliothek verzeichnet diese Publikation in der Deutschen Nationalbibliografie; detaillierte bibliografische Daten sind im Internet über <http://dnb.ddb.de> abrufbar.

Zugl.: Frankfurt (Main), Univ., Diss., 2004

D 30
ISSN 0723-0427
ISBN 3-631-53738-7

www.peterlang.de

Meinem Vater in memoriam
Meiner Mutter in Liebe und Dankbarkeit

Vorwort

Der Fachbereich Rechtswissenschaften der Johann Wolfgang Goethe-Universität Frankfurt am Main hat diese Arbeit im Wintersemester 2004/2005 als Dissertation angenommen.

Es ist mir bewußt, daß ohne die großzügige Unterstützung von vielen Seiten diese Arbeit nicht in der vorliegenden Form hätte zustande kommen können.

Mein besonderer Dank gehört meinem verehrten Doktorvater Herrn Prof. Dr. Dr. h.c. Theodor Baums für die verständnisvolle und großzügige Unterstützung während der Erstellung dieser von ihm angeregten Untersuchung.

Prof. Dr. Rehbinder danke ich für die zügige Erstellung des Zweitgutachtens. Ferner danke ich den Herausgebern der Frankfurter wirtschaftsrechtlichen Studien für die Aufnahme meiner Arbeit in diese Reihe.

Frau Hannelore Welters, Herrn André Welters und all meinen Freunden, die bei der Korrektur und Redaktion involviert waren, danke ich für die Unstützung und die hilfreichen Anmerkungen.

Besonderer Dank gebührt meinen Eltern, die stets an mich geglaubt haben und mich in jeglicher Hinsicht unterstützt haben. Mehr als Dank schulde ich ausdrücklich meiner Mutter, die mir stets aufopferungsvoll behilflich gewesen ist und insbesondere nach dem Tod meines Vaters die Kraft und Stärke gefunden hat an das Leben zu glauben. Ihr ist diese Arbeit gewidmet.

München, im Februar 2005

Inhaltsverzeichnis

Literaturverzeichnis

I. Deutschsprachige Literatur:

Ady, Johannes — Die Schadensersatzreform 2002, ZGS 2002, S. 237ff.

Aicher, Josef — Leistungsstörungen aus der Verkäufersphäre. Ein Beitrag zur wesentlichen Vertragsverletzungen und zur aliud-Lieferung im UN-Kaufrechtsübereinkommen, in: Hoyer/Posch, Das Einheitliche Wiener Kaufrecht, S. 111 ff.

Altmeppen, Holger — Schadensersatz wegen Pflichtverletzung – Ein Beispiel für die Überhastung der Schuldrechtsreform, DB 2001, S. 1131ff.

Ders. — Nochmals: Schadensersatz wegen Pflichtverletzung, anfängliche Unmöglichkeit und Aufwendungsersatz im Entwurf eines Schuldrechtsmodernisierungsgesetzes (Replik auf Canaris, DB 2001, 1815), DB 2001, 1821ff.

Ders. — Untaugliche Regeln zum Vertrauensschaden und Erfüllungsinteresse im Schuldrechts-modernisierungsentwurf, DB 2001, 1399ff.

Anders, Holm — Zur Reform des Kaufrechts, ZRP 2000, 293ff.

Ders. — Der zentrale Haftungsgrund der Pflichtverletzung im Leistungsstörungsrecht des Entwurfs für ein Schuldrechtsmodernisierungsgesetz, ZIP 2001, 184ff.

Asam, Herbert — UN-Kaufrechtsübereinkommen in deutsch-italienischen Rechtsverkehr, Anmerkung zu LG Stuttgart vom 31. 08. 1989, RIW 1989, 942 ff.

Aue, Joachim — Mängelgewährleistung im UN-Kaufrechts unter besonderer Berücksichtigung stillschweigender Zusicherungen, Univ. Diss. Heidelberg 1988, Frankfurt am Main, Bern, New York, Paris 1989

Ballerstedt, Kurt — Zur Lehre vom Gattungskauf, in: Festschrift für Nipperdey zum 60. Geburtstag, S. 261ff., München, Berlin 1955

Bamberger, Heinz Georg; Roth, Herbert (Hrsg.) Kommentar zum Bürgerlichen Gesetzbuch Bd. 3 §§ 1297-2385, EGBGB, CISG, München 2003

Bardo, Ulrike Die „abstrakte" Schadensberechnung des Schadensersatz wegen Nichterfüllung beim Kaufvertrag, Berlin, 1989

Bartels, Hans-Joachim; Motomura, Hirishi Haftungsprinzip, Haftungsbefreiung und Vertragsbeendigung beim internationalen Kauf, RabelsZ 43 (1979), 649 ff.

Basedow, Jürgen Die Reform des deutschen Kaufrechts, Bundesanzeiger Köln 1988

Beinert, Dieter Wesentliche Vertragsverletzung und Rücktritt, Bielefeld 1979

Bianca, Massimo Wesentliche Vertragsverletzung im italienischen und internationale Kaufrecht, Vorträge, Reden und Berichte aus dem Europa-Institut der Universität des Saarlandes Nr. 176

Bitter, Georg; Meidt, Eva Nacherfüllungsrecht und Nacherfüllungspflicht des Verkäufers im neuen Schuldrecht, ZIP 2001, 2114ff.

Boerner, Dietmar Kaufrechtliche Sachmängelhaftung und Schuldrechtsreform, ZIP 2001, 2264ff.

Botzenhardt, Bertrand Die Auslegung des Begriffs der wesentlichen Vertragsverletzung im UN-Kaufrecht, Univ. Diss. Augsburg 1997, Frankfurt/ Main, Berlin, Bern, New York, Paris, Wien 1998

Brox, Hans Allgemeines Schuldrecht, 26. Aufl. München 1999
Besonderes Schuldrecht, 23. Aufl. München 1998

Brüggemeier, Gert; Reich, Norbert Europäisierung des BGB durch große Schuldrechtsreform?, BB 2001, 213ff.

Bundesministerium der Justiz (Hrsg.) Gutachten und Vorschläge zur Überarbeitung des Schuldrechts, Köln 1983

Caemmerer, Ernst von Probleme des Haager einheitlichen Kaufrechts, AcP 178 (1978) S. 121ff.

Canaris, Claus-Wilhelm	Das allgemeine Leistungsstörungsrecht im Schuldrechtsmodernisierungsgesetz, ZRP 2001, 329ff.
Ders.	Schadensersatz wegen Pflichtverletzung, anfängliche Unmöglichkeit und Aufwendungsersatz im Entwurf eines Schuldrechtsmodernisierungsgesetzes, DB 2001, 1815ff.
Ders.	Die Reform des Rechts der Leistungsstörungen, JZ 2001, 499ff.
Däubler, Wolfgang	Die Reform des Schadensersatzrechts, JuS 2002, 625ff.
Däubler-Gmelin, Herta	Die Entscheidung für die so genante Große Lösung bei der Schuldrechtsreform, NJW 2001, 2281ff.
Dauner-Lieb, Barbara; Arnold, Arnd	Noch einmal: Die Falschlieferung beim Stückkauf, JuS 2002, S. 1175f.
Dauner-Lieb, Barbara	Die geplante Schuldrechtsmodernisierung,JZ 2001,8ff
Dauner-Lieb, Barbara; Thiessen, Jan	Garantiebeschränkungen in Unternehmenskaufverträgen nach der Schuldrechtsreform, ZIP 2002, S. 108ff.
Dauner-Lieb, Barbara	Stellungnahme zum Entwurf eines Gesetzes zur Modernisierung des Schuldrechts, Anhörung vor dem Rechtsauschluß des Deutschen Bundestages www.uni-koeln.de/jur-fak/lbrah/index_schuldrecht.htm
Dauner-Lieb, Barbara; Arnold, Arnd; Dötsch, Wolfgang; Kitz, Volker	Anmerkungen und Fragen zur konsolidierten Fassung des Diskussionsentwurfs eines Schuldrechtsmodernisierungsgesetzes www.uni-koeln.de/jur-fak/lbrah/index_schuldrecht.htm
Dauner-Lieb/Heidel/Lepa/Ring (Hrsg.)	Schuldrecht – Erläuterungen der Neuregelungen zum Verjährungsrecht, Schuldrecht, Schadensersatzrecht und Mietrecht - Anwaltskommentar-, Bonn 2002
Dauner-Lieb/Heidel/Lepa/Ring (Hrsg.)	Das neue Schuldrecht – Ein Lehrbuch, Heidelberg 2002
Derleder, Peter; Abramjuk, Ruth	Qualitätsschutz und Verstrickungsschutz - Der Schadensbegriff und das Modell der Schadensberechnung beim Kauf mangelhafter Sachen gem. § 463 BGB, AcP 190 (1990), 624 ff.

Diederichsen, Uwe Der Schuldnerverzug („mora debitoris"), JuS 1985, S. 825ff.

Doralt, Peter (Hrsg.) Das UNCITRAL - Kaufrecht im Vergleich zum österreichischen Recht, Wien 1985

Dötsch, Wolfgang Neues Leistungsstörungsrecht - Noch einmal: Burra, ZGS 2002, S. 160ff.

Eichenhofer, Eberhard Haftung des Schuldners für anfängliches Unvermögen, JuS 1989, 778ff.

Emmerich, Volker Das Recht der Leistungsstörungen, 4. Aufl. München 1997

Enderlein, Fritz; Maskow, Dietrich; Strohbach, Heinz Internationales Kaufrecht: Kaufrechtskonvention, Verjährungskonvention, Vertretungskonvention, Rechtsanwendungskonvention, 1. Aufl. Berlin 1991

Enneccerus, Ludwig; Lehmann, Heinrich Lehrbuch des bürgerlichen Rechts, Bd. II Recht der Schuldverhältnisse, Tübingen 1958

Erman, Walter Zu den Rechten des Stückkäufers aus Mängeln der Sache, JZ 1960, S. 41ff.

Ernst, Wolfgang; Zimmermann, Reinhard (Hrsg.) Zivilrechtswissenschaft und Schuldrechtsreform, Tübingen, 2001

Ernst, Wolfgang; Gsell, Beate Kritisches zur Stand der Schuldrechtsmodernisierung, ZIP 2001, S. 1389ff.

Ernst, Wolfgang; Gsell, Beate Kaufrechtsrichtlinie und BGB - Gesetzentwurf für eine „kleine" Lösung bei der Umsetzung des EU-Kaufrechtsrichtlinie -, ZIP 2000, 1410ff

Ernst, Wolfgang; Gsell, Beate Nochmals für die „kleine Lösung", ZIP 2000, 1812ff.

Escher, Alfred UN-Kaufrecht: Stillschweigender Verzicht auf Einwand einer verspäteten Mängelrüge?, Zugleich Anmerkung zum Urteil des OLG Frankfurt a.M. RIW 1994, 240f., RIW 1999, S. 49 ff.

Esser, Josef; Schmidt, Eike Schuldrecht , Band I Allgemeiner Teil, 6. Auflage Heidelberg 1984

Esser, Josef ; Weyers, Hans-Leo — Schuldrecht, Band II Besonderer Teil, 6. Aufl. Heidelberg 1984

Faust, Florian — Garantie und Haftungsbeschränkung in § 444 BGB, ZGS 2002, S. 271ff.

Feuerstein, Peter Hermann — Die Repudiation im englischen Vertragsrecht, Marburg 1977

Fikentscher, Wolfgang — Schuldrecht, 9. Aufl. Berlin 1997

Flume, Werner — Eigenschaftsirrtum und Kauf, Regensburg, Münster 1948

ders. — Allgemeiner Teil des Bürgerlichen Rechts, Bd. II Das Rechtsgeschäft, Berlin, Heidelberg, New York 1965

Fox, Thomas — Das Wiener Kaufrechtsübereinkommen: ein Vergleich zum italienischen und deutschen Recht, Univ. Diss. München, München 1994

Gaier, Reinhard — Die Minderungsberechnung im Schuldrechtsmodernisierungsgesetz, ZRP 2001, 336 ff.

Gernhuber, Joachim — Die Erfüllung und ihre Surrogate sowie das Erlöschen der Schuldverhältnisse aus anderen Gründen, 2. Aufl. - Tübingen, 1994

Göritz, Andreas — Zur wesentlichen Vertragsverletzung beim Warenkauf -Wechselbeziehungen zwischen dem nordischen und dem internationalen Recht - Vorträge, Reden und Berichte aus dem Europa-Institut der Universität des Saarlandes Nr. 149

Grimm, Detlef; Böker, Arndt — Die arbeits- und sozialversicherungsrechtliche Due Diligence, NZA 2002, S.193ff.

Gronstedt, Sebastian; Jörgens, Stefan — Die Gewährleistungshaftung bei Unternehmensverkäufen nach dem neuen Schuldrecht, ZIP 2002, S. 52ff.

Gruber, Urs Peter — Die Nacherfüllung als zentraler Rechtsbehelf im neunen deutschen Kaufrecht – eine methodische und vergleichende Betrachtung zur Auslegung, in: Jahrbuch Junger Zivilrechtswissenschaftler 2001, S. 187ff.

Grundmann, Stefan; Bianca, Cesare Massimo (Hrsg.) EU – Kaufrechts – Richtlinie, Kommentar, Köln 2002

Grundmann, Stefan; Medicus, Dieter; Rolland, Walter (Hrsg.) Europäisches Kaufgewährleistungsrecht. Reform und Internationalisierung des deutschen Schuldrechts, Köln, Berlin, Bonn, München 2000

Gsell, Beate Kaufrechtsrichtlinie und Schuldrechtsmodernisierung, JZ 2001, 65-75

ders. Schadensersatz statt der Leistung nach dem neuen Schuldrecht, in: Jahrbuch Junger Zivilwissenschaftler 2001, S. 105ff.

Gudian, Gunter Die Haftung für anfängliches Unvermögen, NJW 1971, 1239ff.

Haas, Lothar Entwurf eines Schuldrechtsmodernisierungsgesetzes: Kauf- und Werkvertrag, BB 2001, 1313ff.

Haas, Lother; Medicus, Dieter; Rolland, Walter; Schäfer, Carsten; Wendtland, Holger Das neue Schuldrecht, München 2002

Heinrichs, Helmut EG- Richtlinie zur Bekämpfung von Zahlungsverzug im Geschäftsverkehr und Reform des Verzugsrechts nach dem Entwurf eines Schuldrechtsmodernisierungsgesetzes, BB 2001, 157ff.

Helms, Tobias; Neumann, Daniela; Caspers, Georg Das neue Schuldrecht. Freiburger Tagung 5. bis 8. September 2001, Jahrbuch Junger Zivilrechtswissenschaftler 2001, Stuttgart u.a. 2001

Helms, Tobias; Neumann, Daniela; Caspers, Georg; Sailer, Rita; Schmidt-Kessel, Martin Jahrbuch Junger Zivilwissenschaftler 2001. Das neue Schuldrecht. Freiburger Tagung, 5.-8. September 2001, Stuttgart, 2001

Herber, Rolf; Czerwenka, Beate Internationales Kaufrecht: Kommentar zu dem Übereinkommen der Vereinten Nationen vom 11. April 1980 über Verträge über den internationalen Warenkauf, München 1991

Hermanns, Marc	Garantien beim Unternehmens- und Anteilskaufvertrag – Gestaltungsmöglichkeiten und Formulierungsvorschläge, ZIP 2002, 696ff.
Hoeren, Thomas; Martinek, Michael (Hrsg.)	Systematischer Kommentar zum Kaufrecht, Recklinghausen 2002
Holthausen, Rüdiger	Zur wesentlichen Vertragsverletzung des Verkäufers nach UN-Kaufrecht, RIW 1990, 101 ff.
Honsell, Heinrich	Die EU-Richtlinie über den Verbrauchergüterkauf und ihre Umsetzung ins BGB, JZ 2001, 278ff.
Hoyer, Hans; Posch, Willibald (Hrsg.)	Das Einheitliche Wiener Kaufrecht: neues Recht für den internationalen Warenkauf, Wien 1992
Huber, Peter; Faust, Florian	Schuldrechtsmodernisierung. Einführung in das neue Recht, München 2002
Huber, Peter	Der Nacherfüllungsanspruch im neuen Kaufrecht, NJW 2002, 1004ff.
Huber, Ulrich	Die Haftung des Verkäufers nach dem Kaufrechtsübereinkommen der Vereinten Nationen und nach deutschem Recht, Berlin, New York 1991
ders.	Die Rechtsbehelfe der Parteien, insbesondere der Erfüllungsanspruch, die Vertragsaufhebung und ihre Folgen nach UN-Kaufrecht im Vergleich zu EKG und BGB, in: Schechtriem, Einheitliches Kaufrecht, S. 199 ff.
ders.	Das geplante Recht der Leistungsstörungen, in: Ernst/Zimmermann, S. 31ff.
ders.	Die Unmöglichkeit der Leistung im Diskussionsentwurf eines Schuldrechtmodernisierungsgesetzes, ZIP 2000, 2137ff.
ders.	Die Pflichtverletzung als Grundtatbestand der Leistungsstörung im Diskussionsentwurf eines Schuldrechtmodernisierungsgesetzes, ZIP 2000, 2273ff.
ders.	Die vorsätzliche Beseitigung der mangelhaften Sache durch den Käufer, ZIP 1993, S. 896ff.

ders. Leistungsstörungen, Band I und II, Tübingen 1999

Hutter, Max Die Haftung des Verkäufers für Nichterfüllung bzw. Lieferung vertragswidriger Ware nach dem Wiener UNCITRAL -Übereinkommen über internationale Warenkaufverträge vom 11. April 1980, Univ. Diss. Regensburg, Kempten/ Allgäu 1989

Jahr, Günther Die Einrede des bürgerlichen Rechts, JZ 1964, S. 293ff.

Jansen, Nils Gewährleistung trotz Annahmeverzug und Untergang der Kaufsache, ZIP 2002, 877ff.

Jaques, Henning Haftung des Verkäufers für arglistiges Verhalten bei Unernehmenskauf- zugleich eine Stellungnahme zu § 444 BGB n.F.,BB 2002, 417, 418

Jauering, Othmar (Hrsg.) Bürgerliches Gesetzbuch Mit Gesetz zur Regelung des Rechts der Allgemeinen Geschäftsbedingungen, 9. Aufl. München 1999

Jud, Britta Rangordnung der Gewährleistungsbehelfe. Verbrauchgüterkaufrichtlinie, deutsches, österreichisches und UN-Kaufrecht im Vergleich, in: Jahrbuch Junger Zivilwissenschaftler 2001, S. 205ff.

Kaiser, Dagmar Rückkehr zur strengen Differenzmethode bei Schadensersatz wegen Nichterfüllung?, NJW 2001, 2425ff.

Kappus, Andreas Rechtsvergleichende Aspekte zur Vertragsaufhebung wegen Sachmangel nach UN-Kaufrecht, RIW 1992, 528 ff.

Karollus, Martin UN-Kaufrecht: eine systematische Darstellung für Studium und Praxis, Wien, New York 1991

ders. UN-Kaufrecht: Vertragsaufhebung und Nacherfüllungsrecht bei Lieferung mangelhafter Ware, ZIP 1993, 490 ff.

Keil, Andreas Die Haftungsbefreiung des Schuldners im UN-Kaufrecht im Vergleich mit dem deutschen und US-amerikanischen Recht, Bern, Frankfurt a.M., New York, Paris, Wien 1993

Kern, Christoph	Ein einheitliches Zurückbehaltungsrecht im UN-Kaufrecht?, ZEuP 2000, S. 837 ff.
Kircher, Wolfgang	Die Voraussetzungen der Sachmängelhaftung beim Warenkauf: Eine rechtsvergleichende Darstellung des deutschen und englischen Rechts unter Berücksichtigung des UN- Kaufrechts und aktueller Reformbestrebungen, Univ. Diss. Passau 1998, Tübingen 1998
Knütel, Rolf	Zur Schuldrechtsreform, NJW 2001, 2519 ff.
Koch, Robert	Zur Bestimmung des Begriffs der wesentlichen Vertragsverletzung im UN-Kaufrecht im Falle der Lieferung nicht vertragsgemäßer Ware. Zugleich Anmerkung zum Urteil des OLG Frankfurt a.M. RIW 1994, 240f., RIW 1995, 98 ff.
Kohler, Jürgen	Das Rücktrittsrecht in der Reform, JZ 2001, 325ff.
Kranz, Norbert	Die Schadensersatzpflicht nach den Haager Einheitliche Kaufgesetzen und dem Wiener UN-Kaufrecht, Bern, Frankfurt a.M., New York, Paris, Wien 1989
Lange, Hermann; Schiemann, Gottfried	Schadensersatz, 3. Aufl. Tübingen 2003
Larenz, Karl	Lehrbuch des Schuldrechts Band I Allgemeiner Teil, 14. Aufl. München 1987 Band II Halbband 1, Besonderer Teil, 13. Aufl. München 1986
Lautenbach, Boris R.	Die Haftungsbefreiung im internationalen Warenkauf nach dem UN-Kaufrecht und dem schweizerischen Kaufrecht, Diss. Universität Zürich 1990
Lehmann, Michael	Informationsverantwortung und Gewährleistung für Werbeangaben beim Verbrauchsgüterkauf, JZ 2000, 280-293
Leser, Hans	Vertragsaufhebung und Rückabwicklung unter dem UN-Kaufrecht, in: Schlechtriem, S. 225 ff.
Lettl, Tobias	Die Falschlieferung durch den Verkäufer nach der Schuldrechtsreform, JuS 2002, S. 866ff.
Loewe, Roland (Hrsg.)	Internationales Kaufrecht, Wien 1989

Lorenz, Stephan — Aliud, peius und indebitum im neuen Kaufrecht, JuS 2003, S. 36 ff.

ders. — Schadensersatz wegen Pflichtverletzung – ein Beispiel für die Überhastung der Kritik an der Schuldrechtsreform, JZ 2001, 742ff.

Magnus, Ulrich — Wesentliche Fragen des UN – Kaufrechts, ZEuP 1999, S. 642 ff.

Mattheus, Daniela — Schuldrechtsmodernisierung 2001/2002 – Die Neuordnung des allgemeinen Leistungsstörungsrechtes, JuS 2002, 209ff.

Maultzsch, Felix — Schuldrechtsmodernisierung 2001/2002. Der Regreß des Unternehmens beim Verbrauchsgüterkauf, JuS 2002, S. 1171ff.

Medicus, Dieter — Die Leistungsstörungen im neun Schuldrecht, JuS 2003, S. 521ff.

Medicus, Dieter — Geld muß man haben. Unvermögen und Schuldnerverzug bei Geldmangel, AcP 188 (1988), S. 489ff.

ders. — Schuldrecht I – Allgemeiner Teil, 10. Aufl. München 1998
Schuldrecht II – Besonderer Teil, 9. Aufl. München 1999

Müller, Klaus J. — Unternehmenskauf, Garantie und Schuldrechtsreform – ein Sturm im Wasserglas?, NJW 2002, S. 1026f.

Musger, Gottfried — Die wesentliche Vertragsverletzung - Probleme des Art. 25 WKR und Parallelen im österreichischen Recht. Vorträge, Reden und Berichte aus dem Europa-Institut der Universität des Saarlandes Nr. 168

Nachtigäller, Susanne — Erfüllungszwang im englischen Vertragsrecht, Münster 2000

Neumayer, Karl H. — Offene Fragen zur Anwendung des Abkommens der Vereinten Nationen über den internationalen Warenkauf, RIW 1994, 99 ff.

Niggemann, Friedrich	Die Pflichten des Verkäufers und die Rechtsbehelfe des Käufers, in: Hoyer/Posch, Das Einheitliche Wiener Kaufrecht, S. 77 ff.
Noussias, Konstantinos	Die Zugangsbedürftigkeit von Mitteilungen nach den Einheitlichen Haager Kaufgesetzen und nach dem UN-Kaufgesetz, Diss. Universität Freiburg i.Br. 1981, Heiderlberg 1982
Oertmann, Paul	Kommentar zum Bürgerlichen Gesetzbuch und seinen Nebengesetzen. 2. Buch - Recht der Schuldverhältnisse, 3. und. 4. Aufl. Berlin 1910
Otto, Dirk	Produkthaftung nach dem UN-Kaufrecht, MDR 1992, 533 ff.
Palandt; Otto	Bürgerliches Gesetzbuch. Kommentar, 61. Aufl. München 2002 63. Aufl. München 2004
Petev, Valentin	Sozialistisches Zivilrecht. Eine rechtsvergleichende Einführung unter Berücksichtigung der Rechte der Volksrepublik Bulgarien, der ČSSR, der DDR, der Volksrepublik Polen, der Rumänischen Sozialistischen Republik, der ungarischen Volksrepublik und der UdSSR, Berlin New York 1975
Pfeiffer, Thomas	Systematik im neue Leistungsstörungs- und Gewährleistungsrecht, ZGS 2002, 23ff.
Pick, Eckhard	Zum Stand der Schuldrechtsmodernisierung, ZIP 2001, 1173ff.
Piltz, Burghard	Internationales Kaufrecht. Das UN-Kaufrecht (Wiener Übereinkommen von 1980) in praxisorientierter Darstellung, München 1993
ders.	Neue Entwicklungen im UN-Kaufrecht, NJW 1994, 1101 ff.
ders.	Neue Entwicklungen im UN-Kaufrecht, NJW 1996, 2768ff.
ders.	Neue Entwicklungen im UN-Kaufrecht, NJW 2000, 553 ff.

Posch, Willibald Pflichten des Käufers, Rechtsbehelfe des Verkäufers, Gefahrübergang und Schadensersatz, in: Doralt, S. 153 ff.

Posch, Willibald; Kandut, Gabrielle Die allgemeinen Bestimmungen über den Warenkauf: Art. 25- 29, in: Hoyer/Posch, Das Einheitliche Wiener Kaufrecht, S. 59 ff.

Raape, Leo Sachmängelhaftung und Irrtum beim Kauf, AcP 150 (1949), S. 481 ff.

Rabel, Ernst Das Recht des Warenkaufs
Band 1 Berlin 1964
Band 2 Berlin, Tübingen 1967

Rauh, Theo Leistungserschwerungen im Schuldvertrag. Eine rechtsvergleichende Untersuchung des englischen, US- amerikanischen, französischen und deutschen Rechts unter besonderer Berücksichtigung der gerichtlichen Praxis, Univ. Diss. Trier 1992, Frankfurt/ Main, Berlin, Bern, New York, Paris, Wien 1992

Rebmann, Kurt (Hrsg.) Münchner Kommentar zum Bürgerlichen Gesetzbuch
Band II Schuldrecht Allgemeiner Teil §§ 241-432, 4. Aufl. München 2001
Band III Schuldrecht Besonderer Teil §§ 433-606, 3. Aufl. München 1995

Recker, Wilfried Schadensersatz statt der Leistung – oder. Mangelschaden und Mangelfolgeschaden, NJW 2002, 1247f.

Reinhart, Gert UN-Kaufrecht. Kommentar zum Übereinkommen der Vereinten Nationen vom 11. April 1980 über die Verträge über den internationalen Warenkauf, Heidelberg 1991

Reinicke, Dietrich; Tiedtke, Klaus Kaufrecht, 6. Aufl. Neuwied, Kriftel, Berlin 1997

Reischl, Klaus Grundfälle zum neuen Schuldrecht, JuS 2003 S. 40ff; 250ff.; 453ff.;667ff.

RGRK Das Bürgerliche Gesetzbuch mit besonderer Berücksichtigung der Rechtsprechung des Reichsgerichts und des Bundesgerichtshofes
Band II, 1 Teil §§ 241-413,

12. Auflage Berlin, New York 1976
Band II, 2. Teil §§ 414-610, 12. Aufl. Berlin, New York 1978

Rolland, Walter — Regelungsgehalte der Verschläge der Kommission zur Überarbeitung des Schuldrechts, in: Europäisches Kaufgewährleistungsrecht, S. 15

Rummel, Peter — Schadensersatz, höhere Gewalt und Fortfall der Geschäftsgrundlage, in: Hoyer/Posch, Das Einheitliche Wiener Kaufrecht, S. 177ff.

Ryffel, Gritli — Die Schadensersatzhaftung des Verkäufers nach dem Wiener Übereinkommen über internationale Warenkaufverträge vom 11. April 1980, Bern, Frankfurt a.M., New York, Paris, Wien 1992

Schackel, Torsten — Der Anspruch auf Ersatz des negativen Interesses bei Nichterfüllung von Verträgen, ZEuP 2001, 248 ff.

Schapp, Jan — Empfiehlt sich die „Pflichtverletzung" als Generaltatbestand des Leistungsstörungsrechts?,JZ 2001, 583ff.

Scheifele, Bernd — Die Rechtsbehelfe des Verkäufers nach deutschem und UN-Kaufrecht, Rheinfelden 1986

Schellhammer, Kurt — Schuldrecht nach Anspruchsgrundlagen, 4. Aufl. Heidelberg 2002

Schlechtriem, Peter — Internationales UN- Kaufrecht. Ein Studien- und Erläuterungsbuch zum Übereinkommen der Vereinten Nationen über Verträge über den internationalen Warenkauf (CISG), 2. Aufl. Tübingen 2003

ders. — Einheitliches UN-Kaufrecht. Das Übereinkommen der Vereinten Nationen über internationale Warenkaufverträge, Tübingen 1981

Schlechtriem, Peter (Hrsg.) — Einheitliches Kaufrecht und nationales Obligationenrecht. Referate und Diskussionen der Fachtagung Einheitliches Kaufrecht am 16./17.02.1987, Baden-Baden 1987

Schlechtriem, Peter (Hrsg.) — Kommentar zum Einheitlichen UN-Kaufrecht, 3. Aufl. München 2000

Schlegelberger, Franz (Berg.) Handelsgesetzbuch Kommentar, Band V §§ 373-382, 5. Auflage München 1982

Schmidt, Eike Die verpatzte Jubiläumsfeier, in: Festschrift für Gernhuber zum 70. Geburtstag, Tübingen 1993

Schmidt-Räntsch, Jürgen Der Entwurf eines Schuldrechtsmodernisierungsgesetzes, ZIP 200, 1640ff.

Schubel, Christian Schuldrechtmodernisierung 2001/2002 – Das neue Kaufrecht, JuS 2002, S. 313ff.

Schulte-Nölke, Hans; Behren, Michael Der unglückliche Autokauf, ZGS 2002, S. 256ff.

Schwab, Martin Das neue Schuldrecht im Überblick, JuS 2002, s. 1ff.

ders. Schuldrechtsmodernisierung 2001/2002- Die Rückabwicklung von Verträgen nach §§ 346ff. BGB n.F., JuS 2002, 630ff.

Soergel, Hans Theodor (Begr.) Bürgerliches Gesetzbuch - Kommentar
Band II Schuldrecht I §§ 241-432, 12. Auflage Stuttgart, Berlin, Köln, Stand Juli 1990
Band III Schuldrecht II §§ 433-515, 12. Auflage Stuttgart, Berlin, Köln, Stand Frühjahr 1991

Soergel, Hans Theodor (Begr.) Kommentar zum Bürgerlichen Gesetzbuch Bd. 13 Schuldrechtliche Nebengesetze 2; Übereinkommen der Vereinten Nationen über Verträge über den internationalen Warenkauf (CISG) 13. Aufl. Stuttgart, Berlin, Köln 2000

Stadie, Volker; Nietzer, Wolf M. CISG – UN-Kaufrecht in der Anwaltspraxis, MDR 2002, 428 ff.

Staub, Hermann (Berg.) Großkommentar Handelsgesetzbuch, 4. Aufl., 4. Lieferung §§ 377-382, Berlin New York 1983

Staudinger, Julius von (Begr.) Kommentar zum Bürgerlichen Gesetzbuch mit Einführungsgesetz und Nebengesetzen
13. Aufl. Berlin ab 1995
§§ 255 – 314 Bearbeitung 2001
§§ 315 – 327 Bearbeitung 2001
§§ 433 – 534 Bearbeitung 1995
Wiener UN- Kaufrecht Bearbeitung 1999

Steindorff, Ernst	Abstrakte und konkrete Schadensberechnung, AcP 158 (1959/60), S. 431ff.
Stoll, Hans	Zur Haftung bei Erfüllungverweigerung im Einheitlichen Kaufrecht, RabelsZ 52 (1988), S. 617 ff.
ders.	Inhalt und Grenzen der Schadensersatzpflicht sowie Befreiung von der Haftung im UN-Kaufrecht, im Vergleich zu EKG und BGB, in; Schlechtriem, S. 257ff.
ders.	Notizen zur Neuordnung des Rechts der Leistungsstörungen, JZ 2001, 589ff.
Treibel, Volker; Hölzle, Gerrit	Schuldrechtsreform und Unternehmenskäufe, BB 2002, 521ff.
Treibel, Volker/ Hodgson, Stephen/ Kellenter, Wolfgang/ Müller, Georg	Englisches Handels- und Wirtschaftsrecht,2. Aufl. Heidelberg 1995
von Caemmerer, Ernst	Die wesentliche Vertragsverletzung im international Einheitlichen Kaufrecht, in: FS Coing zum 70. Geburtstag, Bd. II, S. 33 ff., München 1982
von Hoffmann, Bernd	Gewährleistungsansprüche im UN-Kaufrecht - verglichen mit dem EKG und BGB, in: Schlechtriem, Einheitliches Kaufrecht, S. 293 ff.
von Sachsen Gessaphe, Karl August	Der Rückgriff des Letztverkäufers - neues europäisches und deutsches Kaufrecht, RIW 2001, S. 721ff.
von Westphalen, Fridrich Graf	„Garantien“ bei Lieferungen von Maschinen und Anlagen – Todesstoß für Haftungsbegrenzung durch §§ 444, 639 BGB?, ZIP 2002, S. 545ff.
von Westphalen, Fridrich Graf	Nach der Schuldrechtsreform: Neue Grenzen für Haftungsfeizeichnungs- und Haftungsbegrenzungsklauseln, BB 2002, S. 209ff.
Wagner, Gerhard	Die Verjährung gewährleitungsrechtlicher Rechtsbehelfe nach neuem Schuldrecht, ZIP 2002, 789ff.
Walter, Gerhard	Kaufrecht, Tübingen 1987

Welser, Rudolf	Die Vertragsverletzung des Verkäufers und ihre Sanktion, in: Doralt, Das UNCITRAL- Kaufrecht, S. 105 ff.
Wertenbruch, Johannes	Gefahrtragung beim Versendungskauf nach neuem Schuldrecht, JuS 2003, S. 625ff.
Westermann, Harm Peter	Das neue Kaufrecht einschließlich des Verbrauchergüterkaufs, JZ 2001, 530ff.
ders.	Das neue Kaufrecht, NJW 2002, 241ff.
Westermann, Peter (Hrsg.)	Das Schuldrecht 2002. Systematische Darstellung der Schuldrechtsreform, Stuttgart, München u.a. 2002
Wieser, Eberhard	Eine Revolution des Schuldrechts, NJW 2001, 121ff.
Wilhelm, Jan *Deeg, Peter*	Nachträgliche Unmöglichkeit und nachträgliches Unvermögen, JZ 2001, 223ff.
Wilmowsky, Peter von	Pflichtverletzung im Schuldverhältnis, JuS 2002, Beilage zu Heft 1
Witz, Wolfgang; Salger, Hanns-Christian; Lorenz, Manuel	International Einheitliches Kaufrecht, Heidelberg 2000
Wolf, Manfred; Kaiser, Jochen	Die Mängelhaftung beim Unternehmenskauf nach neuem Recht, DB 2002, 411ff.
Wolff, Katharina	Die Rechtsmängelhaftung nach dem Uniform Commercial Code und dem UN-Kaufrecht, Diss. Universität Bonn 1989, Bonn 1990
Zhang, Xi	Die Rechtsmängelhaftung des Verkäufers nach UN-Kaufrecht im Vergleich mit deutschem, englischem, US-amerikanischem und Haager Einheitlichem Kaufrecht, Diss. Universität Tübingen 1994
Ziegler, Ulrich	Leistungsstörungsrecht nach dem UN-Kaufrecht Univ. Diss. München 1994, Baden-Baden 1995
Zimmer, Daniel	Das geplante Kaufrecht, in: Ernst/Zimmermann, S. 191ff.
ders.	Das neue Recht der Leistungsstörungen, NJW 2002, S. 1ff.

Zitelmann, Ernst — Selbstmahnung des Schuldners, in: Festgabe der Bonner juristischen Fakultät für Paul Krüger, S. 282 ff., Berlin, 1911

Zweigert, Konrad; Kötz, Hein — Einführung in die Rechtsvergleichung auf dem Gebiete des Privatrechts, 3. Aufl. Tübingen 1996

II. Bulgarischsprachige Literatur:

Ангелов, Симеон — Стопанска непоносимост на изпълнението, in: Търговско право, 2002 бр. 5, с. 85 и сл; бр. 6, с. 85 и сл.

Апостолов, Иван — Облигационно право. Част първа. Общо учение за облигацията, София 1990

Боров, Борис — Принципът на реалното изпълнение на договорните задължения, in: Правна мисъл, 1958 бр. 1, с. 35 и сл.

Варадинов, Огнян — Особености на отговорността за вреди причинени от дефект на стока, in: Търговско право, 1999 бр. 5, с. 36 и сл

Василев, Божидар — Облигационно право. Специална част. Отделните видове договори, София 1992

Василев, Любен, Redaktion: Големинов, Чудомир — Гражданско право. Обща част Варна 1993

Венедиков, Петко — Ново вещно право, София 1995

Върбанова, Валя — Правото на рекламация по Закон за защита на потребителите и за правилата за търговия (ЗЗПТ), in: Търговско право, 2002 бр. 1, с. 72сл

Герджиков, Огнян — Търговски сделки. Книга по част трета на Търговския закон, София 1997

Герджиков, Огнян; Бузева, Таня — Изменението и допълнението на Закона за задълженията и договорите ,in: Съвременно право, 1993 бр. 2, с. 15 и сл.

Голева, Поля	Компенсационният принцип в българското облигационно право, in: Правна мисъл , 1986 бр. 1, с. 71 и сл.
Големинов, Чудомир	Освобождаване от отговорност за неизпълнение на задължения при договора за доставка, in: Правна мисъл, 1965 бр. 4, с. 99 и сл..
ders.	Същина и предпоставки на имуществената отговорност за вреди, причинени при изпълнение на възложена работа in: Правна мисъл , 1960 бр. 4, с. 35 и сл
ders.	Рекламацията при договора за продажба и договора за доставка, in: Социалистическо право, 1961 бр. 8, с. 38 и сл.
ders.	Относно началния момент на погасителната давност при констатирани скрити недостатъци, in: Социалистическо право, 1963 бр. 8, с. 34 и сл.
ders.	Правна същина на отговорността за недостатъци при продажбените отношения, in: Правна мисъл , 1964 бр. 1, с. 17 и сл.
ders.	Гаранционни срокове за стоки предмет на договор за продажба, in: Социалистическо право, 1965 бр. 7, с. 24 и сл.
ders.	Въпроси на гражданскоправната отговорност за недостатъци в арбитражната практика, in: Правна мисъл , 1963 бр. 3, с. 105 и сл.
ders.	Гражданскоправни форми на борбата за качеството на продукцията, София 1963
ders.	Към въпроса за количественото неизпълнение in: Правна мисъл , 1965 бр. 3, с. 23 и сл.
Горбанов, Любен	Търговската проджба, Български законник , 1997 бр. 4, с. 49 и сл.
Гоцев, Васил	Договорна и деликтна отговорност – сравнение и конкуренция, София 1979

Кантарджиев, Асен — Същност и приложимост на принципа на реално изпълнение, in: Социалистическо право, 1961 бр. 10, с. 47 и сл.

Коджейков, Христо — Дистанционна доставка, София 1968

Кожухаров, Александър — Преминаване на собствеността и риска при дистанционна продажба на вещи, определени по своя род, in: Правна мисъл , 1958 бр. 4, с. 107 сл.

ders. — Към въпроса за отговорността на продавача за недостатъци на продадената вещ, in: Социалистическо право, 1952 бр. 9, с. 22 и сл.

Кожухаров, Александър, научна редакция Герджиков, Огнян — Облигационно право. Общо учение за облигационните отношения, София 1996

Кожухаров, Александър, научна редакция Герджиков, Огнян — Облигационно право. Отделни видове облигационни отношения, София 1996

Конов, Траян — Основание на гражданската отговорност, София 1995

ders. — Възражение за неизпълнен договор и право на задържане, София 1996

Кънчев, Найден; Цончев, Еню — Вреди – претърпяни щети и пропуснати ползи, in: Счетоводство и контрол, 1968 бр. 7, с. 3 и сл.

Матеева-Стоянова, Екатерина — Неустойка и паушално обещетение– по някои проблеми във връзка с разграничаването на двата правни института, in: Държава и право, 1991 бр. 2, с. 46 и сл.

Михов, Паскал; Варбчев, Милко — Установяване размера на иска според чл.. 79 ЗЗД и чл. 32 ЗСО, in: Социалистическо право, 1965 бр. 3, с. 29 и сл.

Мондешки, Кирил — Обща и гаранционна отговорност при продажба и доставка на стоки за масова потребление, in: Социалистическо право, 1981 бр. 4, с. 14 и сл.

Нейков, Нейко — Рекламации за недостатъци на продукцията при договора за доставка, in: Правна мисъл , 1959 бр. 2, с. 102 и сл.

Николов, Асен; Панова, Лиляна Правата на купувача на лошокачествена продукция при договора за доставка с оглед на арбитражната практика in: Правна мисъл , 1957 бр. 5/6, с. 208 и сл.

ders. Предпоставки на отговорността за недостатъци на продукцията при договора за доставка с оглед на арбитражната практика, in: Правна мисъл , 1957 бр. 3, с. 103 и сл.

Павлова, Мария Гражданско право. Обща част , Том втори, София 1996

Паси-Меворах, Анна По някои въпроси на неточното изпълнение, in: Социалистическо право, 1967 бр. 9, с. 25 и сл.

Петрински, Петър Отговорност за неизпълнение на задължението за качество, in: Социалистическо право, 1961 бр. 3, с. 26 и сл.

Петров, Владимир Предпоставки на отговорността и способи за уреждане на отношенията между продавача и купувача при продажбата на новопостроени държавни жилища с недостатъци, София 1989

ders. Придобиване на движими вещи от несобсвеник според чл. 78 ЗС, in: Практическо право 1993, бр. 2, с. 5и сл.

Попов, Любомир Конкуренцията между договорната и деликтна отговорност според гражданското право на НРБ, in: Правна мисъл , 1960 бр. 3, с. 41 и сл.

ders. Вина и договорна отговорност по българското гражданско право, София 1962

Рачев, Александър Разваляне на двустранни договори поради неизпълнение, София 1967

Рачев, Филип Правна уредба на качеството на продукцията, София 1981

Рачев, Филип; Иванов, Иван; Неделчева, Божана; Сукарева, Златка; Корнезов, Любен; Тофтисова, Радост — Основи на правото. Том втори – Гражданско право, София 1997

Русчев, Иван — Заплащане на разноските по развален договор. Обещетение за “позитивни” и “негативни” вреди, in: Съвременно право , 1995 бр. 1, с. 27 и сл.

ders. — Отговрността за евикция,София 1995

Сталев, Живко — Договорна отговорност за неимуществени вреди, in: Държава и право , 1990 бр. 1, с. 3 и сл.

Стефанов, Стефан — Гражданска отговорност при развален договор, in: Търговско право, 2000, бр. 4, с. 46 и сл.

Стойчев, Красен — Намалението на цената, in: Правна мисъл , 1984 бр. 1, с. 60 и сл.

ders. — За понятието реално изпълнение на договорните задължения, in: Правна мисъл , 1985 бр. 3, с. 29

ders. — Реалното изпълнение и точното изпълнение на договорните задължения, in: Правна мисъл , 1987 бр. 4, с. 20 и сл.

Сукакева, Златка — Нови аспекти на понятието „дефект на стоката“, in: Търговско право, 2000, бр. 5, с. 61 и сл.

Таджер, Витали — Гаранционно задължение за качество , in: Правна мисъл , 1959 бр. 3, с. 17 и сл.

ders. — Различава ли ЗЗД явни и скрити недостатъци?, in: Социалистическо право, 1958 бр. 4, с. 13 и сл.

ders. — Гражданско право на НРБ. Обща част, Дял II, София 1973

ders. — Неустойката за забавено изпълнение при развален договор, in: Правна мисъл , 1987 бр. 4, с. 77 и сл.

Топалов, Георги — Отговорността на продавача за недпостатъци на стоката , in: Външна търговия, 1956 бр. 5 с. 11 сл.

Ушев, Цвятко — За преминаването на собствеността и риска при дистанционните продажби, in: Правна мисъл , 1959 бр. 2, с. 79 и сл.

Фетведжиев, Иван — За разваляне на двустранните договори по чл. 87-89 ЗЗД, in: Социалистическо право, 1956 бр. 4, с. 15 и сл.

Христофоров, Веселин; Неделчева, Бояна — Гражданско и търговско право на социалистическите и капиталистическите държави, София 1988

Цачев, Людмил — Закон за задълженията и договорите. Текст, коментар, съдебна практика, Том първи. Обща част, 3. издание, София, 1995.
Том втори. Специална част, 2. издание, София, 1995.

III. Englischsprachige Literatur:

Allen, David K. — Misrepresentations, London 1988

Atiyah, Patrick Selim; Red. John Adams — The Sale of Goods, 9. ed. Glasgow 1995

Atiyah, Patrick Selim — An introduction to the law of contract, 5. ed. Oxford 1995

Beale, Hugh; Hartkamp, Arthur; Kötz, Hein; Tallon, Denis — Contract Law. Casebook on the Common Law of Europe, Oxford and Portland, Oregon 2002

Beatson, J. — Anson´s Law of Contract, 27. ed Oxford 1998

Bianca, Caesare Massimo; Bonell, M.J. — Commentary of the International Sales Law. The 1980 Vienna Sales Convention, Milan 1987

Birds, John; Bradgate, Robert; Villers, Charlotte — Termination of Contracts, London 1995

Birks, Peter (Hrsg.) — English Private Law, Vol. II, Oxford 2000

Blair, Micheal	Sale of Goods Act 1979, London 1980
Bridge, Michael	The sale of Goods, Oxford 1998
Burrows, Andrew	The Law of Restitution, London, Dublin, Edinburgh 1993
ders.	Remedies for Torts and Breach of Contract, London 1987
Clerk, John Frederic; Brazier, Margaret (Hrsg.)	Clerk&Lindsell on Trots, The Common Law Library vol. 3, 17. ed. London 1995
Collins, Hugh:	The law of contract, 3. ed. London, Edinburgh, Dublin 1997
Cooke, John; Oughton, David	The Common Law of Obligation, 2. ed. London, Dublin, Edinburgh 1993
Dobson, A.P.	Sale of Goods and Consumer Credit, 3. ed. London 1984
Duxbury, Robert	Contract Law, 6. ed London 2003
Fridman, G.H.L.	Sale of Goods, London 1966
Furmston, Michael P.	Cheshire, Fifoot and Furmston´s Law of Contract, 13. ed. London, Dublin, Edinburgh 1996
Goff, Lord of Chieveley; Jones, Gareth	The Law of Restitution, 4. ed. London 1993
Goode, Roy	Commercial Law, 2. ed. London 1995
Grubb, Andrew (Hrsg. der Reihe)	Butterworths Common Law Series. The Law of Contract, London, Dublin, Edinburgh 1999
Guest, A. G. (Hrsg.)	Chitty on Contracts. Vol. 1 General Principles, The Common Law Librabry vol. 1, 27. ed. London 1994
Guest, A.G. (Hrsg.)	Benjamin's Sale of goods, The Common Law Library vol. 11, 5. ed. London 1997

Halsbury's Statutes of England and Wales	Volume 39 Sale of Goods, Sale of Land, Saving Banks, Sheriffs and Bailiffs, Shipping and Navigation V. Edition 1995 Reissue, London 1995
Harris, Donald	Remedies in Contract and Tort, London 1988
Harris, Donald; Campbell, Davis; Halson, Roger	Remedies in Contract & Tort, 2. ed. London 2002
Hellner, Jan	The UN Convention on International Sales of Goods - an Outsider's View, in: FS für Stefan Riesenfeld zum 75. Geburtstag, S. 71 ff., Heidelberg 1983
Honnold, John O.	Uniform Law for International Sales under the 1980 United Nations Convention, Antwerpen Boston London Frankfurt 1989
Jones, Gareth; Goodhart, William	Specific Performance, London 1986
Lowe, Robert; Woodroffe, Geoffrey	Consumer Law and Practice,3. ed. London 1991
McGregor, Harvey	McGregor an Damages, The Common Law Library vol. 9, 15. ed. London 1988
Nicholas, Barry	Prerequisites and extent of liability for breach of contract under the U. N. Convention, in: Schechtriem, Einheitliches Kaufrecht, S. 283 ff.
Oughton, David; Lowry, John	Textbook on Consumer Law, London 1997
Rogers, William Vaughan Horton	Winfield & Jolowicz on Tort, 13. ed. London 1989
Smith, John Cyril	The Law of Contract, London 1989
Treitel, Guenter Heinz	An Outline of The Law of Contract, 5. ed. London 1995
ders.	The Law of Contract, 20. ed. London 1999
Upex, Robert	Davies on Contract,8. ed. London 1999
Van Houtte, Hans	The Law of International Trade, London 1995

Nicholas, Barry Prerequisites and extent of liability for breach of contract under the U. N. Convention, in: Schechtriem, Einheitliches Kaufrecht, S. 283 ff.

Oughton, David; Lowry, John Textbook on Consumer Law, London 1997

Rogers, William Vaughan Horton Winfield & Jolowicz on Tort, 13. ed. London 1989

Smith, John Cyril The Law of Contract, London 1989

Treitel, Guenter Heinz An Outline of The Law of Contract, 5. ed. London 1995
ders. The Law of Contract, 20. ed. London 1999

Upex, Robert Davies on Contract,8. ed. London 1999

Van Houtte, Hans The Law of International Trade, London 1995

Verzeichnis der zitierten Common Law Entscheidungen

Philips Hong Kong Ltd v A-G of Hong Kong (1993) 61 BLR 41, 56

Aktion Maritime Corporation of Liberia v S. Kasmas&Brothers Ltd. and others, („The Aktion“) [1987] 1 Lloyd´s Rep 283, 294, QBD.

Arcos Ltd v E A Ronaasen & Son [1933] All ER Rep 646, HL.

Athens Cape Naviera S. A. v Deutsche Dampfschiffahrtsgesellschaft “Hansa” Aktiengesellschaft and another („The Barenbels“) (1985) 1 Lloyd´s Report. 528, CA.

Barber v NWS Bank plc [1996] 1 All ER 906, CA.

Behnke v Bede Schipping Co Ltd (1927) All ER Rep 689, KBD

Bernstein v Pamson Motors (Golders Green) Ltd [1987] 2 All ER 220, QBD.

Beswick v Beswick [1968] A.C. 58.

Brace v Calder [1895] 2 Q.B. 253

Bramhill & Anor v Edwards & Anor [2004] EWCA Civ 403

British and Commonwealth Holdings plc. v Quasrex Holdings Inc. [1989] 1 Q. B. 842

British Columbia etc. Saw-Mill Co Ltd. v Nettleship [1868] L.R. 3 C.P. 499, 509

British Westinghouse Electric & Manufacturing Co Ltd v Underground Electric Railways. Co. of London Ltd. [1912] A.C. 673, 689

Brown v KMR Services [1994] 4 All ER 385, 398f., QBD

Bulk Oil (Zug) A.G. v Sun International [1984] 1 Lloyd´s Rep 531, 543; QBD.

Bunge Corpn v Tradax SA [1981] 2 All ER 513, QBD, CA& HL

Bunge Corpn v Tradax SA [1981] 2 All ER 513, QBD, CA& HL, per Lord Roskill 546, 549, HL

Cehave N V v Bremer Handelsgesellschaft mbh [1975] 3 All ER 739, CA.

Chaproniere v Mason [1905] 21 T.L.R. 321.

Clegg & Anor v Andersson (t/a Nordic Marine) [2002] EWHC 943 (QB)

Clegg v Olle Andersson (t/a Nordic Marine) [2003] EWCA Civ 320

Co-operative Insurance Society Ltd v Argyll Stores (Holdings) Ltd. [1997] 2 W.L.R. 898, 909.

Currie v Misa [1875] L.R. 10 Ex 153, 162

Davis Contractors Ltd. v Fareham U.D.C. [1956] A.C. 696

Derry v. Peek [1889] 14 App.Cas. 337, 374

Dunlop Pneumatic Tyre Co. Ltd. v New Garage and Motor Co. Ltd. [1915] A.C. 79, 86ff

Falcke v Gray (1859) 4 Drew 651

Feldarol Foundry Plc v Hermes Leasing (London) Ltd & Anor [2004] EWCA Civ 747.

Finagrain S.A. Geneva v P. Kruse Hamburg [1976] 2 Lloyd´s Rep. 508, CA

Galoo Ltd. v Bright Grahame Murray [1994] 1W.L.R. 1360

Godley v Perry [1960] 1 All ER 36, 41 QBD.

Grant v Australian Knitting Mills Ltd. [1936] A.C. 85, Lord Wright, S. 99

Hadley v Baxendale (1854) 9 Exch. 341.

Handley Page Ltd. v Commissioners of Customs and Exise and Rockwell Machine Tool Company Ltd. [1970] 2 Lloyd´s Rep. 459, QBD

Hartley v Hymans [1920] 3 K.B. 475

Head v Tattersall [1871] L.R. 7 Ex. 7.

Healy v Howlett & Sons [1917] 1 K.B. 337.

Heaven & Kesterton Ltd. v Etablissement Francois Albiac & Cie [1956] 2 Lloyd´s Rep 316, QBD.

Henry Kendall & Sons v William Lillico & Sons Ltd. [1969] 2 A.C. 31.

Heyman v Dawins Ltd. [1942] AC 356

Heywood v Wellers [1976] 1 Q.B. 446

Hick v Raymond and Reid [1891-4] All ER Rep 491, HL

Holroyd v Marshall [1862] 10 H.L. Cas. 191

Hongkong Fir Shipping Co. Ltd. v Kawasaki Kisen Kaisha Ltd. [1962] 1 All ER 474, CA.

Jewson Ltd. v Boyhan [2003] EWCA Civ 1030

Johnson v Agnew [1980] AC 367.

Jones & Anor v Gallagher & Anor (t/a Gallery Kitchens And Bathrooms) [2004] EWCA Civ 10

Koufos v Czarnikow Ltd. [1969] 1 A.C. 350, 422

Kwei Tek Chao v British Traders and Shippers Ltd [1954] Q.B. 459.

Lombank Ltd. v Excell [1963] 3 All ER 486, CA.

Malins v Freeman [1837] 2 Keen 25

Microbeads AC v Vinhurst Road Markings Ltd [1975] 1 All ER 529, CA.

Monarch Steamship Co Ltd. V Karlshamns Oljefabriker (A/B) [1949] A.C. 196

Mondel v Steel [1841] 8 M&W 858

Moschi v Lep Air Services Ltd. [1973] AC 331.

National Carriers Ltd. v Panalpina (Northern) Ltd. [1981] A.C. 675

Niblett Ltd v Confectioners´ Materials Co Ltd [1921] All ER Rep 459, CA.

Pagnan and Fratelli v Corbisa Industrial Agropacuaria Ltda [1970] 1 WLR 1306.

Payzu Ltd. v Saunders [1919] 2 K.B. 581

Photo Production Ltd. v. Securicor Transport Ltd. [1980] A.C. 827

Re Wait [1927] 1 Ch 606, 630.

Robinson v Harman [1848] 1 Ex 850, 855.

Rowland v Divall [1923] 2 K.B. 500.

Ruxley Electronics & Conctrustions Ltd. v Forsyth [1996] 1 A.C. 344

Seven Seas Properties v Al Essa [1993] 3 AllER 577.

Shirlaw v Southern Foundries (1926] Ltd. [1939] 2 KB 206, 227.

Slater v Hoyle & Smith Ltd. [1920] 2 K.B. 11

Smeaton Hanscomb & Co. Ltd. v Sassoon I. Setty Son & Co. [1953] 1 W.L.R. 1468, 1470.

Sotiros Shipping Inc. v Sameiet Solholt (The „Solholt“) [1983] 1 Lloyd´s Rep. 605, CA

Stewart v. Perth and Kinross Council [2004] UKHL 16

Suisse Atlantique Société d´Armement Marititme S.A. v N.V. Rotterdamsche Kolen Centrale [1967] 1 A.C. 361

Surrey County Council v. Bredero Homes Ltd [1993] 1 WLR 1361, CA

Taylor v. Combined Buyer Ltd. [1924] N.Z.L.R. 627

Tennants (Lancashire) Ltd. v CS. Wilson & Co. Ltd. [1917] A.C. 495

Tito v Waddell (No. 2) [1977] Ch. 106, 326.

Tradax International S.A. v Goldschmidt S.A. [1977] 2 Lloyd´s Rep. 604, QBD

U.G.S. Finance Ltd. v National Mortgage Bank of Greece and National Bank of Greece S.A. [1964] 1 Lloyd´s Rep. 446, 450, CA

Union Eagle Ltd. V Golden Achievment Ltd [1997] A.C. 514

United Scientific Holdings Ltd. v Burnley Borough Council. [1978] A. C. 904,924

Victoria Laundry (Windsor) Ltd. v Newman Industries Ltd. [1949] 2 K.B. 528.

Wallis, Son and Wells v Pratt and Haynes [1910] 2 KB 1003, 112 CA

Wertheim v Chicoutimi Pulp Co. Ltd. [1911] A.C. 301.

Williams Bros. v E.T. Agius Ltd. [1914] A.C. 510

Young v Purdy [1997] P.N.L.R. 130.

Einführung

In den vergangenen Jahren wurde in Europa verstärkt über eine mögliche Harmonisierung des materiellen Privatrechts - und insbesondere des Vertragsrechts - diskutiert[1]. Das Europäische Parlament hat eine ganze Reihe von Entschließungen zu einer möglichen Harmonisierung des materiellen Privatrechts angenommen. Bereits 1989 und 1994 rief das Europäische Parlament dazu auf, mit den erforderlichen Vorbereitungsarbeiten zur Ausarbeitung eines einheitlichen europäischen Zivilgesetzbuches zu beginnen[2]. Das Parlament stellte fest, daß die Harmonisierung bestimmter Gebiete des Privatrechts für die Vollendung des Binnenmarktes besonders wichtig ist. Darüber hinaus hat das Europäische Parlament in seiner Entschließung vom 16. März 2000 zum Jahresgesetzgebungsprogramm der Kommission die Auffassung vertreten, daß eine verstärkte Harmonisierung im Bereich des bürgerlichen Rechts im Binnenmarkt unerläßlich sei und die Kommission aufgefordert, eine diesbezügliche Studie auszuarbeiten[3]. Der Europäische Rat von Tampere hat ebenfalls erklärt, daß im Bereich des materiellen Zivilrechts eine allgemeine Studie zur Frage notwendig ist, ob zur Beseitigung von Hindernissen für das reibungslose Funktionieren von zivilrechtlichen Verfahren, die entsprechenden Vorschriften der Mitgliedstaaten angeglichen werden müssen[4].

Spätestens seit der Mitteilung der Kommission an den Rat und an das Europäische Parlament zum Europäischen Vertragsrecht vom 11. Juli 2001 (KOM (2001) 398) ist die Diskussion über ein einheitliches Europäisches Zivilgesetzbuch mit neuer Kraft entbrannt. Diese Mitteilung bezog sich auf die Bereiche Kaufverträge und alle Arten von Dienstleistungsverträgen. Der Zweck dieser Mitteilung war, die Diskussion durch die Einholung von Beiträgen der Verbraucher, der Wirtschaft, der Fachverbände, der staatlichen Behörden und Institutionen, der Wissenschaft und aller interessierter Kreise auszuweiten. Die europäische Rechtswissenschaft hat sich auch in neuerer Zeit bereits vor dieser Miteilung der Kommission mit der Frage der Harmonisierung bestimmter Bereiche des Vertragsrechts eingehend beschäftigt. Zwei Entwürfe für ein Vertragsgesetzbuch[5] bzw. für allgemeine Grundsätze des Vertragsrechts[6] sind bereits veröffentlicht worden.

---

[1] Vgl. Lando/Beale (Hrsg.), Principles of European Contract Law Parts I and II, Kluwer Law International, 2000.
[2] ABl. C 158 vom 26.6.1989, S. 400 (Entschließung A2-157/89); ABL. C 205 vom 25.7.1994, S. 518 (Entschließung A3-0329/94).
[3] ABL. C 377, 29.12.2000, p. 323 (Entschließung B5-0228, 0229 – 0230/2000).
[4] Europäischer Rat von Tampere, 15. und 16 Oktober 1999, Schlußfolgerungen des Vorsitzes, SI (1999) 800.
[5] Academy of European Private Lawyers, European Contract Code -Preliminary draft, in: Schulze/Zimmermann (Hrsg.), Basistexte zum Europäischen Privatrecht, 2. Auflage, Baden-Baden, 2002.f
[6] Commission on European Contract Law (sog. Lando-Kommission), Principles of European Contract Law Parts I and II, 1998 und Principles of European Contract Law III, 2002 unter http://www.cbs.dk/departments/law/staff/ol/commission_on_ecl/index.html.

Am 12. Februar 2003 hat die Kommission eine neue Mitteilung an das Europäische Parlament und den Rat veröffentlicht (KOM (2003) 68), in der ein Aktionsplan für ein kohärentes Europäisches Vertragsrecht enthalten ist. Die Mitteilung fasst die in der Konsultationen seit 2001 gewonnenen Erkenntnisse zusammen und schlägt auf dieser Grundlage eine langfristig angelegte Strategie zur Harmonisierung des europäischen Vertragsrechts vor. Ein erster Maßnahmenkomplex des Aktionsplans zielt auf die Verbesserung des geltenden EU-Vertragsrechts ab. Ein erster Schritt in dieser Richtung soll die Ausarbeitung eines „gemeinsamen Referenzrahmens" mit Regelungen und Begriffsbestimmungen sein. Der zweite Maßnahmenkomplex dient der Förderung der Benutzung von europaweit anwendbaren allgemeinen Geschäftsbedingungen. Der dritte Aktionsbereich umfaßt die Reflexion der Frage, ob die Schaffung eines Vertragsrechts auf europäischer Ebene wünschenswert und umsetzbar ist. Das Ziel ist statt eines sektorspezifischen Instruments ein allgemein anwendbares europäisches optionales Vertragsrecht anzubieten, das neben den Vertragsrechten der Mitgliedstaaten gelten sollte.

In diesem noch fortdauernden Diskussionskontext sieht sich die vorliegende Arbeit. Sie soll ein Beitrag zur Untersuchung eines der Kernbereiche des Vertragsrechts - nämlich des Warenkaufvertragsrechts - sein. Vor diesem Hintergrund ist auch die Auswahl der untersuchten Rechtsordnungen zu verstehen. Das deutsche und das englische Recht sind als Mutterrechtsordnungen Repräsentanten für den deutschen und für den common law Rechtskreis. Aus diesem Grund werden in der Untersuchung nur diejenigen Vorschriften des Sale of Goods Act herangezogen, die für England gelten. Die für Schottland geltenden Vorschriften werden außer Betracht gelassen, da sie für das common law nicht repräsentativ sind. Das bulgarische Schuldrecht ist dem romanischen Rechtskreis zuzuordnen. Das Gesetz über die Verbindlichkeiten und Verträge (GVV) beruht auf der Rezeption des italienischen Codice cilive Ende des 19. Jahrhunderts. Somit untersucht die vorliegende Arbeit Vertreter der drei größten in Europa anzutreffenden Rechtskreise. Das bulgarische Recht hat auch eine gewisse Stellvertreterfunktion für die Rechtsordnungen der EU-Betrittsländer und Beitrittskandidaten, da es, wie das Recht aller Länder des ehemaligen Ostblocks, den durch die Planwirtschaft und sozialistische Dogmatik aufgedrängten Änderungen unterlag und die Transformation und Anpassung an die Anforderungen der Markwirtschaft nach dem Fall des Eisernen Vorhangs durchläuft. Das Übereinkommen der Vereinten Nationen über Verträge über den internationalen Warenkauf (CISG) wird dagegen als Repräsentant eines bis jetzt einmaligen internationalen Regelungswerkes, das von Ländern unterschiedlicher Rechtskreise ausgearbeitet und getragen wird, untersucht. Zwar ist das CISG in den Vertragsstaaten unmittelbar anwendbares Recht und damit ein Teil der nationalen Rechtsordnungen, jedoch wird das Übereinkommen im Rahmen dieser Arbeit als selbständiges Rechtssystem betrachtet und den nationalen Rechten gegenübergestellt.

Die Interdependenzen zwischen den untersuchten Rechtsordnungen sind vielfältig. Bei der Erarbeitung des Wiener Übereinkommens wurden sowohl das common law als Vorbild benutzt, als auch der starke Einfluß der deutschen Rechtswissenschaft berücksichtigt. Das CISG war seinerseits Pate für viele der Regelungen des deutschen Rechts in der Fassung nach dem Schuldrechtsmodernisierungsgesetz und der Verbrauchsgüterkaufrichtlinie (Richtlinie 1999/44/EG). Das Übereinkommen ist unmittelbar geltendes Recht in zwei der drei untersuchten Länder – in Deutschland und Bulgarien seit 1991. Die Vorgaben der europäischen Verbrauchsgüterkaufrichtlinie haben die Rechte aller drei untersuchten Länder im Bereich des Kaufrechts, insbesondere im Bereich des Verbraucherschutzes, stark beeinflußt.

Gegenstand der vorliegenden Untersuchung sind die Rechtsbehelfe des Käufers aus einem gültigen Warenkaufvertrag. Die Regelungen über das Zustandekommen von Verträgen, ihre Wirksamkeit, Nichtigkeit oder Vernichtbarkeit, über die Folgen von Nichtigkeit eines Kaufvertrages sowie über spezifische Absatzformen sind von der Untersuchung nicht erfaßt. Außer Betracht wurden ebenfalls mögliche produkthaftungsrechtliche und deliktische Ansprüche des Käufers gelassen. Ebenfalls unberücksichtigt sind solche Rechtsbehelfe des Käufers geblieben, die nach deutscher Dogmatik in die Kategorie der culpa in contrahendo fallen würden. Bei zutreffender Betrachtung sind diese Ansprüche dem Deliktsrecht zuzuordnen. Die in Deutschland vorgenommene Zuordnung als quasivertragliche Regelung beruht auf Nachteilen des Deliktsrechts, vor allem bei der Haftung für Gehilfen (§ 831 BGB).

Im Bestreben nach besserer Übersichtlichkeit und Verständlichkeit konzentriert sich die Arbeit auf fünf der wesentlichen Rechtsbehelfe des Käufers: Erfüllungsanspruch, modifizierter Erfüllungsanspruch, Minderung, Vertragsaufhebung oder Rücktritt und Schadensersatz. Die einzelnen Rechtsbehelfe des Käufers werden zunächst nach ihren Voraussetzungen in Länderberichten untersucht und die Befunde werden dann einer rechtsvergleichenden Würdigung unterzogen. Dabei wird versucht, die gemeinsamen Prinzipien der untersuchten Rechtssysteme hervorzuheben.

1. Kapitel Anspruch auf Erfüllung in Natura

Die Parteien eines Warenkaufvertrages schließen den Vertrag ab, um die vereinbarte Gegenleistung des Vertragspartners zu erhalten. Wird die Gegenleistung nicht erbracht, so ist konsequent danach zu fragen, wie der Käufer zu der vertraglich versprochenen Leistung kommt. Der primäre Rechtsbehelf des Käufers ist daher in der Regel ein Anspruch auf Erfüllung.

A. Anspruch auf Erfüllung in Natura nach CISG

Der Anspruch auf Erfüllung in Natura setzt voraus, daß der Verkäufer eine seiner Pflichten nicht erfüllt hat, Art. 46 Abs. 1 i. V. m. 45 Abs. 1 S. 1 lit. a) CISG[7], und der Käufer nicht einen anderen, mit dem Erfüllungsanspruch unvereinbaren, Rechtsbehelf ausgeübt hat. Dies gilt grundsätzlich für alle Leistungspflichten des Verkäufers[8]. Die Pflichten des Verkäufers werden primär durch den Vertrag (Art. 6 CISG) und, soweit dieser keine besondere Bestimmungen enthält, durch das Übereinkommen begründet. Was eine Nichterfüllung einer Pflicht durch den Verkäufer bedeutet, ergibt sich immer aus dem konkreten Inhalt der Verpflichtung, um die es geht. Wegen der Vielfalt der möglichen vertraglichen Vereinbarungen und daraus entstehenden Pflichten kann hier nicht auf alle denkbaren Verpflichtungen eingegangen werden. Es werden daher nur die in Art. 30 CISG gesetzlich typisierten Pflichten behandelt, die zugleich in der Praxis am häufigsten vorkommen. In Betracht kommen vor allem die Lieferpflicht, die Pflicht zur Verschaffung der durch Vertrag oder Handelsbrauch vorgesehenen Dokumente und die Pflicht zur Verschaffung des Eigentums.

I. Lieferpflicht

Die zentrale Pflicht des Verkäufers ist die Pflicht zur Lieferung der Ware, Art. 30 CISG.

1. Definition der Lieferpflicht

Das CISG enthält keine Definition der Lieferung[9], vielmehr ergibt sich aus dem Vertrag und/oder aus den Bestimmungen der Art. 31 - 33 CISG, wo, wann und was der Verkäufer tun muß, um zu liefern. Die Vertragsmäßigkeit der Ware ist kein Bestandteil der Lieferpflicht, sondern eine separate Verpflichtung des Verkäufers[10].

---

[7] Übereinkommen der Vereinten Nationen über Verträge über den internationalen Warenkauf vom 11. April 1980 (CISG).
[8] Schlechtriem/Huber, Art. 46 Rn. 1.
[9] dagegen bestimmte Art. 19 Abs. 1 EKG: „Die Lieferung besteht in der Aushändigung einer vertragsgemäßen Sache"
[10] van Houtte, 4.21.

Soweit der Vertrag keinen bestimmten Ort für die Lieferung oder nähere Bestimmungen über die Lieferpflicht als solche trifft, richtet sich die Lieferpflicht des Verkäufers nach Art. 31 CISG. Demnach hat der Verkäufer je nach der Art der vereinbarten Schuld die Ware entweder an den ersten Beförderer zu übergeben oder bereitzustellen, so daß der Käufer sie abholen kann. Art. 31 CISG umschreibt also die Lieferung so, daß der Verkäufer das seinerseits Erforderliche tun muß, damit der Käufer in den Besitz der Ware gelangen kann. Unter „Lieferung" ist daher nur die Leistungshandlung zu verstehen. Der Leistungserfolg, der tatsächliche Besitzerwerb des Käufers, ist nicht Bestandteil der Lieferpflicht, da er von der Mitwirkung des Käufers abhängt[11].

2. Lieferung bei Verträgen, die der Beförderung bedürfen, Art. 31 lit. a) CISG

Bei der Regelung des Art. 31 CISG ist grundsätzlich zu unterscheiden, ob der Vertrag eine Beförderung der Ware erfordert oder nicht. Bei Versendungskauf hat der Verkäufer die Ware dem ersten Beförderer zu übergeben, Art. 31 lit. a) CISG. Der Lieferort ist deshalb gewöhnlich der Ort, an dem der Verkäufer die Ware dem ersten Beförderer übergibt. Die Bestimmung des Lieferortes ist insoweit von Bedeutung als er in Verbindung mit Art. 5 Nr. 1 EuGVÜ/LugÜ bzw. § 29 ZPO einen Gerichtsstand auch für die Ansprüche des Käufers wegen Schlechtlieferung begründet[12].

Beförderung i. S. Art. 31 CISG ist der Transport der Ware, den der Verkäufer vornehmen muß, um dem Käufer die Übernahme der Ware zu ermöglichen[13]. Daher fällt weder der Transport, der dem Verkäufer zur Warenbeschaffung dient, noch der vom Käufer selbst durchgeführte Transport unter dem Beförderungsbegriff. Auch der Transport, den der Verkäufer durch eigene Leute durchführen läßt, fällt nicht unter Art 31 lit. a) CISG. Diese im Ergebnis unbestrittene Beschränkung auf Fremdbeförderung wird unterschiedlich begründet. Zum Teil wird vertreten, daß nur der Transport durch einen selbständigen Unternehmer unter den Begriff „Beförderung" i. S. des Art. 31 lit. a) CISG fällt[14]. Dies ergebe sich daraus, daß Art. 31 lit. a) CISG den Verkäufer zur Übergabe der Ware an einem selbständigen Beförderer verpflichtet. Hilfsweise wird die Überlegung angestellt, daß wenn auch der Transport durch eigene Leute Beförderung i. S. v. Art. 31 CISG wäre, die Unterschiede zwischen Distanzkauf gem. lit. a) und Platzkauf gem. lit. c) verwischen würden. Die vorzugswürdigere Begründung stellt nicht auf die Einschränkung des Begriffs „Beförderung" ab, sondern setzt bei dem Begriff „Beförderer" an. Dieser Ansatz bringt vor allem mehr Klarheit. Aus dem allgemeinen Sinn des Wortes „Beförderung" läßt sich nicht entnehmen, daß in den Eigentransportfällen die Ware keiner Beförderung bedarf[15]. Dagegen ist unter dem Begriff „Beförderer"

---

[11] Ziegler, S. 48; Reinhart, Art. 31 Rn. 2; Schlechtriem/Huber, Art. 31 Rn. 5; Soergel/Lüderitz/Schüßler-Langeheine, Art. 31 Rn. 9; Witz/Salger/Lorenz/Witz, Art. 30 Rn. 6.
[12] Piltz, NJW 2000, S. 557.
[13] Karollus, S. 108; Ziegler, S. 53.
[14] Soergel/Lüderitz/Schüßler-Langeheine, Art. 31 Rn. 2; Enderlein/Maskow/Strohbach, Art. 31 Anm. 3.
[15] Ziegler, S. 3; Schlechtriem/Huber, Art. 31 Rn.17.

durchaus auch im allgemeinen Sprachgebrauch vor allem ein selbständiger Unternehmer zu verstehen. Die Aushändigung der Ware an eigene Angestellte zum Zwecke des Transports ist daher keine Übergabe an einen Beförderer i. S. Art. 31 lit. a) CISG[16].

Ist nach dem Vertrag eine Beförderung erforderlich, so genügt der Verkäufer seiner Lieferpflicht, wenn er die Ware einem selbständigen Beförderer übergibt[17]. Als solche kommen Frachtführer, Post, Bahn, Paketdienste, Verfrachter etc. in Betracht. Der Spediteur ist in der Regel nicht als Beförderer anzusehen, da er nicht befördert, sondern typischerweise den Transport organisiert (§§ 453 ff. HGB). Entscheidend ist jedoch nicht die Bezeichnung, sondern die Art der übernommenen Aufgabe[18]. Weitere Verpflichtungen, die den Verkäufer beim Versendungskauf treffen können, regelt Art. 32 CISG. Er sieht in bestimmten Fällen Kennzeichnungs- und Anzeigepflichten des Verkäufers vor sowie Auskunftspflichten, die dem Käufer den Abschluß einer Transportversicherung ermöglichen sollen.

3. Lieferpflicht in anderen Fällen, Art. 31 lit. b) und c) CISG

Ist eine Beförderung nicht erforderlich und haben die Parteien einen bestimmten Lieferungsort nicht vereinbart oder lassen sich keine spezifischen Gebräuche und Gepflogenheiten (Art. 9 CISG) ermitteln, so bestimmt sich die Lieferpflicht gem. Art. 31 lit. b) und c). Danach erschöpft sich die Lieferhandlung des Verkäufers darin, die Ware dem Käufer an dem in lit. b) und c) näher bezeichneten Ort zur Verfügung zu stellen. Der Verkäufer stellt dem Käufer die Ware zur Verfügung, indem er alles seinerseits Erforderliche unternimmt, damit der Käufer ungehindert die Ware in Besitz nehmen kann[19]. Dazu kann je nach Art der Ware eine Aussonderung und ggf. Kennzeichnung der Ware notwendig sein. Insbesondere aber dann, wenn kein Abholungstermin vereinbart worden ist, bzw. sich nicht aus den Umständen ergibt oder der Käufer nicht weiß, daß die Ware für ihn bereit steht, erfordert das „Zur-Verfügung-Stellen" der Ware auch eine Benachrichtigung des Käufers[20].

Bezüglich des Ortes, an dem das Zur-Verfügung-Stellen erfolgen soll, entscheidet bei Speziesschulden, Vorratsschulden und bei herzustellender oder zu erzeugender Sachen Art. 31 lit. b) CISG. Das ist der Ort, an dem sich die Ware befindet, wenn die Parteien bei Vertragsschluß wußten, daß sich die Ware dort befand oder befinden würde. In allen übrigen Fällen gilt Art. 31 lit. c) CISG, wonach im Zweifel die Ware an dem Ort zur Verfügung gestellt werden soll, an dem der Verkäufer seine Niederlassung bei Vertragsschluß hatte.

---

[16] Schlechtriem/Huber, Art. 31 Rn. 17.
[17] Magnus, S. 653.
[18] Piltz, § 4 Rn 23; Schlechtriem/Huber, Art. 31 Rn. 27f..
[19] Schlechtriem/Huber, Art. 31 Rn. 52; Piltz, § 4 Rn. 24.
[20] Schlechtriem/Huber, Art. 31 Rn. 53f.; Pitz, § 4 Rn. 26; Enderlein/Maskow/Strohbach, Art. 31 Anm. 9; Bamberger/Roth/Saenger, Art. 31 Rn. 14.

Zusammenfassung: Lieferpflicht

Das Übereinkommen enthält keine Definition der Lieferpflicht. Der Inhalt der Verpflichtung ergibt sich, soweit vertraglich nichts Näheres geregelt ist, vielmehr aus den Bestimmungen über den Ort und die Art der vorzunehmenden Handlung gem. Art. 31 CISG. Haben die Parteien keinen bestimmten Lieferort vereinbart und ergibt sich ein solcher nicht aus den Gebräuchen und Gepflogenheiten, so hat der Verkäufer in den Fällen, in denen die Ware nach dem Vertrag der Beförderung bedarf gem. Art. 31 lit. a) CISG die Ware an den ersten selbständigen Beförderer zu übergeben. Ist keine Beförderung vorgesehen, so hat der Verkäufer die Ware am Herstellungsort oder am Ort seiner Niederlassung zur Verfügung zu stellen. Demnach erfüllt der Verkäufer seine Lieferpflicht, wenn er alles seinerseits Erforderliche vornimmt, damit der Käufer in Besitz der Ware gelangen kann. Der Verkäufer schuldet also nur die Leistungshandlung, nicht jedoch den Eintritt des Leistungserfolges.

4. Lieferzeitpunkt, Art. 33 CISG

Wann die Lieferung vorgenommen werden muß, bestimmt sich vorrangig nach den von den Parteien getroffenen Absprachen, nach den Gebräuchen und Gepflogenheiten und ergänzend nach Art. 33 CISG.

Art. 33 lit. a) CISG hebt noch einmal ausdrücklich den Vorrang der vertraglichen Vereinbarung (Art. 6 CISG) hervor und verpflichtet den Verkäufer zu dem Zeitpunkt zu liefern, der im Vertrag bestimmt oder aufgrund des Vertrages bestimmbar ist. Ein Zeitpunkt ist für die Lieferung bestimmt („*a date is fixed*"), wenn sich aus dem Vertrag ein nach dem Kalender bestimmtes Datum ergibt. Eine kalendarische Berechenbarkeit ist aber nicht erforderlich[21]. Der Tag kann auch durch Bezugnahme auf ein kalendarisch unbestimmtes Ereignis festgelegt sein, soweit sich dessen Eintritt objektiv feststellen läßt.

Art. 33 lit. b) CISG stellt eine Auslegungsregel für den Fall auf, daß für die Lieferung ein Zeitraum vereinbart worden ist. Unter Zeitraum („*period of time*") ist eine Zeitspanne zu verstehen, deren *End*termin sich jedenfalls feststellen läßt[22]. Während des Lieferzeitraums kann der Verkäufer jederzeit liefern, es sei denn, daß sich aus dem Vertrag, internationalen Gebräuchen, Gepflogenheiten zwischen den Parteien oder aus den Umständen des Falles ein Bestimmungsrecht des Käufers ergibt. Ein Recht des Käufers, den Liefertermin zu bestimmen, ist anzunehmen, wenn der Käufer für den Transport der Ware zu sorgen hat oder aus anderen, erkennbaren Gründen an der exakten Zeitplanung für den Empfang der Ware interessiert ist[23].

---

[21] Schlechtriem/Huber, Art. 33 Rn. 5; Pitz, § 4, Rn. 55; Staudinger/Magnus, Art. 33 Rn. 9.
[22] Staudinger/Magnus, Art. 33 Rn. 13; Herber/Czerwenka, Art. 33 Rn. 5; Bamberger/Roth/Saenger, Art. 33 Rn. 4.
[23] Bianca/Bonell/Lando, Art. 33 Anm. 2.3; Enderlein/Maskow/Strohbach, Art. 33 Anm. 3; Herber/Czerwenka, Art. 33 Rn. 5.

Soweit sich der Liefertermin weder aus Art. 33 lit. a) CISG noch aus lit. b) ergibt, hat der Verkäufer gem. Art. 33 lit. c) CISG binnen einer angemessenen Frist (*reasonable time*) nach Vertragsabschluß zu liefern. Die Angemessenheit der Frist richtet sich nach den Üblichkeiten der Branche und nach den Umständen des Einzelfalles[24]. Es dürfen dabei zugunsten jeder Partei nur solche Umstände berücksichtigt werden, die auch der Gegenpartei bei Vertragsabschluß bekannt oder zumindest erkennbar waren[25].

Hat der Verkäufer die ihm obliegenden Lieferungshandlungen nicht zum Liefertermin oder innerhalb der Lieferfrist vorgenommen, so kann der Käufer gem. Art. 45 Abs. 1 lit. a), 46 Abs. 1 CISG Erfüllung in Natura, also die Vornahme der Lieferhandlung, verlangen. Allein das Verstreichen der Lieferzeit reicht aus. Einer besonderen Mahnung oder Fristsetzung bedarf es nicht[26]. Der Käufer kann dem Verkäufer gem. Art. 47 Abs. 1 CISG eine Nachfrist setzen. Diese ist jedoch keine Voraussetzung für die Geltendmachung des Erfüllungsanspruchs. Sie bewirkt nur eine Bindung des Käufers an den Rechtsbehelf für die Zeit der Nachfrist. Eine gewisse zeitliche Bindung entfaltet aber auch das bloße Erfüllungsverlangen[27]. Dies ergibt sich aus Art. 7 Abs. 1 CISG, der die Wahrung des guten Glaubens im Handelsverkehr gebietet. Daraus folgt, daß der Käufer nicht sofort nach der Geltendmachung des Erfüllungsverlangens den Vertrag für aufgehoben erklären kann, ohne dem Verkäufer auch die geringste Chance zur Reaktion auf die erste Erklärung zu geben.

5. Gegenstand der Lieferung

Eine im deutschen Rechtskreis oft problematisierte Frage war/ist, ob der Verkäufer seiner Lieferpflicht genüge getan hat, wenn er eine andere als die vertraglich bedungene Ware geliefert hat, wenn also eine sog. aliud-Lieferung vorliegt. Praktische Konsequenzen hat die Entscheidung dieser Frage vor allem bezüglich der Untersuchungs- und Rügeobliegenheit des Käufers[28]. Sie hat jedoch auch Auswirkungen auf die Geltendmachung des Erfüllungsanspruchs. Denn wäre die aliud-Lieferung einer Nichtlieferung gleichgestellt, so stünde dem Käufer ein Anspruch auf Erfüllung in Natura gem. Art 46 Abs. 1 CISG zu. Wäre sie eine Lieferung nicht vertragsgemäßer Waren, so stünden dem Käufer nur modifizierte Erfüllungsansprüche zu, insbesondere der Ersatzlieferungsanspruch, der aber besonderen Voraussetzungen unterliegt[29].

In Anlehnung an der im HGB vor der Schuldrechtsmodernisierungsreform gemachten Unterschied zwischen genehmigungsfähigem und nicht genehmigungs-

---

[24] Reinhart, Art. 33, Rn. 4; Enderlein/Maskow/Strohbach, Art. 33 Anm. 4; Staudinger/Magnus, Art. 33 Rn 22

[25] Schlechtriem/Huber, Art. 33 Rn. 16.

[26] Staudinger/Magnus, Art. 33 Rn. 27; Schlechtriem/Huber, Art. 33 Rn. 2; Herber/Czerwenka, Art. 33 Rn. 7; Welser, in: Doralt S. 108.

[27] Piltz, § 5 Rn.181.

[28] Aicher, in: Hoyer/Posch, S. 116.

[29] dazu unten Seite 106 ff.

fähigem aliud, wollen manche Autoren diese Unterscheidung auch für das CISG treffen[30]. Als Argument wird unter anderem der Sekretariatskommentar zitiert mit dem dort aufgeführten Beispiel, daß eine Lieferung von Kartoffeln anstelle des vereinbarten Mais keine Erfüllung sei[31]. Die Lieferung von einem krassen aliud sei mit dem Fall der Zusendung nicht bestellter Waren vergleichbar und könne daher nicht als Erfüllungsversuch aufgefaßt werden[32].

Die Auseinandersetzung um den Fall der aliud-Lieferung verliert an Schärfe, wenn man bedenkt, daß der Anwendungsbereich der in Betracht kommenden Fälle durch die Regelung des Art. 40 CISG eingeschränkt ist[33]. Gemäß Art. 40 CISG darf sich der Verkäufer auf das Versäumnis der Rüge des Käufers nicht berufen, wenn er die Vertragswidrigkeit begründenden Tatsachen kannte oder kennen mußte. Daher kommt es nur im Fall einer versehentlichen aliud- Lieferung bzw. einer Verwechslung von Lieferungen wirklich auf die Entscheidung der Frage an, ob der aliud eine Lieferung ist oder nicht. Gerade in diesen Fällen hat aber der Verkäufer ein besonderes Interesse daran zu erfahren, ob der Käufer die Ware ablehnt. Wegen der besonders leichten Erkennbarkeit der Abweichung ist es auch keine besondere Belastung für den Käufer, den aliud zu rügen. Der Käufer muß die Ware sowieso untersuchen, wenn er die ihm zustehenden Rechte nicht einbüßen will[34]. Für die Gleichstellung von aliud-Lieferung mit Lieferung einer nicht vertragsgemäßen Ware spricht auch der Wortlaut von Art. 35 Abs. 1 CISG. Dieser regelt die Pflicht des Verkäufers zur Lieferung vertragsgemäßer Ware nicht nur hinsichtlich Qualität, Quantität und Verpackung, sondern auch bezüglich der Artgemäßheit. Die Artabweichung wird dadurch dem Tatbestand der Vertragswidrigkeit zugeordnet[35]. Auch die historische Interpretation spricht für die Betrachtung der aliud-Lieferung als Lieferung nicht vertragsgemäßer Waren. Art. 33 Abs. 1 lit. a) und b) EKG regelte sowohl die Mengenabweichung als auch die Falschlieferung explizit als Vertragswidrigkeiten. Der Wortlaut von Art 33 EKG wurde im CISG nicht übernommen. Damit wurde jedoch keine Änderung der Rechtslage bezweckt[36]. Die theoretischen und praktischen Schwierigkeiten, die entstehen, wenn man zwischen mangelhafter Qualität und Falschlieferung einerseits und genehmigungsfähigem und nicht genehmigungsfähigem aliud anderseits unterscheiden muß, sind für sich genommen ein starkes Argument für die letztgenannte Lösung. Die aliud-Lieferung ist also eine Lieferung nicht vertragsgemäßer Waren, so daß in solchen Fällen ein Anspruch auf Erfüllung gem. Art. 46 Abs. 1 CISG nicht statthaft ist.

---

[30] Loewe, S. 51; Neumayer, in: Doralt, S. 136; Bianca/Bonell/Binaca, Art. 35 Anm. 1.5; Binder, in: Doralt, S. 146.
[31] Official Records, S. 29, Art. 29, Nr. 3.
[32] Neumayer, in: Doralt, S. 136.
[33] Soergel/Lüderitz/Schüßler-Langeheine, Art. 35 Rn. 5: „der Streit ist folgenlos, weil der Verkäufer in einem solchen Fall die Vertragswidrigkeit kennt oder infolge grober Fahrlässigkeit nicht kennt".
[34] zu Rügepflicht s. unten Seite 112 ff.
[35] Aicher, in: Hoyer/Posch, S. 120; Schlechtriem, Internat. UN-Kaufrecht, Rn. 123.
[36] Enderlein/Maskow/Strohbach, Art. 35 Anm. 5; Schlechtriem/Huber, Art. 35 Rn. 10; Welser, in: Doralt, S. 111.

II. Pflicht zur Eigentumsverschaffung und rechtsmangelfreier Lieferung

Gemäß Art. 30 CISG ist der Verkäufer verpflichtet, dem Käufer das Eigentum an der Ware zu übertragen. Das Übereinkommen sieht lediglich diese Pflicht des Verkäufers vor. Wie diese hingegen zu erfüllen ist, richtet sich gem. Art. 4 lit. b) CISG nach dem jeweils anwendbaren nationalen Recht.

Wie auch bei der Lieferpflicht, schuldet der Verkäufer nicht die Herbeiführung des Leistungserfolgs, da dieser oft von Mitwirkungshandlungen des Käufers abhängt, sondern nur die Leistungshandlung[37]. Der Verkäufer muß also sämtliche Erklärungen und Handlungen vornehmen, die nach dem jeweiligen Sachenrecht erforderlich sind, um die Eigentumsübertragung herbeizuführen[38].

Die Eigentumsverschaffungspflicht gem. Art. 30 CISG wird durch Art. 41 CISG ergänzt. Demnach hat der Verkäufer die Ware frei von Rechten oder Ansprüchen Dritter zu liefern. Mit Rechten Dritter sind zunächst tatsächlich bestehende Rechte im Gegensatz zu lediglich behaupteten Ansprüchen gemeint[39]. Ob diese Rechte bestehen, ist nach dem anwendbaren nationalen Sachenrecht zu ermitteln[40]. Als Rechte erfaßt Art. 41 CISG alle Eigentums-, Besitz-, Sicherungs- und Nutzungsrechte, die einem Dritten mit Wirkung gegen den Käufer zustehen[41]. Art. 41 CISG greift auch dann ein, wenn ein Dritter unberechtigt Forderungen stellt, also Rechte und Ansprüche behauptet, die tatsächlich nicht bestehen[42]. Die Regelung will den Käufer davor schützen, sich mit vermeintlichen Rechtsinhabern um die Ware zu streiten, weil solche Auseinandersetzungen in der Regel langwierig und belastend sind[43]. Soweit Rechte aus immateriell-güterrechtlichen Positionen Dritter (gewerbliches oder anderes geistiges Eigentum) in Betracht kommen, richtet sich die Verantwortung des Verkäufers ausschließlich nach dem für ihn günstigeren Art. 42 CISG. Für solche Schutzrechte Dritter haftet der Verkäufer demgemäß nur, wenn er das Recht des Dritten kannte oder nicht in Unkenntnis darüber sein konnte.

Liefert der Verkäufer also eine mit Rechtsmängeln behaftete Ware, so erfüllt er eine seiner Verpflichtungen nicht. Ein Anspruch des Käufers gem. Art. 46 Abs. 1 CISG wäre gegeben, soweit dieser den Rechtsmangel gem. Art. 43 CISG ordnungsgemäß gerügt hat. Dies würde allerdings dann nicht gelten, wenn die Lieferung rechtsmangelhafter Ware eine Lieferung nicht vertragsgemäßer Ware wäre, denn dann würden dem Käufer nur die Ansprüche gem. Art. 46

[37] Witz/Salger/Lorenz/Witz, Art. 30 Rn. 11
[38] Staudinger/Magnus, Art. 30 Rn. 10.
[39] Schlechtriem, Internat. UN-Kaufrecht, Rn. 163.
[40] Staudinger/Magnus, Art. 41 Rn. 9.
[41] Schlechtriem/Schwenzer, Art. 41 Rn. 4; Enderlein/Maskow/Strohbach, Art. 41 Anm. 2; Herber/Czerwenka, Art. 41 Rn. 3; Soergel/Lüderitz/Schüßler-Langeheine, Art. 41 Rn. 3.
[42] Piltz, § 5 Rn. 98; Herber/Czerwenka, Art. 41 Rn. 5; Enderlein/Maskow/Strohbach, Art. 41 Anm. 4; van Houtte, 4.29.
[43] Staudinger/Magnus, Art. 41 Rn. 15.

Abs. 2 CISG oder Abs. 3 CISG zustehen[44].

Im Sinne des allgemeinen Sprachgebrauchs mag Ware, die mit Rechten und Ansprüchen Dritter behaftet ist, „nicht vertragsgemäß" sein. In Sinne des Übereinkommens ist aber „Vertragsmäßigkeit der Ware" („*conformity of the goods*") und damit „nicht vertragsgemäße" Ware ein terminus technicus, der nur Fälle des Art. 35 CISG, also nur Sachmängel, umfaßt[45]. Das ergibt sich daraus, daß die Überschrift des zweiten Abschnitts von Teil III, Kapitel II des Übereinkommens die Vertragsmäßigkeit des Ware („*conformity of the goods*") den Rechten oder Ansprüchen Dritter („*third party claims*") gegenüberstellt. Für diese Auslegung spricht auch, daß Art. 46 Abs. 2 und 3 CISG sich nur auf Art. 39 CISG beziehen, der die Rüge von Sachmängeln betrifft, nicht jedoch auf den für Rechtsmängel geltenden Art. 43 CISG. Die Lieferung einer rechtsmangelhaften Ware ist daher im Sinne des Übereinkommens keine Lieferung nicht-vertragsgemäßer Ware. Dem Käufer steht demzufolge ein Anspruch gem. Art. 46 Abs. 1 CISG zu, ohne daß er der Einschränkungen der Abs. 2 und 3 unterliegt[46].

Der Anspruch richtet sich auf Beseitigung der Rechte oder Ansprüche[47]. Wie der Verkäufer den Rechtsmangel beseitigt, ist zunächst ohne Bedeutung. Auch eine verbindliche Erklärung des Dritten, den Käufer nicht in Anspruch zu nehmen, wird als ausreichend anzusehen sein[48].

III. Pflicht zur Dokumentenverschaffung

Gemäß Art. 30 CISG ist der Verkäufer verpflichtet, die die Ware betreffenden Dokumente an den Käufer zu übergeben. Welche Dokumente zu übergeben sind, ergibt sich in erster Linie aus dem Vertrag oder aus den Gebräuchen und Gepflogenheiten der Parteien (Art. 9 CISG). Insbesondere bei der Vereinbarung der Incoterms ergibt sich aus der entsprechenden Klausel, welche Dokumente zu übergeben sind[49]. Ausnahmsweise kann sich die Pflicht zur Dokumentenverschaffung aus Treu und Glauben ergeben.

Die Modalitäten zur Erfüllung dieser Verpflichtung sind in Art. 34 CISG näher geregelt. Demnach hat der Verkäufer die Dokumente zu dem Zeitpunkt, an dem Ort und in der Form zu übergeben, die im Vertrag vorgesehen sind. Damit wird der allgemeine Grundsatz des Vorrangs vertraglicher Vereinbarungen wiederholt. Übergabe der Dokumente bedeutet die Vornahme aller Handlungen, um dem Käufer den Besitz an den Dokumenten zu verschaffen[50].

---

[44] so Enderlein/Maskow/Strohbach, Art. 46 Anm. 3; Herber/Czerwenka, Art. 46 Rn. 6; von Hoffmann, in: Schlechtriem, S. 294; Reinhart, Art. 46 Rn. 3; Wolff, S. 164ff; Neumayer, S. 106.
[45] Schlechtriem/Huber, Art. 46 Rn. 27.
[46] Karollus, S. 136; Staudinger/Magnus, Art. 46 Rn. 17; Schlechtriem/Huber, Art. 46 Rn. 27f.; Piltz, § 5 Rn. 154; Soergel/Lüderitz/Schüßler-Langeheine, Art. 46 Rn. 9; Zhang, S. 168.
[47] Schlechtriem/Huber, Art. 46 Rn. 9.
[48] Schlechtriem/Schwenzer, Art. 41 Rn. 21.
[49] S. näher Witz/Salger/Lorenz/Witz, Art. 30 Rn. 24.
[50] Witz/Salger/Lorenz/Witz, Art. 34 Rn. 4.

IV. Grenzen des Erfüllungsanspruchs

1. Geschriebene Grenzen des Erfüllungsanspruchs

Sind die ausgeführten Voraussetzungen erfüllt, so ist der Erfüllungsanspruch des Käufers grundsätzlich gegeben, es sei denn, der Käufer hat einen mit dem Erfüllungsanspruch unvereinbaren Rechtsbehelf ausgeübt, Art. 46 Abs. 1 CISG[51]. Des weiteren kann der Erfüllungsanspruch, trotz Erfüllung aller Voraussetzungen nicht durchsetzbar sein, wenn das nationale Recht eine Erfüllung in Natura nicht zuläßt (Art. 28 CISG).

a) Ausübung eines mit dem Erfüllungsanspruch unvereinbaren Rechtsbehelfs

Der Käufer verliert gem. Art. 46 Abs. 1 CISG das Recht, Erfüllung zu verlangen, wenn er selbst einen mit diesem Anspruch unvereinbaren Rechtsbehelf ausgeübt hat. Die bloße Möglichkeit einen anderen Rechtsbehelf auszuüben, hindert den Käufer nicht an der Geltendmachung des Erfüllungsanspruches. Die Rechte des Käufers nach Art. 45 ff. CISG stehen ihm grundsätzlich zur freien Wahl. Entscheidend für den Ausschluß gem. Art. 46 Abs. 1 CISG ist, daß der Käufer einen bestimmten Rechtsbehelf tatsächlich geltend gemacht hat und dieser denknotwendig den fortdauernden Erfüllungsanspruch ausschließt[52]. Hat der Käufer wirksam die Aufhebung des Vertrages erklärt, so ergibt sich der Ausschluß des Erfüllungsanspruchs aus Art. 81 Abs. 1 S. 1 CISG. Mit dem Erfüllungsbegehren gem. Art. 46 Abs. 1 CISG unvereinbar ist auch der Anspruch auf Schadensersatz wegen Nichterfüllung, denn damit bringt der Käufer zum Ausdruck, daß er Erfüllung nicht mehr oder gar nicht verlangen wolle.

Die Gestaltungswirkung der Erklärung der Rechtsbehelfe tritt jedoch nur dann ein, wenn der Käufer den jeweiligen Behelf zu Recht geltend macht. Verlangt der Käufer zu Unrecht Vertragsaufhebung oder Schadensersatz wegen Nichterfüllung, so ist zu unterscheiden[53]. Stimmt der Verkäufer dem Rechtsbehelf zu, dann ist die Rückkehr des Käufers zum Erfüllungsanspruch ausgeschlossen. Widerspricht der Verkäufer dem unberechtigten Verlangen des Käufers, dann bleibt es bei der Durchführung des Vertrages und bei dem Erfüllungsanspruch des Käufers. Das unberechtigte Schadensersatzverlangen bleibt dagegen wirkungslos[54].

b) Art. 28 CISG

Eine Einschränkung des Erfüllungsanspruchs ergibt sich aus Art. 28 CISG. Kann der Gläubiger vom Schuldner Erfüllung verlangen, so braucht ein Gericht ein Urteil auf Erfüllung in Natura nur dann zu erlassen, wenn es dies auch nach seinem

---

[51] Staudinger/Manus, Art. 30 Rn. 7.
[52] Piltz, § 5 Rn. 134.
[53] Staudinger/Magnnus, Art. 46 Rn. 20.
[54] Staudinger/Magnus, Art. 46 Rn. 21-23.

nationalen Recht bei gleichartigen Kaufverträgen, die nicht unter das Übereinkommen fallen, täte.

Die Regelung des Art. 28 CISG stellt einen Kompromiß zwischen den kontinentalen Rechtsordnungen und common law dar. Die kontinentalen Rechtsordnungen kennen den Erfüllungsanspruch als selbstverständliche Folge des Prinzips „pacta sunt servanda", der Ausschluß des Erfüllungsanspruches stellt eine Ausnahme dar. Im common law ist der primäre Rechtsbehelf bei Pflichtverletzungen einer Partei der Schadensersatzanspruch und nicht der Erfüllungsanspruch. Dies beruht auf dem Grundverständnis des Leistungsversprechens als ein Garantieversprechen, den Gläubiger im Falle von Leistungsstörungen schadlos zu stellen[55].

Die Verurteilung zu *„specific performance"* steht nach Sec 52 des englischen Sales of Goods Act[56] im Ermessen des Gerichts, wenn die Lieferungsverpflichtung *„specific or ascertained goods"* betrifft[57]. Der Erfüllungsanspruch wird meist dann gewährt, wenn dieser *„the appropriate remedy"* ist und der Schadensersatz keine ausreichende Entschädigung für den Gläubiger darstellt[58]. Nach Sec 2 - 716 des amerikanischen Uniform Commercial Code[59] kann *specific performance* dann verlangt werden, wenn die Sache *„unique"* ist bzw. *„in other proper circumstances"*. Wenn man von Einzelheiten absieht, ist für die Gewährung von *specific performance* im common law grundsätzlich eine gewisse Inadäquanz des Schadensersatzanspruches gegenüber dem Interesse des Gläubigers an der Erfüllung erforderlich.

Bei näherer Betrachtung sind die an sich grundlegenden Unterschiede der angesprochenen Rechtsordnungen nicht unüberwindbar groß. Einerseits ist in der kontinentalen Gerichtspraxis die Durchsetzung von Erfüllungsansprüchen eher selten im Vergleich zu den Schadensersatzklagen, andererseits tendieren die common law-Gerichte dazu, den historisch begründeten Ausnahmecharakter der *specific performance* abzuschwächen. Das gilt insbesondere für das Recht der Vereinigten Staaten[60]. Damit ist das praktische Gewicht der durch Art. 28 CISG angeordneten Beschränkung der Klagbarkeit des Erfüllungsanspruchs für sich genommen

---

[55] Rabel, Recht des Warenkaufs, B. 1, S. 263.

[56] Sec. 52. Specific performance (1) In any action for breach of contract to deliver specific or ascertained goods the court may, if it thinks fit, on the plaintiff's application, by its judgement or decree direct that the contract shall be performed specifically, without giving the defendant the option of retaining the goods on payment of damages. (2) The plaintiff's application may be made at any time before judgement or decree. (3) The judgement or decree may be unconditional, or on such terms and conditions as to damages, payment of the price and otherwise as seem just to the court. (4) The provisions of this section shall be deemed to be supplementary to, and not in derogation of, the right of specific implement in Scotland.

[57] s. ausführlicher unten Seite 78 ff.

[58] Zweigert/Götz, § 35 IV S. 478; Niggemann, in: Hoyer/Posch, S. 98f.; Honnold, Rn. 280.

[59] § 2-716. Buyer's Right to Specific Performance or Replevin: (1) Specific performance may be decreed where the goods are unique or in other proper circumstances. (2) The decree for specific performance may include such terms and conditions as to payment of the price, damages, or other relief as the court may deem just....

[60] Zweigert/Götz, § 35 V, S. 482.

gering[61]. Dies gilt insbesondere für den hier untersuchten Anspruch des Käufers auf Lieferung[62]. In den wenigen Fällen, in denen der Käufer ein besonderes Interesse an der Erfüllung in Natura hat, wäre der Anspruch auch nach den Rechten des common law höchst wahrscheinlich gegeben.

Auch wenn eine Klage auf Erfüllung unter den Voraussetzungen des Art. 28 CISG abgewiesen wird, beeinträchtigt dies die Existenz des Erfüllungsanspruchs des Käufers nicht. Der Erfüllungsanspruch bleibt als solcher bestehen. Will der Käufer den Vertrag wegen der ausgebliebenen Lieferung aufheben, so muß er eine Nachfrist gem. Art. 49 Abs.1 lit. b), Art. 47 Abs. 1 CISG setzen.

Von seiner Entstehungsgeschichte her ist Art. 28 CISG ein Zugeständnis gegenüber der Common law - Länder. Er könnte aber auch Auswirkungen auf einen Prozeß vor einem deutschen Gericht haben. Bei Art. 28 CISG kommt es nicht darauf an, ob ein Erfüllungsanspruch prinzipiell dogmatisch gegeben ist, sondern darauf, ob im konkret zu beurteilenden Fall, das Gericht, unterläge der Vertrag nicht dem Übereinkommen, sondern nationalem Recht, ein Urteil auf Erfüllung in Natura aussprechen würde. Die Frage stellt sich vor allem in den Fällen von Unmöglichkeit[63], die nach alter Rechtslage zu beurteilen sind[64]. Wenn die Leistung des Schuldners von Anfang an subjektiv oder objektiv unmöglich war oder erst nachträglich unmöglich wurde, so waren nach altem Recht nur im Falle einer vom Verkäufer zu vertretenden subjektiven Unmöglichkeit Erfüllungsansprüche denkbar. In allen anderen Fällen erging bei Vertretenmüssen kein Urteil auf Erfüllung, sondern ggf. auf Schadensersatz oder Rücktritt. Bei den Verträgen, die dem Übereinkommen unterliegen, ist das „zu vertreten" allein nach Art. 79, 80 CISG zu beurteilen[65]. Einige Fragen entstehen in den Fällen, in denen der Schuldner für das aufgetretene Leistungshindernis gem. Art. 79 Abs. 1 CISG nicht einzustehen hat[66], also dieses nicht zu vertreten hat. Denn Art. 79 Abs. 5 CISG schließt bei Befreiung des Schuldners gem. Art. 79 Abs. 1 CISG, zumindest ausdrücklich, nur den Schadensersatzanspruch aus. Der Käufer ist nicht gehindert, ein anderes, ihm nach dem Übereinkommen zustehendes Recht geltend zu machen. Nach einer wortgetreuen Interpretation würde dies bedeuten, daß der Käufer trotz Nicht-einstehen-müssens des Verkäufers von diesem Erfüllung verlangen könnte[67]. Eine solche Leistungsklage wäre aber nach deutschem Recht abzuweisen. Daher wird in der Literatur zum Teil vertreten, daß in diesen Fällen Art. 28 CISG anzuwenden ist. Der Erfüllungsanspruch sei wegen Art. 79 Abs. 5 CISG nicht selbst durch das Übereinkommen ausgeschlossen, jedoch sei aufgrund der über

[61] Schlechtriem, Einheitliches UN-Kaufrecht, S. 51; Honnold, Rn. 199, 286; Bianca/Bonell/Lando, Art. 28 Anm. 1.3.1.
[62] Schlechtriem/Huber, Art. 28 Rn. 11, der Art. 28, trotz gegensätzlicher Stimmen, auch auf den Erfüllungsansprüchen des Verkäufers anwenden will.
[63] Ziegler, S. 152.
[64] Nach dem Schuldrechtsmodernisierungsgesetz schließt die Unmöglichkeit der Leistung, unabhängig von der Frage des Vertretenmüssens, den Erfüllungsanspruch aus, § 275 Abs. 1 BGB.
[65] Schlechtriem/Huber, Art. 28. Rn. 28.
[66] s. dazu unten Seite 285 ff.
[67] Herbert/Czerwenka, Art. 79 Rn. 23; Reinhart, Art. 79 Rn. 11; Bartels/Motomura, S. 663; Huber RabelsZ 43, S. 467;Huber, in: Schlechtriem, S. 205; Staudinger/Magnus, Art. 79 Rn. 57.

Art. 28 CISG anwendbaren nationalen Regeln in einem solchen Fall einer Leistungsklage nicht stattzugeben[68]. Läßt man aber zu, daß sich der Schuldner gegenüber einem durch das Übereinkommen begründeten Erfüllungsanspruch mit vom nationalen Recht herrührenden Befreiungsgründen verteidigt, so wird man konsequenterweise auch die Voraussetzungen dafür nach dem nationalen Recht beurteilen müssen. Das Ergebnis ist mit der Absicht der Rechtsvereinheitlichung unvereinbar[69]. Art. 28 CISG will bei gegebener Leistungspflicht des Schuldners den Erfüllungsanspruch beschränken, nicht jedoch ein Einfallstor dafür schaffen, die durch das Übereinkommen geregelten Leistungspflichten der Parteien durch nationale Regeln zu modifizieren[70]. Die Regeln des alten deutschen Rechts über die nicht zu vertretende Unmöglichkeit betreffen die Leistungspflicht der Parteien und gehören daher nicht zu den von Art. 28 CISG anvisierten Rechten. Das Problem der Befreiung des Schuldners ist also im Rahmen des Übereinkommens, ohne Hinzuziehung nationalen Rechts, zu lösen. In Betracht kommt eine berichtigende Auslegung des Art. 79 Abs. 5 CISG [71]. Denn es wäre ein logischer Widerspruch, daß das Gesetz einerseits in Art. 79 Abs. 1 CISG anerkennt, daß es bestimmte Umstände gibt, die vernünftigerweise nicht erwartet werden können und die der Schuldner nicht in Betracht zu ziehen, zu überwinden oder zu vermeiden braucht und andererseits durch die Anerkennung des Fortbestands des Erfüllungsanspruchs dem Schuldner gebietet, diese doch zu überwinden[72]. Im Wege der Gesetzesinterpretation ist der Art. 79 CISG so auszulegen, daß Art. 79 Abs. 5 CISG dem Gläubiger nur solche Rechte erhalten kann, die mit dem Grundgedanken des Art. 79 Abs. 1 CISG vereinbar sind.

2. Ungeschriebene Grenzen des Erfüllungsanspruchs

Aus den oben gemachten Ausführungen lassen sich die sog. ungeschriebenen Grenzen[73] des Erfüllungsanspruches erahnen.

a) Art. 79 CISG

Beruht die Nichterfüllung einer Pflicht auf einem Hinderungsgrund, für den der Verkäufer gem. Art. 79 Abs. 1 - 3 CISG nicht einzustehen hat, so ist der Erfüllungsanspruch ausgeschlossen. Dies ergibt sich zwar nicht explizit aus Art. 79 CISG, da dieser nur die Schadensersatzpflicht des Schuldners betrifft, entspricht aber, wie oben dargestellt, der Logik des Gesetzes. Denn es wäre widersprüchlich, dem Käufer einen Anspruch auf Erfüllung derjenigen Pflichten zu geben, von deren Erfüllung Art. 79 CISG den Verkäufer gerade befreien will. Der Erfüllungsanspruch des Käufers ist daher ausgeschlossen, soweit zugunsten des Verkäu-

---

[68] Schlechtreim, Einheitliches UN-Kaufrecht, S. 51, 97; Enderlein/Maskow/Strohbach, Art. 79 Anm. 13. 6.; Bianca/Bonell/Lando, Art. 28 Anm. 2.2; Bartels/Motomura, S. 663.
[69] Staudinger/Magnus, Art. 79 Rn. 59; Schlechtriem/Huber, Art. 28 Rn. 30.
[70] Schlechtriem/Huber, Art. 28 Rn. 30.
[71] Schlechtriem/Huber, Art. 28 Rn. 31.
[72] Huber, in: Schlechtriem, S. 206.
[73] so der „Begriff" bei Schlechtriem/Huber, Art. 46 Rn. 11.

fers ein Haftungsbefreiungsgrund i. S.v. Art. 79 CISG eingreift[74]. Der Ausschluß des Erfüllungsanspruches ist dabei nur in dem Umfang gegeben, in dem die Befreiung eingreift[75].

b) Unmöglichkeit

Das Übereinkommen enthält keine selbständige Regelung von objektiver und subjektiver Unmöglichkeit. Art. 79 CISG umfaßt nur einige der Fälle, nämlich diejenigen, in denen der Schuldner von seiner Leistungspflicht entlastet wird, soweit ihm aus nicht zu beherrschenden Gründen die Leistung unmöglich oder unzumutbar geworden ist. Soweit die Lieferung objektiv und dauernd unmöglich ist, erlischt der Erfüllungsanspruch, ohne Rücksicht darauf, ob der Verkäufer gem. Art. 79 CISG entlastet ist oder nicht[76]. Denn der Rechtsbehelf des Erfüllungsanspruches ist bei feststehender Unmöglichkeit der Erfüllung gegenstandslos. Der Wegfall des Erfüllungsanspruchs versteht sich daher auch ohne ausdrückliche gesetzliche Anordnung von selbst. Bei subjektiver Unmöglichkeit bleibt der Erfüllungsanspruch des Käufers grundsätzlich bestehen, es sei denn, der Verkäufer hat für diese i. S.v. Art. 79 CISG nicht einzustehen[77].

V. Zusammenfassung: Anspruch auf Erfüllung in Natura nach dem CISG

Nach dem Wiener Übereinkommen über Verträge über den internationalen Warenkauf (CISG) ist der Anspruch des Käufers auf Erfüllung in Natura ein Rechtsbehelf, der eine Vertragsverletzung voraussetzt. Gemäß Art. 46 Abs. 1 CISG steht dieser Rechtsbehelf dem Käufer grundsätzlich zu, soweit der Verkäufer zum Lieferzeitpunkt eine seiner Pflichten nicht erfüllt hat. Als in diesem Sinne verletzbare Verpflichtung kommt grundsätzlich jede vertragliche Pflicht in Betracht. Die grundlegenden und im Übereinkommen typisierten Pflichten sind dabei die Lieferpflicht, d. h. die Verpflichtung des Verkäufers, alles seinerseits Erforderliche zu unternehmen, damit der Käufer in den Besitz der Ware gelangen kann. Des weiteren sind die Pflicht zur Eigentumsverschaffung und zur rechtsmängelfreien Lieferung im Übereinkommen ausdrücklich erwähnt (Art. 30, 41 CISG). Um seine Eigentumsverschaffungspflicht zu erfüllen, muß der Verkäufer sämtliche Erklärungen und Handlungen vornehmen, die nach dem jeweiligen anwendbaren nationalen Sachenrecht (Art. 4 lit. b) CISG) erforderlich sind, um die Eigentumsübertragung herbeizuführen. Die Eigentumsverschaffungspflicht gem. Art. 30 CISG wird durch die Pflicht zur rechtsmängelfreien Lieferung gem. Art. 41 CISG ergänzt. Der Verkäufer hat die Ware frei von tatsächlich bestehenden Rechten und Ansprüchen Dritter zu liefern. Ob die Rechte tatsächlich bestehen, ist nach dem jeweils anwendbaren nationalen Sachenrecht zu ermitteln. Soweit der Käufer den Rechtsmangel gem. Art. 43 CISG ordnungsgemäß gerügt hat, steht ihm, zutref-

---

[74] Bianca/Bonell/Tallon, Art. 79 Anm. 2.10; Schlechtriem/Huber Art. 46 Rn. 11; Karollus, S. 141; Staudinger/Magnus, Art. 46 Rn. 12; differenzierend Schlechtriem/Stoll, Art. 79 Rn. 55.

[75] Staudinger/Magnus, Art. 46 Rn. 25; Schlechtriem/Huber, Art. 46 Rn. 12.

[76] Staudinger/Magnus, Art. 46 Rn. 26; Schlechtriem/Huber, Art. 46 Rn. 15; Schlechtriem/Stoll, Art. 79 Rn. 56; Karollus, S. 141; Piltz, § 5 Rn. 133.

[77] Piltz, § 5 Rn. 133; Schlechtriem/Huber, Art. 46 Rn. 17.

fender Ansicht nach, ein Erfüllungsanspruch gem. Art. 46 Abs. 1 CISG zu. Die modifizierten Erfüllungsansprüche gem. Art. 46 Abs. 2 und 3 CISG sind bezüglich Rechtsmängeln nicht anwendbar, da sie die Lieferung einer nicht vertragsgemäßen Ware voraussetzen. In Sinne des Übereinkommens ist „Vertragsmäßigkeit der Ware" („*conformity of the goods*") und damit „nicht vertragsgemäße" Ware ein terminus technicus, der nur Fälle des Art. 35 CISG, also nur Sachmängel, umfaßt.

Den Bedürfnissen des grenzüberschreitenden Handelsverkehrs mit Waren entspricht die Regelung der Dokumentenverschaffungspflicht. Die Modalitäten der Erfüllung dieser Pflicht, insbesondere welche Dokumente zu verschaffen sind, ergeben sich aus dem Vertrag oder aus den Gebräuchen und Gepflogenheiten der Parteien.

Die Leistungsfähigkeit des Verkäufers und damit der Erfüllungsanspruch des Käufers unterliegen gewissen Grenzen. Steht fest, daß die Lieferung der Ware unmöglich ist, so ist der Erfüllungsanspruch des Käufers ausgeschlossen. Auf diesen Rechtsbehelf kann sich der Käufer auch dann nicht berufen, wenn dem Verkäufer der Nachweis gelingt, daß die Nichterfüllung seiner Pflichten auf einem außerhalb seines Einflußbereichs liegenden Hinderungsgrund beruht und daß von ihm vernünftigerweise nicht erwartet werden konnte, den Hinderungsgrund bei Vertragsabschluß in Betracht zu ziehen oder den Hinderungsgrund oder seine Folgen zu vermeiden oder zu überwinden (Art. 79 CISG). Der Anspruch auf Erfüllung in Natura ist des weiteren dann ausgeschlossen, wenn der Käufer einen ihm widersprechenden Rechtsbehelf geltend gemacht hat. Als solche kommen vor allem die Aufhebung des Vertrages und der Schadensersatz wegen Nichterfüllung in Betracht.

Trotz Vorliegens aller Voraussetzungen kann die Durchsetzung des Anspruchs auf Erfüllung in Natura dann ausgeschlossen sein, wenn ein nationales Gericht nach seinem eigenen Recht bei gleichartigen Kaufverträgen, die nicht unter das Übereinkommen fallen, einen solchen Anspruch nicht gewähren würde (Art. 28 CISG).

B. Anspruch auf Erfüllung in Natura nach bulgarischem Recht[78]

Der Anspruch auf Erfüllung in Natura[79] des Käufers gem. Art. 79 Abs. 1, 1. Alt. des bulgarischen Gesetzes über die Verbindlichkeiten und Verträge (GVV) setzt eine ungenaue Erfüllung einer der Verkäuferpflichten voraus. Einer der führenden Prinzipien im bulgarischen Vertragsrecht ist das Prinzip der genauen Erfüllung.

---

[78] Ein Teil der verwendeten Literatur bezieht sich auf den sog. Lieferungsvertrag. Dieser ist seit der Mitte der 50-er Jahre als selbständiger Rechtsfigur des sozialistischen Rechts anerkannt (Кантарджиев, Социалистическо право 1955, S. 43) und hat ihre gesetzliche Regelung in dem Gesetz über die Verträge der sozialistischen Organisationen gefunden. Der Lieferungsvertrag ist wie der Kaufvertrag ebenfalls ein gegenseitiger entgeltlicher Vertrag, konnte allerdings nur von den sog. sozialistischen Organisationen abgeschlossen werden und diente der Verwirklichung des volkswirtschaftlichen Plans. Durch den Lieferungsvertrag wurde die planmäßige Übertragung der Produktion verwirklicht. Dementsprechend wurde nicht das Eigentum an der Ware, sondern die Nutzungs- und Verfügungsbefugnis über die Ware übertragen. Das Gesetz über die Verträge der sozialistischen Organisationen wurde 1992 aufgehoben (GBl. Nr. 18 v. 1992). Viele der unter seiner Geltung gefällten Entscheidungen behalten aber wegen der in ihnen enthaltenen allgemeingültigen Aussagen ihre Geltung. Die meiste gefällte Rechtsprechung in den Jahren der Planwirtschaft betreffen dieses Gesetz und die Tätigkeit der sozialistischen Organisationen. Das ist auch nicht erstaunlich, wenn man bedenkt, daß die wirtschaftliche Tätigkeit von diesen ausgeübt wurde und das der Bürger nur die Rolle des Konsumenten hatte, also an dem Handel mit Waren nicht maßgeblich beteiligt war. Daß das Rechtsdenken immer noch von der Regelungen des Lieferungsvertrages beeinflußt ist, zeigt auch eine Änderung des Gesetzes über die Verbindlichkeiten und Verträge von Jahre 1993. Durch das Änderungsgesetz wurde der neue Artikel 186a eingeführt, der den alten Art. 13 des Gesetzes über die Verträge der sozialistischen Organisationen wörtlich wiedergibt. Sogar die Termini „Lieferung" und „Transitlieferung", die noch von dem Lieferungsvertrag stammen wurden ohne Anpassung übernommen (dazu Герджиков/ Бузева).

Das Änderungsgesetz von 1993 hat die ersten mit dem Wandel des Wirtschaftssystems notwendig gewordenen Anpassungen durchgeführt. Das Gesetz über die Verbindlichkeiten und Verträge trat zum 1.01.1951 in Kraft und war dazu bestimmt dem sozialistischen Wirtschaftssystem zu dienen. Es enthielt eine Reihe von Bestimmungen die der Verwirklichung der Planwirtschaft dienen sollten. So war das in Art. 1 erklärte Ziel des Gesetzes zur Aufbau des Sozialismus und zur Verwirklichung des staatlichen Volkswirtschaftsplan beizutragen. Zum einen waren das Bestimmungen, die den Plan als Grundlage für Entstehung von Verbindlichkeiten konstituierten. So z. B. waren der Widerspruch und die Umgehung des Volkswirtschaftsplans ein Nichtigkeitsgrund (Art. 26 Abs. 1 GVV a.F.). Zum anderen wurden weite Befugnisse der planregulierenden Staatsorgane eingeräumt. Eine Reihe von Bestimmungen enthielt als Maßstab die „Regeln der sozialistischen Wohngemeinschaft". Das Änderungsgesetz von 1993 hat diese wirtschaftliche Indikation des Gesetzes aufgehoben. Außerdem hat das Gesetz die von Art. 19 der Verfassung von 1991 konstituierte Gleichstellung alles Restsubjekte durch Abschaffung von eine Reihe von Privilegierungen der sozialistischen Organisationen gewährleistet.

[79] In der bulgarischen Rechtsliteratur werden häufig als Synonym der Erfüllung in Natura die Begriffe „reale Erfüllung" oder „direkte Erfüllung" benutzt (s. Стойчев , За понятието, S. 29f.). Eine Reihe von Abhandlungen beschäftigt sich mit der Abgrenzung der Begriffe, der Prinzipien, der Rechte und der Institute, die sich hinter „reale Erfüllung" und „genaue Erfüllung" verbergen. Teil dieses besonderen Interesses an der Durchleuchtung des Begriffs der realen Erfüllung beruht auf seiner Bedeutung im Dienste der Planwirtschaft und seinem „Beitrag" zur Erfüllung des staatlichen Volkswirtschaftsplans (s. Barov). Das Gesetz über die Verträge der sozialistischen Organisationen enthielt in Art. 32 sogar eine Verpflichtung die reale Erfüllung zu verfolgen, solange sie nur möglich ist. Sieht man von der Überbewertung durch die ehemalige politisch motivierte Doktrin ab, so hat die reale Erfüllung tatsächlich im bestimmten Umfang Vorrang. Dieser wird durch die Gestaltung der Voraussetzungen für die anderen Rechtsbehelfe durch das Gesetz gewährleistet. Dazu unten im Text.

Das Gesetz knüpft die in Art. 79 GVV gewährten Rechtsbehelfe – Erfüllungsanspruch mit Verzugsentschädigung und Schadensersatz wegen Nichterfüllung - an der ungenauen Erfüllung einer Verpflichtung durch den Schuldner an. In Art. 63 Abs. 1 GVV gebietet das Gesetz den Parteien, deren Pflichten genau und gewissenhaft zu erfüllen.

Was eine „genaue Erfüllung" ist, richtet sich in erster Linie nach den vertraglichen Vereinbarungen. Der Schuldner erfüllt dann genau, wenn er unter Beachtung aller Vertragsmodalitäten zur richtigen Zeit, am richtigen Ort das gegenständlich, quantitativ und qualitativ Vereinbarte leistet[80]. Soweit die Parteien keine besonderen vertraglichen Vereinbarungen getroffen haben, richten sich deren Verpflichtungen nach dem Gesetz. Seit dem Inkrafttreten des dritten Teils des Handelsgesetzes („Handelsgeschäfte") im Jahre 1996 unterscheidet das bulgarische Recht wieder zwischen bürgerlichrechtlichem und handelsrechtlichem Kaufvertrag[81]. Das Handelsgesetz (HG), daß neben dem GVV ergänzend anwendbar ist[82], enthält einige an die Bedürfnissen des Handelsverkehrs angepaßte Modifikationen bezüglich der Übergabepflicht des Verkäufers. Wegen der Vielfalt der möglichen vertraglichen Gestaltungen wird sich die Untersuchung auf die gesetzlich typisierten Pflichten beschränken.

I. Pflichten des Verkäufers

Die gesetzlich vorgesehenen Hauptpflichten des Verkäufers sind die Verschaffung des Eigentums an der Ware (Art. 183 GVV) und die Übergabe der verkauften Ware (Art. 187 GVV).

1. Eigentumsverschaffungspflicht

Die Eigentumsverschaffungspflicht des Verkäufers wird in der bulgarischen Rechtstheorie in die Kategorie der Verpflichtungen zur „dare"[83] eingeordnet. Diese Verpflichtungen haben grundsätzlich eine schuldrechtliche sowie eine sachenrechtliche Wirkung. Der Vertrag, der die Verpflichtung einer Partei zur Eigentumsübertragung begründet, bewirkt zugleich die Übertragung des Eigentums[84].

Da auch im bulgarischen Recht der Bestimmtheitsgrundsatz gilt, ist bei der

---

[80] Кантарджиев, S. 48; Стойчев , Реалното изпълнение, S 21; Таджер, Неустойката, S 77.

[81] Die Anschaffung von Waren und anderen Sachen mit dem Ziel der Weiterveräußerung ist gem. Art. 1 Abs. 1 Nr. 1 immer ein Handelskauf. Um einen handelsrechtlichen Kauf handelt es sich weiterhin dann, wenn das Geschäft von einem Kaufmann in Ausübung seines Gewerbes abgeschlossen worden ist (Art. 318 Abs. 1 i. V. Art. 286 Abs. 1 HG). Kein Handelskauf ist ein Geschäft, das Sachen, die dem persönlichen Gebrauch dienen, zum Gegenstand hat und der Käufer eine natürliche Person ist (Art. 286 Abs. 2 HG).

[82] Entsch. des Schiedsgericht bei BCCI v. 15.05.2002 дело 135/2001.

[83] Кожухаров, Облигационно право I, S. 112f.

[84] Василев Б., S. 46f; Кожухаров, Облигационно право I, S. 112f; Рачев А., S. 82; Кожухаров, Облигационно право II, S. 39; Герджиков, S. 62.

Eigentumsübertragung zunächst zwischen Stück- und Gattungsschulden zu unterscheiden.

Gemäß Art. 24 Abs. 1 GVV tritt die Traditionswirkung des Kaufvertrages[85] nur bei einem Verkauf von bestimmten Sachen automatisch mit Abschluß des Vertrages ein. Werden dagegen nur der Gattung nach bestimmte Sachen verkauft, so geht das Eigentum erst mit der Konkretisierung über. Die Konkretisierung tritt gem. Art. 24 Abs. 2 GVV nach dem Einvernehmen der Parteien oder - soweit nichts vereinbart worden ist - mit Übergabe der Sachen ein.

Es ist zum Teil unklar, ob nur die tatsächliche Übergabe an den Käufer, also die Verschaffung des unmittelbaren Besitzes, als Übergabe der Sache i. S. v. Art. 24 Abs. 2 GVV gilt oder auch die Übergabe an einen Spediteur oder Frachtführer. Richtiger Ansatzpunkt für die Bestimmung, was unter Übergabe i. S. v. Art. 24 Abs. 2 GVV zu verstehen ist, ist die Betrachtung der damit verbundenen Rechtsfolgen. Die Übergabe bewirkt den Eigentums- und Gefahrübergang auf den Käufer. Davon ausgehend hat der Gemeinsame Zivilsenat des Obersten Gerichtshofes in einer Entscheidung von 1956 festgestellt[86], daß mit „Übergabe" nur die tatsächliche Übergabe oder die Übergabe eines Traditionspapiers gemeint ist. Das Schiedsgericht bei der Bulgarischen Industrie- und Handelskammer geht dagegen in ständiger Rechtsprechung, ohne nähere Begründung, davon aus, daß auch die Übergabe an einen Spediteur oder Frachtführer für die Konkretisierung i. S. v. Art. 24 Abs. 2 GVV ausreicht[87].

Aufgrund der rechtsfolgenbezogenen Betrachtung führt die OSGK-Entscheidung zutreffend aus, daß unter „Übergabe" nur eine solche gemeint sein kann, die dem Käufer den Besitz, die tatsächliche Sachherrschaft und die Nutzung über die verkaufte Sache gewährleistet. Mit dieser Auslegung kollidiert aber das Recht des Verkäufers, dem Frachtführer, soweit kein Konnossement ausgestellt worden ist[88], Anweisungen bezüglich Rücktransport oder Aushändigung der Ware an Dritte zu erteilen. Daraus schließt das Gericht, daß der Käufer mit Übergabe der Ware an den Transporteur keine Verfügungsmöglichkeit erlangt. Allerdings ist die in Art. 186a GVV[89] getroffene gesetzgeberische Entscheidung zu berücksichtigen, wonach die Gefahr des zufälligen Untergangs bei Versendungskäufen mit der Übergabe an den Spediteur oder Frachtführer auf den Käufer übergeht. Da aber die Konkretisierung gem. Art. 24 GVV sowohl den Gefahr- als auch den Eigentumsübergang bewirkt, kann, soweit vertraglich nichts Aderes vereinbart wurde, für den Eigentumsübergang keine andere Übergabehandlung gemeint sein.

---

85 Der den Kaufvertrag regelnde Abschnitt im GVV trägt die Überschrift „Verkauf"; das GVV benutzt den Begriff Vertrag über den Verkauf. In der folgenden Darstellung wird jedoch der im deutschen Rechtskreis verwendete Begriff „Kaufvertrag" benutzt.

86 ОСГК Nr. 118a v. 1.XII.1956 дело Nr. 103/56.

87 Entsch. des Schiedsgerichts bei BCCI in Sache 170/1982; Entsch. vom 25.08.1992 in Sache 64/1992; Entsch. vom 28.06.1994 in Sache 83/1993, so auch BC Nr. 2148 vom 29.11.1995 дело 171/95.

88 Art. 316 GVV a.F. bzw. Art. 368 Abs. 2 HG.

89 Die Norm wurde erst 1993 im Gesetz aufgenommen,

Übergabe i. S. v. Art. 24 Abs. 2 GVV ist daher neben der Aushändigung an den Käufer und der Überreichung von Traditionspapieren auch die Übergabe an einen Transporteur bei dem Vorliegen eines Versendungskaufs.

Ein automatischer Eigentumswechsel tritt auch dann nicht ein, wenn künftige Sachen oder alternativ bestimmte Sachen verkauft worden sind oder der Vertrag unter einer aufschiebenden Bedingung geschlossen worden ist[90]. Die sachenrechtliche Wirkung des Vertrages tritt also erst dann ein, wenn hinreichende Bestimmtheit über die veräußerten Sachen herrscht. Der Vertrag entfaltet auch dann keine sachenrechtliche Wirkung, wenn ein Nichteigentümer verkauft. Es entsteht nur die schuldrechtliche Verpflichtung des Verkäufers, das Eigentum an der Sache zu verschaffen[91]. Erlangt der Verkäufer später das Eigentum, geht dieses dann automatisch auf den Käufer über[92].

2. Übergabepflicht

Gemäß Art. 187 GVV ist der Verkäufer verpflichtet, die verkaufte Sache dem Käufer zu übergeben. Bei der näheren Bestimmung der Übergabepflicht ist zwischen Stück- und Gattungsschuld sowie zwischen Platz- und Distanzkauf zu unterscheiden.

Bei dem Stückkauf geht das Eigentum wie oben ausgeführt mit dem Zustandekommen des Kaufvertrages über. Der Verkäufer hält[93] ab diesem Augenblick eine fremde Sache. Er ist daher sowohl nach den kaufrechtlichen als auch nach den sachenrechtlichen Bestimmungen verpflichtet, die Sache dem Eigentümer zu übergeben. Bei einem Gattungskauf resultiert die Übergabepflicht aus dem Kaufvertrag selbst[94].

Ihrem Wesen nach ist die Übergabe ein tatsächliches Handeln und kein Rechtsgeschäft. Der Verkäufer muß alles seinerseits Erforderliche tun, damit der Käufer den Besitz, die tatsächliche Sachherrschaft über die verkaufte Sache bekommt und so die Möglichkeit erlangt, die Sache zu nutzen[95]. Bei einem Platzkauf, also wenn Käufer und Verkäufer an einem Ort anwesend sind[96], erschöpft sich die Übergabe i. d. R. in dem Zur-Verfügung-Stellen der Sache. Die Verpflichtung kann je nach den Umständen des Falles auch die Benachrichtigung des Käufers

---

[90] Василев Б., S. 47; ВС Nr. 2538/1970, I. гр. о., Bd. 1971, H. 4, 32; Герджиков, S. 62.
[91] Василев Б., S. 49; Кожухаров, Облигационно право I, S. 115; ВС Nr. 4812/1980, I. гр. о., Bd. 1980, 96; ВС Nr. 2740/1983, I. гр. о., Bd. 1983, H. 12, 12.
[92] Кожухаров, Облигационно право II, S. 40; Герджиков, S. 73.
[93] Bei den besitzrechtlichen Bestimmungen unterscheidet das bulgarische Recht primär zwischen Eigenbesitz und Fremdbesitz. Eigenbesitz ist dabei die tatsächliche Gewalt über eine Sache, die der Eigenbesitzer selbst oder durch Dritte als eigen hält (Art. 68 Abs. 1 Gesetz über das Eigentum). Fremdbesitz ist die Ausübung der tatsächlichen Sachherrschaft über eine Sache, die die Person nicht als eigene hält (Art. 68 Abs. 2 EG). Der hier verwendete Ausdruck „halten" bezieht sich auf den Fremdbesitz.
[94] Кожухаров, Облигационно право II, S. 51.
[95] Василев Б., S. 50; Коджейков, S. 11; ОСГК Nr. 118а v. 1.12.1956 дело Nr. 103/56.
[96] Коджейков, S. 33; Кожухаров, Преминаване на собствеността, S. 111.

umfassen[97]. Die Aushändigung der Sache kann an den Käufer oder an eine von ihm ermächtigte Person erfolgen[98]. Bei einem Distanzkauf, also wenn ein Transport der Sache erforderlich ist, umfaßt die Übergabeverpflichtung des Verkäufers auch die Überreichung der Sache an einen Transporteur[99]. Das Transporterfordernis kann Verpackungs- und Mitteilungsverpflichtungen des Verkäufers nach sich ziehen[100]. Es kann auch die Pflicht des Verkäufers begründen, die für den Transport erforderlichen Verträge abzuschließen[101].

Die Übergabe kann auch ohne körperliche Übertragung der Sache verwirklicht werden. So können die Parteien ein Besitzkonstitut vereinbaren[102]. Die Übergabe kann auch durch bloße Einigung erfolgen, wenn die Sache dem Käufer jederzeit zur Verfügung steht[103].

Um seine Übergabepflicht genau zu erfüllen, muß der Verkäufer die verkaufte Sache zur richtigen Zeit und am richtigen Ort übergeben.

a) Zeitpunkt der Übergabe

Die Parteien können ausdrücklich oder konkludent einen Zeitpunkt oder eine Frist zur Übergabe vereinbaren.

Ist ein dem Kalender nach bestimmter oder bestimmbarer Tag vereinbart worden, so muß der Schuldner zu diesem Zeitpunkt die Sache übergeben, wenn er seine Pflicht genau erfüllen will[104].

Ist eine Frist vereinbart worden, so muß ermittelt werden zum wessen Gunsten sie gilt. Ist sie zugunsten des Verkäufers vereinbart, so darf der Käufer vor Ablauf der Frist keine Übergabe verlangen, der Verkäufer darf aber leisten. Ist die Frist zugunsten des Käufers vereinbart, so darf der Verkäufer vor Ablauf nicht erfüllen, der Käufer kann aber vor Fristende Erfüllung verlangen[105]. Art. 70 Abs. 1 GVV enthält die widerlegbare Vermutung, daß die Frist zugunsten des Schuldners vereinbart worden ist. Bei Verträgen mit wiederkehrenden Leistungen wird angenommen, daß die Frist zugunsten beider Parteien vereinbart worden ist (Art. 208 Abs. 2 GVV).

Haben die Parteien keine Frist vereinbart, so kann der Gläubiger gem. Art. 69 Abs. 1 GVV die Erfüllung der Pflicht sofort verlangen. Der Gläubiger muß dem Schuldner mitteilen, daß er auf Erfüllung besteht und ihm eine nach den Umstän-

---

[97] Entsch. des Schiedsgericht bei BCCI v. 13.03.2000 дело 62/99.
[98] Кожухаров, Облигационно право II, S. 45ff.; ОСГК Nr. 118a v. 1.12.1956 дело Nr. 103/56.
[99] Коджейков, S. 64f.; Кожухаров, Преминаване на собствеността, S. 114.
[100] Коджейков, S. 32f., 61.
[101] Коджейков, S. 33.
[102] Венедиков, Nr. 33.
[103] Кожухаров, Облигационно право II, S. 52.
[104] Цачев, Bd. I, S. 319.
[105] Василев Б., S. 51.

den angemessene Frist zur Erfüllung einräumen[106]. „Sofort" bedeutet insoweit innerhalb angemessener Frist nach Erfüllungsaufforderung[107].

Bei Handelskäufen kann der Käufer, soweit keine Übergabefrist vereinbart worden ist, gem. Art. 319 HG die Übergabe innerhalb einer „vernünftigen Frist" verlangen[108]. Eine vernünftige Frist bedeutet, daß die Zeit für die Übergabe, die konkreten Umstände, das Wesen und den Charakter des Geschäfts und der Ware und evtl. die Transportmöglichkeiten berücksichtigt werden sollen[109]. Dem Gedanken, daß zur Vorbereitung der Übergabe Zeit notwendig ist, trägt auch Art. 320 HG Rechnung. Demnach sollten die Parteien, wenn Übergabe in den Lagerräumen des Verkäufers vereinbart worden ist, auch die Fristen und die Art und Weise vereinbaren, wie der Verkäufer den Käufer über die Bereitstellung der Ware benachrichtigt. Haben die Parteien nichts vereinbart, so soll die Benachrichtigung mindestens drei Tage vor Übergabe, wenn die Parteien sich an verschiedenen Orten befinden – 5 Tage vorher erfolgen.

Die unterschiedliche sprachliche Formulierung in Art. 69 Abs. 1 GVV und Art. 319 HG bewirken im Ergebnis keine sachlichen Unterschiede bezüglich der Zeit, zu der die Übergabe der Sache geschuldet wird.

b) Ort der Übergabe

Um seine Pflicht genau zu erfüllen, muß der Verkäufer die erforderlichen Übergabehandlungen – Aushändigung, Zusendung etc.- auch am richtigen Ort erfüllen. Der Leistungsort kann sich aus einem Spezialgesetz[110], aus der Natur der Sache[111] oder aus dem Vertrag ergeben. Soweit keine der aufgezählten Alternativen gegeben ist, bestimmt Art. 68 GVV den Leistungsort. Er unterscheidet nach der Art der Schuld.

Bei Verpflichtungen zur Übergabe von bestimmten Sachen ist Leistungsort der Ort, an dem sich die Sache zur Zeit der Entstehung der Verpflichtung befand (Art. 68 lit. b) GVV). Bei der Verpflichtung zur Übergabe von der Gattung nach bestimmten Sachen ist gem. Art. 68 lit. c) GVV Leistungsort der Wohnsitz des Verkäufers.

Haben die Parteien den Transport der Sache vereinbart, so ist zu unterscheiden. Haben die Parteien einen anderen als den in Art. 68 GVV bestimmten Ort für die Übergabe vereinbart, so hat i. d. R. der Verkäufer die Kosten und das Risiko des Transports bis zu diesem Ort zu tragen. In diesem Fall liegt ein sog. eigentlicher

---

[106] Кожухаров, Облигационно право I, S. 161
[107] Василев Б., S. 52.
[108] Die Formulierung ist in Anlehnung an das CISG gewählt worden; s. Герджиков, S. 66.
[109] Горбанов, S. 53.
[110] So war z. B. bei bestimmten Exportwaren der Hafen Burgas zwingender Leistungsort, VO von 24. 12. 1954
[111] Das ist der Fall bei Verkauf von Immobilien. Bei Waren ist die Bestimmung durch die Natur der Sache eher selten, denkbar aber etwa, wenn eine erst abzubauende Maschine/Anlage verkauft wird.

Distanzkauf vor[112]. Ist aus der Vereinbarung der Parteien bzw. aus ihrer Auslegung[113] ersichtlich, daß die Parteien nur die Versendung des Sache gewollt haben, so ist im Zweifel Leistungsort der in Art. 68 GVV bezeichnete. Der Verkäufer hat seine Übergabeverpflichtung mit der Aushändigung der Sache an den Transporteur an seinen Wohnort bzw. an den Ort, an dem sich der Transporteur befindet, erfüllt[114]. Das Risiko des zufälligen Untergangs und die Transportkosten trägt in diesem Fall i. d. R. der Käufer, Art 186a GVV, Art 330 Abs. 1 HG.

c) Gegenstand der Übergabe

Selbstverständlich muß der Verkäufer die verkaufte Sache oder Sachen aus der vereinbarten Gattung übergeben. Händigt er dem Käufer eine andere als die vereinbare Sache, also ein aliud aus, so hat er eine seiner Pflichten nicht erfüllt. Es liegt eine Nichterfüllung und keine Übergabe von einer mit Mängeln behafteten Sache vor[115]. Bei Gattungsschulden ist ein aliud dann anzunehmen, wenn die Unterschiede zwischen vertraglich vereinbarten und tatsächlich übergebenen Sachen so gravierend sind, daß die gelieferten Sachen nicht den vertraglich vereinbarten Verwendungszweck erfüllen können[116]. Ein aliud ist auch dann vorhanden, wenn der Unterschied zwischen übergebener und vereinbarter Sache so groß ist, daß nicht damit gerechnet werden konnte, daß der Käufer die gelieferte Sache als Erfüllung annimmt[117]. Bei Übergabe eines aliuds kann der Käufer also seine Rechte gem. Art. 79 GVV ausüben.

Bei einem Handelskauf kann der Verkäufer seine Übergabeverpflichtung auch dadurch erfüllen, daß er dem Käufer die Traditionspapiere für die Ware aushändigt (Art. 336 HG). Als solche Papiere kommen der Lagerschein, der Ladeschein und das Konnossement in Betracht. Diese Übergabemöglichkeit besteht bei dem bürgerlichrechtlichen Kauf nicht[118].

Der Verkäufer hat die Ware in der vertraglich vereinbarten Menge zu übergeben. Der Käufer ist nicht verpflichtet, eine Teilerfüllung anzunehmen (Art. 66 GVV). Übergibt der Verkäufer nicht die ganze vertraglich vereinbarte Menge Sachen, so erfüllt er seine Pflicht ungenau und der Käufer kann vom ihm gem. Art. 79 GVV Erfüllung verlangen[119].

---

[112] Герджиков, S. 73f.

[113] Кожухаров, Преминаване на собствеността, S. 109f.-i. d. R. wollen die Parteien den sog. uneigentlichen Distanzkauf vereinbaren.

[114] Коджейков, S. 24, S. 64.

[115] СГНС Nr. 1886/1963; БДА Nr. 13/1963, Bd. II, 93,162; Кожухаров, Облигационно право II, S. 85; Василев Б., S. 58.

[116] Василев Б., S. 58.

[117] Кожухаров, Zu Frage der Haftung des Verkäufers, S. 28.

[118] Oder nicht mehr, vor 1996 war die Übergabemöglichkeit in GVV geregelt.

[119] Василев Б., S. 55; Големинов, Към въпроса, S. 26.

3. Zusammenfassung: Pflichten des Verkäufers

Das Gesetz sieht als Hauptpflichten des Verkäufers die Verschaffung des Eigentums an der Ware (Art. 183 GVV) und die Übergabe der verkauften Ware (Art. 187 GVV) vor.

Die Eigentumsverschaffungspflicht des Verkäufers hat grundsätzlich sowohl schuldrechtliche als auch sachenrechtliche Wirkung. Der Kaufvertrag über eine bestimmte Sache bewirkt i. d. R. zugleich die Übertragung des Eigentums. Bei Gattungsschulden kann das Eigentum an den verkauften Sachen erst dann übergehen, wenn die verkaufte Sachen hinreichend bestimmt sind. Bei der Bestimmung der Übergabepflicht ist ebenfalls zunächst zwischen Stück- und Gattungsschuld, sowie zwischen Platz- und Distanzkauf zu unterscheiden. Bei einem Stückkauf ist der Verkäufer sowohl nach sachenrechtlichen als auch nach kaufrechtlichen Bestimmungen verpflichtet, die Sache dem Eigentümer zu übergeben. Die sachenrechtliche Verpflichtung ergibt sich aus dem Eigentumsübergang auf den Käufer mit Vertragsschluß. Bei einem Gattungskauf resultiert die Übergabepflicht aus dem Kaufvertrag selbst. Um seine Übergabepflicht zu erfüllen, muß der Verkäufer alles seinerseits erforderliche tun, damit der Käufer den Besitz und die tatsächliche Sachherrschaft über die verkaufte Sache bekommt. Der Verkäufer erfüllt seine Übergabepflicht nur dann genau, wenn er dem Käufer die verkaufte Sache zur richtigen Zeit und am richtigen Ort übergibt. Der Zeitpunkt und der Ort, sowie die Modalitäten der Übergabe richten sich primär nach der Parteivereinbarung. Haben die Parteien keine Frist vereinbart, so kann der Gläubiger die Übergabe sofort, d. h. innerhalb angemessener Frist nach Erfüllungsaufforderung, verlangen. Der Leistungsort wird durch vertragliche Vereinbarung, Spezialgesetz oder durch die Natur der Sache bestimmt. Subsidiär greifen die Regelungen des Art. 68 GVV, der nach der Art der Schuld unterscheidet. Demnach ist bei bestimmten Sachen Leistungsort der Ort, an dem sich die Sache zur Zeit der Entstehung der Verpflichtung befand. Bei Gattungsschulden ist Leistungsort i. d. R. der Wohnsitz des Verkäufers. Selbstverständlich muß der Verkäufer die verkaufte Sache oder Sachen aus der vereinbarten Gattung übergeben. Händigt er dem Käufer eine andere als die vereinbare Sache, also ein aliud aus, so hat er eine seine Pflichten nicht erfüllt. Bei Gattungsschulden ist ein aliud dann anzunehmen, wenn die Unterschiede zwischen vertraglich vereinbarten und tatsächlich übergeben Sachen so gravierend ist, daß die gelieferten Sachen nicht den vertraglich vereinbarten Verwendungszweck erfüllen können.

II. Grenzen des Erfüllungsanspruchs

Der Erfüllungsanspruch des Käufers unterliegt gewissen Grenzen. Dieser Rechtsbehelf des Käufers ist ausgeschlossen, wenn die Erfüllung der primären Leistungspflicht des Verkäufers unmöglich ist. Das Gesetz unterscheidet zwischen tatsächlicher und wirtschaftlicher Unmöglichkeit.

1. Unmöglichkeit

Gemäß Art. 26 Abs. 2 GVV sind auf einen unmöglichen Gegenstand gerichtete Verträge nichtig. Art. 184 Abs. 1 GVV bestimmt weiterhin, daß der Kaufvertrag nichtig ist, wenn die Sache zum Zeitpunkt des Vertragsschlusses untergegangen war. Die Bestimmung ist ein Spezialfall bzw. Konkretisierung des Art. 26 GVV. Denn eine Verpflichtung, eine nicht mehr vorhandene Sache zu übergeben, ist ebenfalls auf einen unmöglichen Gegenstand gerichtet. In diesen Fällen existiert kein Vertrag, so daß keine vertragliche Bindung und daher auch keine Grundlage für den Anspruch des Käufers vorhanden wäre.

Der Käufer kann auch dann keine Erfüllung verlangen, wenn die verkaufte Sache zum Zeitpunkt des Vertragsabschlusses vorhanden war, aber nachträglich untergegangen ist. In diesem Fall kann der Verkäufer nichts übergeben, ein Erfüllungsanspruch wäre sinnlos.

Nicht ganz so eindeutig ist die Beurteilung der Lage, wenn das Erbringen der Leistung objektiv möglich ist, der Schuldner aber selbst nicht dazu in der Lage ist, wenn also eine sog. subjektive Unmöglichkeit vorliegt. Es wird zum Teil vertreten, der Begriff „subjektive Unmöglichkeit" sei mißverständlich und überflüssig. Es handele sich eigentlich nicht um die Unmöglichkeit, sondern um die Möglichkeit der Erfüllung[120]. Denn der Erfüllung stehe nichts Unüberwindbares im Wege. Der Schuldner wird gem. Art. 81 Abs. 2 GVV von seiner Verantwortung nicht befreit, nur weil er nicht über genügend Geldmittel für die Beschaffung der Ware verfügt. Soweit es sich um eine Gattungsschuld handelt, ist der Verkäufer verpflichtet, die geschuldeten Sachen zu beschaffen[121]. Ein Erfüllungsanspruch würde ihn zu nichts Unmöglichen verpflichten. Das wäre erst dann der Fall, wenn alle Gegenstände der Gattung untergegangen wären. Dann würde aber auch eine objektive Unmöglichkeit vorliegen. Insoweit mag man den Begriff und das Institut der subjektiven Unmöglichkeit wirklich für unnötig halten.

Anders ist aber zu urteilen, wenn es sich um eine Stückschuld handelt und die Beschaffung der verkauften Sache nicht allein von dem Willen des Verkäufers bzw. von der Zahlung einer Geldsumme abhängt. Würde man in diesem Fall den Verkäufer zur Erfüllung in Natura verpflichten, würden die prozessualen Mittel zur Durchsetzung der Erfüllung fehlen[122]. Ein Erfüllungsanspruch wäre sinnlos. Also müßte eine solche subjektive Unmöglichkeit den Erfüllungsanspruch des Käufers ausschließen.

2. Wirtschaftliche Unverträglichkeit und höhere Gewalt

Das Handelsgesetz kennt neben der Unmöglichkeit einen zusätzlichen Grund für den Ausschluß des Erfüllungsanspruchs des Käufers – die wirtschaftliche

---

[120] Кожухаров, Облигационно право I, S. 216.
[121] Апостолов, S. 238.
[122] Русчев, Отговрността за евикция, S. 119.

Unverträglichkeit. Gemäß Art. 307 HG kann das Gericht auf Verlangen einer Partei den Vertrag ändern oder aufheben, wenn solche Umstände eingetreten sind, die die Parteien beim Vertragsschluß[123] nicht voraussehen konnten und mußten und das Festhalten am Vertrag der Gerechtigkeit und Gewissenhaftigkeit widersprechen würde. Die Erfüllung der Verpflichtung ist in diesem Fall nicht unmöglich[124]. Bei Erfüllung wäre aber die eine Partei unbillig benachteiligt, die andere würde unverdient bereichert[125]. Hebt das Gericht auf den Einwand des Verkäufers den Vertrag wegen wirtschaftlicher Unverträglichkeit auf, so ist die Grundlage für den Erfüllungsanspruch des Käufers entzogen.

Ferner kann der Erfüllungsanspruch des Käufers gem. Art. 306 HG völlig oder für bestimmte Zeit wegen höherer Gewalt ausgeschlossen sein. Höhere Gewalt liegt gem. Art. 36 Abs. 2 HG dann vor, wenn ein unvorhergesehenes und unvermeidbares Ereignis von außergewöhnlichem Charakter nach dem Vertragsabschluß eintritt. Solange dieses vorliegt, ist die Erfüllung ausgeschlossen.

III. Zusammenfassung: Anspruch auf Erfüllung in Natura nach bulgarischem Recht

Der Anspruch auf Erfüllung in Natura gem. Art. 79 Abs. 1, 1. Alt GVV steht dem Käufer immer dann zu, wenn der Verkäufer eine seiner Vertragspflichten ungenau erfüllt hat. Die Hauptpflichten des Verkäufers sind, das Eigentum und den Besitz an der verkauften Sache zu verschaffen. Die Erfüllung dieser Pflichten ist zeitlich, örtlich und gegenständlich primär an die vertragliche Vereinbarung gebunden. Fehlt eine solche, so hat der Verkäufer im Zweifel sofort, d. h. so schnell wie möglich innerhalb einer angemessenen Frist und an dem gesetzlich festgelegten Ort zu erfüllen. Bei der Bestimmung des Leistungsortes differenziert das Gesetz nach der Art der verkauften Sache und nach der Art der gewollten Schuld. Liegt eine Stückschuld vor, so ist grundsätzlich Leistungsort der Ort, an dem sich die Sache zur Zeit der Entstehung der Verpflichtung befand (Art. 68 lit. b) GVV). War eine Gattungsschuld vereinbart, so ist gem. Art. 68 lit. c) GVV Leistungsort der Wohnsitz des Verkäufers. Haben die Parteien den Transport der Sache vereinbart, so hat der Verkäufer im Zweifel seine Übergabeverpflichtung mit der Aushändigung der Sache an den Transporteur an seinem Wohnort bzw. am Ort, an dem sich der Transporteur befindet, erfüllt.

Der Anspruch des Käufers auf Erfüllung in Natura ist ausgeschlossen, wenn die Erfüllung der primären Leistungspflicht des Verkäufers unmöglich ist, wobei zwischen tatsächlicher und wirtschaftlicher Unmöglichkeit zu unterscheiden ist. Eine strikte Differenzierung zwischen anfänglicher und nachträglicher, objektiver und subjektiver Unmöglichkeit kennt das Gesetz nicht. Eine dahingehende Unterteilung ist jedoch im System angelegt. Gemäß Art. 26 Abs. 2 GVV sind auf einen unmöglichen Gegenstand gerichtete Verträge nichtig. Das gleiche gilt gem.

[123] ВКС Nr. 255 v. 24.04.2002 дело 1079/2001.
[124] Ангелов, S. 85.
[125] Горбанов, S. 62; Ангелов, S. 101.

Art. 184 Abs. 1 GVV, wenn die Sache zum Zeitpunkt des Vertragsschlusses untergegangen war. Der Erfüllungsanspruch ist ebenfalls ausgeschlossen, wenn die verkaufte Sache nach dem Vertragsschluß untergeht. Es steht damit fest, daß der Anspruch auf Erfüllung in Natura nach bulgarischem Recht im Falle einer objektiven Unmöglichkeit ausgeschlossen ist. Liegt eine sog. subjektive Unmöglichkeit vor, so ist danach zu unterscheiden, ob der Verkäufer unter Aufwendung zusätzlicher Geldmittel und Anstrengungen in der Lage ist, die geschuldete Sache zu verschaffen.

C. Anspruch auf Erfüllung in Natura englischem Recht

Das englische Recht geht davon aus, daß durch den Kaufvertrag grundsätzlich keine Ansprüche auf Erfüllung begründet werden, sondern nur Ansprüche auf Schadensersatz wegen Verletzung der vertraglich übernommenen Verpflichtung[126]. Ausnahmsweise ist jedoch der Rechtsbehelf der *specific performance* zulässig. Dieses Regel-Ausnahme-Verhältnis ist historisch gewachsen und begründet. Sein Ursprung liegt in der Entwicklung des common law als Aktionenrecht. Die im Aktionensystem durch den Zwang, eine bestimmte Klageform zu wählen, entstandenen Rechtsschutzlücken wurden als unangemessen empfunden. Diese Lücken suchte man dadurch zu schließen, daß man sich an den König, der als Quelle der Gerechtigkeit galt, wandte. Der König gab die Entscheidung der Fälle an seinen Lord Chancellor ab, der allein nach seinem Gewissen entschied. Die im Laufe der Zeit bei dieser Rechtsprechung entstandenen Regeln bezeichnet man als E*quity*. Die Equity-Regeln hatten das Ziel, die Lücken, die im *common law* System entstanden waren, nach Billigkeitskriterien zu schließen[127]. Der Rechtsbehelf der *specific performance* ist ursprünglich im Rahmen der *Equity-* Rechtsprechung entwickelt worden, da das *common law* nur Schadensersatzansprüche, jedoch keine Erfüllungsansprüche zuließ. Der Sale of Goods Act (SGA) 1979 regelt die *specific performance* in sec 52[128].

Gemäß sec 52 sub-s 1 SGA kann das Gericht in jedem Fall einer Klage wegen Vertragsverletzung (*breach of contract*) auch *specific performance* zusprechen, soweit es dies für angemessen erachtet[129]. Voraussetzung hierfür ist zunächst, daß es sich um einen Vertrag über Speziessachen oder bestimmte Sachen (*specific or ascertained goods*) handelt. Die Anwendbarkeit der *specific performance* auf Gattungsschulden ist fraglich. Bei Erfüllung der gleichen Voraussetzungen wie bei *specific* und *ascertained goods* erscheint die Anwendbarkeit möglich[130].

---

[126] Rabel, Bd. 1, S. 263.
[127] S. dazu ausführlich Nächtigaller, S. 4-31.
[128] Auf die Frage, ob Equity grundsätzlich neben der SGA anwendbar ist, soll hier nicht näher eingegangen werden. Diese Frage stellt sich, weil sec 61 sub-s 2 die Anwendbarkeit des common law neben den Bestimmungen des SGA ausdrücklich zuläßt, über die Anwendbarkeit von Equity jedoch schweigt. Je nach Auslegung des Begriffs „common law" könnte man die Anwendung von Equity-Grundsätze neben SGA zulassen oder ablehnen. S. dazu Bridge, S. 7ff..
[129] „if it thinks fit".
[130] Nachtigäller, S. 51.

Dies dürfte jedoch nur unter außergewöhnlichen Umständen der Fall sein.

I. Speziessachen

Der Begriff „*specific goods*" ist in sec 61 sub-s 1 SGA definiert. Speziessachen sind demnach solche, die bereits zum Zeitpunkt des Vertragsabschlusses identifiziert und vereinbart wurden. Das sind also Sachen, die durch die vertraglich vereinbarten Merkmale und Beschreibung einen einmaligen Charakter bekommen haben. Der Verkäufer kann nur diese Sachen liefern[131], wenn er den Vertrag ordnungsgemäß erfüllen will. Die Möglichkeit, weitere Auswahlhandlungen oder einen Austausch der Ware vorzunehmen, steht ihm nicht mehr offen[132].
Der Begriff „*specific goods*" umfaßt auch unteilbare Anteilsrechte an Speziessachen, die als Prozentsatz oder als Bruchteil festgelegt sind, soweit sie wie oben beschrieben bestimmt sind. Diese Erweiterung der Definition wurde durch den Sale of Goods Amendment Act 1995 eingeführt. Der Augenmerk dieser Änderung richtet sich auf den Bereich des Eigentumsübergangs.

II. Bestimmte Sachen

Der Begriff „*ascertained goods*" (bestimmte Sachen) ist im Gegensatz zu dem Begriff „Speziessachen" nicht legal definiert. Das Gesetz erwähnt den Begriff in sec 17 (1) und in sec 52. In sec 16 spricht das Gesetz von „unbestimmte Sachen", die bestimmt werden sollen. Unbestimmte Sachen können zum einen solche Sachen sein, die bei dem Verkäufer erst hergestellt werden sollen. Diese sind zugleich künftige Sachen. Des weiteren sind unbestimmte Sachen der Gattung nach umschriebene Sachen sowie Sachen aus einer beschränkten Gattungsschuld[133,134]. Bestimmte Sache sind daher solche, die ursprünglich unbestimmt waren und erst nach dem Vertragsabschluß in Übereinstimmung mit der Parteivereinbarung konkretisiert worden sind[135]. Erforderlich ist eine eindeutige Zuordnung der Ware zu dem entsprechenden Vertrag. Wie die Bestimmung bzw. Zuordnung zu erfolgen hat, richtet sich nach dem Vertrag. Fehlt eine explizite Vereinbarung, so sind das Handeln der Parteien und die Umstände des Falles heranzuziehen. Gewisse Auslegungshilfe bietet sec 18 SGA.

III. Soweit das Gericht es für angemessen hält

Der *Equity*- Ursprung der *specific performance* und außerordentlichere Charakter

---

[131] Unter Lieferung bzw. liefern (*delivery*) ist nach der Legaldefinition von sec 61 SGA grundsätzlich die freiwillige Übertragung des Besitzes von einer Person auf einer anderen zu verstehen. Der Verkäufer liefert also dann, wenn er das nach dem Vertrag seinerseits Erforderliche tut, also die Ware einem Transporteur oder dem Käufer selbst übergibt, oder die Ware zur Abholung zur Verfügung stellt.
[132] Bejanim's Sale of Goods-Sealy, 1-113.
[133] unindentified part of a specified whole
[134] Atiyah, S. 51.
[135] Halsbury 's Statutes, Note 1 zu sec 52; Benjamin's Sale of Goods-Sealy, 1-117; Bridge, s. 75; Re Wait [1927] 1 Ch 606, 630.

dieses Rechtsbehelfs kommt bei diesem Tatbestandsmerkmal zum Ausdruck. Da es sich um Billigkeitsrechtsprechung handelt, unterliegen die Voraussetzungen, unter denen ein Erfüllungsanspruch gewährt wird, dem Ermessen des Gerichts. Zwar müssen sich die Richter an Präjudizien halten, sie können jedoch in einem weiten Umfang davon abweichen, wenn die Entscheidung ansonsten unbillig wäre[136].

Außer den historisch gewachsenen Gründen werden zwei weitere Argumente für die subsidiäre Anwendung dieses Rechtsbehelfs genannt. Zum einen kann anders als bei dem Schadensersatz die Schadensminderungspflicht des Klägers nicht berücksichtigt werden. Zum anderen wird argumentiert, daß das Schadensersatzrecht in Laufe der Zeit feine Techniken zur Ermittlung und Quantifizierung von Schäden entwickelt hat, die bei *specific performance* nicht zur Verfügung stehen[137].

Dem Gericht steht ein weites Ermessen zur Verfügung, ob dem Begehren des Käufers auf Erfüllung in Natura stattgegeben werden soll. Es richtet sich danach, ob es billig wäre, dem Kläger *specific performance* zuzusprechen, ohne daß dies eine besondere, unbillige Härte für den Beklagten darstellen würde[138]. Eine besondere Härte ist dann anzunehmen, wenn der Verlust für den beklagten Verkäufer enorm und inadäquat im Vergleich zu dem Verlust des Klägers wäre[139]. Das Gericht kann dabei auch das Verhalten der Parteien bezüglich des Vertrages berücksichtigen[140]. Überprüft wird allerdings ausschließlich das Verhalten des Klägers, eine Abwägung zwischen dem Verhalten der beiden Parteien wird nicht vorgenommen[141].

Der Erfüllungsanspruch wird grundsätzlich nur dann angemessen sein, wenn ein Schadensersatzanspruch den Interessen des Käufers nicht hinreichend entspricht[142]. Das ist z. B. der Fall, wenn der Käufer ein besonderes Affektionsinteresse an der verkauften Sache hat. Ein solches ist bei dem Verkauf von einem Schiff oder bei anderen Fahrzeugen, die durch ihre individuellen Qualitäten einen einmaligen Charakter haben, bejaht worden[143]. Des weiteren dann, wenn die Sachen einen unikalen Wert, Schönheit oder Rarität besitzen[144]. Die Sache muß

[136] Nachtigäller, S. 44.
[137] Anson's Law of Contract, S. 596.
[138] Malins v Freeman [1837] 2 Keen 25; Handley Page Ltd. v Commissioners of Customs and Exise and Rockwell Machine Tool Company Ltd. [1970] 2 Lloyd's Rep. 459, QBD; Tito v Waddell (No. 2) [1977] Ch. 106, 326.
[139] Co-operative Insurance Society Ltd v Argyll Stores (Holdings) Ltd., Lord Hoffmann: [1997] 2 W.L.R. 898, 909.
[140] Jones & Goodhart, S. 73ff. mit Rechtsprechungsbeispiele.
[141] Nachtigäller, S. 74.
[142] Halsbury 's Statutes, Note 2 zu sec 52; Anson's Law of Contract, S. 596; Beale/Hartkamp/ Kötz/Tallon, S. 679f.; Beswick v Beswick [1968] A.C. 58.
[143] Behnke v Bede Schipping Co Ltd (1927) All ER Rep 689, KBD- „of peculiar and practically unique value to the plaintiff".
[144] Falcke v Gray (1859) 4 Drew 651; Holroyd v Marshall [1862] 10 H.L. Cas. 191; Jones & Goodhart, S. 113.

also einzigartig oder zumindest wirtschaftlich einzigartig sein. Eine wirtschaftliche Einzigartigkeit kann dann angenommen werden, wenn die Sache grundsätzlich beschaffbar ist, die Ersatzbeschaffung dem Käufer aber unzumutbar ist[145].

Auch eine besondere Schwierigkeit bzw. Unmöglichkeit bei der Bemessung des Nichterfüllungsschadens kann unter Umständen für *specific performance* sprechen[146].

IV. Zusammenfassung: Specific performance

Die Anordnung von *specific performance* kann vom Käufer vor Gericht grundsätzlich nur dann begehrt werden, wenn Speziessachen oder bestimmte Sachen Gegenstand des Kaufvertrages sind. Ferner steht es im Ermessen des Gerichts, die besonderen Interessen des Käufers an der Erfüllung in Natura gegen eine Entschädigung in Geld abzuwägen. Nur wenn das Interesse an der Erfüllung in Natura stark überwiegt und die Verweisung auf einen Schadensersatzanspruch unbillig wäre, hat der Käufer die Chance, daß das Gericht seinem Begehren folgt und den Verkäufer, unter Ausschluß der Möglichkeit, Schadensersatz zu leisten, zur Übergabe der Sache verurteilt.

Den gleichen Effekt, nämlich den Erhalt der Waren in Natura, kann der Käufer, der bereits Eigentum erlangt hat (s. sec 18 SGA), durch die deliktische Klage wegen unbefugter Verfügung über fremdes Eigentum[147] erzielen[148]. Nach sec 3 subs 2 lit. a Torts (Interference with Goods) Act 1977 hat der Kläger die Möglichkeit, auf Grund seines Eigentums die Lieferung der Ware in Natura zu begehren. Allerdings steht auch dieser Anspruch im Ermessen des Gerichts, so daß diese deliktische Klage an ähnliche Voraussetzungen geknüpft ist wie die *specific performance*[149].

---

[145] Nachtigäller, S. 48f.
[146] Jones & Goodhart, S. 114. mit Rechtsprechungsbeispielen; Chitty on Contracts-Treitel, Rn. 27-005.
[147] Wrongful interference with goods oder conversion, der ältere Begriff hierfür ist tover, s. dazu Clerk&Lindsell on Torts, Chapter 13.
[148] Winfield&Jolowicz on Tort, S. 480.
[149] Clerk&Lindsell on Torts-Tettenborn, 13-110; Benjamin's Sale-Harris, 17-091, 17-096.

D. Anspruch auf Erfüllung in Natura nach deutschem Recht[150]

Der Erfüllungsanspruch ist nach der Vorstellung des deutschen Rechts die natürliche Konsequenz eines gültigen Vertrages. Gemäß § 241 S. 1 BGB ist der Gläubiger kraft Schuldverhältnisses berechtigt, vom Schuldner eine Leistung zu fordern. Dieser Regelung wird entnommen, daß der Gläubiger die Möglichkeit erhält, die Leistung vor Gericht einzufordern und ein entsprechendes auf Erfüllung gerichtetes Urteil zu erwirken[151]. Die vorangegangenen Ausführungen zum englischen Recht haben gezeigt, daß diese Auffassung der Forderung bzw. der Verpflichtung nicht selbstverständlich ist. Im germanischen Recht war der Erfüllungsanspruch ebenfalls nicht die logische Konsequenz einer Nichterfüllung. Die Nichterfüllung eines Versprechens wurde als Unrecht angesehen, das durch Buße zu sühnen war. Das römische Recht kannte während der klassischen Zeit den Erfüllungszwang nur in Geldleistungen. Bei Sachleistungen konnte ein Urteil nur auf Geldersatz lauten. Erst im Kognitionsprozeß der Nachklassik vollzog sich eine Änderung dahin, daß ein Erfüllungsanspruch durch Urteil in rem vollstreckt werden konnte. In den Kodifikationen des 19. Jahrhunderts sowie in den Vorbereitungen des BGB wurde die Realexekution als selbstverständlich vorausgesetzt. Die heute im deutschen Recht selbstverständlich erscheinende Verurteilung des Schuldners zu der geschuldeten Leistung selbst ist das Ergebnis einer langen historischen Entwicklung[152].

I. Voraussetzungen des Anspruchs auf Erfüllung in Natura

Der Erfüllungsanspruch steht dem Käufer grundsätzlich dann zur Verfügung, wenn der Verkäufer eine der in § 433 Abs. 1 BGB normierten Pflichten nicht erfüllt.

Gemäß § 433 Abs. 1 S. 1 BGB ist der Verkäufer verpflichtet, dem Käufer das Eigentum an der verkauften Sache zu verschaffen und die Sache zu übergeben. Den Verkäufer trifft daher zunächst eine Eigentumsverschaffungs- und Übergabepflicht. Nach § 433 Abs. 1 S. 2 BGB ist der Verkäufer verpflichtet, dem Käufer die Sache frei von Sach- und Rechtsmängeln zu verschaffen. Die Verletzung dieser Pflicht führt jedoch i. d. R. zu einem modifizierten Erfüllungsanspruch des Käufers. Der Vertrag kann selbstverständlich weitere Pflichten der Parteien begründen. Da diese je nach verkauftem Gegenstand, Branche und Wille der Parteien vielfältig sein können, beschränkt sich die Darstellung im Folgenden auf die gesetzlich geregelten und ggf. typischen sonstigen Pflichten eines Warenverkäufers.

---

[150] Die Abkürzung BGB wird nachfolgend für BGB-Vorschriften in der Fassung nach Inkrafttreten des Schuldrechtsmodernisierungsgesetzes zum 01.01.2002 verwendet, BGB a.F. für die Fassung der Vorschriften vor dem 01.01.2002.

[151] Larenz, Schuldrecht I, S. 19; Esser/Schmidt, S. 67.

[152] Larenz, Schuldrecht I, S. 20.

1. Eigentumsverschaffung

Gemäß § 433 Abs. 1 S. 1 BGB wird der Verkäufer durch den Kaufvertrag verpflichtet, dem Käufer das Eigentum an der Sache zu verschaffen.

§ 434 BGB a.F. konkretisierte diese Pflicht dahingehend, daß der Verkäufer ein von Rechten Dritter unbelastetes Eigentum zu verschaffen hatte. Dies galt, soweit die Parteien nichts Anderes vereinbart hatten. Der bisherige § 434 BGB ist im § 435 BGB aufgegangen. Unter Rechte Dritter waren und sind sowohl dingliche Rechte als auch schuldrechtliche Berechtigungen zu verstehen.

Verschafft der Verkäufer gar kein Eigentum, so hat der Käufer zunächst einen auf Übertragung des Eigentums gerichteten Erfüllungsanspruch. Verschaffte der Verkäufer zwar Eigentum, aber kein lastenfreies, so stand dem Käufer nach alter Rechtslage ein auf Beseitigung des belastenden Rechts gerichteter Erfüllungsanspruch zu. Dieser unterlag der regelmäßigen Verjährung gem. § 195 BGB a.F. Nach neuer Rechtslage stehen dem Käufer, dem belastetes Eigentum verschafft worden ist, die allgemeinen Gewährleistungsrechte gem. §§ 437, 435 BGB zu. Der Nacherfüllungsanspruch gem. §§ 437 Nr. 1, 439 BGB, der auf Beseitigung der Belastung gerichtet ist, ist mit dem ursprünglichen Erfüllungsanspruch nicht identisch, inhaltlich stimmt er jedoch mit diesem überein[153]. Die praktisch wichtigste Folge des neuen Anspruchs ist daher die Geltung des besonderen Verjährungsregimes des § 438 BGB.

Die unterschiedliche Behandlung der Verschaffung belasteten Eigentums gegenüber dem Fall, daß gar kein Eigentum übertragen wird, rechtfertigt sich dadurch, daß der Verkäufer in dem erstgenannten Fall bereits einen Erfüllungsversuch unternommen hat. Dieses muß bei der Bestimmung des Inhalts des Leistungsanspruchs berücksichtigt werden[154].

Die Erfüllung der Eigentumsverschaffungspflicht richtet sich nach den sachenrechtlichen Vorschriften unter Beachtung des im deutschen Recht geltenden Abstraktionsprinzips[155]. Der Kaufvertrag, auch einer über ein bestimmtes Stück, hat keinerlei Auswirkungen auf den Eigentumsübergang. Die Übereignungspflicht des Verkäufers umfaßt bei einem Warenverkauf zweierlei. Gemäß § 929 BGB ist für den Eigentumsübergang eine Einigung der Parteien hierüber erforderlich. Der Verkäufer muß daher erklären, daß er mit dem Übergang des Eigentums auf den Käufer einverstanden ist. Dazu kommt die Pflicht, die Sache dem Käufer zu übergeben. Dazu ist der Verkäufer auch nach § 433 Abs. 1 BGB verpflichtet. Die Erklärung bezüglich des Eigentumsüberganges erfolgt in der Regel konkludent bei Übergabe der Sache[156]. Sie kann unter aufschiebender Bedingung stehen, sog. Eigentumsvorbehalt. Die Erfüllung der Eigentumsverschaffungspflicht ist in diesen

---

[153] Ähnlich bezüglich der Gleichstellung von aliud und Sachmangel, Lorenz, S. 37.
[154] Regierungsentwurf, S. 517 (entspricht im wesentlichen der Bundestagsdrucksache 14/6040; die Seitenzahlen sind nicht identisch).
[155] Larenz, Schuldrecht II-1, S. 10ff.
[156] Soergel/Huber, § 433 Rn. 155.

Fällen bis zum Eintritt der Bedingung, i. d. R. die vollständige Zahlung des Kaufpreises, aufgeschoben[157].

2. Übergabe

Der Verkäufer ist weiterhin gem. § 433 Abs. 1 S. 1 BGB verpflichtet, dem Käufer die Sache zu übergeben. Übergabe ist grundsätzlich die Verschaffung des unmittelbaren Besitzes (§ 854 Abs. 1 BGB)[158]. Das bedeutet, daß der Käufer die Möglichkeit erlangen soll, die tatsächliche Gewalt über die Sache auszuüben[159]. Unter den Voraussetzungen des § 854 Abs. 2 BGB genügt eine Einigung über den Besitzübergang. Die Pflicht zur Übergabe kann unter Umständen entfallen. So z. B. dann, wenn der Käufer bereits im Besitz der Sache ist (§ 929 S. 2 BGB). Des weiteren können die Parteien ein Besitzkonstitut vereinbaren, also die Begründung eines Besitzmittlungsverhältnisses anstelle der Verschaffung des unmittelbaren Besitzes (§ 930 BGB).

a) Gegenstand der Übergabepflicht

Gegenstand der Übergabepflicht ist die verkaufte Sache. Bei einer Speziesschuld ist der Verkäufer verpflichtet, die vertraglich bestimmte Sache zu übergeben. Bei einer Gattungsschuld wird die Sache, mit der der Verkäufer erfüllen kann, von den Parteien nicht individuell bezeichnet, sondern nach Merkmalen festgelegt. Der Verkäufer kann mit einem beliebigen Gegenstand, der den vertraglich festgelegten Kriterien entspricht, erfüllen. Der Verkäufer hat also ein Auswahlrecht. Soweit der Vertrag keine näheren Qualitätsbestimmungen enthält, hat der Verkäufer Sachen von mittlerer Art und Güte zu übergeben (§ 243 Abs. 1 BGB, § 360 HGB). Hat der Verkäufer das seinerseits zur Leistung einer der Gattung nach bestimmten Sache Erforderliche getan, so beschränkt sich gem. § 243 Abs. 2 BGB das Schuldverhältnis auf die ausgewählte Sache. Um die sog. Konkretisierung herbeizuführen, muß der Verkäufer also alles getan haben, was nach dem Vertrag von seiner Seite zur Erfüllung notwendig ist[160]. Im einzelnen richtet sich das danach, ob Hol-, Bring- oder Schickschuld vereinbart worden ist. Sinn der Konkretisierung ist die Befreiung des Schuldners von der Erfüllungspflicht und die Eröffnung der Anwendbarkeit der Unmöglichkeits- und Gefahrtragungsregelungen bei einem Untergang der Sache[161].

Zubehör i. S. v. § 97 BGB ist im Zweifel mitverkauft (§ 314 BGB) und unterliegt ebenfalls der Übergabepflicht.

Entspricht die gelieferte Ware beim Gattungskauf nicht vollständig der vertraglichen Beschreibung, so stellt sich die Frage, ob der Verkäufer damit seiner Pflicht zu Übergabe der geschuldeten Sache genügen kann. Die Beantwortung der Fra-

[157] Soergel/Huber, § 433 Rn. 169a.
[158] Haas, in Haas/Medicus u.a., S. 172; Hoeren/Martinek/Müller, S. 76 Rn. 173.
[159] Hoeren/Martinek/Müller, S. 75 Rn. 170.
[160] MünchKomm/Emmerich, § 243 Rn. 31.
[161] Soergel/Teichmann, § 234 Rn. 7.

ge hängt zum einen von der Genauigkeit der Beschreibung im Vertrag und der Abweichung der Lieferung hiervon, zum anderen davon ab, wie eng oder weit man allgemein eine Gattung definiert. Wird Sommerweizen statt Winterweizen geliefert, ist demnach zu fragen, was genau die Parteien in dem Vertrag vereinbart haben und ob Sommerweizen und Winterweizen zwei unterschiedliche Gattungen sind, oder zwei Spielarten innerhalb der Gattung „Weizen". Je nachdem ist entweder eine andere Sache, ein sog. aliud oder eine fehlerhafte Sache geliefert worden. Die Frage, ob ein sog. aliud geliefert worden ist, ist vor allem für die Anwendbarkeit von Gewährleistungsrecht von Bedeutung. Aber auch auf den Erfüllungsanspruch wirkt sich die Entscheidung der Frage aus.

Wird die Falschlieferung[162] so behandelt als hätte der Verkäufer seine Übergabepflicht überhaupt nicht erfüllt, so stünde dem Käufer weiterhin ein Erfüllungsanspruch zu. Wird dagegen die Lieferung eines aliuds als Lieferung einer mangelhaften Sache verstanden oder dieser gleichgestellt, so könnte der Käufer nur Gewährleistungsrechte geltend machen.

Nach alter Rechtslage kam der Unterscheidung zwischen aliud und fehlerhafter Sache eine wesentliche Bedeutung zu. Denn bei einer Falschlieferung stand dem Käufer der Erfüllungsanspruch zu, der gem. § 195 BGB a.F. der 30-jährigen Verjährung unterlag. Wurde kein aliud, sondern ein Fehler der gelieferten Sache angenommen, so standen dem Käufer die Gewährleistungsrechte zu, die gem. § 477 BGB a.F. innerhalb von sechs Monaten verjährten. Der Unterschied war für die Parteien gravierend. Die genaue Abgrenzung war oft schwierig und nicht selten von den Folgen der unterschiedlichen Verjährung geprägt.

Der Gesetzgeber des Schuldrechtsmodernisierungsgesetzes hat sich in Hinblick auf die schwerwiegenden Folgen und der Schwierigkeiten bei der Abgrenzung dafür entschieden, die Falschlieferung in § 434 Abs. 3 BGB dem Sachmangel gleich zu stellen. Demnach steht dem Käufer im Fall einer Falschlieferung ein Nacherfüllungsanspruch gem. §§ 437 Nr. 1, 439 BGB zu. Dieser wird sich i. d. R. nur in der Form der Lieferung einer mangelfreien anderen Sache in Betracht kommen. Bei einem Gattungskauf ergeben sich daher für den Inhalt im wesentlichen keine Unterschiede zu dem primären Erfüllungsanspruch, der ohne die Einbeziehung des aliuds in das Sachmängelrecht in Betracht käme[163]. Eine (nicht unwesentliche) Abweichung bei der Durchsetzung des Anspruchs bildet jedoch die Unverhältnismäßigkeitsklausel des § 439 Abs. 3 BGB.

Da der Gesetzgeber die Verjährungsfristen weitgehend angeglichen hat, ist die Gleichstellung der Falschlieferung mit einem Sachmangel aus der Sicht der Rechtspraxis und der am Kaufvertrag beteiligten Parteien zu begrüßen. Die Ent-

---

[162] Der Begriff „Falschlieferung" wird z. T. ausschließlich dazu benutzt die Fälle zu bezeichnen, in denen der Verkäufer bei der Lieferung die Ware verwechselt hat und daher aus Versehen eine andere als die geschuldete Sache geliefert hat. In diesen Fällen liegt unstreitig keine Erfüllung vor, so daß der Käufer diese weiter begehren kann. S. zum Begriff Larenz, Schuldrecht II-1, S. 41. Hier wird „Falschlieferung" als Synonym für aliud benutzt.

[163] Regierungsentwurf, S. 505.

behrlichkeit der früher oft schwierigen Abgrenzung zwischen Falschlieferung und Sachmangel bringt erhebliche Erleichterung für die Rechtsanwendung[164]. Unvorhersehbare Entscheidungen der Gerichte, die in der Vergangenheit zu diesem Thema oft anzutreffen waren, dürften nach der gesetzlichen Klarstellung nicht mehr erwartet werden. Dies ist ein Zugewinn für die Rechtssicherheit. Durch die Gleichstellung von Falschlieferung und Sachmangel entstehen für den Käufer keine besonderen Nachteile. Die verlängerte Gewährleistungsfrist läßt dem Käufer genügend Zeit, seinen Anspruch wegen einer Falschlieferung geltend zu machen. Ein Schutzbedürfnis für die Beibehaltung einer dreißigjährigen Erfüllungsfrist besteht nicht

b) Ort der Übergabe

Ist im Vertrag, durch Verkehrssitte oder Handelsbrauch nichts Besonderes bestimmt und ergibt sich aus den Umständen des Falles, insbesondere aus der Natur des Vertrages nichts Anderes, so hat die Übergabe am Wohnsitz des Verkäufers, beim Verkauf im Gewerbebetrieb am Ort der gewerblichen Niederlassung zu erfolgen (§ 269 Abs. 1,2 BGB). Hat der Verkäufer mehrere Niederlassungen, so ist im Zweifel diejenige maßgeblich, die die engste Beziehung zu dem Vertrag aufweist. Das ist in der Regel die Niederlassung, in der der Kaufvertrag abgeschlossen worden ist[165]. Maßgeblich sind der Wohnort oder die Niederlassung zum Zeitpunkt des Vertragsabschlusses (§ 269 Abs. 1 BGB).

Haben die Parteien den Transport der Ware vereinbart, so ist danach zu unterscheiden, ob Bringschuld oder Schickschuld gewollt ist. Nach § 269 Abs. 3 BGB ist im Zweifel Schickschuld anzunehmen. Liegt eine Schickschuld vor, so hat der Verkäufer die Sache an den Käufer zu versenden[166]. Der Verkäufer haftet nur für die ordnungsgemäße Versendung der Ware, nicht jedoch für die Durchführung des Transports. So hat der Verkäufer beim Versendungskauf (§ 447 BGB) das seinerseits Erforderliche getan, wenn er die Ware ordnungsgemäß abgesandt hat, d. h. dem Beförderer zur Übermittlung an den Käufer ausgeliefert hat[167]. Mit Aushändigung an den Beförderer geht die Gefahr auf den Käufer über, es sei denn, es liegt ein Verbrauchsgüterkaufvertrag vor, bei dem gem. § 474 Abs. 2 BGB die Gefahrtragungsregeln des § 447 BGB nicht anwendbar sind [168]. Leistungs- und Erfolgsort fallen bei der Schickschuld auseinander[169]. Der Leistungsort ist der Wohnort bzw. der Ort der Niederlassung des Verkäufers. Der Erfolgsort ist der Bestimmungsort, an den die Ware versandt wird[170]. Die Übergabe ist erfolgt, wenn die Sache dem Käufer ausgeliefert wird. Erst dann ist die Übergabeverpflichtung erfüllt[171].

---

[164] s. Lorenz, JuS S. 36.
[165] Soergel/Huber, § 433 Rn. 70.
[166] Soergel/Wolf, § 269 Rn. 5.
[167] Soergel/Huber, § 433 Rn. 81; BGH NJW 2003, 3341.
[168] Der Gefahrübergang richtet sich bei Verträgen mit Verbrauchern allein nach § 446 BGB. s. näheres unten Seite 171 f.
[169] s. zu den Begriffen, Gernhuber, Die Erfüllung, § 2 I 3, 4, S. 9f..
[170] MünchKomm/Krüger, § 269 Rn. 7.
[171] BGHZ 1, 4, 6.

Ist Bringschuld anzunehmen, so ist der Übergabeort der Ort, an dem der Käufer seinen Wohnsitz oder seine gewerbliche Niederlassung hat. Die Durchführung des Transportes der Sache zum Käufer gehört in diesem Fall zu den Pflichten des Verkäufers. Dieser trägt das Transportrisiko und haftet für die ordnungsgemäße Durchführung des Transports[172].

c) Zeitpunkt der Übergabe

Den Zeitpunkt für die Übergabe der Ware bestimmt in erster Linie der Vertrag. Die Vereinbarung über die Leistungszeit kann ausdrücklich oder stillschweigend erfolgen. Grundsätzlich ist ausreichend, daß eine zunächst unbestimmte Leistungszeit bestimmbar ist[173]. Soweit nichts vereinbart worden ist und aus den Umständen des Falles nichts besonderes zu entnehmen ist, kann der Käufer die Übergabe sofort nach Vertragsabschluß verlangen (§ 271 Abs. 1 BGB). „Sofort" bedeutet, daß der Schuldner so schnell, wie nach objektiven Maßstäben unter Berücksichtigung der Umstände des Einzelfalles möglich ist, leisten muß. D.h. die Leistung muß innerhalb des Zeitraums bewirkt werden, der nach der Verkehrsanschauung für die Vorbereitung der geschuldeten Leistung und die Entfaltung der Leistungsaktivitäten generell erforderlich ist[174]. Bei Handelsgeschäften kann die Leistung nur während der gewöhnlichen Geschäftszeiten bewirkt werden (§ 358 HGB).

Was der Verkäufer zu tun hat, um die Leistungszeit einzuhalten, richtet sich danach, ob eine Hol-, Bring- oder Schickschuld vorliegt. Bei der Holschuld muß er innerhalb der Zeit die Ware bereitstellen und ggf. den Käufer hiervon benachrichtigen. Bei einer Schickschuld muß er die Ware innerhalb der Frist versenden. Liegt eine Bringschuld vor, so muß der Verkäufer dem Käufer die Ware innerhalb der Leistungszeit aushändigen.

3. Mängelfreiheit der gelieferten Sache nach dem Schuldrechtsmodernisierungsgesetz

Gemäß § 433 Abs. 1 S. 2 BGB hat der Verkäufer neben den Eigentumsverschaffungs- und den Übergabepflichten die Pflicht, die Sache frei von Sach- und Rechtsmängeln zu verschaffen. Die Regelung beruht im wesentlichen auf der Umsetzung von Art. 2 der Verbrauchsgüterkaufrichtlinie[175] und greift einen Vorschlag der Schuldrechtskommission auf. Die Vorschrift führt zu einigen Neuheiten im deutschen Recht. Das sind zum einen die Gleichstellung von Rechts- und Sachmangel, zum anderen die Qualifizierung der Pflicht zur Leistung einer mangelfreien Sache als Hauptpflicht des Verkäufers. Bis jetzt war diese Pflicht des Verkäufers bei Stückkauf umstritten. Nach der herrschenden sog. Gewährlei-

---

[172] Soergel/Huber, § 433 Rn. 74.
[173] MünchKomm/Krüger, § 271 Rn. 7.
[174] MünchKomm/Krüger, § 271 Rn. 32; Gernhuber, Die Erfüllung, § 3 III 3, S. 61.
[175] Richtlinie 1999/44/EG des Europäischen Parlaments und des Rates vom 25. Mai 1999 zu bestimmten Aspekten des Verbrauchsgüterkaufs und der Garantien für Verbrauchsgüter.

stungstheorie[176] bestand die Hauptleistungspflicht des Verkäufers lediglich in der Verpflichtung zur Übertragung von mangelfreiem Eigentum und zur Übergabe der Kaufsache. Die vom Schuldrechtsmodernisierungsgesetz gewählte Lösung entspricht überwiegend der sog. Erfüllungstheorie[177]. Hiernach wird die Gewährleistungshaftung als eine Haftung für nicht vollständige Erfüllung des Vertrages begriffen. Die Festschreibung der sog. Erfüllungstheorie ermöglicht die systematische Einbindung des Gewährleistungsrechtes in das allgemeine Leistungsstörungsrecht[178].

Hat der Verkäufer seine Pflicht gem. § 433 Abs. 1 S. 2 BGB verletzt und eine mangelhafte Sache geliefert, so stehen dem Käufer die Gewährleistungsrechte gem. § 437 BGB, darunter ein Anspruch auf Nacherfüllung zu. Auf diesen Anspruch wird später näher eingegangen[179].

4. Sonstige Pflichten

Je nach Art des Kaufvertrages treffen den Verkäufer typischerweise auch andere Verpflichtungen. Diese können sowohl als Hauptleistungspflichten als auch als Nebenpflichten ausgestaltet sein. So ist z. B. bei einem Versendungskauf die Pflicht des Verkäufers, die Ware zu versenden, in der Regel als Hauptleistungspflicht anzusehen[180]. Das ist damit zu erklären, daß die Leistungshandlung des Verkäufers die Absendung der Sache ist. Diese tritt quasi an Stelle der Übergabepflicht durch direktes Aushändigen der Ware. Es wird zum Teil vertreten, den Verkäufer treffe im Falle einer Gattungsschuld, wenn er die Ware nicht auf Lager hat, eine Beschaffungspflicht, die neben der Lieferpflicht, also der Pflicht zur Übergabe der Sache, besteht[181]. Die Beschaffung als solche ist aber nicht Gegenstand der Verkäuferverpflichtung. Sie ist lediglich die logische Voraussetzung für die Erfüllung der Lieferpflicht. Am Inhalt der eigentlichen Leistungspflicht des Verkäufers, die Pflicht zur Übergabe der Sache, ändert sich durch die notwendige Beschaffung nichts. Es ist daher davon auszugehen, daß den Verkäufer bei einer Gattungsschuld keine zusätzliche, selbständige Beschaffungspflicht trifft[182]. An dieser grundsätzlichen Beurteilung ändert auch die Neufassung des § 276 Abs. 1 S. 1 BGB nichts. Der in der Begründung des Regierungsentwurfs vertretene Meinung, der Schuldner verspreche bei Gattungsschulden regelmäßig die Beschaffung des versprochenen Leistungsgegenstandes[183], kann so nicht gefolgt werden.

---

[176] Esser/Weyers, S. 29; Larenz, Schuldrecht II-1, S. 67; Medicus, Schuldrecht BT, Rn. 41; Enneccerus/Lehmann, § 108 I; Flume, Eigenschaftsirrtum, S. 35ff.
[177] Brox, Schuldrecht BT, Rn. 58; Ermann, JZ 1960, S. 41; Soergel/Huber, vor § 459 Rn. 151ff., 169; RGRK/Mezger, § 459 Rn. 3.
[178] Boerner, S. 2265; Lorenz, JZ 2001, S. 742; Westermann, JZ, S. 536; Hoeren/Martinek/Müller, S. 85 Rn. 214; Jansen, S. 877; dagegen kann der von Jansen vertretenen Meinung, der Verkäufer könne mit einer mangelhaften Sache erfüllen bzw. durch das Angebot einer mangelhaften Sache den Käufer in Annahmeverzug setzen, nicht gefolgt werden.
[179] s. unten Kapitel 2, D, Seite 155 ff.
[180] Soergel/Huber, § 433 Rn. 87; Staudinger/Köhler, § 447 Rn. 2,7.
[181] Soergel/Wiedmann, § 279 Rn. 10; Ballerstedt, FS Nipperdey, S. 272ff..
[182] Soergel/Huber, Vor § 433 Rn. 10, 11; von Caemmerer, AcP 178, S. 145.
[183] Regierungsentwurf, S. 299.

Die Änderung hängt mit der Aufhebung des bisherigen § 279 BGB zusammen. Die Neufassung des § 276 Abs. 1 S. 1 BGB soll verdeutlichen, daß es für die Frage des Verschuldens des Schuldners auf den Inhalt der entsprechenden vertraglichen Vereinbarung ankommt[184]. Der Schuldner kann grundsätzlich vertraglich eine besondere Beschaffungspflicht übernehmen. Dies entspricht dem Grundsatz der Parteiautonomie. Eine gesonderte, von der Lieferungspflicht zu unterscheidende Beschaffungspflicht des Verkäufers von Gattungswaren ist jedoch dem Kaufvertrag nicht immanent.

Im Laufe der Zeit hat die Rechtsprechung eine Vielzahl von Nebenpflichten des Verkäufers entwickelt[185]. So treffen den Verkäufer Aufklärungs- und Beratungspflichten, von denen nur ein Teil in § 444 BGB a.F. angesprochen wurde. Den Verkäufer können Fürsorge-, Obhuts-, Aufbewahrungs-, Versicherungs- und Verpackungspflichten treffen. Die Verletzung dieser Pflichten führt aber in der Regel zu einem Schadensersatzanspruch und nicht zu einem Erfüllungsanspruch des Käufers[186].

II. Grenzen des Erfüllungsanspruchs

Die primäre Leistungspflicht des Verkäufers und damit der Erfüllungsanspruch des Käufers unterliegt gewissen Grenzen. Eine solche ist zunächst die Unmöglichkeit der Bewirkung der geschuldeten Leistung. Aber auch der Fortfall des Interesses des Gläubigers an der Erfüllung kann den Wegfall der primären Leistungspflicht des Schuldners bewirken und damit eine Grenze für den Erfüllungsanspruch bilden.

1. Unmöglichkeit

Bei der Unmöglichkeit unterscheidet man grundsätzlich zunächst danach, ob eine objektive oder eine subjektive Unmöglichkeit vorliegt.

Objektive Unmöglichkeit liegt dann vor, wenn die Erbringung der Leistung jedermann unmöglich ist[187]. Die Unmöglichkeit kann aus Naturgesetzen folgen oder auf Rechtsgründen beruhen[188].

Subjektive Unmöglichkeit oder sog. Unvermögen liegt dann vor, wenn die Leistung an sich noch erbracht werden kann, also als solche objektiv möglich ist, der Schuldner jedoch aus persönlichen Gründen nicht dazu imstande ist[189][190].

---

[184] Regierungsentwurf, S. 299.
[185] BGHZ 64, 46, 49; 47, 312, 315f.; Palandt/Putzo, § 433 Rn. 22ff..
[186] S. näher Soergel/Huber, § 433 Anh I Rn. 5ff..
[187] Medicus, Schuldrecht AT, Rn. 372.
[188] Brox, Schuldrecht AT, Rn. 231; Medicus, Schuldrecht AT, Rn. 366, 367.
[189] Palandt/Heinrichs, § 275 Rn. 23; BGHZ 141, 179, 181f..
[190] Bezüglich der Gleichstellung von zeitweiligen Leistungshindernissen mit einem dauernden Unvermögen, gilt das oben Ausgeführte entsprechend.

Als Unmöglichkeit werden auch solche Fälle behandelt, in denen die Leistung zwar theoretisch erbracht werden kann, der damit verbundene Aufwand aber in einem offensichtlichen Mißverhältnis zu ihrem Wert steht, so daß kein vernünftiger Mensch die Erbringung der Leistung ernsthaft erwarten kann[191]. Von diesen Fällen sog. faktischer oder praktischer Unmöglichkeit sind die als sog. „wirtschaftliche Unmöglichkeit" bezeichneten Fälle zu unterscheiden. Wirtschaftliche Unmöglichkeit liegt dann vor, wenn die Leistung zwar an sich möglich ist, ihr aber solche gravierende Schwierigkeiten entgegen stehen, daß sie dem Schuldner wegen Überschreitung der Opfergrenze nicht zugemutet werden kann[192]. Nach heute überwiegender Ansicht sind solche Fälle nicht nach Unmöglichkeitsrecht, sondern nach den Grundsätzen des Wegefalls der Geschäftsgrundlage zu lösen[193].

Aus der im Gesetz getroffenen Unterscheidung zwischen Unmöglichkeit und Verzug wird darauf geschlossen, daß unter Unmöglichkeit i. S. des BGB grundsätzlich nur ein dauerhaftes Leistungshindernis zu verstehen ist[194]. Ausnahmsweise können jedoch zeitliche Verzögerungen der (dauernden) Unmöglichkeit gleichgestellt werden. Das ist zunächst dann der Fall, wenn es sich bei dem Vertrag um ein sog. „absolutes Fixgeschäft" handelt. Darunter sind solche Verträge zu verstehen, bei denen die Leistungszeit derart wichtig ist, daß die Leistung nur zu einer bestimmten Zeit erbracht werden kann. Erfolgt die Leistung nicht termingerecht, dann ist sie nicht mehr nachholbar[195]. Ein an sich nur vorübergehendes Leistungshindernis wird der Unmöglichkeit gleichgestellt, wenn dem Gläubiger nach den gesamten Umständen des Falles ein weiteres Abwarten bis zur Behebung des Hindernisses nicht mehr zugemutet werden kann[196].

a) Rechtsfolgen nach alter Rechtslage

Das Gesetz in seiner Fassung vor dem 01.01.2002 sah eine differenzierte Regelung, in der danach unterschieden wurde, ob objektive oder subjektive, anfängliche oder nachträgliche, ob eine vom Schuldner zu vertretende oder nicht zu vertretende Unmöglichkeit vorlag.

---

[191] Emmerich, Leistungsstörungen, § 2 III 5, S. 24; BGH NJW 1983, 2873, 2874; Brox, Schuldrecht AT, Rn. 231; Medicus, Schuldrecht AT, Rn. 369; Canaris, JZ 2001, S. 501; Palandt/Heinrichs, § 275 Rn. 22. Schulbeispiel der prakrischen Unmöglichkeit ist die Leistung eines auf dem Meeresgrund gefallenen Ringes.

[192] RGZ 94, 45, 47ff.; 102, 272, 273f.; 107, 156, 157; Palandt/Heirichs, § 275 Rn. 21; Larenz, Schuldrecht I, S. 319; MünchKomm/Emmerich, Vor § 275 Rn. 24ff..

[193] RGZ 103, 328, 332; Larenz, Schuldrecht I, S. 319f.; Medicus, Schuldrecht AT, Rn. 370; Palandt/Heinrichs, § 275 Rn. 12; Staudinger/ Löwisch, § 275 Rn. 10; Flume, AT, Bd. II, S. 508f.; a.A. MünchKomm/Emmerich, § 275 Rn. 26.

[194] MünchKomm/Emmerich, § 275 Rn. 33; Palandt/Heinrichs, § 275 Rn. 21; a.A. Huber, Leistungsstörungen, Bd. I, § 3 I 2b, S. 66 und in ZIP 2000, 2141.

[195] Larenz, Schulldrecht I, S. 306; MünchKomm/Emmerich, § 275 Rn. 34ff..

[196] BGHZ 47, 48, 50f.; 83, 197, 200; Palandt/Heinichs, § 275 Rn. 10; MünchKomm/Emmerich, § 275 Rn. 39f..

aa) Objektive Unmöglichkeit

War die Leistung des Verkäufers von Anfang an, also schon vor Abschluß des Vertrages, objektiv unmöglich, so war der Kaufvertrag gem. § 306 BGB a.F. nichtig. Die Nichtigkeit trat ohne Rücksicht darauf ein, ob die Parteien die Unmöglichkeit bei Vertragsschluß kannten oder nicht. Das Kennen oder Kennenmüssen war nur für die Schadensersatzhaftung gem. § 307 BGB a.F. relevant.

Wurde die Leistung des Verkäufers erst nach Abschluß des Vertrages, also nachträglich unmöglich und hatte der Verkäufer die Unmöglichkeit nicht zu vertreten, so wurde er gem. § 275 Abs. 1 BGB a.F. von seiner Leistungspflicht befreit. Der Erfüllungsanspruch des Käufers entfiel.

Der Verkäufer hatte die Unmöglichkeit dann zu vertreten, wenn sie auf Vorsatz oder Fahrlässigkeit beruhte, § 276 BGB a.F. Des weiteren dann, wenn sie auf Verschulden der Erfüllungsgehilfen beruhte, § 278 BGB. Erfüllungsgehilfen i. S. v. § 278 BGB sind jene Personen, deren sich der Schuldner zur Erfüllung seiner Verpflichtungen bedient. Dazu gehört jeder, der nach den tatsächlichen Verhältnissen des Falles mit dem Willen des Verkäufers bei der Erfüllung der Verbindlichkeit als seine Hilfsperson tätig ist[197]. Demnach können auch selbständige Unternehmer Erfüllungsgehilfen sein, wenn der Verkäufer sie zur Erfüllung seiner eigenen Verbindlichkeit herangezogen hat. Keine Erfüllungsgehilfen sind die Vorlieferanten des Verkäufers, von denen dieser die Kaufsache selbst oder Vorprodukte bezieht, sowie solche Unternehmer, die für den Verkäufer im Rahmen eines Lohnveredelungsvertrages tätig werden[198].

§ 275 BGB a.F. war dann nicht anwendbar, wenn der Verkäufer die Unmöglichkeit zu vertreten hatte. Aber auch in diesem Fall führte die Unmöglichkeit zu einem Wegfall des Erfüllungsanspruchs des Käufers, weil sonst der Verkäufer zu etwas Unmöglichem verpflichtet wäre[199]. Das galt vor allem dann, wenn die Unmöglichkeit feststand[200]. Erhob der Käufer Erfüllungsklage und war es streitig, ob die Leistung des Verkäufers objektiv unmöglich war, stand aber fest, daß im Fall des Vorliegens diese vom Verkäufer zu vertreten war, konnte eine Beweiserhebung unterbleiben. Dem Erfüllungsanspruch des Käufers konnte statt gegeben werden[201]. Die Klärung der Frage, ob tatsächlich Unmöglichkeit vorlag, erfolgte dann im Vollstreckungsverfahren. Der Käufer konnte nach rechtskräftiger Verurteilung des Verkäufers auf Erfüllung diesem eine angemessene Frist zur Bewirkung der Leistung setzen und, falls innerhalb der Frist nicht geleistet wurde, Schadensersatz wegen Nichterfüllung verlangen (§ 283 BGB a.F.).

---

[197] RGRK/Alff, § 278 Rn. 11.
[198] BGHZ 48, 118, 120ff.
[199] Str., s. dazu Huber, Leistungsstörungen, Bd. II, § 58 I, S. 771ff, § 59 II S. 805ff.; Wilhelm/Deeg, S. 225f.
[200] BGHZ 62, 388, 393; 68, 372, 377; 97, 178, 181; 141, 179, 181; Soergel/Huber, § 433 Rn. 276b.
[201] RGZ 54, 28, 31f..

bb) Subjektive Unmöglichkeit

Das Schicksal des Erfüllungsanspruchs des Käufers hing in den Fällen von Unvermögen des Verkäufers davon ab, ob dieser sein Unvermögen zu vertreten hatte oder nicht.

Hatte der Verkäufer sein nach dem Abschluß des Vertrages aufgetretenes Unvermögen nicht zu vertretenen, so wurde er gem. § 275 Abs. 2 BGB a.F. von seiner Leistungspflicht frei. Der Erfüllungsanspruch des Käufers entfiel. Der Erfüllungsanspruch des Käufers blieb dagegen von einem vom Verkäufer zu vertretenden Unvermögen unberührt. Ob es sich dabei um anfängliches oder nachträgliches Unvermögen handelte, war gleichgültig[202]. Jedoch haftete der Verkäufer nach der herrschenden Meinung für sein anfängliches Unvermögen zur Eigentumsverschaffung oder zur Übergabe grundsätzlich, ohne daß es auf sein Verschulden ankam[203]. Den Verkäufer traf eine unbedingte Einstandspflicht für sein anfängliches Vermögen. Diese Garantiepflicht wurde innerhalb der herrschenden Meinung unterschiedlich begründet. Es wurde zum Teil von einer gesetzlichen Garantiehaftung ausgegangen[204]. Diese wurde teils mit dem immanenten, typischen Sinn des Leistungsversprechens oder mit dem Vertrauensgrundsatz und mit der Sicherheit des Rechtsverkehrs begründet[205]. Teils wurde die Meinung vertreten, die Einstandspflicht sei Ausdruck einer ungeschriebenen, weil vom Gesetzgeber als selbstverständlich vorausgesetzten Regel des dispositiven Rechts, daß den Schuldner für sein Leistungsvermögen bei Vertragsschluß eine Garantiehaftung treffe[206]. Zum Teil wurde aber angenommen, der Verkäufer übernehme nach dem Sinn des Vertrages eine Garantie für sein anfängliches Leistungsvermögen[207]. Die Haftung beruhe damit unmittelbar auf dem Willen der Vertragsparteien.

Im Gegensatz dazu vertrat eine andere Meinung den Standpunkt, die Fälle, in denen anfängliches Unvermögen vorliegt, seien nicht anders zu behandeln als die Fälle von nachträglichem Unvermögen[208]. In analoger Anwendung von § 275 BGB a.F. wurde demnach unterschieden, ob der Verkäufer sein Unvermögen zu vertreten hat oder nicht.

---

[202] Soergel/Huber, § 433 Rn. 276e.

[203] RGZ 69, 355, 357; BGHZ 11, 16, 22; 62, 119, 120; Larenz, Schuldrecht I, S. 101; Emmerich, Leistungsstörungen, § 3 IV 2 c, S. 33f.; Medicus, Schuldrecht AT, Rn. 384; Reinicke/Tiedtke, Rn. 232f.; Soergel/Wolf, § 305 Rn. 26; Soergel/Huber, § 433 Rn. 288ff., 311ff; RGRK/Ballhaus, § 306 Rn. 13; MünchKomm/Emmerich, Vor § 275 Rn. 12; Palandt/Heinrichs, § 306 Rn. 9 (61. Aufl.); Fikentscher, § 43 III 4, S. 227; Staudinger/Löwisch, § 306 Rn. 46ff..

[204] Larenz, Schuldrecht I, S. 101; Soergel/Huber, § 433 Rn. 289f..

[205] Enneccerus/Lehmann, § 29 I 3 und II 2.

[206] Soergel/Huber, § 433 Rn. 289f.; Huber, Leistungsstörungen, Bd. I, § 22 II, S. 531 "beredtes Schweigen" des Gesetzes; Wilhelm/Deeg, S. 228.

[207] RGZ 69, 355, 357; BGHZ 11, 16, 22; Ballerstedt, FS Nipperdey, 1955, S. 270; Palandt/Heinrichs, § 306 Rn. 9 (61. Aufl.); Soergel/Wolf, § 305 Rn. 26; Medicus, Schuldrecht AT, Rn. 384; Reinicke/Tiedtke, Rn. 232f.

[208] MünchKomm/Emmerich, Vor § 275 Rn. 17; MünchKomm/Wesrtermann, §§ 440, 441 Rn. 8; Esser/ Schmidt, S 111f., 308f.; Gudian, S. 1240f..

Die Differenzen zwischen den beiden Ansätzen wurden dadurch abgemildert, daß ein Teil der herrschenden Meinung, die eine Garantiehaftung annahm, Einschränkungen zuließ[209]. So sollte die Haftung des Verkäufers für anfängliches Unvermögen ausgeschlossen sein, wenn das Unvermögen seinen Ursprung nicht in dem eigenen Geschäftskreis des Schuldners hatte oder wenn nach Treu und Glauben der Haftungsausschluß geboten war[210].

b) Zusammenfassung Probleme, Vor- und Nachteile der alten Lage

Der Begriff der „Unmöglichkeit" war eine der zentralen Kategorien des Leistungsstörungsrechts nach alter Rechtslage. Dieser Ansatz hängt unmittelbar mit der Ausrichtung der gesetzlichen Regelungen auf Fälle von Spezieskauf oder persönlich zu erbringenden Leistungen als Regelfall zusammen. In der Praxis werden heutzutage jedoch überwiegend Verträge über Gattungsschulden bzw. vertretbare Sachen und Handlungen geschlossen, so stellt der gesetzlich normierte Regelfall im Alltag eher die Ausnahme dar. Dieses Auseinanderfallen von praktischen Bedürfnissen des Geschäftsverkehrs und die dogmatisch anders ausgerichtete gesetzliche Regelung ist eine der Hauptquellen ununterbrochener Mißverständnisse des gesetzlichen Systems und daraus resultierenden Meinungsstreitigkeiten.

Die in § 306 BGB a.F. vorgesehene zwingende Nichtigkeit des Vertrages bei anfänglicher objektiver Unmöglichkeit zwang dazu, anfängliche und nachträgliche, subjektive und objektive Unmöglichkeit abzugrenzen. Hinzu kam die Differenzierung zwischen vollständiger und teilweiser, zwischen endgültiger und vorübergehender Unmöglichkeit und schließlich in allen genannten Fällen die weitere Unterscheidung danach, ob die Unmöglichkeit nur vom Schuldner, nur vom Gläubiger, von beiden Vertragsparteien oder von keiner von ihnen zu vertreten ist.

Die vielfältige und vielschichtige Differenzierung, die das Gesetz vorsah, bildete eine ständige Quelle von Abgrenzungsstreitigkeiten und beeinträchtigte die Rechtssicherheit des Geschäftsverkehrs. Ob diese Beeinträchtigung auf einem fundamentalen Mißverständnis des Gesetzes beruht, wie Ulrich Huber überzeugend in seinem grundlegenden Werk „Leistungsstörungen" darlegt, sei an dieser Stelle dahingestellt. Es bleibt zu hoffen, daß die neue gesetzgeberische Lösung, die eine solche vielschichtige Abgrenzung zu vermeiden versucht, Klarheit und Sicherheit für den Rechtsverkehr mit sich bringt.

c) Rechtsfolgen nach dem Schuldrechtsmodernisierungsgesetz

Die Befreiung von der Primärleistung wegen Unmöglichkeit wird nach dem Inkrafttreten des Schuldrechtsmodernisierungsgesetzes ausschließlich in § 275 BGB geregelt.

---

[209] So Soergel/Wolf, § 305 Rn. 26; Gudian, S. 1240; Eichenhofer, S. 780.

[210] Larenz, Schuldrecht I, S. 101f.; BGH NJW 1972, 1702, 1703; BGH NJW 1994, 515 (betrifft Haftung bei Gattungsschuld); Soergel/Wolf, § 305 Rn. 26; Soergel/Huber, § 433 Rn. 291; Reinike/ Tiedke Rn. 323f; Brox, Schuldrecht AT, Rn. 243f..

§ 275 BGB umfaßt jede Art der Unmöglichkeit. Objektive und subjektive, anfängliche und nachträgliche Unmöglichkeit werden gleichgestellt. Die Unterscheidung zwischen zu vertretender und nicht zu vertretender Unmöglichkeit wird bezüglich der primären Leistungspflicht aufgegeben. Umfaßt wird auch die Teilunmöglichkeit, die bereits in § 275 BGB a.F., geregelt worden war. Die ursprünglichen Bestrebungen, auch die zeitweilige Unmöglichkeit in § 275 zu regeln, wurden in der Beschlußempfehlung des Rechtsausschusses aufgegeben. Der Bundesrat hat in seiner Stellungnahme[211] auf die mit der gesetzlichen Regelung der vorübergehenden Unmöglichkeit in § 275 BGB-E („und solange") zusammenhängenden Schwierigkeiten hingewiesen und vorgeschlagen, die Einordnung vorübergehender Leistungshindernisse wie bisher der Rechtsprechung und der Wissenschaft zu überlassen. Diesem Vorschlag ist die Bundesregierung beigetreten[212].

Bei dem ursprünglichen Regelungsversuch der vorübergehenden Unmöglichkeit hatte die Bundesregierung vor allem die sog. Embargofälle in Betracht gezogen[213]. Der letztlich getroffene Kompromiß ist jedoch angesichts des ipso iure Ausschlusses des Leistungsanspruches gem. § 275 Abs. 1 BGB sachgerecht. Die in der Praxis für den Gläubiger mögliche Unsicherheit, aus welchen einzelnen Gründen der Schuldner nicht leistet bzw. ob von diesem vorgebrachte Gründe zutreffen, kann der Gläubiger durch das Setzen einer angemessenen Frist zur Leistung beseitigen. Nach erfolglosem Fristablauf kann er bei Vorliegen der weiteren Voraussetzungen Schadensersatz statt der Leistung verlangen oder vom Vertrag zurücktreten. Sollte das Ausbleiben der Leistung auf Unmöglichkeit beruhen, so wäre die Fristsetzung ungünstigstenfalls überflüssig[214]. Im übrigen kann bei der Bestimmung, wann eine nur vorübergehende Unmöglichkeit einer dauerhaften gleichzustellen ist, auf die Kasuistik der Rechtsprechung und auf die in der Wissenschaft entwickelten Grundsätze zurückgegriffen werden[215].

§ 275 Abs. 1 BGB umfaßt nur die „wirkliche" („physische") Unmöglichkeit. Kann also die von Verkäufer geschuldete Leistung tatsächlich von niemandem erbracht werden, so ist der Erfüllungsanspruch des Käufers ausgeschlossen. Diese Folge tritt ipso iure ein. Die Regelung ist als Einwendung, also vom Gericht von Amts wegen zu berücksichtigen, ausgestaltet. Das gilt auch dann, wenn eine anfängliche objektive Unmöglichkeit vorliegt, da der Vertrag im Gegensatz zu der alten Rechtslage wirksam ist (§ 311 a Abs. 1 BGB). § 275 Abs. 1 BGB gilt des weiteren dann, wenn der Schuldner unvermögend ist. Nach dem nach neuer Rechtslage maßgeblichen engen Unvermögensbegriff ist dies der Fall, wenn es aussichtslos erscheint, daß der Schuldner sich den geschuldeten Gegenstand verschaffen kann[216].

---

211 Nr. 19, 23, 32 und 52.
212 s. BT-Dr. 14/6857, S. 47.
213 Regierungsentwurf, S. 685; BT-Dr. 14/6857, S. 47.
214 so der Bericht des Rechtsausschusses, BT-Dr. 14/7052, S. 183.
215 s. BGHZ 47, 48, 50f.; 83, 197, 200; Palandt/Heinichs, § 275 Rn. 11; MünchKomm/Emmerich, § 275 Rn. 39f..
216 Mattheus, S. 212.

Ist die Durchführbarkeit der Leistung theoretisch, aber nur mit einem völlig unverhältnismäßigen Aufwand möglich, liegt eine sog. faktische oder praktische Unmöglichkeit vor. Dann ist § 275 Abs. 2 BGB anwendbar[217]. Dieser regelt ein als Einrede ausgestaltetes Leistungsverweigerungsrecht des Schuldners. § 275 Abs. 2 BGB erfaßt sowohl anfängliche als auch nachträgliche Leistungshindernisse und gilt unabhängig davon, ob der Schuldner diese zu vertreten hat oder nicht[218]. Der Grund für die unterschiedliche Ausgestaltung der Rechtsfolgen des Abs. 1 und 2 liegt in den Sekundärrechten, die an den Ausschluß der Leistungspflicht anknüpfen. Braucht der Schuldner nach § 275 BGB nicht zu leisten, entfällt gem. § 326 Abs. 1 S. 1 BGB der Anspruch auf die Gegenleistung, bei Vertretenmüssen des Leistungshindernisses ist der Schuldner darüber hinaus gem. § 283 BGB schadensersatzpflichtig[219]. Bei bloßer Leistungserschwerung sollte daher der Schuldner die Wahl haben, ob er die überobligationsmäßigen Anstrengungen unternehmen will oder ob er sich auf sein Leistungsverweigerungsrecht berufen möchte[220]. Es wäre unangemessen, dem Schuldner automatisch die oben angesprochenen Folgen aufzuzwingen.

Gemäß § 275 Abs. 2 BGB kann der Schuldner die Leistung verweigern, soweit diese einen Aufwand erfordert, der unter Beachtung des Inhalts des Schuldverhältnisses und der Gebote von Treu und Glauben in einem groben Mißverhältnis zu dem Leistungsinteresse des Gläubigers steht. Unter Aufwand sind sowohl Aufwendungen in Geld als auch Tätigkeiten und ähnliche persönliche Anstrengungen zu verstehen. Dies folgt daraus, daß S. 2, der für den Fall des Vertretenmüssens eine Verschärfung des Maßstabs bestimmt, von „Anstrengungen" spricht[221]. Der Aufwand ist allein an dem Leistungsinteresse des Gläubigers zu messen. Eigene Interessen des Schuldners, also etwa das Verhältnis zum Vertragspreis oder auch das Verhältnis zu persönlichen Belangen wie Gewissensbedenken, familiären Belastungen usw. bleiben zunächst unberücksichtigt. Diese können aber innerhalb § 313 BGB zu berücksichtigen sein[222].

Das Mißverhältnis zwischen Aufwand und Gläubigerinteresse muß also ein besonders krasses, nach Treu und Glauben untragbares Ausmaß erreichen[223]. Das legitimiert sich vor allem daraus, daß der Gläubiger bei einer vom Schuldner nicht zu vertretender Unmöglichkeit seinen Leistungsanspruch ersatzlos verliert[224]. Bei der Konkretisierung des Mißverhältnisses ist gem. § 275 Abs. 2 S. 2 BGB zu berücksichtigen, ob der Schuldner das Leistungshindernis zu vertreten hat oder

---

217 so Regierungsentwurf, S. 293; Canaris, JZ 2001, S. 501; ders. ZRP S. 330; Reischl, S. 256; eine Rechtsfolgen orientierte Differenzierung, die aber mit der hier wiedergegebenen Definition im Ergebnis übereinstimmt, schlägt Huber/Faust, S. 26f. vor; a.A. Wilmowsky, S. 7; Kritik an der Differenzierung Stoll, S. 591 .

218 Palandt/Heinichs, § 275 Rn. 26.

219 S. näheres unten Seite 331.

220 Medicus, in Haas/Medicus u.a., S. 90f.; Huber/Faust, S. 23.

221 Regierungsentwurf, S. 294.

222 s. näher zum Verhältnis zwischen § 275 Abs. 2 und § 313 - Huber/Faust, S. 55; Medicus, in Haas/Medicus u.a., S. 93f.

223 Resichl, S. 454.

224 Regierungsentwurf, S. 295.

nicht. Hat der Schuldner das Hindernis zu vertreten, so sind von ihm erhöhte Anstrengungen zu dessen Überwindung zu erwarten. So muß z. B. der Verkäufer, der den verkauften Gegenstand einem Dritten übereignet hat, für den Rückerwerb i. d. R. wesentlich mehr als den Marktpreis anbieten, um in den Genuß der Befreiung von seiner primären Leistungspflicht zu gelangen[225]. Der Umkehrschluß, daß der Schuldner, der das Leistungshindernis nicht zu vertreten hat, überhaupt keine Anstrengungen zu seiner Überwindung zu unternehmen braucht, soll § 275 Abs. 2 S. 2 BGB dagegen nicht erlauben. Das Ausmaß der zu erwartenden Anstrengungen bestimmt sich dann nach dem Inhalt des Schuldverhältnisses[226]. So muß der Verkäufer, wenn er den Gegenstand ohne Verschulden übereignet hat, sich dennoch bemühen, den Vertragsgegenstand von dem Dritten zurückzuerwerben. Dafür muß er zumindest den Marktpreis, u. U. aber auch einen darüber liegenden Preis anbieten. Denn auch wenn er sich in einem unverschuldeten Irrtum befunden und daher die verkehrserforderliche Sorgfalt nicht außer Acht gelassen hat, hat er doch objektiv seine Pflicht aus dem Schuldverhältnis nicht erfüllt, so daß das Leistungshindernis auf einer in seiner Sphäre liegenden Unzulänglichkeit beruht[227].

2. Zusammenfassung: Unmöglichkeit nach alter und neuer Rechtslage

Der Bereich der Unmöglichkeit war im Vorfeld des Inkrafttretens des Schuldrechtsmodernisierungsgesetzes einer der meist umstrittenen und am häufigsten geänderten. Die Vorschläge reichten vom vollständigen Verzicht auf die Kategorie der Unmöglichkeit bis zur vollständigen Beibehaltung der Regelungen der ursprünglichen BGB-Fassung. Das Gesetz hat letzten Endes eine selbständige Leistungsstörungskategorie der Unmöglichkeit beibehalten. Die Unterschiede zur alten Rechtslage sind jedoch gravierend. Das Schuldrechtsmodernisierungsgesetz stellt alle Arten der Unmöglichkeit gleich. Anfängliche und nachträgliche Unmöglichkeit haben, unabhängig davon, ob sie objektiv oder subjektiv sind, die gleichen Rechtsfolgen. Das Freiwerden des Schuldners von seiner Primärleistungspflicht ist nunmehr von der Frage des Vertretenmüssens unabhängig. Die Neuregelung ist mit einem Wechsel des dem Gesetz zugrund liegenden Konzepts verbunden[228]. Die ursprüngliche Fassung des BGB baute auf das im römischen Recht entwickelte Modell der Verbindlichkeit mit doppeltem Inhalt auf. Die Schuld ging auf Erfüllung in Natura und zugleich auch Geldleistung. Daher durfte dem vom Schuldner zu vertretenden Unmöglichwerden der Leistung keine befreiende Wirkung zukommen. Widrigenfalls wäre der Schuldner auch von seiner Verpflichtung zum Geldausgleich für das Unmöglichwerden befreit[229]. Nach dem Konzept des Schuldrechtsmodernisierungsgesetzes bezieht sich die befreiende Wirkung der Unmöglichkeit allein auf die primäre Leistungspflicht, ohne eine mögliche Schadensersatzpflicht des Schuldners zu berühren[230].

---

225 Regierungsentwurf, S. 296.
226 z.T. a.A. Huber/Faust, S. 46ff.
227 Regierungsentwurf, S. 297.
228 Zimmer, NJW S. 2.
229 Zimmer, NJW S. 2.
230 Regierungsentwurf, S. 288f. = BT Dr. 14/6040, S. 127f.

Eine wesentliche Neuerung bietet das Schuldrechtsmodernisierungsgesetz im Bereich der anfänglichen Unmöglichkeit an. Im Gegensatz zur alten Rechtslage ist ein Vertrag auch dann wirksam, wenn die versprochene Leistung von Anfang an für jedermann unmöglich ist (anfängliche objektive Unmöglichkeit). Die anfängliche subjektive Unmöglichkeit ist zum einen jetzt ausdrücklich im Gesetz geregelt. Zum anderen bewirkt die neue Regelung eine Abkehr von der von der herrschenden Meinung unter der alten Rechtslage vertretenen Garantiehaftung des Schuldners für sein anfängliches Unvermögen. Der Schuldner wird auch in diesem Fall gem. § 275 BGB von seiner primären Leistungspflicht frei. Eine Schadensersatzverpflichtung trifft ihn grundsätzlich nur bei Verschulden.

3. Verzug

Der Verzug setzt voraus, daß die Erfüllung der Leistung noch möglich ist[231]. Der Schuldner bleibt zur Leistung verpflichtet, der Gläubiger kann Erfüllung verlangen[232]. Der Verzug an sich hat daher keine Auswirkungen auf den Fortbestand des Erfüllungsanspruchs. Der Gläubiger kann sich jedoch unter bestimmten zusätzlichen Voraussetzungen wegen des Verzugs des Schuldners vom Vertrag lösen. In diesen Fallen ist der Erfüllungsanspruch ausgeschlossen.

a) Voraussetzungen nach alter Rechtslage

Unter den weiteren Voraussetzungen von § 286 Abs. 2 BGB a.F. und § 326 BGB a.F. hatte der Gläubiger die Möglichkeit, unter Verzicht auf die Primärleistung Schadensersatz zu verlangen. Für gegenseitige Verträge, wie der Kaufvertrag, wurde § 286 Abs. 2 BGB a.F. nach allgemeiner Ansicht von § 326 BGB a.F. verdrängt[233]. So konnte der Käufer gem. § 326 Abs. 1 BGB a.F. dem Verkäufer eine angemessene Frist für die Erfüllung der Leistung bestimmen und androhen, daß er nach Ablauf der Frist die Annahme der Erfüllung verweigern werde. Ließ der Verkäufer die Frist fruchtlos verstreichen, so war der Erfüllungsanspruch des Käufers ausgeschlossen (§ 326 Abs. 1 S. 2 2. HS BGB a.F.). Das gleiche galt gem. § 326 Abs. 2 BGB a.F. auch ohne Fristbestimmung, wenn die Erfüllung des Vertrages für den Käufer infolge des Verzuges kein Interesse hatte. Die Fristsetzung war ferner dann entbehrlich, wenn die Parteien die Vorschrift abbedungen haben oder wenn die Fristsetzung zwecklos erschien. Fristsetzung und Ablehnungsandrohung waren auch dann nicht erforderlich, wenn ein Fixgeschäft i. S. v. § 361 BGB a.F oder § 376 HGB vorlag. In diesen Fällen konnte der Käufer bereits mit Verstreichen der Lieferfrist auf die Erfüllung verzichten. Im Handelsrecht mußte er sofort nach Ablauf der Frist anzeigen, daß er Erfüllung verlangen will, widrigenfalls war der Erfüllungsanspruch ausgeschlossen.

---

[231] BGHZ 84, 244, 248.
[232] Fikentscher, § 45 III 1, S. 250.
[233] Soergel/Wiedmann, § 286 Rn. 4.

b) Voraussetzungen nach dem Schuldrechtsmodernisierungsgesetz

Auch nach der neuen Rechtslage hat der Käufer die Möglichkeit, sich vom Vertrag zu lösen, so daß sein Erfüllungsanspruch ausgeschlossen wäre. Wesentliche Voraussetzung hierfür ist, wie bereits nach altem Recht, die Fristsetzung zur Bewirkung der Leistung oder zur Vornahme der Nacherfüllung[234]. Die Ablehnungsandrohung ist im Gegensatz zu der alten Rechtslage entbehrlich.

Erbringt der Schuldner eine fällige Leistung nicht oder nicht vertragsgemäß, so kann der Gläubiger nach erfolglosem Verstreichen einer angemessenen (Nach)Erfüllungsfrist gem. § 281 BGB Schadensersatz statt der Leistung verlangen oder gem. § 323 BGB vom Vertrag zurücktreten. Wie auch nach alter Rechtslage kann die Fristsetzung entbehrlich sein (§§ 281 Abs. 2, 323 Abs. 2 BGB). Das ist zum einen dann der Fall, wenn von vornherein feststeht, daß der Schuldner auch innerhalb der Nachfrist nicht mehr freiwillig erfüllen wird oder erfüllen kann, des weiteren dann, wenn der Schuldner die Erfüllung ernstlich und endgültig verweigert hat.

Hat der Schuldner nur eine Teilleistung bewirkt, so kann der Gläubiger gem. § 281 Abs. 1 S. 2 und § 323 Abs. 5 BGB Schadensersatz statt der Leistung verlangen bzw. vom Vertrag zurücktreten, wenn er an der Teilleistung kein Interesse hat. Für die Annahme des Interessenwegfalls genügt es in der Regel, wie bereits nach der alten Rechtslage, wenn der Gläubiger nachweist, daß der bestimmte Verwendungszweck oder die in Aussicht genommene Bedarfsdeckung sich nicht mehr realisieren läßt[235].

Im Gegensatz zu der alten Rechtslage entfällt der Erfüllungsanspruch des Gläubigers nicht automatisch mit fruchtlosem Ablauf der Nachfrist. Gemäß § 281 Abs. 4 BGB ist der Erfüllungsanspruch erst dann ausgeschlossen, wenn der Gläubiger den Schadensersatz statt der Leistung verlangt hat. Der automatische Ausschluß des Erfüllungsanspruchs gem. § 326 Abs. 1 S. 2 BGB a.F. war nach Meinung des Gesetzgebers unzweckmäßig und hat den Gläubiger benachteiligt. Denn der Gläubiger hat im Zeitpunkt der Fristsetzung noch ein Interesse an dem Erhalt der Leistung, das sich auch nach erfolglosem Ablauf der Frist nicht ändern muß. Wenn der Schuldner insolvent ist, nutzt dem Gläubiger ein Schadensersatzanspruch wenig. Für ihn ist es in einem solchen Fall zweckmäßiger, seinen Leistungsanspruch durchzusetzen. Genau daran hinderte ihn die alte Regelung[236].

Maßgeblich für den Ausschluß des Erfüllungsanspruchs ist, ob der Gläubiger Schadensersatz verlangt. Es kommt hierfür nicht darauf an, ob er tatsächlich Schadensersatz auch erhält[237]. Entscheidend ist nur, daß er sich mit der Bean-

---

[234] s. näheres zu Verzugsvoraussetzungen unten Seite 366 ff.
[235] Soergel/Wiedmann, § 326 Rn. 57.
[236] Regierungsentwurf, S. 320; Ob der Gläubiger dadurch tatsächlich besser gestellt ist, ist angesichts der Insolvenzrealität eher fraglich.
[237] Regierungsentwurf, S. 320.

spruchung von Schadensersatz letztlich hierfür entschieden hat[238]. Damit wird eine Parallele zum Rücktritt nach § 323 Abs. 1 BGB gezogen. Da der Rücktritt ein Gestaltungsrecht ist, wird mit der Rücktrittserklärung gemäß § 349 BGB das Schuldverhältnis in ein Rückabwicklungsverhältnis umgestaltet, das den Anspruch auf die Leistung ausschließt.

Als Verlangen von Schadensersatz kann jede entsprechende Äußerung des Gläubigers aufgefaßt werden, die den eindeutigen Willen erkennen läßt, sich auf das Schadensersatzbegehren beschränken zu wollen. Eine allgemeine Ankündigung, weitere Rechte „bis hin zum Schadensersatz" geltend machen zu wollen, reicht dafür nicht aus[239]. Die Äußerung muß geeignet sein, dem Schuldner Klarheit über die künftige Entwicklung zu verschaffen.

4. Zusammenfassung: Verzug als Grenze des Erfüllungsanspruchs

Im Ergebnis ist festzuhalten, daß sowohl nach alter als auch nach neuer Rechtslage allein der Eintritt des Verzuges keine Auswirkungen auf den Erfüllungsanspruch des Käufers hat. Unter Beachtung weiterer Voraussetzungen, insbesondere nach fruchtlosem Ablauf einer vom Käufer zur Lieferung gesetzten angemessenen Frist, kann der Erfüllungsanspruch ausgeschlossen sein. Nach alter Rechtslage war der Anspruch mit Fristablauf ausgeschlossen, insbesondere weil eine gesonderte Ablehnungsandrohung dem Schuldner schon mit Fristsetzung die Konsequenzen seines Untätigbleibens vor Augen geführt hat. Nach neuer Rechtslage bewirkt der fruchtlose Fristablauf zunächst keinen Ausschluß des Erfüllungsanspruchs. Erst wenn der Käufer erklärt, daß er Schadensersatz statt der Leistung verlangt oder vom Vertrag zurücktritt, ist sein auf Erfüllung des Vertrages gerichteter Anspruch ausgeschlossen.

5. Positive Vertragsverletzung und Wegfall der Geschäftsgrundlage

Als positive Vertragsverletzung bezeichnet man jede Leistungsstörung i.w.S., die weder Unmöglichkeit noch Verzug zur Folge hat und nicht in den Gewährleistungsvorschriften abschließend geregelt ist[240]. Die aus einer positiven Vertragsverletzung resultierende Schadensersatzpflicht tritt grundsätzlich neben die fortbestehende primäre Leistungspflicht. Wenn aber infolge der positiven Vertragsverletzung das Interesse des Käufers an der Erfüllung fortgefallen ist, der Vertragszweck erheblich gefährdet ist oder die Vertragsfortsetzung dem Käufer nicht mehr zugemutet werden kann, dann kann er die Erfüllung ablehnen und Schadensersatz verlangen[241]. In der Sache hat sich auch durch das Schuldrechtsmodernisierungsgesetz nichts geändert, auch wenn jetzt für die gesonderte Rechts-

---

238 Kritisch Westermann/Schultz, S. 49f..
239 Regierungsentwurf, S. 320.
240 Soergel/Wiedemann, Vor § 275 Rn. 350; MünchKomm/Emmerich, Vor § 275 Rn. 203.
241 vgl. Palandt/Heinrichs, § 276 Rn. 124 (61. Aufl.).

figur der positiven Vertragsverletzung infolge der Einführung des Begriffs „Pflichtverletzung" kein Bedarf mehr besteht[242].

Zur Modifikation des Erfüllungsanspruches kann auch das Rechtsinstitut des Wegfalls der Geschäftsgrundlage führen. Die Anwendbarkeit dieses nunmehr unter der amtlichen Überschrift „Störung der Geschäftsgrundlage" in § 313 BGB geregelten Rechtsinstituts führt in der Regel zu einer Anpassung des Schuldverhältnisses. Dies kann zu einer Änderung des ursprünglichen Erfüllungsanspruches führen. Ist eine Anpassung des Vertrages nicht mehr möglich, so kommt die Beendigung des Vertrages in Betracht[243]. Diese führt dann zum Fortfall des Erfüllungsanspruches.

6. Zusammenfassung: Grenzen des Anspruchs auf Erfüllung in Natura

Der Anspruch des Käufers auf Erfüllung in Natura unterliegt grundsätzlich zwei Arten von Einschränkungen. Zum einen ergeben sich die Schranken des Erfüllungsanspruchs aus den Grenzen der Leistungsfähigkeit des Verkäufers, zum anderen aus dem Verhalten des Käufers selbst. Unter die erste Kategorie fallen die Unmöglichkeit der Erbringung der geschuldeten Leistung oder eine Leistung, die mit unverhältnismäßigem Aufwand verbunden ist. Zu der zweiten, hier gebildeten Kategorie, gehören diejenigen Fälle, in denen der Käufer zum Ausdruck bringt, daß er von dem Vertrag Abstand nimmt.

Auch nach Inkrafttreten des Schuldrechtsmodernisierungsgesetzes ist die Unmöglichkeit eine selbständige Kategorie des Leistungsstörungsrechtes geblieben. Nach dem neuen Gesetzeskonzept bewirkt die physische Unmöglichkeit gem. § 275 Abs.1 BGB unabhängig davon, ob sie objektiv, subjektiv, anfänglich oder nachträglich, verschuldet oder unverschuldet ist, ipso iure den Wegfall des Erfüllungsanspruchs. Liegt dagegen eine sog. praktische oder faktische Unmöglichkeit vor, also eine an sich mögliche, aber mit unverhältnismäßigem Aufwand verbundene Erfüllung, so steht dem Schuldner gem. § 275 Abs. 2 BGB ein Leistungsverweigerungsrecht zu. Beruft sich der Verkäufer hierauf, so ist der Erfüllungsanspruch des Käufers ausgeschlossen.

Der Anspruch ist weiterhin dann ausgeschlossen, wenn der Käufer bei Vorliegen weiterer Voraussetzungen einen Rechtsbehelf ausübt, der mit der Natur des Erfüllungsanspruches nicht vereinbar ist. Als solche Rechtsbehelfe kommen vor allem der Rücktritt vom Vertrag und der Schadensersatz statt der Leistung in Betracht. Bei diesen Rechtsbehelfen bringt der Käufer zum Ausdruck, daß er vom Vertrag Abstand nehmen will und keine Erfüllung mehr begehrt.

---

[242] s. näher dazu unten Seite 325 ff.
[243] Esser/Schmidt, S. 342.

III. Zusammenfassung: Anspruch auf Erfüllung in Natura nach deutschem Recht

Nach der modernen Dogmatik des deutschen Rechts ist der Erfüllungsanspruch der primäre Rechtsbehelf des Schuldners. Er ist die unmittelbare Folge eines wirksam geschlossenen Vertrages und grundsätzlich nach Urteil in rem vollstreckbar.

Der Anspruch auf Erfüllung in Natura steht dem Käufer grundsätzlich dann zu, wenn der Verkäufer eine seiner primären Leistungspflichten überhaupt nicht erbringt. Unternimmt der Verkäufer dagegen einen Erfüllungsversuch, bei dem er seinen vertraglichen (Haupt)Pflichten nicht vollständig oder in gebührender Weise nachkommt, so steht dem Käufer grundsätzlich ein modifizierter Erfüllungsanspruch im Form der Nacherfüllung zu.

Die Hauptpflichten des Verkäufers sind gem. § 433 Abs. 1 BGB die Verschaffung von Eigentum und Besitz an der verkauften Sache. Die Erfüllung der Eigentumsverschaffungspflicht richtet sich nach den sachenrechtlichen Vorschriften (§§ 929 ff. BGB). Dabei ist das in Deutschland geltende Abstraktionsprinzip zu beachten, nach dem der Kaufvertrag, auch ein Kaufvertag über konkret bestimmte Stückschuld, keinerlei Auswirkung auf die Eigentumsverhältnisse hat. Für die Eigentumsübertragung bedarf es grundsätzlich einer separaten Einigung über den Eigentumsübergang und der Übergabe der Sache. Damit doppelt sich die Pflicht des Verkäufers, die Sache zu übergeben, da sie einmal aus dem Kaufvertrag folgt und einmal Bestandteil der Eigentumsverschaffung ist. Gerade bei Alltagsgeschäften werden beide Übergabeverpflichtungen mit der Aushändigung der Sache erfüllt. Ausnahmsweise kann jedoch die aus dem Vertrag folgende Übergabepflicht der Eigentumsverschaffung vorausgehen. In diesen Fällen wird die sachenrechtliche Übergabepflicht durch die Vereinbarung eines Besitzkonstituts erfüllt.

Der Anspruch des Käufers auf Erfüllung in Natura unterliegt gewissen Grenzen, die sich zum einen aus der Leistungsfähigkeit des Verkäufers ergeben, zum anderen aus dem Verhalten des Käufers selbst resultieren können. Die Leistungsfähigkeit des Verkäufers ist dann nicht mehr gegeben, wenn die Erbringung der geschuldeten Leistung unmöglich geworden ist. Nach neuer Rechtslage ist für den Ausschluß des Erfüllungsanspruches irrelevant, ob der Verkäufer die Unmöglichkeit zu vertreten hat und wann die Unmöglichkeit eingetreten ist. Der Anspruch auf Erfüllung in Natura ist weiterhin dann ausgeschlossen, wenn die Bewirkung der Leistung mit unverhältnismäßigem Aufwand verbunden ist und der Verkäufer sich deshalb auf sein Leistungsverweigerungsrecht beruft.

Der Käufer kann bei Vorliegen weiterer Voraussetzungen einen Rechtsbehelf ausüben, der mit dem Anspruch auf Erfüllung in Natura nicht vereinbar ist. Beruft sich der Käufer auf sein Rücktrittsrecht oder macht er Schadensersatz statt der Leistung geltend, so bringt er zum Ausdruck, daß er vom Vertrag Abstand nehmen will und keine Erfüllung mehr begehrt.

E. Rechtsvergleichende Analyse des Anspruchs auf Erfüllung in Natura

Das wirtschaftliche Ziel eines Warenkaufvertrages ist der Austausch von Waren gegen Geld. Der Verkäufer will in der Regel mit dem Verkauf der Sache einen Gewinn erzielen, der Käufer im Prinzip Eigentum und Besitz an der Sache erhalten, um über sie weiter disponieren zu können. Daher sehen alle untersuchten Rechtssysteme im Kern die gleichen Hauptpflichten der Vertragsparteien vor. Der Verkäufer ist nach allen Rechtsordnungen verpflichtet, dem Käufer Eigentum und Besitz an der verkauften Sache zu übertragen. Die unterschiedliche Bezeichnung der Besitzverschaffungsverpflichtung des Verkäufers ändert nichts an der Tatsache, daß alle untersuchten Rechtssysteme subsidiär anwendbare Regelungen darüber enthalten, wann, wo und wie der Verkäufer diese zentrale Verpflichtung erfüllen soll.

Der Inhalt der sog. Lieferpflicht des Verkäufers bei Verträgen, die dem CISG unterliegen, richtet sich nach Art. 31 CISG, soweit vertraglich nichts Näheres geregelt ist. So hat der Verkäufer in den Fällen, in denen die Ware nach dem Vertrag der Beförderung bedarf, gem. Art. 31 lit. a) CISG die Ware an den ersten selbständigen Beförderer zu übergeben. Ist keine Beförderung vorgesehen, so hat der Verkäufer die Ware am Herstellungsort oder am Ort seiner Niederlassung zur Verfügung zu stellen. Demnach erfüllt der Verkäufer seine Lieferpflicht, wenn er alles seinerseits Erforderliche vornimmt, damit der Käufer in den Besitz der Ware gelangen kann.

Um seine sog. Übergabepflicht zu erfüllen, muß ein dem bulgarischen Recht unterliegender Verkäufer alles seinerseits Erforderliche tun, damit der Käufer den Besitz und die tatsächliche Sachherrschaft über die verkaufte Sache erlangen kann. Der Zeitpunkt und der Ort sowie die Modalitäten der Übergabe richten sich primär nach der Parteivereinbarung. Haben die Parteien keine Frist vereinbart, so kann der Gläubiger die Übergabe sofort, d. h. innerhalb angemessener Frist nach Erfüllungsaufforderung, verlangen. Hinsichtlich des Leistungsortes sehen die subsidiär geltenden gesetzlichen Regelungen vor, daß bei bestimmten Sachen Leistungsort der Ort ist, an dem sich die Sache zur Zeit der Entstehung der Verpflichtung befand. Bei Gattungsschulden ist Leistungsort i. d. R. der Wohnsitz des Verkäufers. Der Verkäufer muß des weiteren die verkaufte Sache oder Sachen aus der vereinbarten Gattung übergeben.

Die Pflicht zur Lieferung (*delivery*) eines dem englischen Sale of Goods Act unterliegenden Verkäufers besteht i. d. R. in der freiwilligen Übertragung des Besitzes an der verkauften Sache[244]. Soweit vertragliche Bestimmungen fehlen, hat die Lieferung grundsätzlich am Ort des Sitzes bzw. des Wohnortes des Verkäufers zu erfolgen. Soweit der Kaufvertrag einer über Speziessachen ist, die sich in Kenntnis der Parteien zum Zeitpunkt des Vertragsabschlusses an einem anderen Ort befinden, ist dieser Ort Erfüllungsort. Der Zeitpunkt der Lieferung wird primär durch die vertragliche Vereinbarung bestimmt. SGA enthält nur bezüglich

[244] s. näheres zu der Lieferpflicht nach SGA unten Seite 302 ff.

Versendungsverträgen eine explizite Regelung, die eingreift, wenn die Parteien keinen bestimmten Zeitpunkt vereinbart haben. Gemäß sec 29 sub-s 3 SGA hat der Verkäufer die Ware innerhalb eines angemessenen Zeitraumes abzusenden.

Ein dem deutschen Recht unterliegender Verkäufer erfüllt seine Übergabepflicht gem. § 433 Abs. 1 BGB grundsätzlich mit Verschaffung des unmittelbaren Besitzes, der Käufer muß also die Möglichkeit erhalten, die tatsächliche Gewalt über die Sache auszuüben. Ist im Vertrag, durch Verkehrssitte oder Handelsbrauch nichts Besonderes bestimmt und ergibt sich aus den Umständen des Falles, insbesondere aus der Natur des Vertrages nichts Anderes, so hat die Übergabe der vertraglich vereinbarten Sache grundsätzlich am Wohnsitz des Verkäufers, beim Verkauf im Gewerbebetrieb am Ort der gewerblichen Niederlassung zu erfolgen (§ 269 Abs. 1, 2 BGB). Haben die Parteien den Transport der Ware vereinbart, so ist im Zweifel eine sog. Schickschuld anzunehmen, bei der der Verkäufer lediglich die ordnungsgemäße Aushändigung der Ware an den Beförderer vorzunehmen hat. Ist dagegen Bringschuld anzunehmen, so ist der Übergabeort der Ort, an dem der Käufer seinen Wohnsitz oder seine gewerbliche Niederlassung hat. Die Durchführung des Transportes der Sache zum Käufer gehört in diesem Fall zu den Pflichten des Verkäufers. Soweit vertraglich nichts Näheres vereinbart worden ist und aus den Umständen des Falles nichts Besonderes zu entnehmen ist, kann der Käufer die Übergabe der Sache sofort nach Vertragsabschluß verlangen. „Sofort“ bedeutet dabei, so schnell, wie nach objektiven Maßstäben unter Berücksichtigung der Umstände des Einzelfalles möglich.

Alle untersuchten Rechtssysteme sehen eine Priorität der vertraglichen Vereinbarung bezüglich Inhalt und Modalitäten der Übergabepflicht des Verkäufers vor. Dies entspricht dem grundsätzlichen Anerkenntnis der Privatautonomie durch alle Rechtsordnungen. Trotz der unterschiedlichen Regelungsdichte zeigt sich die allgemeine Tendenz der untersuchten Rechtssysteme, die Übergabeverpflichtung dahingehend zu bestimmen, daß der Verkäufer das nach dem ermittelbaren Willen der Parteien Erforderliche tun muß, um dem Käufer den unmittelbaren Besitz an der Sache zu verschaffen. Soweit vertragliche Vereinbarungen fehlen oder sich aus den Umständen des Falles nichts Anderes ergibt, ist der Wohn- bzw. Niederlassungsort des Verkäufers maßgeblicher Leistungsort. Alle untersuchten Rechtssysteme differenzieren jedoch danach, ob von den Parteien ein Transport der Ware gewollt war und wem dieser obliegt. Auch insoweit laufen die untersuchten Regelungen parallel. Als gesetzlicher Grundsatz gilt die sog. Schickschuld, bei der der Verkäufer lediglich die Absendung der Sache schuldet, jedoch grundsätzlich die Gefahr des zufälligen Unterganges auf dem Transport nicht trägt. Eine Abweichung von diesem einheitlichen Grundsatz sehen die Rechtsordnungen vor, die die Verbrauchsgüterkaufrechtrichtlinie umgesetzt haben. Soweit der Käufer ein Verbraucher ist, geht nach deutschem und englischem Recht die Preisgefahr erst mit Aushändigung der Ware am Bestimmungsort auf den Käufer über. Die gesetzlichen Regelungen bezüglich des Leistungszeitpunktes stimmen auch weitgehend überein. Der Käufer kann im Zweifel sofort Aushändigung des verkauften Gegenstandes verlangen. Sofort heißt dabei innerhalb einer kurzen, jedoch dem Verkäufer die Erfüllung seiner Übergabepflicht ermöglichenden Frist.

Der Inhalt der Eigentumsverschaffungspflicht ist in keiner der untersuchten Rechtsordnungen durch die Spezialbestimmungen des Kaufrechts geregelt. Maßgeblich sind die jeweils anwendbaren sachenrechtlichen Regelungen. Hierbei unterscheidet sich das deutsche Recht von den anderen untersuchten Rechtsordnungen durch die Geltung des Abstraktionsprinzips, nach dem Kausalgeschäft und Eigentumserwerb streng voneinander zu trennen sind. Auch wenn diese Besonderheit des deutschen Rechts auf den ersten Blick gravierend erscheint, so stimmen die Ergebnisse selbst bei der Frage des Eigentumsüberganges weitgehend überein. Das liegt vor allem daran, daß in allen Sachenrechte der Bestimmtheitsgrundsatz gilt[245]. Das Eigentum an der verkauften, nur der Gattung nach bestimmten Sache, kann erst dann übergehen, wenn die Sache hinreichend konkretisiert, d. h. dem jeweiligen Kaufvertrag zugeordnet ist. Die Konkretisierung erfolgt wiederum in den meisten Fällen mit Übergabe der Sache an den Käufer.

Bei der dogmatischen Einordnung des Anspruchs des Käufers auf Erfüllung in Natura weicht das deutsche Recht von den anderen untersuchten Rechtssystemen ab. Im deutschen Recht wird der Anspruch des Käufers auf Erfüllung in Natura als die logische Konsequenz der gültigen Leistungspflicht des Verkäufers und sogar als mit ihr identisch aufgefaßt. In den anderen untersuchten Rechtssystemen ist der Erfüllungsanspruch dagegen ein Rechtsbehelf für den Fall einer vertragswidrigen Leistung des Verkäufers. Der praktische Unterschied dieser Systemdifferenz ist jedoch gering. Auch ein deutscher Käufer wird sich erst dann auf seinen Erfüllungsanspruch besinnen, wenn der Verkäufer nicht wie vertraglich vereinbart oder vom Gesetz vorgesehen erfüllt.

Einen weiteren, auf den ersten Blick gravierenden Unterschied weisen die untersuchten Rechtsordnungen bei der Frage der gerichtlichen Durchsetzbarkeit des Anspruchs auf Erfüllung in Natura auf. Im englischen Recht ist *specific performance* ein außerordentlicher Rechtsbehelf und keineswegs die natürliche und selbstverständliche Folge eines gültigen Vertrages. *Specific performance* wird nur dann von englischen Gerichten gewährt, wenn der dem Käufer zustehende Schadensersatzanspruch keinen adäquaten Ausgleich für das Interesse des Gläubigers an der Erfüllung darstellt. Dieser an sich grundlegende Unterschied im dogmatischen Verständnis des Erfüllungsanspruchs in den unterschiedlichen Rechtsordnungen bewirkt bei näherer Betrachtung keine gravierenden Differenzen in der Praxis. Einerseits ist in der kontinentalen Gerichtspraxis die Durchsetzung von Erfüllungsansprüchen im Vergleich zu den Schadensersatzklagen eher selten, andererseits tendieren die common law-Gerichte dazu, den historisch begründeten Ausnahmecharakter der *specific performance* abzuschwächen. Ein deutscher Käufer wird in der Regel nur dann auf seinen Anspruch auf Erfüllung in Natura bestehen, wenn er keinen Ersatz für die gekaufte Sache am Markt beschaffen kann. Dies gilt insbesondere in Anbetracht der für die Erlangung eines

[245] s. zum Eigentumsübergang nach englischem Recht unten Seite 302 ff.

vollstreckbaren Titels benötigten Zeit. Für den Käufer wird es häufig zeitsparender und kostengünstiger sein, sich vom Vertrag zu lösen und die benötigte Sache anderweitig zu besorgen oder einen Deckungskauf vorzunehmen und für die entstandenen Schäden vom Verkäufer Ersatz zu verlangen. Dieser von der Praxis her angedeutete Ansatz entspricht der englischen Dogmatik. Die kontinentaleuropäischen Rechtsordnungen gehen zwar von einem anderen dogmatischen Ansatz aus, in der Praxis sieht die Regel jedoch so aus, daß der Käufer vernünftigerweise nur dann auf seinem Erfüllungsanspruch besteht, wenn er ein besonderes Interesse an der Erfüllung des konkreten Vertrages hat. Vielfach würde in diesen Fällen auch *specific performance* gewährt werden.

Bezüglich der Art und des Umfanges der Grenzen des Anspruchs auf Erfüllung in Natura unterscheiden sich die untersuchten Rechtsysteme vor allem nach der Regelungsdichte. Spitzenreiter hierbei war das deutsche Recht vor der Änderung durch das Schuldrechtsmodernisierungsgesetz, das ein stark differenziertes System von Unmöglichkeitstatbeständen mit zum Teil unterschiedlichen Rechtsfolgen vorsah. Die Untersuchung hat gezeigt, daß eine gewisse Differenzierung der Unmöglichkeitstatbestände allen untersuchten Rechtsordnungen nicht fremd ist. Das bulgarische und das englische Recht ordnen Nichtigkeit für Verträge an, die auf einen unmöglichen Gegenstand gerichtet sind. Das CISG enthält keine Regelungen bezüglich der Rechtsfolgen anfänglicher Unmöglichkeit. Dies hängt jedoch damit zusammen, daß das Übereinkommen die Gültigkeit von Verträgen nicht regelt (Art. 4 lit. a) CISG). Die vom Schuldrechtsmodernisierungsgesetz angeordnete Gültigkeit von Verträgen, deren Erfüllung von Anfang an unmöglich ist (§ 311a Abs. 1 BGB), ist daher eine Besonderheit des neuen deutschen Rechts gegenüber den anderen untersuchten Rechtsordnungen. Für alle untersuchten Rechtssysteme bildet die (feststehende) Unmöglichkeit eine Grenze des Erfüllungsanspruchs. Die Untersuchung hat gezeigt, daß eine weitere einheitliche Schranke des Anspruchs auf Erfüllung in Natura das diesem Anspruch widersprechende Verhalten des Käufers ist. Hat der Käufer deutlich zum Ausdruck gebracht, daß er an der Erfüllung durch den Verkäufer kein Interesse mehr hat, so würde er sich in Widerspruch zu seinem eigenen Verhalten setzen, wenn er im nachhinein dennoch Erfüllung verlangen würde.

Als gemeinsame Grundsätze des Anspruchs des Käufers auf Erfüllung in Natura können daher folgende Befunde festgehalten werden: Der Käufer beruft sich auf einen Erfüllungsanspruch i. d. R. dann, wenn der Verkäufer nicht freiwillig vertragsgemäß leistet und der Käufer ein besonderes Interesse an der Erfüllung des Vertrages hat. Der Verkäufer ist dazu verpflichtet, Eigentum und Besitz an der verkauften Sache zu übertragen. Dazu hat er grundsätzlich alles seinerseits Erforderliche zu unternehmen, damit der Käufer ungehindert in den Genuß von Besitz und Gebrauch der Sache kommt. Der Anspruch des Käufers ist dann ausgeschlossen, wenn feststeht, daß die Leistung des Verkäufers unmöglich ist oder der Käufer zum Ausdruck gebracht hat, daß er an der Erfüllung nicht mehr interessiert ist.

2. Kapitel Modifizierte Erfüllungsansprüche

Der Anspruch auf Erfüllung in Natura steht dem Käufer grundsätzlich dann zu, wenn der Verkäufer noch keine der ihm obliegenden Erfüllungshandlungen vorgenommen hat. Unternimmt der Verkäufer dagegen einen Erfüllungsversuch, bei dem er seinen vertraglichen Pflichten nicht vollständig oder in gebührender Weise nachkommt, so kann es den Interessen des Käufers entsprechen, dem Verkäufer eine Möglichkeit zu geben, die Erfüllung seiner Pflichten nachzubessern. Diese Möglichkeit entspricht in der Regel den Interessen des Verkäufers, da er durch die Chance, seine Pflichten doch noch vertragsgemäß zu erfüllen, grundsätzlich weniger belastet wird als durch eine Schadensersatzverpflichtung, für er zusätzliche Liquidität aufbringen muß.

A. Modifizierte Erfüllungsansprüche nach CISG

I. Nachbesserungsanspruch gem. Art 46 Abs. 3 CISG

Im Gegensatz zu dem Erfüllungsanspruch gem. Art. 46 Abs. 1 CISG setzt der modifizierte Erfüllungsanspruch auf Nachbesserung gem. Art. 46 Abs. 3 CISG zunächst voraus, daß der Verkäufer überhaupt geliefert hat, die gelieferte Ware aber nicht vertragsgemäß ist. Die Nachbesserung muß des weiteren überhaupt möglich sein[246].

1. Vertragswidrigkeit der Ware

Die Vertragsmäßigkeit der Ware wird in Art. 35 CISG umschrieben[247]. Der Verkäufer hat demnach dafür einzustehen, daß die Ware in Qualität, Quantität, Art und Verpackung den vertraglichen Vereinbarungen und soweit solche fehlen, den in Art. 35 Abs. 2 CISG festgelegten Anforderungen, entspricht.

a) Quantitäts- und Artabweichungen

Der Verkäufer hat Waren zu liefern, deren Menge der vertraglichen Vereinbarung entspricht. Liefert er dagegen mehr oder weniger als vertraglich vereinbart, so stellt diese Zuwenig- oder Zuviellieferung eine Vertragswidrigkeit der Ware dar. Auch wenn die einzelnen Teile einer Sachgesamtheit fehlen, liegt eine Mengenabweichung vor[248]. Handels- und branchenübliche Abweichungen sind dabei nicht als Vertragswidrigkeit anzusehen[249].

Eine Vertragswidrigkeit i. S. d. Art. 35 Abs. 1 CISG stellt auch die Lieferung einer Ware dar, die nicht der vertraglich vereinbarten Art entspricht. In der Erwähnung

---

[246] Schlechtriem/Huber, Art. 46 Rn. 57; Staudinger/Magnus, Art. 39 Rn. 59; Piltz, § 5 Rn. 151.
[247] Zur str. Frage, ob Rechtsmängel Vertragswidrigkeit der Ware im Sinne des Übereinkommens darstellen, s. oben Seite 106 ff.
[248] Staudinger/Magnus, Art. 35 Rn. 9.
[249] Schlechtriem/Schwenzer, Art. 35 Rn. 8; s. näher zu aliud oben Seite 58 f.

der Artabweichung in Art. 35 Abs. 1 CISG wird eine inzidente Regelung der aliud-Lieferung als Lieferung vertragswidriger Ware gesehen[250]. Die Falschlieferung, unabhängig davon, wie extrem sie sein mag, ist eine Vertragswidrigkeit gem. Art. 35 CISG[251].

b) Qualitätsabweichung

Die gelieferte Ware muß selbstverständlich der vertraglich vorausgesetzten Qualität entsprechen. Unter Qualität sind alle der Ware selbst anhaftenden Eigenschaften sowie alle tatsächlichen und rechtlichen Verhältnisse zu verstehen, die die Beziehung der Sache zur Umwelt betreffen[252]. Die Eigenschaften, die die verkaufte Ware ausweisen soll, sind in erster Linie dem Vertrag zu entnehmen. Soweit Kauf nach Probe oder Muster von den Parteien vereinbart worden ist[253], stellt die Vorlage der Probe oder des Musters eine faktische Beschreibung der vereinbarten Eigenschaften der Ware dar. Daher hat der Verkäufer gem. Art. 35 Abs. 2 lit. c) CISG dafür einzustehen, daß die gelieferte Ware den Eigenschaften der Probe oder des Musters entspricht. Soweit vertraglich nichts vereinbart worden ist, stellt Art. 35 Abs. 2 CISG bestimmte Qualitätserfordernisse als objektiven Mindesstadard für die Beschaffenheit der Ware auf[254].

aa) Eignung der Ware zum gewöhnlichen Gebrauch

Die Ware muß gem. Art. 35 Abs. 2 lit. a) CISG für Zwecke geeignet sein, für die Waren gleicher Art gewöhnlich gebraucht werden. Die gewöhnliche Nutzung ist nach einem objektiven Maßstab, der sich an den gewöhnlichen Gebrauchszwekken entsprechender Ware orientiert, zu beurteilen[255]. Auf dem Hintergrund unterschiedlicher Rechtsauffassungen in den dem Übereinkommen beigetretenen Staaten, ist zum Teil umstritten, wie der gewöhnliche Gebrauchszweck einer Ware zu bestimmen ist. Art. 2 lit. a) CISG schließt den Kauf von Sachen für den persönlichen Gebrauch aus dem Anwendungsbereich des Übereinkommens aus und stellt damit den Handelskauf in den Vordergrund. Daher muß die Ware primär für die kaufmännische Verwendung geeignet sein[256]. Manche Rechtsordnungen enthalten die ausdrückliche Regelung, daß Gattungswaren mittlerer Art und Güte sein sollen[257], nach anderen muß die Ware handlungsfähig (*merchantable*) sein[258]. Aus der Überlegung, daß die primäre Verwendung im Handelsverkehr vor allem die Wiederverkaufsfähigkeit der Ware ist, diese also vor allem handlungsfähig sein muß, ziehen manche Autoren den Schluß, daß auch eine unter-

---

[250] Aue, S. 70; Huber, RabelsZ, 43, S. 483f.; Fox, S. 93; Witz/Salger/Lorenz/Salger, Art. 35 Rn. 7.
[251] ausführlicher, s. oben Seite 58 f.
[252] Staudniger/Magnus, Art. 35 Rn. 8; Schlechtriem/Schwenzer, Art. 35 Rn. 9.
[253] Herber/Czewenkka, Art. 35 Rn. 6; Staudinger/Magnus, Art. 35 Rn. 36; Aue, S. 77.
[254] Soergel/Lüderitz/Schüßler-Langeheine, Art. 35 Rn. 10; Herber/Czerwenka, Art. 35 Rn. 4; Stade/Nietzer, S. 429; BKC 2 Ob 48/02a, Urteil vom 27.02.2003 (www.ris.bka.gv.at/jus/).
[255] Karollus, S. 116; Herber/Czerwenka, Art. 35 Rn. 4; Piltz, § 5 Rn. 40.
[256] Schlechtriem/Schwenzer, Art. 35 Rn. 14; Fox, S. 94.
[257] § 243 BGB (Deutschland); Art. 71 Abs. 2 OR (Schweiz); Art. 1246 CC (Frankreich); Sec. 2-314 UCC (USA).
[258] s. dazu unten Seite 146 f.

durchschnittliche Ware gebrauchstauglich sein kann[259] und daher die gewöhnliche Gebrauchsfähigkeit nicht unbedingt eine durchschnittliche Qualität impliziert[260]. Der wohl überwiegende Teil der Autoren vertritt dagegen die Meinung, daß das Erfordernis der gewöhnlichen Gebrauchsfähigkeit nur dann erfüllt ist, wenn die Ware von durchschnittlicher Qualität ist[261]. Die Handlungsfähigkeit der Ware bestimmt sich zwar unabhängig davon, ob die Ware von hoher oder minderer Qualität ist[262]. Die Handlungsfähigkeit, vor allen die Chancen für einen Wiederverkauf der Ware, wird jedich von der Qualität beeinflußt. In der Argumentation wird übersehen, daß das Überkommen sich zwar an Kaufleute richtet, solche aber nicht nur Zwischenhändler sind, die an Weiterveräußerung interessiert sind, sondern auch Endabnehmer, für die die Eignung der Ware für ihre Zwecke, wie z. B. Verarbeitung oder Nutzung, von Bedeutung ist. Das Erfordernis der gewöhnlichen Gebrauchsfähigkeit ist daher nur dann erfüllt, wenn die Ware eine durchschnittliche Qualität aufweist.

Es ist umstritten, nach welchem Maßstab die Eignung der Ware für gewöhnliche Zwecke zu beurteilen ist. In Betracht kommen sowohl die Standards des Verkäufer- als auch die des Käuferstaates. Teilweise wird auf den Verkäuferstaat abgestellt[263], teilweise auf den Standard des Verwenderstaates[264]. Angebracht erscheint eine einzelfallbezogene differenzierende Betrachtung[265]. Dabei sind die Dauer und Intensität der Geschäftsbeziehungen der Parteien, deren jeweilige Kenntnis von dem Standard des anderen Staates, nicht zuletzt die räumliche Distanz und etwa Art und Umfang der Produktwerbung in Betracht zu ziehen. Soweit aber die einzelnen Umstände des Falles nicht etwas Anderes gebieten, wird der Standard im Lande des Verkäufers bestimmend sein. Dafür kann Art. 35 Abs. 2 lit. b) CISG herangezogen werden, auch wenn er sich nicht auf die Maßgeblichkeit der Beurteilungsmaßstäbe des Verkäufer- oder Käuferlandes bezieht. Gemäß Art. 35 Abs. 2 lit. b) CISG hat der Verkäufer für bestimmte, auch ungewöhnliche Zweckeignung der Ware nur dann einzustehen, wenn er von dem besonderen Zweck, für den die Ware geeignet sein muß, Kenntnis hatte. Soll also ein besonderer Verwendungszweck maßgeblich sein, so muß der Käufer dies hinreichend kundtun. Daraus kann geschlossen werden, daß für die Bestimmung der üblichen Gebrauchszwecke die Beurteilung des Verkäufers maßgeblich ist[266].

bb) Eignung der Ware für bestimmte Zwecke

Der eben erwähnte Art. 35 Abs. 2 lit. b) CISG betrifft den Fall, in dem die besondere Tauglichkeit der Ware nicht Gegenstand der vertraglichen Vereinbarung ge-

---

[259] Soergel/Lüderitz/Schüßler-Langeheine, Art. 35 Rn. 10.
[260] Enderlein/Maskow/Strohbach, Art. 35 Anm. 8.
[261] Herber/Czerwenka, Art. 35 Rn. 4; Aue, S. 74f; Otto, S. 534; Staudinger/Magnus, Art. 35 Rn. 19; Bianca/Bonell/Bianca, Art. 35 Anm. 2.5.1; Piltz, § 5 Rn. 40; Fox, S. 94 Fßn. 92.
[262] Enderlien/Maskow/Strohbach, Art. 35 Anm. 8.
[263] Bianca/Bonell/Bianca, Art. 35 Anm. 2.5.1; Enderlein/Maskow/Strohbach, Art. 35 Anm. 8; Piltz, § 5 Rn. 41; Aue, S. 75.
[264] Staudinger/Magnus, Art. 35 Rn. 21 mit Einschränkungen.
[265] In dieser Richtig etwa Otto. S. 534; Schlechtriem/Schwenzer, Art. 35 Rn 16.
[266] Fox, S. 95.

worden ist. Ansonsten wäre bereits Abs. 1 anwendbar. Für die Anwendbarkeit des Art. 35 Abs. 2 lit. b) CISG ist ausreichend, daß der Käufer den besonderen Verwendungszweck dem Verkäufer zur Kenntnis gebracht hat und dabei auf die Sachkunde de Verkäufers vertraut hat. Der Käufer muß den Verkäufer auf den besonderen Verwendungszweck ausdrücklich oder in sonstiger Weise hingewiesen haben und zwar so, daß der Verkäufer davon Kenntnis nehmen kann. Dagegen ist unerheblich, ob der Verkäufer tatsächlich Kenntnis genommen hat[267]. Die Mitteilung über den besonderen Gebrauchszweck der Ware muß dem Verkäufer zum Zeitpunkt des Vertragsschlusses vorliegen[268]. Eine spätere Bekanntgabe läßt die Gewährleistung entfallen[269].

Die einseitige Verwendungserwartung des Käufers ist nur dann schutzwürdig, wenn er auf die Sachkunde und Urteilskraft des Verkäufers vertraut hat und darauf vertrauen durfte. Dies ist etwa dann nicht der Fall, wenn der Käufer sachkundiger ist als der Verkäufer. Ferner dürfte das Vertrauen entfallen, wenn der Käufer trotz gegenteiligen Rates des Verkäufers die Ware erwirbt[270], wenn der Käufer an der Herstellung der Ware beteiligt war[271] oder diese beeinflußt hat oder wenn der Verkäufer erkennbar keine Fachkenntnisse besitzt. Ist die Beurteilung der Lage zweifelhaft, so wird das Vertrauen des Käufers unterstellt und der Verkäufer muß darlegen und beweisen, daß der Käufer auf seine Sachkunde nicht vertraut hat[272].

d) Verpackung

Der Verkäufer ist des weiteren verpflichtet, die Ware in der vertraglich vereinbarten Verpackung oder dem vertraglich vereinbarten Behältnis zu liefern (Art. 35 Abs. 1 CISG). Fehlt eine vertragliche Bestimmung der Verpackung so muß die Ware in üblicher oder angemessener Weise verpackt werden (Art. 35 Abs. 2 lit. d) CISG).

Die Verpackung ist also Bestandteil der Vertragsmäßigkeit der Ware[273]. Die Pflicht zur Verpackung trifft den Verkäufer unabhängig davon, ob er die Ware versenden oder zur Verfügung stellen soll[274]. Eine Lieferung mit beschädigter Verpackung, während die Ware unverletzt geblieben ist, ist nur dann als vertragsgemäß anzusehen, wenn die Verpackung lediglich und ausschließlich dem Schutz der Ware während des Transports dienen sollte. Ist dagegen die Verpakkung als Bestandteil der Ware anzusehen (z. B. Konserven, Flaschen etc.) und ist sie beschädigt, so ist die Ware vertragswidrig[275].

---

[267] Karollus, S. 117; Staudinger/Magnus, Art. 35 Rn.28; a.A. Reinhart, Art. 35 Rn. 6 „dem Verkäufer zur Kenntnis bringt".
[268] Enderlein/Maskow/Strohbach, Art. 36 Anm. 10; Schlechtriem/Schwenzer, Art. 35 Rn. 22; Staudinger/Magnus, Art. 35 Rn. 30.
[269] Aue, S. 76.
[270] Herber/Czerwenka, Art. 35 Rn. 5; Staudinger/Magnus, Art. 35 Rn. 33.
[271] Schlechtriem/Schwenzer, Art. 35 Rn. 23.
[272] Aue, S. 76.
[273] van Houtte, 4.24; Herber/Cerwenka, Art. 35 Rn. 7; Schlechtriem/Schwenzer, Art. 35 Rn.11.
[274] Schlechtriem/Schwenzer, Art. 35 Rn. 30; Staudinger/Magnus, Art. 35 Rn. 42.
[275] Staudinger/Magnus, Art. 35 Rn. 44; Schlechtriem/Schwenzer, Art. 35 Rn. 31; Her-

e) Maßgeblicher Zeitpunkt für die Vertragsmäßigkeit der Ware

Maßgeblicher Zeitpunkt für die Beurteilung der Vertragsmäßigkeit der Ware ist gem. Art. 36 CISG der Zeitpunkt des Gefahrüberganges. Dies gilt unabhängig davon, ob die Vertragswidrigkeit der Ware schon zu diesem Zeitpunkt erkennbar war oder nicht (Art. 36 Abs. 1 CISG). Es ist ausreichend, daß der Mangel zum Zeitpunkt des Gefahrüberganges im Keim vorhanden war[276].

Ob die Gefahr übergegangen ist, richtet sich in erster Linie nach der Parteivereinbarung und soweit eine solche fehlt, nach Art. 67 bis 69 CISG. Die Gefahr geht grundsätzlich gem. Art. 69 CISG mit der Übernahme der Ware durch den Käufer über, im Falle einer Annahmeverzögerung durch das Bereitstellen zur Abholung. Liegt ein Beförderungskauf vor, so geht die Gefahr gem. Art. 67 Abs. 1 CISG grundsätzlich mit der Übergabe der Ware an den ersten Beförderer über.

Art. 36 Abs. 2 CISG enthält zwei Ausnahmen vom Grundsatz des Abs. 1 und erweitert die Einstandspflicht des Verkäufers. Der Verkäufer hat auch für Vertragswidrigkeiten einzustehen, die nach Gefahrübergang entstanden sind, wenn diese durch die Pflichtverletzung des Verkäufers verursacht wurden. Es genügt jede objektive Verletzung einer Pflicht, die dem Verkäufer nach dem Vertrag oder dem Übereinkommen obliegt[277]. Für die Annahme der Verursachung ist die Feststellung ausreichend, daß bei Einhaltung der Pflicht der Mangel mit Wahrscheinlichkeit vermieden worden wäre[278]. Der Verkäufer hat für Vertragswidrigkeiten, die nach Gefahrübergang entstanden sind, auch dann einzustehen, wenn diese mit einer von ihm übernommenen Garantie im Widerspruch stehen[279]. Eine Garantie setzt eine über die gesetzliche Einstandspflicht hinausgehende, verbindliche Erklärung des Verkäufers voraus, die sowohl im Vertrag, als auch als selbständige Zusatzerklärung oder einseitig abgegeben werden kann[280].

f) Haftungsausschluß bei Kenntnis der Vertragswidrigkeit

Der Verkäufer hat grundsätzlich für die oben dargestellte Vertragswidrigkeit der Ware einzustehen, es sei denn, der Käufer kannte die Vertragswidrigkeit bei Vertragsabschluß oder konnte über diese nicht in Unkenntnis sein, Art. 35 Abs. 3 CISG.

Unklar ist, was unter „Nicht-in-Unkenntnis-Sein-Können" zu verstehen ist. Teil-

---

ber/Cezwenka, Art. 35 Rn. 7.

[276] Witz/Salger/Lorenz/Salger, Art. 36 Rn. 5; van Houtte, 4.26.

[277] Staudinger/Magnus, Art. 36 Rn. 11.

[278] Staudinger/Magnus, Art. 74 Rn. 28.

[279] § 36 Abs. 2: „Der Verkäufer haftet auch für eine Vertragswidrigkeit, die nach dem in Absatz I angegebenen Zeitpunkt eintritt ... einschließlich der Verletzung einer Garantie dafür, daß die Ware für eine bestimmte Zeit für den üblichen Zweck oder für einen bestimmten Zweck geeignet bleiben oder besondere Eigenschaften oder Merkmale behalten wird.".

[280] Enderlein/Maskow/Strohbach, Art. 36 Anm. 6; zur u. U. denkbaren Kollision mit § 444 BGB - s. Schlechtriem, Internat. UN-Kaufrecht, Rn. 147.

weise wird dafür mehr als grobe Fahrlässigkeit des Käufers verlangt[281], teilweise wird grobe Fahrlässigkeit als ausreichend angesehen[282], wobei zum Teil eine objektive Beurteilung verlangt wird[283] und zum Teil die Sicht des Käufers einbezogen wird[284]. Bei der Beantwortung der Frage ist zu bedenken, daß den Käufer vor Vertragsschluß grundsätzlich keine Untersuchungspflicht bezüglich der Ware trifft[285]. Unter Berücksichtigung dieses Umstandes erscheint es geboten, den Haftungsausschluß auf offensichtliche, ins Auge springende, für jeden durchschnittlichen Käufer erkennbare Fehler zu beschränken[286]. Für das „Nicht-in-Unkenntnis-Sein-Können" ist daher grobe Fahrlässigkeit, die nach objektivem Maßstab zu beurteilen ist, zu verlangen.

Art. 35 Abs. 3 CISG bezieht sich seinem Wortlaut nach nur auf Vertragswidrigkeiten gem. Art. 35 Abs. 2 CISG, nicht dagegen auf Abs. 1. Zum Teil wird daher vorgeschlagen, den Haftungsausschluß des Art. 35 Abs. 3 CISG auf Fälle gem. Abs. 1 analog anzuwenden[287]. Nach anderer Ansicht ist die analoge Anwendung des Abs. 3 auf Abs. 1 ausgeschlossen, weil zum einen die vertragliche Vereinbarung über Eigenschaften Vorrang hat und zum anderen die Kenntnis des Käufers in den Fällen des Abs. 1 praktisch und logisch ausgeschlossen ist[288]. Es ist jedoch zu differenzieren[289]. Kenntnis und grob fahrlässige Unkenntnis über die Vertragswidrigkeit der Ware schaden dem Käufer dann nicht, wenn vertraglich vereinbart war, der Käufer darauf bestanden hat oder berechtigterweise annehmen durfte, daß der Mangel bis Lieferung beseitigt werden würde[290]. Erkennt der Käufer dagegen die Vertragswidrigkeit, ohne daß er mit ihrer Beseitigung rechnen darf, so ist der Verkäufer von seiner Haftung befreit. In solchen Fällen würde es dem Grundsatz von Treu und Glauben widersprechen, wenn der Käufer trotzdem auf vertragsgemäße Erfüllung bestehen dürfte.

Zuletzt ist hier noch auf die Frage einzugehen, ob Art. 35 Abs. 3 CISG auch dann eingreift, wenn der Verkäufer eine Vertragswidrigkeit arglistig verschwiegen hat. Die Frage ist auf der Grundlage des Grundsatzes von Treu und Glauben gem. Art. 7 Abs. 1 CISG zu beurteilen. Kennt der Käufer die Vertragswidrigkeit der Ware, so entfällt die Haftung des Verkäufers gem. Abs. 3. Der Käufer erhält die Ware so, wie sie ihm bei Vertragsschluß bekannt war und die Arglist des Verkäufers

---

[281] Huber, RabelsZ 43, S. 479; Schlechtriem/Schwenzer, Art. 35 Rn. 34.
[282] Karollus, S. 119.
[283] Welser, in: Doralt, S. 109; Staudinger/Magnus, Art. 35 Rn. 48.
[284] Herber/Czerwenka, Art. 35 Rn. 10.
[285] Schlechtriem/Schwenzer, Art. 35 Rn. 35; Staundinger/Magnus. Art. 35 Rn. 48; Enderlein/Maskow/Strohbach, Art. 35 Anm. 20; Honnold, Rn. 229; Piltz, § 5 Rn. 44; Aue, S. 83; Hyland, in: Schlechtriem, S. 325.
[286] Honnold, Rn. 229; Staudinger/Magnus, Art. 35 Rn. 48; Aue, S. 85.
[287] Herber/Czwerwnka, Art. 35 Rn. 11; Enderlein/Maskow/Strohbach, Art. 35 Rn. 19; so dürfte auch Welser, in: Doralt, S. 109f. zu verstehen sein; Niggemann, in: Hoyer/Posch, S. 85; Reinhart, Art. 35 Rn. 10.
[288] Karollus, S. 119; Schlechtriem/Schwenzer, Art. 35 Rn. 38; Aue, S. 80; Bianca/Bonell/Bianca, Art. 35 Anm. 2.9.2; Loewe, S. 56.
[289] Staudinger/Magnus, Art. 35 Rn. 50.
[290] so i.E. auch Schlechtriem/Schwenzer, Art. 35 Rn. 38; Aue, S. 81.

kann nicht für den Vertragsschluß ursächlich geworden sein. Grob fahrlässige Unkenntnis schadet dem Käufer gegenüber einem arglistigen Verkäufer dagegen nicht, weil hier der Käufer schutzwürdiger ist[291].

2. Zusammenfassung: Vertragswidrigkeit der Ware

Die Ware ist i. S. Art. 35 CISG vertragswidrig, wenn sie bezüglich Quantität, Art oder Verpackung nicht den vertraglichen oder verkehrsüblichen Anforderungen entspricht und vor allem dann, wenn sie Qualitätsabweichungen aufweist. Die verkaufte Ware weist dann Qualitätsabweichungen auf, wenn sie nicht die vertraglich vereinbarten Eigenschaften oder die Eigenschaften der vereinbarten Probe oder der vorgelegten Musters besitzt. Soweit eine vertragliche Vereinbarung fehlt, muß die Ware (zumindest) für gewöhnliche Gebrauchszwecke entsprechender Ware tauglich sein. Für die Feststellung des gewöhnlichen Gebrauchzwecks ist, soweit keine anderen Anhaltspunkte im Vertrag und seiner Begleitumstände ersichtlich sind, der Standard des Verkäuferstaates maßgeblich. Hat der Käufer im Vertrauen auf die Sachkunde des Verkäufers einen besonderen Zweck für die Ware vorausgesetzt und diesen dem Verkäufer hinreichend zur Kenntnis gebracht, so weicht die Ware von der gebotenen Qualität ab, wenn sie für diesen Verwendungszweck nicht geeignet ist.

Die vertraglichen oder verkehrsüblichen Anforderungen muß die Ware grundsätzlich zum Zeitpunkt des Gefahrüberganges besitzen, Art. 36 CISG. Ob die Gefahr übergegangen ist, richtet sich in erster Linie nach dem Vertrag. Fehlen nähere Bestimmungen, so geht die Gefahr grundsätzlich mit der Übernahme der Ware durch den Käufer über (Art. 69 CISG), beim Vorliegen eines Beförderungskaufes mit der Übergabe der Ware an den ersten Beförderer (Art. 67 Abs. 1 CISG).

Der Käufer kann sich auf die Vertragswidrigkeit der Ware nicht berufen, wenn er diese bei Vertragsabschluß kannte oder kennen müßte, d. h. infolge grober Fahrlässigkeit nicht kannte (Art. 35 Abs. 3 CISG).

3. Untersuchung und Rüge durch den Käufer

Wenn der Käufer aus der Vertragswidrigkeit der Ware i. S. Art. 35 CISG Rechte herleiten will, muß er die Ware untersuchen und den Mangel rügen. Gemäß Art. 38 CISG hat der Käufer eine den Umständen nach angemessene, kurze Frist zur Verfügung, um die Ware zu untersuchen. Stellt er bei der Untersuchung eine Vertragswidrigkeit der Ware fest, so muß er diese gem. Art. 39 Abs. 1 CISG dem Verkäufer innerhalb einer angemessenen Frist anzeigen. Nach Ablauf der sich aus Untersuchungs- und Anzeigefrist zusammensetzenden Rügefrist verliert der Käufer das Recht, sich auf die Mängel der Ware zu berufen. Die Ware gilt dann als genehmigt. Ausnahmen von diesem Grundsatz ergeben sich aus Art. 40 und Art. 44 CISG.

---

[291] Staudinger/Magnus, Art. 35 Rn. 52; Karollus, S. 119; Welser, in: Doralt, S. 110; Aue, S. 85; Schlechtriem/Schwenzer, Art. 35 Rn. 37.

a) Untersuchung

Art. 38 CISG trifft im wesentlichen nur Regelungen über Ort und Zeit der Untersuchung, während Art und Weise nicht näher konkretisiert sind. Bei der Bestimmung der Art und Weise der Untersuchung ist von ihrem Sinn und Zweck auszugehen. Die Untersuchung bezieht sich auf die vertragsgemäße Beschaffenheit der Ware. Der Käufer muß die Ware also daraufhin prüfen, ob sie im Sinne des Art. 35 CISG dem Vertrag entspricht. Die Untersuchung muß in ihrer Art und ihrem Umfang daher dem Zweck entsprechen, eine Vertragswidrigkeit der Ware mit denen dem Käufer zur Verfügung stehenden Mittel innerhalb einer kurzen, angemessenen Frist feststellen zu können[292].

Die Form der Untersuchung unterliegt, soweit keine besonderen vertraglichen Vereinbarungen und Gepflogenheiten zwischen den Parteien vorliegen, dem Recht und den Gebräuchen des Untersuchungsortes[293]. Im einzelnen ist die Untersuchung von der Art der Ware abhängig. Sie kann sich auf bloße Inaugenscheinnahme beschränken, kann aber auch kompliziere technische Testverfahren oder Probeverarbeitung erfordern[294]. Bei Massenwaren und bei originalverpackt weiter zu verkaufenden Waren hat der Käufer Stichproben in angemessener Zahl vorzunehmen.

Der Käufer hat für die Untersuchung eine Frist zur Verfügung, die so kurz ist, wie es die Umstände erlauben. Bei der Wiener Konferenz gehörte die Fristbestimmung zu einer der meist diskutierten Fragen. Die gefundene Formel stellt einen Kompromiß dar zwischen der ursprünglich vorgeschlagenen möglichst kurzen Frist („*as short as possible*") und der Forderung der Entwicklungsländer nach einer nicht zu scharfen Regelung[295]. Vorbehaltlich der Ausnahmen in Abs. 2 und 3 beginnt die Untersuchungsfrist unmittelbar mit der Lieferung der Ware. Bei verfrühter Lieferung setzt die Untersuchungsfrist erst mit dem Liefertermin bzw. mit Beginn des Lieferzeitraums ein[296]. Als für die Bestimmung der Fristdauer maßgeblichen Umstände kommen vor allem objektive Gegebenheiten in Betracht[297]. Dazu gehören etwa Art der Ware, insbesondere ihre Verderblichkeit, Umfang der Lieferung, die Art des Mangels, die Unternehmensgröße etc. Persönliche Hinderungsgründe sind für die Fristdauer unbeachtlich, können aber bei Art. 44 CISG berücksichtigt werden[298].

Ist nach dem Kaufvertrag eine Beförderung der Ware vorgesehen, so ist gem.

---

292 Herber/Czerwenka, Art. 38 Rn. 5; Staudinger/Magnus, Art. 38 Rn. 28; LG Berlin 103 O 213/02, Urt. vom 21.03. 2003, S. 5.

293 Herber/Czerwenka, Art. 38 Rn. 3; Enderlein/Maskow/Strohbach, Art. 38 Anm. 1; Staudinger/Magnus, Art. 38 Rn. 19.

294 OLG Karlsruhe, RIW 1998, 235, 236; BKC 7Ob301/01t Urteil vom 14.01.2002 (www.ris.bka.gv.at/jus).

295 O. R. 318ff, 345 ff; Staudinger/Magnus, Art. 38 Rn. 5f; Herber/Czerwenka, Art. 38 Rn. 1.

296 Schlechtriem,Einheitliches UN-Kaufrecht, S. 59, Fn. 263; Schlechtriem/Schwenzer, Art. 38 Rn. 20; Piltz, § 5 Rn. 53.

297 Enderlein/Maskow/Strohbach, Art. 38 Anm. 3.

298 Staudinger/Magnus, Art. 38 Rn. 49.

Art. 38 Abs. 2 CISG die Untersuchung erst am Bestimmungsort, also am Ort, an dem die Ware versandt wird, und nicht schon bei der Übergabe an den Beförderer vorzunehmen. Die Untersuchungsfrist beginnt erst mit der Ankunft am Bestimmungsort zu laufen. Dies gilt unabhängig davon, welche Vertragspartei den Beförderungsvertrag abschließt[299]. Wird die Ware vom Käufer umgeleitet oder von ihm weiterversandt, so kann die Untersuchung, über die sonst nach Abs. 2 maßgebende Ankunft am ursprünglichen Bestimmungsort hinaus, bis zur Ankunft am neuen Bestimmungsort hinausgeschoben werden, wenn der Verkäufer die Möglichkeit einer Umleitung oder Weiterversendung zum Zeitpunkt des Vertragsschlusses kannte oder kennen mußte.

Die Untersuchung der Ware ist keine Rechtspflicht des Käufers, sondern eine Obliegenheit[300]. Die Versäumung der Untersuchung führt zum Rechtsverlust hinsichtlich solcher Mängel, die bei einer ordnungsgemäßen Untersuchung entdeckt worden wären. Der Käufer macht sich dem Verkäufer gegenüber wegen der unterlassenen Untersuchung jedoch nicht schadenersatzpflichtig[301].

Die Untersuchung steht im engen Zusammenhang mit der Rüge gem. Art. 39 CISG, weil sie dieser in der Regel vorausgeht und vorbereitet. Die Untersuchung ist aber keine Voraussetzung für eine ordnungsgemäße Rüge gem. Art. 39 CISG. Rügt der Käufer ordnungsgemäß gem. Art. 39 CISG, so behält er seine aus der Vertragswidrigkeit der Ware herrührenden Rechte, auch wenn eine Untersuchung nicht form- und fristgerecht durchgeführt wurde[302]. Das Unterlassen der Untersuchung schadet dem Käufer auch dann nicht, wenn die Vertragswidrigkeit bei einer ordnungsgemäßen Untersuchung nicht hätte erkannt werden können[303].

b) Rüge

Will der Käufer aus der Vertragswidrigkeit der Ware Rechte herleiten, so muß er diese dem Verkäufer frist- und formgerecht anzeigen. Unterläßt er die Anzeige, so verliert er seine Rechte. Art. 39 Abs. 1 CISG bestimmt diese Rechtsfolge und regelt die inhaltlichen und zeitlichen Voraussetzungen der Mängelanzeige. Ausnahmen sind in Art. 40 und 44 CISG zugelassen. Art. 39 Abs. 2 CISG sieht ferner eine absolute Ausschlußfrist[304] für Mängelansprüche von zwei Jahren ab Übergabe der Ware vor.

Art. 39 CISG dient in erster Linie den Interessen des Verkäufers[305]. Dieser soll sich innerhalb einer kurzen Frist Sicherheit über Beanstandungen verschaffen

---

[299] Bianca/Bonell/Bianca, Art. 38 Anm. 2.6.

[300] Schlechtriem/Schwenzer, Art. 38 Rn. 5; Bianca/Bonell/Bianca, Art. 38 Anm. 2.1; Enderlein/Maskow/Strohbach, Art. 38 Anm. 1; Herber/Czerwenka, Art. 38 Rn. 2; Staudinger/Magnus, Art. 38 Rn. 12; Karollus, S. 124; Piltz, § 5, Rn. 48.

[301] Schlechtriem/Schwenzer, Art. 38 Rn. 5; Karollus, S. 124.

[302] Staudinger/Magnus, Art. 38 Rn. 13; Herber/Czerwenka, Art. 38 Rn. 2.

[303] Schlechtriem/Schwenzer, Art. 38 Rn. 5.

[304] Welser, in: Doralt, S. 113; Schlechtriem/Schwenzer, Art. 39 Rn. 23; Piltz, § 5 Rn. 66.

[305] Staudinger/Magnus, Art. 39 Rn. 3; Escher, S. 498; BGH NJW 1982, 2730, 2731.

und so die Möglichkeit bekommen, selbst die Ware zu untersuchen, Nachbesserungen vorzunehmen oder anderweitig umzudisponieren sowie erforderliches Beweismaterial zu sammeln.

Die Rüge muß die Art der Vertragswidrigkeit genau bezeichnen. Art und Umfang des Sachmangels sind so deutlich zu bezeichnen, daß sich der Verkäufer ein Bild über die Vertragswidrigkeit machen kann, um erforderliche Schritte zu ergreifen[306]. Die Anforderungen an der Spezifizierung der Vertragswidrigkeit dürfen allerdings nicht so hoch sein, daß das Risiko der mangelhaften Vertragserfüllung, für die der Verkäufer einzustehen hat, auf den Käufer übertragen wird[307]. Pauschale Angaben und allgemeine Unzufriedenheit mit der Ware reichen jedoch nicht aus[308]. Jeder Mangel, von dem der Käufer Rechte herleiten will, muß im einzelnen gerügt werden, die Rüge eines Mangels wahrt nicht die Rechte bezüglich eines anderen.

Der Käufer muß die Vertragswidrigkeit innerhalb einer angemessenen Frist anzeigen. Bei der Beurteilung der Angemessenheit der Frist sind die Umstände des Einzelfalles sowie das beiderseitige kaufmännische Interesse an einer schnellen und möglichst reibungslosen Abwicklung des Vertrages zu berücksichtigen[309]. In Betracht zu ziehen sind die Eigenart der Ware, insbesondere ihre Verderblichkeit bzw. Dauerhaftigkeit, ihr Saisoncharakter, den Umfang der Lieferung sowie die Art des Mangels. Unter Umständen könnte auch die Art des gewählten Rechtsbehelfs eine Rolle spielen. Dies wird jedoch im Grundsatz nicht als maßgeblich zu berücksichtigen sein[310], weil zum einen der Käufer den Rechtsbehelf nicht schon mit der Anzeige gem. Art. 39 CISG verbinden muß und zum anderen hat der Verkäufer Interesse an einer möglichst schnellen Rüge, unabhängig davon, ob der Käufer nur Schadensersatz verlangt oder Ersatzlieferung begehrt[311].

Die Frist beginnt gem. Art. 39 Abs. 1 CISG in dem Zeitpunkt zu laufen, in dem der Käufer die Vertragswidrigkeit festgestellt hat oder sie hätte feststellen müssen. Daraus ergibt sich, daß die Frist bei erkennbaren und bei verborgenen Mängeln unterschiedlich zu laufen beginnt. Bei erkennbaren Mängeln beginnt die Anzeigefrist unmittelbar im Anschluß an die Untersuchungsfrist, unabhängig davon, ob diese tatsächlich erkannt worden sind oder nicht[312]. Bei verborgenen Mängel, d. h. solche, die auch bei ordnungsgemäßer Untersuchung nicht entdeckt werden konnten, beginnt die Anzeigefrist mit der tatsächlichen Kenntnis oder mit Erkennbarkeit zu laufen[313].

---

306 Schlechtriem/Schwenzer, Art. 39 Rn. 6; Enderlein/Maskow/Strohbach, Art. 39 Anm. 5; Staudinger/Magnus, Art. 39 Rn. 21; Herber/Czwerwenka, Art. 39 Rn. 6.
307 BGH NJW 1982, 2730, 2731; OLG Koblenz RIW 1991, 592, 593.
308 Piltz, NJW 1994, 1104; LG München IPRax 1990, 316, 317; LG Stuttgart IPRax 1990,; OLG Frankfurt RIW 1994, 240, 241; BGH NJW 1997, 3311ff.; OLG Saarbrücken, NJW-RR 1999, 780.
309 Staudinger/Magnus, Art. 39 Rn. 42; Schlechtriem/Schwenzer, Art. 39 Rn. 16; Herber/Czerwenka, Art. 39 Rn. 9; Asam, S. 944.
310 so aber Staudinger/Magnus, Art. 39 Rn. 48; Schlechtriem/Schwenzer, Art. 39 Rn. 16.
311 ähnlich Enderlein/Maskow/Strohbach, Art. 39 Rn. 3
312 Schlechtriem/Schwenzer, Art. 39 Rn. 19;
313 Karollus, S. 126; Staudinger/Magnus, Art. 39 Rn. 31; Piltz, NJW 2000, S. 558.

Zur Wahrung der Frist genügt die rechtzeitige Absendung der Anzeige, soweit sie mit nach den Umständen des Falles geeigneten Kommunikationsmitteln gemacht wird (Art. 27 CISG). Die Anzeige ist nicht empfangsbedürftig. Verzögerungs- und Verlustrisiko gehen nicht zu Lasten des Käufers (Art. 27 CISG). Dahinter steht der Gedanke, daß die Anzeige durch das vertragswidrige Verhalten des Verkäufers veranlaßt wurde, so daß es unbillig wäre, das Transportrisiko der Anzeige dem Käufer anzulasten[314].

Unterläßt der Käufer die Mängelanzeige oder rügt er nicht ordnungsgemäß, d. h. nicht form- und fristgerecht, dann verliert er gem. Art. 39 Abs. 1 CISG grundsätzlich die Befugnis, Rechtsbehelfe geltend zu machen. Eine Ausnahme hiervon läßt Art. 40 CISG zu. Die nicht ordnungsgemäße Rüge bleibt ohne Konsequenzen, wenn der Verkäufer die die Vertragswidrigkeit begründenden Tatsachen kannte oder darüber nicht im Unkenntnis sein konnte.

4. Nachbesserungsaufforderung

Weitere Voraussetzung für den Nachbesserungsanspruch gem. Art. 46 Abs. 3 CISG ist, daß der Käufer den Verkäufer zur Nachbesserung auffordert. Die Aufforderungserklärung ist entweder zusammen mit der Mängelanzeige gem. Art. 39 CISG oder innerhalb einer angemessenen Frist danach abzusenden. Die angemessene Frist ist anhand der Umstände des Einzelfalles zu bestimmen. Die Erklärung des Käufers muß deutlich zum Ausdruck bringen, daß er Nachbesserung verlangt.

5. Zumutbarkeit des Nachbesserungsanspruchs

Der Anspruch des Käufers auf Nachbesserung ist gem. Art. 46 Abs. 3 S. 1, 2. HS CISG dann ausgeschlossen, wenn der Verkäufer dartun kann, daß die Nachbesserung unter Berücksichtigung aller Umstände des Falles unzumutbar („*unreasonable*“) ist. Entscheidend ist in erster Linie die Zumutbarkeit für den Verkäufer, doch können auch Interessen des Käufers zu berücksichtigen sein. In der Regel wird man jedoch davon ausgehen können, daß der Käufer die Nachbesserung nicht verlangen wird, wenn sie für ihn unzumutbar ist. Daß der Verkäufer in solchen Fällen kein Recht hat, dem Käufer die Nachbesserung gegen dessen Willen aufzudrängen, ergibt sich aus Art. 48 Abs. 1 CISG.

Der Originaltext („*unreasonable*“, „*déraisonable*“) legt eine objektive Beurteilung der Zumutbarkeit nahe und schließt deutlicher als die deutsche Übersetzung die Berücksichtigung von Billigkeitsgründen aus[315]. Unzumutbar ist die Nachbesserung dann, wenn sie mit übermäßigen technischen Schwierigkeiten verbunden ist[316] und vor allem dann, wenn sie unwirtschaftlich ist[317]. Technisch ist die Nach-

[314] Posch/Kandut, in: Hoyer/Posch, S. 67.
[315] von Hoffmann, in: Schlechtriem, S. 297.
[316] von Hoffmann, in: Schlechtriem, S. 297.
[317] Staudinger/Magnus, Art. 46 Rn. 61; Schlechtriem/Huber, Art. 46 Rn. 58; Herber/Czerwenka,

besserung dann nicht zumutbar, wenn sie handwerkliche oder sonstige Fähigkeiten erfordert, die beim Verkäufer typischerweise nicht vorhanden sind[318]. Aus wirtschaftlichen Gründen unzumutbar ist die Nachbesserung insbesondere dann, wenn der Nachbesserungsaufwand in einem objektiven Mißverhältnis zu dem Vorteil des Käufers steht[319] und wenn die Reparaturkosten unverhältnismäßig höher sind als die Ersatzbeschaffung. Unzumutbarkeit liegt auch dann vor, wenn der Mangel durch den Käufer einfacher und leichter zu beheben ist als durch den Verkäufer[320].

6. Inhalt des Anspruchs

Der Anspruch auf Nachbesserung richtet sich auf Vornahme von Ausbesserungsarbeiten, umfaßt aber auch die Auswechslung von defekten Teilen und die Lieferung von Ersatzteilen[321]. Von der Ersatzlieferung unterscheidet sich die Nachbesserung im Grundsatz dadurch, daß die vertragswidrige Sache als solche nicht ausgetauscht wird.

Art. 46 Abs. 3 CISG trifft keine Bestimmung über den Ort, an dem die Nachbesserung vorzunehmen ist. Dies wird grundsätzlich der Bestimmungsort sein[322]. Soll die Sache jedoch zum Zwecke der Reparatur etwa in eine Werkstatt des Verkäufers transportiert werden, so hat der Verkäufer die Kosten und die Gefahr des Transports zu tragen[323].

7. Einschränkungen des Nachbesserungsanspruchs

Da es sich bei dem Nachbesserungsanspruch um einen modifizierten Erfüllungsanspruch handelt, sind auch hier die für den Erfüllungsanspruch gem. Art. 46 Abs. 1 CISG aufgeführten Einschränkungen zu berücksichtigen[324]. Es ist insbesondere auch hier Art. 28 CISG zu beachten[325]. Für die Anwendung von Art. 28 CISG ist es nicht entscheidend, ob das nationale Recht einen der Nachbesserung vergleichbaren Anspruch kennt[326], sondern ob das befaßte Gericht verfahrens-

---

Art. 46 Rn. 10; Bianca/Bonell/Will, Art. 46 Anm. 2.2.2.2.; Piltz, § 5 Rn. 152.

[318] Witz/Salger/Lorenz/Salger, Art. 46 Rn. 8.

[319] von Hoffmannn, S. 297, schlägt vor, zur Beurteilung das Kriterium der Äquivalenzstörung heranzuziehen.

[320] Staudinger/Magnus, Art. 46 Rn. 61-63; Schlechtriem/Huber, Art. 46 Rn. 58; Herber/Czerwenka, Art. 46 Rn. 10; Piltz, § 5 Rn. 152.

[321] Herber/Czerwenka, Art. 46 Rn. 9; Schlechtriem/Huber, Art. 46 Rn. 62; Enderlein/Maskow/Strohbach, Art. 46 Anm. 7; Staudinger/Magnus, Art. 46 Rn. 54; Reinhart, Art. 46 Rn. 8.

[322] Enderlein/Maskow/Strohbach, Art. 46 Anm. 7; Schlechtriem/Huber, Art. 46 Rn. 63.

[323] Schlechtriem/Huber, Art. 46 Rn. 63.

[324] S. oben Seite 62 ff.

[325] Staudinger/Magnus, Art. 46 Rn. 64; Schlechtriem/Huber, Art. 28 Rn. 20; Hereber/Czerwenka, Art. 46 Rn. 11.

[326] a.A. Schlechtriem, Einheitliches UN-Kaufrecht, S. 66 Fn. 293: „Dagegen rechtfertigt Art. 28 nicht die Ablehnung eines Nachbesserungsanspruchs, weil ein solcher spezieller Rechtsbehelf nationalem Recht unbekannt ist."

rechtlich die Klage auf Erfüllung zuläßt[327].

Der Nachbesserungsanspruch ist ausgeschlossen, wenn der Käufer einen mit diesem nicht zu vereinbarenden Rechtsbehelf ausgeübt hat. Dies ergibt sich aus dem Zusammenhang mit Art. 46 Abs. 1 CISG. Hier kommt insbesondere der Rechtsbehelf der Minderung gem. Art. 50 CISG in Betracht. Mit der Geltendmachung der Minderung bringt der Käufer zum Ausdruck, daß er die Ware behalten will und daß er durch die Vertragswidrigkeit entstandene Ungleichgewicht durch Preisanpassung ausgleichen will. Ferner ist der Nachbesserungsanspruch selbstverständlich dann ausgeschlossen, wenn eine Nachbesserung gar nicht möglich ist.

8. Zusammenfassung: Nachbesserungsanspruch nach CISG

Gemäß Art. 46 Abs. 3 CISG kann der Käufer Nachbesserung verlangen, wenn der Verkäufer vertragswidrige Ware geliefert hat. Die Ware ist gem. Art. 35 CISG vertragswidrig, wenn sie nicht die vertraglich vereinbarten Eigenschaften, Quantität, Art und Verpackung besitzt. Sind keine vertraglichen Vereinbarungen bezüglich der Qualität getroffen worden und keine Probe oder Muster vereinbart worden, so muß die Ware zumindest für gewöhnliche Gebrauchszwecke tauglich sein. Der Käufer kann sich auf die Vertragswidrigkeit der Ware nicht berufen, wenn er diese kannte oder infolge grober Fahrlässigkeit nicht kannte. Der Nachbesserungsanspruch des Käufers ist ausgeschlossen, wenn er die Ware nicht ordnungsgemäß untersucht hat und die entdeckten Mängel rechtzeitig gerügt hat. In diesem Fall gilt die Ware als genehmigt. Der Anspruch ist auch dann ausgeschlossen, wenn die Nachbesserung unzumutbar oder unmöglich ist.

II. Ersatzlieferung gem. Art. 46 Abs. 2 CISG

Ist die vom Verkäufer gelieferte Ware nicht vertragsgemäß i. S. Art. 35 CISG, hat der Käufer sie rechtzeitig untersucht und die Vertragswidrigkeit ordnungsgemäß i. S. v. Art. 39 CISG gerügt, so steht ihm auch ein Anspruch auf Ersatzlieferung zu, wenn die Vertragswidrigkeit eine wesentliche Vertragsverletzung darstellt (Art. 46 Abs. 2 CISG). Die gegenüber der Nachbesserung zusätzliche und den Ersatzlieferungsanspruch erschwerende Voraussetzung trägt den besonderen Bedürfnissen des internationalen Handels Rechnung. Da die Ersatzlieferung den Rücktransport der vertragswidrigen Ware impliziert, entstehen unter Umständen erhebliche Transportkosten und -risiken[328], die nur dann gerechtfertigt sind, wenn nicht unerhebliche Beeinträchtigungen vorliegen.

1. Wesentliche Vertragsverletzung

Nach der Definition in Art. 25 CISG ist eine Vertragsverletzung dann wesentlich,

---

[327] näheres s. oben Seite 62.
[328] von Hoffmann, in: Schlechtriem, S. 296; Piltz, § 5 Rn. 156.

wenn sie für die betroffene Partei einen solchen Nachteil zur Folge hat, daß ihr im wesentlichen entgeht, was sie nach dem Vertrag hätte erwarten dürfen, es sei denn, die vertragsbrüchige Partei hat diese Folge nicht vorausgesehen und auch eine vernünftige Person der gleichen Art hätte diese Folge unter den gleichen Umständen nicht voraussehen können[329]. Dabei kann grundsätzlich jede Pflicht, die in Betracht kommt, Gegenstand einer wesentlichen Vertragsverletzung sein[330].

Die umständliche Formulierung der Definition ist Resultat eines Kompromisses. Während Art. 10 EKG[331] auf die enttäuschten Erwartungen der verletzten Partei ansetzte und damit eher subjektiv die Wesentlichkeit der Vertragsverletzung bestimmen wollte, war man bei den Entwürfen für die Konvention bemüht, einen objektiven Ansatz zu finden. So wollte man auf einen objektiv zu messenden schwerwiegenden Schaden („*substantial detriment*") abstellen[332] und eine subjektive Entlastungsmöglichkeit der vertragsbrüchigen Partei zulassen, für den Fall, daß diese den Schaden nicht voraussehen konnte[333]. Art. 25 CISG versucht das subjektive Erfüllungsinteresse des Käufers und das objektive Gewicht des infolge der Pflichtverletzung beim Käufer entstandenen Nachteils zu berücksichtigen. Die Unstimmigkeiten, die diese Formulierung verbirgt, sind als Folge der Kompromißsuche und des Zeitdrucks, dem die Delegierten der Wiener Konferenz unterlagen, zu sehen[334].

Der im englischen Originaltext des Übereinkommens verwendete Begriff „*fundamental breach*" ist trotz sprachlicher Übereinstimmung nicht mit der englischen „*doctrine of fundamental breach*" gleichzusetzen[335].

Den Kern der Definition des Art. 25 CISG bilden zwei Kriterien: (1) die grundlegende Beeinträchtigung der berechtigten Interessen des Vertragspartners (wesentlicher Nachteil) und (2) die Voraussehbarkeit dieser Beeinträchtigung durch die vertragsbrüchige Partei[336].

---

[329] engl. Text des Art. 25: „A breach of contract committed by one of the parties is fundamental if it results in such detriment to the other party as substantially to deprive him of what he is entitled to expect under the contract, unless the party in breach did not foresee and a reasonable person of the same kind in the same circumstances would not have foreseen such a result."

[330] BGH NJW 1996, 2364, 2365.

[331] Art. 10 EKG: „Eine Vertragsverletzung wird im Sinne dieses Gesetzes immer dann als wesentlich angesehen, wenn die Partei, die sie begangen hat, im Zeitpunkt des Vertragsabschlusses gewußt hat oder hätte wissen müssen, daß eine vernünftige Person in der Lage der anderen Partei den Vertrag nicht geschlossen hätte, wenn sie die Vertragsverletzung und ihre Folgen vorausgesehen hätte."

[332] Art. 9 des GenferE 1976.

[333] Art. 23 New YorkerE 1978.

[334] Staudinger/Magnus, Art. 25 Rn. 11; Bianca/Bonell/Will, Art. 25 Anm. 2.1.1.1.

[335] Posch/Kandut, in: Hoyer/Posch, S. 61, Herber/Czerwenka, Art. 25 Rn. 4; Witz/Salger/Lorenz/Salger, Art. 25 Rn. 1.

[336] Aicher, in: Hoyer/Posch, S. 125.

a) Wesentlicher Nachteil

Gemäß Art. 25 CISG muß die verletzte Partei infolge der Vertragsverletzung einen Nachteil (*detriment*) erlitten haben, infolge dessen ihr im wesentlichen entgeht, was sie nach dem Vertrag hätte erwarten dürfen. Unter Nachteil ist, wie die Entstehungsgeschichte zeigt, nicht ein konkret entstandener, vermögenswerter Schaden zu verstehen[337]. Für die Geltendmachung des Rechtsbehelfs ist kein Nachweis eines konkreten Schadens erforderlich, etwa durch Offenlegen von Handelsbüchern und Verträgen mit Abnehmern[338]. Der Begriff des Nachteils ist weiter zu fassen als der Begriff „Schaden"[339].

Die Voraussetzung, daß der Nachteil „wesentlich" sein soll, impliziert einen Wertungsspielraum, der durch verobjektivierte Kriterien auszufüllen ist[340]. Es muß eine nach der Verkehrsanschauung schwerwiegende Verletzung vorliegen, die den Vertragszweck ernsthaft gefährdet[341]. Ausgangspunkt für die Beurteilung, ob ein wesentlicher Nachteil vorliegt, ist daher der konkrete Vertrag. Entscheidend ist der Wegfall des Interesses der verletzten Partei am Leistungsaustausch, der aber nur dann relevant ist, wenn er aus dem Vertrag hervorgeht[342]. Das Interesse der Partei muß also Vertragsinhalt geworden sein[343].

Die Erwartung, die Hauptleistung - die Lieferung der Ware - werde erbracht, ist ein selbstverständlicher Motiv eines jeden Warenkaufvertrages und daher ohne weiteres Vertragsinhalt. Die Unmöglichkeit der Lieferung begründet daher stets eine wesentliche Vertragsverletzung i. S. v. Art. 25 CISG. Das Interesse des Käufers an einem genauen Zeitpunkt der Lieferung, an der sofortigen Tauglichkeit der Ware, an deren besonderen, außerhalb des gewöhnlichen Gebrauchs liegenden Eigenschaften, sind aber nicht ohne weiteres selbstverständlich und daher nicht immer Vertragsinhalt. Es obliegt daher den Parteien, diese Fragen im Vertrag zu regeln. Nur dieser kann die Antwort liefern, ob eine genaue Lieferung oder die besondere Verwendbarkeit der Ware grundlegender Bestandteil einer vertraglichen Pflicht geworden ist, so daß bei ihrer Nichterfüllung der Gläubiger kein Interesse an dem Leistungsaustausch mehr hat.

Wenn eine deutliche vertragliche Vereinbarung über vertragstragende Interessen fehlt, müssen diese durch Auslegung ermittelt werden. Die Vertragsauslegung richtet sich nach Art. 8 CISG [344]. Nach Art. 8 Abs.1 CISG ist der wahre Wille einer

---

[337] Schlechtriem/Schlechtriem, Art. 25 Rn. 9; Karollus, S. 91; Botzenhardt, S. 162f..
[338] Schlechtriem, Internat. UN-Kaufrech, Rn. 111.
[339] Witz/Salger/Lorenz/Salger, Art. 25 Rn. 6.
[340] Herber/Czerwenka, Art. 25 Rn. 7; Bamberger/Roth/Saenger, Art. 25 Rn. 4; a.A. Schlechtriem, Internat. UN-Kaufrecht, Rn. 111 – es komme allein auf die Bedeutung der Vertragsverletzung für den Gläubiger an.
[341] Witz/Salger/Lorenz/Salger, Art. 25 Rn. 7.
[342] Enderlein/Maskow/Strohbach, Art. 25 Anm. 3.1; Posch, in: Doralt, S. 161; Schlechtriem/Schlechtriem, Art. 25 Rn. 9; Aicher, in: Hoyer/Posch, S. 126; Bonzenrardt, S. 195f..
[343] Musger, S. 13.
[344] Art. 8 regelt zwar nicht explizit die Auslegung von Verträgen, sondern die von Erklärungen und Verhalten, gilt aber entsprechend auch für Verträge; Staudinger/Magnus, Art. 8 Rn. 7; Ender-

Partei maßgeblich, wenn ihn die andere Partei kannte oder darüber nicht in Unkenntnis sein konnte. Gerade in zweifelhaften Fällen wird die Kenntnis oder das Kennenmüssen schwer nachzuweisen sein. Es wird daher meistens aus dem Blickwinkel eines redlichen und vernünftigen Erklärungsempfängers in der gleichen Situation (Art. 8 Abs. 2 CISG) zu beurteilen sein, ob der Schuldner ein sich aus den Vertragsbestimmungen oder aus den Umständen (Art. 8 Abs. 3 CISG) ergebendes besonderes Vertragsinteresse hätte erkennen müssen. Die Erkennbarkeit der vertragstragenden Interessen muß von der Partei, die sich auf ihre Verletzung beruft, nachgewiesen werden[345].

Nur wenn die besonderen Interessen der Parteien, ausdrücklich oder durch Auslegung ermittelbar, Vertragsinhalt geworden sind, ist die Erwartung, daß diese nicht beeinträchtigt werden, geschützt[346]. Verwirklicht sich infolge der Vertragsverletzung ein Risiko zu Lasten des Gläubigers, von dem er erkennbar geschützt werden sollte, dann ist immer ein Nachteil i. S. v. Art. 25 gegeben. Dieser ist dann wesentlich, wenn er erkennbar zum Wegfall des Interesses des Gläubigers an der weiteren Vertragsdurchführung führt.

b) Voraussehbarkeit

Art. 25 CISG setzt weiterhin voraus, daß die vertragsbrüchige Partei die Folge der Vertragsverletzung, also den Wegfall des Vertragsinteresses des Gläubigers, nicht vorausgesehen hat und auch eine vernünftige Person der gleichen Art unter den gleichen Umständen diese Folge nicht vorausgesehen hätte.

Die Voraussehbarkeit scheint eine Entlastungsmöglichkeit zugunsten des Schuldners für unerwartete Folgen zu sein. Als ausnahmsweise zulässiger Entlastungsnachweis[347] war sie auch in den Entwürfen aufgenommen worden, als Korrelat für die objektive Bestimmung der Wesentlichkeit des Vertragsbruchs durch den *„substantial detriment“*. Das Kriterium der Voraussehbarkeit ist ebenfalls in Art. 74 CISG enthalten, in dem es um die Bestimmung des Umfangs des Schadensersatzanspruches wegen Vertragsverletzungen geht. Da ist es als subjektive Korrektur eines objektiv zu bestimmenden Schadens zu verstehen. Das Kriterium der Voraussehbarkeit erfüllt also die gleiche Funktion wie in den Entwürfen zu Art. 25 CISG. Bei der jetzigen Fassung des Art. 25 CISG, wo der wesentliche Nachteil durch die konkreten Vertragserwartungen zu bestimmen ist, ist die Funktion der Voraussehbarkeit fraglich[348].

Wie oben festgestellt, ist die Erkennbarkeit der vertragstragenden Interessen des

---

lein/Maskow/Strohbach Art. 8 Anm. 2.3.

345 Aicher, in: Hoyer/Posch, S. 130; Musger, S. 15; Schlechtriem/Schlechtriem, Art. 25 Rn. 16, Staudinger/Magnus, Art. 25 Rn. 20.

346 Aicher, in: Hoyer/Posch, S. 129; Musger, S. 16 verweist auf die Ähnlichkeit mit der Lehre vom Schutzzweck der Norm .

347 Die Formulierung „unless“ - „es sei denn“ soll den Ausnahmecharakter der Entlastung verdeutlichen.

348 Aicher, in: Hoyer/Posch, S. 135.

Gläubigers Voraussetzung für die Bestimmung des wesentlichen Nachteils. Es ist schwer vorstellbar, daß der Schuldner das vertragstragende Interesse des Gläubigers erkannt hat, aber nicht voraussehen konnte, daß dessen Beeinträchtigung zum Wegfall des Leistungsaustauschinteresses des Gläubigers führen wird. Das gilt insbesondere deswegen, weil sowohl die Erkennbarkeit (Art. 8 CISG) als auch die Voraussehbarkeit (Art. 25 CISG) nicht nur an den subjektiven Maßstab der Verkäufers, sondern auch an dem eines vernünftigen Vertragspartners in der gleichen Position (Art. 8 Abs. 2 bzw. Art. 25 2. HS a.E. CISG) zu messen sind. Will man die Voraussehbarkeit nicht als funktionslos[349] betrachten, so muß man sie als Auslegungsregel für die Berücksichtigung der Gewichtung und Bedeutung der Vertragspflichten und als Anknüpfungspunkt einer umfassenden Interessenabwägung auffassen[350], auch wenn dies eine gewisse Tautologie zu der Auslegung gem. Art. 8 CISG bedeutet.

Für die umstrittene Frage des Zeitpunkts[351], auf den es für die Voraussehbarkeit ankommt, bedeutet dieses Verständnis der Voraussehbarkeit, daß der Zeitpunkt des Vertragsschlusses maßgeblich ist[352]. Die Voraussehbarkeit der Folgen einer Vertragsverletzung entscheidet die Frage, welche Risiken die Parteien auf sich nehmen. Die zu erwartenden Risiken entscheiden letztendlich, ob eine Partei bereit ist den Vertrag überhaupt abzuschließen[353]. Es ist aber in diesem Zusammenhang zu beachten, daß das Voraussehbarkeitskriterium offensichtlich das Ziel verfolgt, den Schuldner zu entlasten. Daher sind ausnahmsweise auch Umstände, die nach dem Vertragsschluß liegen, zu berücksichtigen[354]. So etwa, wenn der Schuldner bei der Bewirkung der Leistung infolge veränderter Umstände annehmen dürfte, die Verletzung erkannter wesentlicher Interessen des Gläubigers würde nicht zum Wegfall des Leistungsaustauschinteresses führen[355].

c) Wesentliche Vertragsverletzung bei Qualitätsabweichung

Bei der Geltendmachung des Ersatzlieferungsanspruchs taucht die Frage auf, ob eine wesentliche Vertragsverletzung vorliegt, meist in Zusammenhang mit Abweichungen von der vertraglich vereinbarten Beschaffenheit der Ware, insbesondere bei Qualitätsabweichungen.

Es ist offensichtlich, daß nicht jede, sondern nur ganz erhebliche Qualitätsmängel

---

349 so ähnlich aber Aicher, in: Hoyer/Posch, S. 135 „weitgehend funktionslos".

350 Schlechtriem/Schlechtriem, Art. 25 Rn. 11; Karollus, S. 91; Staudinger/Magnus, Art. 25 Rn. 15; Botzenhardt, S. 259.

351 Art. 25 regelt im Gegensatz des Art. 10 EKG den Zeitpunkt der Voraussehbarkeit nicht ausdrücklich; in der Literatur wird die Bahnbreite vom Zeitpunkt des Vertragschlusses bis hin zum Zeitpunkt der Vertragsverletzung vertreten, s. Übersicht m.w.N. Bamberger/Roth/Saenger, Art. 25 Rn. 11.

352 Karollus, S. 91; Scheifele, S. 118: „denn in diesem Moment wird die vertragliche Risikoverteilung vorgenommen"; Schlechtriem, Internat. UN-Kaufrecht, Rn. 112.

353 Aicher. in: Hoyer/Posch, S. 134; Schlechtriem/Schlechtriem, Art. 25 Rn. 15; Holthausen, S. 105; Herber/Czerwenka, Art. 25 Rn. 9; differenzierend Neumayer, S. 104f..

354 i.E. so Musger, S. 21; Posch/Kandut, in: Hoyer/Posch, S. 65; Botzenhardt, S. 259.

355 Musger, S. 21.

eine wesentliche Vertragsverletzung begründen können. Die Abgrenzung ist im einzelnen nicht unproblematisch. Es wird überwiegend darauf abgestellt, ob der Käufer die vertragswidrige Ware in zumutbarer Weise, eventuell anders als ursprünglich vorgesehen, verwerten kann. Entscheidend bei der Frage, ob eine Qualitätsabweichung eine wesentliche Vertragsverletzung darstellt, ist also, ob dem Käufer wegen der Abweichung der Ware von der vertraglichen Beschaffenheit eine anderweitige Verarbeitung oder der Absatz der Ware im gewöhnlichen Geschäftsverkehr, wenn auch mit Preisabschlägen, ohne unverhältnismäßigen Aufwand möglich ist oder nicht[356]. Zum Teil wird auch die Behebbarkeit des Mangels als Kriterium für die Wesentlichkeit des Mangels herangezogen[357].

Besonders problematisch erscheinen dabei die Fälle, in denen ein für sich allein betrachteter Mangel wesentlich ist, die Lieferfrist abgelaufen ist und es sich um kein Fixgeschäft[358] handelt. Als häufiges Beispiel dient die Lieferung einer technischen Anlage, bei der es infolge einer defekten Sicherung zu einem Totalausfall kommt. Betrachtet man den Totalausfall für sich allein, so entgeht dem Käufer das, was er nach dem Vertrag berechtigterweise hätte erwarten dürfen. Der Käufer wäre berechtigt die Lieferung einer neuen Anlage zu verlangen. Bedenkt man allerdings, daß die Sicherung ohne erheblichen Zeit- und Kostenaufwand reparierbar ist, so müßte man eine wesentlichen Vertragsverletzung verneinen, weil dem Käufer zumutbar wäre, die Anlage zu behalten, die Reparatur hinzunehmen und entstandene Nachteile durch Minderung und Schadensersatz auszugleichen. Ohne die Berücksichtigung der Reparaturfähigkeit der Sicherung läge eine wesentliche Vertragsverletzung vor und der Käufer wäre berechtigt, vom Verkäufer den Abbau der Anlage und die Lieferung einer neuen zu verlangen. Dies kann mit dem Sinn und Zweck der Beschränkung der Ersatzlieferung, nämlich die Anhäufung von Transportkosten und -risiken zu vermeiden, nicht vereinbar sein. Daß jedoch nicht in jedem Fall die Behebbarkeit des Mangels eine wesentliche Vertragsverletzung und damit den Ersatzlieferungsanspruch ausschließt, zeigt sich an einer Abwandlung des soeben dargestellten Beilspiels. Angenommen in unserem Fall wäre nicht eine große Anlage, sondern um ein kleines, massenhaft produziertes Gerät verkauft worden. Der Mangel dieses Geräts ist zwar reparierbar, die Kosten hierfür übersteigen jedoch den Aufwand für eine Ersatzlieferung. Für den Verkäufer ist daher die Beseitigung der Vertragswidrigkeit durch Ersatzlieferung günstiger als die Nacherbesserung durch Reparatur. Würde man in diesem Fall die Behebung des Mangels durch die Ersatzlieferung bei der Frage, ob eine wesentliche Vertragsverletzung vorliegt, berücksichtigen, dann läge keine wesentli-

[356] OLG Frankfurt am Main, RIW 1994, 240f.; BGH NJW 1996, 2364, 2366; OLG Köln, 16 U 77/01, Urteil vom 14.10.2002 (www.cisg-online.ch/cisg/urteile/709.htm); Piltz, NJW 1996, 2772; von Hoffmann, in: Schlechriem, S. 295; kritisch, Koch, S. 98f.

[357] Schlechtriem, Internat. UN-Kaufrecht, Rn. 115; Aicher, in: Hoyer/Posch, S. 139 ff.

[358] Im Falle eines Fixgeschäfts wäre meistens schon mit der Überschreitung des Liefertermins eine wesentliche Vertragsverletzung gegeben, was für die Frage des Vertragsaufhebungsrecht des Käufers von Bedeutung ist; bei dem Ersatzlieferungsanspruch spielt das weniger einer Rolle, weil der Verkäufer mit der Geltendmachung deutlich macht, daß er trotz Überschreitung des Lieferzeitpunkts am Vertrag festhalten will.

che Vertragsverletzung vor, mit der Folge, daß der Ersatzlieferungsanspruch ausgeschlossen wäre. Es entstünde ein Zirkelschluß.

Das aufgeworfene Problem hat mehrere Ursachen. Das CISG enthält keine Regelung, nach der eine wesentliche Vertragsverletzung nur dann vorliegt, wenn die Vertragswidrigkeit nicht innerhalb einer Frist beseitigt wird, deren Überschreitung ihrerseits einen wesentlichen Vertragsbruch bedeutet[359]. Das CISG konstituiert keine Pflicht des Käufers, dem Verkäufer eine Nachfrist zur Pflichterfüllung zu setzen. Art. 47 CISG sieht lediglich ein solches Recht vor, es handelt sich jedoch um eine Kann-Vorschrift[360]. Anderseits hat der Verkäufer gem. Art. 48 CISG das Recht, auch nach Überschreitung des Liefertermins Erfüllungsmängel zu beheben, d. h. nachzubessern oder nachzuliefern. Dieses Recht steht dem Verkäufer vorbehaltlich Art. 49 CISG zu. Art. 49 CISG räumt dem Käufer das Recht ein, den Vertrag aufzuheben. Bei Lieferung vertragswidriger Ware setzt das Aufhebungsrecht eine wesentliche Vertragsverletzung voraus.

Der Meinungsstand in der Literatur zu diesem Problemkreis bietet alle denkbaren Facetten - von der Berücksichtigung jeglicher Behebungsmöglichkeit[361] über eine Differenzierung zwischen Nachbesserung und Ersatzlieferung[362] bis hin zur völligen Ablehnung der Berücksichtigung von Behebungsmöglichkeiten[363]. Gegen die Berücksichtigung der Behebungsmöglichkeit im Rahmen des Merkmals der „wesentlichen Vertragsverletzung" spricht zunächst, daß man sonst zuviel von diesem Merkmal verlangen würde und Umstände hineininterpretiert, die nichts mit der vom Übereinkommen gewollten Beurteilung allein nach der Schwere der Störung zu tun haben[364]. Das Übereinkommen kennt keine Regelung, nach der eine wesentliche Vertragsverletzung nur dann gegeben ist, wenn eine gesetzte Nachfrist erfolglos verstrichen ist. Würde man die Behebungsmöglichkeit immer berücksichtigen, so würde man ein in CISG gerade nicht aufgenommes generelles Recht des Verkäufers auf zweite Andienung konstituieren und so den Wortlaut des Art. 48 CISG mißachten[365]. Selbst die Vertreter der generellen Berücksichtigungsmöglichkeit räumen ein, daß dadurch eine im Übereinkommen nicht vorgesehene Regelung entsteht[366]. Würde die Behebungsmöglichkeit eine wesentliche Vertragsverletzung ausschließen, so hinge der Ersatzlieferungsanspruch des Käufers davon ab, ob der Verkäufer innerhalb angemessener Zeit nachbessert

---

359 Ein Antrag der bundesdeutschen und der bulgarischen Delegation, das Recht des Verkäufers auf sog. zweite Andienung stets durch Nachfristsetzung zu gewährleisten, wurde in Wien abgelehnt.

360 OLG München 17 U 2513/02 u. 10 O 5423/01, Urteil vom 01.07.2002 (www.cisg-online.ch/cisg/urteile/656.htm).

361 Schlechtriem, Internat. UN-Kaufrecht, Rn. 115; Honnold, Rn. 184, 296; Bianca/Bonell/Will Art. 48 Anm. 2.1.1.1.1; Aicher, in: Hoyer/Posch, S. 139 ff.

362 Schlechtriem/Huber, Art. 46 Rn. 42, 49

363 von Hoffmann, in: Schlechriem, S. 299; Holthausen, S. 104; Welser, in: Dolrat, S. 125; Soergel/Lüderitz/Schüßler-Langeheine, Art. 46 Rn. 5.

364 Welser, in: Doralt, S. 125 (der Begriff der „Vertragswidrigkeit" werde überdehnt).

365 Holthausen, S. 104.

366 Schlechtiem, Diskussionsbeitrag, in: Doralt, S. 146: „Ich wollte im Wege der Interpretation etwas ermöglichen, womit wir im Wege der Antragstellung gescheitert sind."

oder Ersatz liefert. Zugespitzt gesagt, die Möglichkeit der Ersatzlieferung würde den Ersatzlieferungsanspruch des Käufers ausschließen[367].

Es gibt mehrere Möglichkeiten, dieses Dilemma zu beheben. Zum einen könnte der Begriff der wesentlichen Vertragsverletzung rechtsfolgenorientiert, je nach Funktion in Art. 49 und Art. 46 Abs. 2 CISG, ausgelegt werden[368]. Zum anderen könnte man zwischen durch Nachbesserung und durch Ersatzlieferung behebbare Mängeln differenzieren. Teilweise wird vorgeschlagen, die Behebbarkeit des Mangels zunächst außer Acht zu lassen und erst wenn der Verkäufer Beseitigung anbietet, die wesentliche Vertragsverletzung rückwirkend entfallen zu lassen[369]. Dieser Vorschlag erscheint höchst fraglich. Mit dem Bejahen einer wesentlichen Vertragsverletzung steht dem Käufer das Recht zu, den Vertrag aufzuheben oder Ersatzlieferung zu verlangen. Das Aufhebungsrecht ist ein Gestaltungsrecht, also müssen die Zulässigkeitsvoraussetzungen zum Zeitpunkt der Ausübung feststehen. Es wäre sowohl dogmatisch als auch rechtspolitisch höchst fragwürdig, wenn eine an sich wegen des Vorliegens einer wesentlichen Vertragsverletzung zum Zeitpunkt der Erklärung berechtigte Vertragsaufhebung, die den Vertrag in seiner ursprünglichen Ausrichtung beseitigt[370], durch das nachträgliche Angebot des Verkäufers, den Mangel zu beheben, wieder rückgängig gemacht wird, mit der Folge, daß der Vertrag wieder aufleben müßte.

Bliebe man bei der völligen Außerachtlassung der Behebungsmöglichkeit, dann ergäbe sich eine andere Systemwidrigkeit, nämlich die völlig unterschiedliche Behandlung von Nichtlieferung und Lieferung vertragswidriger Waren. Im Falle der Nichtlieferung ist nicht jede Leistungsverzögerung eine wesentliche Vertragsverletzung, so daß Vertragsaufhebung gem. Art. 49 Abs. 1 lit. b) CISG nur nach erfolglosem Verstreichen einer Nachfrist möglich ist. Bei Lieferung vertragswidriger Ware würde bei völliger Ausblendung der Behebungsmöglichkeit der Käufer dazu berechtigt sein, sofort den Vertrag aufzuheben. Das Übereinkommen geht aber in seinem System davon aus, daß der Verkäufer, der schon einen Erfüllungsversuch unternommen hat, schutzwürdiger ist als derjenige, der noch gar nicht geleistet hat. Es erscheint verlockend angesichts dessen, daß man immer einen Systemwiderspruch hinnehmen muß, die Einheitlichkeit des Begriffs der wesentlichen Vertragsverletzung aufzugeben und je nach Rechtsbehelf eine andere Interpretation zugrunde zu legen. Damit würde man aber ein strukturelles Anliegen der Konventionsverfasser aufgeben[371], was nur dann gerechtfertigt wäre, wenn die Widersprüche nicht anderweitig zu beseitigen wären.

---

[367] von Hoffmann, in: Schlechtriem, S. 299; Karollus, ZIP 1993, S. 492.
[368] Karollus, ZIP 1993, S. 496.
[369] Bianca/Bonell/Will, Art. 48 Anm. 3.2.2, wonach die wesentliche Vertragsverletzung zwar vorliegt, das Aufhebungsrecht des Käufers aber suspendiert ist, wenn ein Nachebsserungsangebot des Verkäufers vorliegt.
[370] Die Aufhebungserklärung bewirkt eine Umgestaltung des Vertrages in einem Rückgewährschuldverhältnis, s. dazu unten Seite 216 ff.
[371] Das gibt auch Karollus, ZIP 1993, S. 496 zu, hält es aber für geboten, weil die „Gesetzesverfasser insoweit offenkundig den Überblick verloren haben".

Der Widerspruch innerhalb Art. 46 Abs. 2 CISG vermag durch einen Verweis auf den Unterschied zwischen dem Recht des Verkäufers auf Nacherfüllung und dem Anspruch des Käufers auf Ersatzlieferung nicht behoben werden. Aus der Ausgestaltung des Ersatzlieferungsanspruchs als Rechtsbehelf, der nur bei Vertragsverletzung zulässig ist, eine solche aber bei Behebung durch den Verkäufer nicht mehr vorliegen würde, ergibt sich noch nicht, wann der Käufer nun berechtigt wäre, Ersatzlieferung zu verlangen. Es wäre nicht überzeugend, einen Anspruch auf Ersatzlieferung nur dann zu gewähren, wenn der Verkäufer nach Mängelanzeige diese nicht von allein vornimmt. Davon gehen aber die Vertreter dieses Vorschlags offenbar aus[372]. Dabei wird übersehen, daß der Käufer die Ersatzlieferung schon mit der Mängelanzeige gem. Art. 39 CISG geltend machen kann, also daß er nicht zunächst abwarten muß, wie der Verkäufer auf die Mängelanzeige reagiert.

Es ist daher zu differenzieren: Steht von vornherein fest, daß der Mangel nur durch Ersatzlieferung zu beheben ist, so liegt eine wesentliche Vertragsverletzung schon im Zeitpunkt der Lieferung vor und der Käufer ist dazu berechtigt, Ersatzlieferung zu verlangen. In den Fällen, in denen der Mangel offensichtlich innerhalb kurzer Zeit behoben werden kann, wird eine wesentliche Vertragsverletzung zu verneinen sein[373] und damit das Recht des Käufers, Ersatzlieferung oder Vertragsaufhebung zu verlangen, ausscheiden - so etwa in dem oben gegebenen Beispiel der defekten Sicherung. In solchen Fällen wird es dem Käufer auch zumutbar sein, den Mangel selbst zu beheben[374]. Denn bei offensichtlich einfacher Behebbarkeit des Mangels würde es gegen Treu und Glauben verstoßen, wenn man diese Möglichkeit außer Acht lassen würde und dem Käufer sofort die Rechtsbehelfe zubilligen würde, die wegen der besonderen Belastung für den Verkäufer gerade erschwert zulässig sein sollten. Nur die Fälle der offensichtlich leicht behebbaren Mängel sollten diejenigen sein, die innerhalb des Begriffs der wesentlichen Vertragsverletzung zu berücksichtigen sind. Ist es dagegen zweifelhaft, ob der Mangel irreparabel ist oder nicht, so wird der Käufer in der Regel das Risiko nicht auf sich nehmen wollen, sofort Ersatzlieferung zu begehren und in der Tat erst dem Verkäufer nach der Mängelanzeige Zeit zur Reaktion bzw. Behebung des Mangels einräumen. Dies ist aber eine taktische Überlegung und sollte für die grundsätzliche Bestimmung der Voraussetzungen des Rechtsbehelfs keinen Ausschlag geben.

2. Zusammenfassung: Wesentliche Vertragsverletzung

Eine wesentliche Vertragsverletzung i. S. v. Art. 25 CISG liegt dann vor, wenn die Verletzung für die betroffene Partei einen solchen Nachteil zur Folge hat, daß ihr im wesentlichen entgeht, was sie nach dem Vertrag hätte erwarten dürfen, es sei denn, die vertragsbrüchige Partei hat diese Folge nicht vorausgesehen und auch eine vernünftige Person der gleichen Art hätte diese Folge unter den gleichen

---

[372] Schlechtriem/Huber, Art. 46 Rn. 51.
[373] Aicher, in: Hoyer/Posch, S. 140 („prompte Behebbarkeit").
[374] Musger, S. 52.

Umständen nicht vorausgesehen. Der Begriff des Nachteils ist dabei weiter zu fassen als der des Schadens. Ein wesentlicher Nachteil liegt dann vor, wenn das Interesse der verletzten Partei am Leistungsaustausch weggefallen ist. Das Interesse der Partei ist jedoch nur dann relevant, wenn es aus dem Vertrag hervorgeht. Nur wenn das besondere Interesse einer Parteie, ausdrücklich oder durch Auslegung ermittelbar, Vertragsinhalt geworden sind, ist die Erwartung, daß diese nicht beeinträchtigt wird, geschützt.

Bei Lieferung qualitätswidriger Ware, die einen an sich schwerwiegenden, aber behebbaren Mangel aufweist, ist eine wesentliche Vertragsverletzung nur dann nicht gegeben, wenn der Mangel offensichtlich leicht und schnell repariert werden kann. Eine generelle Berücksichtigung der Behebbarkeit von Mängeln ist unangemessen und führt im Rahmen des Ersatzlieferungsanspruchs zu einem Zirkelschluß.

Das Kriterium der Voraussehbarkeit des wesentlichen Nachteils in Art. 25 CISG ist zutreffender Ansicht nach eine besondere Auslegungsregel für die Berücksichtigung der Gewichtung und Bedeutung der Vertragspflichten und Anknüpfungspunkt für eine umfassende Interessenabwägung. Für die Beurteilung der Voraussehbarkeit ist grundsätzlich der Zeitpunkt des Vertragsabschlusses maßgeblich, da zu diesem Zeitpunkt jede Partei entscheidet, welche Risiken sie tragen kann und will.

3. Erklärung und Frist

Gemäß Art. 46 Abs. 2 CISG kann der Käufer bei Vorliegen der Voraussetzungen Ersatzlieferung „verlangen". Die Erklärung des Ersatzlieferungsverlangens ist an keine Form gebunden. Es genügt jede Mitteilung, die das Begehren des Käufers erkennen läßt und mit nach den Umständen geeignetem Mittel abgesendet wird (Art. 27 CISG). Die Erklärung muß entweder mit der Anzeige gem. Art. 39 CISG oder innerhalb einer angemessenen Frist danach erfolgen. Die Angemessenheit der Frist richtet sich nach den Umständen des Einzelfalles[375]. Maßgeblich sind die gleichen Kriterien wie für die Frist gem. Art. 39 CISG. Es sind daher neben den Umständen des Einzelfalles, die beiderseitigen Interessen der Parteien an einer schnellen und reibungslosen Abwicklung zu berücksichtigen.

4. Inhalt des Ersatzlieferungsanspruchs und Kosten

Der Anspruch auf Ersatzlieferung richtet sich auf Austausch der vertragswidrigen Ware. Daher kommt die Ersatzlieferung nur bei Gattungsschulden in Betracht[376]. Wer dabei die Kosten für die Ersatzlieferung zu tragen hat, ist nicht ausdrücklich geregelt. Aus Art. 48 Abs. 1 S. 1 CISG ist aber zu entnehmen, daß die Kosten den Verkäufer treffen. Auch wenn auf Grund des Kaufvertrages der Käufer die Transportkosten für die erste Lieferung zu tragen hatte, obliegen die Kosten des

[375] Staudinger/Magnus, Art. 46 Rn. 43; Schlechtriemlechtriem/Huber, Art. 46 Rn. 52.
[376] Witz/Salger/Lorenz/Salger, Art. 46 Rn. 10.

Transports der Ersatzware dem Verkäufer[377]. Die Pflicht des Verkäufers, für die Kosten der Aufbewahrung der mangelhaften Ware durch den Käufer aufzukommen, folgt aus Art. 86, 87 CISG.

5. Einschränkungen des Ersatzlieferungsanspruchs

Der Ersatzlieferungsanspruch richtet sich auf Austausch - der Käufer erhält neue Lieferung und hat dafür die zunächst erhaltene Ware herauszugeben. Dies kann dann zu Problemen führen, wenn der Käufer die Ware überhaupt nicht oder nicht in ihrem ursprünglichen Zustand herausgeben kann.

Der Ersatzlieferungsanspruch ist gem. Art. 82 Abs.1 CISG dann ausgeschlossen, wenn der Käufer nicht mehr in der Lage ist, die Ware im wesentlichen unverändert zurückzugeben. Dies gilt nicht, wenn einer der Ausnahmetatbestände gem. Art 82 Abs. 2 CISG eingreift. Der Ersatzlieferungsanspruch ist zulässig, wenn die Unmöglichkeit, die Ware zurückzugeben oder sie im wesentlichen in dem Zustand zurückzugeben, in dem der Käufer sie erhalten hat, nicht auf einer Handlung oder Unterlassung des Käufers beruht (lit. a) oder wenn die Ware ganz oder teilweise infolge der Untersuchung untergegangen oder verschlechtert worden ist (lit. b). Trotz Unmöglichkeit der Rückgewähr ist der Ersatzlieferungsanspruch des weiteren dann nicht ausgeschlossen, wenn der Käufer die Ware ganz oder teilweise im normalen Geschäftsverkehr verkauft oder der normalen Verwendung entsprechend verbraucht oder verändert hat, bevor er die Vertragswidrigkeit entdeckt hat oder hätte entdecken müssen, Art 82 Abs. 2 lit. c) CISG . In diesen Fällen muß der Käufer für die zunächst erhaltene Ware gem. Art. 84 Abs. 2 lit. b) CISG Wertersatz leisten[378].

Die Pflicht zur Rückgabe entsteht mit der Geltendmachung der Ersatzlieferung. Der Käufer hat kein Recht, die zuerst gelieferte Ware nur Zug-um-Zug gegen die Ersatzlieferung zurückzugeben. Dies ergibt sich aus einem Gegenschluß aus Art. 81 Abs. 2, der nur die Vertragsaufhebung betrifft[379]. Für eine analoge Anwendung des Art. 81 Abs. 2 CISG und damit für die Geltung des Zug-um-Zug- Prinzips auch bei der Ersatzlieferung[380] besteht kein Anlaß, da die Interessenlage in beiden Fällen nicht vergleichbar ist. Der Verkäufer kann durchaus ein berechtigtes Interesse daran haben, über die beim Käufer liegende fehlerhafte Ware sofort umdisponieren zu können[381].

Der Ersatzlieferungsanspruch steht wie die anderen Erfüllungsansprüche unter dem Vorbehalt, daß der Käufer keinen widersprechenden Rechtsbehelf ausgeübt hat. Weiterhin muß die Ersatzlieferung überhaupt möglich sein. Darüber hinaus sind die sich aus Art. 28 CISG ergebenden Einschränkungen zu berücksichtigen.

---

[377] Schlechtriem/Huber, Art. 46 Rn. 54.
[378] Karollus, S. 137.
[379] Schlechtriem/Huber, Art. 46 Rn. 53; Staudinger/Magnus, Art. 46 Rn. 49; Leser, in: Schlechriem, S. 242 Fn. 81.
[380] so Karollus, S. 138; Herber/Czerwenka, Art. 46 Rn. 7.
[381] Schlechtriem/Huber, Art. 46 Rn. 53.

6. Zusammenfassung: Ersatzlieferungsanspruch nach CISG

Voraussetzung für den Ersatzlieferungsanspruch des Käufers ist, daß die Vertragswidrigkeit der Ware eine wesentliche Vertragsverletzung darstellt. Eine wesentliche Vertragsverletzung liegt dann vor, wenn die Lieferung vertragswidriger Ware für den Verkäufer erkennbar zum Wegfall des Leistungsaustauschinteresses des Käufers führt. Ist dies der Fall, so ist der Käufer gem. Art. 46 Abs. 2 CISG berechtigt, die Rücknahme der vertragswidrigen Ware und Lieferung neuer Ware zu verlangen. Dafür muß er jedoch grundsätzlich imstande sein, die ursprünglich gelieferte Ware im wesentlich gleichen Zustand dem Verkäufer zurückzugeben.

III. Zusammenfassung: Modifizierte Erfüllungsansprüche nach CISG

Das Wiener Übereinkommen über Verträge über den internationalen Warenkauf (CISG) differenziert bei der Regelung der Erfüllungsansprüche danach, ob der Verkäufer bereits Ware geliefert hat oder nicht. Sobald eine Lieferung erfolgt ist, unterliegt der Erfüllungsanspruch des Käufers gewissen Einschränkungen. Damit trägt das Übereinkommen den Besonderheiten des internationalen Geschäftsverkehrs Rechnung, da bei grenzüberschreitenden Transaktionen in der Regel höhere Transport-, Versicherungs- und Zollkosten anfallen als bei nationalen Geschäften. Vor diesem Hintergrund sind auch die verschärften Anforderungen für die Geltendmachung des Ersatzlieferungsanspruchs zu sehen.

Sowohl der Nachbesserungs- als auch der Ersatzlieferungsanspruch setzen zunächst die Lieferung einer nicht vertragsgemäßen Ware voraus. „Nicht vertragsgemäß" ist ein von dem Übereinkommen benutzter terminus technicus, der sich auf Sachmängel, jedoch nicht auf Rechtsmängel bezieht. Die Ware ist also dann nicht vertragsgemäß, wenn sie zum Zeitpunkt des Gefahrenübergangs von der vertraglich vereinbarten Quantität, Qualität, Art oder Verpackung abweicht. Soweit vertragliche Vereinbarungen fehlen, muß die Ware für den gewöhnlichen oder für einen hinreichend zum Ausdruck gebrachten bestimmten Zweck geeignet sein sowie in üblicher Weise verpackt sein, Art. 35 Abs. 2 CISG.

Wenn der Käufer aus der Vertragswidrigkeit der Ware i. S. Art. 35 CISG Rechte herleiten will, muß er die Ware innerhalb einer den Umständen nach angemessenen, kurzen Frist untersuchen (Art. 38 CISG) und eine festgestellte Vertragswidrigkeit dem Verkäufer innerhalb einer angemessenen Frist anzeigen (Art. 39 Abs. 1 CISG). Damit soll dem Verkäufer die Möglichkeit gegeben werden, sich möglichst schnell über die Verwendung der Ware Klarheit zu verschaffen und gegebenenfalls notwendige Beweise zu sichern. Nach Ablauf der aus Untersuchungs- und Anzeigefrist zusammengesetzten Rügefrist verliert der Käufer grundsätzlich das Recht, sich auf die Mängel der Ware zu berufen. Die Ware gilt als genehmigt.

Der für den Verkäufer belastendere Ersatzlieferungsanspruch setzt darüber hinaus voraus, daß die Vertragswidrigkeit eine wesentliche Vertragsverletzung darstellt, Art. 46 Abs. 2 CISG. Gemäß Art. 25 CISG ist eine Vertragsverletzung dann wesentlich, wenn sie für die betroffene Partei einen solchen Nachteil zur Folge hat, daß ihr im wesentlichen entgeht, was sie nach dem Vertrag hätte erwarten dürfen, es sei denn, die vertragsbrüchige Partei hat diese Folge nicht vorausgesehen und auch eine vernünftige Person der gleichen Art diese Folge unter den gleichen Umständen nicht vorausgesehen hätte. Vereinfacht dargestellt, liegt eine wesentliche Vertragsverletzung i. S. Art. 25 CISG dann vor, wenn die Vertragsverletzung für den Schuldner erkennbar zum Wegfall des Leistungsaustauschinteresses des Gläubigers führt. Das Interesse der Partei muß sich aus dem Vertrag selbst ergeben.

Der Anspruch auf Nachbesserung richtet sich auf die Vornahme von Ausbesserungsarbeiten, umfaßt aber auch die Auswechslung von defekten Teilen und die Lieferung von Ersatzteilen. Der Nachbesserungsanspruch ist gem. Art. 46 Abs. 3 S. 1, 2. HS CISG dann ausgeschlossen, wenn der Verkäufer dartun kann, daß die Nachbesserung unter Berücksichtigung aller Umstände des Falles unzumutbar („*unreasonable*") ist. Unzumutbar ist die Nachbesserung dann, wenn sie mit übermäßigen technischen Schwierigkeiten verbunden ist und/oder wenn sie unwirtschaftlich ist.

Der auf Austausch der Ware gerichtete Ersatzlieferungsanspruch ist gem. Art. 82 Abs.1 CISG grundsätzlich dann ausgeschlossen, wenn der Käufer nicht mehr in der Lage ist, die ursprünglich erhaltene Ware im wesentlichen unverändert zurückzugeben. Ausnahmsweise kann der Käufer trotz Unmöglichkeit der Rückgewähr Ersatzlieferung verlangen, muß jedoch dem Verkäufer für die zunächst erhaltene Ware Wertersatz leisten, Art. 82 Abs. 2 i. V. m. Art. 84 Abs. 2 lit. b) CISG. Wie sich aus dem Zusammenhang mit Art. 46 Abs. 1 CISG ergibt, sind beide modifizierten Ansprüche des Käufers ausgeschlossen, wenn er einen mit diesen nicht zu vereinbarenden Rechtsbehelf ausgeübt hat. In Betracht kommt insbesondere der Rechtsbehelf der Minderung gem. Art. 50 CISG, da der Käufer damit zum Ausdruck bringt, daß er die Ware behalten will und das durch die Vertragswidrigkeit entstandene Ungleichgewicht durch Preisanpassung ausgleichen will. Die beiden Ansprüche sind selbstverständlich auch dann ausgeschlossen, wenn eine Nachbesserung oder Ersatzlieferung gar nicht möglich ist.

B. Modifizierte Erfüllungsansprüche nach bulgarischem Recht

I. Nachbesserungsansprüche

Art. 195 Abs. 1, 3. Alt. GVV gewährt dem Käufer einen Anspruch auf Behebung der Mängel der verkauften Sache auf Kosten des Verkäufers. Ist der Käufer ein Verbraucher i. S. des Gesetzes zum Schutz der Verbraucher und über die Regeln des Handels (VerbrSchG), dann kann er bei Vorliegen einer der in Art. 25 Abs. 1 VerbrSchG aufgeführten Fälle die Sache reklamieren und gem. Art. 26 VerbrSchG eine für ihn kostenlose Durchführung der Reparatur verlangen.

1. Nachbesserungsanspruch gem. Art. 195 Abs. 1, 3. Alt. GVV

Der Käufer hat einen Nachbesserungsanspruch gem. Art. 195 Abs. 1, 3. Alt. GVV, wenn die Haftungsvoraussetzungen des Art. 193 GVV erfüllt sind und der Käufer den Mangel rechtzeitig gerügt hat.

a) Mängel der verkauften Sache gem. Art. 193 GVV

Der Verkäufer haftet gem. Art. 193 Abs. 1 GVV, wenn die verkaufte Sache Mängel aufweist, die ihren Preis oder ihre Brauchbarkeit für die gewöhnliche oder vertraglich vereinbarte Nutzung wesentlich mindern.

aa) Mangel der Sache

Ein Mangel ist jede für den Käufer nachteilige Abweichung der Qualität[382] der Sache von der gesetzlich festgelegten, allgemein anerkannten oder vertraglich vereinbarten Qualität, infolge derer entweder der Preis oder die Brauchbarkeit der Sache erheblich gemindert wird[383]. Ein Mangel liegt nicht nur dann vor, wenn die Substanz bzw. die physische Beschaffenheit der Sache beeinträchtigt ist, sondern auch dann, wenn andere Umstände die jeweilige Verwendbarkeit der Sache beeinträchtigen. Das sind Fälle, in denen der Gebrauch der Sache wegen rechtlichen Hindernisse nicht möglich ist[384].

Ein Mangel ist zunächst die Abweichung von der gesetzlich festgelegten Qualität. Darunter ist an erster Stelle der Bulgarische Staatliche Standard (BDS) zu berücksichtigen[385]. Wenn keine gesetzlich festgelegten Qualitätsmerkmale vorhan-

---

[382] Nach ОС БДА Nr. 467/1961, Bd. 60-61, Nr. 138 ist eine Quantitätsabweichung nur dann ein Mangel, wenn sie die Brauchbarkeit der Sache negativ beeinträchtigt. Der Begriff in Art. 193 GVV sei überwiegend auf Qualitätsabweichungen ausgerichtet.

[383] Кожухаров, Облигационно право II, S. 77; Василев Б., S. 55f; Петров, Предпоставки за отговорност, S. 17; Големинов, Правна същина на отговорността, S. 22; Сукакева, S. 61ff.; ОС БДА Nr. 51/1962; ОС БДА Nr. 142/1961; Николов/Панова, Предпоставки за отговорността, S. 106; Таджер, Различава ли ЗЗД, S. 14; ОСГК Nr. 54 v. 23.06.1986 дело 21/86.

[384] Кожухаров, Облигационно право II, S. 77 gibt als Beispiel die Nichtzulassung eines Wagens; Petev, S. 195.

[385] Besondere Bedeutung hatte der BDS früher, weil die sozialistischen Organisationen bei ihren

den sind, richtet sich die Qualität nach allgemein anerkannten Kriterien. Das ist die Qualität, die gleichartige Sachen zur gegebenen Zeit, nach dem Stand der Technik und der Konsumnachfrage in der Regel aufweisen[386]. Diese gelten als von den Parteien stillschweigend vereinbart[387]. Gemäß Art. 64 GVV schuldet der Verkäufer bei Gattungssachen, soweit nichts Anderes vereinbart worden ist, zumindest mittlere Qualität. Haben die Parteien bezüglich der Qualität besondere Vereinbarungen getroffen oder liegt ein Kauf nach Muster oder Probe vor (Art. 203 GVV), so ist selbstverständlich die vertraglich vereinbarte Qualität und die Qualität des Musters oder der Probe einzuhalten.

Kein Mangel, sondern eine Nichterfüllung, liegt im Falle der Übergabe eines aliuds vor[388]. Das gleiche gilt für den Fall, daß die übergebene Sache völlig unbrauchbar ist[389].

bb) Wesentliche Beeinträchtigung von Preis oder Brauchbarkeit

Der Mangel ist nur dann rechtlich relevant, wenn er sich nachteilig auf den Preis der verkauften Sache oder auf ihre Brauchbarkeit zur gewöhnlichen oder vertraglich vereinbarten Nutzung auswirkt.

Bei der Bestimmung der gewöhnlichen Nutzung ist ein objektives Kriterium anzuwenden. Entscheidend ist die Tauglichkeit der Sache zu gewöhnlichen Gebrauchszwecken entsprechender Sachen zur gegebenen Zeit, am gegebenen Ort[390]. Die subjektiven Wünsche und Vorstellungen einer Partei sind, soweit sie nicht Vertragsbestandteil geworden sind, irrelevant.

Preis und Brauchbarkeit müssen wesentlich beeinträchtigt sein. Die Minderung sollte also spürbar sein[391]. Ist die Sache völlig unbrauchbar, so liegt keine mangelhafte Erfüllung, sondern eine Nichterfüllung vor[392]. Ob der Mangel ein wesentlicher ist, ist eine rein faktische Frage, die im Hinblick auf die Umstände des Einzelfalles entschieden wird[393]. Die Unwesentlichkeit des Mangels muß der Verkäufer beweisen[394].

Verhandlungen explizit auf den geltenden Standard Bezug nehmen mußten (Art. 5 P. 3 der Verordnung über die Verträge). Demnach war auch die Lieferung einer nicht standardmäßigen Ware eine Lieferung von mangelhaften Waren. Nach Art. 36 der Verordnung über den Standart war der Verkauf von nicht standardmäßigen Ware verboten; nach dem heutigen Art. 5 des Gesetzes über die nationale Standartisierung werden die bulgarischen Standarts freiwillig angewandt.

[386] Таджер, Различава ли ЗЗД, S. 14.

[387] Кожухаров, Към въпроса за отговорността на продавача, S. 24; Рачев, S. 15.

[388] s. oben Seite 74.

[389] Николов/Панова, Предпоставки за отговорността, S. 106; Рачев А, S. 37; ВС Nr. 246/1962, I. гр. о., Bd. 1962, S. 55.

[390] Кожухаров, Облигационно право II, S. 78.

[391] БДА Nr. 426/1960, Bd. II, 87, 144; Големинов, Fragen der bürgerlichrechltichen Haftung, S. 107.

[392] Николов/Панова, Предпоставки за отговорността, S. 106; Рачев А, S. 37; ВС Nr. 246/1962, I. гр. о., Bd. 1962, S. 55.

[393] Кожухаров, Към въпроса за отговорността на продавача, S. 25; Топалов, S. 12.

[394] Кожухаров, Облигационно право II, S. 78.

cc) Zeitpunkt des Vorhandenseins des Mangels

Der Mangel muß zum Zeitpunkt des Verkaufs („bei dem Verkauf"- Art. 193 Abs. 2 GVV) vorgelegen haben, d. h. beim Vertragsschluß.

Der Zeitpunkt des Vertragesabschlusses kann jedoch nur für den Stückkauf maßgeblich sein, weil zu diesem Zeitpunkt das Eigentum und die Gefahr auf den Käufer übergehen[395]. Sind die verkauften Sachen nur ihrer Gattung nach bestimmt, so kann es auf diesen Zeitpunkt nicht ankommen, da noch keine bestimmten Sachen vorliegen, auf die sich der Vertrag bezieht. Entscheidend müßte daher der Zeitpunkt der Konkretisierung sein[396]. Erst zu diesem Zeitpunkt gehen das Eigentum und die Gefahr auf den Käufer über[397]. Erst mit der Konkretisierung weiß der Käufer, welche Sachen er bekommt und kann den Zustand dieser Sachen auf Mängel überprüfen.

Der Mangel der Sache muß also zum Zeitpunkt des Gefahr- und Eigentumsüberganges vorhanden sein[398] oder zumindest dem Grunde nach angelegt sein[399].

b) Zusammenfassung: Mangelbegriff

Ein Mangel i. S. Art.193 GVV ist jede für den Käufer nachteilige Abweichung der Qualität der Sache von der gesetzlich festgelegten, allgemein anerkannten oder vertraglich vereinbarten Qualität. Der Mangel ist nur dann für die Rechtsbehelfe des Käufers relevant, wenn er sich nachteilig auf den Preis der verkauften Sache oder auf ihre Brauchbarkeit zur gewöhnlichen oder vertraglich vereinbarten Nutzung auswirkt. Der Preis und die Brauchbarkeit der verkauften Sache müssen wesentlich beeinträchtigt sein. Der Käufer kann sich nur dann auf einen Mangel berufen, wenn dieser zum Zeitpunkt des Gefahr- und Eigentumsüberganges vorhanden oder dem Grunde nach angelegt war.

c) Ausschluß der Mängelhaftung bei Kenntnis des Käufers

Der Verkäufer haftet unabhängig von seinem eigenen Wissen (Art. 193 Abs. 3 GVV) für solche Mängel nicht, die dem Käufer beim Kauf bekannt waren (Art. 193 Abs. 2 GVV). Darunter ist nur die positive Kenntnis des Käufers zu verstehen[400].

---

395 Кожухаров, Към въпроса за отговорността на продавача, S. 25.
396 Кожухаров, Облигационно право II, S. 79.
397 Ушев, S. 79.
398 БДА Nr. 499/1962, Bd. III, 101, 177; БДА Nr. 11/1995; Entsch. des Schiedsgericht bei BCCI v. 26.04.1995 дело 11/1995; Топалов, S. 12; Мондешки, S. 20; Таджер, Различава ли ЗЗД, S. 14.
399 СГНС Nr. 1155/1955.
400 In der bulgarischen Rechtsliteratur wird an dieser Stelle meistens diskutiert, ob das GVV den Unterschied zwischen offenen und verdeckten Mängel kennt. Dieser Streit hat einen historischen Hintergrund. Der alte GVV, der bis 1951 gegolten hat, hat explizit zwischen offenen und verdeckten Mängeln unterschieden und je nach der Qualifikation des Mangels eine Haftung des Verkäufers bejaht oder abgelehnt. So haftet der Verkäufer nach Art. 270 Abs.1 1 des alten GVV nur für verdeckte Mängel, also nur solche die der Käufer hat nicht ersehen können.
Art. 193 GVV unterscheidet zwar nicht zwischen offenen und verdeckten Mängeln. Daß das Ge-

Die Beurteilung der Kenntnis bzw. Unkenntnis des Käufers sollte unter Berücksichtigung des Charakters, der Ersichtlichkeit, des Umfangs der Mängel und sowie die Möglichkeiten des Käufers, die Mängel zu erkennen, erfolgen. Es sind immer auch die weiteren Umstände des Einzelfalles in Betracht zu ziehen[401].

Eine Vereinbarung der Parteien, die den Verkäufer von der Mängelhaftung befreit, ist gem. Art. 193 Abs. 3 S. 2 GVV unwirksam. Diese Norm unterliegt nicht der Disposition der Parteien[402].

d) Untersuchungs- und Mitteilungsobliegenheit des Käufers

Will der Käufer aus der Mangelhaftigkeit der Sache Rechte herleiten, so muß er die Sache untersuchen, die Mängel feststellen und diese dem Verkäufer mitteilen[403]. Unterläßt er dies, so gilt die Sache als genehmigt.

Der Käufer muß die verkaufte Sache gleich nach der Entgegennahme, innerhalb einer Frist, die in solchen Fällen gewöhnlich notwendig ist, untersuchen (Art. 194 Abs.1 S.1, 1. HS GVV). Art. 324 HG spricht von einer nach den Umständen des Falles notwendigen Frist. Einen inhaltlichen Unterschied verbergen die verschiedenen Formulierungen jedoch nicht.

Der Käufer muß die Untersuchung sachgerecht, mit der nötigen Aufmerksamkeit und gründlich durchführen[404]. Dabei muß er den jeweiligen Stand von Wissenschaft und Technik beachten[405]. Es ist auf die Fähigkeiten eines durchschnittlich sorgfältigen, aufmerksamen und erfahrenen Menschen abzustellen[406]. Bei einem Handelskauf ist auf einen guten Kaufmann als Maßstab der Anforderungen abzustellen (Art. 302 HG). Die Umstände, unter denen die Untersuchung durchgeführt worden ist, sind auch zu berücksichtigen.

Die Untersuchung selbst und die Untersuchungsfrist hängen im Einzelnen von der Art und der Menge der Sachen ab. Bei großen Mengen der verkauften Sa-

---

setz diese Unterscheidung wohl kennt, zeigt sich bei der Untersuchungs- und Mitteilungsobliegenheit des Käufers Art. 194 und des Bestellers Art. 264. Weiterhin spricht das Gesetz explizit von verdeckten Mängeln in Art. 65 Abs. 2, 247, 254 Abs. 2 GVV und 324 S. 2 HG. Die Unterscheidung ist keine Frage der Kenntnis des Käufers. Sie ist von Bedeutung bei der Untersuchungs- und Rügefrist (s. dazu unten). Eine Auseinandersetzung über offenen und verdeckten Mängel innerhalb Art. 193 Abs. 2 GVV zu führen, ist zumindest überflüssig. Es entsteht der Verdacht, daß ein nicht unwesentlicher Teil der Polemik darauf zurückzuführen ist, daß man versucht hat, die „Vorzüge des neuen sozialistischen Rechts" zu betonen (z. B. Кожухаров, Към въпроса за отговорността на продавача, S. 26).

[401] ВС Nr. 688/1986, II. гр. о., Bd. 1986, 176.

[402] Entsch. des Schiedsgericht bei BCCI v. 09.08.1993 дело 146/1991.

[403] ВКС Nr. 962 vom 13.09.1996 дело 2083/95.

[404] Кожухаров, Към въпроса за отговорността на продавача, S. 29; ВС Nr. 1115/1962, I. гр. о., Bd. 1962, 73.

[405] Големинов, Въпроси на гражданскоправната отговорност, S. 110.

[406] Таджер, Различава ли ЗЗД, S. 20; Николов/Панова, Предпоставки за отговорността, S. 107.

chen wird in der Regel eine Stichprobe durchzuführen sein[407]. Diese wird insbesondere dann genügen, wenn eine Untersuchung der ganzen Menge unverhältnismäßigen Aufwand erfordern würde. Je nach Art der verkauften Sachen können auch Laborproben, technische Testverfahren oder einfacher Augenschein erforderlich bzw. genügend sein. Die Art der Untersuchung kann auch gesetzlich oder vertraglich geregelt sein. Soweit dies nicht der Fall ist, richtet sie sich nach dem Brauch.

Um seine Rechte zu bewahren, muß der Käufer sofort nach Entdeckung des Mangels den Verkäufer darüber informieren (Art. 194 Abs. 1 S. 1, 2. HS GVV; Art. 324 HG). Diese Mitteilungsobliegenheit gilt unabhängig davon, wann der Mangel entdeckt worden ist[408]. Bei der Beurteilung, ob die Mitteilung rechtzeitig erfolgt ist, ist zwischen sog. offenen und sog. verdeckten Mängel zu unterscheiden[409]. Offene Mängel sind solche, die bei einer ordnungsgemäßen Untersuchung entdeckt worden sind oder entdeckt worden wären[410]. Diese sollten unmittelbar nach bzw. während der Untersuchung gerügt werden[411]. Erfolgt die Rüge nicht oder erfolgt sie erst später, verliert der Käufer seine Rechte bezüglich dieser Mängel. Kann der Mangel bei einer gewöhnlichen Untersuchung nicht entdeckt werden, so handelt es sich um einen sog. verdeckten Mangel (Art. 194 Abs. 1 S. 3 GVV; Art. 324 HG). Ob der Mangel verdeckt ist, wird also von den Erfordernissen und dem Inhalt der Untersuchung abhängen[412]. Je genauer und umfangreicher die Untersuchung ist, desto mehr Mängel werden dabei entdeckt werden können. Verdeckte Mängel kommen i. d. R. erst im Laufe der Zeit bei der Nutzung oder Verarbeitung der Sache zum Vorschein. Sie müssen sofort nach Auftreten, auch wenn diese zeitlich weit nach der Untersuchung liegen, gerügt werden[413]. Eine Zeitgrenze bildet die Verjährungsfrist gem. Art. 197 GVV. Verdeckte Mängel können also bis zu sechs Monate nach Übergabe der Sache gerügt werden[414].

Die Mitteilung muß eine Beschreibung der Mängel und den Widerspruch des Käufers enthalten. Detaillierte Angaben können jedoch wegen der Kürze der Frist nicht erwartet werden[415]. Eine bestimmte Form für die Mitteilung ist gesetzlich

---

[407] Големинов, Гражданскоправни форми, S. 192.

[408] Кожухаров, Към въпроса за отговорността на продавача, S. 30; Големинов, Рекламацията, S. 38; Петрински, S. 29; Герджиков, S. 70; Нейков, S. 102; ВС Nr. 1816 v. 4.01.1995 in Sache 699/1994; ВКС Nr. 1585 v. 17.10.2002 дело 113/2002; ВКС Nr. 1699 v. 08.11.2002 дело 234/2002; ВКС Nr. 1585 v. 17.10.2002 дело 113/2002.

[409] Николов/Панова, Предпоставки за отговорността, S. 107.

[410] Таджер, Различава ли ЗЗД, S. 20; Големинов, Въпроси на гражданскоправната отговорност, S. 109; Петров, Предпоставки за отговорност, S. 44.

[411] Паси-Меворах, S. 26; Entsch. des Schiedsgericht bei BCCI v. 15.05.2002 дело 135/2001.

[412] Големинов, Въпроси на гражданскоправната отговорност, S. 110 spricht daher von Relativität des Begriffs „verdeckt".

[413] Големинов, Въпроси на гражданскоправната отговорност, S. 111f.

[414] Николов/Панова, Предпоставки за отговорността, S. 107; Големинов, Гаранционни срокове , S. 31; aus dem Hintergrund inzwischen aufgehobener, für die sozialistischen Organisationen geltenden, Sondervorschriften, vertritt Големинов, Началния момент на погасителната давност , S. 35f, die Meinung, daß die Verjährungsfrist erst mit Entdeckung der verdeckten Mängel zu laufen beginnt. De lege ferenda ist eine solche Lösung wünschenswert.

[415] Големинов, Гражданскоправни форми, S. 196f.

nicht vorgesehen, kann aber von den Parteien vereinbart werden[416].

Unterläßt der Käufer die Mitteilung oder informiert er den Verkäufer zu spät, dann verliert er seine Rechte aus der Mangelhaftigkeit der Sache. Die Sache gilt als genehmigt, Art 194 Abs. 1, S 2. 1. HS GVV; Art. 324 HG. Diese Fiktion des Gesetzes ist unwiderlegbar[417].

Der Käufer behält trotz unterlassener oder verspäteter Mitteilung seine Rechte nur, wenn der Verkäufer den Mangel gekannt hat. In diesem Fall ist die Mitteilung nicht erforderlich (Art. 194 Abs. 2 GVV). Der Käufer muß die (positive) Kenntnis des Verkäufers beweisen[418]. Das Vorliegen eines sog. offenen Mangels impliziert nicht die Kenntnis des Verkäufers. Diese Regelung verdeutlicht den eigentlichen Sinn und Zweck der Untersuchungs- und Mitteilungsobliegenheit. Sie soll dem Verkäufer ermöglichen, sich über den Mangel zu vergewissern[419], denn er haftet auch für Mängel der Sache, die er selbst nicht kannte (Art. 193 Abs. 3 S.1 GVV). Darüber hinaus dient die Untersuchungs- und Mitteilungsobliegenheit der Beweissicherung und der schnellen Abwicklung des Warenaustausches. Der Verkäufer kann nach Ablauf eines gewissen Zeitraumes sicher sein, daß seine Erfüllung als ordnungsgemäß angenommen worden ist und er keinen Haftungsansprüchen ausgesetzt wird[420]. Kennt der Verkäufer aber den Mangel der verkauften Sache, so braucht er sich nicht darüber zu vergewissern und er bedarf keines besonderen Schutzes.

e) Zusammenfassung: Untersuchungs- und Mitteilungsobliegenheit

Um sich auf die Mangelhaftigkeit der Sache berufen zu können, muß der Käufer gem. Art. 194 GVV bzw. Art. 324 HG die Sache nach Erhalt untersuchen und festgestellte Mängel dem Verkäufer sofort mitteilen. Die Untersuchung ist sofort nach Entgegennahme der Ware innerhalb einer nach den Umständen des Falles notwendigen Frist durchzuführen. Dabei hat der Käufer sachgerecht, aufmerksam und gründlich vorzugehen, wobei ihm unter Umständen auch aufwendigere Stichproben und Untersuchungsmethoden zumutbar sind. Jeder Mangel ist unmittelbar nach seiner Entdeckung dem Verkäufer mitzuteilen, unabhängig davon, ob er bei der Untersuchung zu Tage getreten ist oder später. Die Mitteilung muß den Mangel soweit beschreiben, daß seine Art und sein Umfang für den Verkäufer erkennbar wird.

Unterläßt der Käufer die Mitteilung über entdeckte Mängel, so gilt die Ware als genehmigt. Nur wenn der Käufer nachweisen kann, daß der Verkäufer den Mangel kannte, kann er trotz Versäumnis der Mitteilung Rechte geltend machen.

---

[416] Големинов, Рекламацията, S. 39.
[417] БДА Nr. 51/1959, Bd.I,103, 153; Кожухаров, Облигационно право II, S. 89; Герджиков, S. 70.
[418] Големинов, Въпроси на гражданскоправната отговорност, S. 114.
[419] Кожухаров, Облигационно право II, S. 90; Василев Б., S 60; Gerdtzikov, S. 69.
[420] Кожухаров, Облигационно право II, S. 85f.; Големинов, Въпроси на гражданскоправната отговорност, S. 112.

f) Inhalt des Anspruchs

Der Nachbesserungsanspruch ist ein modifizierter Erfüllungsanspruch[421], da der Käufer an sich eine genaue (gegenständliche) Erfüllung begehrt[422]. Der Anspruch richtet sich auf Vornahme der Ausbesserungsarbeiten oder auf Ersatz der für die Reparatur erforderlichen Kosten. Die erste hier aufgezeichnete Alternative ist nicht ausdrücklich im Gesetz vorgesehen. Art 195 Abs. 1 3. Alt. GVV besagt: „der Käufer kann die Beseitigung der Mängel auf Kosten des Verkäufers verlangen". Trotz dieser Formulierung kann dem Käufer die Reparatur durch den Verkäufer selbst nicht verwehrt werden[423]. Sie kann unter Umständen leichter und kostengünstiger sein als die Reparatur durch den Käufer oder eines von ihm beauftragten Unternehmens.

g) Einschränkungen des Nachbesserungsanspruchs

Der Nachbesserungsanspruch steht selbstverständlich unter dem Vorbehalt der Möglichkeit der Reparatur. In der Regel wird der Käufer, dem eine Reihe von Anspruchsmöglichkeiten zur Verfügung steht, eine Nachbesserung nicht verlangen, wenn dies nicht der einfachste und schnellste Weg zur Erlangung einer vertragsgemäßen Sache wäre oder wenn der Mangel gar irreparabel wäre. Der Nachbesserungsanspruch dürfte allerdings dann nicht zulässig sein, wenn die Reparaturkosten unverhältnismäßig hoch sind[424]. Eine Einschränkung des Anspruchs kann sich auch dann ergeben, wenn der Käufer Ersatz für die Kosten einer bereits vorgenommenen Nachbesserung begehrt. Kann der Verkäufer nachweisen, daß er die Reparatur billiger und ebensogut vorgenommen hätte, so darf er den Ersatz für die Differenz zwischen den vom Käufer gezahlten Kosten und den Kosten, die seine Reparatur verursacht hätte, verweigern[425].

2. Nachbesserungsanspruch gem. Art. 26 Nr. 4 VerbrSchG

Gemäß Art. 26 Nr. 4 VerbrSchG kann ein Verbraucher die für ihn kostenlose Durchführung der Reparatur der Sache verlangen, wenn er ein Recht auf Reklamation gem. Art. 25 VerbrSchG hat.

a) Verbraucher

Nach der Legaldefinition des § 1 Nr. 1 der Zusatzregelungen des VerbrSchG ist Verbraucher jede Person, die Waren oder Dienstleistungen für eigenen Bedarf oder für den Bedarf seiner Angehörigen und nicht für Verkauf, Produktion oder zur Ausübung seines Berufs oder seines Gewerbes in Anspruch nimmt.

---

[421] Големинов, Правна същина на отговорността, S. 20.
[422] Кожухаров, Облигационно право II, S. 94; Големинов, Гражданскоправни форми, S. 72.
[423] Кожухаров, Към въпроса за отговорността на продавача, S. 36; Топалов, S. 14; Големинов, Гражданскоправни форми, S. 72.
[424] Überlegung in dieser Richtung Големинов, Гражданскоправни форми, S. 74f..
[425] Големинов, Гражданскоправни форми, S. 80.

b) Recht auf Reklamation

Der Verbraucher kann gem. Art. 25 Abs. 1 VerbrSchG, unabhängig davon, ob eine Garantie vom Hersteller gewährt wurde[426], die Ware reklamieren, wenn die Ware Quantitätsabweichungen[427] aufweist, mit Defekten behaftet ist oder der angegebenen[428] Größe oder der angegebenen Handelsmarke nicht entspricht. Ein Defekt ist nach der Legaldefinition des § 1 Nr. 9 der Zusatzregelungen des VerbrSchG ein Mangel, der die Sicherheit oder die Brauchbarkeit der Ware zur gewöhnlichen oder vertraglich vereinbarten Nutzung beeinträchtigt[429].

Bei offenen Defekten und Quantitätsabweichungen muß der Käufer innerhalb von drei Tagen nach dem Erhalt der Ware reklamieren, Art. 25 Abs. 2 VerbrSchG. Bei verdeckten Mängeln hat die Reklamation nach deren Entdeckung zu erfolgen, jedoch nicht nach Ablauf der Garantiefrist, falls eine Garantie gewährt wurde, Art. 25 Abs. 3 VerbrSchG. Welche Regelung, wenn keine Garantie bestand, ist dem Gesetz nicht zu entnehmen. Es sind jedoch wegen der Vergleichbarkeit der Interessenlage die Fristen gem. Art. 197 GVV analog anzuwenden. Die Reklamationsfrist ist daher bei verdeckten Defekten sechs Monate.

Ebenfalls nicht geregelt ist der Ausschluß des Reklamationsrechts bei Kenntnis des Defekts durch den Verbraucher. Hier ist der Rechtsgedanken des Art. 193 Abs. 2 GVV heranzuziehen und dem Verbraucher der Schutz zu versagen[430]. Er hat schließlich beim Kauf gewußt worauf er sich einläßt und müßte sich den Einwand venire contra factum proprium entgegenhalten lassen.

c) Nachbesserungsbegehren

Der Käufer kann mit der Reklamation sein Begehren nach der Durchführung einer für ihn kostenlosen Reparatur verbinden, Art. 26 Nr. 4 VerbrSchG. Dieses Reparaturbegehren stellt einen Nachbesserungsanspruch dar.

Es stellt sich die Frage nach dem Verhältnis zwischen dem Nachbesserungsanspruch gem. Art. 195 GVV und dem gem. Art. 26 VerbrSchG. Bei der Antwort ist dem Sinn und Zweck des Verbraucherschutzgesetzes Rechnung zu tragen. Das Gesetz will dem Verbraucher mehr Schutz für seine Integritätsinteressen und seine Vermögensinteressen bieten. Darüber hinaus soll eine Verbesserung des

---

[426] Auf die Garantiehaftung des Verkäufers bzw. des Herstellers wird hier nicht näher eingegangen. Diese kann kraft Gesetzes - Art. 20 Abs. 5 VerbrSchG enthält einen Vorbehalt für Kabinettsverordnungen mit denen eine Garantiepflicht für bestimmte Waren eingeführt werden kann (bis jetzt kein Gebrauch)- oder durch Vertragsvereinbarung entstehen. Die vertragliche Gestaltung bietet eine Vielzahl von Möglichkeiten, deren Darstellung den Rahmen der hier angestrebten Untersuchung sprengen würde.

[427] Der im Gesetz verwendete Begriff, beschränkt sich auf dem Fall der verdeckten Mankolieferung.

[428] Dieses Merkmal bezieht sich auf die Informations- und Etikettierungspflicht des Händlers gem. Art. 3 Abs. 2 und Art. 5f. VerbrSchG.

[429] Варадинов, S. 38 kritisiert den Begriff als überfüßig, da er identisch mit dem Mangelbegriff des GVV sei.

[430] Таджер, Гаранционно задължение, S.22; Върбанова, S. 73.

Rechtsschutzes gewährleistet werden (Art. 2 VerbrSchG). Dieser Gesetzesintention wird man nur dann Rechnung tragen, wenn man dem Verbraucher ein Wahlrecht einräumt. Er ist derjenige, der zur besseren Wahrnehmung seiner Interessen entscheiden soll, ob er sich auf seine Rechte als Verbraucher nach dem VerbrSchG beruft oder von seinen Rechten als Käufer nach GVV Gebrauch macht.

Da die Voraussetzungen der beiden Ansprüche und deren Inhalt weitgehend identisch sind, hat der Käufer, der zugleich Verbraucher ist, überwiegend Vorteile wegen der gesetzlich vorgesehenen Unterstützung durch Verbraucherorganisationen. Neben sein Klagerecht hat der Verbraucher die Möglichkeit, sich an einer von dem Ministerium für Handel und Tourismus eingesetzten Ombudsmannkommission zu wenden (Art. 55 ff. VerbrSchG). Der Inhalt des Anspruchs gem. Art. 26 Nr. 4 VerbrSchG entspricht dem nach Art. 195 GVV.

3. Zusammenfassung: Nachbesserungsanspruch nach bulgarischem Recht

War die verkaufte Sache zur Zeit des Gefahrüberganges mit Mängeln behaftet, hatte der Käufer hiervon keine Kenntnis und hatte er rechtzeitig nach Entdeckung des Mangels diesen dem Verkäufer mitgeteilt, so ist ein Anspruch auf Beseitigung der Mängel auf Kosten des Verkäufers gem. Art. 195 Abs. 1 3. Alt. i. V. Art. 193 GVV gegeben. Ist der Käufer zugleich Verbraucher i. S. des VerbrSchG, so kann er wahlweise die Durchführung einer Reparatur gem. Art. 26 Nr. 4 VerbrSchG verlangen.

II. Austauschansprüche

Ist die verkaufte Sache mangelhaft i. S. v. Art. 193 GVV und hat der Käufer den Mangel rechtzeitig mitgeteilt, so kann er, soweit es sich um eine Gattungsschuld[431] handelt, Übergabe von mangelfreien Sachen verlangen, Art 195 Abs. 3 GVV. Ist der Käufer Verbraucher i. S. des VerbrSchG, so kann er auch gem. Art. 26 Nr. 2 VerbrSchG Austausch begehren.

1. Voraussetzungen des Austauschanspruchs gem. Art. 195 GVV

Der Austauschanspruch unterliegt den gleichen Voraussetzungen bezüglich Mangel, Kenntnis des Käufers, Untersuchungs- und Mitteilungsobliegenheit wie der Nachbesserungsanspruch. Insoweit gilt das oben Ausgeführte auch hier. Das Gesetz nimmt an, daß der Verkäufer seine Übergabepflicht eigentlich nicht erfüllt hat, indem er die mangelhafte Ware ausgehändigt hat. Deshalb gewährt er dem Käufer das Recht, trotz des unternommen Erfüllungsversuches, Erfüllung zu

[431] Auch wenn das Gesetz von Gattungsschulden spricht, ist nicht die Gattungsschuld als solche entscheidend, sondern das Vorliegen von vertretbaren Sachen. Deshalb ist auch bei einer Stückschuld soweit vertretbare Sachen vorliegen der Austauschanspruch zulässig; s. Големинов, Гражданскоправни форми, S. 61; Върбанова, S. 77.

verlangen[432]. Der Austauschanspruch ist insoweit ein modifizierter Erfüllungsanspruch, der aber systematisch zu der Mängelhaftung gehört[433].

Der Käufer muß sein Austauschbegehren unmißverständlich zum Ausdruck bringen[434]. Das bloße Zurverfügungstellen der erhaltenen Sachen reicht nicht aus, da auch die Vertragsaufhebung eine Rückgabe der Sachen impliziert. Beide Rechtsbehelfe haben aber sehr unterschiedliche Rechtsfolgen. Während bei dem Austauschanspruch der Vertrag bestehen bleibt, wird er bei der Aufhebung mit rückwirkender Kraft beseitigt. Wegen dieser konträren Rechtsfolgen, muß der Verkäufer eindeutig erkennten können, was der Käufer genau begehrt, um entsprechen disponieren zu können.

2. Grenzen des Austauschanspruches gem. Art. 195 GVV

Der Austauschanspruch beinhalten die Bereitschaft des Käufers, die bereits erhaltene Sache zurückzugeben. Bei der Rückgabe können allerdings dann Komplikationen auftreten, wenn die ursprünglich übergebenen Sachen verschlechtert worden sind oder untergegangen sind. In solchen Fällen könnte der Anspruch des Käufers ausgeschlossen sein.

a) Untergang der verkauften Sache infolge des Mangels oder durch Zufall

Gemäß Art. 196 Abs. 1 GVV verliert der Käufer seinen Austauschanspruch dann nicht, wenn die zurückzugebenden Sachen infolge des Mangels Verschlechterung erlitten haben oder untergegangen sind. Der Anspruch bleibt auch dann erhalten, wenn die Verschlechterung oder der Untergang durch Zufall entstanden sind, Art. 196 Abs. 1, 2. HS GVV. Diese Regelung stellt eine Ausnahme vom Grundsatz „res perit domino" dar. Ihr Hintergrund ist die Überlegung, daß der Verkäufer immer noch Erfüllung schuldet[435]. Die ungenaue Erfüllung begründet eine Haftung des Verkäufers, von der er nicht durch Zufall befreit werden darf[436]. Die Bestimmung des Art 196 Abs. 1, 2. HS GVV ist die konkrete Ausprägung des in Art. 85 GVV enthaltenen Grundsatzes, daß der Schuldner im Verzug die Gefahr für den Zufall trägt.

b) Vom Käufer verschuldeter Untergang und Verarbeitung der Sachen

Der Austauschanspruch des Käufers ist dann ausgeschlossen, wenn die zurückzugebende Sache infolge seines Verschuldens verschlechtert worden ist oder untergegangen ist, Art 196 Abs. 2 GVV. Der Käufer haftet auch für das Verschulden Dritter, denen er die Sache übertragen hat. Das gleiche gilt, wenn die ver-

---

[432] ОС Варна Nr. 640/1952; Кожухаров, Към въпроса за отговорността на продавача, S. 37; Големинов, Правна същина на отговорността, S. 20.
[433] Големинов, Гражданскоправни форми, S. 54.
[434] Кожухаров, Облигационно право II, S. 97; Василев Б.,S 62; Големинов, Гражданскоправни форми, S. 62f.
[435] Кожухаров, Към въпроса за отговорността на продавача, S. 39; Топалов, S. 14.
[436] Големинов, Гражданскоправни форми, S. 64.

kaufte Sache verarbeitet worden ist, Art. 196 Abs. 2 S. 2 GVV. In diesem Fall ist die Unmöglichkeit der Rückgabe der ursprünglich übergebenen Sachen vom Käufer bewußt herbeigeführt worden[437].

3. Austauschanspruch gem. Art. 26 Nr. 2 VerbrSchG

Ist der Käufer auch Verbraucher i. S. des VerbrSchG, so kann er, wenn die Ware Quantitätsabweichungen aufweist, mit Defekten behaftet ist oder der angegebenen Größe oder Handelsmarke nicht entspricht, diese rechtzeitig reklamieren und den Austausch mit neuer Ware verlangen, Art. 25 Abs. 2, 3 i.V. Art. 26 Nr. 2 VerbrSchG. Der Austauschanspruch richtet sich auf Abnahme der alten und Lieferung einer neuen Sache. Gemäß Art. 27 Abs.2 VerbrSchG hat der Verkäufer bei sperrigen Waren die Kosten für den Transport vom und zum Verbraucher zu tragen.

Vorschriften über den Ausschluß des Austauschanspruchs des Verbrauchers fehlen im VerbrSchG ebenso wie eine dem Art. 196 Abs. 1 GVV entsprechende Risikoverteilung für den Fall des zufälligen Untergangs. Der Ausnahmecharakter des Art. 196 Abs. 1 GVV und die mit ihm verbundene Haftungsverschärfung sprechen grundsätzlich für eine restriktive Handhabung und daher gegen eine analoge Anwendung[438]. Der Austauschanspruch nach Art. 26 VerbrSchG wäre dann ausgeschlossen. Diese Ansicht widerspricht jedoch den grundsätzlich parallel laufenden Voraussetzungen und Rechtsfolgen der Gewährleistungsansprüche nach GVV und nach VerbrSchG. Sie stellt den Verbraucher schlechter, als wenn er die ihm nach GVV zur Verfügung stehenden Ansprüche geltend machen würde und konterkariert daher die Schutzrichtung des VerbrSchG. Der Austauschanspruch des Verbrauchers ist daher aus den gleichen Gründen ausgeschlossen wie der Anspruch nach GVV.

4. Zusammenfassung: Austauschanspruch

Hat der Verkäufer bei Gattungsschulden eine mit Mängeln behaftete Sache übergeben und wurde ihm der Mangel rechtzeitig mitgeteilt, so kann der Käufer gem. Art. 196 GVV verlangen, gegen Rückgabe der bereits erhaltenen eine neue mangelfreie Sache zu bekommen. Der Anspruch ist nur dann ausgeschlossen, wenn der Käufer die Unmöglichkeit der Rückgabe zu verantworten hat. Erwirbt der Käufer die Sachen ausschließlich zur eigenen, nicht berufs- oder gewerbebezogenen Nutzung, so ist er Verbraucher i. S. des VerbrSchG und kann bei Defekten der Ware ihren Austausch gem. Art. 26 Nr. 2 VerbrSchG verlangen.

---

[437] БДА Nr. 117/1962, Bd. II, 107, 188.
[438] Таджер, Гаранционно задължение, S. 25.

III. Zusammenfassung: Modifizierte Erfüllungsansprüche nach bulgarischem Recht

Das bulgarische Recht stellt dem Käufer zwei modifizierte Erfüllungsansprüche zur Verfügung – Nachbesserungsanspruch und Austauschanspruch. Beide setzen einen Mangel der verkauften Sache zum Zeitpunkt des Gefahrüberganges voraus. Ein Mangel der Sache ist jede für den Käufer nachteilige Abweichung der Qualität von der gesetzlich festgelegten, allgemein anerkannten oder vertraglich vereinbarten Qualität, die den Preis oder die Brauchbarkeit der Sache zur gewöhnlichen oder vertraglich vereinbarten Nutzung wesentlich und nachteilig beeinträchtigt. Der Käufer kann sich nur dann auf einen Mangel berufen, wenn er diesen bei einer ordnungsgemäßen Untersuchung entdeckt und sofort dem Verkäufer mitgeteilt hat. Ist ein Mangel bei der Untersuchung nicht zu erkennen, so ist er sofort nach seiner Entdeckung mitzuteilen. Die Grenzen dieser Mitteilungsfrist bildet lediglich die sechsmonatige Verjährung bei Warenkäufen.

Der Nachbesserungsanspruch richtet sich auf Vornahme der Reparatur der Sache oder auf Erstattung der angefallenen Reparaturkosten. Der Austauschanspruch richtet sich auf Austausch der verkauften mangelhaften Sache gegen eine gleichwertige neue Sache. Grenzen der beiden Ansprüche bildet die Unmöglichkeit. Bei der Nachbesserung schließt die Unmöglichkeit der Reparatur den Anspruch aus, bei dem Austauschanspruch die vom Käufer selbstverschuldet herbeigeführte Unmöglichkeit der Rückgabe der ursprünglich erhaltenen Sache in einem seit Empfang wesentlich unveränderten Zustand.

C. Modifizierte Erfüllungsansprüche nach englischem Recht

Die infolge der Durchsetzung der Richtlinie 1999/44/EG des Europäischen Parlaments und des Rates vom 25. Mai 1999 zu bestimmten Aspekten des Verbrauchsgüterkaufs und der Garantien für Verbrauchsgüter (Verbrauchsgüterkaufrichtlinie) vorgenommenen Änderungen des Sale of Goods Act, die zum 31. März 2003 in Kraft getreten sind, haben wesentliche Modifikationen im Rechtsbehelfssystem des englischen Recht herbeigeführt. Während das traditionelle englische Recht einen gesetzlichen Anspruch auf Nacherfüllung nicht kennt, gewährt sec 48B SGA infolge der Umsetzung von Art. 3 Nr. 3 der Richtlinie dem Verbraucher einen Anspruch auf Reparatur oder Austausch einer nichtvertragskonformen Sache.

I. Nachbesserungs- und Nachlieferungsanspruch bei Nichtverbraucher-Verträgen

Wie schon eingangs erwähnt, kennt das SGA keinen Nacherfüllungsanspruch in den Fällen, in denen der Käufer kein Verbraucher ist. Es wäre zunächst denkbar, daß der Käufer im Wege der *specific performance* auch Nachbesserung oder

Nachlieferung begehren könnte. Problematisch ist, ob diese Rechtsbehelfe durch sec 52 SGA umfaßt sind.

Wie oben dargelegt, ist der Rechtsbehelf gem. sec 52 SGA grundsätzlich nur bei Speziessachen und bei bestimmten Sachen zulässig. Ein Anspruch auf Nachlieferung würde schon deshalb nicht unter sec 52 SGA fallen. Der Nachbesserungsanspruch könnte allerdings vom Wortlaut der Vorschrift erfaßt sein. Denn *specific performance* sind grundsätzlich bei jeder Klage wegen Vertragsverletzung zulässig, soweit die oben bestimmte Vertragsart vorliegt und das Gericht die Einräumung dieses Rechtsbehelfs für angemessen hält. Dies folgt auch aus der gesetzlichen Ermächtigung der Gerichte gem. sec 48E SGA, *specific performance* für den Fall anzuordnen, daß der berechtigte Verbraucher Nacherfüllung verlangt. Die Lieferung der vertraglich vereinbarten Sache, jedoch nicht in dem vertraglich abbedungenen Zustand, stellt an sich eine Vertragsverletzung dar. Ein besonderes Interesse des Käufers an der Erfüllung in Natura würde jedoch nur dann vorliegen, wenn niemand sonst außer dem Verkäufer die Nachbesserung vornehmen könnte. Dies dürfte kaum der Fall sein. Es sprich aber auch einiges dafür, daß bei einer bereits erfolgten Leistung einer mangelhaften Sache der Anwendungsbereich von sec 52 SGA gar nicht eröffnet ist. Dies läßt sich zum einen mit der *common law* Auffassung begründen, daß auch eine Schlechtleistung eine Erfüllung darstellt[439]. Zum anderen spricht für dieses Ergebnis der abschließende Regelungscharakter von sec 52 SGA[440], denn widrigenfalls hätte es keiner Ausnahme für Verbraucherverträge bedurft.

Ein Recht des Käufers, Nachbesserung oder Nachlieferung zu verlagen, läßt sich genau so wenig wie der Anspruch auf Erfüllung in Natura aus dem Vertrag selbst ableiten. Nach common law Verständnis stellt der Vertrag kein Erfüllungsversprechen, sondern ein Garantieversprechen dar, im Falle der Nichterfüllung bzw. der Schlechterfüllung Schadensersatz zu leisten[441]. Selbstverständlich unterliegt es der Privatautonomie der Parteien, für bestimmte Fälle vertraglich einen Nachbesserungs- oder Austauschanspruch zu vereinbaren.

Im Ergebnis ist also festzuhalten, daß der Käufer, der kein Verbraucher ist, keinen Rechtsbehelf hat, der ihm erlaubt, vom Verkäufer Nachlieferung oder Nachbesserung zu begehren. Dieses gilt auch, wenn in der Praxis Austausch und Nachbesserung verbreitet sind. Dies wird entweder durch individuelle vertragliche Vereinbarung oder auf freiwilliger Basis erzielt[442].

---

[439] Rabel. Bd. 2 S. 105f.. Nach der sog. „doctrine of substantial performance“ kann eine Partei, soweit sie ihre Pflichten im wesentlichen, auch wenn mit Mängeln, erfüllt hat, die Gegenleistung der anderen Partei einklagen. S. dazu Davies on Contract, S. 238f..

[440] so Kircher, S. 190.

[441] Rabel, Bd. 1, S. 263.

[442] Z.B. Code of Practice for the Selling and Servicing of Electrical and Electronic Appliances, der sowohl die grundlose Rücknahme von Waren als auch deren Reparatur bzw. Umtausch innerhalb von 15 Werktagen vorsieht. S. dazu Lowe/Woodroffe, S. 101, 169f.

II. Nachbesserungs- und Austauschanspruch bei Verbraucherverträgen

Wenn der Käufer ein Verbraucher ist und mit einem gewerblichen Verkäufer kontrahiert, so hat er nach den Sale and Supply of Goods to Consumers Regulations 2002, die der Umsetzung der Verbrauchsgüterkaufrichtlinie dienen und den Sale of Goods Act mit Wirkung zum 31. März 2003 geändert haben, einen Anspruch auf Nachbesserung oder Austausch der gekauften und fehlerhaften Sache gem. sec 48A sub-s 2 lit. (a), sec 48B SGA.

1. Voraussetzungen des Nachbesserungs- und Austauschanspruchs

Sowohl der Nachbesserungs- als auch der Austauschanspruch setzt gem. sec 48A sub-s 1 SGA, neben der Verbrauchereigenschaft des Käufers, voraus, daß die verkaufte Ware nichtvertragskonform ist.

a) Verbrauchereigenschaft des Käufers

Bezüglich der Definition des Verbrauchers verweist sec 61 sub-s 5A SGA auf die Bestimmungen des Unfair Contract Terms Act 1977. Gemäß sec 12 sub-s 1 Unfair Contract Terms Act ist derjenige Verbraucher, der weder geschäftsmäßig handelt, noch vorgibt so zu handeln. Der Vertragspartner muß dabei geschäftsmäßig handeln. Soweit Warenkaufverträge betroffen sind, müssen die Sachen ihrer Art nach gewöhnlich zur privaten Nutzung oder zum privaten Konsum angeboten werden.

Die Sale and Supply of Goods to Consumers Regulations 2002 enthalten eine eigene Definition von Verbraucher. Verbraucher ist jede natürliche Person, die nicht zum Zwecke ihres Gewerbes, Geschäftsbetriebes oder Berufes handelt, soweit derartige Verträge der Regulations unterliegen.

Auch wenn beide Definitionen im Regelfall zum gleichen Ergebnissen führen, ist die Definition in den Sale and Supply of Goods to Consumers Regulations 2002 maßgeblich, da diese die Rechtsbehelfe des Verbrauchers regeln und daher spezieller sind.

b) Vertragswidrigkeit der Ware

Gemäß sec 48F SGA ist eine Ware i. S. v. sec 48A dann nicht vertragskonform, wenn sie einer ausdrücklichen vertraglichen Vereinbarung (*express term*) oder eines sog. *implied terms* gem. sec 13, 14 oder 15 SGA nicht entspricht.

Die *implied terms* sind das Gegenstück zu den *express terms*, den im Vertrag ausdrücklich getroffenen Vereinbarungen. Die Vertragsparteien regeln selten alle Modalitäten der Vertragsabwicklung in dem Vertrag[443]. Für diesen ungeregelten Bereich zieht das Gericht sog. *implied terms* heran, um die Funktionsfähigkeit des

[443] Smith, S. 112.

Vertrages zu sichern (sog. *business efficacy*)[444]. Theoretisch wird es so gesehen, daß das Gericht nicht den Vertrag anstelle der Parteien ergänzt, sondern lediglich das von den Parteien als vernünftige Verkehrsteilnehmer notwendig Gewollte im Vertrag einbezieht[445]. Das durch die *implied terms* Geregelte wird als so offensichtlich empfunden, daß die Parteien es lediglich unterlassen haben, das ausdrücklich niederzulegen[446]. Eine weitere Gruppe von *implied terms* werden durch Rechtsprechung oder Gesetzt angeordnet, auch wenn die Parteien es nicht beabsichtigt haben, diese im Vertrag einzubeziehen[447]. Zu dieser Gruppe gehören die von SGA angeordneten *implied terms*. Entgegen ihrer Bezeichnung als Vereinbarung handelt es sich hierbei in Wirklichkeit um vertragstypische gesetzlich begründete Verpflichtungen. Das zeigt sich auch daran, daß das Gericht nach einem gemeinsamen Willen der Parteien nicht fragt und auch nicht prüft, ob der *term* für die Funktionsfähigkeit des Vertrages notwendig ist[448]. Des weiteren können *implied terms* durch Handelsbrauch begründet werden.

Sec 13, 14 und 15 SGA betreffen die Eigenschaften, die eine Ware vorweisen muß, soweit keine besonderen vertraglichen Vereinbarungen getroffen sind. Diese gelten grundsätzlich für alle Kaufverträge, wobei für Verbraucherverträge einige Besonderheiten zu berücksichtigen sind.

aa) Wareneigenschaften gemäß Beschreibung

Haben die Parteien den Kaufvertrag allein aufgrund einer Beschreibung geschlossen, so hat die Ware der Beschreibung zu entsprechen (sec 13 sub-s 1 SGA). Ein Kauf aufgrund einer Beschreibung (*sale by description*) liegt in allen Fällen vor, in denen der Käufer die Ware nicht gesehen hat, sondern nur auf die Beschreibung vertraut[449]. Ein Kauf nach Beschreibung könnte auch dann vorliegen, wenn der Käufer zwar die Sache in Augenschein genommen hat, die Beschreibung sich aber auf Eigenschaften bezieht, die bei der Betrachtung nicht ersichtlich sind[450]. Das ist z. B. beim Kauf von abgepackter Ware im Supermarkt der Fall. Die Beschreibung umfaßt jedoch nicht notwendig jeden Detail der Ware[451]. Das liegt vor allem daran, daß der *implied term*, daß die Ware der Beschreibung zu entsprechen hat, gem. sec 13 sub-s 2 SGA den Rang einer condition hat. Die Verletzung einer condition gibt dem Käufer die Möglichkeit Vertragsaufhebung zu begehren. Der Verkäufer wäre unbillig belastet, wenn jedes, auch so geringfügiges, Detail als Bestandteil der Beschreibung anzusehen wäre.

---

[444] Chitty on Contracts-Guest, 13-001,-005.
[445] Smith, S. 112f.; Collins, S. 222f..
[446] Shirlaw v Southern Foundries (1926] Ltd. [1939] 2 KB 206, 227.
[447] Treitel, The Law of contract, S. 189.
[448] Treitel, The Law of contract, S. 190ff.
[449] Halsbury's Statutes, Note 2 zu sec 13; Oughton/Lowry, S. 150f.; Blair, S. 56; English Private Law, 10.31.
[450] Oughton/Lowry, S. 151.
[451] Clegg & Anor v Andersson (t/a Nordic Marine) [2002] EWHC 943 (QB).

bb) Kauf nach Muster

Soweit ein Kauf nach Muster vereinbart worden ist, begründet sec 15 sub-s 2 zwei Verpflichtungen des Verkäufers. Zum einen muß die angebotene Ware der Qualität des Musters entsprechen (sub-s 2 lit. a). Die Übereinstimmung muß vollständig sein. Es ist nicht ausreichend, daß die Ware mit wenig Aufwand in einem dem Muster entsprechenden Zustand gebracht werden kann[452]. Zum anderen muß die Ware von Defekten frei sein, die ihre Qualität unbefriedigend[453] werden lassen, soweit diese bei einer angemessenen Untersuchung des Musters nicht ersichtlich geworden wären (sub-s 2 lit. c). Eine angemessene Untersuchung ist eine solche, die in der entsprechenden Branche üblich ist[454].

cc) Qualität oder Tauglichkeit der Ware

Es muß zunächst danach unterschieden werden, ob die verkaufte Sache für den allgemeinen, gewöhnlichen Gebrauch tauglich sein muß und die entsprechende Qualität besitzt oder ob sie für einen besonderen, vertraglich vereinbarten Zweck geeignet sein muß. Es besteht grundsätzlich keine allgemeine Verpflichtung, daß eine Ware für einen besonderen Zweck tauglich sein muß (sec 14 sub-s 1 SGA).

• *Befriedigende Qualität*

Soweit der Verkäufer die Ware geschäftsmäßig verkauft[455], müssen diese von befriedigender Qualität (*satisfactory quality*) sein (sec 14 sub-s 2 SGA). Die Ware ist von befriedigender Qualität, wenn eine vernünftige Person unter Berücksichtigung etwaiger Beschreibungen den Preis, soweit er von Bedeutung ist, und allen anderen relevanten Umständen des Falles, die Qualität als zufriedenstellend betrachten würde (sec 14 sub-s 2A SGA).

Das Merkmal „befriedigende Qualität“[456] ist durch den Sale and Supply of Goods Act 1994, im Folge der Empfehlungen der English and Scottisch Law Commission, eingefügt worden. Durch die Änderung ist der alte Begriff *„merchantable quality“* beseitigt worden. Nach Meinung der Kommission war der alte Begriff für Verbraucherverträge ungeeignet und an sich zu unbestimmt[457]. Die Definition von *„merchantable quality“* bezog sich nur auf die Tauglichkeit der Ware für ihren bestimmungsgemäßen Verwendungszweck. Damit waren andere Eigenschaften ausgenommen. Unter der neuen Definition werden dagegen außer der Tauglichkeit auch andere Kriterien für die Bestimmung der Qualität heranzuziehen sein. Dies soll eine Änderung in der Gewichtung herbeiführen, so daß auch kleinere

---

[452] Halsbury's Statues, Note 1 zu sec 15.
[453] Zu dem Begriff „befriedigende Qualität“ s. unten Seite 146 f.
[454] Halsbury's Statues, Note 4 zu sec 15.
[455] s. näher dazu: Feldarol Foundry Plc v Hermes Leasing (London) Ltd & Anor [2004] EWCA Civ 747.
[456] Satisfactory quality.
[457] Part 3 und para 6.27 of Part 6D of the English and Scottish Law Commissions´Report on the Sale and Supply of Goods (Cm 137; May 1987); s. auch Cehave N V v Bremer Handelsgesellschaft mbH [1975] 3 All ER 739, CA, per Ormrod LJ S. 761ff..

oder auch nur kosmetische Defekte, die die Tauglichkeit der Ware nicht beeinträchtigen, eine Vertragsverletzung darstellen können[458]. Gerichtliche Entscheidungen zu der alten Rechtslage und darin entwickelte Grundsätze sind daher nur mit Vorsicht heranzuziehen[459].

Die Bezugnahme auf eine vernünftige Person weist auf einen objektivierten Beurteilungsmaßstab hin[460]. Zugleich soll eine gerechtere und flexiblere Beurteilung ermöglicht werden[461]. Zum einen wird eine vernünftige Person bei einem Defekt der Ware keine befriedigende Qualität annehmen, zum anderen werden die Umstände des Falles berücksichtigt, so etwa bei Verkauf gebrauchter Sachen, wo ein Defekt eher erwartet werden kann. Eine vernünftige Person würde diesen Umstand in Erwägung ziehen. Durch die Objektivierung des Maßstabs werden besondere Qualitätsempfindungen des aktuellen Käufers außer Acht gelassen[462].

Die befriedigende Qualität bezieht sich auf die unter dem Vertrag angebotene Ware, umfaßt damit auch Verpackung, Behälter, Gebrauchsanweisung und andere, der Ware beigemischten bzw. beigegebenen Artikel[463].

Soweit der Käufer Verbraucher ist, umfassen die für die Bestimmung der befriedigenden Qualität zu berücksichtigenden Umstände auch öffentliche Äußerungen, insbesondere Werbung und Etikettierung des Verkäufers, Herstellers oder seiner Beauftragen bezüglich spezifische Eigenschaften der Ware. „Hersteller" ist gem. sec 61 sub-s 1 SGA der Hersteller der Waren, der Importeur der Ware im europäischen Wirtschaftsraum oder jede andere Person, die sich durch das Anbringen seines Namens, seiner Marke oder eines anderen unterscheidungskräftigen Kennzeichens als Hersteller ausgibt. Solche Äußerungen werden nicht berücksichtigt, wenn der Verkäufer nachweisen kann, daß er beim Vertragsschluß die Äußerung nicht gekannt hat und vernünftigerweise nicht kennen mußte, die Äußerungen vor Abschluß des Vertrages öffentlich widerrufen oder berichtigt wurden (sec 14 sub-s 2E lit. (a) und (b) SGA). Weitere Entlastungsmöglichkeit bietet dem Verkäufer der Nachweis, daß die Äußerungen die Kaufentscheidung des Käufers nicht beeinflußt haben können.

- *Spezifische Aspekte der Warenqualität*

Der Sale of Godds Act regelt in sec 14 sub-s 2B einige spezifische Aspekte der Qualitätsbestimmung. Demnach umfaßt die Qualität der Ware ihren Zustand und Beschaffenheit sowie andere Aspekte, insbesondere:

---

[458] Halsbury's Statutes, Note 1 zu sec 14; Stewart v. Perth and Kinross Council [2004] UKHL 16.
[459] English Private Law, 10.34.
[460] Bramhill & Anor v Edwards & Anor [2004] EWCA Civ 403: "although the test is objective, the reasonable buyer must be attributed with knowledge of all relevant background facts"
[461] Oughton/Lowry, S. 162.
[462] Paras 3.23 – 3.26 of the English and Scottish Law Commissions' Report on the Sale and Supply of Goods.
[463] Oughton/Lowry, S. 160f.; Halsbury's Statutes, Note 4 zu sec 14.

- Tauglichkeit für alle Zwecke, für die Ware der gleichen Art gewöhnlich angeboten werden,
- ein den Umständen entsprechendes äußeres Erscheinungsbild,
- Freiheit von geringfügigen Mängeln,
- Sicherheit und
- Haltbarkeit.

Kann die Ware also nur für einige wenige Zwecke verwendet werden, jedoch nicht für alle, für die eine Ware dieser Art gewöhnlich gebraucht wird, so kann die befriedigende Qualität fehlen. Das Verwendbarkeitsrisiko für alle möglichen Zwecke trägt der Verkäufer. Dahinter steht die Überlegung, daß der Verkäufer seine Ware am besten kennen sollte und sich gegen mögliche Risiken absichern kann[464], sei es, daß er Versicherungsschutz in Anspruch nimmt oder sei es auf die partielle Untauglichkeit hinweist.

Die Aufnahme der Sicherheit als Qualitätsmerkmal in dem Katalog ist von der Law Commission mit der besonderen Bedeutung, die der Sicherheit bei den modernen Verbrauchergütern wie Autos und Elektrogeräten zukommt, begründet worden[465]. Darüber hinaus sollte in zweifacher Weise Klarheit geschaffen werden. Zum einen soll die Bezugnahme auf die Sicherheit verdeutlichen, daß gefährliche Sachen ohne einen diesbezüglichen, angemessenen Hinweis den Qualitätsstandards nicht entsprechen und daß die Ware nicht über das übliche Maß hinaus gefährdend sein darf. Zum anderen sollten Argumente, die aus der Abwesenheit der Sicherheit in dem Katalog auf ihre Irrelevanz bei der Beurteilung der Qualität schließen würden, begegnet werden.

Nach altem Recht war klar, daß eine Ware, deren Haltbarkeitsdatum überschritten war, nicht mehr handelbar war, also keine „*merchantable quality*" besaß. Eine gesetzliche Verankerung fehlte jedoch. Mit der Aufnahme der Haltbarkeit als Kriterium für die Qualitätsbeurteilung sollte betont werden, daß die Waren so angeboten werden sollten, daß sie für eine angemessene Zeit haltbar sind. Es wird dagegen nicht verlangt, daß die Ware eine angemessene Zeit von befriedigender Qualität bleiben soll[466].

● *Qualität und Tauglichkeit zu besonderen Zwecken*

Eine Ausnahme von dem Grundsatz, daß eine Tauglichkeit zu besonderen Zwekken nicht geschuldet ist, ist in sec 14 sub-s 3 SGA vorgesehen. Diese sub-s betrifft nur geschäftsmäßig handelnde Verkäufer. Soweit der Käufer einem solchen Verkäufer[467] explizit oder konkludent den spezifischen Zweck, für den die Ware

---

[464] Anson's Law of Contract, S. 155; Oughton/Lowry, S. 166.
[465] Law Commission Report 3.42.
[466] Law Commission Report 3.47-3.61.
[467] oder bei Ratenzahlungen und soweit die Ware dem Verkäufer von einem Kreditbroker verkauft worden ist, dem Kreditbroker (sec 14 sub-s 3 lit. b SGA).

gekauft wird, mitteilt, muß die Ware für diesen Zweck tauglich sein. Diese Verpflichtung kann auch durch Brauch begründet werden (sec 14 sub-s 4 SGA). Ob der spezifische Verwendungszweck dem allgemeinen entspricht oder nicht, ist dabei irrelevant. Die Verpflichtung existiert insoweit nicht, als der Käufer nach den Umständen des Falles zu erkennen gibt, daß er der Sachkunde und der Urteilsfähigkeit des Verkäufers nicht vertraut oder wenn es unvernünftig wäre, sich auf diese zu verlassen. Den Umstand, daß der Käufer auf die Sachkunde und die Urteilsfähigkeit des Verkäufers nicht vertraut hat bzw. nicht vertrauen dürfte, hat der Verkäufer nachzuweisen[468].

Ein Vertrauen auf die Sachkunde des Verkäufers wird grundsätzlich bei Käufen von Konsumenten in Geschäften anzunehmen sein. Eine solche Person geht in der Regel in ein Geschäft mit der Erwartung, daß der Geschäftsherr seine Ware fachmännisch ausgesucht hat[469]. Aber auch wenn Geschäftsleute mit etwa gleichem Kenntnisstand und Fähigkeiten untereinander handeln, kann ein vernünftiges Vertrauen des Käufers auf die Sachkunde des Verkäufers angenommen werden[470]. Ein solches Vertrauen könnte aber auch nur teilweise anzunehmen sein[471] oder zu verneinen sein, so etwa, wenn die Ware nach den genauen Angaben des Käufers oder unter Verwendung seiner Formeln oder Konstruktionspläne erst hergestellt bzw. beschafft worden ist. Das Vertrauen des Käufers auf die Sachkunde des Verkäufers kann sich soweit nur auf dessen Fähigkeit, z. B. die richtige Materialien auszusuchen, beziehen[472].

Ob die Ware für einen besonderen Zweck tauglich ist, ist eine Tatsachenfrage. Bei ihrer Beurteilung müssen alle Umstände des Falles berücksichtigt werden. Die Tauglichkeit zum besonderen Zweck muß zum Zeitpunkt der Übergabe vorliegen[473].

c) Vertragswidrigkeit zum Zeitpunkt der Lieferung

Gemäß sec 48A sub-s 1 lit. (b) SGA steht dem Verbraucher ein Recht gegen den Verkäufer wegen der Vertragswidrigkeit der Ware zu, wenn die Ware zum Zeitpunkt der Lieferung („*at the time of delivery*") den vertraglichen oder gesetzlichen Anforderungen nicht entspricht.

Nach der Definition von sec. 61 sub-s 1 SGA besteht die Lieferung (*delivery*) i. d. R. in der freiwilligen Übertragung des Besitzes an den Sachen von einer Person auf einen anderen. Unter Besitz ist sowohl der unmittelbare als auch der mittelbare Besitz zu verstehen[474]. Was die Lieferung im einzelnen beinhaltet, richtet sich

---

468 Oughton/Lowry, S. 170.
469 Grant v Australian Knitting Mills Ltd. [1936] A.C. 85, Lord Wright, S. 99; Chaproniere v Mason [1905] 21 T.L.R. 321.
470 Henry Kendall & Sons v William Lillico & Sons Ltd. [1969] 2 A.C. 31.
471 Jewson Ltd. v Boyhan [2003] EWCA Civ 1030.
472 Anson's Law of Contract, S. 154f.
473 Halsbury's Statutes, Note 16 zu sec 14.
474 English Private Law, 10.40: "...delivery can be constructive in the sense that what is transferred to the buyer is control of the goods rather than physical possession".

zunächst nach der vertraglichen Vereinbarung. Gemäß sec 29 sub-s 1 SGA hängt es von der Parteiabsprache ab, ob der Käufer den Besitz vom Verkäufer erhalten soll oder der Verkäufer die Ware zuzusenden hat. Fehlen vertragliche Bestimmungen, so erfolgt die Lieferung grundsätzlich am Ort des Sitzes bzw. des Wohnortes des Verkäufers. Soweit der Kaufvertrag einer über Speziessachen ist, die sich mit Kenntnis der Parteien zum Zeitpunkt des Vertragsabschlusses an einem anderen Ort befinden, ist dieser Ort Erfüllungsort (sec 29 sub-s 2 SGA).

Ergibt sich aus dem Vertrag, daß die Parteien eine Versendung der Ware gewollt haben, so ist die Aushändigung der Sachen an den Transporteur grundsätzlich eine Lieferung an den Käufer, wenn dieser kein Verbraucher ist (sec 32 sub-s 1 SGA). Ist der Käufer ein Verbraucher, so ist nach den Sale and Supply of Goods to Consumers Regulations 2002 die Übergabe an den Transporteur keine Lieferung an den Käufer (sec 32 sub-s 4 SGA). Die Lieferung ist erst dann erfolgt, wenn der Verbraucher die Ware erhalten hat.

Der Zeitpunkt der Lieferung wird primär durch die vertragliche Vereinbarung bestimmt. SGA enthält nur bezüglich Versendungsverträgen eine explizite Regelung, die eingreift, wenn die Partein keinen bestimmten Zeitpunkt vereinbart haben. Gemäß sec 29 sub-s 3 SGA hat der Verkäufer die Ware innerhalb eines angemessenen Zeitraumes abzusenden. Was ein angemessener Zeitraum ist, richtet sich wie immer nach den Umständen des Einzelfalles, insbesondere unter Berücksichtigung der Eigenart der Ware.

d) Keine Kenntnis des Käufers von der Vertragswidrigkeit

Sec 14 sub-s 2C SGA schließt die Haftung des Verkäufers für die Vertragswidrigkeit der Ware aus, wenn der Käufer nicht schutzwürdig erscheint, vor allem wenn er die Vertragswidrigkeit kennt oder hätte erkennen können. So darf sich der Käufer auf solche Umstände bzw. Defekte nicht berufen, auf die er aufmerksam gemacht worden ist, bevor der Kaufvertrag abgeschlossen wurde (sec 14 sub-s 2C lit. (a) SGA). Das gilt auch dann, wenn der Käufer die Möglichkeit hatte, die Ware zu untersuchen und es sich um einen Defekt handelt, der bei der Untersuchung hätte entdeckt werden müssen (sec 14 sub-s 2C lit. (b) SGA). Im Falle des Kaufes nach Muster - dann, wenn der Defekt bei einer vernünftigen Untersuchung des Musters hätte entdeckt werden können (sec 14 sub-s 2C lit. (c) SGA).

e) Zusammenfassung: Vertragswidrigkeit der Ware

Antwort auf die Frage, ob die verkaufte Ware vertragswidrig ist, liefern zunächst die vertraglich festgelegten Eigenschaften, die die Ware aufweisen muß. Entspricht die Ware bei ihrer Lieferung nicht diesen Festlegungen, so ist sie vertragswidrig. Die Beschreibung der Eigenschaften der Ware bei einem Kauf (allein) nach Beschreibung gem. sec 13 SGA und die Vorlage eines Musters ersetzen die vertragliche Vereinbarung von Eigenschaften der Ware und bilden den Maßstab für die Beurteilung ihrer Vertragskonformität.

Zentrale Norm für die Bestimmung der Vertragswidrigkeit der Ware bei fehlender vertraglicher Vereinbarung (*express term*) ist sec 14 SGA, der einen sog. *implied term* bezüglich der Qualität der Ware bestimmt. Dabei muß zunächst danach unterschieden werden, ob die verkaufte Sache für den allgemeinen, gewöhnlichen Gebrauch tauglich sein muß und die entsprechende Qualität besitzt oder ob sie für einen besonderen, vertraglich vereinbarten Zweck geeignet sein muß. Es besteht grundsätzlich keine allgemeine Verpflichtung, daß eine Ware für einen besonderen Zweck tauglich sein muß (sec 14 sub-s 1 SGA).

Eine geschäftsmäßig verkaufte Ware muß grundsätzlich befriedigende Qualität (*satisfactory quality*) besitzen (sec 14 sub-s 2 SGA). Die Ware ist von befriedigender Qualität, wenn eine vernünftige Person unter Berücksichtigung etwaiger Beschreibungen den Preis, soweit er von Bedeutung ist, und allen anderen relevanten Umständen des Falles, die Qualität als zufriedenstellend betrachten würde (sec 14 sub-s 2A SGA). Spezifische Aspekte der Qualitätsbestimmung sind gem. sec 14 sub-s 2B SGA insbesondere die Tauglichkeit der Ware für alle Zwecke, für die Waren der gleichen Art gewöhnlich angeboten werden, ein den Umständen entsprechendes äußeres Erscheinungsbild, Freiheit von geringfügigen Mängeln, Sicherheit und Haltbarkeit. Soweit der Käufer Verbraucher ist, umfassen die für die Bestimmung der befriedigenden Qualität zu berücksichtigenden Umstände auch öffentliche Äußerungen, insbesondere Werbung und Etikettierung des Verkäufers, Herstellers oder seiner Beauftragen bezüglich spezifischer Eigenschaften der Ware. „Hersteller" ist gem. sec 61 sub-s 1 SGA der Hersteller der Waren, der Importeur der Ware im europäischen Wirtschaftsraum oder jede andere Person, die sich durch das Anbringen seines Namens, seiner Marke oder eines anderen unterscheidungskräftigen Kennzeichens als Hersteller ausgibt. Öffentliche Äußerungen dieser Personengruppen werden nicht berücksichtigt, wenn der Verkäufer nachweisen kann, daß er beim Vertragsschluß die Äußerung nicht kannte und vernünftigerweise nicht kennen mußte, die Äußerungen vor Abschluß des Vertrages öffentlich widerrufen oder berichtigt wurden oder die Kaufentscheidung des Käufers nicht beeinflußt haben können.

Ausnahmsweise muß die verkaufte Ware für besondere Zwecke tauglich sein. Der geschäftsmäßig handelnde Verkäufer schuldet Ware mit solchen Eigenschaften, wenn der Käufer explizit oder konkludent den spezifischen Zweck, für den er die Ware kauft, mitteilt. Ob der spezifische Verwendungszweck dem allgemeinen entspricht oder nicht, ist dabei irrelevant. Die Verpflichtung des Verkäufers existiert insoweit nicht, als der Käufer nach den Umständen des Falles zu erkennen gibt, daß er der Sachkunde und der Urteilsfähigkeit des Verkäufers nicht vertraut oder wenn es unvernünftig wäre, sich auf diese zu verlassen.

Maßgeblicher Zeitpunkt für die Vertragswidrigkeit der Ware ist gem. sec 48A sub-s 1 lit. (b) SGA der Zeitpunkt der Lieferung (*„at the time of delivery"*). Nach der Definition von sec. 61 sub-s 1 SGA besteht die Lieferung (*delivery*) i. d. R. in der freiwilligen Übertragung des Besitzes an der Sache von einer Person an eine andere. Was sie im einzelnen beinhaltet, hängt gem. sec 29 sub-s 1 SGA zunächst von der Parteiabsprache ab, ob der Käufer den Besitz vom Verkäufer erhalten soll oder der Verkäufer die Ware zuzusenden hat. Fehlen vertragliche soll oder der Verkäufer die Ware zuzusenden hat. Fehlen vertragliche Bestimmungen, so erfolgt die Lieferung grundsätzlich am Ort des Sitzes des Verkäufers. Ergibt sich aus dem Vertrag, daß die Parteien eine Versendung der Ware gewollt haben, so ist die Aushändigung der Sachen an den Transporteur grundsätzlich eine Lieferung an den Käufer, wenn dieser kein Verbraucher ist (sec 32 sub-s 1 SGA). Ist der Käufer ein Verbraucher, so ist nach den Sale and Supply of Goods to Consumers Regulations 2002 die Übergabe an den Transporteur keine Lieferung an den Käufer (sec 32 sub-s 4 SGA). Die Lieferung ist erst dann erfolgt, wenn der Verbraucher die Ware erhalten hat.

Die Haftung des Verkäufers für die Vertragswidrigkeit der Ware ist ausgeschlossen, wenn der Käufer den Mangel der Ware kannte oder hätte erkennen müssen.

2. Inhalt des Nachbesserungs- und Austauschanspruchs

Gemäß sec 48B sub-s 1 SGA kann der Käufer die Reparatur der verkauften Sache oder den Austausch dieser gegen eine mangelfreie Sache verlangen. Die Wahl des Rechtsbehelfs ist dem Käufer überlassen. Der Käufer übt sein Wahlrecht durch das Verlangen einer bestimmten Art der Nacherfüllung durch eine formfreie empfangsbedürftige Willenserklärung aus.

Der Verkäufer hat die gewählte Art der Nacherfüllung innerhalb eines angemessenen Zeitraums durchzuführen, ohne dabei wesentliche Unannehmlichkeiten für den Verbraucher zu verursachen (sec 48B sub-s 2 lit. (a) SGA). Die Bestimmung der angemessenen Frist oder der zumutbaren Belastungen für den Käufer richten sich nach den Umständen des Einzelfalles unter Berücksichtigung der Natur der Ware und dem Zweck, für den die Ware gekauft worden ist (sec 48B sub-s 5 SGA). Der Verkäufer hat alle Kosten der Nacherfüllung zu tragen, insbesondere die Kosten für Material, Transport und Arbeitsleistungen (sec 48B sub-s 2 lit. (b) SGA).

3. Ausschluß des Nachbesserungs- und Austauschanspruchs

Die gewählte Art der Nacherfüllung steht dem Käufer dann nicht zu, wenn ihre Erfüllung unmöglich ist, sie unverhältnismäßig im Vergleich zu der anderen Variante der Nacherfüllung ist oder unverhältnismäßig im Vergleich zu Minderung oder Vertragsaufhebung ist (sec 48B sub-s 3 lit. (a)-(c) SGA). Ein Rechtsbehelf ist unverhältnismäßig im Vergleich zu einem anderen, wenn seine Erfüllung dem Verkäufer Kosten verursacht, die im Vergleich zu den durch die anderen Rechtsbehelfe verursachten Kosten unangemessen (*unreasonable*) sind. Dabei sind der Wert der Ware in mangelfreiem Zustand und die Bedeutung bzw. das Ausmaß des Mangels zu berücksichtigen und ebenso, inwieweit die Durchsetzung eines anderen Rechtsbehelfs ohne erhebliche Unannehmlichkeiten für den Käufer durchgesetzt werden kann (sec 48B sub-s 4 SGA).

III. Zusammenfassung: Modifizierte Erfüllungsansprüche nach englischem Recht

Für den Bereich der Nichtverbraucher-Verträge kennt das englische Recht keinen gesetzlich geregelten Nachbesserungs- oder Austauschanspruch. Diese Rechtsbehelfe werden in der Praxis vielfach vertraglich vereinbart.

Infolge der Umsetzung der Verbrauchsgüterkaufrichtlinie durch die Sale and Supply of Goods to Consumers Regulations 2002 wurde im Sale of Goods Act mit Wirkung zum 31. März 2003 für den Bereich der Verbraucherverträge explizit ein Recht des Käufers, Reparatur oder Austausch der gekauften Sache zu verlangen, geregelt. Voraussetzung für diese Rechtsbehelfe ist neben der Verbrauchereigenschaft des Käufers die Vertragswidrigkeit der verkauften Ware.

Die verkaufte Ware ist vertragswidrig, wenn sie den ausdrücklichen vertraglichen Vereinbarungen (*express term*) oder eines sog. *implied term* gem. sec 13, 14 oder 15 SGA nicht entspricht. Sec 13, 14 und 15 SGA betreffen die Eigenschaften, die eine Ware vorweisen muß, soweit keine besonderen vertraglichen Vereinbarungen getroffen sind. Diese gelten grundsätzlich für alle Kaufverträge, wobei für Verbraucherverträge einige Besonderheiten zu berücksichtigen sind.

Sec. 13, 15 SGA betreffen den Kauf nach Beschreibung und den Kauf nach Muster, so daß eine Ware dann nicht vertragskonform ist, wenn sie die jeweiligen Eigenschaften der Beschreibung oder des Musters nicht aufweist. Zentrale Norm für die Bestimmung der Vertragswidrigkeit der Ware, soweit keine vertragliche Festlegung vorliegt, ist sec 14 SGA. Bei seiner Anwendbarkeit ist zunächst zu unterschieden, ob die verkaufte Sache für den gewöhnlichen Gebrauch tauglich sein muß und die entsprechende Qualität besitzt oder ob sie für einen besonderen, vertraglich vereinbarten Zweck geeignet sein muß.

Eine geschäftsmäßig verkaufte Ware muß grundsätzlich zumindest befriedigende Qualität (*satisfactory quality*) aufweisen (sec 14 sub-s 2 SGA). Die Ware ist von befriedigender Qualität, wenn eine vernünftige Person unter Berücksichtigung etwaiger Beschreibungen den Preis, soweit er von Bedeutung ist, und alle anderen relevanten Umständen des Falles die Qualität als zufriedenstellend betrachten würde (sec 14 sub-s 2A SGA).

Soweit der Käufer Verbraucher ist, umfassen die für die Bestimmung der befriedigenden Qualität zu berücksichtigenden Umstände auch öffentliche Äußerungen, insbesondere Werbung und Etikettierung des Verkäufers, Herstellers oder seiner Beauftragen bezüglich spezifischer Eigenschaften der Ware. „Hersteller" ist gem. sec 61 sub-s 1 SGA der Hersteller der Waren, der Importeur der Ware im europäischen Wirtschaftsraum oder jede andere Person, die sich durch das Anbringen seines Namens, seiner Marke oder eines anderen unterscheidungskräftigen Kennzeichens als Hersteller ausgibt. Öffentliche Äußerungen des so bestimmten Personenkreises werden nur dann nicht berücksichtigt, wenn der Verkäufer diese beim Vertragsschluß nicht kannte und vernünftigerweise nicht kennen mußte, die Äußerungen vor Abschluß des Vertrages öffentlich widerrufen oder berichtigt wurden oder die Aussagen keine Auswirkungen auf die Kaufentscheidung des Käufers haben konnten.

Teilt der Käufer einem geschäftsmäßig handelnden Verkäufer explizit oder konkludent einen spezifischen Zweck, für den er die Ware kauft, mit, so muß die Ware für diesen Zweck tauglich sein. Ob der spezifische Verwendungszweck dem allgemeinen entspricht oder nicht, ist dabei irrelevant.

Gemäß sec 48A sub-s 1 lit. (b) SGA steht dem Verbraucher ein Recht gegen den Verkäufer wegen der Vertragswidrigkeit der Ware zu, wenn die Ware zum Zeitpunkt der Lieferung („*at the time of delivery*") den vertraglichen oder gesetzlichen Anforderungen nicht entspricht. Nach der Legaldefinition von sec. 61 sub-s 1 SGA besteht die Lieferung (*delivery*) i. d. R. in der freiwilligen Übertragung des Besitzes an der Sache von einer Person an der anderen. Was sie im einzelnen beinhaltet, richtet sich zunächst nach der vertraglichen Vereinbarung. Fehlen solche Bestimmungen, enthält das Gesetz teilweise Regelungen bezüglich des Ortes (sec 29 sub-s 1, 2 SGA) und des Zeitpunktes (sec 29 sub-s 3 SGA) der Lieferung. Ergibt sich aus dem Vertrag, daß die Parteien eine Versendung der Ware gewollt haben, so ist die Aushändigung der Sachen an den Transporteur grundsätzlich eine Lieferung an den Käufer, wenn dieser kein Verbraucher ist (sec 32 sub-s 1 SGA). Ist der Käufer ein Verbraucher, so ist nach den Sale and Supply of Goods to Consumers Regulations 2002 die Übergabe an den Transporteur keine Lieferung an den Käufer (sec 32 sub-s 4 SGA). Die Lieferung ist erst dann erfolgt, wenn der Verbraucher die Ware erhalten hat.

Der Käufer ist nicht schutzwürdig, wenn er die Vertragswidrigkeit kennt oder hätte erkennen können und/oder wenn er auf bestimmte Defekte oder Umstände im Zusammenhang mit der Ware aufmerksam gemacht worden ist, bevor der Kaufvertrag abgeschlossen wurde.

Ist die Ware vertragswidrig, so kann der Verbraucher zwischen Reparatur und Austausch der Sache wählen. Seine Wahl ist durch die Unmöglichkeit oder Unverhältnismäßigkeit der Kosten des gewählten Rechtsbehelfs eingeschränkt.

D. Modifizierte Erfüllungsansprüche nach deutschem Recht

Der Erfüllungsanspruch ist nach dem Konzept des deutschen Rechts, wie bereits im ersten Kapitel dargelegt, der primäre Rechtsbehelf eines Gläubigers gegen den (säumigen) Schuldner. Das Schuldrechtsmodernisierungsgesetz strebt unter anderem die Stärkung dieses Rechtsbehelfs an[475]. Zum einen soll bereits durch die gesetzliche Regelung des Nachbesserungs- und Nachlieferungsanspruchs des Käufers der Vorrang der Erfüllung vor anderen Rechtsbehelfen betont und gesichert werden (§§ 437 Nr. 1, 439 BGB). Zum anderen wird dieses Ziel dadurch erreicht, daß der Gläubiger dem Schuldner grundsätzlich erst eine Nacherfüllungsfrist einräumen muß, bevor er zu einem anderen Rechtsbehelf übergehen kann (§§ 281, 323 BGB). Mit Ablauf der Nachfrist verliert der Käufer seinen Nacherfüllungsanspruch nicht, der Käufer kann lediglich weitere Ansprüche geltend machen. Mit dem grundsätzlichen Erfordernis einer Nachfrist für die Geltendmachung aller anderen Rechtsbehelfe, schafft das Schuldrechtsmodernisierungsgesetz zum einen unausgesprochen ein Recht des Verkäufers auf zweite Andienung und zum anderen ein Rangverhältnis zwischen den Rechtsbehelfen des Käufers bei Mangelhaftigkeit der verkauften Sache[476].

I. Nachbesserungsanspruch nach BGB a.F.

Anders als das Werkvertragsrecht sah das Kaufrecht des BGB in der Fassung von dem 01.01.2002 keine Nachbesserung durch den Verkäufer vor. Das Gesetz räumte weder dem Käufer einen Anspruch auf Nachbesserung ein, noch dem Verkäufer das Recht, einen behebbaren Mangel der gelieferten Sache durch Nachbesserung zu beseitigen. Die in § 476a BGB a.F. getroffene Kostenregelung betraf nur den Fall, daß ein Nachbesserungsanspruch des Käfers vertraglich vereinbart worden war. Beim Verkauf neuer Sachen hat sich daher in der Praxis durchgesetzt, durch Vertrag, meist formularmäßig, einen Anspruch auf Nachbesserung vorzusehen. In der Regel war der Käufer demnach zunächst nur auf diesen Nachbesserungsanspruch begrenzt und erst nach Fehlschlag bzw. nach zweimaligem Scheitern der Nachbesserung zu einem Wechsel zu den gesetzlich vorgesehenen Rechtsbehelfen befugt[477]. Der Nachbesserungsanspruch konnte aber auch nachträglich, d. h. nach Vertragschluß und nach Entdeckung des Mangels vereinbart werden.

Die Voraussetzungen, unter denen der Käufer Nachbesserung begehren konnte, waren zunächst die gleichen wie bei den gesetzlich vorgesehenen Rechtsbehelfen der Wandelung und Minderung. Die verkaufte Sache mußte also zum Zeitpunkt des Gefahrüberganges mit einem Mangel behaftet sein (§§ 459, 462 BGB a.F.).

---

[475] Regierungsentwurf, S. 203.
[476] s. näher Schubel, S. 317; Boerner, S. 2269.
[477] s. dazu BGHZ 22, 90; § 11 Nr. 10 lit. b) AGBG.

1. Mangel der Ware

Eine Reihe von Rechtsbehelfen des Käufers setzte das Vorhandensein eines Mangels der verkauften Sache voraus. Unter dem früher nicht legal definierten Begriff wurden Fehler i. S. § 459 Abs. 1 BGB a.F. und das Fehlen einer vom Verkäufer zugesicherten Eigenschaft gem. § 459 Abs. 2 BGB a.F. verstanden.

a) Fehler

Nach § 459 Abs. 1 BGB a.F. haftete der Verkäufer einer Sache dafür, daß diese zur Zeit des Gefahrüberganges nicht mit Fehlern behaftet ist, die den Wert oder die Tauglichkeit zu dem gewöhnlichen oder nach dem Vertrag vorausgesetzten Gebrauch aufheben oder nicht unerheblich mindern. Nach dem herrschenden sog. subjektiven Fehlerbegriff war unter Fehler jede ungünstige nicht unerhebliche Abweichung der tatsächlichen Beschaffenheit der Sache von der vertraglich vereinbarten Beschaffenheit zu verstehen[478]. Neben den physischen Eigenschaften konnten auch solche tatsächlichen, wirtschaftlichen, sozialen oder rechtlichen Beziehungen der Sache zur Umwelt Beschaffenheitsmerkmale sein, die wegen ihrer Art und Dauer die Brauchbarkeit oder den Wert der Sache beeinflussen. Ein Fehler i. S. v. § 459 Abs. 1 BGB a.F. lag aber nur dann vor, wenn die Beziehungen der Sache zur Umwelt in der Beschaffenheit der Sache selbst ihren Grund hatten, ihm selbst unmittelbar innewohnten, von ihm ausgingen und sich nicht erst durch die Heranziehung von außerhalb des Kaufgegenstandes liegenden Verhältnissen ergaben[479].

b) Aliud

Nach alter Rechtslage war problematisch, ob bei Lieferung eines sog. aliuds ein Fehler vorlag und daher Gewährleistungsrecht zur Anwendung kam[480]. Das Gesetz hatte die Frage, ob Sachmängelrecht bei der Falschlieferung anzuwenden war, nur im Zusammenhang mit der Rügeobliegenheit des Käufers bei beiderseitigen Handelskäufen in § 378 HGB a.F. geregelt. Danach fanden die Bestimmungen des § 377 HGB über die Rügepflicht bei mangelhafter Ware auch dann Anwendung, wenn eine andere als die vertraglich bedungene Ware geliefert worden war, sofern die gelieferte Ware nicht so offensichtlich von der bestellten abwich, daß der Verkäufer die Genehmigung als ausgeschlossen betrachten mußte. Das Reichsgericht[481] hat § 378 HGB a.F. infolge einer sinn- und zweckentsprechenden erweiterten Auslegung dahin interpretiert, daß bei Falschlieferung, soweit nicht der Ausnahmetatbestand des nichtgenehmigungs-fähigen aliud vorliegt, nicht nur bezüglich der Rügeobliegenheit, sondern auch bezüglich der Rechtsfolgen der mangelhaften Lieferung gleichzustellen ist. Lag ein nichtgenehmigungs-

---

[478] RGZ 99, 147, 148; 135, 340, 342; BGHZ 16, 54, 55; Enneccerus/Lehmann, § 108 II 1 a; Larenz, Schuldrecht BT, S. 38; Walter, § 5 II 2, S. 141ff.; Reinicke/Teidtke, Rn. 268; Brox, Schuldrecht BT, Rn. 62; Medicus, Schuldrecht BR, Rn. 43; MünchKomm/Westermann, § 459 Rn. 8ff..
[479] BGHZ 70, 47, 49; BGH NJW 1972, 1658; RGRK/Mezger, § 459 Rn. 5.
[480] s. dazu auch oben Seite 84 ff.
[481] RGZ 86, 90, 92f..

fähiger aliud vor, so waren die allgemeinen Vorschriften und nicht das Gewährleistungsrecht anwendbar. Das gleiche galt, wenn die Falschlieferung innerhalb eines bürgerlichrechtlichen Kaufes oder eines einseitigen Handelskaufes erfolgte[482]. Im Gegensatz dazu wurde zum Teil vertreten, die Falschlieferung solle immer dem Sachmängelrecht unterliegen, unabhängig davon, ob es sich um handelsrechtlichen oder bürgerlichrechtlichen, um genehmigungsfähigen oder nicht genehmigungsfähigen aliud handelt[483][484].

Für die Abgrenzung, ob es sich um eine mangelhafte oder um eine andere als die geschuldete Ware handelt, war in erster Linie auf den ausdrücklich vereinbarten oder dem Verkäufer wenigstens bekannten Vertragszweck und die danach erforderlichen Merkmale der zu liefernden Ware abzustellen, wobei die Verkehrsanschauung zu berücksichtigen war[485]. Für die Frage, ob ein aliud genehmigungsfähig war, war entscheidend, wie ein verständiger Betrachter unter Berücksichtigung des betreffenden Handelszweiges und der Verhältnisse von Verkäufer und Käufer die Abweichung der gelieferten von der bestellten Ware beurteilen würde[486]. Zwar sind in der Juristerei allgemeine, verobjektivierte Begriffe keine Seltenheit. Bei der Frage, ob ein aliud vorliegt oder nicht und ob er genehmigungsfähig ist, sah sich die Praxis jedoch mit erheblicher Verunsicherung konfrontiert. Die Brisanz dieser Rechtsunsicherheit resultiert aus der völlig unterschiedlichen Behandlung der Verjährung und gravierenden Unterschiede in der zur Verfügung stehenden Rechtsbehelfe.

c) Zuwenig- und Zuviellieferung

Weiterhin war fraglich, ob ein Mangel vorlag, wenn der Verkäufer bei einem Gattungskauf zu viel oder zu wenig lieferte. Lieferte der Verkäufer weniger als vertraglich vereinbart, so behielt der Käufer den Anspruch auf vollständige Lieferung. Da der Verkäufer gem. § 266 BGB nicht zur Teilleistung berechtigt war (und ist), konnte der Käufer die Abnahme verweigern und auf vollständige Lieferung bestehen, soweit dies nicht Treu und Glauben widersprach. Nahm der Käufer die Teilleistung an, so behielt er einen Anspruch auf Lieferung der ausstehenden Menge. Sachmangel lag insoweit nicht vor[487]. Bei einem beiderseitigen Handelskauf verlor der Käufer den Anspruch auf den Rest, wenn er nicht gem. §§ 378, 377 HGB a.F. rechtzeitig gerügt hatte.

---

[482] BGH JZ 1967, 321; BGH NJW 1969, 787, 788; BGH NJW 1986, 659, 660f.; BGH NJW 1989, 218, 219.

[483] Raape, AcP 150, S. 492f.; Soergel/Huber, Vor § 459 Rn. 124; z.T. Schlegelberger/Hefermehl, § 378 Rn. 14.

[484] Zwischen diesen beiden gegensätzlichen Positionen gab es eine Vielfalt anderer Meinungen. Von deren Darstellung soll hier aus Gründen der Übersichtlichkeit abgesehen werden. s. zusammenfassende Darstellung bei Soergel/Huber, Vor § 459 Rn. 118ff.. Die Problematik ist durch die Klarstellung im § 434 Abs. 3 BGB überwunden.

[485] BGH WM 1985, 1361, 1363; BGH NJW 1989, 218, 219; BGH WM 1994, 1394, 1395; BGH NJW 1997, 1914, 1915.

[486] RGZ 84, 355, 356; Schlegelberger/Hefermehl, § 378 Rn. 28; GroßKomm/Brüggemann, § 378 Rn. 77.

[487] Soergel/Huber, § 459 Rn. 48; s. jetzt § 434 Abs. 3 BGB.

Bei einem Spezieskauf stellte die Zuweniglieferung einen Sachmangel dar[488]. War eine zusammengesetzte Sache verkauft worden und fehlten einzelne Teile, so stellte das einen Sachmangel dar, soweit das fehlende Teil keine nur unerhebliche Beeinträchtigung darstellte. Zum Teil wurde vertreten, daß ebenfalls ein Sachmangel anzunehmen sei, wenn die Gebrauchsanweisung oder Bedienungsanleitung fehlte[489]. Zum Teil wurde angenommen, daß der Verkäufer die fehlende Anweisung nachliefern konnte und der Käufer auf die Rechtsbehelfe des allgemeinen Leistungsstörungsrechtes zurückgreifen konnte[490]. Ein Sachmangel lag auf jeden Fall vor, wenn die Gebrauchs- bzw. Bedienungsanleitung fehlerhaft war.

Lieferte der Verkäufer bei einem Gattungskauf mehr als die vertraglich abgedungene Menge, so war der Käufer berechtigt, die zuviel gelieferte Menge zurückzuweisen. Er war auch zur Rückgabe des zuviel Geleisteten nach den Regeln der ungerechtfertigten Bereicherung verpflichtet. War bei einem Spezieskauf der verkaufte Bestand bzw. die Partie größer als bei Abschluß des Vertrages angenommen, so lag jedenfalls kein Sachmangel vor[491].

d) Zugesicherte Eigenschaft

Gemäß § 459 Abs. 2 BGB a.F. haftete der Verkäufer dafür, daß die Sache zur Zeit des Gefahrüberganges die zugesicherte Eigenschaft besaß. Unter Eigenschaft war jedes der Kaufsache auf gewisse Dauer anhaftende Merkmal, das für ihren Wert, ihren vertraglich vorausgesetzten Gebrauch oder aus sonstigen Gründen für den Käufer erheblich war, zu verstehen. Der Begriff umfaßte alles, was unter Fehler i. S. v. § 459 Abs. 1 BGB a.F. subsumiert werden konnte und darüber hinaus jedes der Sache anhaftende Merkmal, das ihren Wert oder Tauglichkeit nicht beeinträchtigte, aber für den Käufer von Interesse sein konnte[492].

An das Vorliegen einer Zusicherung waren strenge Anforderungen zu stellen[493], da die Konsequenzen für den Verkäufer weitreichend waren. Eine Zusicherung war dann anzunehmen, wenn der Verkäufer eine bindende Erklärung abgab, für das Vorhandensein einer Eigenschaft einstehen zu wollen bzw. Gewähr dafür zu übernehmen. Die Erklärung konnte ausdrücklich oder stillschweigend erfolgen. War der Inhalt der Erklärung nicht eindeutig, so mußte durch Auslegung ermittelt werden, ob nur Angaben oder Auskünfte des Verkäufers vorlagen oder ein Garantiewille zum Ausdruck gekommen war[494].

---

488 Soergel/Huber, § 459 Rn. 50.
489 OLG Frankfurt am Main, NJW 1987, 3206f.
490 Soergel/Huber, § 459 Rn. 52.
491 Staudinger/Honsell, § 459 Rn. 43.
492 Palandt/Putzo, § 459 Rn. 20 (61. Aufl.); BGHZ 87, 302, 307; Larenz, Schuldrecht II-1, S. 42; Esser/Weyers, S. 35; eingehend Walter, § 5 II 3 b, S. 155ff.. Die hier dargestellte Definition ist ein Kompromiß. Bei einer konsequenten Anwendung des subjektiven Fehlerbegriffs ist der Bereich, den der Fehlerbegriff abdeckt, mit diesem der zugesicherten Eigenschaft gleich.
493 Reinicke/Tiedtke, Rn. 297. Keine hohe Anforderungen dagegen im Gebrauchtwagenhandel, s. Reinicke/Tiedtke, Rn. 314ff. m.w.N..
494 BGHZ 59, 158, 160; BGH NJW 1991, 912f.; BGH WM 1991, 1722, 1723; BGH WM 1996,

Es wurde grundsätzlich davon ausgegangen, daß Werbeunterlagen lediglich Anpreisungen und keine Zusicherung der angepriesenen Eigenschaften enthalten. Das galt vor allem dann, wenn der Verkäufer nicht Hersteller der Sachen war und daher die Angaben des Herstellers nicht überprüfen konnte[495]. Ähnliches galt auch für Angaben in Katalogen und Prospekten[496].

2. Kenntnis des Käufers

Gemäß § 460 BGB a.F. hatte der Verkäufer einen Fehler der verkauften Sache nicht zu vertreten, wenn der Käufer diesen bei dem Abschluß des Vertrages kannte. Wenn der Mangel infolge grober Fahrlässigkeit unbekannt geblieben war, so haftete der Verkäufer nur für einen Fehler, dessen Abwesenheit er zugesichert hatte oder dann, wenn er den Fehler arglistig verschwiegen hatte. Die Kenntnis des Käufers schloß alle Ansprüche aus Mängelgewährleistung aus. Der Käufer konnte seinen Nachbesserungsanspruch nur dann behalten, wenn er sich diesen ausdrücklich im Vertrag bezüglich des erkannten Mangels vorbehalten hatte. Ähnliches galt gem. § 464 BGB a.F. für den Fall, daß der Käufer eine Sache annahm, obschon er den Mangel kannte. Sein Recht auf Wandelung, Minderung oder Schadensersatz konnte er nur behalten, wenn er sich diese bei der Annahme der Sache vorbehielt.

Der Grundgedanke der Regelung des § 460 BGB a.F. ist auch nach dem Schuldrechtsmodernisierungsgesetz beibehalten worden. Gemäß § 442 BGB sind die Rechte des Käufers bei Kenntnis des Mangels ausgeschlossen. Bei grobfahrlässiger Unkenntnis ist die Geltendmachung der Rechte nur dann zulässig, wenn der Verkäufer den Mangel arglistig verschwiegen hat oder eine Garantie für die Beschaffenheit der Sache übernommen hat. Für die Haftung wegen Rechtsmängel bedeutet die neue Regelung eine Änderung, da nach alter Rechtslage nur die positive Kenntnis des Käufers schadete.

Eine der § 464 BGB a.F. entsprechende Regelung ist nicht übernommen worden, denn eine solche Regelung wäre mit Artikel 2 Abs. 3 der Verbrauchsgüterkaufrichtlinie nicht zu vereinbaren[497]. Gemäß Art. 2 Abs. 3 kommt es allein auf die Kenntnis des Verbrauchers zum Zeitpunkt des Vertragsschlusses an. Eine Übernahme des § 464 a.F. hätte aber einen Fall geregelt, in dem die Rechte des Käufers wegen eines Sachmangels auch bei späterer Kenntniserlangung ausgeschlossen wären. Das wäre eine Schlechterstellung des Verbrauchers gegenüber der Richtlinie, die nicht zulässig ist.

1592f.; Larenz, Schuldrecht II-1, S. 42f.; Walter, § 5 Ii 3 c, S. 161ff.; Palandt/Putzo, § 459 Rn. 15 (61. Aufl.); Brox, Schuldrecht BT, Rn. 67.

[495] BGH NJW 1981, 1269, 1270; Reinicke/Tiedtke, Rn. 308.

[496] BGHZ 63, 369, 371f.; MünchKomm/Westermann, § 459 Rn. 61; Staudinger/Honsell, § 459 Rn. 140ff..

[497] Regierungsentwurf, S. 477f.

3. Gefahrübergang

Die Sache mußte in dem Augenblick fehlerfrei sein, in dem die Gefahr auf den Käufer übergeht (§ 459 BGB a.F.). Es genügte, daß der Fehler zur Zeit des Gefahrübergangs im Keim vorhanden war. Darauf, daß er erst später erkennbar geworden ist und sich später ausgewirkt hat, kam und kommt es nicht an[498]. Der Zeitpunkt des Gefahrüberganges richtete sich nach §§ 446, 447 BGB und bei Annahmeverzug des Käufers nach §§ 300 Abs. 2, 324 Abs. 2 BGB a.F.

4. Inhalt des Anspruches

Lagen die Voraussetzungen gem. §§ 459, 460 BGB a.F. vor und war ein Nachbesserungsanspruch vertraglich vereinbart, so konnte der Käufer diesen geltend machen. Bestanden mehrere Möglichkeiten der Nachbesserung, so konnte der Verkäufer auswählen[499]. Bei Gattungskäufen konnte der Verkäufer statt Nachbesserung Ersatzlieferung anbieten. Verweigerte der Verkäufer die Nachbesserung oder wurde eine solche unmöglich, so konnte der Käufer auf Wandelung oder Minderung übergehen. Das gleiche galt unter Heranziehung des Rechtsgedankens von § 633 Abs. 2 S. 3 BGB a.F., wenn die Nachbesserung nur mit unverhältnismäßigen Aufwendungen möglich war[500].

II. Nachlieferungsanspruch gem. § 480 BGB a.F.

Gemäß § 480 BGB konnte der Käufer einer der Gattung nach bestimmten Sache statt Wandelung oder Minderung die Lieferung einer mangelfreien Sache verlangen. Der Käufer konnte also im Fall der Lieferung einer mangelhaften Sache wählen, ob er die besonderen Rechtsbehelfe des Gewährleistungsrechts - Wandelung und Minderung - geltend macht oder auf die allgemeinen Rechtsbehelfe wegen Nichterfüllung zurückgreift[501]. Denn bei einem Gattungskauf erfüllte der Verkäufer durch das Angebot einer mangelhaften Sache seine Leistungspflicht nicht[502].

a) Voraussetzungen

Der Anspruch auf Nachlieferung setzte voraus, daß die Kaufsache im Vertrag nur der Gattung nach bestimmt war und die Voraussetzungen des § 459 BGB a.F. erfüllt waren. Da bei der Lieferung einer mangelhaften Sache die Gefahr des zufälligen Unterganges des Sache gem. §§ 480 Abs. 1 S. 2, 467, 350 BGB a.F. beim Verkäufer verbleibt, war mit dem Zeitpunkt des Gefahrübergangs der fiktive Zeitpunkt gemeint, zu dem die Gefahr auf den Käufer übergehen würde, wenn die

---

498 Reinicke/Tiedtke, Rn. 281.
499 BGH WM 1991, 1041, 1043f..
500 Soegel/Huber, § 462 Rn. 67.
501 Soergel/Huber, Vor § 459 Rn. 4; Reinicke/Tiedke, Rn. 520.
502 Soerge/Huber, § 480 Rn. 2.

Sache mangelfrei gewesen wäre[503]. Der Zeitpunkt des Gefahrüberganges richtet sich daher ebenfalls nach §§ 446, 447 BGB. Der Ersatzanspruch des Käufers wurde durch Einverständniserklärung des Verkäufers vollzogen[504].

b) Grenzen des Nachlieferungsanspruches

Der Ersatzanspruch des Käufers war zunächst dann ausgeschlossen, wenn die Lieferung mangelfreier Ware nicht möglich war, so z. B. wenn die ganze Gattung mangelhaft war[505].

Gemäß § 480 Abs. 1 S. 2 BGB i. V. m. §§ 346, 347 S. 2 BGB a.F. war der Käufer verpflichtet, die zunächst gelieferte mangelhafte Sache zurückzugeben. Die Rückgabepflicht entfiel gem. § 350 BGB a.F. bei zufälligem Untergang der Sache. Gemäß § 467 S. 1 2 HS BGB a.F. entfiel sie auch bei Verarbeitung und bei analoger Anwendung dieser Vorschrift, auch bei Verbrauch der mangelhaften Sache vor Entdeckung des Mangels[506]. Hatte der Käufer die Unmöglichkeit der Rückgabe dagegen zu vertreten, so verlor er seinen Nachlieferungsanspruch[507].

III. Zusammenfassung: Modifizierte Erfüllungsansprüche nach BGB a.F.

Nach alter Rechtslage stand dem Käufer ein Nachbesserungsanspruch nur dann zur Verfügung, wenn ein solcher vertraglich vorgesehen war. Eine Vereinbarung in den allgemeinen Geschäftsbedingungen war zulässig und entsprach zumindest im Konsumbereich gängiger Praxis. Voraussetzung für den Anspruch war die Sachmangelhaftigkeit der Sache zum Zeitpunkt des Gefahrübergangs und die fehlende Kenntnis des Käufers hiervon. Unter Sachmangel wurde das Vorliegen eines Fehlers, also die für den Käufer nachteilige Abweichung der Ist- von der Sollbeschaffenheit und das Fehlen einer zugesicherten Eigenschaft verstanden.

War ein Gattungskauf vereinbart worden, so stand dem Käufer bei Sachmangelhaftigkeit der Sache ein Nachlieferungsanspruch zu. Wurde ein aliud geliefert, so stand dem Käufer sein ursprünglicher Erfüllungsanspruch zu. Der Nachlieferungsanspruch war ausgeschlossen, wenn der Käufer die gelieferte Sache nicht mehr herausgeben konnte und dies zu vertreten hatte.

IV. Nacherfüllung nach dem Schuldrechtsmodernisierungsgesetz

Das Schuldrechtsmodernisierungsgesetz will den Nacherfüllungsanspruch als den primären Rechtsbehelf des Käufers bei Mangelhaftigkeit der Sache etablieren. Die gesetzliche Regelung ist im Hinblick auf die neue Pflicht des Verkäufers zur Lieferung mangelfreier Sachen konsequent. Der Nacherfüllungsanspruch

---

503 Esser/ Weyers, S. 57.
504 Soerge/Huber, § 480 Rn. 38.
505 Reinicke/Tiedtke, Rn. 519.
506 Soerge/Huber, § 480 Rn. 39.
507 MünchKomm/Westermann, § 480 Rn. 9.

kann daher ohne dogmatische Schwierigkeiten als modifizierte Fortsetzung des ursprünglichen Erfüllungsanspruchs aufgefaßt werden[508]. Folgerichtig setzt der Nacherfüllungsanspruch nicht voraus, daß der Verkäufer die Mangelhaftigkeit der Sache zu vertreten hat. Als zeitliche Grenze für den Übergang vom ursprünglichen zum modifizierten Erfüllungsanspruch kommt der Zeitpunkt in Betracht, in dem bei Mängelfreiheit der Sache die Gegenleistungsgefahr auf den Käufer übergegangen wäre[509].

Gemäß §§ 437 Nr. 1, 439 BGB kann der Käufer als Nacherfüllung die Beseitigung des Mangels, also Nachbesserung oder die Lieferung einer mangelfreien Sache, also Nachlieferung verlangen. Der Verkäufer hat die zum Zwecke der Nacherfüllung erforderlichen Aufwendungen zu tragen (§ 439 Abs. 2 BGB). Der Verkäufer kann die Nachbesserung verweigern, wenn sie nur mit unverhältnismäßigen Kosten möglich ist. Bei der Beurteilung der Verhältnismäßigkeit ist der Wert der Sache in mangelfreiem Zustand, die Bedeutung des Mangels und die Frage zu berücksichtigen, ob auf Ersatzlieferung ohne erhebliche Nachteile für den Käufer zurückgegriffen werden kann. In diesem Fall beschränkt sich der Anspruch des Käufers auf die Ersatzlieferung. Dem Verkäufer verbleibt die Möglichkeit, auch gegen diesen Anspruch den Einwand zu erheben, seine Erfüllung sei nur mit unverhältnismäßigen Kosten möglich (§ 439 Abs. 3 BGB).

1. Voraussetzungen des Nacherfüllungsanspruchs

Voraussetzung für den Nacherfüllungsanspruch ist wie bisher die Mangelhaftigkeit der Sache und mangelnde Kenntnis des Käufers von der Mangelhaftigkeit der Sache. Unter Mangel ist sowohl der Sachmangel, der in § 434 BGB definiert ist, als auch, im Gegensatz zu alter Rechtslage, der Rechtsmangel gem. § 435 BGB zu verstehen.

a) Sachmangel

Gemäß § 434 BGB ist die Sache dann frei von Sachmängeln, wenn sie bei Gefahrübergang die vereinbarte Beschaffenheit hat. Soweit die Beschaffenheit nicht vereinbart worden ist, ist die Sache dann mangelfrei, wenn sie sich für die vertraglich vorausgesetzte Verwendung eignet, sonst, wenn sie sich für die gewöhnliche Verwendung eignet und die Beschaffenheit aufweist, die für Sachen gleicher Art üblich ist und die der Käufer nach der Art der Sache erwarten kann (§ 434 Abs. 1 Nr. 1 und 2 BGB). Eine übliche Beschaffenheit ist auch eine Eigenschaft, die der Käufer aufgrund öffentlicher Äußerungen, insbesondere Werbung oder Kennzeichnung, des Verkäufers, des Herstellers oder deren Gehilfen erwarten kann. Dies gilt insoweit nicht, als der Verkäufer die Äußerung nicht kannte und nicht kennen mußte oder diese den Kaufentschluß nicht beeinflussen konnte (§ 434 Abs. 1 S. 3 2. HS BGB). Gemäß § 434 Abs. 2 BGB stellen auch die unsachgemäß durchgeführte vereinbarte Montage und die mangelhafte Montageanleitung einen Sachmangel dar. Dem Sachmangel steht

---

508 Bitter/Meidt, S. 2116; Schubel, S. 316.

509 Huber, Peter, S. 1005; Haas, in Haas/Medicus u.a., S. 199..

leitung einen Sachmangel dar. Dem Sachmangel steht es ferner gleich, wenn der Verkäufer eine andere Sache oder eine geringere Menge als die vertraglich vereinbarte liefert.

§ 434 BGB dient der Umsetzung des Art. 2 Abs. 1 der Verbrauchsgüterkaufrichtlinie[510]. Die Richtlinie ist an sich nur dann anwendbar, wenn auf der Käuferseite ein Verbraucher beteiligt ist und auf der Verkäuferseite ein beruflich oder gewerbsmäßig handelnder Verkäufer. Der Gesetzgeber wollte jedoch keinen nur für den Verbrauchsgüterkauf geltenden Sachmangelbegriff einführen und hat daher eine einheitliche Regelung aller Kaufverträge angestrebt[511].

aa) Beschaffenheits- und Verwendungsvereinbarungen

Die Neufassung bewirkt im Ergebnis keine wesentlichen Veränderungen im Bezug auf den Sachmängelbegriff[512]. Dieser bestimmt sich nach wie vor primär nach dem subjektiven Fehlerbegriff, was durch die Bezugnahme auf die vereinbarte Beschaffenheit der Kaufsache im Wortlaut von § 434 BGB zum Ausdruck kommt[513].

Der Gesetzgeber hat bewußt auf eine Definition des Beschaffenheitsbegriffs verzichtet und ausdrücklich offengelassen, ob der Begriff nur Eigenschaften, die der Sache unmittelbar anhaften, oder auch Umstände, die außerhalb der Sache selbst liegen, umfaßt[514]. Es ist jedoch davon auszugehen, daß die bisherige Rechtsprechung zu dem Eigenschaftsbegriff[515] für die Beschaffenheit nach der neuen Rechtslage übernommen wird[516]. Das bedeutet, daß zur Beschaffenheit auch solche tatsächlichen, wirtschaftlichen, sozialen oder rechtlichen Beziehungen der Sache zur Umwelt gehören, die ihren Grund in dem tatsächlichen Zustand der Sache selbst haben und ihr auf eine gewisse Dauer anhaften[517]. Aller-

---

[510] Richtlinie 1999/44/EG des Europäischen Parlaments und des Rates vom 25. Mai 1999 zu bestimmten Aspekten des Verbrauchsgüterkaufs und der Garantien für Verbrauchsgüter.

[511] Däubler-Gmelin, S. 2281ff.; s. sog. „Kleine Lösung" als Gegenansatz – Ernst/Gsell, ZIP 2000, 1410ff. und ZIP 2000, 1812ff.; s. zu Konsequenzen der sog. „großen Lösung" und die Frage der richtlinienkonformen Auslegung, Pfeiffer, S. 26f.

[512] s. Palandt/Putzo, § 434 Rn. 2,7 – der Sachmängelbegriff nach dem Schuldrechtsmodernisierungsgesetz sei uneinheitlich, weil es sieben verschiedene Arten der Sachmängel umfaßt. Diese Kommentierung sollte jedoch nicht dahingehend interpretiert werden, daß nach der neuen Rechtslage viele verschiedene Sachmängelbegriffe gelten. Es ist vielmehr davon auszugehen, daß ein einheitlicher Sachmängelbegriff in Anlehnung an den subjektiven Fehlerbegriff vom Gesetzgeber gewollt war. Die im Gesetz enthaltenen objektiveren Kriterien dienen nicht der Modifikation des Fehlerbegriffs, sondern der Auslegung der vernünftigerweise von den Parteien gewollten Beschaffenheitsvereinbarung; Andres, ZRP 2000, S. 293; Dauner-Lieb, JZ S. 13.

[513] Schubel, S. 315; Gsell, JZ 2001, S. 65; Haas, S. 1314; Andres, ZRP S. 294; AG Marsberg, ZGS 2003, S. 119; bzgl Art. 2 der Verbrauchsgüterkaufrichtlinie, die der neuen Begriffsbestimmung zugrunde liegt s. Grundmann/Bianca/Grundmann, Art. 2 Rn. 8.

[514] Regierungsentwurf, S. 497.

[515] s dazu oben Seite 156.

[516] Vorsichtiger, jedoch in der gleichen Richtung Palandt/Putzo, § 434 Rn. 12.

[517] Nach Jaques, S. 418 – entspricht der Beschaffenheitsbegriff dem Eigenschaftsbegriff nach alter Rechtslage und umfasst darüber hinaus keine weiteren Merkmale; Haas, in Haas/Medicus u.a., S. 187 f.

dings geht der Begriff weiter als der alte Begriff der Eigenschaft[518]. So können auch Umstände, die früher nicht als Eigenschaft angesehen wurden, wie etwa Umsatz und Rendite, künftig als Beschaffenheit vereinbart werden. Der Beschaffenheitsbegriff kann jede auch nur momentane Eigenart und Besonderheit einschließen[519].

Die Beschaffenheit ist dann vereinbart, wenn der Inhalt des Vertrages die Pflicht des Verkäufers bestimmt, die verkaufte Sache in dem vertraglich festgelegten Zustand zu liefern[520]. Eine vom Vertragsinhalt umfaßte Beschreibung der Beschaffenheit genügt. Ein Einstehenwollen des Verkäufers für die vertraglich festgelegte Beschaffenheit ist im Gegensatz zu der Zusicherung einer Eigenschaft nach alter Rechtslage nicht erforderlich. Die Beschreibung kann sich auf eine oder beliebig viele Eigenschaften beziehen. Diese müssen bestimmbar sein. Es genügt die einfache Vereinbarung, die Bestandteil des Vertrages geworden ist, i. d. R. durch eine verbindliche Beschreibung des Zustandes[521]. Es handelt sich um die Festlegung des geschuldeten Sollzustandes.

Eine Beschaffenheitsvereinbarung wird man auch dann annehmen müssen, wenn eine Probe oder Muster vorgelegt wird. Art. 2 Abs. 2 lit. a) der Verbrauchsgüterkaufrichtlinie enthält ausdrücklich die Bestimmung, daß die Ware grundsätzlich der vorgelegten Probe oder dem Muster entsprechen muß[522]. Im Sinne einer richtlinienkonformen Auslegung von § 434 BGB wird man diese Bestimmung berücksichtigen müssen. In den Fällen, in denen die Parteien zunächst vertraglich eine Beschaffenheit festgelegt haben und der Verkäufer erst im Anschluß eine Probe vorlegt, wird man in der Regel annehmen können, daß die Probe lediglich eine Veranschaulichung der Vereinbarung darstellt[523]. Bei Zweifeln wird man unter Heranziehung der näheren Umstände des Falles durch Auslegung ermitteln müssen, ob ggf. Abweichungen der Probe eine Änderung der Beschaffenheitsvereinbarung darstellen.

Ist eine bestimmte Beschaffenheit der Kaufsache nicht vereinbart worden, so ist die Sache sachmangelfrei, wenn sie sich für die im Vertrag vorausgesetzte Verwendung eignet. Die Verwendung muß von beiden Parteien vorausgesetzt sein. Eine einseitige Erwartung des Käufers reicht nicht aus. Praktisch heißt das, daß der Käufer beim Vertragsschluß dem Verkäufer den Zweck des Kaufes zur Kenntnis bringt und der Verkäufer zumindest stillschweigend durch Abschluß des Vertrages diesem zustimmt[524].

Aus der Rangfolge von Beschaffenheits- und Verwendungsvereinbarung folgt zweierlei. Zum einen muß die Beschaffenheitsvereinbarung die Art der Verwen-

---

518 Treibel/Hölzle, S. 531.
519 Wolf/Kaiser, S. 412.
520 Palandt/Putzo, § 434 Rn. 15.
521 Palandt/Putzo, § 434 Rn. 16.
522 Grundmann/Bianca/Grundmann, Art. 2 Rn. 23.
523 Pfeiffer, S. 25, krit. Gsell, JZ 2001, S. 66.
524 Grundmann/Bianca/Grundmann, Art. 2 Rn. 25.

dung der Kaufsache nicht betreffen. Zum anderen kann die Beschaffenheitsvereinbarung hinter den üblichen Qualitätsstandards zurückbleiben[525]. Dies könnte vor allem beim Verkauf gebrauchter Sachen und bei Preisnachlaßaktionen von Bedeutung sein.

bb) Gewöhnliche Verwendung und übliche Beschaffenheit

Für den Fall, daß der Vertrag keine Beschaffenheits- oder Verwendungszweckvereinbarungen beinhaltet, was gerade bei Massengeschäften im Alltag der Fall ist, stellt das Gesetz jetzt explizit objektivierte Beurteilungskriterien zur Verfügung. Dies ist zum einen die gewöhnliche Verwendung und zum anderen die übliche, bei Sachen der gleichen Art zu erwartende, Beschaffenheit.

Ob sich die Sache für die gewöhnliche Verwendung eignet, ist objektiv auf Grundlage der Art der Sache und den Verkehrskreisen, denen der Käufer angehört, zu beurteilen[526]. Welche Beschaffenheit erwartet werden kann, bestimmt sich nach dem Erwartungshorizont eines Durchschnittskäufers[527]. Dadurch wird eine Objektivierung der Erwartungen herbeigeführt, bei der die individuellen, unter Umständen überzogenen Vorstellungen des konkreten Käufers außer Betracht bleiben. Der Vergleichsmaßstab sind „Sachen der gleichen Art", d. h. Sachen mit demselben Qualitätsstandard[528]. Dies ist vor allem bei gebrauchten Sachen zu berücksichtigen. Eine gebrauchte Sache kann nicht von „der gleichen Art" wie eine neue desselben Typs sein. Vielmehr kommt es darauf an, welche Eigenschaften der Durchschnittskäufer anhand der „Art der Sache" erwarten kann[529].

cc) Eigenschaften gem. öffentlicher Äußerungen

Novum ist die Bestimmung in § 434 Abs. 1 S. 3 BGB. Sie dient der Umsetzung des Teils von Artikel 2 Abs. 2 lit. d) der Verbrauchsgüterkaufrichtlinie. Sie bezieht sich auf Eigenschaften, die der Käufer aufgrund öffentlicher Äußerung erwarten kann. Die im Wortlaut der Vorschrift („erwarten kann") zum Ausdruck kommende subjektive Anknüpfung sollte im Sinne richtlinienkonformer Auslegung nicht rein subjektiv verstanden werden. Der Wortlaut der Richtlinie bezieht sich auf Eigenschaften, die der Käufer „vernünftigerweise" erwarten kann. Damit kommt ein objektiver Ansatz zum Ausdruck[530]. Es kommt nicht auf die individuellen Erwartungen des einzelnen Käufers an, sondern auf die eines vernünftigen Käufers in der gleichen Situation.

Werbeaussagen des Verkäufers selbst werden i. d. R. im Rahmen des Verkaufsgesprächs jedenfalls dann in Bezug genommen, wenn sie konkrete Eigenschaften der Kaufsache betreffen. In diesen Fällen wird regelmäßig eine entsprechen-

---

[525] Westermann, NJW S. 243; Grundmann/Bianca/Grundmann, Art. 2 Rn. 9.
[526] Haas, in Haas/Medicus u.a., S. 190; Schellhammer, S. 58.
[527] Regierungsentwurf, S. 499.
[528] Palandt/Putzo, § 434 Rn. 29.
[529] Regierungsentwurf, S. 500.
[530] Lehmann, S. 283f.

de Beschaffenheitsvereinbarung anzunehmen sein[531]. Eine Abweichung der tatsächlichen Beschaffenheit der gelieferten Sache begründet dann schon einen Sachmangel gemäß Satz 1. Die von der Verbrauchsgüterkaufrichtlinie und vom § 434 BGB vorgesehene Bezugnahme auf Werbeaussagen und andere öffentliche Äußerungen ist deshalb vor allem bei Erklärungen Dritter, insbesondere des Herstellers, von Bedeutung. Die Regelung des § 434 Abs. 1 S. 3 BGB dient der Konkretisierung der üblich zu erwartenden Beschaffenheit gem. § 434 Abs. 1 S. 2 Nr. 2 BGB.

In der Rechtsprechung waren bereits vor dem Inkrafttreten der neuen Regelung gewisse Tendenzen vorhanden, öffentliche Äußerungen eines Herstellers als Beschaffenheitsvereinbarung anzusehen[532]. In welchem Umfang auf die neue Regelung künftig zurückgegriffen werden wird und wie die Rechtsprechung damit umgehen wird, bleibt abzuwarten. Wünschenswert wäre eine restriktive Handhabung, da diese Ausdehnung der Beschaffenheitsvereinbarung erhebliche Belastungen für den Handel mitbringt, die sich im Ergebnis auf die Endpreise auswirken können und daher die Verbraucher den gesetzlich initiierten Schutz teuer erkaufen müßten.

Der Hinweis, der Verkäufer werde durch die Bindung an öffentliche Aussagen des Herstellers über konkrete Eigenschaften der Kaufsache nicht in unzumutbarer Weise in seiner Rechtsposition beeinträchtigt, weil er von der Werbung durch Dritte profitiere, da diese den Absatz fördert[533], kann nicht durchweg überzeugen. Der Personenkreis, für dessen Äußerungen der Verkäufer haften kann, kann u. U. unüberschaubar groß werden. Dies ergibt sich zum einen aus dem Klammerhinweis in § 434 Abs. 1 S. 3 BGB, der auf § 4 Abs. 1 und 2 ProdHaftG verweist. Demnach ist Hersteller nicht nur der Hersteller des Endprodukts, sondern auch derjenige eines Teilprodukts oder Grundstoffes. Des weiteren ist Hersteller auch derjenige, der sich durch das Anbringen seines Namens, seiner Marke oder eines anderen unterscheidungskräftigen Kennzeichens als Hersteller ausgibt. Als Hersteller gilt ferner der Importeur der Ware im europäischen Wirtschaftsraum. Der Kreis wird durch den Einbezug der Gehilfen des Herstellers noch einmal erweitert. Wer Gehilfe ist, ist nicht ganz eindeutig zu bestimmen[534], auch wenn der Gesetzgeber den Begriff mit gewissem Bedacht gewählt hat. Die von der Verbrauchsgüterkaufrichtlinie verwendete Bezeichnung des „Vertreters“ des Herstellers wurde nicht übernommen, da sie der Terminologie des Bürgerlichen Gesetzbuchs nicht entspricht. Im Zusammenhang mit der Herstellerwerbung geht es nicht um die Stellvertretung bei der Abgabe von Willenserklärungen (§§ 164 ff. BGB)[535]. Der Begriff „Gehilfe“ bezieht sich auf Hilfspersonen, die für den Hersteller bei Äußerungen über Tatsachen (Eigenschaften der Sache) eingeschaltet

[531] Boerner, S. 2266.
[532] z. B. BGHZ 132, 55 – die Angaben eines Pkw-Herstellers über den Treibstoffverbrauch der Fahrzeuge.
[533] Regierungsentwurf, S. 500f..
[534] Westermann, NJW 2002, S. 245.
[535] Regierungsentwurf, S. 501.

werden[536]. Entscheidend für die Bestimmung, wer Gehilfe ist, sollte der Gesichtspunkt sein, daß die konkrete öffentliche Äußerung bzw. Werbung in irgendeiner Weise auf den Willen des Herstellers zurückzuführen ist[537].

Insgesamt ist festzuhalten, daß die Ausdehnung der Verkäuferhaftung auf Äußerungen, die nicht von ihm stammen und nicht notwendig im Vertrag eingegangen sind, eine nicht unerhebliche Belastung für den Verkäufer bedeutet bzw. bedeuten kann. Es wird daher zu Recht vertreten, diese Belastung sei der tragende Grund für die Notwendigkeit einer gesetzlichen Regelung des Rückgriffs des Letztverkäufers, die jetzt in §§ 478f. BGB geregelt ist[538]. Dieser Anspruch richtet sich jedoch gegen den unmittelbaren Lieferanten des Verkäufers und nicht gegen den Werbenden. Das Fehlen einer Durchgriffshaftung, die als Kompensation für die Haftung des Letztverkäufers für öffentliche Aussagen Dritter wird zum Teil zu Recht kritisiert[539].

Da der Hauptgrund für den Einbezug der öffentlichen Äußerungen die Beeinflußbarkeit der Käufer durch die Werbung ist, ist der Käufer zunächst dann nicht schutzbedürftig, wenn die Werbeaussagen die Kaufentscheidung nicht beeinflußt haben[540]. Des weiteren entfällt die Schutzbedürftigkeit dann, wenn die Äußerung im Zeitpunkt des Vertragsabschlusses in gleichwertiger Weise berichtigt war. Wie die Gleichwertigkeit der Berichtigung zu beurteilen ist, ist offen. Ob auf die Gleichwertigkeit des Mediums, der Darbietung, des Inhalts der Äußerung oder auf der Wirkung der Berichtigung abzustellen ist, wird im Einzelfall zu entscheiden sein. Eine unangemessene Einschränkung wäre es, wenn nur Maßnahmen mit großer Publizität wie Rückrufaktionen eine Berichtigung bewirken könnten[541]. Es wird vielmehr im Einzelfall je nach Aufwand und Wirkungskreis der Äußerung eine im Aufwand und Wirkungskreis entsprechende Berichtigung erforderlich sein. Hat der Hersteller die große Werbetrommel gerührt, so muß er einen entsprechenden Aufwand betreiben, um eine Berichtigung in gleichwertiger Weise herbeizuführen. Ist aber die Äußerung in einer einmaligen Anzeige, in einem an einen bestimmten Interessentenkreis gerichteten Magazin zu berichtigen, so ist kein Grund ersichtlich, warum nur eine groß angelegte Informationskampagne eine in gleichwertiger Weise erfolgte Berichtigung sein soll. Der Verkäufer kann sich gem. § 434 Abs. 1 S. 3 2. HS BGB auch durch den Nachweis entlasten, er habe die Äußerung nicht gekannt und auch nicht kennen müssen.

Für alle drei Ausnahmen ist der Verkäufer beweispflichtig. Die Erbringung des Beweises dürfte schwierig sein.

---

536 Regierungsentwurf, S. 501 = BT-Dr 14/6040, S. 214.
537 Westemann, NJW 2002, S. 245.
538 Westemann, NJW 2002, S. 245.
539 Boerner, S. 2266f.
540 Haas, in: Haas/Medicus u.a., S. 192f.
541 so aber Westemann, NJW 2002, S. 245; ähnlich, wenn nicht ganz eindeutig Palandt/Putzo, § 434 Rn. 39.

dd) Mangelhafte Montage oder Montageanleitung

§ 434 Abs. 2 BGB setzt Artikel 2 Abs. 5 der Verbrauchsgüterkaufrichtlinie um. Er stellt Montagefehler ausdrücklich einem Sachmangel gleich. Satz 1 betrifft die Montage durch den Verkäufer oder dessen Erfüllungsgehilfen. Es werden vor allem solche Fälle erfaßt, in denen eine zunächst mangelfreie Sache nur dadurch mangelhaft wird, daß der Verkäufer sie unsachgemäß montiert. Ein Mangel i. S. Abs. 2 S. 1 liegt darüber hinaus auch dann vor, wenn allein die Montage selbst fehlerhaft ist, ohne daß dies zu einer Beeinträchtigung der Beschaffenheit der verkauften Sache führt[542]. Voraussetzung für die Anwendung von § 434 Abs. 2 BGB ist, daß die Montage geschuldet ist und nicht den Schwerpunkt der vertraglich geschuldeten Leistung bildet[543].

Ein Sachmangel liegt gem. § 434 Abs. 2 S. 2 BGB auch dann vor, wenn die Montageanleitung mangelhaft ist und deshalb die Sache mangelhaft wird, d. h. fehlerhaft montiert wird. Baut also der Käufer trotz fehlerhafter Montageanleitung das erstandene Regal aufgrund seiner (leidvollen) Erfahrung fehlerfrei zusammen, so stehen ihm wegen der Mangelhaftigkeit der Anleitung keine Rechtsbehelfe zu. Die fehlerfreie Montage hat der Verkäufer zu beweisen („es sei denn" in § 434 Abs. 2 Satz 2 BGB a. E).

ee) Falschlieferung und Zuweniglieferung

§ 434 Abs. 3 BGB stellt die Falschlieferung („eine andere Sache") und die Zuweniglieferung („zu geringe Menge") ausdrücklich einem Sachmangel gleich. Voraussetzung für die Gleichstellung von Falsch- und Zuweniglieferung ist, daß der Verkäufer die Leistung als Erfüllung seiner Pflicht erbringt. Für den Käufer muß erkennbar dieser Zusammenhang zwischen Leistung und Verpflichtung bestehen, und es darf sich nicht um eine Teilleistung oder eine Leistung auf Grund einer anderen Verbindlichkeit handeln[544]. Die bisherige Unterscheidung zwischen genehmigungsfähigem und nichtgenehmigungsfähigem aliud in § 378 HGB wird aufgegeben. Dies läßt auf eine erhebliche Erleichterung der Rechtsanwendung und auf breite Zustimmung zu dem Kern der Änderung hoffen[545]. Die neue rechtliche Qualifikation durch den Gesetzgeber verbietet aber zugleich unreflektierte Übernahme der Meinungen und Auslegungsmuster zur alten Rechtslage. Solche führen dazu, daß contra legem und europäischen Vorgaben[546] auch zum neuen Recht gelegentlich vertreten wird, § 434 Abs. 3 BGB sei auf Stückkauf nicht anzuwenden und es bleibe insoweit bei der Anwendung des allgemeinen Leistungsstörungsrechts[547].

Die Zuviellieferung ist weiterhin nicht ausdrücklich gesetzlich geregelt. Dabei

---

[542] Regierungsentwurf, S. 503.
[543] s. dazu bereits nach a.F. - BGH, NJW 1998, 3197f..
[544] Regierungsentwurf, S. 506.
[545] Schubel, S. 315; Boerner, S. 2267; Hass, S. 1315; Lorenz, JuS S. 36.
[546] Dauner-Lieb/Arnold, S. 1176.
[547] so Lettl, S. 871.

handelt es sich nicht um einen Fall von Sachmängelhaftung. Dem Käufer stehen die gleichen Rechte wie nach der alten Rechtslage zu[548].

b) Zusammenfassung: Unterschiede im Sachmängelbegriff zwischen BGB a.F. und dem Schuldrechtsmodernisierungsgesetz.

Es bleibt festzuhalten, daß die Neubestimmung des Sachmangels im § 434 BGB keine bahnbrechende Erneuerungen mit sich bringt. Ausgangspunkt bei der Bestimmung, ob eine Sache mangelhaft ist, bleibt nach wie vor die vertragliche Vereinbarung und damit der subjektive Fehlerbegriff. Die vorgesehenen objektiveren Kriterien für den Fall, daß der Vertrag keine Bestimmungen über die Beschaffenheit der Sache enthält, bewirken in erster Linie eine Klarstellung. Bei der Bestimmung der zu erwartenden Beschaffenheit kommt es auf den Erwartungshorizont eines Durchschnittskäufers an. Eine wesentliche Erweiterung der Verkäuferhaftung gegenüber der alten Rechtslage kann die Einbeziehung von Äußerungen - insbesondere Werbeaussagen Dritter - für die Bestimmung der zu erwartenden Beschaffenheit mitbringen. Eine vorsichtige und restriktive Anwendung der Vorschrift durch die Rechtsprechung wäre wünschenswert, auch wenn die Rechtsprechung bereits vor Inkrafttreten des Schuldrechtsmodernisierungsgesetzes dazu tendiert hatte, öffentliche Äußerungen eines Herstellers als Beschaffenheitsvereinbarung anzusehen.

Die Neuregelung der mangelhaften Montage und der mangelhaften Montageanleitung bewirken im Ergebnis wenig Änderung gegenüber der alten Rechtslage. Entbehrlich wird nur die Unterscheidung zwischen völlig unbedeutenden und gewichtigeren Montageleistungen. Da eine Nacherfüllung häufig ausscheiden wird, wird, wenn der Verkäufer die unsachgemäße Montage zu vertreten hat, der Regelrechtsbehelf des Käufers der Schadensersatz sein. Nach alter Rechtslage haftete der Verkäufer in dieser Konstellation wegen Nebenpflichtverletzung nach den Grundsätzen der pVV. Es ist nicht ganz nachvollziehbar, warum der Gesetzgeber nur die mangelhafte Montageanleitung im Mangelbegriff einbezogen hat und nicht ebenfalls eine mangelhafte Bedienungs- und Gebrauchsanweisung[549].

Eine wesentliche Änderung und in ihrer Tendenz eine Erleichterung gegenüber der alten Rechtslage stellt die Gleichstellung der Falschlieferung mit einem Sachmangel dar. Eine Gleichstellung der Lieferung einer mangelhaften Sache mit der Lieferung einer anderen Sache nahm die herrschende Meinung nach alter Rechtslage nur im Handelskauf an und das nur insoweit, als mit der Genehmigung des Käufers zu rechnen war. Im übrigen war streng nach Falschlieferung und Mangel zu unterscheiden, weil dadurch unterschiedliche Rechtsfolgen und weitreichende, vor allem verjährungsrechtliche Konsequenzen verbunden waren. Die schwierige Abgrenzung zwischen bloßer mangelhafter Lieferung und der Lieferung einer anderen Sache ist mit der Rechtsänderung obsolet geworden. Die Gleichstellung bedeutet keine Benachteiligung der Parteien, da die Rechtsfolgen

---

[548] s. oben Seite 157 f.
[549] so auch Boerner, S. 2267.

von Sachmängeln und sonstigen Vertragsverstößen weitgehend angeglichen sind.

c) Gefahrübergang nach neuer Rechtslage und Unterschiede zur alten Rechtslage

aa) Grundsätze

Die Sache muß zum Zeitpunkt des Gefahrübergangs sachmängelfrei sein, § 434 BGB[550]. Es genügt, daß der Sachmangel im Keim vorhanden ist. Für den Bereich des Verbrauchsgüterkaufs sieht § 476 BGB eine Beweislastumkehr[551] zugunsten des Verbrauchers vor. Zeigt sich innerhalb von sechs Monaten seit Gefahrübergang ein Mangel, so wird vermutet, daß die Sache bereits zum Zeitpunkt des Gefahrüberganges mangelhaft war. Der Käufer trägt jedoch, nachdem er die Kaufsache entgegengenommen hat, die Darlegungs- und Beweislast für die einen Sachmangel begründenden Tatsachen. § 476 BGB betrifft nicht die Frage, ob überhaupt ein Sachmangel vorliegt. Die Vorschrift setzt vielmehr einen binnen sechs Monaten seit Gefahrübergang aufgetretenen Sachmangel voraus und enthält eine lediglich in zeitlicher Hinsicht wirkende Vermutung, daß dieser Mangel bereits im Zeitpunkt des Gefahrübergangs vorlag[552]. Dies gilt insoweit nicht, als die Vermutung mit der Art der Sache oder des Mangels unvereinbar ist. Eine Unvereinbarkeit kann beispielsweise beim Kauf gebrauchter Waren angenommen werden[553].

Der Zeitpunkt des Gefahrüberganges richtet sich nach §§ 446, 447 BGB[554]. Die Gefahr des zufälligen Unterganges und der zufälligen Verschlechterung geht demnach grundsätzlich mit Übergabe der verkauften Sache auf den Käufer über, § 446 S. 1 BGB. Dem steht es gem. § 446 S. 3 BGB gleich, wenn der Käufer mit der Annahme in Verzug ist. Liegt ein sog. Versendungskauf vor, so geht die Gefahr auf den Käufer über, sobald der Verkäufer die Sache dem Transporteur ausgehändigt hat, § 447 BGB. Hintergrund der Regelung ist, daß die Übernahme der Versendung durch den Verkäufer nicht zu einer Risikoerhöhung gegenüber der gesetzlich grundsätzlich geschuldeten Zur-Verfügung-Stellung am Ort des Verkäufers führen soll. Bei dem gesetzlichen Leitbild der Holschuld trägt der Käufer nach Abholung der Ware alle Risiken des Transports zum Bestimmungsort[555]. Die Regelung des § 447 BGB a.F. ist im Ergebnis ohne Änderungen übernommen

---

[550] Art. 3 Abs. 1 der Verbrauchsgüterkaufrichtlinie stellt dagegen auf den Zeitpunkt der Lieferung ab. Nach Erwägungsgrund 14 sind die Mitgliedstaaten jedoch nicht verpflichtet, diesbezügliche nationale Normen anzupassen. Bezgl. der sich zum Teil möglicherweise ergebenden Unterschiede beider Ansätze, s. Grundmann/Bianca/Grundmann, Art. 3 Rn. 11ff..

[551] AG Zeven, ZGS 2003, 158.

[552] BGH NJW 2004, 2299.

[553] Westermann, NJW S. 244, näher zu Beweislast S. 251f.; AG Marsberg, ZGS 2003, S. 119.

[554] Gemäß § 474 Abs. 2 BGB findet § 447 auf Verbrauchsgüterkaufverträge keine Anwendung. Der Gefahrübergang richtet sich bei Verträgen mit Verbrauchern nach § 446 BGB. s. näheres unten Seite 171 f.

[555] Wertenbruch, S. 626.

worden. Damit bleibt festzustellen, daß sich im Bereich des Gefahrübergangs insoweit keine inhaltlichen Unterschiede gegenüber der alten Rechtslage ergeben. Die Bedeutung der Gefahrtragungsvorschriften für die Bestimmung der Anwendbarkeit von Vorschriften des allgemeinen Leistungsstörungsrechts und des Gewährleistungsrechts dürfte mit der Angleichung der beiden Systeme im gewissen Umfang nachlassen.

bb) Gefahrübergang bei Verbrauchsgüterkauf

Eine beträchtliche Änderung sieht jedoch § 474 Abs. 2 BGB für den Bereich des Verbrauchsgüterkaufrechts vor. Ein Verbrauchsgüterkauf liegt nach der Legaldefinition des § 474 Abs. 1 S. 1 BGB dann vor, wenn der Käufer ein Verbraucher, der Verkäufer ein Unternehmer ist und ein Kaufvertrag über bewegliche Sachen abgeschlossen wurde. Die Begriffe Verbraucher und Unternehmer sind wiederum in §§ 13, 14 BGB legal definiert.

Gemäß § 474 Abs. 2 BGB ist die Gefahrtragungsregelung des § 447 BGB ausgeschlossen. Wegen dieses Ausschlusses bleibt es im Bereich des Verbrauchsgüterkaufs bei der Grundregel gem. § 446 BGB. Das bedeutet, daß auch dann, wenn der Verkäufer die Sache dem Verbraucher zusendet, die Gefahr erst bei Übergabe an den Verbraucher übergeht. Allerdings ist eine Differenzierung zwischen der Leistungsgefahr und der Preisgefahr erforderlich[556]. Denn die Zusendung der verkauften Sache an einen Verbraucher macht allein wegen des Ausschlusses von § 477 BGB die vereinbarte Schickschuld nicht zu einer Bringschuld. Die Leistungsgefahr geht daher mit Übergabe der verkauften Sache an den Transporteur auf den Käufer über. Der Übergang der Preisgefahr erfolgt dagegen erst bei Übergabe der Ware an den Käufer[557]. Würde man die Leistungs- und Preisgefahr parallel übergehen lassen, wäre eine unangemessene und vom Gesetzgeber nicht gewollte Benachteiligung des Verkäufers die Folge. Dieser müßte bei zufälligem Untergang der Sache bei dem Transport, wenn die Leistungsgefahr noch nicht übergegangen ist, noch einmal leisten. Ziel des Ausschlusses der Gefahrtragungsregelung des § 447 BGB war es, den Verbraucher davor zu schützen, zahlen zu müssen, ohne vertragsgemäße Ware erhalten zu haben. Eine darüber hinausgehende Belastung des Verkäufers ist nicht beabsichtigt.

Hintergrund der Regelung des § 474 Abs. 2 BGB ist zum einen die Erwägung, daß diejenige Vertragspartei das Risiko des zufälligen Untergangs oder der zufälligen Verschlechterung der Ware tragen soll, die eher imstande ist, dieses Risiko abzuwenden, zu verringern oder zu versichern. Das ist sehr häufig der Verkäufer, weil er über die Art und den Weg der Beförderung entscheidet und den Beförderer auswählt. Zum anderen entspricht es der allgemeinen Erwartung des Verbrauchers, daß er für eine Sache nur dann bezahlen muß, wenn er sie tatsächlich erhalten hat. Trotz dieser grundsätzlichen Erwägungen bleibt die Notwendigkeit

---

[556] BGH NJW 2003, 3341.

[557] Wertenbruch, S. 632; LG Bad Kreuznach, VuR 2003, 80.

des Ausschlusses dieser Gefahrtragungsregel nicht unbestritten[558]. Gemäß § 475 Abs. 1 BGB ist der Ausschluß der Gefahrtragung gem. § 447 BGB zwingendes Recht. Das bedeutet, daß die Vorverlegung des Gefahrübergangs auf den Zeitpunkt der Übergabe der Sache an den Transporteur auch dann nicht möglich ist, wenn der Käufer die Versendung an einen anderen Ort als dem Erfüllungsort verlangt hat[559]. Dies kann zu unbilligen Belastungen für den Verkäufer führen.

d) Rechtsmangel

Nach dem Schuldrechtsmodernisierungsgesetz umfaßt der Mangelbegriff auch Rechtsmängel. Gemäß § 435 S. 1 BGB ist die verkaufte Sache dann frei von Rechtsmängeln, wenn Dritte in bezug auf die Sache keine oder nur die im Kaufvertrag übernommenen Rechte gegen den Käufer geltend machen können. Die Definition lehnt sich an der alten Fassung des § 434 BGB an. Ein Rechtsmangel liegt demnach vor, wenn Dritte aufgrund privaten oder öffentlichen Rechts das Eigentum, den Besitz oder den unbeschränkten Gebrauch der Kaufsache beeinträchtigen können. In Betracht kommen sowohl absolute als auch obligatorische Rechte[560]. Wie bereits nach alter Rechtslage liegt ein Rechtsmangel nur dann vor, wenn ein tatsächlich bestehendes Recht gegen den Käufer geltend gemacht werden kann. Der Begriff des Rechtsmangels soll - wie bisher - ausschließlich objektiv verstanden werden[561].

Maßgeblicher Zeitpunkt für die Rechtsmangelhaftigkeit ist der Zeitpunkt des Erwerbs. Entscheidend ist also, ob das Recht beim Erwerb des verkauften Gegenstandes bestand[562]. Bei beweglichen Sachen kommt es daher auf den Zeitpunkt der Eigentumsübertragung gem. §§ 929 ff. BGB an und nicht auf den Zeitpunkt der Besitzverschaffung.

Die Gleichstellung von Sach- und Rechtsmangel bezüglich der Rechtsfolgen und der Verjährung dürfte viele in der Vergangenheit bestehende Abgrenzungsschwierigkeiten obsolet machen.

e) Keine Kenntnis oder grobfahrlässige Unkenntnis des Käufers

Dem Käufer steht, wie bereits schon nach alter Rechtslae, kein Rechtsbehelf zur Verfügung, wenn er den Mangel bei Abschluß des Vertrages kannte, § 442 Abs. 1 S. 1 BGB. Kenntnis setzt positives Wissen derjenigen Tatsachen voraus, die in ihrer Gesamtheit den Mangel begründen[563].

Ist dem Käufer ein Mangel infolge grober Fahrlässigkeit unbekannt geblieben, so kann er wegen dieses Mangels nur dann Rechte geltend machen, wenn der Ver-

[558] s. Westermann, NJW S. 251.
[559] Westermann, NJW S. 251.
[560] Haas, in Haas/Medicus, S. 197.
[561] Regierungsentwurf, S. 509.
[562] Palandt/Putzo, § 435 Rn. 7.
[563] Palandt/Putzo, § 442 Rn. 7.

käufer den Mangel arglistig verschwiegen hat oder eine Garantie für das Vorhandensein einer Eigenschaft übernommen hat, § 442 Abs. 1 S. 2 BGB. Grobe Fahrlässigkeit liegt vor, wenn die verkehrserforderliche Sorgfalt in besonders schwerem Maße verletzt wird, schon ganz naheliegende Überlegungen nicht angestellt werden und das nicht beachtet wird, was im gegebenen Fall jedem einleuchten müßte[564]. Während der Beurteilungsmaßstab bei einfacher Fahrlässigkeit ausschließlich objektiv ist, sind bei der groben Fahrlässigkeit auch subjektive, in der Person des Handelnden begründete Umstände zu berücksichtigen[565]. Der Käufer ist grundsätzlich nicht zur Untersuchung des Kaufgegenstandes verpflichtet, eine Unterlassung der Untersuchung kann jedoch beim Vorliegen besonderer Umstände grobe Fahrlässigkeit begründen.

f) Haftung des Verkäufers trotz grobfahrlässiger Unkenntnis des Käufers (Arglist und Garantie; Garantiebegriff)

Trotz grober Fahrlässigkeit des Käufers bezüglich der Mangelhaftigkeit der Sache haftet der Verkäufer, wenn er einen Mangel arglistig verschwiegen hat bzw. die Mangelfreiheit vorgetäuscht hat oder eine Garantie übernommen hat, § 442 Abs. 1 BGB.

aa) Arglist

Das arglistige Verschweigen i. S. v. § 442 Abs. 1 BGB entspricht inhaltlich dem § 463 S. 2 BGB a.F. Arglistiges Verschweigen eines Mangels liegt dann vor, wenn der Verkäufer einen Mangel mindestens für möglich hält und weiß oder damit rechnet und billigend in Kauf nimmt, daß der Käufer den Mangel nicht kennt und bei Offenbarung des Mangels den Vertrag nicht oder nicht so geschlossen hätte[566].

bb) Der Garantiebegriff im gesetzgeberischen Prozeß

§ 442 Abs. 1 BGB entspricht im wesentlichen dem Wortlaut des § 460 Abs. 2 BGB a.F. Da allerdings die zugesicherte Eigenschaft nicht mehr in Rahmen des Mangelbegriffs vorkommt, konnte die alte Fassung nicht vollständig übernommen werden. Die Bedeutung der Zusicherung liegt nach dem Willen des Gesetzgebers des Schuldrechtsmodernisierungsgesetzes bei der inhaltlichen Bestimmung dessen, was der Schuldner gem. § 276 Abs. 1 S. 1 BGB zu vertreten hat. Die dort erwähnte Übernahme einer Garantie soll die bisherigen Fälle der Zusicherung einer Eigenschaft umfassen. Die in § 442 BGB aufgenommene Formulierung soll sich, so der Gesetzesinitiator, auf die Neufassung von § 276 BGB beziehen und in der Sache der Zusicherung einer Eigenschaft nach altem Recht entsprechen[567]. Es sollte nicht darum gehen, daß über den Gefahrübergang hinaus eine Garantie für die Beschaffenheit bzw. Haltbarkeit übernommen wird (vgl.

---

[564] Palandt/Putzo, § 277 Rn. 5.
[565] BGHZ 10, 17; 119, 149; BGH NJW 2001, 2092.
[566] BGHZ 123, 363.
[567] Regierungsentwurf, S. 554=BT-Dr. 14/6040, S. 236.

§ 443 BGB), sondern allein um das, was nach alter Rechtslage unter der Zusicherung einer Eigenschaft verstanden wurde: Die Erklärung des Verkäufers, daß die Kaufsache bei Gefahrübergang eine bestimmte Eigenschaft habe, verbunden mit der Erklärung, verschuldensunabhängig für alle Folgen ihres Fehlens einstehen zu wollen. Diese Auffassung kam in dem Regierungsentwurf durch folgenden Wortlaut des § 442 zum Ausdruck: „... eine Garantie für das Vorhandensein einer Eigenschaft übernommen hat".

Der Bundesrat hat in seiner Stellungnahme Nr. 97 vorgeschlagen in dem Wortlaut des § 443 BGB die möglichen und von Art. 6 der Verbrauchsgüterkaufrichtlinie teilweise vorgegebenen Garantieinhalte zu umschreiben und dabei die Haltbarkeitsgarantie zu definieren. Damit sollte der Gegenstand gegenüber der in § 276 Abs. 1 Satz 1 BGB genannten Garantie abgegrenzt werden, die bewirkt, daß der Schuldner eine Pflichtverletzung unabhängig von einem Verschulden zu vertreten hat und die mit diesem Inhalt auch Eingang in die §§ 442 und 444 BGB gefunden hat[568]. In § 443 sollte nach dem Vorschlag des Bundesrates nur die von Dritten für die Beschaffenheit der Sache im Zeitpunkt des Gefahrübergangs übernommenen Garantien aufgenommen werden, nicht jedoch eine entsprechende Garantie des Verkäufers, da eine solche eine Beschaffenheitsvereinbarung i. S. v. § 434 Abs. 1 BGB darstellt[569].

Die Bundesregierung ist dem Anliegen, die in § 443 BGB einerseits und in den § 442 und § 444 BGB andererseits geregelte Garantie voneinander abzugrenzen, beigetreten. Es wurde daher vorgeschlagen in § 442 und § 444 BGB die Garantie nicht mehr zu erwähnen, da es inhaltlich um die Zusicherung von Eigenschaften gehe. Der Wortlaut von § 442 Abs. 1 S. 2 BGB sollte dahingehend geändert werden, daß der Verkäufer haftet, wenn er „den Mangel arglistig verschwiegen oder dessen Abwesenheit zugesichert hat." § 444 BGB sollte entsprechend angepaßt werden[570].

Der Rechtsausschuß des Bundestages hat in seiner Beschlußempfehlung auf die Wiederaufnahme des Zusicherungsbegriffs verzichtet. Der Wortlaut des § 442 BGB sollte bei der Formulierung des Regierungsentwurfs bleiben. Allerdings wurde diese an § 443 Abs. 1 BGB angepaßt, indem die Worte „für die Beschaffenheit" aufgenommen wurden[571]. Der Rechtsausschuß hat zwar den Verzicht auf den Zusicherungsbegriff in § 276 und § 442 BGB begründet[572]. Offen geblieben ist allerdings, warum § 442 BGB an den Wortlaut des § 443 BGB angeglichen wurde und damit die bis dahin im Gesetzgebungsprozeß gewollte Unterscheidung zwischen den Garantiebegriffen in §§ 276, 442, 444 BGB einerseits und den in § 443 BGB andererseits aufgegeben wurde. Das Gesetz ist in dem vom Rechtsausschuß vorgeschlagenen Wortlaut beschlossen worden.

---

568 BT-Dr. 14/6857, S. 28.
569 BT-Dr. 14/6857, S. 28.
570 BT-Dr. 14/6857, S. 61.
571 BT-Dr. 14/7052, S. 197.
572 BT-Dr. 14/7052, S. 184.

Die gesetzgeberische Geschichte läßt einen weiten Auslegungsspielraum zu, was unter Garantie zu verstehen ist und ob der Begriff in §§ 276, 442, 443, 444 BGB einheitlich zu verstehen ist oder nicht. Zugleich ist es geboten, den Begriff der Beschaffenheitsgarantie von dem der Beschaffenheitsvereinbarung gem. § 434 BGB abzugrenzen.

Für die Abgrenzung einer Beschaffenheitsvereinbarung von einer Beschaffenheitsgarantie ist die durch die Vertragsparteien gewählte Bezeichnung allein nicht maßgeblich. Entscheidend ist vielmehr der Bildungswille der Parteien. Eine Garantie setzt das Einstehenwollen des Verkäufers für die in der Garantiebedingungen genannten Folgen voraus. Der Wille des Verkäufers verschuldensunabhängig für alle Folgen des Fehlens des Beschaffenheitsmerkmals einzustehen muß erkennbar sein. Dies muß im Einzellfall durch Auslegung der vertraglich gewollten Rechtsfolgen ermittelt werden[573]. Das Kriterium der Verschuldensabhängigkeit allein ist kein ausreichender Anhaltspunkt für die Abgrenzung von Beschaffenheitsvereinbarung und Beschaffenheitsgarantie. Der ausdrückliche Hinweis, keine Garantie übernehmen zu wollen, kann lediglich eine Auslegungshilfe bei der Ermittlung des wahren Willens der Parteien sein. Für den Bindungswillen als maßgebliches Entscheidungskriterium spricht auch, daß das neue Schuldrecht die Entscheidung, ob und mit welchem Inhalt eine Garantie übernommen wird, nach dem Grundsatz der Vertragsfreiheit den Vertragsparteien überlassen hat[574]. Eine Beschaffenheitsgarantie ist daher eine Erklärung über die Eigenschaften der verkauften Sache, die den Willen des Verkäufers für die in den Garantiebedingungen genannten Folgen einstehen zu wollen, erkennen läßt.

cc) Der Begriff „Garantie für die Beschaffenheit der Sache“

§ 443 BGB dient der Umsetzung von Art. 6 der Verbrausgüterkaufrichtlinie. Er stellt klar, daß die Garantie denjenigen, der sie erklärt, bindet. Dabei sind nach dem ausdrücklichen Wortlaut der Richtlinie nicht nur die Bedingungen in der Garantieerklärung, sondern auch die in der einschlägigen Werbung genannten Bedingungen maßgeblich. Im Rahmen eines Kaufvertrages ist die Garantie eine Vereinbarung, in der der Verkäufer oder ein Dritter Gewähr dafür übernimmt, daß die verkaufte Sache eine bestimmte Beschaffenheit aufweist (Beschaffenheitsgarantie) oder für eine bestimmte Dauer behält (Haltbarkeitsgarantie). Die hier näher zu untersuchende Beschaffenheitsgarantie kann sich allgemein auf die Mängelfreiheit der Sache oder auf einzelne oder mehrere Eigenschaften beziehen, die die Beschaffenheit der Sache ausmachen[575].

• *selbständige oder unselbständige Garantie*

Nach alter Rechtslage wurde neben der Zusicherung einer Eigenschaft gem. § 459 Abs. 2 BGB a.F. auch zwischen selbständigen und unselbständigen Garantien unterschieden. Diese Differenzierung bei den Garantien ist in der Literatur

---

[573] Grimm, S. 195 .
[574] Wolf/Kaise, S. 419.
[575] Palandt/Putzo, § 442 Rn. 19.

nach Inkrafttreten des Schuldrechtsmodernisierungsgesetzes beibehalten worden.

Unter einer unselbständigen Garantie versteht man eine Erklärung des Verkäufers, daß die Sache für eine bestimmte Dauer mängelfrei bleibt. Alle während der Garantiefrist auftretenden Mängel können daher Gewährleistungsansprüche auslösen. Dabei kommt es auf den Zustand zum Zeitpunkt des Gefahrüberganges nicht an. Diese Art Garantien bewirken im Ergebnis, daß dem Käufer bei Vorhandensein des Mangels ein verschuldensunabhängiger Schadensersatzanspruch gegen den Verkäufer zusteht[576].
Unter selbständiger Garantie wird ein Versprechen des Verkäufers verstanden, durch das der Käufer einen eigenständigen Anspruch erhält. Solche Garantien schaffen i. d. R. ein eigenständiges Haftungsregime und verschaffen dem Käufer besondere, außerhalb der gesetzlichen Gewährleistungsansprüche liegende Rechte. Es handelt sich im Grunde genommen um einen selbständigen, die Haftung des Verkäufers begründen Vertrag, der sowohl Voraussetzungen als auch Rechtsfolgen selbst regelt[577].

Das Schuldrechtsmodernisierungsgesetz hat den Inhalt von Garantieerklärungen bewußt nicht näher bestimmt, weil dieser in die Dispositionsbefugnis des Erklärenden im Rahmen der Vertragsfreiheit fällt[578]. Die Parteien sind daher frei, die Bedingung der Garantie selbst zu bestimmen.

Unklar ist jedoch, ob der Bergriff „Garantie für die Beschaffenheit der Sache" i.S. v. §434 BGB nur die selbständige oder auch die unselbständige Garantie umfaßt. Gesetzeswortlaut und -begründung bieten für die Beantwortung dieser Frage wenig Hilfe. Die Gesetzesbegründung setzt sich zwar in der Vorbemerkung zu § 443 BGB mit der Rechtsprechung zu beiden Arten der Garantien auseinander und beschäftigt sich schwerpunktmäßig mit der unselbständigen Garantie[579]. Es wird jedoch zugleich klargestellt, daß keine Bestimmungen - auch kein Mindeststandard über Gegenstand und Dauer einer Garantie - sowie über die dem Käufer zustehenden Ansprüche getroffen werden[580]. Dem Käufer stehen die in der Garantie bezeichneten, sich nach dem Wortlaut im Einzelfall hinsichtlich Eintrittsbedingungen und Rechtsfolgen bestimmenden Rechte zu. Der Gesetzgeber hat den Verzicht auf die Festlegung eines Mindeststandards damit begründet, daß der Käufer nicht benachteiligt wird, da er zusätzliche Rechte neben den gesetzlichen Gewährleistungsrechten bekommt. Dies spricht für eine gewollte Regelung der selbständigen Garantien. Der Regelung in § 443 Abs.1 BGB würde in diesem Fall eine klarstellende Bedeutung gegenüber § 311 BGB zukommen. Der wesentliche Regelungsinhalt der Vorschrift bestünde in der Anordnung der Beweislastvermutung zugunsten des Käufers und in der Klarstellung, daß dem Käufer ein quasivertraglicher Anspruch gegenüber einem garantiegebenden Dritten zusteht.

---

[576] Hermanns, S. 698.
[577] Gronstedt/Jörgens, S. 56; Hermanns, S. 698.
[578] Dauner-Lieb/Heidel/Lepa/Ring, § 8 E Rn. 46; Faust, 272.
[579] BT-Dr. 14/6040, S. 237f.
[580] BT-Dr. 14/6040, S. 239.

Der Wille des Reformgesetzgebers wird in der Literatur durchaus unterschiedlich verstanden. Zum Teil wird angenommen, der Gesetzgeber wolle in §§ 443, 477 BGB die im Warengeschäftsverkehr üblichen unselbständigen Garantien kodifizieren, mit denen Verkäufer und Hersteller die gesetzlichen Rechte des Käufers ergänzen[581]. Es handele sich um den Fall der früher unselbständigen Garantie in Form der Verjährungsverlängerung. Die Haltbarkeits- und Beschaffenheitsgarantie kehre die Beweislast um und dehne die gesetzliche Gewährleistung zeitlich aus[582]. Daher sei in § 434 BGB nur eine Regelung von unselbständigen Garantien vorgenommen worden.

Gegen die Annahme, § 443 BGB regele nur die sog. unselbständige Garantie, spricht der Wortlaut - dem Käufer stehen „im Garantiefall unbeschadet der gesetzlichen Ansprüche die Rechte aus der Garantie zu den in der Garantieerklärung .... angegebenen Bedingungen" zu. Es ist daher zwischen Garantie einerseits und Mängelhaftung nach § 434 ff. BGB andererseits zu trennen[583].

Zum Teil wird angenommen, unter dem Garantiebegriff des § 443 BGB falle sowohl die unselbständige als auch die selbständige Garantie[584]. Für diese Auffassung spricht, daß der Gesetzgeber bewußt die Regelungen von Bedingungen und Folgen einer Garantie den Vertragsparteien überlassen hat. Daher obliegt es den Parteien festzulegen, ob sie einen selbständigen Garantievertrag schließen wollen, dessen Grundlagen in §§ 434, 311 BGB zu sehen wären oder ob sie eine Beweiserleichterung für den Käufer für Mängel, die während eines bestimmten Zeitraumes eintreten, bewirken wollen.

- *Einheitlicher oder differenzierter Garantiebegriff*

Wie bereits oben ausgeführt, ergibt sich aus dem Wortlaut des Gesetzes keine Lösung für die Frage, ob der Begriff „Garantie für die Beschaffenheit der Sache" in §§ 442 bis 444 BGB eine einheitliche Bedeutung hat. Wie ebenfalls aufgezeigt, spricht die Entstehungsgeschichte für ein differenziertes Verständnis des Begriffs. Aus diesem Grund will die überwiegende Meinung in der Literatur den Begriff in §§ 442, 444 BGB, trotz übereinstimmendem Wortlaut mit § 443 BGB, im Sinne der zugesicherten Eigenschaft gem. §§ 459 Abs. 2, 463 BGB a.F. verstanden wissen[585]. Ergänzend wird auf den systematischen Zusammenhang zwischen §§ 276, 442 und 444 BGB hingewiesen. Wer eine Garantie i. S. v. der früheren Zusicherung übernimmt, verschärft freiwillig den Haftungsmaßstab des § 276 BGB[586].

Da aber eine willentliche, wenn auch in der Begründung nicht hinreichend nachvollziehbare Entscheidung des Gesetzgebers vorliegt, ist davon auszugehen, daß

---

581 Dauner-Lieb/Thiessen, S. 111.
582 Treibel/Hölzle, S. 531.
583 v. Westphalen, ZIP S. 547; ähnlich Gronstedt/Jörgens, S. 57; Westermann, NJW S. 248.
584 Grimm, S. 195; Palandt/Putzo, § 443 Rn. 5.
585 Treibel/Hölzle, S. 530; Dauner-Lieb/Thiessen, S. 111ff., 114; Grimm, S. 194.
586 Dauner-Lieb/Thiessen, S. 114.

der Begriff „Garantie für die Beschaffenheit der Sache" in §§ 442 bis 444 BGB einheitlich zu verstehen ist. Diese bewußte gesetzgeberische Entscheidung kann nicht mit korrigierenden Interpretationsversuchen gegen den Wortlaut umgangen werden. Geht man davon aus, daß unter dem Begriff der Beschaffenheitsgarantie sowohl die selbständige als auch die unselbständige Garantie fällt und daß der Begriff in §§ 442, 443, 444 BGB einheitlich zu verstehen ist, so stellt sich die Frage nach der Auslegung dieser Normen und ihre Konsequenzen.

dd) Konsequenzen eines einheitlichen Begriffs der Beschaffenheitsgarantie

Wendet man das Gesetz uneingeschränkt wörtlich an, so hat das zur Folge, daß jede Garantie, unabhängig von ihrem Umfang und Bezug, einen Haftungsausschluß gem. § 442 oder § 444 BGB verhindern würde. Das würde zu einer uneingeschränkten Haftung des Verkäufers führen, trotz vereinbarter Haftungsbeschränkungen oder -höchstgrenzen und grobfahrlässiger Unkenntnis des Käufers[587]. Für den Verkäufer bedeutet diese Art der Auslegung, daß er überhaupt keine Garantien übernehmen soll. Nach Möglichkeit sollte der Verkäufer auch verschuldensunabhängige Beschaffenheitsvereinbarungen vermeiden, um sich nicht der Gefahr auszusetzen, diese könnten in Garantien umgedeutet werden.

Dies würde aber dem erklärten Ziel des Gesetzgebers, den Käufer, vor allem den Verbraucher zu stärken, entscheidend zuwiderlaufen. Eine so weitgehende wörtliche Anwendung ist weder geboten, noch rechtsdogmatisch konsequent. Der Wortlaut der §§ 442 und 444 BGB ist dahingehend zu verstehen, daß die Haftung des Verkäufers nur insoweit bestehen bleibt als die Garantie reicht bzw. die Garantie für die, d. h. die konkret bezeichnete, Eigenschaft gilt. §§ 442, 444 BGB sind also so zu lesen, als ob es dort nicht „wenn" sondern „soweit" stünde. Als noch milderes Mittel könnte der Ausdruck „eine Garantie für die Beschaffenheit" dahingehend verstanden werden, daß die Haftung des Verkäufers für den Fall einer Garantie für **die** Beschaffenheit, d. h. für ein konkretes Beschaffenheitsmerkmal der Sache bestehen bleibt.

Der Vorteil dieser Auslegung ist die geringfügige Einschränkung des Wortlautes. Für diese Einschränkung sprechen aber gute Gründe. Es liegt nahe, daß der Gesetzgeber keine die Privatautonomie aushebelnde Regelungen treffen wollte. Das Gesetz überläßt ausdrücklich den Parteien, die Bedingungen und Rechtsfolgen des Garantiefalls zu regeln. Es kann daher schwer angenommen werden, das Gesetz wolle andererseits nicht, daß die Parteien selbst über den Haftungsumfang für diese Garantie bestimmen. In der Gesetzesbegründung wird explizit darauf hingewiesen, daß der Gegenstand der Garantie sich einer Regelung entziehe und den Parteien überlassen werden solle. Weiterhin wird hervorgehoben, daß eine Garantie sich auch nur auf einzelne Teile oder bestimmte Eigenschaften beziehen kann[588]. Für eine einschränkende Auslegung des Wortlauts sprechen auch

---

[587] so von Westphalen, ZIP S. 546; ders. BB S. 209.
[588] BT-Dr. 14/6040, S. 239.

der Sinn und Zweck der Vorschriften. §§ 442, 444 BGB werden als Ausprägung des Verbots des venire contra factum proprium bzw. protestatio facto contrario verstanden[589]. Daher erscheint es konsequent und logisch, daß der Verkäufer nur insoweit haftet, als er eine Garantie übernommen hat.

Folge dieser Auslegung ist, daß der Verkäufer trotz grobfahrlässiger Unkenntnis des Käufers für solche Mängel haftet, für dessen Abwesenheit er eine Garantie übernommen hat. Die Haftung des Verkäufers bleibt jedoch in dem von ihm durch die Garantie festgelegten Rahmen unbeschränkt, im übrigen kann sie jedoch beschränkt werden. Dies entspricht dem mutmaßlichen Willen der Parteien.

g) Zeitpunkt der Kenntnis bzw. grobfahrlässigen Unkenntnis des Käufers

Maßgeblicher Zeitpunkt für die Kenntnis oder grobfahrlässige Unkenntnis des Käufers ist der des Vertragsschlusses, also des Zustandekommens des Kaufvertrages. Eine dem § 464 BGB a.F. entsprechende Regelung, die die Mängelrechte des Käufers ausschließt, wenn dieser bei der Annahme der Sache Mängel erkennt und sich seine Rechte deswegen nicht vorbehält, ist im Gesetz nicht mehr vorhanden. Hauptgrund hierfür ist die Bestimmung des Art. 2 Abs. 3 der Verbrauchsgüterrichtlinie, die einen Rechtsverlust des Käufers nur bei Kenntnis zum Zeitpunkt des Vertragsschlusses zuläßt. Aus Gründen der Einheitlichkeit hat sich der Gesetzgeber gegen eine Sonderregelung für den Bereich des Verbrauchsgüterkaufs entschieden[590]. Der Wegfall des § 464 BGB a.F. bedeutet nicht, daß das Schweigen des Käufers bei Annahme der Sache trotz erkannten Mangels nicht im Einzelfall zum Ausschluß der Mängelrechte führen kann, so etwa bei späterer Berufung auf den Mangel nach den Grundsätzen des venire contra factum proprium. Die Anforderungen hierfür gehen aber über die bloße Feststellung der Kenntnis bei Annahme hinaus[591].

2. Inhalt des Nacherfüllungsanspruchs

Gemäß § 439 BGB kann der Käufer als Nacherfüllung die Beseitigung des Mangels, also Nachbesserung oder die Lieferung einer mangelfreien Sache, also Nachlieferung verlangen. Die Wahl, welche Variante des Nacherfüllungsanspruchs geltend gemacht wird, ist dem Käufer überlassen[592]. Da der Verkäufer gem. § 439 Abs. 2 BGB die Kosten der Nacherfüllung zu tragen hat, kann ihn die freie Wahl des Käufers unter Umständen unbillig treffen. Im Bereich des Verbrauchsgüterrechts hat er wegen § 475 Abs. 1 BGB nicht einmal die Möglichkeit, durch vertragliche Vereinbarung mit dem Käufer Einfluß auf die Ausübung des Wahlrechts zu nehmen. Dem Verkäufer bleibt nur die Berufung auf sein Verweigerungsrecht gem. § 439 Abs. 3 BGB.

---

[589] Müller, S. 1026; a.A. Faust, S. 273.
[590] BT-Ds. 14/6040, S. 205.
[591] Haas, in Haas/Medicus u.a., S. 232.
[592] Diese freie Wahl wird zum Teil als unangemessen empfunden, da der Verkäufer besser beurteilen könne, welche Art der Abhilfe kostengünstiger sei. s. Westermann, NJW S. 248; ders. JZ, S. 536; Zimmer, in: Ernst/Zimmermann, S. 199; Honsell, S. 279.

Eine Einschränkung der freien Wahl des Käufers kann sich zum einen aus der Natur des Vertrages ergeben. Bedenkenlos ist der Nachlieferungsanspruch nur bei einer Gattungsschuld zulässig. Nur bei einer solchen können auch andere Sachen zur Erfüllung angeboten werden[593]. Diese Einschränkung ist logisch und ergibt sich aus der Natur des Vertrages. Dem Hinweis der RegE-Begründung, auf die Unterscheidung zwischen Gattungskauf und Stückkauf könne verzichtet werden[594], kann daher nicht generell gefolgt werden[595]. Durch die Ausgestaltung des Nacherfüllungsanspruches als einen modifizierten Erfüllungsanspruch ist die Unterscheidung zwischen Gattungs- und Stückkauf nicht mehr entscheidend für die Frage, ob dem Käufer überhaupt ein Nacherfüllungsanspruch zusteht. Gewisse, rein faktische Grenzen ergeben sich aus der Natur der beiden Vertragsarten. So kann ein Kaufvertrag, der nur durch einen bestimmten Gegenstand und durch keinen anderen erfüllt werden kann, nicht bei Mangelhaftigkeit des Gegenstandes durch die Lieferung eines anderen, ähnlichen Gegenstandes nachgebessert werden, ohne daß der Inhalt des Vertrages geändert wird.

Der Käufer übt sein Wahlrecht durch das Verlangen einer bestimmten Art der Nacherfüllung durch eine formfreie empfangsbedürftige Willeserklärung aus[596]. Der Verkäufer muß anhand des Verlangens in der Lage sein, zweifelsfrei festzustellen, was der Käufer begehrt. Der Käufer muß die beanstandeten Mängel bezeichnen. Für die Wahlerklärung des Käufers besteht neben der Verjährung keine Frist. Die Erklärung selbst muß keine Nacherfüllungsfrist enthalten. Eine solche ist aber zweckmäßig, wenn der Käufer bei eventuellem Scheitern oder Verweigern der Nacherfüllung Minderung, Rücktritt oder Schadensersatz verlangen möchte. Will der Käufer eine Berufung des Verkäufers auf § 439 Abs. 3 BGB, also die Verweigerung der gewählten Nacherfüllungsart wegen Unverhältnismäßigkeit vermeiden, so kann er dem Verkäufer die Wahl der Nacherfüllungsart überlassen.

Gemäß § 439 Abs. 2 BGB hat der Verkäufer alle zum Zwecke der Nacherfüllung erforderlichen Aufwendungen zu tragen. Diese Kostenregelung enthielt bereits der § 476a BGB a.F. Es ist grundsätzlich gleichgültig, ob die Nachbesserung vom Verkäufer selbst oder von einem Dritten auf Kosten des Verkäufers vorgenommen wird.

Ist der Verkäufer dem Nachlieferungsbegehren des Käufers nachgekommen, so kann er gem. § 439 Abs. 4 BGB die bereits gelieferte mangelhafte Sache und die aus ihr gezogene Nutzung nach Maßgabe der §§ 346 ff. BGB zurückverlangen. Die Rückgewähr der mangelhaften Sache ist als eigene Anspruchsgrundlage

---

593 Huber, Peter, S. 1006; Gruber, S. 191; Lorenz, JZ 2001, S. 744; Schwab, S. 1,6; Pfeiffer, S. 32; Lettl, S. 869; Westermann, NJW S. 244; a.A. OLG Braunschweig, NJW 2003, 1053; LG Ellwangen, NJW 2003, 517; Bittner/Meidt, S. 2119; Schubel, S. 316 – bei sog. Stückkäufen über vertretbare Sachen, wie in Warenhäusern üblich, sei Ersatzlieferung durchaus den Interessen der Parteien entsprechend.

594 Regierungsentwurf, S. 540.

595 So auch Wieser, S. 123.

596 Palandt/Putzo, § 439 Rn. 6.

ausgestattet und richtet sich inhaltlich nach dem Rücktrittsrecht[597]. Ist die Herausgabe der geleisteten Sache unmöglich, so ist nach dem Schuldrechtsmodernisierungsgesetz im Gegensatz zur alten Rechtslage der Ersatzlieferungsanspruch des Käufers selbst dann nicht ausgeschlossen, wenn er die Unmöglichkeit zu vertreten hat[598]. Der Käufer muß jedoch Wertersatz für die untergegangene Sache leisten (§ 346 Abs. 2 BGB).

3. Ausschluß und Grenzen des Nacherfüllungsanspruchs

Ein Nacherfüllungsanspruch steht dem Käufer dann nicht bzw. nicht mehr zu, wenn die Erfüllung des Anspruchs unmöglich ist oder der Verkäufer die Erfüllung wegen Unzumutbarkeit verweigert hat. Ferner dann, wenn der Käufer zulässigerweise auf den Anspruch verzichtet hat. Liegt ein Handelskauf vor, so kann der Käufer gem. § 377 HGB keine Rechte aus der Mangelhaftigkeit der Sache ableiten, wenn er diese nicht rechtzeitig gerügt hat.

a) Grenzen des Nacherfüllungsanspruchs

Der Nacherfüllungsanspruch, gleichgültig in welcher seiner Varianten, ist dann ausgeschlossen, wenn seine Erfüllung unmöglich oder unzumutbar ist. Wann dies der Fall ist, richtet sich nach § 275 BGB. Die Voraussetzungen und Rechtsfolgen sind im wesentlichen die gleichen wie bei dem ursprünglichen Erfüllungsanspruch, so daß das oben Ausgeführte hier entsprechend gilt[599]. Die Nachbesserung wird in der Regel dann unmöglich sein, wenn der Mangel nicht behebbar ist. Die Nachlieferung wird vor allem dann wegen Unmöglichkeit ausgeschlossen sein, wenn die Beschaffung einer Ersatzsache nicht möglich ist. Die Nacherfüllung ist gem. § 275 Abs.2 BGB dann unzumutbar, wenn sie einen Aufwand erfordert, der unter Beachtung des Inhalts des Schuldverhältnisses und der Gebote von Treu und Glauben in einem groben Mißverhältnis zum Leistungsinteresse des Käufers steht. Dieser Fall wird jedoch im Zusammenhang mit dem Nacherfüllungsanspruch selten zur Anwendung kommen, da § 439 Abs. 3 BGB eine ähnliche Regelung enthält, die eine niedrigere Schwelle der Leistungsverweigerung voraussetzt[600].

Gemäß § 439 Abs. 3 BGB kann der Verkäufer die vom Käufer gewählte Art der Nacherfüllung verweigern, wenn sie nur mit unverhältnismäßigen Kosten möglich ist. Dieses Verweigerungsrecht des Verkäufers ist als Korrekturmöglichkeit für die freie Wahl des Käufers zu verstehen[601]. Die Verweigerung der gewählten Nacherfüllungsart geschieht durch formlose empfangsbedürftige Willenerklärung. Diese ist als Gestaltungsrecht bedingungsfeindlich und nach Zugang unwiderruflich[602].

---

597 Palandt/Putzo, § 439 Rn. 23; Reischl, S. 667.
598 Regierungsentwurf, S. 451ff.
599 s. oben Seite 93.
600 Huber, Peter, S. 1007.
601 s. Ziff. 11 der Erwägungsgründe zu der Verbrauchsgüterkaufrichtlinie.
602 Palandt/Putzo, § 439 Rn. 16.

Ob eine Abhilfe in der gewählten Art unverhältnismäßig ist, ist objektiv zu beurteilen. Bei der Bestimmung, ob die Kosten unverhältnismäßig sind, ist entscheidend, ob die Kosten der Nacherfüllungsart höher sind als die Kosten einer anderen Abhilfeart[603]. Zu berücksichtigen sind der objektive Wert[604] der Sache in mangelfreiem Zustand, die Bedeutung des Mangels und die Frage, ob auf eine andere Art der Nacherfüllung ohne erhebliche Nachteile für den Käufer zurückgegriffen werden könnte (§ 439 Abs. 3 S. 2 BGB). § 439 Abs. 3 BGB ist sehr unbestimmt gefaßt. Solange die Rechtsprechung noch keine Richtlinien für die Handhabung der Norm entwickelt hat, wird man sich an den zu § 633 Abs. 2 S. 3 BGB a.F. entwikkelten Kriterien orientieren müssen[605].

Verweigert der Verkäufer beide Arten der Nacherfüllung zu unrecht, so steht dem Käufer kein Recht zu, die Nacherfüllung selbst vorzunehmen[606]. Der Käufer könnte seinen Nacherfüllungsanspruch klageweise durchsetzen[607]. Verweigert der Verkäufer berechtigterweise sowohl die Nachbesserung als auch die Nachlieferung, so ist der Nacherfüllungsanspruch des Käufers ausgeschlossen. Das hat nach § 440 S. 1 BGB zur Folge, daß der Käufer ohne Fristsetzung vom Vertrag zurücktreten kann. Der Käufer kann ebenso vorgehen, wenn die von ihm gewählte Form der Nacherfüllung verweigert wurde oder fehlgeschlagen ist.

Im Gegensatz zur alten Rechtslage ist der Nachlieferungsanspruch des Käufers nicht dadurch ausgeschlossen, daß der Käufer die mangelhafte Sache nicht zurückgeben kann und dies zu vertreten hat.

b) Untersuchungs- und Rügeobliegenheit gem. § 377 HGB

Bei einem beiderseitigen Handelskauf kann der Käufer nur dann Ansprüche wegen der Mangelhaftigkeit der Sache geltend machen, wenn er gem. § 377 Abs. 1 HGB den Mangel rechtzeitig gerügt hat. Der Sinn und Zweck dieser Obliegenheit des Käufers besteht in der Notwendigkeit des kaufmännischen Handelsverkehrs, dem Verkäufer so schnell wie möglich Gewißheit über das Schicksal der Lieferung zu verschaffen[608].

---

603 s. Art. 3 Abs. 3 und Ziff. 11 der Erwägungsgründe der Verbrauchsgüterkaufrichtlinie.
604 OLG Braunschweig, NJW 2003, 1053 – „Die Bezugnahme des Gesetzes auf den „Wert der Sache in mangelfreiem Zustand“ (§ 439 III 2 BGB) macht deutlich, daß sich die Unverhältnismäßigkeit der Kosten nicht etwa nach dem Verhältnis der Nacherfüllungskosten zum Kaufpreis,... sondern zum objektiven Wert der Sache bestimmt. Diese Bezugnahme auf den Wert der Sache ist deshalb gerechtfertigt, weil der Verkäufer im Falle eines so genannten Schnäppchens für den Käufer den in der Differenz von Kaufpreis und Wert liegenden Verlust bereits durch das für ihn - den Verkäufer – „schlechte Geschäft“ erlitten hat; es handelt sich also um einen Verlust, welcher der vertraglich vereinbarten Äquivalenz entspringt und der deshalb bei der Zumutbarkeitsprüfung des § 439 111 BGB ... vollständig außer Betracht zu bleiben hat“.
605 so Boerner, S. 2269, Huber, Peter, S. 1007; s. darüber hinaus ein Zwei-Stufen-Prüfungsmodell mit gewissen Faustregeln bei Bitter/Meidt, S. 2120ff..
606 Regierungsentwurf, S. 538 =BT-Dr 14/4060, S. 299.
607 Schubel, S. 316.
608 Hoeren/Martinek/Bohne, S. 194 Rn. 587.

§ 377 Abs. 1 HGB sieht eine der Mängelanzeige vorausgehende unverzügliche Untersuchung der Ware durch den Käufer vor. Entscheidend für die Beibehaltung der Rechte wegen der Mangelhaftigkeit der Sache ist jedoch die rechtzeitige, d. h. unverzüglich abgeschickte Mängelanzeige. Was unverzüglich, d. h. ohne schuldhaftes Zögern i. S. v. § 121 Abs. 1 S. 1 BGB, ist, bestimmt sich nach den Umständen des Einzelfalles unter Berücksichtigung des kaufmännischen Interesses an der schnellen und möglichst reibungslosen Abwicklung der Geschäfte. Die Frist beginnt mit der Ablieferung, d. h. mit der tatsächlichen Möglichkeit des Käufers, die Beschaffenheit der Ware zu untersuchen[609].

Die Anzeige muß Art und Umfang des Sachmangels so deutlich bezeichnen, daß sich der Verkäufer ein Bild über die Vertragswidrigkeit machen kann, um erforderliche Schritte zu ergreifen. Wird die Anzeige unterlassen, so gilt gem. § 377 Abs. 2 HGB die Ware als genehmigt. Wegen dieser fingierten Genehmigung wird die verkaufte Sache wie eine mangelfreie Sache behandelt. Etwas Anders gilt nur, wenn der Mangel bei einer ordnungsgemäßen Untersuchung nicht erkennbar war. Zeigt sich der Mangel später, so ist er gem. § 377 Abs. 3 HGB unverzüglich anzuzeigen. Die Rügeobliegenheit entstehet hierbei in dem Moment, in dem der Mangel dem Käufer ohne Fahrlässigkeit erkennbar war[610].

c) Vertraglicher Ausschluß des Nacherfüllungsanspruchs

Den Parteien eines Vertrages steht es grundsätzlich frei, deren für bestimmte Fälle gesetzlich vorgesehene Haftung ganz oder zum Teil auszuschließen. So kann auch die Sachmängelhaftung des Verkäufers grundsätzlich im Vertrag ausdrücklich oder konkludent ausgeschlossen werden[611]. Der Verkäufer darf sich jedoch auf einen Haftungsausschluß dann nicht berufen, wenn er den Mangel arglistig verschwiegen hat oder eine Garantie für die Beschaffenheit der Sache übernommen hat, § 444 BGB[612].

Im Bereich des Verbrauchsgüterkaufrechts ist jedoch ein Haftungsausschluß weitgehend unzulässig. Gemäß § 475 Abs. 1 BGB können wesentliche Regelungen über die Verkäuferhaftung und die Rechtsbehelfe des Käufers vor der Mitteilung des Mangels an den Unternehmer nicht zum Nachteil des Verbrauchers abgedungen oder abweichend geregelt werden. Die Bestimmungen der §§ 433-435, 437, 439-443 BGB sind daher zwingend und können insbesondere durch AGB nicht modifiziert werden[613]. § 475 Abs. 1 S. 2 BGB umfaßt auch Umgehungsversuche.

Ein vertraglicher Haftungssauschluß ist daher nur bei Kaufverträgen zulässig, an denen nur Unternehmer oder nur Verbraucher beteiligt sind oder wenn ein Verbraucher an einen Unternehmer verkauft. Die Haftung kann auch durch AGB ein-

---

[609] Hoeren/Martinek/Bohne, S. 195 Rn. 590.
[610] Hoeren/Martinek/Bohne, S. 196 Rn. 593.
[611] MünchKomm/Westermann, § 476 Rn. 3ff..
[612] Zum Problemkreis Haftungsausschluß und Garantie s. oben Seite 173 ff.
[613] Westermann, NJW S. 251; Westermann/Buck, S. 163.

geschränkt werden, soweit die Voraussetzungen des § 305 BGB (§ 2 AGBG a.F.) vorliegen. Eine formularmäßige Freizeichnung für Mängel ist bei gebrauchten Sachen in den Grenzen von § 307 BGB (§ 9 AGBG a.F.) zulässig. Bei neu hergestellten Sachen sind die weiteren Einschränkungen des § 309 Nr. 8 lit. b) BGB (§ 11 Nr. 10 AGBG a.F.) zu berücksichtigen. Ist der Käufer ein Unternehmer, eine juristische Person des öffentlichen Rechts oder ein öffentlich-rechtliches Sondervermögen, so ist § 309 BGB nicht anwendbar. Die Zulässigkeit eines Haftungsausschlusses oder einer Haftungseinschränkung richtet sich dann nach der Generalklausel des § 307 BGB. Danach sind die Klauseln dann unwirksam, wenn sie den Käufer entgegen den Geboten von Treu und Glauben unangemessen benachteiligen.

V. Zusammenfassung: Nacherfüllungsanspruch und Vergleich der alten und neuen Rechtslage

Als Konsequenz der neuen Pflicht des Verkäufers, die verkaufte Sache frei von Sach- und Rechtsmängel zu verschaffen, regelt das Gesetz nunmehr den Nacherfüllungsanspruch als den vorrangigen Rechtsbehelf des Käufers. Der Käufer ist berechtigt, im Rahmen des Nacherfüllungsanspruchs zwischen Beseitigung des Mangels (Nachbesserung) und Lieferung einer neuen Sache (Nach- oder Ersatzlieferung) zu wählen. Der Anspruch steht dem Käufer zu, wenn die Sache mit Rechtsmängeln oder zum Zeitpunkt des Gefahrübergangs mit Sachmängeln behaftet ist, soweit der Käufer davon keine Kenntnis hat.

Der Verkäufer kann die vom Käufer gewählte Variante der Nacherfüllung verweigern, wenn diese mit unverhältnismäßigen Kosten verbunden ist. Im Bereich des Verbrauchsgüterkaufrechts kann der Verbraucher vor Mitteilung des Mangels auf den Nacherfüllungsanspruch nicht verzichten.

Der Vorrang des Nacherfüllungsanspruchs des Käufers ergibt sich daraus, daß Voraussetzung aller anderen Rechtsbehelfe des Käufers grundsätzlich die Setzung einer angemessenen Nacherfüllungsfrist ist. Dadurch erhält der Verkäufer ein Recht auf zweite Andienung[614]. Allerdings sollte dieses Recht dem Verkäufer nicht die Möglichkeit geben, die Käuferrechte zu durchkreuzen oder deren Durchsetzung zu erschweren[615].

Die Einführung dieser Rangfolge der Rechte des Käufers durch das Schuldrechtsmodernisierungsgesetz bedeutet eine nachhaltige Änderung gegenüber der alten gesetzlichen Rechtslage. Nach alter Rechtslage war der Nacherfüllungsanspruch nicht in der jetzigen Breite gesetzlich verankert. Einen gesetzlichen Nachlieferungsanspruch hatte gem. § 480 Abs. 1 BGB a.F. nur der Käufer einer Gat-

---

[614] Schmidt-Räntsch, S. 1642.

[615] s. näher aus dem Hintergrund der Leitbildfunktion des Verbrauchervertrags Schubel, S. 317; Pfeiffer, S. 29f.; Westermann, NJW S. 242.

tungssache. Ferner mußte der Käufer dem Verkäufer nicht ermöglichen, seine Leistung ordnungsgemäß zu bewirken. Ebensowenig war der Käufer gehalten Verhältnismäßigkeitsüberlegungen anzustellen, sondern durfte sofort Wandelung oder Minderung verlangen. In der Praxis wurde jedoch insbesondere bei Verbraucherverträgen vielfältig durch AGB ein vorrangiger Nacherfüllungsanspruch eingeräumt. Die neuen gesetzlichen Regelungen entsprechen dieser üblichen Praxis. Das erklärt sich dadurch, daß die gesetzlichen Regelungen im wesentlichen auch der Umsetzung der Verbrauchsgüterkaufrichtlinie dienen und damit zwangsläufig die Verbraucherverträge als Leitbild ihrer Regelungen haben. Die Verschiebung der gesetzlichen Leitbilder, zum einem vom Stückkauf zum Gattungskauf und zum anderen vom bürgerlich-rechtlichen Kauf unter Privaten zum Verbrauchervertrag, wird in Zukunft bei der Anwendung der Vorschriften zu berücksichtigen sein. Dies umsomehr, als für die Inhaltskontrolle von AGB gem. § 307 BGB die wesentlichen Grundgedanken der gesetzlichen Regelung mitentscheidend, und AGB im Geschäftsverkehr zwischen Unternehmen besonders häufig anzutreffen sind.

E. Rechtsvergleichende Analyse des modifizierten Anspruchs auf Erfüllung in Natura

An der gesetzlichen Regelung des modifizierten Erfüllungsanspruchs des Käufers zeigt sich der Wandel des historischen Gesetzeskontextes am deutlichsten. Während sich die Gesetzgeber zur Zeit der großen europäischen Kodifikationswelle im 19. Jahrhundert noch vom Stückkauf als Regelfall eines Kaufvertrages leiten ließen, hat der Wandel zu industriehergestellten Massengütern den modernen Gesetzgeber dazu veranlaßt, dem Gattungskauf die regulative Leitfunktion zu geben. Wie die Entwicklung der Kautelarjurisprudenz bereits vor dem Inkrafttreten des Schuldrechtsmodernisierungsgesetzes gezeigt hat, besteht im Zeitalter von Massenprodukten und –märkten die praktische Notwendigkeit, die Vertragserfüllung auch durch Nachbesserung oder Ersatzlieferung herbeizuführen.

Alle untersuchten Rechtssysteme geben dem Käufer die Möglichkeit, Nacherfüllung zu verlangen. Das deutsche und englische Recht überließen vor der Umsetzung der Verbrauchsgüterkaufrichtlinie die Regelung dieses Rechtsbehelfs der Vertragspraxis. Die Umsetzung der Richtlinie hat zu einer Kodifikation des Rechtsbehelfs in beiden Ländern geführt. Während in Deutschland der Nacherfüllungsanspruch für alle Kaufverträge gilt, hat der englische Gesetzgeber die Nacherfüllung als einen spezifischen gesetzlichen Rechtsbehelf des Verbrauchers ausgestaltet.

In allen untersuchten Rechtssystemen ist die Mangelhaftigkeit der Sache Voraussetzung des Nacherfüllungsanspruchs des Käufers. Bezüglich des Begriffs des Mangels besteht eine weitgehende Übereinstimmung der untersuchten Rechtssysteme. Hierbei zeigt sich die Vereinheitlichungsfunktion, die CISG und die Gesetzgebung der EU erfüllen, am deutlichsten. Das Wiener Übereinkommen war

Vorbild der Begriffsbestimmungen in Art. 1 der Verbrauchsgüterkaufrichtlinie und hat Einfluß auf die Kodifikation des Mangelbegriffes in sec 13 – 15 Sale of Goods Act 1979 genommen. Die Umsetzung der europäischen Richtlinie hat die gesetzlichen Regelungen des deutschen Rechts grundlegend geändert und in das bulgarische Recht neue Aspekte des Mangelbegriffs im Rahmen von Verbraucherverträgen eingebracht.

Übereinstimmend gehen alle untersuchten Rechtssysteme bei der Definition der Mangelhaftigkeit der Sache primär von der vertraglich festgelegten Beschaffenheit der Sache aus und bestimmen, daß eine hiervon abweichende Sache nicht vertragsgemäß bzw. mangelhaft ist. Die soeben angesprochene Vereinheitlichungsfunktion des CISG zeigt sich jedoch erst bei der gesetzlichen Regelung von Beschaffenheitsmerkmalen für den Fall, daß die Parteien keine näheren Bestimmungen im Vertrag getroffen haben, besonders deutlich. Fast alle Rechtsordnungen sehen bestimmte objektivierte Kriterien vor, nach denen die Mangelhaftigkeit der Sache zu bestimmen ist. Dies sind vor allem die Tauglichkeit der verkauften Sache zu gewöhnlichen oder vertraglich vorausgesetzten besonderen Zwecken. Allein das bulgarische Gesetz enthält keine Legaldefinition des Begriffs „Mangel“. Die in Rechtsprechung und Literatur geltende Definition des Begriffs bezieht sich jedoch auf die gleichen Kriterien wie die in Deutschland, England und im CISG kodifizierten Begriffe. Nach allen untersuchten Rechtssystemen ist für die Bestimmung der Mangelhaftigkeit der Sache der Zeitpunkt des Gefahrüberganges maßgeblich.

Im Kernbereich des Mangelbegriffes besteht, wie die vorliegende Untersuchung gezeigt hat, weitgehende Übereinstimmung. Differenzen ergeben sich lediglich bezüglich der Behandlung von öffentlichen Aussagen, insbesondere der Werbung des Verkäufers und vor allem des Herstellers. Den weitesten Schutz des Käufers bietet insoweit das deutsche Recht. Es differenziert nicht danach, ob der Käufer Verbraucher ist oder nicht. In öffentlichen Äußerungen angepriesene Eigenschaften gehören zur Beschaffenheit der Sache und damit zum Mangelbegriff. Das englische Recht sieht diese auf die Verbrauchsgüterrichtlinie zurückzuführende Ausdehnung des Beschaffenheitsbegriffs nur im Rahmen von Verbraucherverträgen vor. Wegen der weitgehenden Haftungsrisiken für den Verkäufer, die mit dieser Ausdehnung des Beschaffenheits- und daher des Mangelbegriffs verbunden ist, ist der Ansatz des englischen Rechts vorzugswürdig. Das in Europa herrschende Bild eines aufgeklärten Verbrauchers sollte die Gerichte dazu anhalten, von den entsprechenden Vorschriften restriktiv Gebrauch zu machen und nicht jede in der Werbung angesprochene Fähigkeit einer Sache als Eigenschaft der Sache zu qualifizieren. Das CISG enthält hinsichtlich öffentlicher Aussagen keinerlei Regelungen. Das bulgarische Gesetz hat einen anderen Ansatz zum Schutz der Verbraucher und des Handels gewählt. Das Gesetz zum Schutz der Verbraucher und über die Regeln des Handels sieht eine detaillierte Regelung für unlautere und irreführende Werbung vor und verknüpft diese mit der Durchsetzungsbefugnis eines jeden, der ein rechtliches Interesse daran hat, solche Werbung zu untersagen. Damit ist der Kreis der berechtigten Personen weit größer als der Kreis der nach deutschem Wettbewerbsrecht berechtigten Kläger.

Alle untersuchten Rechtsordnungen schließen die Mängelhaftung des Verkäufers aus, wenn der Käufer den Mangel der Sache beim Erwerb kannte. Fast alle der hier dargestellten Rechtssysteme kennen eine Untersuchungs- und Rügeobliegenheit des Käufers. Während das bulgarische Recht nicht danach unterscheidet, ob der Käufer Verbraucher oder Kaufmann ist, sieht das deutsche Recht diese Obliegenheit nur für Handelsgeschäfte vor. Einheitlich ist die Rechtsfolge bei Unterlassen der Untersuchung und vor allem der Mangelmitteilung an den Verkäufer. Die empfangene Ware gilt dann nach allen Rechtsordnungen als genehmigt, und der Käufer kann keine Rechtsbehelfe wegen der Mängel der Sache geltend machen.

Die Umsetzung der Verbrauchsgüterkaufrichtlinie hat in Deutschland zu einer anderen, weitaus gravierenderen Veränderung geführt. Nach Art. 2 Abs. 1 der Verbrauchsgüterkaufrichtlinie schuldet der Verkäufer auch die Vertragsmäßigkeit der verkauften Sache. Dies entspricht Art. 35 Abs. 1 CISG und den modernen kaufrechtlichen Kodifikationen in seiner Folge, vor allem den nordischen Rechten, dem niederländischen und auch dem englischen Recht, widerspricht jedoch dem klassischen römischrechtlichen Modell, das im germanischen und romanischen Rechtskreis fortlebte[616]. Das deutsche Recht folgte der sog. Gewährleistungstheorie, nach der der Verkäufer bei einer Stückschuld auch mit einer mangelhaften Sache seine Eigentums- und Übergabepflichten erfüllen konnte. Mit der Übernahme der Pflicht zur Lieferung einer mangelfreien Sache ist das Schuldrechtsmodernisierungsgesetz von dem klassischen römischrechtlichen Modell abgerückt. Die Aufnahme dieser Hauptpflicht des Verkäufers hat es dem deutschen Gesetzgeber ermöglicht, das Gewährleistungsrecht weitgehend in das System des allgemeinen Leistungsstörungsrechts zu integrieren. Das Gewährleistungsrecht des BGB a.F. war nur insoweit mit dem allgemeinen Leistungsstörungsrecht verzahnt, als es um die Haftung des Verkäufers für Rechtsmängel ging (§ 440 BGB a.F.). Im Bereich der Sachmängelhaftung hat das BGB a.F. an die aus dem römischen Recht stammende Tradition angeknüpft und ein eigenständiges Haftungsregime geschaffen. Die unzureichende Abstimmung zwischen den gewährleistungsrechtlichen Regelungen und dem allgemeinen Leistungsstörungsrecht war seit dem Inkrafttreten des BGB eine ständige Quelle für Meinungsunterschiede, vor allem bezüglich Abgrenzungsfragen. Die durch das Schuldrechtsmodernisierungsgesetz bewirkte Integration des Gewährleistungsrechts in das System des allgemeinen Leistungsstörungsrechts beseitigt viele der früher streitigen Fragen und führt zu einer Annährung der deutschen Rechtsordnung an die anderen hier untersuchten Rechtssysteme.

Auch bezüglich des Inhaltes des Nacherfüllungsanspruchs des Käufers weisen die untersuchten Rechtssysteme weitgehende Übereinstimmung auf. Der Nacherfüllungsanspruch richtet sich grundsätzlich auf Nachbesserung, d. h. Reparatur der Sache oder auf Nachlieferung, d. h. Rücknahme der mangelhaften und Lieferung einer neuen mangelfreien Sache. Lediglich das CISG sieht für den Ersatzlieferungsanspruch des Käufers eine höhere Hürde als für den Nachbesserungsan-

[616] Grundmann/Bianca/Grundmann, Art. 2 Rn.1

spruch vor. Das Übereinkommen trägt damit den Besonderheiten des grenzüberschreitenden Geschäftsverkehrs Rechnung, bei dem der Verkäufer durch den Austausch der Sache mit erheblich höheren Kosten belastet werden kann als der Verkäufer bei einem Kauf innerhalb der gleichen Staatsgrenzen.

Außer dem bulgarischen Recht sichern alle anderen untersuchten Rechtssysteme, soweit sie den Nacherfüllungsanspruch regeln, einen Vorrang dieses Anspruchs vor anderen Rechtsbehelfen des Käufers wegen der Mangelhaftigkeit der Sache. Der Vorrang der Erfüllung wird dadurch sichergestellt, daß der Käufer zur Ausübung anderer Rechtsbehelfe, insbesondere zur Auflösung des Vertrages, nur dann berechtigt ist, wenn er dem Verkäufer erfolglos eine angemessene Frist zur Nacherfüllung gesetzt hat. Der Vorrang der Erfüllung wird auch dadurch sichergestellt, daß bei Entbehrlichkeit der Nachfristsetzung das vertragswidrige Verhalten des Verkäufers eine wesentliche Vertragsverletzung darstellen muß. Damit eröffnen diese Rechtsordnungen dem Verkäufer ein Recht auf zweite Andienung und bieten ihm dadurch eine zweite Chance an, den Vertrag ordnungsgemäß zu erfüllen.

Auch bezüglich der Grenzen des modifizierten Erfüllungsanspruchs des Käufers weisen die untersuchten Rechtssysteme eine weitgehende Übereinstimmung auf. In allen Fällen ist der Anspruch bei einer Unmöglichkeit der Reparatur oder des Austausches ausgeschlossen. Die Reparatur ist bei unbehebbaren Mängeln, der Austausch vor allem bei Stückschulden und bei Untergang der ganzen Gattung unmöglich. CISG, das englische und das deutsche Recht sehen darüber hinaus ein Leistungsverweigerungsrecht des Verkäufers, wenn die gewählte Art der Nacherfüllung unzumutbar ist. Auch hier zeigt sich die Vereinheitlichungsfunktion des CISG und der europäischen Kaufrechtsrichtlinie, auf die diese Regelung im englischen und im deutschen Recht zurückzuführen ist.

Gemeinsame Voraussetzungen des modifizierten Erfüllungsanspruchs des Käufers nach allen hier untersuchten Rechtssystemen sind die Mangelhaftigkeit der Sache zum Zeitpunkt des Gefahrüberganges, grundsätzlich der fruchtlose Ablauf einer dem Verkäufer zur Nacherfüllung gestellten angemessenen Frist und die Möglichkeit der Durchführung der verlangten Nachbesserung oder des verlangen Austausches der Sache. Sinnvoll und wünschenswert wäre eine allgemeingültige Untersuchungs- und Rügeobliegenheit des Käufers.

3. Kapitel Minderung

Die meisten Rechtsordnungen stellen dem Käufer einen spezifischen kaufrechtlichen Rechtsbehelf zur Verfügung – die Minderung. Dadurch erhält der Käufer eine vergleichsweise unkomplizierte und kostengünstige Möglichkeit, die Abweichungen der Ware von den vertraglich vereinbarten Merkmalen in dem Vertragspreis abzubilden. Die Minderung ist ein Instrument zur Wiederherstellung der Äquivalenz der im Gegenseitigkeitsverhältnis stehenden Leistungen.

A. Minderung nach CISG

Der römischen actio quantis minoris folgend gewährt Art. 50 CISG dem Käufer den Rechtsbehelf der Minderung. Der Grundgedanke der Minderung besteht darin, daß der Käufer die vom Verkäufer gelieferte, nicht vertragsgemäße Ware behalten kann und den Kaufvertrag an die veränderten Umstände anpassen kann. Die Minderung ist also als Vertragsanpassung konzipiert, die durch proportionale Herabsetzung des Kaufpreises erfolgt.

Die praktische Bedeutung der Minderung ist durch die verschuldensunabhängige Schadensersatzhaftung des Verkäufers nach CISG eingeschränkt. In der Regel reicht der Schadensersatz weiter als die Minderung. Die Minderung kann aber für den Käufer dann von Bedeutung sein, wenn sich der Verkäufer ausnahmsweise gem. Art. 79 CISG entlasten kann, so daß ein Schadensersatzanspruch ausscheidet oder wenn der Käufer Schwierigkeiten hat, seinen Schaden nachzuweisen und vor allem, wenn der Preis der verkauften Ware zwischen Vertragsabschluß und Lieferung gefallen ist[617].

I. Voraussetzungen

Gemäß Art. 50 S. 1 CISG kann der Käufer die Herabsetzung des Kaufpreises erklären, wenn die gelieferte Ware vertragswidrig ist, und zwar unabhängig davon, ob der Kaufpreis bereits bezahlt worden ist oder nicht.

1. Vertragswidrigkeit der Ware

Art. 50 CISG setzt voraus, daß der Verkäufer nicht vertragsgemäße Ware geliefert hat. Die Ware ist gem. Art. 35 CISG dann vertragswidrig, wenn sie bezüglich Quantität, Art oder Verpackung nicht den vertraglichen oder verkehrsüblichen Anforderungen entspricht sowie dann, wenn sie Qualitätsabweichungen aufweist[618]. Qualitätsabweichungen liegen vor, wenn die verkaufte Ware nicht die vertraglich vereinbarten Eigenschaften oder die Eigenschaften der vereinbarten Probe oder

---

[617] Piltz, § 5 Rn. 298; Schlechtriem/Huber, Art. 50 Rn. 3; Honnold, Rn. 312; Staudinger/Magnus, Art. 50 Rn. 9.

[618] S. näheres oben Seite 106 ff.

Muster besitzt. Soweit eine vertragliche Vereinbarung fehlt, muß die Ware für gewöhnliche Gebrauchszwecke entsprechender Ware geeignet sein. Die Ware weicht von der gebotenen Qualität auch dann ab, wenn sie für einen besonderen Zweck, den der Käufer im Vertrauen auf die Sachkunde des Verkäufers vorausgesetzt und dem Verkäufer hinreichend zu Kenntnis gebracht hat, nicht geeignet ist.

Die Ware muß den vertraglichen oder verkehrsüblichen Anforderungen grundsätzlich zum Zeitpunkt des Gefahrüberganges genügen, Art. 36 CISG. Ob die Gefahr übergegangen ist, richtet sich in erster Linie nach dem Vertrag. Soweit nähere vertragliche Bestimmungen fehlen, geht die Gefahr grundsätzlich mit der Übernahme der Ware durch den Käufer über (Art. 69 CISG) und beim Vorliegen eines Beförderungskaufes mit der Übergabe der Ware an den ersten Beförderer (Art. 67 Abs. 1 CISG).

Der Käufer kann sich auf die Vertragswidrigkeit der Ware nicht berufen, wenn er diese bei Vertragsabschluß kannte oder kennen mußte, d. h. infolge grober Fahrlässigkeit nicht kannte (Art. 35 Abs. 3 CISG).

Umstritten ist, ob der Käufer bei Vorliegen von Rechtsmängeln mindern darf. Der Wortlaut des Art. 50 CISG scheint gegen eine Minderung bei Rechtsmängeln zu sprechen, denn „nicht vertragsgemäß" ist die Ware nur in den Art. 35, 36 CISG geregelten Fällen, also wenn Sachmängel vorliegen. „Nicht vertragsgemäß" ist ein terminus technicus des Übereinkommens, der gerade nicht die Fälle erfaßt, in denen die Ware „Rechten und Ansprüchen Dritter" ausgesetzt ist[619]. Gegen die Beschränkung der Preisherabsetzung auf Sachmängel[620] spricht, daß Art. 44 CISG für den Fall der entschuldigten Rügeversäumnis sowohl bei Sachmängeln (Verweis auf Art. 39 Abs. 1 CISG) als auch bei Rechtsmängeln (Verweis auf Art. 43 Abs.1 CISG) ausdrücklich das Recht auf Minderung gem. Art. 50 CISG vorsieht. Ein Argument, Art. 44 CISG gewähre zwar trotz Rügeversäumnis die Minderung, doch folge aus Art. 50 CISG, daß diese auf Rechtsmängel gar nicht anwendbar ist, vermag nicht wirklich überzeugen[621]. Der Käufer kann daher auch bei Vorliegen von Rechtsmängeln die Minderung ausüben.

2. Rüge

Die Minderung setzt weiterhin voraus, daß der Käufer die Mängel ordnungsgemäß gem. Art. 39 bzw. 43 CISG gerügt hat[622] oder gem. Art. 44 CISG eine vernünftige Entschuldigung hat. Eine vernünftige Entschuldigung i. S. v. Art. 44 CISG

---

[619] Schlechtriem/Huber, Art. 50 Rn. 8; Ziegler, S. 253; Piltz, § 5 Rn. 304; Karollus, S. 158; Schlechtriem, Internat. UN-Kaufrecht, Rn. 202.
[620] Staudinger/Magnus, Art. 50 Rn. 10; Niggemann, in: Hoyer/Posch, S. 106; Welser, in: Doralt, S. 122f; Herber/Czerwenka, Art. 50 Rn. 3; Loewe, S. 72; Bianca/Bonell/Will, Art. 50 Anm. 3.4; Enderlein/Maskow/Strohbach, Art. 50 Anm. 1; Neumayer, S. 106.
[621] drastischer Welser, in Dorlat: „unterstellt einen schizophrenen Gesetzgeber und ist deshalb abzulehnen".
[622] s. zur Rügeobliegenheit des Käufers oben Seite 112 ff.

hat der Käufer dann, wenn er die erforderliche Anzeige aus Gründen unterlassen hat, die einem durchschnittlichen Käufer im redlichen Geschäftsverkehr nachgesehen werden können[623]. Es geht um eine Entscheidung nach Billigkeit[624]. Dabei ist die Intention der Regelung zu beachten - dem Käufer sollen bestimmte Rechtsbehelfe erhalten bleiben, weil angesichts der Geringfügigkeit seiner Obliegenheitsverletzung der Verlust aller Ansprüche unangemessen wäre[625]. Es ist eine Würdigung aller Umstände unter Berücksichtigung der schützenswerten Interessen beider Parteien vorzunehmen[626].

3. Erklärung der Minderung

Um wirksam zu werden, muß die Minderung erklärt werden. Das Minderungsrecht ist ein Gestaltungsrecht[627], d. h. die Erklärung kann nicht widerrufen werden, um etwa nachträglich einen anderen Rechtsbehelf geltend zu machen[628]. Die Gestaltungswirkung tritt grundsätzlich mit der Absendung der Erklärung ein[629]. Die Erklärung muß das Minderungsverlangen unmißverständlich zum Ausdruck bringen, braucht aber nicht einen bestimmten Betrag zu nennen. In diesem Fall gilt der nach dem Gesetz ermittelte Betrag[630]. Nennt der Käufer allerdings einen niedrigeren Betrag, so ist er daran gebunden[631].

Das Recht zu Minderung steht dem Käufer gem. Art. 50 S. 1 CISG unabhängig davon zu, ob der Kaufpreis bereits bezahlt worden ist oder nicht. Die ausdrückliche Nennung im Text des Übereinkommens dient nur der Klarstellung.

II. Berechnung der Minderung

Der Minderungsbetrag ist nicht durch den Abzug des Minderwertes vom Kaufpreis, sondern durch proportionale Berechnung zu ermitteln[632]. Der Käufer kann den Preis in dem Verhältnis herabsetzen, in dem der Wert der gelieferten Ware zum Wert der geschuldeten Ware steht. Nach dem Verhältnis, in dem diese beide Werte zu einander stehen, wird der ursprünglich vereinbarte Preis verändert. Als Formel gefaßt bedeutet dies:

---

623 Staudinger/Magnus, Art. 44 Rn. 10.
624 Schlechtriem/Huber, Art. 44 Rn. 5.
625 Die Vorschrift ist als Kompromiß auf das nachhaltige Verlangen der Entwicklungsländer aufgenommen worden, weil diese befürchtet haben, daß die kompromißlose Regelungen des Art. 38, 39 und 43 unerfahrene Käufer aus ihren Länder besonders hart treffen würde.
626 s. Beisp. für erhebliche Umstände Soergel/Lüderitz/Schüßler-Langeheine Art. 44 Rn. 3.
627 Staudinger/Magnus, Art. 50 Rn. 15; Ziegler, S. 253; Piltz, § 5 Rn. 307; Karollus, S. 158; Soergel/Lüderitz/Schüßler-Langeheine, Art. 50 Rn. 6.
628 a.A. Schlechtriem/Huber, Art. 50 Rn. 17.
629 s. zu den Erklärungen unten Seite 211 f.
630 Herber/Czerwenka, Art. 50 Rn. 4.
631 Ziegler, S. 253.
632 Piltz, § 5 Rn. 308; Staudinger/Magnus, Art. 50 Rn. 19; Niggemann, in: Hoyer/Posch, S. 106.

$$\text{geminderter Preis} = \frac{\text{Vertragspreis x Wert der gelieferten Ware}}{\text{Wert der geschuldeten Ware}}$$

Maßgeblicher Zeitpunkt für die Schätzung beider Werte ist gem. Art. 50 S.1 CISG derjenige der Lieferung. Der Lieferzeitpunkt ergibt sich aus dem Vertrag oder aus Art. 33 CISG. Für die Bestimmung der Werte zum Zeitpunkt der Lieferung und nicht zu dem des Vertragschlusses sprechen praktische Gründe. Der Nachweis des Verkehrswertes zum Lieferzeitpunkt wird in der Regel einfacher zu erbringen sein, während die Ermittlung des hypothetischen Verkehrswertes zum Zeitpunkt des Vertragsabschlusses bei Waren, die nicht an der Börse notiert sind, gewisse spekulative Züge trägt[633]. Durch das Abstellen auf den Zeitpunkt der Lieferung können dem Käufer Vorteile eines günstigen Kaufpreises verloren gehen. Man wollte aber vermeiden, daß der Käufer über die Minderung ein unverhältnismäßig günstiges Ergebnis erreicht[634].

Art. 50 CISG legt den für die Wertbestimmung maßgeblichen Ort nicht fest. Nach überwiegender Ansicht ist grundsätzlich der Lieferort (Art. 31 CISG), bei Versendungskäufen der Bestimmungsort maßgeblich [635].

III. Rechtsfolgen

Mit der berechtigten Minderung erlischt der Kaufpreisanspruch des Verkäufers in Höhe des Minderungsbetrages. Hat der Käufer den vollen Preis bereits bezahlt, so hat er aus Art. 50 CISG einen Rückzahlungsanspruch[636].

Die Geltendmachung der Minderung schließt die Berufung auf Rechtsbehelfe gem. Art. 46 CISG und gem. Art. 49 CISG aus. Das Recht des Käufers, Schadensersatz geltend zu machen, bleibt unberührt.

IV. Ausschluß des Preisminderungsrechts

Gemäß Art. 50 S. 2 CISG entfällt das Minderungsrecht des Käufers, wenn der Verkäufer einen Erfüllungsmangel zulässigerweise behebt oder der Käufer eine zulässige Nacherfüllung ablehnt. Die Vorschrift räumt einen grundsätzlichen Vorrang des Nacherfüllungsrechts gegenüber der Minderung ein. Der Verkäufer kann trotz Minderungsverlangens des Käufers solange nacherfüllen, wie er durch

---

633 von Hoffmann, in. Schlechtriem, S. 301.
634 Niggemann, in: Hoyer/Posch, S. 106; Hutter, S. 171.
635 Enderlein/Maksow/Strohbach, Art. 50 Anm. 4; Herber/Czerwenka, Art. 50 Rn. 7; Karollus, S. 157; Piltz, § 5 Rn. 309; Staudinger/Magnus, Art. 50 Rn. 22; Schlechtriem/Huber, Art. 50 Rn. 12.
636 so Staudinger/Magnus, Art. 50 Rn. 25; Schlechtriem/Huber, Art. 50 Rn. 16; Piltz, § 5 Rn. 313; a.A. Karollus, S. 157; Herber/Czerwenka, Art. 50 Rn. 8 (Art. 81 Abs. 2 analog).

Art. 37 bzw. Art. 48 dazu berechtigt ist. Mit ordnungsgemäßer Nacherfüllung entfällt das Minderungsrecht endgültig. V. Zusammenfassung: Minderungsrecht nach CISG

Bei Lieferung vertragswidriger, also nach Quantität, Qualität, Art oder Verpackung von den vertraglichen oder gewöhnlichen Anforderungen abweichender Ware und nach zutreffender Ansicht auch bei rechtsmangelhafter Ware hat der Käufer gem. Art. 50 CISG ein Minderungsrecht. Der Käufer erhält dadurch eine günstige und schnelle Möglichkeit, durch eine Gestaltungserklärung, den Vertragspreis an die tatsächlichen Verhältnisse anzupassen. Der Käufer kann den Preis in dem Verhältnis herabsetzen, in dem der Wert der gelieferten Ware zum Wert der geschuldeten Ware steht. Maßgeblicher Zeitpunkt für die Wertermittlung ist der Lieferzeitpunkt.

B. Minderung nach bulgarischem Recht

Art. 195 Abs. 1 2. Alt. GVV und Art. 190 Abs. 2 GVV gewähren dem Käufer, dem eine mangelhafte oder eine mit Rechten Dritter belastete Sache übergeben worden ist die Möglichkeit, die Sache zu behalten und die Minderung des Kaufpreises zu verlangen. Der Käufer wird diesen Rechtsbehelf vor allem dann wählen, wenn er trotz des Mangels Interesse an der Sache hat. Durch die Minderung hat er ein schnelles und kostengünstiges Mittel, den Kaufpreis an die tatsächlichen Verhältnisse anzupassen[637]. Der Rechtsbehelf ist vom Verschulden des Verkäufers unabhängig und daher günstiger als ein Schadensersatzanspruch[638]. Die Option, einen Schadensersatzanspruch gelten zu machen, bleibt dem Käufer auch bei Ausübung der Minderung offen (Art. 195 Abs. 2; Art. 189 Abs. 2 GVV). Ferner hat der Käufer, der Verbraucher i. S. des VerbrSchG ist, einen Minderungsanspruch gem. Art. 26 Nr. 3, wenn die gekaufte Ware Defekte aufweist.

I. Voraussetzungen der Minderung gem. Art. 195 GVV

Die Minderung gem. Art. 195 Abs. 1 2. Alt. GVV setzt einen Mangel der verkauften Sache i. S. von Art. 193 GVV, die rechtzeitige Mängelmitteilung des Käufers sowie eine Minderungserklärung voraus.

1. Mangel und Mängelmitteilung

Ein Mangel i. S. v. Art.193 GVV ist jede zum Zeitpunkt des Gefahrüberganges vorhandene oder bereits angelegte nachteilige Qualitätsabweichung, die den Preis der verkauften Sache oder ihre Brauchbarkeit zur gewöhnlichen oder ver-

---

[637] Стойчев , Намалението на цената, S. 61; Николов/ Панова, Правата на купувача, S. 210; БДА Nr. 537/1961, Bd. III, 100, 175; Василев Б., S. 61; Кожухаров, Към въпроса за отговорността на продавача, S. 35; Големинов, Гражданскоправни форми, S. 87.

[638] Стойчев , Намалението на цената, S. 61.

traglich vereinbarten Nutzung wesentlich mindert[639]. Dabei spielt es keine Rolle, ob es sich um behebbare oder unbehebbare[640], offene oder verdeckte Mängel[641] handelt.

Der Käufer muß die verkaufte Sache gleich nach der Entgegennahme innerhalb einer Frist, die in solchen Fällen gewöhnlich notwendig ist, untersuchen und entdeckte Mängel dem Verkäufer sofort mitteilen (Art. 194 Abs.1 GVV; Art. 324 S. 1 HG). Unterläßt der Käufer die Mitteilung oder informiert er den Verkäufer zu spät, dann verliert er sein Recht wegen der Mangelhaftigkeit der Sache Minderung zu verlangen. Die Sache gilt als genehmigt (Art. 194 Abs. 1 S. 2 GVV; Art. 324 S. 2 HG). Ausnahmsweise bedarf es einer Mängelmitteilung nicht, wenn der Verkäufer den Mangel gekannt hat (Art. 194 Abs. 2 GVV).

2. Minderungserklärung

Der Käufer muß sein Minderungsbegehren zum Ausdruck bringen. Es bedarf einer einseitigen, an den Verkäufer gerichteten Willenserklärung. Die Minderung ist ein Gestaltungsrecht[642]. Für die Wirksamkeit der Minderung ist ein Einverständnis des Verkäufers nicht erforderlich.

Die Gestaltungswirkung tritt grundsätzlich mit Gelangen der Erklärung in den Machtbereich des Verkäufers ein. Eine tatsächliche Kenntnisnahme vom Inhalt der Erklärung ist nicht erforderlich[643]. Die Minderungserklärung ist verfrüht, wenn sie vor Übergabe der verkauften Sache erfolgt ist[644]. Diese Anforderung ist teilweise selbstverständlich, weil die Minderungserklärung zum einen die Feststellung eines Mangels, also Untersuchung der Sache bedarf. Zum anderen kann der Verkäufer auch eine mangelfreie Sache übergeben, indem er entweder den Mangel beseitigt oder bei Gattungsschulden eine andere Sache übergibt. Es sind aber ausnahmsweise Fälle denkbar, bei denen man auch eine vor der Übergabe erfolgte Minderungserklärung gelten lassen sollte. So etwa, wenn bei einem Stückkauf feststeht, daß die Sache mit Mängeln behaftet ist und der Verkäufer diese nicht beheben kann oder erklärterweise nicht beheben will.

II. Voraussetzungen der Minderung gem. Art 190 GVV

Die Minderung gem. Art. 190 Abs. 2 GVV setzt voraus, daß die verkaufte Sache

[639] s. zu Mangelbegriff ausführlicher oben Seite 131 ff.
[640] ВС Nr. 24/1982, I.гр. о., Bd. 30; Стойчев , Намалението на цената, S. 64; die Entscheidung ВС Nr. 1775/ 1975, I.гр. о., Bd. 80, wonach der Erwerber einer Neubauwohnung nur dann einen Minderungsanspruch hat, wenn es sich um nichtbehebbare Mängel handelt, ist als verfehlt und mittlerweile aufgegeben anzusehen.
[641] Стойчев , Намалението на цената, S. 65.
[642] Василев Л., S. 93; Николов/Панова, Правата на купувача, S. 210; Стойчев , Намалението на цената, S. 66f.
[643] Schluß aus Art. 13 und Art. 14 GVV, die das Zustandekommen von Verträgen behandeln; s. Василев Л., S. 257; Кожухаров, Облигационно право I, S. 49; Павлова, S. 77.
[644] ВС Nr. 694/1972, I. гр. о., Bd. 1972, H. 7, 14; Стойчев , Намалението на цената, S. 64.

teilweise einem Dritten gehört oder mit Rechten Dritter belastet ist. Der Käufer erwirbt nur Miteigentum anstatt des vertraglich geschuldeten Volleigentums. Oder er erwirbt das Eigentum an der Sache, kann den Besitz aber nicht ungestört ausüben, weil Dritte Rechte an der Sache haben. In beiden Fällen hat der Verkäufer seine Hauptverpflichtungen nicht erfüllt.

Als Rechte Dritter kommen sowohl Sachenrechte als auch andere Rechte, z. B. aus Mietvertrag oder Pacht, in Betracht[645]. Ausschlaggebend ist, daß diese Rechte dauerhaft oder zumindest für einen nicht unerheblichen Zeitraum den Käufer an der Ausübung seines Besitzes hindern. Gleichgültig ist, ob der Dritte seine Rechte schon gerichtlich geltend gemacht hat oder nur die Möglichkeit hierfür besteht[646].

Weitere Voraussetzung der Minderung gem. Art. 190 Abs. 2 GVV ist, daß der Käufer zum Zeitpunkt des Verkaufs keine Kenntnis von den Rechten Dritter gehabt hat, Art. 188 GVV. Darunter ist nur die positive Kenntnis zu verstehen. Eine grob fahrlässige Unkenntnis reicht nicht aus. Nur wenn der Käufer weiß, daß Dritte Rechte haben und die Sache trotzdem erwirbt, kann angenommen werden, er betrachtet diese Erfüllung des Verkäufer als vertragsgemäß.

Der Käufer muß sein Minderungsverlangen dem Verkäufer unmißverständlich kundtun. Es bedarf also einer einseitigen, empfangsbedürftigen Willenserklärung des Käufers.

III. Minderungsvoraussetzungen nach Art. 26 Nr. 3 VerbrSchG

Der Käufer ist Verbraucher i. S. des VerbrSchG, wenn er Waren oder Dienstleistungen für eigenen Bedarf oder für den Bedarf seiner Angehörigen und nicht für Verkauf, Produktion oder zur Ausübung seines Berufs oder seines Gewerbes in Anspruch nimmt[647].

Weist eine von ihm erworbene Ware Quantitätsabweichungen[648]auf, ist sie mit Defekten behaftet oder entspricht sie nicht der (auf der Verpackung) angegebenen Größe oder Handelsmarke, so kann der Verbraucher die Ware reklamieren. Die Reklamation erfolgt dem Händler gegenüber und stellt eine Rüge der festgestellten Nachteile dar. Sie muß bei offenen Defekten innerhalb von drei Tagen nach Erwerb erfolgen, bei verdeckten Defekten – nach deren Entdeckung, jedoch nicht später als sechs Monate nach der Warenübergabe. Mit der Reklamation kann der Käufer sein Begehren nach Minderung des Kaufpreises geltend machen. Der Verbraucher hat ein Wahlrecht, ob er nach dem VerbrSchG vorgeht oder seine Rechte gem. GVV ausübt.

---

645 Кожухаров, Облигационно право II, S. 64; Русчев, Отговрността за евикция, S. 19f..
646 Василев Б., S. 64.
647 Legaldefinition des § 1 Nr. 1 der Zusatzregelungen des VerbrSchG.
648 Der im Gesetz verwendete Begriff bezeichnet den Fall der verdeckten Mankolieferung.

IV. Inhalt des Minderungsbegehrens

Das Minderungsbegehren richtet sich auf Anpassung des Kaufpreises an den tatsächlichen Wert der verkauften mangelhaften Sache[649]. Die Minderung des Kaufpreises soll in dem Verhältnis erfolgen, in dem der Wert einer mangelfreien Sache zum Zeitpunkt des Vertragsabschlusses gegenüber dem Wert der mangelhaften Sache steht[650]. Der Minderungsbetrag entspricht also nicht dem Wert des Mangels. Würde man den Kaufpreis um den Wert des Mangels mindern, dann wäre der Minderungsanspruch ein Schadensersatzanspruch[651]. Das widerspräche aber dem Wortlaut und dem Sinn und Zweck des Gesetzes. Das GVV beläßt dem Käufer ausdrücklich die Möglichkeit, über die Minderung hinaus einen Schadensersatzanspruch geltend zu machen (Art. 195 Abs. 2 GVV).

V. Rechtsfolgen

Die Geltendmachung der Minderung bewirkt das Erlöschen der Kaufpreisforderung des Verkäufers in Höhe des Minderungsbetrages. Wenn der Kaufpreis bereits voll bezahlt wurde, kann der Käufer Rückzahlung verlangen. Wurde der Kaufpreis noch nicht bezahlt, so wird er nur in geminderter Höhe geschuldet.

Der Untergang oder der Verbrauch bzw. die Verarbeitung der Sache stehen dem Minderungsanspruch des Käufers nicht entgegen (Art 196 Abs. 2 GVV).

VI. Zusammenfassung: Minderungsrecht nach bulgarischem Recht

Dem Käufer steht ein Minderungsrecht zunächst dann zu, wenn der Verkäufer ihm eine mangelhafte Sache übergeben hat. Hat der Käufer den Mangel nicht gekannt und diesen rechtzeitig gerügt, so kann er eine Anpassung des Vertragspreises im Wege der Minderung verlangen. Unter im wesentlichen gleicher Voraussetzung hat der Käufer, der Verbraucher i. S. v. VerbrSchG ist, ein Minderungsbegehren gegenüber seinem professionell handelnden Verkäufer. Ein Minderungsrecht steht dem Käufer auch dann zu, wenn die verkaufte Sache ohne seine Kenntnis mit Rechten Dritter belastet ist. Diese Rechte können sowohl sachenrechtlicher als auch schuldrechtlicher Natur sein.

Die Minderungserklärung bewirkt eine Anpassung des Kaufpreises in dem Verhältnis, in dem der Wert einer mangelfreien Sache zum Zeitpunkt des Vertragsabschlusses gegenüber dem Wert der mangelhaften Sache stand. Die Kaufpreisforderung des Verkäufers erlischt in Höhe des Minderungsbetrages.

---

[649] Конов, Основи, S. 23; Стойчев , Намалението на цената, S. 60; Rustshev, Отговрността за евикция, S. 141; Петрински, S. 28; Големинов, Правна същина на отговорността, S. 22.
[650] Кожухаров, Облигационно право II, S. 94; Василев Б., S 61; Стойчев , Намалението на цената, S. 63.
[651] Кожухаров, Към въпроса за отговорността на продавача, S. 35; Стойчев , Намалението на цената, S. 62; БДА Nr. 65/ 1959, Bd. I, 196, 292; БДА Nr. 499/ 1962, Bd. III, 101, 177.

C. Minderung nach englischem Recht

I. Minderung bei Nichtverbraucherverträgen

Das englische Recht kennt für den Bereich der Nichtverbraucherverträge keinen selbständigen Rechtsbehelf der Minderung. Sec 53 sub-s 1 lit. a SGA sieht zwar vor, daß der Käufer bei *breach of warranty* „diminution or extinction of the price" begehren kann. Dieses Recht des Käufers ist in der Entscheidung Mondel v Steel[652] anerkannt worden. Es ist jedoch nur eine der möglichen Varianten des Schadensersatzes und kein selbständiger Rechtsbehelf. Dieses Minderungsbegehren nach dem Sale of Goods Act 1979 ist als Widerklage (*counter claim*)[653] gegenüber dem Verkäufer („*set off against the seller*") konzipiert. Es gibt dem Käufer kein selbständiges Klagerecht auf Minderung.

II. Minderung bei Verbraucherverträgen

Nach der Umsetzung der Verbrauchsgüterkaufrichtlinie durch die Sale and Supply of Goods to Consumers Regulations 2002 sieht sec 48A sub-s 2 lit. (b) (i), 48C SGA für den Bereich der Verbraucherverträge einen selbständigen Minderungsrechtsbehelf des Käufers vor.

1. Voraussetzungen der Minderung

Dieser Minderungsanspruch setzt die Vertragswidrigkeit der Ware zum Zeitpunkt der Lieferung und die Verbrauchereigenschaft des Käufers voraus. Des weiteren müssen Reparatur oder Austausch der Sache gem. sec 48B sub-s 3 SGA ausgeschlossen sein oder der Verkäufer hat nicht innerhalb der für die Nacherfüllung gesetzten Frist erfüllt.

a) Verbrauchereigenschaft des Käufers

Der Käufer ist nach der Definition der Sale and Supply of Goods to Consumers Regulations 2002 Verbraucher, wenn er eine natürliche Person ist, die nicht zum Zwecke ihres Gewerbes, ihres Geschäftsbetriebs oder Berufs handelt, soweit derartige Verträge der Regulations unterliegen[654].

b) Vertragswidrigkeit der Ware

Die verkaufte Ware ist dann vertragswidrig[655], wenn sie die vertraglich festgeleten

---

[652] Mondel v Steel [1841] 8 M&W 858.

[653] Fridman, S. 314. Es ist grundsätzlich zwischen *set off* und *counter claim* zu unterscheiden. Der *set off* ist eine Prozeßaufrechnung, eine Einwendung, die den Klageanspruch zum Erlöschen bringt. Der *counter claim* ist eine Widerklage, die von der Klage verselbständigt ist und meist zu einem gesonderten gerichtlichen Ausspruch mit besonderter Kostenfestsetzung führt. S. dazu Treibel/Hodgson, Rn. 162.

[654] S. näheres oben 137.

[655] S. näheres oben 144 ff.

Eigenschaften nicht aufweist. Vertragswidrigkeit der Ware liegt auch dann vor, wenn sie der Eigenschaften der Beschreibung, soweit ein Kauf nur nach Beschreibung gem. sec 13 SGA vorliegt oder eines vorgelegten Musters bei Kauf nach Muster gem. sec 15 SGA nicht entspricht. Fehlen solche vertragliche Festlegungen, so muß die Ware gem. sec14 sub-s 2 SGA zumindest befriedigende Qualität (*satisfactory quality*) aufweisen. Die Ware ist von befriedigender Qualität, wenn eine vernünftige Person unter Berücksichtigung etwaiger Beschreibungen den Preis, soweit er von Bedeutung ist, und allen anderen relevanten Umständen des Falles, die Qualität als zufriedenstellend betrachten würde (sec 14 sub-s 2A SGA). Spezifische Aspekte der Qualitätsbestimmung sind gem. sec 14 sub-s 2B SGA insbesondere die Tauglichkeit der Ware für alle Zwecke, für die Waren der gleichen Art gewöhnlich angeboten werden, ein den Umständen entsprechendes äußeres Erscheinungsbild, Freiheit von geringfügigen Mängeln, Sicherheit und Haltbarkeit. Soweit der Käufer Verbraucher ist, umfassen die für die Bestimmung der befriedigenden Qualität zu berücksichtigenden Umstände auch öffentliche Äußerungen, insbesondere Werbung und Etikettierung, des Verkäufers, Herstellers oder seiner Beauftragten bezüglich spezifischer Eigenschaften der Ware.

Ausnahmsweise muß verkaufte Ware für besondere Zwecke tauglich sein, wenn der Käufer diese einem geschäftsmäßig handelnden Verkäufer hinreichend deutlich mitgeteilt hat. Die Verpflichtung des Verkäufers existiert insoweit nicht, als der Käufer nach den Umständen des Falles zu erkennen gibt, daß er der Sachkunde und der Urteilsfähigkeit des Verkäufers nicht vertraut oder wenn es unvernünftig wäre, sich auf diese zu verlassen.

Maßgeblicher Zeitpunkt für die Vertragswidrigkeit der Ware ist gem. sec 48A sub-s 1 lit. (b) SGA der Zeitpunkt der Lieferung („*at the time of delivery*"). Unter Lieferung ist gem. 61 sub-s 1 SGA die freiwillige Übertragung des Besitzes an einer Sache von einer Person auf einer anderen. Wie die Lieferung im einzelnen erfolgt, hängt zunächst von der Parteiabsprache ab. Es ist zwischen Distanz- und Platzkäufer zu unterscheiden. Diese Unterscheidung bestimmt im wesentlichen den Ort und den Zeitpunkt der Lieferung sowie die im einzelnen die vom Verkäufer geschuldeten Handlungen. Ist der Käufer ein Verbraucher, so ist nach den Sale and Supply of Goods to Consumers Regulations 2002 die Übergabe an einen Transporteur keine Lieferung an den Käufer (sec 32 sub-s 4 SGA), auch wenn ein Distanzkauf vertraglich vereinbart worden ist. Die Lieferung erfolgt erst mit Aushändigung der Ware an den Verbraucher.

Die Haftung des Verkäufers für die Vertragswidrigkeit der Ware ist ausgeschlossen, wenn der Käufer die Mängel der Ware kannte oder hätte erkennen müssen.

c) Keine Nacherfüllungsansprüche

Gemäß sec 48C sub-s 2 SGA steht dem Käufer ein Minderungsbegehren nur dann zu, wenn er weder Reparatur noch Austausch der Ware verlangen kann. Dies ist gem. sec 48B sub-s 3 SGA dann der Fall, wenn die Durchsetzung des

Nacherfüllungsrechtsbehelfs unmöglich ist, der jeweils gewählte Rechtsbehelf gegenüber der anderen Nacherfüllungsalternative oder gegenüber anderen Rechtsbehelfen mit unverhältnismäßigen Kosten verbunden ist.

Der Käufer ist außerdem dann zur Minderung berechtigt, wenn der Verkäufer innerhalb der ihm gesetzten angemessenen Frist für die Nacherfüllung die gebotene Handlung nicht vornimmt oder diese mit erheblichen Unannehmlichkeiten für den Käufer verbunden ist (sec 48C sub-s 2 lit. (b) SGA).

Mit dieser Voraussetzung schafft das englische Recht für den Bereich der Verbraucherverträge ein Rangverhältnis der Rechtsbehelfe des Käufers, bei dem die Nacherfüllungsansprüche privilegiert werden. Dies ergibt sich daraus, daß Minderung und Vertragsaufhebung nur verlangt werden dürfen, wenn der Nacherfüllungsanspruch ausgeschlossen oder gescheitert ist.

2. Inhalt des Minderungsbegehrens

Soweit die soeben dargelegten Voraussetzungen vorliegen, kann der Verbraucher gem. sec 48C sub-s 1 lit. (a) SGA vom Verkäufer die Minderung des Kaufpreises um einen angemessenen Betrag verlangen. Für die Ermittlung dieses Betrages sind die Vorteile der Sache für den Verbraucher sowie die Schwere des Mangels zu berücksichtigen. Die Minderung ist also eine Art Entschädigung und keine Vertragsanpassung.

III. Zusammenfassung: Minderungsrecht nach englischem Recht

Das lediglich im Bereich der Verbraucherverträge gesetzlich geregelte Minderungsrecht des Käufers setzt nach englischem Recht die Lieferung einer vertragswidrigen Ware voraus. Die Ware ist vertragswidrig, wenn sie nicht der vertraglich vereinbarten oder der objektiv zu bestimmenden befriedigenden Qualität entspricht. Der in Umsetzung der Verbrauchsgüterkaufrichtlinie vom englischen Gesetzgeber kreierte Rechtsbehelf des Käufers setzt voraus, daß die vorrangige vertragliche Nacherfüllung gescheitert ist. Dies ist vor allem dann der Fall, wenn der Verkäufer sowohl die Reparatur der Sache als auch den Austausch der Sache verweigert hat. Die Nacherfüllung des Vertrages ist des weiteren dann gescheitert, wenn der Verkäufer innerhalb der ihm vom Käufer gesetzten Nacherfüllungsfrist nicht reagiert. Das Minderungsrecht des Käufers bewirkt die Herabsetzung des Kaufpreises um einen angemessenen Betrag.

D. Minderung nach deutschem Recht

Dem historischen Vorbild der actio quanti minoris des römischen und des gemeinen Rechts folgend gewährt das deutsche Recht dem Käufer, dem eine mangelhafte Sache übergeben worden ist, die Möglichkeit, die Minderung des Kaufpreises zu erwirken.

I. Voraussetzungen

Die Voraussetzungen des Minderungsbegehrens richten sich nach §§ 437 Nr. 2, 441 BGB. Demnach kann der Käufer den Kaufpreis mindern, wenn die verkaufte Sache mangelhaft ist und er den Mangel bei Vertragsschluß nicht kannte (§§ 437, 442 BGB). Die Sache ist mangelhaft, wenn sie mit einem Sachmangel gem. § 434 BGB oder einem Rechtsmangel gem. § 435 BGB behaftet ist[656]. Im Gegensatz zu der alten Rechtslage, nach der ein Minderungsanspruch dem Käufer gem. §§ 462, 459 BGB a.F. nur bei Vorliegen eines Sachmangels zustand, kann der Käufer nunmehr auch wegen eines Rechtsmangels den Kaufpreis mindern. Dies kann unter Umständen den Interessen des Käufers entsprechen, so beispielsweise bei Kauf eines belasteten Grundstücks.

Eine erhebliche Änderung im Vergleich zu der alten Rechtslage ist, daß der Käufer erst dann zur Minderung berechtigt ist, wenn er eine angemessene Frist zur Nacherfüllung gesetzt hat und diese erfolglos abgelaufen ist. Diese Voraussetzung ergibt sich aus dem Verweis auf die Rücktrittsvorschriften („statt zurückzutreten" § 441 BGB). Wie lang die angemessene Frist ist, bestimmt sich nach den Umständen des Einzelfalles.

Der Käufer ist jedoch ausnahmsweise nicht verpflichtet, dem Verkäufer eine Nacherfüllungsfrist zu setzen, um zu anderen (nachrangigen) Rechtsbehelfen, insb. zur Minderung übergehen zu können. Die Ausnahmen sind in § 323 Abs. 2 und § 440 BGB geregelt. Demnach ist eine Nachfristsetzung vor allem dann entbehrlich, wenn der Verkäufer die Nacherfüllung verweigert hat (§ 323 Nr. 1 BGB oder wegen unverhältnismäßiger Kosten § 440 S. 1 1. Alt. BGB) und wenn die dem Käufer zustehende Art der Nacherfüllung fehlgeschlagen oder unzumutbar ist (§ 440 S. 1 2. und 3. Alt. BGB)[657].

Liegen die Voraussetzungen soweit vor, kann der Käufer gem. § 441 Abs. 1 S. 2 BGB auch bei unerheblichen Mängeln den Kaufpreis mindern. Das ist eine weitere Änderung gegenüber der alten Rechtslage und eine Abweichung von den sonst weitgehend parallel laufenden Regelungen des Rücktrittrechts. Während nach alter Rechtslage „unerhebliche Minderung von Wert oder Tauglichkeit" gem. § 459 Abs. 1 S. 2 BGB a.F. bereits nicht dem Sachmängelbegriff unterfiel, differenziert das Gesetz nunmehr auf der Rechtsfolgenseite. Der Rücktritt ist als weitreichender Rechtsbehelf für unerhebliche Mängel gem. § 323 Abs. 5 S. 2 BGB

---

[656] Näheres zu den Begriffen s. oben Seite 162 ff. und 172.

[657] Näheres zu den Ausnahmetatbestände s. unten 258 ff.

ausgeschlossen[658]. Eine Minderung wegen solcher Mängel ist dagegen zulässig, dürfte aber entsprechend gering ausfallen und demnach auch den Verkäufer nicht übermäßig belasten.

Das Minderungsrecht des Käufers ist bei Verbrauchsgüterkäufen infolge der Verweisung in § 475 BGB zwingendes Recht. Die Minderung kann also vor Mitteilung des Mangels an den Unternehmer einem Verbraucher gegenüber durch Vereinbarung nicht wirksam ausgeschlossen werden. Unwirksam ist ebenfalls ein Ausschluß des Minderungsrechts durch AGB bei Kaufverträgen mit Verbrauchern über neu hergestellte Sachen bei Fehlschlagen der Nacherfüllung, §§ 309 Nr. 8 b) bb) i. V. m. 310 BGB. Im Übrigen kann das Minderungsrecht beschränkt oder ausgeschlossen werden, soweit ein Haftungsausschluß gem. § 444 BGB wirksam vereinbart werden kann. Der Verkäufer darf also weder den Mangel arglistig verschwiegen haben noch eine Garantie für die konkrete, nunmehr nicht vorhandene Beschaffenheit der Sache übernommen haben.

II. Minderungsbegehren

Nach alter Rechtslage hatte die Erklärung des Käufers, daß er Minderung verlangt, keine gestaltende Wirkung. Nach §§ 462, 465 BGB a.F. richtete sich der Anspruch des Käufers gegen den Verkäufer darauf, daß dieser sich mit der Minderung einverstanden erklärt. Dieser Anspruch wurde als Anspruch auf Minderung bezeichnet. War der Verkäufer mit der Minderung einverstanden, so hatte der Käufer einen Anspruch aus (vollzogener) Minderung auf Rückerstattung eines entsprechenden Teils des Kaufpreises (§§ 465, 472 BGB a.F.). Beide Ansprüche unterlagen unterschiedlich langer Verjährung. Diese gesetzliche Regelung hat einen theoretischen[659] Meinungsstreit hervorgerufen, in dem es im wesentlichen darum ging, ob und vor allem wie dem Käufer gestattet werden kann, eine Klage direkt auf Rückzahlung oder Befreiung von der Zahlungsverpflichtung zu erheben[660].

Der Gesetzgeber hat das Minderungsbegehren des Käufers jetzt als Gestaltungsrecht geregelt. Dadurch sollten die durch § 465 BGB a.F. hervorgerufenen Probleme beseitigt werden und eine Angleichung an das Rücktrittsrecht vorgenommen werden[661]. Die Erklärung des Käufers, daß er mindert, ist eine empfangsbedürftige, rechtsgeschäftliche Willenserklärung und unterliegt als solche den allgemeinen Wirksamkeitsvoraussetzungen[662]. Als Gestaltungserklärung ist sie be-

---

[658] s. näher Seite 267 ff.

[659] Die Rechtsprechung hat das Thema nie problematisiert und es für zulässig erachtet, wenn der Käufer direkt auf entsprechende Rückzahlung des Kaufpreises klagt, s. RGZ 54, 423; BGHZ 29, 148, 155; 85, 367, 372; BGH WM 1990, 1206, 1207, s. Wagner, S. 792: „Wieso diese Frage und die Wandelung insgesamt gleichwohl Anlaß zu viel literarischem Streit und elaborierten Theorien-Gebäuden geben konnte, wird wohl für immer rätselhaft bleiben".

[660] S. umfassende Darstellung des Theorienstreites mit Stellungnahme in Reinicke/Tiedtke, Rn. 356ff.; MünchKomm/Westermann, § 462 Rn. 3ff.; Larenz, Schuldrecht II-1, S. 53ff.

[661] Regierungsentwurf. S. 551.

[662] RGRK/Mezger, § 465 Rn. 8.

dingungsfeindlich. Die Erklärung muß ihrem Inhalt nach eindeutig sein. Sie muß entweder auf einen bestimmten Betrag lauten oder auf ein bestimmtes Verfahren, den Minderwert festzustellen, ausdrücklich oder konkludent Bezug nehmen[663]. Die Minderungserklärung führt zu einer Umgestaltung des Kaufvertrages, bei der der Kaufpreis als unmittelbare Folge dieser Erklärung herabgesetzt wird[664].

Die Regelung der Minderung als Gestaltungserklärung bewirkt, daß die Minderung an sich nicht der Verjährung gem. § 194 BGB unterliegt. Gemäß § 194 BGB unterliegen nur Ansprüche der Verjährung. Dieser Grundsatz spiegelt sich in § 438 Abs. 1 BGB wieder, in dem die Verjährung des Nacherfüllungs- und des Schadensersatzanspruches des Käufers geregelt ist. Die sonst drohende Regelungslücke versucht § 218 BGB zu schließen. Dieser bestimmt in Abs. 1 S. 1, daß der Rücktritt wegen nicht oder nicht vertragsgemäß erbrachter Leistung unwirksam ist, wenn der Anspruch auf die Leistung oder der Nacherfüllungsanspruch verjährt ist und der Schuldner sich hierauf beruft. Die Anwendbarkeit des § 218 BGB auf die Minderung ist in § 438 Abs. 5 BGB ausdrücklich klargestellt. Der Gesetzgeber wollte mit der Regelung erreichen, daß Rücktritt und Minderung als Gestaltungsrechte in der gleichen Weise verjähren wie die Ansprüche auf Nacherfüllung und Schadensersatz. Gemäß § 218 Abs. 1 S. 1 BGB führt der Ablauf der Verjährungsfrist dazu, daß der Rücktritt bzw. die Minderung unwirksam sind. Hat der Käufer jedoch vor Ablauf der Frist die Minderung erklärt, so kann er anscheinend den darauf folgenden Anspruch auf Rückzahlung des zuviel gezahlten Kaufpreises weitere drei Jahre geltend machen (§§ 195, 199 BGB). Dies würde dem Anspruch aus der Minderung nach alter Rechtslage entsprechen. Der wesentliche Unterschied wäre jedoch, daß die Minderung als Gestaltungsrecht formlos erklärt werden kann und ein Einverständnis des Verkäufers nicht erforderlich ist. Die Konsequenz wäre ein unterschiedliches Verjährungsregime für Rücktritts- und Minderungsrecht und für Nacherfüllungs- und Schadensersatzansprüche des Käufers[665]. Dies widerspricht der klaren Intention des Gesetzgebers. Erforderlich ist daher eine über den Wortlaut des Gesetzes hinausgehende teleologische Reduktion, die bewirkt, daß nicht bloß die Erklärung der Minderung bzw. des Rücktritts, sondern auch der darauf folgende Anspruch auf Rückzahlung des zu viel gezahlten Kaufpreises der Verjährungsfrist gem. §§ 438, 218 BGB unterliegt[666].

III. Berechnung und Rechtsfolgen der Minderung

Die Minderung gibt dem Käufer das Recht, den Vertrag an die geänderten Umstände anzupassen. Der Charakter der Minderung als Vertragsanpassung kommt in der gesetzlich vorgeschriebenen relativen Berechnungsmethode zum Ausdruck, die früher in § 472 Abs. 1 BGB a.F. geregelt war und nach stark kritisierten Änderungsversuchen[667] letzten Endes in § 441 Abs. 3 BGB übernommen wur-

---

663 Soergel/Huber, § 465 Rn. 8.
664 Haas, in: Haas/Medicus u.a., S. 212f.
665 Wagner, S. 791.
666 s. zu den Folgeprobleme dieses Lösungsansatzes, Wagner, S. 792ff.
667 Dauner-Lieb, Stellungnahme vor dem Rechtsauschuß, S. 11; Honsell, S. 281; Gaier, S. 337f.

de[668]. Demnach ist der Kaufpreis in dem Verhältnis herabzusetzen, in welchem der Wert der Sache in mangelfreiem Zustand zu dem wirklichen Wert zur Zeit des Vertragsschlusses gestanden hätte[669]. Der Käufer muß also im Ergebnis den Kaufpreis zahlen, der nach dem Bewertungsmaßstab des Vertrages vereinbart worden wäre, wenn von Anfang an eine mangelhafte Sache Vertragsgegenstand gewesen wäre[670]. Als Formel gefaßt erfolgt die Berechnung wie folgt:

$$\text{Geminderter Kaufpreis} = \frac{\text{Wert der mangelhaften Ware x vereinbarter Kaufpreis}}{\text{Wert der mangelfreien Ware}}$$

Der Vorteil dieser Berechungsmethode liegt darin, daß jeder Partei der ursprüngliche Vor- oder Nachteil erhalten bleibt. Hat der Käufer ein gutes Geschäft mit dem im Vertrag ausgehandelten Kaufpreis gemacht, so bleibt ihm dieser Vorteil durch die relative Berechnung der Minderung erhalten.

Maßgeblicher Zeitpunkt für die Ermittlung der Werte ist der Zeitpunkt des Vertragsabschlusses (§ 472 a.F. „zur Zeit des Verkaufs" bzw. Wortlaut des § 441 Abs. 3 S. 1). Die daraus folgende retrospektive Berechnung kann unter Umständen Schwierigkeiten verursachen, z. B. bei Gütern mit stark schwankenden Preisen. Es muß festgestellt werden, was die mangelhafte Ware zum Zeitpunkt des Vertragsschlusses Wert gewesen wäre. Zwischenzeitlich eingetretene Änderungen sind irrelevant[671]. Um diese u. U. erheblichen Ermittlungsschwierigkeiten zu vermeiden, stellt § 441 Abs. 3 S. 2 BGB ausdrücklich klar, daß die Minderung auch durch Schätzung ermittelt werden kann. Diese ausdrückliche Klarstellung sollte der unter der alten Rechtslage üblichen, jedoch nach Meinung des Gesetzgebers durch § 287 ZPO nicht voll abgedeckten Praxis eine Grundlage geben[672].

Hat der Käufer den ursprünglichen vertraglichen Kaufpreis bereits bezahlt, so hat er gegen den Verkäufer einen Anspruch auf Rückzahlung eines der Minderung entsprechenden Betrages, § 441 Abs. 4 BGB. Steht die Kaufpreiszahlung noch aus, so wird der Käufer in Höhe der Minderung von seiner Kaufpreiszahlungspflicht frei.

IV. Ausschluß der Minderung

Wie alle Rechtsbehelfe, die dem Käufer wegen der Mangelhaftigkeit der Sache eingeräumt werden, kann auch die Minderung dann nicht geltend gemacht werden, wenn der Käufer den Mangel kannte oder infolge grober Fahrlässigkeit nicht kannte, § 442 BGB.

---

668 s. BT-Dr 14/7052, S. 41.
669 s. zur Berechnung nach dem fallengelassenen Änderungsvorschlag und zu den Unterschiede zur alten und geltenden Rechtslage, Boerner, S. 2271.
670 Soergel/Huber, § 472 Rn. 1ff.
671 MünchKomm/Westermann, § 472 Rn. 9.
672 BT-Dr 14/7052, S. 197.

Bei beiderseitigen Handelsgeschäften ist die Minderung ausgeschlossen, wenn der Käufer die Ware nicht gem. § 377 Abs. 1 HGB wegen ihrer Mangelhaftigkeit gerügt hat.

Die Minderung kann grundsätzlich auch aufgrund vertraglicher Vereinbarung ausgeschlossen sein. Der Verkäufer darf sich jedoch auf einen Haftungsausschluß dann nicht berufen, wenn er den Mangel arglistig verschwiegen hat oder eine Garantie für die Beschaffenheit der Sache übernommen hat, § 444 BGB[673]. Im Bereich des Verbrauchsgüterkaufrechts ist ein Haftungsausschluß weitgehend unzulässig. Gemäß § 475 Abs. 1 BGB können vor Mitteilung des Mangels an den Unternehmer die Rechtsbehelfe des Verbrauchers nicht zu dessen Nachteil abbedungen oder abweichend geregelt werden. § 475 Abs. 1 S. 2 BGB umfaßt auch Umgehungsversuche. Zulässig ist der Ausschluß nach Mitteilung des Mangels. Da aber die Minderung für beide Parteien der „mildeste" Rechtsbehelf ist, ist eine dahingehende Regelung in der Praxis eher unwahrscheinlich.

V. Zusammenfassung: Minderungsrecht nach deutschem Recht

Die Minderung bleibt weiterhin ein besonderes Institut der kaufrechtlichen Mängelhaftung, das nicht im allgemeinen Leistungsstörungsrecht geregelt ist. Im Gegensatz zur alten Rechtslage ist die Minderung nunmehr nicht nur bei Sachmängeln, sondern auch bei Rechtsmängeln zulässig. Nach neuer Rechtslage ist der Käufer grundsätzlich verpflichtet, dem Verkäufer eine angemessene Nacherfüllungsfrist zu setzen, bevor er sein Minderungsrecht ausüben darf. Dies stellt grundsätzlich eine Erschwerung der Berufung auf diesen Rechtsbehelf, entsprich aber dem gesetzgeberischen Bestreben, die Nacherfüllung als primären Rechtsbehelf bei Mangelhaftigkeit der Sache zu etablieren.

Die Minderung ist nunmehr ein Gestaltungsrecht und kein Anspruch des Käufers. Die empfangsbedürftige Minderungserklärung bewirkt mit Zugang beim Verkäufer die Herabsetzung des Kaufpreises, ohne daß dazu ein Einverständnis des Käufers erforderlich wäre.

Die Minderung dient der verhältnismäßigen Anpassung des Vertrages. Dies wird durch die Anwendbarkeit der relativen Berechnungsmethode gewährleistet. Der Kaufpreis ist in dem Verhältnis herabzusetzen, in dem der Wert der mangelfreien Sache zum Zeitpunkt des Vertragsabschlusses zu dem tatsächlichen Wert gestanden hätte.

---

673 Zum Problemkreis Haftungsausschluß und Garantie s. oben Seite 173 ff.

E. Rechtsvergleichende Analyse des Minderungsrechts des Käufers

Alle untersuchten Rechtssysteme kennen als besonderen kaufrechtlichen Rechtsbehelf des Käufers die Minderung des Kaufpreises. Das englische Recht hat einen solchen selbständigen Rechtsbehelf erst mit der Umsetzung der Verbrauchsgüterkaufrichtlinie anerkannt. Dieser gilt für den Bereich des Verbraucherkaufes und für alle nach dem 31. März 2003 geschlossenen Verträge. Einheitliche Voraussetzung der Minderung ist die Lieferung einer mangelhaften Sache durch den Verkäufer sowie eine Erklärung des Käufers, daß er Minderung begehrt. Nach allen Rechtsordnungen, bis auf die englische, bewirkt die Minderung eine verhältnismäßige Anpassung des Kaufpreises an die tatsächlich erhaltene Qualität der Ware. Das deutsche und englische Recht sehen das Minderungsrecht des Käufers als einen gegenüber dem Nacherfüllungsanspruch nachrangigen Rechtsbehelf. Dies äußert sich dadurch, daß sie vor der Geltendmachung der Minderung die Setzung einer angemessenen Frist zur Nacherfüllung verlangen. Das CISG sichert den Vorrang der Nacherfüllung durch eine Abwendungsbefugnis des Verkäufers. Lediglich nach bulgarischem Recht unterliegt die Minderung keinem Rangverhältnis bezüglich der anderen gewährleistungsrechtlichen Rechtsbehelfe des Käufers. In der Praxis wird jedoch der Käufer von Verbrauchsgüter i.d.R. die Nacherfüllung vorziehen und nur wenn diese nicht möglich ist, Minderung verlangen. Insoweit übereinstimmt die Praxis weitgehend mit dem von der Verbrauchsgüterkaufrichtlinie bezweckten Vorrang des Nacherfüllungsanspruchs bei Verbrauchsgüterkauf.

Gemeinsame Voraussetzung des besonderen kaufrechtlichen Rechtsbehelfs der Minderung ist nach allen untersuchten Rechtssystemen die Mangelhaftigkeit der Sache zum Zeitpunkt des Gefahrüberganges. Des weiteren setzt die Minderung nach allen Rechtssystemen eine an den Verkäufer gerichtete Erklärung des Käufers voraus, daß Minderung begehrt wird. Nach allen Rechtsordnungen ist das Minderungsrecht praktisch dem Nachherfüllungsanspruch nachgeordnet. Eine gesetzliche Regelung, die diese Rangordnung vorschreibt, ist jedoch nicht zwingend erforderlich. Die Rechtswirkung der Minderung als verhältnismäßige Anpassung des Kaufpreises an die tatsächlich erhaltene Qualität ist sinnvoll und wünschenswert, weil sie das ursprüngliche Preis- und Verhandlungsverhältnis erhält.

4. Kapitel Rücktritt, Wandelung und Vertragsaufhebung

Jede Rechtsordnung gewährt den Parteien die Möglichkeit sich, bei Eintritt bestimmter Umstände vom Vertrag zu lösen. Je nach Rechtsordnung sind die Voraussetzungen für das Loslösen vom Vertrag unterschiedlich streng. Jedoch zeigt sich die allgemeine Tendenz, die Auflösung des Vertrages als einen Rechtsbehelf ultima ratio zu betrachten, der dem Käufer erst nachrangig zur Verfügung steht.

A. Vertragsaufhebung nach CISG

Erfüllt der Verkäufer die ihm obliegenden Vertragspflichten nicht, so ist der Käufer nach Maßgabe des Art. 49 CISG dazu berechtigt, die Aufhebung des Vertrages zu erklären. Das Aufhebungsrecht besteht grundsätzlich nur dann, wenn der Verkäufer eine wesentliche Vertragsverletzung begangen hat (Art. 49 Abs. 1 lit. a) CISG). Ferner dann, wenn der Verkäufer trotz gesetzter Nachfrist nicht geliefert hat oder eine Lieferung ausdrücklich abgelehnt hat. Die Vorschrift bezweckt, die Vertragsaufhebung soweit wie möglich zu beschränken und nur bei gravierenden Vertragsverstößen zuzulassen[674]. Der Grund dafür liegt darin, daß bei internationalen Kaufgeschäften die Folgen der Vertragsaufhebung den Verkäufer schwerer treffen können als bei nationalen Transaktionen. Im internationalen Verkehr sind häufig höhere Transport- und Versicherungskosten sowie Zoll- und Devisenschwierigkeiten zu erwarten[675].

I. Voraussetzungen des Aufhebungsrechts

Die Voraussetzungen des Aufhebungsrechts des Käufers sind im wesentlichen in Art. 49 Abs. 1 CISG geregelt. Dazu kommen einige ergänzende Vorschriften, die besondere Konstellationen betreffen.

Art. 49 Abs. 1 CISG differenziert zunächst zwischen Nichtlieferung der Ware (lit. b) und sonstiger Nichterfüllung von vertraglichen Pflichten (lit. a). Ähnlich wie bei der Regelung der Erfüllungsansprüche stellt das Übereinkommen an die Ausübung des Aufhebungsrechts höhere Voraussetzungen, wenn eine Lieferung bereits erfolgt ist[676]. Damit trägt das Übereinkommen den Besonderheiten des internationalen Geschäftsverkehrs, der mit höheren Kosten und Risiken verbunden ist, Rechnung.

---

[674] von Caemmerer, in FS Coing II, S. 50; Staudinger/Magnus, Art. 49 Rn. 4; Welser, in: Dorlalt, S. 120; Niggemann, in: Hoyer/Posch, S. 102 (Beschränkung auf „Fälle, in denen der Vertrag nicht mehr zu retten ist").
[675] Piltz, § 5 Rn. 194; Herber/Czerwenka, Art. 49 Rn. 2; Enderlein/Maskow/Stohbach, Art. 49 Rn. 3.
[676] S. Seite 129.

1. Aufhebung wegen wesentlicher Vertragsverletzung

Das Aufhebungsrecht steht dem Käufer gem. Art. 49 Abs. 1 lit. a) CISG stets zu, wenn der Verkäufer eine seiner Pflichten nicht erfüllt hat und darin eine wesentliche Vertragsverletzung i. S. Art. 25 CISG zu sehen ist. Auf die Art der verletzten Pflicht und auf die Ursache der Nichterfüllung kommt es nicht an[677]. Selbst wenn der Verkäufer aus einem Grund an der Erfüllung gehindert ist, der ihn gem. Art. 79 CISG befreit, bleibt das Vertragsaufhebungsrecht des Käufers bestehen, soweit die Voraussetzungen hierfür gegeben sind.

Eine wesentliche Vertragsverletzung i. S. Art. 25 CISG liegt dann vor, wenn der Vertragsbruch für den Schuldner erkennbar zum Wegfall des Leistungsaustauschinteresses des Gläubigers führt. Die Beurteilung ist aufgrund des konkreten Vertrages vorzunehmen[678]. Dabei ist zu berücksichtigen, daß das CISG tendenziell die Vertragsaufhebung zugunsten anderer Rechtsbehelfe, insbesondere Nachbesserung , Minderung und Schadensersatz zurückdrängen will. Die Rückabwicklung des Vertrages soll dem Käufer als letzte Möglichkeit zur Verfügung stehen, um auf eine Vertragsverletzung des Verkäufers zu reagieren, die so gewichtig ist, daß sie sein Erfüllungsinteresse im wesentlichen entfallen läßt[679].

2. Aufhebung nach Nachfristsetzung

Der Käufer kann den Vertrag gem. Art. 49 Abs. 1 lit. b) CISG auch dann aufheben, wenn der Verkäufer trotz ordnungsgemäßer Nachfristsetzung (Art. 47 Abs. 1 CISG) nicht liefert oder eine Lieferung ablehnt. Das Recht des Käufers, durch Nachfristsetzung zur Vertragsaufhebung zu gelangen, ist nur auf den Fall der Nichtlieferung beschränkt. Voraussetzung ist also, daß der Verkäufer seine Pflicht zur Lieferung, so wie sie durch Art. 31 CISG oder besondere Bestimmungen des Kaufvertrages vorgesehen ist, nicht bis zu dem in Art. 33 CISG bestimmten Zeitpunkt bewirkt hat. Aus Art. 35 Abs. 1 CISG ergibt sich, daß die mengenmäßige Zuweniglieferung („Menge") und die Lieferung eines aliud („Art") nicht als Nichtlieferung zu verstehen sind[680], so daß in diesen Fällen eine Vertragsaufhebung nur nach Art. 49 Abs. 1 lit. a) CISG möglich ist.

Bei der Beurteilung, ob bei Nichtübergabe von Dokumenten ein Fall von Nichtlieferung vorliegt, ist zu differenzieren. Es kommt in erster Linie auf die Wichtigkeit des Dokuments an[681]. Handelt es sich um Dokumente, die dem Käufer überhaupt erst ermöglichen, Besitz an der Ware zu erlangen, so gehört deren Übergabe bereits zum Zur-Verfügung-Stellen der Ware durch den Verkäufer (Art. 31 CISG). Die Nichtübergabe solcher Dokumente ist stets eine Nichtlieferung[682].

---

677 BGH NJW 1996, 2364, 2365.
678 zu wesentlichen Vertragsverletzung und die Frage der Berücksichtigung der Behebbarkeit von Mängeln s. oben Seite 122 ff.
679 OLG Köln, 16 U 77/01, Urteil vom 14.10.2002 (www.cisg-online.ch/cisg/urteile/709.htm).
680 S. dazu oben Seite 58.
681 Schlechtriem/Huber, Art. 49 Rn. 16.
682 Karollus, S. 146; Ziegler, S. 166; Staudinger/Magnus, Art 49 Rn. 17.

Die Nachfristsetzung gem. Art. 47 Abs. 1 CISG besteht in einer unmißverständlichen Aufforderung zur Leistung, verbunden mit der Fristsetzung eines nach dem Kalender bestimmten oder bestimmbaren Termins[683]. Eine Ablehnungsandrohung ist nicht erforderlich. Ist die Frist in der Erklärung zu kurz bemessen, so setzt sie eine angemessene Frist in Lauf[684]. Eine Fristsetzung ist entbehrlich, wenn der Verkäufer bereits vorher erklärt, daß er keinesfalls liefern werde[685].

3. Vertragsaufhebung vor Erfüllung, Art. 72 CISG

Art. 72 CISG regelt das Recht des Gläubigers zur Vertragsaufhebung bei drohender Vertragsverletzung. Auch hier ist das Vertragsaufhebungsrecht nur bei wesentlichen Vertragsverletzungen zugelassen. Die Vorschrift gewährt eine zeitliche Extension dieses Rechts auf das Vorfeld der Vertragsdurchführung. Die berechtigte Partei soll einen offensichtlich drohenden wesentlichen Vertragsbruch nicht erst abwarten müssen, bevor sie berechtigt ist, den Vertrag aufzuheben.

Welcher Grad der Wahrscheinlichkeit mit dem Merkmal „offensichtlich" gemeint ist, ist im einzelnen umstritten[686]. Angesichts der einschneidenden Rechtsfolge und der Tatsache, daß der Verkäufer noch nicht mit der Erfüllung begonnen hat, ist eine sehr hohe naheliegende Wahrscheinlichkeit, die jedem einleuchtet, zu fordern[687]. Durch die hohe Anforderung an die Wahrscheinlichkeit wird vermieden, daß über Art. 72 CISG das Nacherfüllungsrecht des Verkäufers gem. Art. 34 Abs. 2 und 37 CISG ausgehöhlt ist. Damit trägt man auch der Rolle der Vertragsaufhebung als ultima ratio Rechtsbehelf Rechnung. Um Prognoseunsicherheiten vorzubeugen und die Schärfe der Vertragsaufhebung abzumildern, sieht Art. 72 Abs. 2 CISG eine Anzeigepflicht der vertragstreuen Partei vor. Diese besteht aber nur dann, wenn der Verkäufer die Erfüllung seiner Pflichten nicht schon verweigert hat (Abs. 3) und wenn die Zeit und die besonderen Umstände des Falles einer Anzeige nicht entgegenstehen.

4. Aufhebung bei Sukzessivlieferungsverträgen, Art. 73 CISG

Art. 73 CISG enthält drei Sonderregelungen für die Aufhebung von Sukzessivlieferungsverträgen. Der Sukzessivlieferungsvertrag unterscheidet sich von dem normalen Austauschvertrag durch seine zeitliche Erstreckung und die Mehrzahl der Lieferungen[688]. Die Abwicklung solcher Verträge ist daher störungsanfälliger.

---

683 Staudinger/Magnus. Art. 47 Rn. 16f.; Schlechtriem/Huber, Art. 47 Rn. 6; Herber/Czerwenka, Art. 47 Rn. 3.
684 Staudinger/Magnus, Art. 47 Rn. 20.
685 OLG München 17 U 2513/02 u. 10 O 5423/01, Urteil vom 01.07.2002 (www.cisg-online.ch/cisg/urteile/656.htm).
686 Wegen der Verwandtschaft in der Formulierung mit Art. 71 Abs. 1 und 73 Abs. 2, wird zum Teil ein einheitlicher Maßstab der Wahrscheinlichkeit verlangt (so Herber/Czerwenka, Art. 72 Rn. 2; Ziegler, S. 169)
687 Schlechtriem/Leser/Hornung, Art. 72 Rn. 12; Staudinger/Magnus, Art. 72 Rn. 9; Karollus, S. 163, Enderlein/Maskow/Strohbach, Art. 72 Bem. 1; Piltz, § 5, Rn. 225.
688 Ziegler, S. 172.

Art. 73 Abs. 1 CISG sieht als Grundsatz bei einer durch wesentliche Vertragsverletzung gestörten Einzellieferung das Aufhebungsrecht nur bezüglich dieser Einzellieferung vor. Diese Regel ist selbstverständlich und entspricht Art. 51 CISG. Art. 73 Abs. 2 und 3 CISG enthalten Ausnahmen von diesem Prinzip und sehen unter bestimmten Voraussetzungen eine Aufhebung des gesamten Vertrages mit ex-nunc (Abs. 2) oder ex-tunc-Wirkung (Abs. 3) vor.

Gemäß Art. 73 Abs. 2 CISG kann der Käufer den Vertrag für die Zukunft aufheben, wenn ein gegenwärtiger Vertragsbruch hinsichtlich einer Teillieferung den Schluß auf künftige wesentliche Vertragsverletzung hinsichtlich noch ausstehender Lieferungen nahelegt. Bei der gegenwärtigen Vertragsstörung muß es sich nicht um eine wesentliche Vertragsverletzung handeln, sie muß lediglich den Schluß hierauf erlauben[689]. Die bereits geschehene Vertragsverletzung muß einen triftigen Grund für die Annahme liefern. Ein „triftiger Grund" („*good grounds*") liegt dann vor, wenn die begangene Vertragsverletzung bei objektiver Bewertung (Art. 8 Abs. 2 CISG) die Prognose nahelegt, daß bei künftigen Teillieferungen gravierende Störungen auftreten würden[690]. Der für die Prognose erforderliche Wahrscheinlichkeitsgrad dürfte geringer sein als der bei Art. 72 CISG durch das Merkmal „offensichtlich" vorausgesetzte[691]. Dies ist mit der Funktion des Rechtsbehelfs und der Schwere des Eingriffs in den Vertrag zu erklären[692]. Die Vertragsaufhebung für die Zukunft ist eine Reaktion auf eine bereits erfolgte Vertragsverletzung, die das Vertrauen auf die Erfüllung des Vertrages erschüttert hat. Die Vertragsaufhebung beschränkt sich auf die künftigen Lieferungen. Als solche sind die noch nicht erbrachten und nicht abgesandten anzusehen.

Art. 73 Abs. 3 CISG erweitert das Aufhebungsrecht des Käufers hinsichtlich einer Teillieferung (Abs. 1) auf den schon durchgeführten, den noch ausstehenden oder den gesamten Vertrag, wenn ein entsprechender Zusammenhang der Teillieferung mit den übrigen Vertragsteilen besteht. Die Aufhebung des übrigen Vertrages muß gleichzeitig mit jener der Teillieferung erklärt werden. Die schon erhaltenen und/oder künftigen Lieferungen müssen wegen ihres Gesamtzusammenhanges für den ursprünglichen Vertragszweck nicht mehr nutzbar sein. Der Verwendungszweck ist nach den gemeinsamen Vorstellungen, die die Parteien bei Vertragsschluß hatten, zu beurteilen[693]. Einseitige Verwendungsabsichten des Käufers reichen nicht aus.

---

689 Staudinger/Magnus, Art. 73 Rn. 18; Enderlein/Maskow/Strohbach, Art. 73 Bem. 7; Reinhart, Art 73 Rn. 3.

690 Staudinger/Magnus, Art. 73, Rn. 19; Schlechtriem/Leser/Hornung, Art. 73, Rn. 22.

691 Bianca/Bonell/Bennett, Art. 73 Bem. 2.7; Schlechtriem/Leser/Hornung, Art. 73 Rn. 23; Staudinger/Magnus, Art. 73, Rn. 22; Herber/Czerwenka, Art. 73 Rn. 4; Piltz, § 5 Rn. 263; Soergel/Lüderitz/Dettmeier, Art. 73 Rn. 10.

692 Schlechtriem/Leser/Hornung, Art. 73 Rn. 23.

693 Staudinger/Magnus, Art. 73 Rn. 34; Bianca/Bonell/Bennett, Art. 73 Bem. 3.5; Schlechtriem/Leser/Hornung, Art. 73 Rn. 35; Enderlein/Maskow/Strohbach, Art. 73 Bem. 14f.; Herber/Czerwenka, Art. 73 Rn. 6.

5. Aufhebungserklärung

Die Vertragsaufhebung bedarf gem. Art. 26 CISG stets einer Erklärung des Käufers[695]. Die Erklärung ist an keine Form gebunden, es sei denn, daß ein Formvorbehalt gem. Art. 96 i. V. m. Art. 12 CISG (Vorbehalt eines Vertragsstaates bezüglich der Form) oder Art. 29 Abs. 2 CISG (vertraglich vereinbarte Schriftform) eingreift. Sie kann also schriftlich oder mündlich erfolgen. Nach der Formulierung der englischen und der französischen Textfassung („*made by notice*", „*faite par notification*") dürfte eine konkludente Erklärung auszuschließen sein[696], soweit nicht zwischen den Parteien besondere Vereinbarungen oder Gepflogenheiten gelten. Die Aufhebungserklärung muß hinreichend deutlich zur Geltung bringen, daß sich die Partei vom Vertrag lösen will[697].

Die Erklärung muß gem. Art. 26 CISG der anderen Partei mitgeteilt werden. Mit dieser Formulierung soll klargestellt werden, daß eine ipso facto avoidance im Gegenteil zu EKG nicht mehr zulässig ist[698]. Eine darüber hinausgehende Regelung der Zugangsbedürftigkeit ist nicht bezweckt worden[699]. Diese richtet sich nach Art. 27 CISG. Nach überwiegender Auffassung folgt Art. 27 CISG der sog. Absendetheorie, so daß Erklärungen und Mitteilungen der Parteien mit Absendung wirksam werden, ohne daß es auf den Zugang bei dem Erklärungsempfänger ankommt. Dagegen wenden einige Stimmen in der Literatur ein, Art. 27 CISG regele nur das Übermittlungsrisiko, sage aber nichts über den Zugang von Erklärungen aus[700]. Es sei zwischen Verteilung des Transportrisikos, Wirksamwerden und Eintritt der Bindung der Erklärung zu unterscheiden[701]. Für die Frage des Wirksamwerdens und der Bindung sei der Zugang der Erklärung entscheidend, bei Verlust der Erklärung - der hypothetische Ankunftszeitpunkt bei regelmäßiger Beförderung[702]. Gegen eine der sog. Absendetheorie folgenden Interpretation des Art. 27 CISG spräche, daß die Erklärungswirkung auf einen Zeitpunkt vorverlagert werde, in dem der Empfänger nicht einmal die abstrakte Möglichkeit der Kenntnisnahme besitze und das seine Interessen unangemessen beeinträchtige[703].

Berücksichtigt man die besondere Rechtsposition der Parteien zum Zeitpunkt der Vertragsaufhebungserklärung, so nimmt dieses Argument einiges an Schärfe ab.

---

[695] Damit hat sich das Übereinkommen gegen der im romanischen Rechtskreis bestehenden gesetzlichen Auffassung, daß Vertragsaufhebung durch Richterspruch zu erfolgen hat, entschieden. Zugleich wird verdeutlicht, daß es im Gegensatz zu der Regelungen im EKG keine ipso-facto-Aufhebung unter dem CISG gibt.

[696] a.A. Schlechtriem/Leser/Hornung, Art. 26 Rn. 10; Schlechtriem/Huber, Art. 49 Rn. 29.

[697] LG Frankfurt, RIW 1991, 952, 953; OLG Köln, 16 U 77/01, Urteil vom 14.10.2002 (www.cisg-online.ch/cisg/urteile/709.htm); Bamberger/Roth/Saenger, Art. 26 Rn. 3.

[698] Staudinger/Magnus, Art. 26 Rn. 3; Schlechtriem/Leser/Hornung, Art. 26 Rn. 2; Noussias, S. 156; Posch/Kandut,in: Hoyer/Posch, S. 66.

[699] Noussias, S. 156; Hutter, S. 142.

[700] Karollus, S. 100; Leser, in: Schlechtriem, S. 237; Piltz, § 5 Rn. 274.

[701] Leser, in: Schlechtriem, S. 238.

[702] Karollus, S. 100; Piltz, § 5 Rn. 274; Enderlein/Maskow/Strohbach, Art. 27 Anm. 1.1; Bamberger/Roth/Saenger, Art. 26 Rn. 5.

[703] Karollus, S. 100.

Denn der Vertragsaufhebungserklärung ist stets eine wesentliche Vertragsverletzung des Erklärungsgegners vorausgegangen[704]. Eine gewisse Härte bleibt nur in den Fällen, in denen die Vertragsverletzung auf nicht zu vertretenden Gründen beruht[705]. Diese nachteilige Position der vertragsbrüchigen Partei wird dadurch gemildert, daß sie durch ihre Entlastungsmöglichkeit von jeglichem Schadensersatz befreit ist[706]. Gegen die Differenzierung von Transportrisiko, Wirksamwerden und Bildungswirkung spricht, daß sie die einheitliche Handhabung eines internationalen Regelwerkes wie die CISG erschwert, ohne eindeutige Vorteile zu bieten[707]. Auch wenn das Festhalten an der Absendetheorie nicht immer zu hundertprozentig überzeugenden Ergebnissen führt, so ist diese Interpretation trotzdem wegen ihrer Eindeutigkeit in Zweifelsfällen vorzugswürdig[708]. Die Aufhebungserklärung ist daher mit Absendung wirksam und bindend. Das Verlust- und Verspätungsrisiko trägt der Empfänger, sofern die Erklärung auf geeignetem Übermittlungsweg abgeschickt wurde. Ein Widerruf der Aufhebungserklärung ist trotz Wirksamwerdens mit Absendung bis zum Zugang beim Empfänger zulässig, weil bis dahin der Empfänger nicht schutzwürdig ist.

Die Aufhebungserklärung ist eine Gestaltungserklärung, die den Vertrag in ein Rückabwicklungsverhältnis verwandelt (Art. 81 CISG). Als solche ist sie bedingungsfeindlich und unwiderruflich, weil sich der Erklärungsempfänger für seine weiteren wirtschaftlichen Entscheidungen darauf verlassen können muß [709].

II. Fristen für die Ausübung des Aufhebungsrechts

Die Fristen für die Erklärung der Vertragsaufhebung durch den Käufer werden in Art. 49 Abs. 2 CISG und Art. 73 Abs. 2 CISG geregelt. Dabei handelt es sich um Ausschlußfristen, die einerseits der Rechtssicherheit dienen, andererseits zum Ziel haben, mögliche Spekulationen zu Lasten des Verkäufers zu vermeiden[710]. Bei den Aufhebungsfristen ist zunächst zwischen denen für die normalen Austauschverträge gem. Art. 49 Abs. 2 CISG und denen für die Sukzessivlieferungsverträge gem. Art. 73 CISG zu unterscheiden.

1. Fristen bei Austauschverträgen gem. Art. 49 Abs. 2 CISG

Art. 49 Abs. 2 CISG regelt die Aufhebungsfrist, für die Fälle, in denen der Verkäufer bereits geliefert hat. Im Umkehrschluß ergibt sich, daß solange der Verkäufer nicht geliefert hat, das Vertragsaufhebungsrecht des Käufers keiner Frist-

---

704 Staudinger/Magnus, Art. 27 Rn. 3; Posch/Kandut, in: Hoyer/Posch, S. 68.
705 Schlechtriem/Schlechtriem, Art. 27 Rn. 1.
706 Noussias, S. 158.
707 Schlechtriem/Schlechtreim, Art. 27 Rn. 13.
708 Schlechtriem/Schlechtriem, Art. 27 Rn. 2; Posch/Kandut, in. Hoyer/Posch, S. 69 („Rechtssicherheit").
709 Witz/Salger/Lorenz/Salger, Art. 26 Rn. 3f..
710 Leser, in: Schlechtriem, S. 234; Staudinger/Magnus, Art. 49 Rn. 32; Ziegler, S. 180.

beschränkung unterliegt[711]. Ist der Liefertermin verstrichen und die Lieferung ist noch nicht erfolgt, so kann der Käufer beliebig lange warten, bis er sein Recht zur Vertragsaufhebung ausübt.

Darin wird zum Teil eine Regelungslücke gesehen, die durch Heranziehen des gemeinsamen Grundgedankens der Regelungen in Art. 49 Abs. 2 CISG zu schließen sei[712]. Danach soll, wenn die Voraussetzungen des Aufhebungsrechts erkennbar eingetreten sind, eine angemessene Frist für Aufhebungserklärung zu laufen beginnen[713]. Ob eine solche Frist mit der ausdrücklichen Regelung des Art. 49 Abs. 2 CISG zu vereinbaren ist, erscheint fraglich. Die Ansicht stützt sich im wesentlichen darauf, daß der Verkäufer vor Lieferung keine Möglichkeit hat, sich Gewißheit darüber zu verschaffen, ob der Käufer den Vertrag aufheben will oder eine Lieferung annehmen würde[714], da die Erklärungspflicht des Käufers gem. Art. 49 Abs. 2 CISG an die Lieferung gebunden ist[715].

Der Verkäufer kann sich aber schon vor der Lieferung Klarheit über die Absichten des Käufers verschaffen, indem er gem. Art. 48 Abs. 2 CISG vorgeht[716], dem Käufer also seine Lieferbereitschaft ankündigt und diesen zu einer Erklärung auffordert, ob er die Lieferung annimmt oder nicht. Antwortet der Käufer nicht innerhalb einer angemessenen Frist oder erklärt er sich mit der Lieferung einverstanden, so ist er hieran gebunden und kann nach erfolgter Lieferung den Vertrag nicht mehr aufheben[717]. Lehnt der Käufer die ihm angebotene Lieferung ab, so liegt darin zugleich eine Vertragsaufhebung[718]. Art. 48 Abs. 2 CISG bietet dem Verkäufer ausreichenden Schutz, so daß keine ausfüllungsbedürftige Lücke besteht.

Ist die Lieferung bereits erfolgt, so ist gem. Art. 49 Abs. 2 CISG zwischen verspäteter Lieferung (lit. a) und sonstigen Vertragsverletzungen (lit. b) zu unterscheiden. Die sog. verspätete Lieferung betrifft den Fall, in dem der Verkäufer nach Verstreichen des Liefertermins doch noch liefert, obwohl entweder bereits die Terminüberschreitung eine wesentliche Vertragsverletzung i. S. Art. 25 CISG darstellt oder eine vom Käufer gem. Art. 47 CISG gesetzte Nachfrist verstrichen ist[719]. In diesem Fall verliert der Käufer sein Recht auf Vertragsaufhebung nur

---

[711] Daß das Vertragsaufhebungsrecht grundsätzlich keiner Befristung unterliegt, vertreten: Karollus, S. 146; Staudinger/Magnus, Art. 49 Rn. 30; Schlechtriem/Huber, Art. 49 Rn. 35; Enderlein/Maskow/Strohbach, Art. 49 Anm. 6; Kappus, S. 532; Herber/Czerwenka, Art. 49 Rn. 14, soweit bildet Abs. 2 nur eine Ausnahme.
[712] Leser, in: Schlechtriem, S. 235.
[713] Schlechtriem/Leser/Hornung, Art. 26 Rn. 14.
[714] Leser, in Schlechtriem, S. 235; Ziegler, S. 183.
[715] Ziegler, S. 183.
[716] Staudinger/Magnus, Art. 49 Rn. 30; Schlechtriem/Huber, Art. 49 Rn. 39.
[717] zu gleichem Ergebnis, allerdings durch die Anwendung von Treu und Glauben, kommt Ziegler, S. 184, weil er anscheinend übersieht, daß der Käufer an seine Reaktion auf die Anzeige gem. Art. 48 Abs. 2 gebunden ist.
[718] Schlechtriem/Huber, Art. 49 Rn. 39.
[719] Staudinger/Magnus, Art. 49 Rn. 34; Schlechtriem/Huber, Art. 49 Rn. 37; Enderlein/Maskow/Strohbach, Art. 49 Anm. 8; Karollus, S. 147; Piltz, § 5 Rn. 279.

dann nicht, wenn er diese innerhalb einer angemessenen Frist erklärt, nachdem er von der erfolgten Lieferung erfahren hat. Die Frist beginnt, sobald der Käufer von der Lieferung erfahren hat, d. h. positive Kenntnis erlangt, daß die Ware dem Beförderer übergeben worden ist (Art. 31 lit. a) CISG) oder daß sie zur Verfügung gestellt worden ist (Art. 31 lit. b) und c) CISG)[720]. Wie lang die angemessene Frist ist, bestimmt sich nach den Umständen des Einzelfalles unter Berücksichtigung der gegenseitigen Interessen der Parteien[721]. Insbesondere das erhebliche Interesse des Verkäufers, alsbald zu erfahren, ob er anderweitige Dispositionen bezüglich der Ware treffen muß, spricht für eine eher kurze Frist[722].

Auch in den Fällen, in denen andere Vertragsverletzungen als verspätete Lieferung vorliegen, muß der Käufer die Vertragsaufhebung innerhalb einer angemessenen Frist erklären. Lediglich der Zeitpunkt, in dem die Frist zu laufen beginnt, ist anders. Grundsätzlich beginnt die Erklärungsfrist mit Kenntnis oder Kennenmüssens der Vertragsverletzung (Art. 49 Abs. 2 lit. b) (i) CISG). Zur Kenntnis gehört nicht nur die Kenntnis der Tatsache der Vertragsverletzung, sondern auch deren Umfang und Tragweite, denn nur dann kann der Käufer beurteilen, ob eine wesentliche Vertragsverletzung vorliegt[723]. Kennenmüssen liegt vor, wenn die Unkenntnis des Käufers auf pflichtwidrigem, fahrlässigem Verhalten beruht. Es besteht zwar keine generelle Verpflichtung des Käufers, die Vertragstreue des Verkäufers zu überprüfen, jedoch trifft ihn gem. Art. 38 CISG eine Untersuchungspflicht bezüglich der Ware. Fahrlässige Unkenntnis ist in diesem Fall dann gegeben, wenn der Käufer einen Mangel nicht kannte, aber bei einer ordnungsgemäßen Untersuchung hätte erkennen können. Die Frist beginnt also dann, wenn eine ordnungsgemäße Untersuchung den Mangel erkennbar gemacht hätte, ansonsten mit tatsächlicher Kenntnis der Vertragsverletzung.

Im Falle einer Nachfristsetzung durch den Käufer beginnt die angemessene Frist zu laufen, wenn die Nachfrist verstrichen ist oder wenn der Verkäufer erklärt, er werde seine Pflichten nicht innerhalb der gesetzten Frist erfüllen (Art. 49 Abs. 2 lit. b) (ii) CISG). Dasselbe gilt bei einer Nachfriststetzung durch den Verkäufer (Art. 49 Abs. 2 lit. b) (iii) CISG).

2. Fristen bei Sukzessivlieferungsverträgen

Das Aufhebungsrecht des Käufers und daher auch die Frist, in der er die Vertragsaufhebung aussprechen soll, richten sich bei Sukzessivlieferungsverträge zunächst nach Art. 73 CISG.

Der Wortlaut des Art. 73 CISG sieht nur in Abs. 2 explizit eine angemessene Frist nach erfolgter Lieferung vor. In den Fällen von Abs. 1, also Aufhebung bezüglich

720 Schlechtriem/Huber, Art. 49 Rn. 37; Staudinger/Magnus, Art. 49 Rn. 35.
721 Hutter, S. 156; Schlechtriem/Huber, Art. 49 Rn. 38.
722 Schlechtriem/Huber, Art. 49 Rn. 38; Staudinger/Magnus, Art. 49 Rn. 36; abzulehen deshalb Kappus, S. 532, der als angemessen eine Frist von ein bis zwei Monate ansieht.
723 Schlechtriem/Huber, Art. 49 Rn. 43.

einer Teillieferung und von Abs. 3, Gesamtaufhebung wegen Zweckverfehlung, schweigt der Gesetzestext hinsichtlich einer Frist. Dies bedeutet jedoch nicht, daß in diesen Fällen im Widerspruch zu der Regelung gem. Art. 49 Abs. 2 CISG keine Frist erforderlich ist. Art. 73 Abs. 1 CISG spricht keine selbstständige, vom Aufhebungsrecht gem. Art. 49 Abs. 1 CISG abweichende Regelung aus. Daher gilt die in Art. 49 Abs. 2 CISG bestimmte Frist, einer expliziten Fristenregelung bedarf es nicht. Da die Aufhebung gem. Art. 73 Abs. 3 CISG als Voraussetzung das Aufhebungsrecht gem. Abs. 1 hat, gelten auch dafür die Fristen gem. Art. 49 Abs. 2 entsprechend.

Die Angemessenheit der Frist richtet sich auch hier nach den Umständen des Einzelfalles. Fristbeginn ist der jeweils gem. Art. 49 Abs. 2 CISG maßgebliche Zeitpunkt, bei Art. 73 Abs. 2 CISG der Zeitpunkt der Kenntnis von der auslösenden Vertragsverletzung. Für die Wahrung aller Fristen genügt nach Art. 27 CISG die Absendung der Aufhebungserklärung.

3. Wirkung der Fristversäumnis

Erklärt der Käufer die Vertragsaufhebung nicht innerhalb der in Art. 49 Abs. 2 CISG vorgesehenen Fristen, so verliert er nach zutreffender Ansicht sein Aufhebungsrecht. Nach anderer Ansicht führt die Versäumnis der Frist des Art. 49 Abs. 2 lit. b) CISG nur zu einer Suspendierung, nicht zu einem endgültigen Verlust des Aufhebungsrechts. Dieses sei, solange der Käufer Erfüllung der verletzten Pflicht begehren kann, durch Nachfristsetzung wiederbelebbar[724]. Diese Ansicht ist mit dem eindeutigen Gesetzeswortlaut nicht zu vereinbaren[725]. Sie kann nur so gemeint sein, daß das Vertragsaufhebungsrecht bezüglich weiterer (neuer) Vertragsverletzungen nicht ausgeschlossen ist. Dies ist aber selbstverständlich und bedarf keiner Konstruktion einer Suspendierung. Die Annahme einer solchen und einer „Wiederbelebungsmöglichkeit" widersprechen auch dem Sinn und Zweck der Fristenregelung, nämlich Rechtssicherheit zu schaffen und Spekulationen zu Lasten der Vertragsgegenseite zu vermeiden.

III. Ausschluß des Aufhebungsrechts wegen Unmöglichkeit der Rückgabe

Der Käufer verliert gem. Art. 82 Abs. 1 CISG sein Aufhebungsrecht, wenn es ihm unmöglich ist, die Ware im wesentlich gleichen Zustand wie erhalten, zurückzugeben. Die Wesentlichkeit der Veränderung ist nach dem Maßstab einer vernünftigen Person objektiv (Art. 8 Abs. 2 CISG) zu bestimmen[726]. Dabei sind die Auffassung der am Verkehr beteiligten Kreise, der Verwendungszweck der Ware sowie besondere Umstände des Einzelfalles, soweit sie für beide Vertragsparteien erkennbar waren, zu berücksichtigen[727]. Maßgeblicher Zeitpunkt für die Beurteilung der Wesentlichkeit der Veränderung ist derjenige der Absendung bzw.

---

[724] Karollus, S. 148; Piltz, § 5 Rn. 280; Schlechtriem/Huber, Art. 49 Rn. 51; Ziegler, S. 186.
[725] so auch Staudinger/Magnus, Art. 49 Rn. 42.
[726] Staudinger/Magnus, Art. 82 Rn. 6.
[727] Schlechtriem/Leser/Hornung, Art. 82 Rn. 11.

Abgabe der Aufhebungserklärung[728].

Dem Käufer steht trotz Unmöglichkeit der unversehrten Warenrückgabe ein Vertragsaufhebungsrecht zu, wenn eine der in Art. 82 Abs. 2 CISG aufgeführten Ausnahmen eingreift. Das ist zunächst der Fall, wenn die Unmöglichkeit der Rückgabe nicht auf einer Handlung oder Unterlassung des Käufers beruht (lit. a); ferner, wenn die Ware infolge der in Art. 38 CISG vorgeschriebenen Untersuchung untergegangen ist oder verschlechtert worden ist (lit. b) oder wenn die Ware im normalen Geschäftsverkehr verkauft oder der normalen Verwendung entsprechend verbraucht oder verändert worden ist, bevor die Vertragswidrigkeit entdeckt wurde (lit. c). Bei Gesamtbetrachtung aller Ausnahmen ergibt sich, daß das Aufhebungsrecht des Käufers nur dann wegen Unmöglichkeit der Rückgabe ausgeschlossen ist, wenn er die Ware aus eigenverantwortlichen Gründen nicht zurückgeben kann. Zufallsrisiken und das Risiko der geschäftsüblichen Verwendung werden dem Verkäufer zugewiesen.

IV. Rechtsfolgen der Vertragsaufhebung

1. Wirkung der Vertragsaufhebung

Die wirksame Vertragsaufhebung befreit die Parteien von deren gegenseitigen primären Leistungspflichten. Die Aufhebungserklärung ist eine Gestaltungserklärung, die den Vertrag in ein Rückgewährschuldverhältnis umwandelt[729]. Der Vertrag als solcher wird nicht beseitigt. Dies ergibt sich aus Art. 81 Abs. 1 CISG, wonach Schadensersatzpflichten, etwaige Bestimmungen des Vertrages über Beilegung von Streitigkeiten sowie Regelungen der Rechte und Pflichten der Parteien nach Vertragsaufhebung bestehen bleiben. Der Vertrag bildet weiterhin den Rahmen für das Abwicklungsverhältnis[730].

2. Rückabwicklung

Bereits ganz oder teilweise erbrachte Leistungen können gem. Art. 81 Abs. 2 CISG von der anderen Partei zurückgefordert werden. Zurückzugewähren ist alles, was in Erfüllung des Vertrages geleistet wurde. Die empfangene Leistung ist grundsätzlich in Natura zurückzugeben. Daher ist Art. 28 CISG anwendbar[731], so daß, soweit Gerichte im konkreten Fall nach nationalem Recht keine Erfüllung in Natura gewähren würden, der Rückgabeanspruch nicht durchsetzbar ist. Allein mit dem Wortlaut „Erfüllung einer Verpflichtung" läßt sich die Unanwendbarkeit von Art. 28 CISG nicht begründen[732], denn der Anspruch auf Rückgewähr richtet sich auf Erfüllung der Rückgewährverpflichtung.

---

[728] Staudinger/Magnus, Art. 82 Rn. 10; Karollus, S. 149; Reinhart, Art. 82 Rn. 3.
[729] Witz/Salger/Lorenz/Salger, Art. 26 Rn. 3.
[730] Piltz, § 5 Rn. 285; Staudinger/Magnus, Art. 81 Rn. 2; Hutter, S. 163; Schlechtriem/Leser/Hornung, vor Art. 81-84 Rn. 8; Ziegler, S. 195.
[731] Herber/Czerwenka, Art. 81 Rn. 8; Schlechtriem/Leser/Hornung, Art. 81 Rn. 12; Staudinger/Magnus, Art. 81 Rn. 11.
[732] so aber Schlechtriem/Huber, Art. 28 Rn. 12.

Wechselseitige Rückgewähransprüche sind gem. Art. 81 Abs. 2 S. 2 CISG Zug-um-Zug zu erfüllen. Jeder Rückgewährverpflichtete hat daher ein Zurückbehaltungsrecht, bis die andere Seite leistet[733].

Bei der Rückabwicklung sollen die Parteien nach dem Konzept des Art. 84 CISG auch diejenigen Vorteile erstatten, die sie durch die zeitweilige Überlassung der Vertragsleistung erhalten haben. Der zurückzuzahlende Kaufpreis ist gem. Art. 84 Abs. 1 CISG vom Tag der Zahlung an zu verzinsen. Hinsichtlich der Höhe und der Modalität der Berechnung der Zinsen enthält das Übereinkommen keine ausdrückliche Regelung. Soweit die Parteien die Höhe der Zinsen nicht vertraglich vereinbart haben, können diese entweder nach dem kollisionsrechtlich berufenen nationalen Recht bestimmt werden[734] oder es ist direkt[735] auf die am Sitz des Verkäufers geltenden Regelungen abzustellen[736]. Die Verzinsungspflicht gem. Art. 84 Abs. 1 CISG ist Ausdruck des Grundgedankens der Vorteilsausgleichung[737]. Das Gesetz hat sich für eine abstrakte Berechnung des Vorteils entschieden und nicht auf den tatsächlich gezogenen Nutzen abgestellt, der grundsätzlich schwer ermittelbar ist. Dem Gedanken der Vorteilsausgleichung trägt man aber nur dann gebührend Rechnung, wenn man bei der Bestimmung der Zinshöhe auf die Vorschriften am Sitz der Verkäufers abstellt, denn die danach ermittelte Höhe ist der Vorteil, den der Verkäufer hätte ziehen können oder den er gezogen hat.

Der Käufer hat seinerseits gem. Art. 84 Abs. 2 CISG die Nutzungsvorteile der Sache zu erstatten. Die Vorteile sind in Geld zu leisten. Vom Geldwert der Vorteile sind die Aufwendungen abzuziehen, die der Käufer im Zusammenhang mit der Vorteilsziehung gemacht hat. Denn als Vorteile („*benefits*") sind nur die Nettovorteile des Käufers gemeint[738]. Als Vorteile kommen Nutzungen und Gebrauchsvorteile in Betracht. Anders als der Verkäufer hat der Käufer nur die tatsächlich gezogenen Nutzungen herauszugeben[739]. Die Verpflichtung des Käufers gilt unabhängig davon, ob er die Sache unversehrt zurückgeben kann (Art. 84 Abs. 2 lit. a) CISG) oder ob er von der Pflicht zur unversehrten Rückgabe gem. Art. 82 Abs. 2 CISG entlastet ist (Art. 84 Abs. 2 lit. b) CISG).

Das Übereinkommen regelt nicht die Rückabwicklung bezüglich der Eigentumslage. Das ist an sich konsequent, da es auch nicht den Erwerb von Eigentum regelt. Wer der sachenrechtlich Berechtigte ist, richtet sich nach dem jeweils beru-

---

733 Herber/Czerwenka, Art. 81 Rn. 9; Staudinger/Magnus, Art. 81 Rn. 14.

734 Karollus, S. 152; Staudinger/Magnus, Art. 84 Rn. 9; Enderlein/Maskow/Strohbach, Art. 84 Anm. 3; Herber/Czerwenka, Art. 84 Rn. 3.

735 Nach deutschem IPR, Art. 28 Abs. 2 i.V. m. 32 EGBGB würde man zur Anwendung der Regel am Ort der Niederlassung des Verkäufers gelangen.

736 Piltz, § 5 Rn. 288; Schlechtriem/Leser/Hornung, Art. 84 Rn. 13; Honnold Rn. 421; Ziegler, S. 197.

737 Bamberger/Roth/Saenger, Art. 81 Rn. 2.

738 Herber/Czerwenka, Art. 84 Rn. 5; Staudinger/Magnus, Art. 84 Rn. 17; Schlechtriem/Leser/Hornung, Art. 84 Rn. 20; Reinhart. Art. 84 Rn. 7; Enderlein/Maskow/Strohbach, Art. 84 Anm. 5.1; Karollus, S. 154.

739 Piltz, § 5 Rn. 290; Enderlein/Maskow/Strohbach, Art. 84 Anm. 5.1; Herber/Czerwenka, Art. 84 Rn. 5; Reinhart, Art. 84 Rn. 5.

fenen Sachenrechtstatut (Art.4 lit. b) CISG).

Hinsichtlich des Leistungsortes für die Rückgewährpflicht ist spiegelbildlich an die Bestimmungen für die Primäransprüche anzuknüpfen[740]. Im Hinblick auf die Ware ist bei Holschuld und Versendungskauf gem. Art. 31 CISG der Ort der Niederlassung des Verkäufers maßgeblich. Die Rückgabe der Ware hat daher am Ort des Käufers zu erfolgen.

V. Zusammenfassung: Aufhebungsrecht nach CISG

Bei schwerwiegenden Vertragsstörungen gibt das CISG dem Käufer die Möglichkeiten, den Vertrag für aufgehoben zu erklären. Für die zur Vertragsaufhebung berechtigende Vertragsstörung verwendet das Übereinkommen den Begriff „wesentliche Vertragsverletzung". Eine Vertragsverletzung des Verkäufers ist dann wesentlich, wenn dem Käufer im wesentlichen entgeht, was er nach dem Vertrag erwarten durfte. Hat der Verkäufer seine grundlegende Pflicht, die Lieferungspflicht zum vertraglich bestimmten Zeitpunkt nicht erfüllt, so ist der Käufer zunächst gehalten, ihm eine angemessene Frist zur Nacherfüllung zu setzen. Liefert der Verkäufer auch nach Ablauf dieser Frist nicht oder verweigert er die Lieferung, so kann der Käufer den Vertrag für aufgehoben erklären.

Das CISG sieht für Sukzessivlieferungsverträge besondere Regelungen vor. Damit trägt das Übereinkommen dem Wesen dieser Verträge Rechnung. Sukzessivlieferungsverträge zeichnen sich durch die zeitliche Erstreckung und die Mehrzahl der Lieferungen aus, was die Abwicklung der Verträge störungsanfälliger macht. Das Übereinkommen unterscheidet zwischen dem Recht des Käufers, den Vertrag bezüglich einer einzelnen Teillieferung aufzuheben und dem Recht, den Vertrag insgesamt, entweder mit Wirkung nur für die Zukunft oder auch bezüglich bereits erfolgter Teillieferungen, aufzuheben. Der Käufer kann gem. Art. 73 Abs. 2 CISG den Vertrag für die Zukunft aufheben, wenn ein gegenwärtiger Vertragsbruchhinsichtlich einer Teillieferung den Schluß auf künftige wesentliche Vertragsverletzung hinsichtlich noch ausstehender Lieferungen nahelegt. Ein Sukzessivlieferungsvertrag darf gem. Art. 73 Abs. 3 CISG nur dann insgesamt aufgehoben werden, wenn ein entsprechender Zusammenhang zwischen der fehlerhaften Teillieferung mit den übrigen Vertragsteilen besteht. Die schon erhaltenen und künftigen Lieferungen müssen wegen ihres Gesamtzusammenhanges für den ursprünglichen Vertragszweck nicht mehr nutzbar sein.

Das Aufhebungsrecht ist ein Gestaltungsrecht des Käufers und bedarf daher stets einer an den Verkäufer gerichteten Erklärung. Diese muß hinreichend deutlich zur Geltung bringen, daß sich der Käufer vom Vertrag lösen will. Die Wirksamkeit der Erklärung richtet sich unter anderem nach Art. 27 CISG. Nach zutreffender Auffassung folgt Art. 27 CISG der sog. Absendetheorie. Die Aufhebungserklärung

740 Bamberger/Roth/Saenger, Art. 81 Rn. 5.

wird daher mit Absendung wirksam, ohne daß es auf den Zugang bei dem Erklärungsempfänger ankommt. Die Aufhebungserklärung hat grundsätzlich, insbesondere in den Fällen, in denen bereits ein Lieferversuch unternommenworden ist, innerhalb einer angemessenen Frist ab Kenntnis bzw. Kennenmüssens der relevanten Tatsachen zu erfolgen (Art. 49 Abs. 2 CISG).

Die Aufhebungserklärung wandelt das Vertragsverhältnis zwischen den Parteien in ein Rückgewährschuldverhältnis um. Die Parteien werden von ihren Primärleistungspflichten befreit. Der Vertrag als solcher bleibt mit veränderter Zielsetzung bestehen und bildet den Rahmen der Rückabwicklung. Bereits empfangene Leistungen und aus diesen gezogene Nutzungen sind zurückzugewähren.

B. Vertragsaufhebung nach bulgarischem Recht

Das einschneidendste Recht, daß dem Käufer zur Verfügung steht, ist, den Vertrag für aufgehoben zu erklären. Das Aufhebungsrecht richtet sich nach dem Grund, der den Käufer zur Vertragsauflösung berechtigt.

I. Vertragsaufhebung wegen Nichterfüllung, Art. 87 GVV

Erfüllt der Verkäufer seine Vertragspflichten wegen eines von ihm zu vertretenden Grundes nicht, so kann der Käufer gem. Art. 87 Abs. 1 GVV den Vertrag aufheben, wenn er dem Verkäufer eine Frist für Erfüllung einräumt und ihm die Vertragsaufhebung androht.

1. Nichterfüllung

Der Verkäufer müßte eine Verpflichtung nicht erfüllt haben, also die Handlung, die den Gegenstand der Leistung bildet, nicht vorgenommen haben[741]. Unter Nichterfüllung i. S. Art. 87 GVV ist zunächst die vollständige Nichterfüllung zu verstehen. Das ist dann der Fall, wenn der Verkäufer keine der ihm obliegenden Handlungen vorgenommen hat, die z. B. zur Konkretisierung oder zur Vorbereitung der Übergabe notwendig wären. Der vollständigen Nichterfüllung steht es gleich, wenn der Verkäufer eine andere als die vertraglich abgedungene Sache, ein aliud, übergibt[742]. Auch wenn die übergebene Sache mit Mängeln behaftet ist, die sie gebrauchsuntauglich machen, liegt eine vollständige Nichterfüllung und keine Schlechterfüllung vor[743]. Inwieweit die übergebene Sache von den vertraglich bedungenen Kriterien abweicht, ist nach Gesamtbetrachtung aller Umstände im Einzelfall zu entscheiden[744].

---

[741] Рачев А., S. 33f.; Христофоров/Неделчева S. 61.
[742] Василев Б., S. 58; Рачев А., S. 34.
[743] ВС Nr. 246/1962, I. гр. о., Bd. 1962, S. 55; Рачев А, S. 37; Николов/Панова, Предпоставки за отговорността, S. 106.
[744] Рачев А., S. 35; Василев Б., S. 58.

Unter Nichterfüllung i. S.v. Art. 87 GVV ist weiterhin die teilweise Nichterfüllung zu verstehen[745]. Dies ergibt sich aus Art. 87 Abs. 2 GVV, der dem Gläubiger die Vertragsaufhebung ohne Fristsetzung erlaubt, wenn die Erfüllung teilweise unmöglich geworden ist. Die teilweise Nichterfüllung ist jede Abweichung von der im Art. 63 GVV geforderten genauen Erfüllung der Vertragspflichten. Das kann also eine verspätete Erfüllung oder eine Erfüllung am falschen Ort oder sonstige Schlechterfüllung[746] sein.

Die Vertragsaufhebung wegen teilweiser Nichterfüllung ist gem. Art. 87 Abs. 4 GVV dann ausgeschlossen, wenn der nichterfüllte Teil der Verpflichtung nur unwesentlich angesichts des Gläubigerinteresses ist. Die Nichterfüllung muß also eine wesentliche Verletzung des Vertrages darstellen[747]. Es muß eine erhebliche Abweichung von dem vertraglich Vereinbarten vorliegen[748]. Der Gläubiger kann gem. Art. 66 GVV zwar nicht dazu verpflichtet werden, die Erfüllung in Teilen anzunehmen, aber er darf auch nicht jede, sei es auch noch so geringfügige Abweichung von dem vertraglich Vereinbarten zum Anlaß nehmen, um sich von dem Vertrag lösen zu können. Das wäre rechtsmißbräuchlich[749]. Die Vertragsaufhebung stellt eine Durchbrechung des Prinzips „pacta sunt servanda" dar. Als Ausnahme vom Grundsatz unterliegt sie daher strengeren Anforderungen. Das Gesetz will damit gewährleisten, daß die Parteien zunächst die Erfüllung des Vertrages suchen werden[750]. Es sind daher bei der Beurteilung, ob der nichterfüllte Teil unwesentlich ist, die Umstände des Einzelfalles heranzuziehen und im Hinblick auf die synallagmatische Verknüpfung der Gegenleistungen zu beurteilen[751]. Nur wenn die Belastung des Käufers durch die Vertragsbindung zu hoch erscheint, seine Interessen nachhaltig betroffen sind, darf er sich von dem Vertrag lösen.

2. Verschulden

Der Schuldner muß gem. Art. 87 Abs. 1 GVV die Nichterfüllung zu vertreten haben. Der Verkäufer muß also schuldhaft[752] nicht erfüllt haben[753].

---

[745] ВС Nr. 1511 v. 6.X. 1995 дело Nr. 2551/94, V.гр. о.

[746] Bei der Schlechterfüllung bezüglich der Qualität, also wenn Mängel der bereits übergebenen Sache vorliegen, unterliegt die Vertragsaufhebung den Voraussetzungen des Art. 195 GVV. Der Anspruch verjährt nach der kürzeren Frist gem. Art. 197 GVV.

[747] ОСГК (Auslegungsentscheidung) Nr. 3 v. 29.03.1973; ВКС Nr. 227 v. 13.03.2000 дело 1375/99.

[748] Рачев А., S. 37.

[749] Кожухаров, Облигационно право I, S. 301; das Vorliegen eines Rechtsmißbrauchs wird nach objektiven Kriterien beurteilt – Герджиков/Бузева, S. 22.

[750] Гоцев, S. 51.

[751] Фетведжиев, S. 18.

[752] Рачев А., S. 22; Фетведжиев, S. 19; ВС Nr. 286/1985, IV. гр. о., Bd. 1985, 124; Цачев, Bd. I, S. 371; Entsch. des Schiedsgericht bei BCCI v. 18.03.1994 дело Nr. 38/93.

[753] Петров, Предпоставки за отговорност, S. 138-146, vertritt die Meinung, daß Verschulden des Verkäufers keine Voraussetzung für das Aufhebungsrechts sei.

a) Vorsatz und Fahrlässigkeit

Unter Verschulden ist Vorsatz und Fahrlässigkeit zu verstehen. Vorsätzlich handelt derjenige, dem die Möglichkeit für die Verursachung eines unrechtmäßigen Resultats bewußt ist und der dessen Eintritt will oder zuläßt[754]. Anders gesagt, derjenige, der bewußt gegen die Vertragspflichten verstößt[755]. Die in der Praxis viel häufiger vorkommende Fahrlässigkeit[756] ist die Außerachtlassung der geschuldeten Sorgfalt[757]. Gemäß Art. 63 Abs. 1 GVV ist, soweit das Gesetz nicht ausdrücklich etwas anderes bestimmt, die Sorgfalt eines guten Geschäftsherrn[758] geschuldet[759]. Die Sorgfalt eines guten Geschäftsherrn ist die Grundlage für die Beurteilung, was der Schuldner vorzunehmen bzw. zu berücksichtigen hat. Dieser Maßstab gilt auch für die Frage, was ein Geschäftsherr grundsätzlich berücksichtigen bzw. voraussehen kann[760]. Es ist dabei ein nach Personen- und Geschäftskreis[761] ausgerichteter objektiver Maßstab zugrunde zu legen[762]. Geschuldet sind die für den betreffenden Personenkreis üblichen Anstrengungen[763].

Das Verschulden des Schuldners wird vermutet (Art. 81 Abs. 1 GVV). Der Schuldner muß dartun und notfalls beweisen, daß er alles seinerseits Erforderliche getan hat, um seine Verpflichtung zu erfüllen.

b) Haftung für Verschulden von Dritten

Der Verkäufer hat auch das schuldhafte Handeln seiner Erfüllungsgehilfen zu vertreten. Eine allgemeine Zurechnungsnorm für das Vertragsrecht fehlt im Gesetz[764]. Das Prinzip hat aber in einer Reihe gesetzlicher Regelungen Niederschlag gefunden. Gemäß Art. 283 Abs. 4 GVV haftet der Beauftragte, der zur

[754] Кожухаров, Облигационно право I, S. 231; Конов, Основи, S 137.
[755] Сукакева, S. 87.
[756] Eine etwas abweichende Definition gibt Конов, Основи, S. 163: Vorsätzlich handele derjenige, der weiß, daß er die geschuldete Sorgfalt nicht beachtet; derjenige, der das nicht weiß, handelt fahrlässig; in diesem Sinne auch Гоцев, S 38: Verschulden sei die Außerachtlassung der geschuldeten Sorgfalt, was vorsätzlich oder fahrlässig geschehen könne.
[757] Попов, Вина и отговорност, S. 215; ВС Nr. 1047/1957, I. гр. о., Bd. 1957, 69; Цачев, Bd. I, S. 318.
[758] Art. 63 Abs. 2 GVV besagt, daß die Verpflichtung mit der Sorgfalt „eines guten Verwalters" (so der Übersetzungsvorschlag von Petev, S. 180) bzw. „eines guten Wirtschafters" (so der Übersetzungsvorschlag von Попов, Вина и отговорност, S. 369) erfüllt werden soll, wenn das Gesetz nicht ausdrücklich eine andere Sorgfalt verlangt. Um dem Wortlaut des Gesetzes möglichst nah zu bleiben, wird im Folgenden der Begriff der Sorgfalt „eines guten Geschäftsherren" verwendet, auch wenn Inhalt der im Verkehr erforderlichen Sorgfalt entspricht.
[759] Апостолов, S. 248 weist für den alten Art. 129 GVV, der ähnlich wie Art. 63 Abs. 2 GVV formuliert war, auf die diligentia boni partis familias hin.
[760] Попов, Вина и отговорност, S. 140; Конов, Основи, S. 140f.
[761] bei Handelskauf wird die Sorgfalt eines guten Kaufmanns geschuldet, Art. 302 HG.
[762] Кожухаров, Облигационно право I, S. 234 ff.; Апостолов, S. 249f.; Рачев А., S 44; Конов, Основи, S. 137f.; Гоцев, S. 38.
[763] Petev, S. 180; Конов, Основи, S. 142; Гоцев, S. 42.
[764] Für den Bereich des Deliktrechts bestimmt Art. 49 GVV, das derjenige, der einem anderen eine Tätigkeit übertragen hat, für die bei ihrer Ausübung oder in diesem Zusammenhang entstandenen Schäden, haftet.

Übertragung des Auftrags nicht befugt war, für die Handlungen seiner Vertretung wie für eigene. Gemäß Art. 43 Abs. 3 S. 2 GVV haftet der Vertreter für die Handlungen eines Untervertreters wie für eigene, wenn er die Untervertretung nicht angezeigt hat. Bei dem Frachtvertrag, der bis 1996 im GVV geregelt war[765], war der Frachtführer befugt, die Ausführung des Transports einem anderen zu übertragen, war allerdings für dessen Handlungen verantwortlich. Gemäß Art. 233 Abs. 1 S. 2 GVV haftet der Mieter auch für Schäden, die Mitglieder seines Haushalts oder seine Untermieter verursacht haben. Er haftet also für Handlungen von Dritten, die in seinem Bereich stehen. Aus dem Grundgedanken dieser Regelungen kann man das allgemeine Prinzip ableiten, daß derjenige, der einem Dritten die Erfüllung seiner Verpflichtungen übertragen hat, für die Handlungen des Dritten einzustehen hat[766].

3. Redlichkeit des Käufers

Der Käufer kann nur dann die Vertragsaufhebung wegen Nichterfüllung erklären, wenn er selbst seine Verpflichtungen erfüllt hat. Die Redlichkeit ist Voraussetzung für das Geltendmachen des Aufhebungsrechts[767]. Der Käufer muß, soweit er zur Vorauszahlung verpflichtet war, bereits gezahlt haben, im übrigen die Bereitschaft den Kaufpreis zu zahlen, glaubhaft kundgetan haben.

4. Fristsetzung und Mahnung

Der Käufer muß dem säumigen Verkäufer gem. Art. 87 Abs. 1 S. 1 GVV zunächst eine angemessene Frist zur Erfüllung gesetzt haben. Die Frist muß so bemessen sein, daß sie zur Erfüllung ausreicht. Das richtet sich nach den Umständen des Einzelfalles. Wird vom Käufer eine zu kurze Frist gesetzt, so läuft an ihrer Stelle eine angemessene.

Die Fristsetzung soll mit der Mahnung verbunden werden, daß nach Ablauf der Frist der Käufer den Vertrag als aufgehoben betrachten wird. War im Vertrag die Schriftform vereinbart, so muß gem. Art. 87 Abs. 1 S. 2 GVV auch die Mahnung schriftlich erfolgen. Zweck der Mahnung ist, dem Schuldner die Konsequenzen seiner Nichterfüllung vor Augen zu führen und ihm noch eine letzte Chance zu bieten, den Vertrag zu erfüllen[768].

Die Aufhebungsandrohung gem. Art. 87 Abs. 1 GVV ist nur dann zulässig, wenn der Verkäufer bereits in Verzug geraten ist. Ob ein Verzug vorliegt, richtet sich

[765] Seit 1996 in Art. 367 ff. HG geregelt.

[766] Кожухаров, Облигационно право I, S. 239; S. 261; Гоцев, S. 49; Големинов, Същина и предпоставки, S. 37; ders., Освобождаване от отговорност, S. 107.

[767] Кожухаров, Облигационно право I, S. 301; Фетведжиев, S 18; Рачев A., S 51; ОСГК Nr. 142/1954, Bd. 1954, 85; BC Nr. 765/1953, II. Z. S., Bd. 1953, 146; Entsch. des Schiedsgerichts bei BCCI v. 18.03.1994 дело Nr. 38/93; Schiedsgerichts bei BCCI v. 4.08.1999 дело Nr. 17/98; Schiedsgerichts bei BCCI v. 4.07.2001 in Internat. Sache Nr. 39/2000; ВКС Nr. 14 v. 18.01.2002 дело 842/200; Urteil des СГС vom 30.01.2003 дело 1321/2002.

[768] Кожухаров, Облигационно право I, S. 299; Рачев A., S 100.

nach Art. 84 GVV. Ist für die Erfüllung ein bestimmter Tag vereinbart worden, so gerät der Schuldner mit Verstreichen des Tages in Verzug, Art 84 Abs. 1 GVV. Ist kein bestimmter Tag vereinbart worden, so muß der Gläubiger den Schuldner zur Erfüllung auffordern. Die Erfüllungsaufforderung ist eine einseitige, empfangsbedürftige Willenserklärung, die grundsätzlich keiner Form bedarf[769]. Läßt der Verkäufer die durch die Einladung gewährte Frist verstreichen, ohne zu erfüllen, so gerät er in Verzug[770]. Der Verzug ist dann ausgeschlossen, wenn der Verkäufer die Verzögerung der Leistung nicht zu vertreten hat, Art. 81 Abs. 1 GVV. Die Fristsetzung und die Aufhebungsandrohung gem. Art. 87 Abs. 1 GVV sind von der Erfüllungseinladung gem. Art. 84 Abs. 2 GVV zu unterscheiden und können diese nicht ersetzen[771]. Die Erklärungen gem. Art. 87 Abs. 1 GVV setzen den Verzug des Schuldners voraus. In diesen gerät der Schuldner aber erst nach der Erfüllungseinladung gem. Art. 84 Abs. 2 GVV.

Die Einräumung einer Erfüllungsfrist ist allerdings dann entbehrlich, wenn die Erfüllung ganz oder teilweise durch Verschulden des Verkäufers[772] unmöglich geworden ist; ebenfalls, wenn sie infolge des Verzuges für den Gläubiger unnützlich geworden ist oder wenn ein Fixgeschäft vorlag, Art. 87 Abs. 2 GVV. Der Interessenverlust des Gläubigers an der Erfüllung muß im kausalen Zusammenhang mit dem Verzug stehen. Es ist jedoch nicht notwendig, daß er unmittelbare Folge des Verzuges ist[773]. Ob der Gläubiger noch Interesse an der Erfüllung hat, ist eine Tatfrage, die im Einzelfall entschieden werden muß[774]. Der Käufer hat seinen Interessenfortfall notfalls zu beweisen. Die verspätete Erfüllung bei einem Fixgeschäft steht einer Nichterfüllung gleich[775]. Ein Nachweis des Interessenfortfalls ist nicht erforderlich. Die Vereinbarung eines Fixgeschäftes impliziert den Interessenfortfall mit Verstreichen des Erfüllungstermins.

5. Aufhebungserklärung

Die Vertragsaufhebung wegen Nichterfüllung setzt eine einseitige empfangsbedürftige Willenserklärung voraus, mit der der Gläubiger seinen Willen, die Vertragsbindung zu beseitigen, eindeutig zum Ausdruck bringt[776]. Die Aufhebungserklärung bedarf grundsätzlich keiner bestimmten Form. Ist aber für den Vertrag

---

[769] Цачев, Bd. I, S. 367; BC Nr. 2371 v. 29. III.1989 дело Nr. 114/89, II.гр. о.
[770] Гоцев, S. 53.
[771] so Кожухаров, Облигационно право I, S. 306f.; Рачев A., 101f.; die Rechtsprechung ist uneinheitlich und teilweise widersprüchlich. So wie hier: BC Nr. 2884/1960, I.гр. о.; BC Nr. 1132/1960; BC Nr. 300 v. 18. II. 1952, II.гр. о.; anders BC Nr. 1577, II. гр. о. дело Nr. 2218/1953.
[772] Bei objektiver (unverschuldeter) Unmöglichkeit wäre der Vertrag ipso iure aufgehoben, Art. 89 GVV. Also kann hier nur die vom Schuldner zu vertretende subjektive Unmöglichkeit gemeint sein. Art. 87 Abs. 2 GVV stellt nur eine Ausnahme bezüglich der Fristsetzung dar, die Verschuldensvoraussetzung gem. Abs. 1 bleibt bestehen.
[773] Рачев A., S. 108; Фетведжиев, S. 20; Кожухаров, Облигационно право I, S. 309.
[774] Цачев, Bd. I, S. 369.
[775] Кожухаров, Облигационно право I, S. 309; Рачев A., S. 109.
[776] Фетведжиев, S. 21; BC Nr. 286/1985, IV. Z. S., Bd. 1985, 124; Цачев, Bd. I, S. 371; Коджейков, S. 70; BKC Nr. 14 vom 18.01.2002 in der Sache 842/2001.

Schriftform vereinbart worden, so ist auch bei der Aufhebungserklärung diese Form einzuhalten (Art. 87 Abs. 1 S. 2 GVV).

Die Wirksamkeit der Aufhebungserklärung kann unter bestimmten Umständen von einer Fristsetzung und Abmahnung, die unten näher dargestellt werden, abhängen. Art. 87 Abs. 1 GVV ist aufschiebend bedingt[777]. Die Bedingung ist die erneute Nichterfüllung des Verkäufers innerhalb einer gesetzten Frist. Liegt einer der in Art. 87 Abs. 2 GVV geregelten Fälle vor, also Unmöglichkeit, Wegfall des Interesses an der Teilerfüllung oder Fixgeschäft, so ist die Aufhebungserklärung mit Zugang wirksam, da eine Fristsetzung nicht erforderlich ist.

6. Rechtsfolgen

Die Vertragsaufhebung ist in den Fällen des Art. 87 Abs. 2 GVV mit Zugang der Aufhebungserklärung, in den Fällen des Art. 87 Abs. 1 GVV mit Eintritt der Bedingung, also mit erfolglosem Verstreichen der Nacherfüllungsfrist, wirksam. Die Wirksamkeit der Aufhebungserklärung bewirkt die ex tunc Beseitigung des Vertrages (Art. 88 Abs. 1 S. 1 GVV). Abweichendes gilt nur bei Dauerschuldverhältnissen und bei Verträgen mit wiederkehrenden Leistungen. Die Natur dieser Verträge und die Komplikationen, die ein rückwirkender Wegfall der Erfüllungsgrundlage bezüglich bereits erbrachter Leistungen bewirken würde, machen eine Aufhebung nur für die Zukunft sinnvoll. Diese Lösung sieht auch das Gesetz vor.

Die Parteien haben den Zustand herzustellen, der vor dem Abschluß des Vertrages geherrscht hat[778]. Bereits empfangene Leistungen sind zurückzuerstatten. Jede Partei hat einen bereicherungsrechtlichen Anspruch gem. Art. 55 GVV auf Herausgabe des grundlos Erlangten. Die empfangenen Leistungen und die daraus gezogenen Nutzungen müssen herausgegeben werden (Art. 57 GVV)[779]. Die Rückgabe hat Zug-um-Zug zu erfolgen[780]. Der Verkäufer kann die übergebene Sache auch aufgrund eines Revindikationsanspruchs gem. Art. 108 EG verlangen, weil die rückwirkende Beseitigung des Vertrages den Wegfall des Eigentums des Käufers bewirkt. Dieser hält die Sache des Verkäufers ohne rechtlichen Grund und ist daher zu Herausgabe verpflichtet.

7. Zusammenfassung: Aufhebungsrecht wegen Nichterfüllung

Der redliche, d. h. der selbst alle Vertragspflichten erfüllende Käufer kann die Aufhebung des Vertrages gem. Art. 87 GVV erklären, wenn der Verkäufer seine Verpflichtungen schuldhaft nicht erfüllt hat. Unter Nichterfüllung i. S. Art. 87 GVV ist sowohl die vollständige Nichterfüllung, also der Fall, daß der Verkäufer keine

---

[777] Кожухаров, Облигационно право I, S. 306.

[778] Фетведжиев, S. 21; Цачев, Bd. I, S. 372; ВС Nr. 1787/1971,I. гр. о., Bd. 1971, H. 12, 7; ВС Nr. 504/1976, I. гр. о., Bd. 1976, 77; ВКС Nr. 517 vom 25.06.1998 дело 2814/96.

[779] ВС Nr. 2172/1955, IV. гр. о., Bd. 1955, 382; ВС Nr. 1354/1971, I.гр. о., Bd. 1971, H. 9, 18; Конов, Възражение, S. 41; Entsch. des Schiedsgericht bei BCCI v. 14.03.2002 дело Nr. 97/2001; ВКС Nr. 417 vom 20.03.2000 дело 1488/99.

[780] ВС Nr. 596/1965 дело Nr. 2586/1965, I. гр. о.; Конов, Възражение, S. 39.

der ihm obliegenden Handlungen vorgenommen hat, also auch die Übergabe einer anderen als der vertraglich bedungenen oder einer gebrauchsuntauglichen Sache zu verstehen. Unter Nichterfüllung i. S. Art. 87 GVV ist weiterhin die teilweise Nichterfüllung zu verstehen. Die teilweise Nichterfüllung ist jede Abweichung von der im Art. 63 GVV geforderten genauen Erfüllung der Vertragspflichten. Die Vertragsaufhebung wegen teilweiser Nichterfüllung ist gem. Art. 87 Abs. 4 GVV dann ausgeschlossen, wenn der nichterfüllte Teil der Verpflichtung nur unwesentlich angesichts des Gläubigerinteresses ist. Die Nichterfüllung muß also eine wesentliche Verletzung des Vertrages darstellen, es muß also eine erhebliche Abweichung von dem vertraglich Vereinbarten vorliegen.

Der Käufer muß dem Verkäufer grundsätzlich eine letzte Erfüllungschance bieten. Das Gesetz fordert daher in Art. 87 Abs. 1 S. 1 GVV, daß der Käufer dem säumigen Verkäufer eine angemessene Frist zur Erfüllung setzen muß. Die Fristsetzung soll mit der Mahnung verbunden werden, daß nach Ablauf der Frist der Käufer den Vertrag als aufgehoben betrachten wird. Diese soll dem Schuldner die Konsequenzen seiner Nichterfüllung vor Augen zu führen. Die Aufhebungsandrohung gem. Art. 87 Abs. 1 GVV ist nur dann zulässig, wenn der Verkäufer bereits in Verzug geraten ist. Der Schuldner gerät im Verzug, wenn er den vertraglich vereinbarten Liefertermin verstreichen läßt (Art 84 Abs. 1 GVV). Soweit vertraglich kein bestimmter Tag vereinbart worden ist, muß der Gläubiger den Schuldner zur Erfüllung auffordern. Läßt der Verkäufer die durch die Einladung gewährte Frist verstreichen, ohne zu erfüllen, so gerät er in Verzug. Der Verzug ist dann ausgeschlossen, wenn der Verkäufer die Verzögerung der Leistung nicht zu vertreten hat (Art. 81 Abs. 1 GVV). Die Einräumung einer Erfüllungsfrist ist allerdings dann entbehrlich, wenn die Erfüllung ganz oder teilweise durch Verschulden des Verkäufers unmöglich geworden ist; ebenfalls wenn sie infolge des Verzuges für den Gläubiger unnützlich geworden ist oder wenn ein Fixgeschäft vorlag, Art. 87 Abs. 2 GVV.

Der Käufer kann seinen Rechtsbehelf der Vertragsaufhebung durch eine zugangsbedürftige Aufhebungserklärung geltend machen. Die Wirksamkeit der Aufhebungserklärung bewirkt grundsätzlich die ex-tunc Beseitigung des Kaufvertrages (Art. 88 Abs. 1 S. 1 GVV). Die Parteien sind verpflichtet, den Zustand herzustellen, der vor dem Abschluß des Vertrages geherrscht hat. Bereits empfangene Leistungen sind zurückzugewähren. Jede Partei hat einen bereicherungsrechtlichen Anspruch gem. Art. 55 GVV auf Herausgabe des grundlos Erlangten.

II. Vertragsaufhebung wegen Mängel der Sache

Gemäß Art.195 Abs. 1, 1. Alt. i.V. Art.193 GVV kann der Käufer, wenn die ihm übergebene Sache mit Mängeln behaftet ist, die Sache zurückgeben und den Kaufpreis sowie Vertragskosten zurückverlangen. Diese Möglichkeit ist eine echte Aufhebung des Kaufvertrages[781]. Mit der Rückgabe der Sache und des zu verzin-

[781] БДА Nr. 198/1961, Bd. II, 94, 156; Василев Б., S. 61; Рачев А., S. 23f.; Кожухаров, Към въпроса за отговорността на продавача, S. 34; Големинов, Гражданскоправни форми, S. 104.

senden Kaufpreises bzw. der Freistellung von der Kaufpreiszahlung wird der Zustand, der vor dem Vertragsabschluß geherrscht hat, wiederhergestellt. Der Vertrag wird mit rückwirkender Kraft (ex tunc) aufgehoben[782].

Die Aufhebungsmöglichkeit gem. Art. 195 GVV wird zum Teil als ein Spezialfall des allgemeinen Aufhebungsrechts gem. Art. 87 GVV aufgefaßt[783]. Zum Teil wird sie als selbständiges Recht und nicht lediglich als Spezialfall verstanden[784]. Dafür spricht, daß beide Aufhebungsmöglichkeiten unterschiedlichen Voraussetzungen[785] unterliegen. Für beide Rechtsbehelfe gelten jeweils verschiedene Verjährungsfristen[786]. Die letztgenannte Auffassung erscheint vorzugswürdig, weil sie Unklarheiten bezüglich der Anwendung der allgemeinen Aufhebungsregeln gem. Art. 87ff. auf Art. 195 GVV vermeidet. Nach beiden Auffassungen ist jedoch unstreitig, daß die Vertragsaufhebung gem. Art. 195 GVV eine echte rückwirkende Beseitigung des Vertrages bedeutet und nicht etwa ein Rückgewährschuldverhältnis begründet.

Gemäß Art. 26 Nr. 1 VerbrSchG kann der Käufer, der Verbraucher ist, die Rückerstattung des Kaufpreises verlangen, wenn er ein Recht auf Reklamation gem. Art. 25 VerbrSchG hat. Das Rückerstattungsbegehren bewirkt die Aufhebung des Kaufvertrages[787].

1. Voraussetzungen der Vertragsaufhebung gem. Art.195 Abs. 1, 1. Alt. GVV

a) Mangelhaftigkeit der Sache

Erste Voraussetzung der Aufhebung gem. Art. 195 Abs. 1, 1. Alt. GVV ist, daß der Verkäufer gem. Art. 193 GVV haftet. Die verkaufte Sache muß also zum Zeitpunkt des Übergangs von Eigentum und Gefahr mit Mängeln[788] behaftet sein. Der Käufer muß diese Mängel dem Verkäufer rechtzeitig mitgeteilt haben (Art. 194 GVV; Art. 324 HG). Er dürfte bei Abschluß des Vertrages keine Kenntnis vom Vorhandensein der Mängel gehabt haben.

b) Aufhebungserklärung

Der Käufer muß dem Verkäufer gegenüber deutlich zum Ausdruck bringen, daß

---

[782] Кожухаров, Облигационно право II, S. 92.
[783] Кожухаров, Облигационно право II, S. 92; Василев Б., S 61, allerdings ohne von der Schuld des Verkäufer und von einer Erfüllungsfrist abhängig zu sein.
[784] Рачев А., S. 24ff..
[785] Die h. M. nimmt an, daß die Haftung des Verkäufers gem. Art. 195 GVV verschuldensunabhängig ist, wogegen die Vertragsaufhebung gem. Art. 87 GVV das Verschulden des Verkäufers voraussetzt. Allerdings gibt es auch die Meinung (Сукакева, S. 88), daß die Haftung gem. Art. 195 GVV eine für vermutetes Verschulden sei. Die Unkenntnis des Mangels stelle für sich genommen Fahrlässigkeit dar.
[786] Die Aufhebung wegen Mängel der Sache gem. Art. 195 GVV unterliegt der Verjährungsfrist des Art. 197 GVV, also 6 Monate, die Aufhebung wegen Nichterfüllung gem. Art. 87 GVV einer 5-jährigen Verjährungsfrist gem. Art. 87 Abs. 5.
[787] Върбанова, S. 77.
[788] s. zu Mängelbegriff oben unter Seite 131 ff.

er den gezahlten Kaufpreis gegen Rückgabe der Sache zurückverlangt bzw. daß er von seiner Kaufpreiszahlungspflicht befreit werden will. Die Aufhebungserklärung ist eine einseitige empfangsbedürftige Gestaltungserklärung[789]. Als solche kann sie nach Zugang grundsätzlich nicht mehr widerrufen werden, da sie mit Zugang wirksam wird und die Aufhebung des Vertrages automatisch herbeiführt[790].

2. Voraussetzungen der Vertragsaufhebung gem. Art.26 Nr. 1 VerbrSchG

a) Verbraucher

Das Gesetzes zum Schutz der Verbraucher und über die Regeln des Handels (VerbrSchG) ist nur dann anwendbar, wenn der Käufer Verbraucher ist. Verbraucher ist jede Person, die Waren oder Dienstleistungen für eigenen Bedarf oder für den Bedarf seiner Angehörigen und nicht für Verkauf, Produktion oder zur Ausübung seines Berufs oder seines Gewerbes in Anspruch nimmt (§ 1 Nr. 1 der Zusatzregelungen zu VerbrSchG).

b) Defekt der Sache

Weitere Voraussetzung gem. Art. 26 VerbrSchG ist, daß dem Käufer ein sog. Recht auf Reklamation zusteht[791]. Ein solches Recht hat der Verbraucher dann, wenn die ihm verkaufte Ware Defekte, also Mängel, die die Sicherheit oder die Brauchbarkeit der Ware zur gewöhnlichen oder vertraglich vereinbarten Nutzung beeinträchtigen aufweist, oder wenn sie nicht der auf der Verpackung oder Etikette angegebenen Größe oder Handelsmarke entspricht. Des weiteren steht dem Käufer ein Reklamationsrecht zu, wenn eine verdeckte Mankolieferung vorliegt.

c) Rückerstattungsbegehren

Art. 26 Nr. 1 VerbrSchG gibt dem Verbraucher das Recht, die Rückerstattung des gezahlten Kaufpreises zu verlangen. Die Geltendmachung dieses Rechts impliziert die Aufhebung des Vertrages[792]. Der Käufer kann den Kaufpreis nur dann zurückverlangen, wenn er am Vertrag nicht festhalten will. Diese Aufgabe des Vertrages stellt eine Aufhebung des Vertrages dar, auch wenn das VerbrSchG nicht von Vertragsaufhebung spricht.

3. Rechtsfolgen

Die Erklärung des Käufers, er begehre die Rückerstattung des Kaufpreises, bewirkt die rückwirkende Aufhebung des Vertrages[793]. Es ist der Zustand, der vor dem Vertragsabschluß geherrscht hat, wiederherzustellen. Die übergebene Sa-

---

789 Павлова, S. 76f.
790 Василев Л., S. 258; Големинов, Гражданскоправни форми, S. 122.
791 s. näher oben Seite 138 ff.
792 Върбанова, S. 77.
793 Кожухаров, Облигационно право II, S. 92, .

che muß gegen Erhalt des zu verzinsenden Kaufpreises bzw. die Freistellung von der Kaufpreiszahlung zurückgegeben bzw. zur freien Verfügung des Verkäufers gestellt werden. Dies ergibt sich bereits aus dem Wortlaut des Art. 195 Abs. 1 1. Alt. GVV, der das Aufhebungsrecht als das Begehren des Käufers, die mangelhafte Sache zurückzugeben und den Kaufpreis sowie Vertragskosten zurückzuerhalten, umschreibt. Dies gilt wegen der Vergleichbarkeit von Voraussetzungen und Interessenlage auch für das Aufhebungsrecht nach dem VerbrSchG, das keine Regelungen bezüglich der Rechtsfolgen enthält.

4. Grenzen der Vertragsaufhebung

Bei Vertragsaufhebung muß der Käufer die empfangene Sache dem Verkäufer zurückgeben. Grundsätzlich muß die Sache in dem Zustand zurückgeben werden, in dem sie sich zur Zeit der Übergabe befunden hat[794], abzüglich gewöhnlicher Abnutzung. Dies ist aber dann nicht mehr möglich, wenn sich der Zustand der Sache verschlechtert hat oder die Sache untergegangen ist. Das Aufhebungsrecht des Käufers könnte in einem solchen Fall ausgeschlossen sein.

Für die Frage, ob das Aufhebungsrecht des Käufers ausgeschlossen ist, muß danach unterschieden werden, wer die Verantwortung für die Verschlechterung bzw. den Untergang der Sache trägt. Ist die Verschlechterung oder der Untergang auf den Mangel der Sache oder auf ein zufälliges Ereignis zurückzuführen, so bleibt das Aufhebungsrecht des Käufers erhalten, Art. 196 Abs. 1 GVV. Beruht die Unmöglichkeit der Rückgabe auf Verschulden des Käufers oder auf Verschulden dritter Personen, die die Sache vom ihm bekommen haben, so ist das Aufhebungsrecht des Käufers ausgeschlossen (Art. 196 Abs. 2 GVV). Das gleiche gilt, wenn der Käufer die Sache verarbeitet hat. In diesem Fall trägt er die Verantwortung für die Unmöglichkeit der Rückgabe.

5. Zusammenfassung: Aufhebungsrecht wegen Mängel der verkauften Sache

Der Käufer kann den Vertrag aufheben, wenn die verkaufte Sache zum Zeitpunkt des Gefahrübergangs mit Mängeln behaftet war und dies dem Verkäufer rechtzeitig mitgeteilt wurde, Art. 195 Abs. 1, 1. Alt. GVV. Der Käufer, der ein Verbraucher i. S. v. des VerbrSchG ist, kann gem. Art. 26 Nr. 1 VerbrSchG den Vertrag aufheben, wenn die Sache beim Verkauf mit Defekten behaftet war, die dem Käufer unbekannt waren.

Der Zugang der Aufhebungserklärung, d. h. Käuferbegehrens gegen Rückgabe der Sache den gezahlten Kaufpreis zurückzubekommen, bewirkt grundsätzlich den Wegfall des Vertrages ex tunc. Die Parteien sind verpflichtet, den Zustand herzustellen, der vor dem Vertragsabschluß geherrscht hat.

Die Ausübung dieses Aufhebungsrechts ist ausgeschlossen, wenn der Käufer für die Unmöglichkeit der Rückgabe der Sache verantwortlich ist. Das Aufhebungs-

[794] Големинов, Гражданскоправни форми, S. 120.

recht bleibt dagegen erhalten, wenn der Untergang der Sache auf den Mangel bzw. Defekt der Sache zurückzuführen ist oder auf Zufall beruht.

III. Vertragsaufhebung wegen Eviktion[795]

Art. 189 Abs. 1 S. 1 GVV gibt dem Käufer die Möglichkeit, den Kaufvertrag gem. Art. 87 GVV aufzuheben, wenn die verkaufte Sache einem Dritten gehört. In diesem Fall hat der Verkäufer seine Hauptpflicht, das Eigentum an der Sache zu verschaffen, nicht erfüllt. Das gilt auch dann, wenn der Käufer wegen gutgläubigen Erwerbs gem. Art. 78 EG Eigentümer der Sache geworden ist. Denn der gutgläubige Eigentumserwerb ist ein originärer Erwerb und keine Folge der Erfüllungshandlung des Verkäufers[796].

Der Käufer kann Vertragsaufhebung auch dann begehren, wenn die Sache nur teilweise einem anderen gehört, oder wenn sie mit Rechten Dritter behaftet ist, Art. 190 Abs. 1 GVV. Der Verkäufer hat hier seine Eigentumsverschaffungspflicht nur teilweise erfüllt bzw. seine Pflicht, ungestörten Besitz zu gewähren, nicht erfüllt.

1. Voraussetzungen der Aufhebung gem. Art. 189 Abs. 1 GVV

Das Aufhebungsrecht gem. Art. 189 Abs. 1 GVV setzt voraus, daß die Sache gänzlich im Eigentum eines Dritten steht. Der Verkäufer müßte also Nichteigentümer gewesen sein und das Eigentum auch nicht nachträglich erworben haben. Erwirbt der Verkäufer später das Eigentum, so wird der Käufer im Zeitpunkt des Erwerbs Eigentümer, ohne einen „Durchgang" durch das Vermögen des Verkäufers[797]. Dem Käufer steht das Aufhebungsrecht nur dann zu, wenn er keine Kenntnis vom Eigentum des Dritten bzw. von der Nichteigentümerstellung des Verkäufers hatte, Art 188 GVV. Maßgeblicher Zeitpunkt für die Kenntnis ist der des Vertragsschlusses[798].

Für die Aufhebung reicht eine einseitige, empfangsbedürftige Willenserklärung des Käufers[799]. Die Verweisung auf Art. 87 GVV in Art.189 Abs. 1 S. 1 GVV ist als eine Rechtsfolgenverweisung zu verstehen[800]. Daraus folgt, daß die Voraussetzungen des Aufhebungsrechts ausschließlich in Art. 189 GVV geregelt sind und nicht die Voraussetzungen des Art. 87 GVV vorliegen müssen. D. h. insbesonde-

---

[795] In der bulgarischen Rechtsliteratur wird durchgehend der Begriff „Eviktion" und nicht der Begriff „Rechtsmangel" bzw. „Rechtsmängelhaftung" benutzt. Der Begriff wird verwendet, unabhängig davon, ob der Käufer nach einem Gerichtsverfahren die Sache abgeben mußte oder nur die Möglichkeit besteht, daß der Dritte seine Rechte gerichtlich geltend macht. In der folgenden Darstellung wird der Begriff „Eviktion" beibehalten.

[796] s. Петров, Придобиване на движими вещи, S. 7.

[797] Кожухаров, Облигационно право II, S. 65; Василев Б., S. 65.

[798] Цачев, Bd. II, S. 32; BC Nr. 507 vom 1.VII.1994 дело 381/94.

[799] Кожухаров, Облигационно право II, S. 66

[800] Русчев, Отговрността за евикция, S. 136.

re, daß ein Verschulden des Verkäufers an der Nichterfüllung seiner Pflichten-nicht vorliegen muß[801].

2. Voraussetzungen der Aufhebung gem. Art. 190 Abs. 1 GVV

Gehört die verkaufte Sache nur teilweise einem Dritten oder ist sie mit Rechten Dritter belastet, so kann der Käufer gem. Art. 190 Abs. 1 GVV sein Aufhebungsrecht nur gerichtlich geltend machen. Der Gesetzgeber hat eine gerichtliche Überprüfung der Interessenlage für erforderlich gehalten.

Unter Rechten Dritter sind sowohl Sachenrechte, als auch andere Rechte, die den Käufer an der Ausübung seines Besitzes hindern, zu verstehen[802].

Der Käufer muß vor Gericht die Umstände nachweisen, die dafür sprechen, daß er bei Kenntnis der Rechte Dritter den Vertrag nicht abgeschossen hätte. Man wird sich an dem Interesse an der teilweisen Erfüllung ausrichten müssen[803].

3. Rechtsfolgen

Mit der Aufhebung des Vertrages entfällt der rechtliche Grund für das Behaltendürfen des Geleisteten. Die Parteien müssen das Erlangte zurückgeben. Der Verkäufer schuldet außer der Rückgabe des bereits gezahlten Kaufpreises, der zu verzinsen ist[804], auch Ersatz der dem Käufer entstandenen Vertragskosten. Weiterhin muß er die notwendigen und nützlichen Aufwendungen für die Sache erstatten, Art. 189 Abs. 1 S. 2 GVV. Notwendig sind die Aufwendungen, die dem Erhalt der Sache dienen, nützlich diese, die den Wert der Sache steigern[805]. Einen darüber hinausgehenden Schaden kann der Käufer nach den Regeln über den Schadensersatz wegen Nichterfüllung verlangen, Art. 189 Abs. 1 S. 3 GVV[806]. Der Käufer kann selbst dann Rückgabe des Kaufpreises verlangen, wenn die Sache wertlos geworden ist oder untergegangen ist, Art. 189 Abs. 2 GVV. Hat er allerdings aus der Zerstörung der Sache Vorteile gezogen, so muß dieser Betrag von der Rückerstattung abgezogen werden, Art. 189 Abs. 2 2. HS GVV.

IV. Zusammenfassung: Aufhebungsrecht des Käufers nach bulgarischem Recht

Dem Käufer steht das Recht, die Aufhebung des Vertrages zu erklären, grundsätzlich dann zu, wenn seine Interessen durch die Nichterfüllung oder Schlechterfüllung des Verkäufers nachhaltig betroffen sind. Der Käufer ist im einzelnen zur Aufhebung dann berechtigt, wenn die ihm übergebene Sache mit Mängeln behaftet ist, ferner dann, wenn die Sache einem Dritten gehört oder mit Rechten Dritter

[801] Русчев, Отговрността за евикция, S. 133f.
[802] Кожухаров, Облигационно право II, S. 64.
[803] ОСГК Nr. 30/1981, Bd. 1981, 37.
[804] Русчев, Отговрността за евикция, S. 159.
[805] Венедиков, Nr. 204.
[806] ВС Nr. 299 vom 24.III.1992 дело 110/92.

belastet ist. Hat der Verkäufer keine seiner Verpflichtungen erfüllt, so kann sich der redliche, also der selbst alle Vertragspflichten erfüllende Käufer von dem Vertrag lösen.

Das Aufhebungsrecht wegen Nichterfüllung der vertraglichen Pflichten gem. Art. 87 GVV steht dem Käufer dann zu, wenn der Verkäufer seine Verpflichtungen schuldhaft nicht erfüllt hat. Unter Nichterfüllung i. S. Art. 87 GVV ist sowohl die vollständige Nichterfüllung als auch die teilweise Nichterfüllung zu verstehen. Vollständige Nichterfüllung liegt vor, wenn der Verkäufer keine der ihm obliegenden Handlungen vorgenommen hat oder eine andere als die vertraglich bedungene oder eine gebrauchsuntaugliche Sache übergeben hat. Teilweise Nichterfüllung ist jede Abweichung von der im Art. 63 GVV geforderten genauen Erfüllung der Vertragspflichten. Die Vertragsaufhebung wegen teilweiser Nichterfüllung ist gem. Art. 87 Abs. 4 GVV dann ausgeschlossen, wenn der nichterfüllte Teil der Verpflichtung nur unwesentlich angesichts des Gläubigerinteresses ist. Die Nichterfüllung muß also eine wesentliche Verletzung des Vertrages darstellen.

Der Käufer muß dem Verkäufer grundsätzlich eine zweite Erfüllungschance bieten, indem er dem säumigen Verkäufer eine angemessene Frist zur Erfüllung setzt. Die Fristsetzung soll mit der Mahnung verbunden werden, daß nach Ablauf der Frist der Käufer den Vertrag als aufgehoben betrachten wird. Die Aufhebungsandrohung gem. Art. 87 Abs. 1 GVV ist nur dann zulässig, wenn der Verkäufer bereits in Verzug geraten ist. Der Schuldner gerät in Verzug, wenn er den vertraglich vereinbarten Liefertermin verstreichen läßt (Art 84 Abs. 1 GVV). Soweit vertraglich kein bestimmter Tag vereinbart worden ist, gerät der Verkäufer in Verzug, wenn er nicht innerhalb der mit der Erfüllungsaufforderung gewährten Frist erfüllt. Der Verzug ist dann ausgeschlossen, wenn der Verkäufer die Verzögerung der Leistung nicht zu vertreten hat (Art. 81 Abs. 1 GVV).

Dem Käufer steht ein Aufhebungsrecht wegen Mangelhaftigkeit der Sache gem. Art. 195 Abs. 1, 1. Alt. GVV dann zu, wenn die verkaufte Sache zum Zeitpunkt des Gefahrübergangs mit Mängeln behaftet war und dies dem Verkäufer rechtzeitig mitgeteilt wurde. Der Käufer, der ein Verbraucher i. S. v. des VerbrSchG ist, kann gem. Art. 26 Nr. 1 VerbrSchG den Vertrag aufheben, wenn die Sache beim Verkauf mit Defekten behaftet war, die ihm unbekannt waren. Die Ausübungdieses Aufhebungsrechts ist ausgeschlossen, wenn der Käufer für die Unmöglichkeit der Rückgabe der Sache verantwortlich ist. Das Aufhebungsrecht bleibt dagegen erhalten, wenn der Untergang der Sache auf den Mangel bzw. Defekt der Sache zurückzuführen ist oder auf Zufall beruht.

Art. 189 Abs. 1 S. 1 GVV gibt dem Käufer die Möglichkeit, den Kaufvertrag gem. Art. 87 GVV aufzuheben, wenn die verkaufte Sache einem Dritten gehört. In diesem Fall hat der Verkäufer seine Hauptpflicht, das Eigentum an der Sache zu verschaffen, nicht erfüllt. Der Käufer kann auch dann Vertragsaufhebung begehren, wenn die Sache nur teilweise einem anderen gehört oder wenn sie mit Rechten Dritter behaftet ist, Art. 190 Abs. 1 GVV. Unter „Rechte Dritter“ sind sowohl

Sachenrechte als auch andere Rechte, die den Käufer an der Ausübung seines-Besitzes hindern, zu verstehen.

Der Käufer kann seinen Rechtsbehelf der Vertragsaufhebung durch eine zugangsbedürftige Aufhebungserklärung geltend machen. Die Wirksamkeit der Aufhebungserklärung bewirkt grundsätzlich die ex-tunc Beseitigung des Kaufvertrages (Art. 88 Abs. 1 S. 1 GVV). Die Parteien sind verpflichtet, den Zustand herzustellen, der vor dem Abschluß des Vertrages geherrscht hat. Bereits empfangene Leistungen sind zurückzugewähren. Der Käufer, der wegen Mangelhaftigkeit der Sache den Vertrag aufhebt, muß daher die übergebene Sachezurückgeben. Im Gegenzug kann er Rückerstattung des zu verzinsenden Kaufpreises bzw. die Freistellung von der Kaufpreiszahlung verlangen. Der Käufer, der den Vertrag wegen Eviktion aufhebt, kann darüber hinaus die Erstattung der notwendigen und nützlichen Aufwendungen für die Sache verlangen, Art. 189 Abs. 1 S. 2 GVV. Einen darüber hinausgehenden Schaden kann der Käufer nach den Regeln über den Schadensersatz wegen Nichterfüllung verlangen.

C. Zurückweisung der Ware und Vertragsaufhebung nach englischem Recht

Der einschneidendste Rechtsbehelf des Käufers ist auch nach englischem Recht die Vertragsaufhebung. Diese steht dem Käufer grundsätzlich in zwei Fällen zur Verfügung: zum einen, wenn eine *condition* verletzt worden ist und zum anderen, wenn die Auswirkungen der Vertragsverletzung so tiefgreifend sind, daß der vertraglich zu erwartende Vorteil praktisch gänzlich weggefallen ist. Bei Verbraucherverträgen hat der Käufer darüber hinaus das Recht, den Vertrag bei Vertragswidrigkeit der Ware aufzuheben. Des weiteren hat der Käufer in einer Reihe von Fällen die Möglichkeit, die Ware zurückzuweisen, das sog. *right to reject.*

I. Verhältnis zwischen Zurückweisungs- und Aufhebungsrecht

Das Recht, den Vertrag als aufgehoben zu betrachten (*repudiation of the contract bzw. acceptance of the sellers repudiation*[807]) sowie das Recht, den Vertrag aufzuheben (*rescission of contract*) und das Zurückweisungsrecht (*right to reject the goods*) sind grundsätzlich selbständige und unabhängige Rechte des Käufers bei Vertragsverletzungen durch den Verkäufer[808]. Die Zurückweisung der Ware bewirkt nicht, auch wenn die Voraussetzungen hierfür vorliegen würden, die Beendigung des Vertrages[809]. Der Verkäufer kann nach der Zurückweisung der Ware,

[807] In englischen Recht wird grundsätzlich angenommen, daß die vertragsbrüchige Partei durch ihre explizite oder konkludente Weigerung den Vertrag zu erfüllen, den Vertrag zurückweist bzw. nicht mehr anerkennt (*repudiate*). Die betroffene Partei kann diese Zurückweisung annehmen und ihre Rechte geltend machen. S. Cheshire, Fifoot, Furmston's, S. 550ff.; Atiyah, Introduction, S. 404f.; Cooke/Oughton, S. 212; Treibel/Hodgson, Rn. 161.

[808] Benjamin's Sale of Goods-Reynolds, 12-028. Die Terminologie im Bereich der Vertragsaufhebung ist uneinheitlich und nicht abschließend geklärt, s. dazu Treitel, The Law of Contract, S. 703f..

[809] Johnson v Agnew [1980] AC 367.

soweit er Zeit dafür hat, eine ordnungsgemäße Lieferung anbieten[810]. Er hat also ein Recht auf zweites Andienen. Andererseits ist der Käufer immer dann zur Zurückweisung der Ware berechtigt, wenn er den Vertrag aufheben darf, da auch die *rejection* von einem *breach of condition* abhängt[811]. Außer in den relativ eng begrenzten Fällen, in denen der Verkäufer noch einen zweiten Erfüllungsversuch unternehmen darf, kann der Käufer i. d. R., soweit die sonstigen Voraussetzungen vorliegen, die fehlerhafte Lieferung an sich als Vertragsverletzung betrachten, die ihn zur Zurückweisung- und Vertragsaufhebung berechtigt[812]. Er braucht also einen zweiten Versuch des Verkäufers nicht abzuwarten oder anzumahnen.

Im Ergebnis ist festzuhalten, daß das Zurückweisungsrecht und die Aufhebungsrechte zwar unterschiedliche, aber doch eng zusammenhängende Rechtsbehelfe sind.

II. Verhältnis zwischen repudiation und rescission for misrepresentation

Der Käufer kann auch bei Vorliegen von *misrepresaentations* den Vertrag beenden. *Representations* sind Aussagen über Tatsachen als Gegensatz zur Äußerung von Absichten oder Meinungen. Letztere können nur dann *representations* sein, wenn sie Tatsachen ähnlich sind und auf eine überlegene Sachverhaltskenntnis oder Expertenwissen beruhen sollen, wodurch sie Vertrauen beanspruchen[813]. Nicht unter den Begriff *„representations"* fallen reine Anpreisungen, Behauptungen und Rechtstatsachen. *Misrepresentations* sind nicht wahrheitsgemäße *representations*, die vor dem Abschluß des Vertrages vom Verkäufer oder seinem Vertreter gemacht worden sind, den Käufer zum Vertragsabschluß verleitet haben und die zum Zeitpunkt ihrer Abgabe nicht als vertragliches Versprechen gedacht waren, auch wenn sie später Vertragsinhalt geworden sind[814]. Ob eine Aussage Vertragsinhalt geworden ist oder lediglich als *representation* zu qualifizieren ist, hängt von den Absichten der Parteien ab, oder das, was nach Ansicht des Gerichtes vernünftigerweise Vertragsabsicht sein sollte[815].

Es gibt drei Arten der *misrepresentations*: vorsätzliche (*fraudulent*[816]), fahrlässige (*negligent*) und weder vorsätzlich noch fahrlässig gemachte Aussagen (*innocent misrepresentations*)[817]. Bei *fraudulent misrepresentaions* kann der Käufer den Vertrag immer aufheben (*rescission*). Bei einer anderen Art von *misrepresaenta-*

---

810 Atiyah, S. 449;

811 Dobson, Rn. 13-02. In Kwei Tek Chao v British Traders Ltd [1954] Q.B. 459, 480 bezeichnet Devlin J. das righ to reject als „merely a poarticular form of the right to rescind".

812 Atiyah, S. 456.

813 Chitty on Contracts-Beale, 6-004.; Treitel, Outline, S. 119.

814 Chitty on Contracts-Beale, 6-002; Allen, S. 11. Vor dem Inkrafttreten des Misrepresentations Act 1967 wurde angenommen, daß sich misrepresentations-Haftung und vertragliche Haftung gegenseitig ausschließen, s. Chitty on Contracts-Beale, 6-002.

815 Atiyah, Introduction, S. 180; Feuerstein, S. 25.

816 Derry v. Peek [1889] 14 App.Cas. 337, 374 by Lord Herschell: "fraud is proved when it is shown that a false representation has been made (1) knowingly, or (2) without belief in ist truth, or (3) recklessly, careless whether it be true or false."

817 Chitty on Contracts-Beale, 6-003; Allen, S. 11.

tion hat das Gericht gem. sec 2 sub-s 2 Misrepresentation Act 1967 ein Ermessen anstelle der begehrten Aufhebung Schadensersatz zu gewähren. Dies wäre vor allem dann der Fall, wenn das Gericht der Überzeugung ist, daß der Käufer mit dem Schadensersatz adäquat kompensiert ist[818]. Der Misrepresentation Act 1967 stellt in sec 1 lit. (a) klar, daß eine Vertragspartei ihr Recht, den Vertrag wegen *misrepresentation* aufzuheben nicht dadurch verliert, daß diese Aussage Vertragsinhalt geworden ist. Das Verhältnis zwischen der Vertragsaufhebung wegen *misrepresentation* und wegen *breach of contract* wurde in der Entscheidung Johnson v Agnew[819] klargestellt. Die *rescission for misrepresentation* bewirkt die Aufhebung des Vertrages von Anfang an (*ab initio*) und hat damit einen retrospektiven Effekt. Die Parteien sind wieder in die Position zu versetzen, in der sie sich vor dem Vertrag befunden haben[820]. Der Vertrag wird so behandelt, als wäre er nie existent gewesen[821]. Die *repudiation for breach of contract* betrifft in der Regel nur einzelne Verpflichtungen und wirkt für die Zukunft. Wenn die *misrepresentation* Vertragsinhalt geworden ist, so kann die betroffene Partei grundsätzlich wählen, welchen Aufhebungsgrund sie geltend macht[822].

Trotz eines bedingt gleichen Effekts - die Aufhebung des Vertrages - sind die *repudiation for brech of contract* und *rescission for misrepresentation* zwei strikt voneinander zu unterscheidende Rechtsbehelfe. Die Rechtsbehelfe wegen *misrepresentation* sind nicht vertraglicher Natur, die *repudiation for brech of contract* ist dagegen ein klassischer vertraglicher Rechtsbehelf. Wegen des rückwirkenden Charakters der *rescission for misrepresentation* entfallen alle vertragliche Schadensersatzansprüche.

III. Zurückweisung der Ware

Der SGA erwähnt das Zurückweisungsrecht (*right to reject the goods*) zunächst in der Definition von *condition* und *warranty* in sec. 11 sub-s 3. Danach gibt die Verletzung einer *warranty* der verletzten Partei nicht das Recht, die Ware zurückzuweisen und den Vertrag als aufgehoben zu betrachten. In Umkehrschluß hat die betroffene Partei bei der Verletzung einer *condition* immer das Recht, die Ware zurückzuweisen.

Des Weiteren sieht sec 30 SGA ein Zurückweisungsrecht des Käufers dann vor, wenn die gelieferte Ware quantitativ von den vertraglichen Vorgaben abweicht. Gemäß sec 30 sub-s 1 SGA kann der Käufer bei Zuwenig-Lieferung die Ware zurückweisen. Bei Zuviel-Lieferung kann der Käufer entweder die vertraglich vereinbarte Menge behalten und den Rest zurückweisen oder er kann die gesamte gelieferte Warenmenge zurückweisen (sec 30 sub-s 2 SGA).

---

[818] Chitty on Contracts-Beale, 6-060,-065.
[819] Johnson v Agnew [1980] A.C. 367.
[820] Allen, S. 31; Atiyah, Introduction, S. 399.
[821] Davies on Contract, S. 267.
[822] Chitty on Contracts-Beale, 6-064.

Um die Ware zurückzuweisen, muß der Käufer dem Verkäufer unzweideutig und unwiderruflich mitteilen, daß er die Ware nicht als vertragsgemäß und nicht als Erfüllung annimmt[823]. Die Zurückweisung der Ware setzt deren Rücksendung an den Verkäufer nicht voraus (sec 36 SGA). Es reicht aus, daß die Ware dem Verkäufer zur Abholung bereit gestellt wird.

Problematisch ist, ob der Käufer die Ware auch dann zurückweisen darf, wenn sie beschädigt oder untergegangen ist. Mit dieser Frage haben sich Literatur und Rechtsprechung erstaunlich wenig befaßt[824]. Dies mag auch daran liegen, daß eine Beschädigung der Ware als ein mit der Position des Verkäufer unvereinbarer Akt i. S. v. sec 35 sub-s 1 SGA gewertet wird, so daß eine Billigung angenommen wird. Grundsätzlich sind zwei Ansätze denkbar: zum einen kann an den Risikoübergang, der i. d. R. mit dem Eigentumsübergang hergeht (sec 20 SGA) anknüpft werden, zum anderen könnte eine differenzierte Betrachtung geboten sein. Der erste Ansatz könnte durch Konsequenz bestechen – der Eigentümer trägt das Risiko für seine Sachen, ist das Eigentum an der Ware übergegangen, so hat der Käufer als Eigentümer die Schäden zu tragen und darf die Ware nicht zurückweisen oder zumindest dann nicht zurückweisen, wenn er nicht einen vollen Ausgleich für die Beschädigung anbietet. Diese Betrachtung ist jedoch einseitig. Zum einen ist der Verkäufer derjenige, der durch die Lieferung vertragswidriger Ware zur Zurückweisung Anlaß gibt. Zum anderen ist die Folge dieses Ansatzes, daß in den Fällen, in denen das Eigentum nicht übergegangen ist, der Käufer die Ware immer zurückweisen kann. Der Verkäufer kann sich das Eigentum aber aus verschiedenen Gründen vorbehalten, vor allem als Sicherheit. Eine differenzierte Betrachtung ist daher geboten. Der Käufer dürfte danach, unabhängig vom Eigentumsübergang, immer dann eine nach der Lieferung beschädigte Ware zurückweisen, wenn die Beschädigung bzw. der Untergang der Ware eine Folge ihres vertragswidrigen Zustandes ist. Anderseits ist der Käufer dann nicht zur Zurückweisung berechtigt, wenn er oder Personen, für die er verantwortlich ist, die Ware beschädigt haben. Eine Abnutzung, die durch ordnungsgemäßen Gebrauch oder Testens der Ware entstanden ist, soll hiervon ausgenommen werden[825]. Eine Lösung für den noch offenen Bereich der zufälligen Beschädigung bzw. des zufälligen Untergangs könnte durch Anknüpfen an das Eigentum gefunden werden[826]. Dann wäre die allgemeine Regel über Risikotragung der sec 20 sub-s 1 SGA anwendbar. Damit wäre das Risiko für die Parteien voraussehbar und der jeweilige Eigentümer könnte dagegen Versicherungsschutz suchen.

IV. Vertragsaufhebung

Die Vertragsaufhebung ist im englischen Recht grundsätzlich nur dann zulässig, wenn die Vertragsverletzung einen schwerwiegenden Eingriff in den Vertrag darstellt. Im Bereich der Verbraucherkaufverträge ist eine Vertragsaufhebung bei Lie-

---

[823] Kircher, S. 99.
[824] Head v Tattersall [1871] L.R. 7 Ex. 7.
[825] Benajmin's Sale- Reynolds, 12-059.
[826] so könnte auch Benajmin's Sale- Reynolds, 12-059 verstanden werden.

ferung vertragswidriger Waren nach Eröffnung einer erneuten Erfüllungschance für den Verkäufer zulässig.

1. Breach of condition

Hat der Verkäufer eine wesentliche vertragliche Vereinbarung verletzt (*breach of condition*), so ist der Käufer in der Regel berechtigt, den Vertrag für die Zukunft aufzuheben. Grundsätzlich reicht jede Verletzung, unabhängig von den Konsequenzen, aus[827].

a) Definition von „condition"

„*Condition*"[828] ist eine Äußerung über Fakten oder ein Versprechen, die bzw. das eine wesentliche vertragliche Abrede darstellt[829]. Eine Legaldefinition des Begriffs enthält SGA nicht. Sec 11 sub-s 3 SGA verweist auf die Rechtsfolgen der Verletzung einer solchen Vereinbarung und bestimmt, daß die Abgrenzung zwischen *condition* und *warranty* im Einzelfall der Konstruktion des Vertrages zu entnehmen ist. Weiterhin ist die Bezeichnung der Abrede durch die Vertragsparteien für ihre Qualifizierung nicht ausschlaggebend.

Als besonders anschaulich gilt die von Lord Fletcher Moulton in Wallis, Son and Wells v Pratt and Haynes vorgenommene Abgrenzung[830]. Es wird festgestellt, daß nicht allen vertraglichen Klauseln gleiche Bedeutung zukommt. Vielmehr betreffen einige die Substanz des Vertrages, sind also so essentiell für den Vertrag als solchen, daß deren Nichterfüllung als grundsätzliche Verfehlung der Erfüllung des gesamten Vertrages anzusehen ist. Die Beschreibung ist in der Tat sehr plastisch, handfeste Kriterien für die Bestimmung, wie die einzelnen Vertragsklauseln zu qualifizieren sind, liefert sie jedoch nicht. Die Festlegung von starren Kriterien ist jedoch fast unmöglich und im Ergebnis nicht effizient. Eine wertende Betrachtung im Einzelfall oder eine eindeutige Bestimmung bei der Vertragsgestaltung dürften in der Regel ausreichend sein. Im Bereich des Warenkaufrechts qualifiziert der Sale of Goods Act eine Reihe von *implied terms* als *condition*.

Zusammenfassend ist festzuhalten, daß eine „*condition*" dann anzunehmen ist, wenn ein Gesetz eine Abrede als solche bestimmt, wenn eine gerichtliche Entscheidung dies bestimmt oder wenn die Parteien diese Qualifizierung vertraglich,

---

[827] Anson's Law of Contract, S. 547; Union Eagle Ltd. V Golden Achievment Ltd [1997] A.C. 514; Photo Productions Ltd v Securicor Transport Ltd. [1980] A.C. 827, 849, HL.

[828] Das Wort „Condition" wird hier nur bezüglich des Gebrauchs im Zusammenhang mit Vertragsverletzungen definiert. Die Bedeutung von „condition" als Bedingung, sowie eine Abgrenzung werden hier außer Betracht gelassen.

[829] Anson's Law of Contract, S. 133.

[830] [1910] 2 KB 1003, 112 CA: „...But from the very early period of our law it has been recognised that such obligation are not all of equal importance. There are some which go so directly to the substnace of the contract or, in other words, are so essential to its very nature that their non-performance may fairly be considered by the other party als a substantial failure to perform the contract at all...."

explizit oder konkludent vereinbart haben[831]. Im folgenden wird nur auf die in SGA näher als *condition* qualifizierten *implied terms* eingegangen.

b) Recht des Verkäufers, die Ware zu verkaufen

Der Verkäufer ist grundsätzlich verpflichtet, zum Zeitpunkt des Vertagabschlusses oder spätestens zum Zeitpunkt des Eigentumsübergangs das Recht, die Ware zu verkaufen, inne zu haben, d. h. verfügungsberechtigt zu sein. Diese Verpflichtung des Verkäufers gem. sec 12 sub-s 1 SGA ist eine *condition* (sub-s 5A).

Unter einem zum Verkauf berechtigenden Recht ist primär das Eigentum an der Sache zu verstehen[832]. Das ergibt sich daraus, daß gem. sec 2 sub-s 1 SGA die Verpflichtung des Verkäufers, dem Käufer Eigentum an der Ware zu verschaffen, zu der Definition eines Kaufvertrages gehört. Andererseits ist es anerkannt, daß ein gültiger Kaufvertrag auch dann existieren kann, wenn der Verkäufer nicht imstande ist, Eigentum an der verkauften Sache zu übertragen[833]. Der Verkäufer hat jedenfalls dann kein Recht, die Ware zu verkaufen, wenn er keinen Titel bzw. kein Recht bezüglich der Sachen hat. Der Verkäufer besitzt ein derartiges Recht jedoch unter Umständen auch dann nicht, wenn dem Verkauf der Ware das Markenrecht eines Dritten entgegensteht[834]. Dies gilt insoweit nicht, als die Parteien vereinbart haben, daß dem Verkäufer nur das (eingeschränkte) Recht übertragen wird, das er inne hat (sec 12 sub-s 3 SGA).

Der Verkäufer hat also dann ein Recht, die Ware zu verkaufen, wenn er in der Lage ist, unbeschränkte und vollständige Rechte über die Sachen an den Käufer zu übertragen[835]. Der Verkäufer macht bei dem Vertragsabschluß nicht notwendig ein Versprechen bezüglich der eigenen Eigentümerposition, sondern verspricht nur, in der Lage zu sein, dem Käufer die entsprechenden Rechte über die Sache zu verschaffen. So liegt keine Vertragsverletzung vor, wenn der Verkäufer unter solchen Umständen die Sache verkauft, daß der Käufer Eigentum kraft guten Glaubens erwirbt[836].

c) Vertragsmäßigkeit der Ware

Wie bereits oben dargestellt[837], sieht der Sale of Goods Act eine Reihe *implied terms* bezüglich der Beschaffenheit einer verkauften Sache vor. Die meisten dieser Bestimmungen der geschuldeten Eigenschaften der Sache sind im Gesetz als *conditions* qualifiziert.

---

[831] Anson's Law of Contract, S. 547.
[832] English Private Law, 10.27: "...what the buyer is deemted to have contracted for is titlte to the goods, not possession of them".
[833] Benjamin's Sale-Guest, 4-001.
[834] Halsbury's Statutes, Note 2 zu sec 12; Niblett Ltd v Confectioners' Materials Co Ltd [1921] All ER Rep 459, CA.
[835] Benjamin's Sale-Guest, 4-004.
[836] Benjamin's Sale-Guest, 4-004. Einige Fälle des Eigentumserwerbs kraft guten Glaubens sind in sec 21ff. SGA geregelt. Sie sollen hier jedoch nicht näher dargelegt werden.
[837] S. Seite 144 ff.

So hat bei einem Kauf nach Beschreibung die Verpflichtung des Verkäufers Ware, die der Beschreibung entspricht zu liefern, gem. sec 13 sub-s 2 SGA den Rang einer *condition*. Jeder Gegenstand der Beschreibung ist, soweit er ein wesentliches Erkennungsmerkmal für die verkaufte Ware ist, eine *condition*[838]. Die Eigenschaften der Ware müssen der Beschreibung exakt entsprechen. Es reicht nicht aus, daß die Ware im kommerziellen Sinne innerhalb der Beschreibung liegt[839]. Entsprechendes gilt gem. sec 15 sub-s 3 SGA bei einem Kauf nach Muster für die Verpflichtung des Verkäufers, eine Ware mit der Qualität des Musters, zu liefern (sec 15 sub-s 2 lit. (a) und (c) SGA).

Soweit keine vertraglichen Vereinbarungen vorliegen, ist der Verkäufer gem. sec 14 sub-s 2 SGA verpflichtet, Ware von befriedigender Qualität anzubieten, die für den allgemeinen, gewöhnlichen Gebrauch tauglich ist[840]. Die Ware ist von befriedigender Qualität, wenn eine vernünftige Person unter Berücksichtigung etwaiger Beschreibungen den Preis, soweit er von Bedeutung ist, und allen anderen relevanten Umständen des Falles die Qualität als zufriedenstellend betrachten würde (sec 14 sub-s 2A SGA). Darüber hinaus ist der geschäftsmäßig handelnde Verkäufer verpflichtet, eine für einen bestimmten Zweck taugliche Ware zu liefern, wenn der Käufer hinreichend zum Ausdruck gebracht hat, daß er die Ware für einen bestimmten Zweck kauft (sec 14 sub-s 3 SGA). Die Verpflichtung existiert insoweit nicht, als der Käufer nach den Umständen des Falles zu erkennen gibt, daß er der Sachkunde und der Urteilsfähigkeit des Verkäufers nicht vertraut oder wenn es unvernünftig wäre, sich auf diese zu verlassen.

Verletzt der Verkäufer eine dieser *implied conditions*, ist der Käufer grundsätzlich berechtigt, den Vertrag als aufgehoben zu betrachten (*right to treat the contract as repudiated*).

2. Aufhebungsrecht bei Verbraucherkaufverträgen

Die als Umsetzung der Verbrauchsgütekaufrichtlinie durch die Sale and Supply of Goods to Consumers Regulations 2002 in dem Sale of Goods Act aufgenommenen sec 48A sub-s 2 lit. (b) (ii), 48C sehen ein Aufhebungsrecht (*right to rescind the contract*) des Verbrauchers vor, wenn die gelieferte Ware vertragswidrig ist. Die Ware ist vertragswidrig, wenn sie der vertraglichen Vereinbarungen nicht entspricht oder gegen einen der oben ausgeführten *implied terms* bezüglich der Qualität verstößt.

Der Verbraucher ist zu dieser Vertragsaufhebung, die den Vertrag rückwirkend beseitigt, gem. sec 48C sub-s 2 SGA nur dann befugt, wenn er weder Reparatur noch Austausch der Ware verlangen kann. Dies ist gem. sec 48B sub-s 3 SGA dann der Fall, wenn die Durchsetzung der Nacherfüllung unmöglich ist oder der jeweils gewählte Rechtsbehelf gegenüber der anderen Nacherfüllungsalternative

---

[838] Halsbury's Statues, Note 2 zu sec 13.
[839] Arcos Ltd v E A Ronaasen & Son [1933] All ER Rep 646, HL.
[840] S. näher oben Seite 146 ff.

oder gegenüber anderen Rechtsbehelfen mit unverhältnismäßigen Kosten verbunden ist. Des weiteren kann sich der Käufer auf sein Aufhebungsrecht berufen, wenn er dem Verkäufer eine angemessene Frist zur Nacherfüllung gesetzt hat und der Verkäufer innerhalb dieser Frist die jeweils erforderliche Handlung nicht vornimmt oder diese mit erheblichen Unannehmlichkeiten für den Käufer verbunden ist (sec 48C sub-s 2 lit. (b) SGA).

Die Voraussetzungen sind insoweit parallel zum Minderungsrecht. Um diesen Gleichlauf der Voraussetzungen sicherzustellen, sieht sec 48D SGA vor, daß der Verbraucher, soweit er Nachbesserung begehrt, gehalten ist, den Ablauf einer angemessenen Nacherfüllungsfrist abzuwarten, bevor er ein etwaiges Recht, den Vertrag wegen *breach of condition* als aufgehoben zu betrachten, geltend macht.

3. Aufhebung bei Sukzessivlieferungsverträge

Der Käufer ist grundsätzlich nicht gehalten, eine Erfüllung in Raten anzunehmen. Den Vertragsparteien steht es aber frei, eine solche Erfüllungsart zu vereinbaren. Liegt ein Kaufvertrag vor, bei dem die Ware in separat zu zahlenden Raten geliefert werden soll, so ist eine andere Betrachtung des Vertrages geboten. Solche Verträge sind in der Regel auf einen längeren Zeitraum angelegt und umfassen mehrere Lieferungen, so daß sie für Störungen anfälliger sind. Es muß auch im Einzelnen entschieden werden, ob die Unregelmäßigkeiten bei der Leistung einer Rate Auswirkungen auf den Vertrag insgesamt haben sollen. Wenn eine oder mehrere Teillieferungen des Verkäufers fehlerhaft sind, so ist in jedem einzelnen Fall zu entscheiden, ob dem Käufer das Recht zustehen sollte, den Vertrag als Ganzes als aufgehoben zu betrachten (sec 31 sub-s 2 SGA). Dabei sind die Umstände des Einzelfalles und die vertragliche Vereinbarung zu berücksichtigen. Das quantitative Verhältnis der einzelnen Lieferung zu dem gesamten Vertrag kann mit einbezogen werden sowie die Wahrscheinlichkeit, daß sich die Verletzung wiederholen würde[841]. So wird der Käufer z. B. dann zur Vertragsaufhebung berechtigt sein, wenn der Verkäufer explizit oder konkludent zum Ausdruck gebracht hat, daß er eine fällige Rate nicht leisten will oder kann und dies auch für die Zukunft zu befürchten ist. Dieses Verhalten und die Umstände berühren die Grundlagen des Vertrages nachhaltig. Das Aufhebungsrecht bezüglich der einzelnen Teillieferungen unterliegt den allgemeinen Regeln.

4. Einschränkungen des Aufhebungsrechtes wegen breach of condition

Das Recht des Käufers bei Verletzung einer *condition* den Vertrag als aufgehoben zu betrachten, ist nicht absolut. Der Käufer kann selbstverständlich auf sein Recht einseitig oder bereits im Vertrag verzichten. In einigen Fällen wird die Ausübung des Aufhebungsrechtes von Gesetzes wegen eingeschränkt, um etwa unbillige Härten zu vermeiden oder um die Endgültigkeit des Warenaustausches zu sichern.

---

[841] Halsbury's Statutes, Note 2 zu sec 31.

a) Geringfügige Verletzung und Nichtverbraucher

Sec 15A SGA sieht für Fälle, in denen der Käufer kein Verbraucher[842] ist, eine Einschränkung des Zurückweisungsrechtes und in Folge dessen auch des Aufhebungsrechtes vor[843]. Voraussetzung hierfür ist, daß die Verletzung des *implied terms* der sec 13, 14, 15 SGA so geringfügig ist, daß es unangemessen wäre, die Ware zurückzuweisen. Ähnliche Voraussetzungen gelten gem. sec 30 sub-s 2A SGA für die Einschränkung des Zurückweisungsrechts des Käufers bei quantitativen Abweichungen in der Lieferung.

Grund für die Einschränkung des Aufhebungsrechtes ist die Bestrebung, Mißbrauchsmöglichkeiten bei der Ausnutzung des absoluten Aufhebungsrechtes einzudämmen. Denn der Käufer konnte früher unter dem Vorwand des Aufhebungsrechts die leichtesten Verletzungen des Verkäufers ausnutzen, um Marktrisiken von sich zu weisen[844]. Bei der Bestimmung, ob die Zurückweisung unangemessen wäre, sind die persönlichen Motive des Käufers jedoch nicht zu berücksichtigen[845]. Bei der Beurteilung ist ein objektivierter Maßstab aus der Position des Käufers zugrunde zu legen[846].

Liegen die Voraussetzungen vor, so ist der Käufer auf die Rechtsbehelfe wegen *breach of warranty* beschränkt. Er kann also Schadensersatz verlangen.

Soweit die Parteien nichts Anderes vereinbart haben, obliegt es dem Verkäufer nachzuweisen, daß die Verletzung geringfügig ist. Den Parteien steht es frei, ein absolutes Aufhebungsrecht zu vereinbaren (sec. 55 SGA). Sec 15A ist dispositiv[847].

b) Genehmigung der Ware

Der Käufer kann sein Recht zur Vertragsaufhebung wegen *breach of condition* gem. sec 11 sub-s 4 SGA nur dann geltend machen, wenn er die Ware nicht im Sinne von sec 35 SGA gebilligt hat (sog. *acceptance*).

Soweit nichts Anderes vereinbart worden ist, ist der Verkäufer auf Verlangen des Käufers gehalten, diesem eine angemessene Möglichkeit zur Untersuchung der Ware einzuräumen (sec 34 SGA). Der Käufer soll dadurch in die Lage versetzt werden, festzustellen, ob die angebotene Ware mit dem Vertrag konform ist, bei Kauf nach Muster, ob diese dem Muster entspricht[848]. Soweit der Käufer vor Übergabe keine Möglichkeit zur Untersuchung gehabt hat, soll ihm eine solche nach Übergabe bzw. Lieferung zustehen (sec 35 sub-s 2).

---

[842] S. zu Verbraucherbegriff oben Seite 144f.
[843] Benjamin's Sale of Goods-Reynolds, 12-024.
[844] Bridge, S. 155.
[845] Law Commission Rep., para. 4.19, 4.21; Benjamin's Sale of Goods-Reynolds, 12- 026; Bridge, S. 155.
[846] Benjamin's Sale of Goods-Reynolds, 12- 026.
[847] Halsbury's Statutes, Note 1 zu sec 15A; Law Commission Report paras 4.23, 4.24.
[848] Beale/Hartkamp/Kötz/Tallon, S. 806f.

Die Art und Weise der Untersuchung sowie die dafür beanspruchte Zeit hängen im wesentlichen von dem Charakter der Ware und, soweit vorhanden, von den vertraglichen Bestimmungen ab. Die Untersuchung kann auch das Testen oder die Nutzung der Ware oder Teilen davon für kurze Zeit umfassen[849].

Hat der Käufer eine Möglichkeit zur Untersuchung gehabt, so ist die Ware genehmigt, wenn der Käufer seine Billigung dem Verkäufer mitteilt. Nicht ausreichend ist dagegen, daß der Käufer ein bei der Lieferung der Ware ausgehändigtes Formular ungelesen in der Annahme unterschreibt, es handele sich um eine Annahmebestätigung, das Formular aber tatsächlich eine Erklärung zur Billigung der Ware enthält[850]. Der Käufer muß also die Untersuchungsmöglichkeit tatsächlich gehabt haben.

Des weiteren gilt die Ware als genehmigt, wenn der Käufer eine Verfügung über die übergebene Ware trifft, die mit dem Eigentumsrecht des Verkäufers unvereinbar ist (sec 35 sub-s 1 lit. (b) SGA). Als Übergabe gilt auch die Übergabe der Ware an einen Dritten auf Geheiß des Käufers[851]. Allein der Umstand, daß der Käufer nach einer Reparatur durch den Verkäufer nachgefragt oder sich zu einer solchen bereit erklärt hat, reicht für die Annahme einer Genehmigung der Ware nicht aus (sec 35 sub-s 6 lit. (a) SGA). Das Gleiche gilt, wenn die Ware an einen Dritten im Wege des Weiterverkaufs oder aufgrund einer anderen Verfügung geliefert worden ist (lit b). Diese letzte Regel scheint im Widerspruch zu der Regel der sec 35 sub-s 1 lit. (b) SGA zu stehen. Sie soll jedoch die Fiktion der Genehmigung durch Zuwiderhandeln gegen die Rechte des Verkäufers nicht aufheben. Dieser Widerspruch ist zum Teil auf das Bestreben des Gesetzgebers unterschiedliche, früher problematische Konstellationen jeweils zu regeln, zurückzuführen[852]. Eine Möglichkeit, die Ungereimtheiten aufzulösen, bieten die Regeln selbst. Die Regel der sec 35 sub-s 1 lit. (b) SGA bezieht sich nur auf solche Waren, die dem Käufer übergeben worden sind und bei denen er die Möglichkeit hatte, eine Untersuchung vorzunehmen[853]. Sec 36 sub-s 6 lit. (b) SGA umfaßt auch solche Fälle, in denen der Käufer ohne Untersuchungsmöglichkeit die Ware weiter veräußert hat. Da nach der alten Rechtslage der Käufer durch die bloße Weiterveräußerung sein Recht auf Zurückweisung der Ware verloren hätte, entstand eine mißliche Situation, wenn der Abnehmer die Ware untersuchte und zurückwies. Diesem Problem sollte durch die neue Regelung abgeholfen werden[854]. So soll jetzt die bloße Weiterveräußerung der Ware nicht als deren Billigung gelten. Auch mit der Aufnahme dieser Regelung sind jedoch Probleme ungelöst geblieben. So ist z. B. fraglich, wie zu entscheiden ist, wenn der Abnehmer die Ware zurückweist, ohne sie dem Käufer zurückzugeben, wozu er gem. sec 36 SGA berechtigt ist. Gemäß sec

---

849 Bejamin's Sale of Goods- Reynolds, 12-040f.; Bridge, S. 165.
850 Atiyah, S. 461.
851 Halsbury's Statutes, Note 3 zu sec 35.
852 Die Regeln sind durch den Sale and Supply Act 1994 eingeführt worden, auf einen Vorschlag der Law Commission.
853 Sec 35 sub-s 1: „The buyer is deemed to have accepted the goods subject to subsection (2) below...".
854 Atiyah, S. 463f.

36 SGA ist der Käufer, der zur Zurückweisung der Ware berechtigt ist, nicht verpflichtet, soweit nicht Anderes vereinbart worden ist, die Ware dem Verkäufer zurückzugeben, es ist ausreichend, wenn er den Verkäufer von der Zurückweisung benachrichtigt. In der gerade beschriebenen Situation gäbe es grundsätzlich zwei Möglichkeiten – der Käufer wäre seinerseits berechtigt, die Ware zurückzuweisen, wobei diese physisch bei dem Abnehmer bliebe oder der Käufer müßte den Rücktransport von dem Abnehmer veranlassen. Dann wäre die Frage, ob der Verkäufer diese Transportkosten zu tragen hätte. Die Antwort dieser Fragen scheint davon abzuhängen, ob der Käufer eine angemessene Möglichkeit zur Untersuchung der Ware gehabt hat oder nicht[855].

Auch die Formulierung „Handlungen, die mit dem Eigentumsrecht des Verkäufers nicht vereinbar sind" ist nicht besonders glücklich, vor allem bei Verträgen, bei denen das Eigentum bereits mit Abschluß des Vertrages, aber vor Übergabe übergegangen ist. Es wird daher angenommen, daß der Eigentumsübergang unter einer Bedingung steht. Grund dafür ist, daß das Eigentum an der Ware durch die Zurückweisung der Ware wieder auf den Verkäufer fällt. Daher verbleibt beim Verkäufer Eigentum im Wege eines Rückfall-Interesses, das durch die Handlungen des Käufers nicht verletzt werden darf[856].

Eine Genehmigung der Ware ist auch dann anzunehmen, wenn der Käufer die Ware über einen angemessenen Zeitraum hinaus behält, ohne den Verkäufer davon zu unterrichten, daß er die Ware zurückgewiesen hat (sec 35 sub-s 4 SGA). Was ein angemessener Zeitraum ist, hängt von den Umständen des Einzelfalles und vor allem davon ab, ob der Käufer eine angemessene Möglichkeit zur Untersuchung der Ware auf ihre Vertragskonformität hatte (sec 35 sub-s 5 SGA). Dabei sind die Natur der Ware und ihre Funktion aus der Sicht des Käufers sowie aus der Sicht des Verkäufers die kommerziell wünschenswerte Sicherheit, möglichst schnell nach einer Transaktion über ihre Folgen im klaren zu sein, zu berücksichtigen. Der Zeitraum ist nicht danach zu messen, ob ein bestimmter Defekt in dieser Zeit entdeckt werden kann, sondern bezieht sich auf die Möglichkeit einer allgemeinen Probe und Untersuchung[857].

Soweit der Käufer als Verbraucher handelt, kann er sein Untersuchungsrecht gem. sec 35 sub-s 1 SGA durch Vertrag, Verzichtserklärung oder auf sonstige Weise nicht verlieren (sec 35 sub-s 3 SGA).

Hat der Käufer in einer der beschriebenen Art und Weise die Ware gebilligt, so verliert er sein Recht, die Ware zurückzuweisen und den Vertrag aufzuheben, unabhängig davon, ob er von der Vertragsverletzung des Verkäufers Kenntnis hatte oder nicht. Der Käufer muß also um sein Recht auf Vertragsaufhebung nicht

---

[855] Atiyah, S. 464.

[856] Benjamin's Sale of Goods-Reynolds, 12-046.

[857] Bernstein v Pamson Motors (Golders Green) Ltd [1987] 2 All ER 220, QBD; Clegg & Anor v Andersson (t/a Nordic Marine) [2002] EWHC 943 (QB); Clegg v Olle Andersson (t/a Nordic Marine) [2003] EWCA Civ 320; Jones & Anor v Gallagher & Anor (t/a Gallery Kitchens And Bathrooms) [2004] EWCA Civ 10..

zu verlieren, die Ware rechtzeitig zurückweisen. Dafür muß er dem Verkäufer unzweideutig und unwiderruflich mitteilen, daß er die Ware nicht als vertragsgemäß und nicht als Erfüllung annimmt[858]. Die Zurückweisung der Ware setzt nicht deren Rücksendung an den Verkäufer voraus (sec 36 SGA). Es reicht aus, daß die Ware dem Verkäufer zur Abholung bereit gestellt wird.

Es wird zum Teil vertreten, daß die Regel der sec 11 sub-s 4 SGA in bestimmten Fällen nicht anwendbar ist, so z. B. wenn der Verkäufer kein Recht zum Verkauf der Ware hat (sec 12 sub-s1 SGA)[859]. Dies wird damit begründet, daß in einem solchen Fall gar kein Kaufvertrag vorliege. Diese Ansicht ist zumindest dann sehr fraglich, wenn der Käufer die Nichtberechtigung des Verkäufers kannte. Um eine gerechte Lösung zu finden wäre es denkbar, daß die Anwendbarkeit der sec 11 sub-s 4 SGA zumindest von der Kenntnis des Käufers abhängt oder daß es bezüglich der Vertragsaufhebung bei der Grundregel bleibt, der Käufer jedoch berechtigt ist, den Kaufpreis wegen vollständigen Wegfalls der Gegenleistung zurück zu verlangen.

c) Vertraglicher Ausschluß und Restriktionen nach sec 6 Unfair Contract Terms Act 1977

Die Parteien sind grundsätzlich frei, die Ausübung eines Rechtsbehelfs auszuschließen oder an bestimmten Voraussetzungen, wie z. B. Zeitablauf oder qualifizierte Handlungen, anzuknüpfen[860]. Gemäß sec 6 sub-s 1 Unfair Contract Terms Act 1977 darf die Haftung für Verletzung der in sec 12 SGA begründeten Verpflichtungen bezüglich der Berechtigung des Verkäufers jedoch nicht durch vertragliche Abreden beschränkt oder ausgeschlossen werden. Der Unfair Contract Terms Act ist grundsätzlich nur dann anwendbar, wenn zumindest eine der Vertragsparteien geschäftsmäßig handelt[861]. Unfair Contract Terms Act bezieht sich nicht nur auf allgemeine Geschäftsbedingungen, sondern ordnet eine Inhaltskontrolle von Haftungsausschluß- und Beschränkungsklauseln an, unabhängig davon, ob sie AGB, Hinweise oder Individualabreden sind[862]. Sec 6 sub-s 1 Unfair Contract Terms Act 1977 gilt unabhängig davon, ob der Käufer Verbraucher ist oder nicht. Soweit hier nur *conditions* behandelt werden, ist die Verpflichtung des Verkäufers gem. sec 12 sub-s 1 SGA betroffen. Die Haftung des Verkäufers aus einer Verletzung seiner Pflicht, zum Zeitpunkt des Vertagabschlusses bzw. des Eigentumsübergangs das Recht die Ware zu verkaufen inne zu haben, kann nicht ausgeschlossen oder eingeschränkt werden. Ebenfalls untersagt sind Klauseln, die das gleiche Ergebnis erzielen wollen, indem sie entweder die Verpflichtung selbst ausschließen oder den Käufer an bestimme Verhaltensweisen binden (sec 13 Unfair Contract Terms Act 1977).

---

[858] Kircher, S. 99.
[859] Rowland v Divall [1923] 2 K.B. 500.
[860] Atiyah, S. 459
[861] Das folgt aus der Regelung der sec 1 sub-s 3 Unfair Contract Terms Act, wonach sich der Act grundsätzlich nur auf „business liability" bezieht. Das ist die Verantwortlichkeit wegen Verletzungen von Verpflichtungen, die „in the course of a business" entstehen. Treitel, Outline, S. 86.
[862] Treibel/Hodgson u.a., Rn. 129.

Sec 6 sub-s 2 Unfair Contract Terms Act 1977 betrifft die Haftungseinschränkungen gegenüber einem Verbraucher. Demnach darf die Haftung aus Verletzung der Verpflichtungen aus sec 13, 14 und 15 SGA einem Verbraucher gegenüber nicht ausgeschlossen oder eingeschränkt werden. Sec 13, 14 und 15 SGA betreffen vor allem die Verantwortlichkeit des Verkäufers für die vertragsgemäße Beschaffenheit der Sache bezüglich Qualität und Tauglichkeit. Einem Nichtverbraucher gegenüber kann die Haftung diesbezüglich nur insoweit vertraglich eingeschränkt oder ausgeschlossen werden, als dies den Anforderungen der Angemessenheit entspricht (sec 6 sub-s 3 SGA). Eine vertragliche Abrede entspricht den Anforderungen der Angemessenheit gem. sec 11 sub-s 1 Unfair Contract Terms Act 1977 dann, wenn es in Anbetracht der Umstände, die zum Zeitpunkt des Vertragsabschlusses den Parteien bekannt waren oder hätten bekannt sein müssen, fair und vernünftig wäre, diese im Vertrag aufzunehmen. Sec 11 sub-s 2 verweist bezüglich des Angemessenheitstestes nach sec 6 sub-s 3 auf die Kriterien in Schedule 2 des Unfair Contract Terms Act 1977. Danach sind insbesondere folgende Gesichtspunkte zu berücksichtigen:

- die Verhandlungsstärke der Parteien, wobei Alternativen für die Befriedigung der Bedürfnisse des Kunden u.a. berücksichtigt werden sollten,

- ob der Kunde den Anreiz hatte, der Vertragsklausel zuzustimmen oder ob er die Möglichkeit hatte, einen ähnlichen Vertrag mit einem anderen Partner abzuschließen, ohne einer solchen Vertragsklausel zustimmen zu müssen,

- ob der Kunde die Existenz der Vertragsklausel und ihre Auswirkungen gekannt hat oder vernünftigerweise hätte kennen müssen,

- ob es zur Zeit des Vertragsschlusses angemessen war, die Erfüllung von Bedingungen zu erwarten, die dem Kunden zur Erhaltung seiner Ansprüche auferlegt worden waren,

- ob die Ware auf spezielle Bestellung des Kunden hergestellt, verarbeitet oder angepaßt wurde.

d) Fundamental breach und breach of a fundamental term

Als *breach of a fundamental term* wurde die Verletzung einer so grundlegenden (fundamentalen) Vereinbarung bezeichnet, daß die Vertragsverletzung einer kompletten Nichterfüllung des Vertrages gleichsteht. Ein *fundamental term* schien dabei etwas anderes, höher bewertetes zu sein, als *warranty* oder *condition*. Es stellt den Kern des Vertrages dar[863]. Daher konnte einer Haftungsbefreiung für die Verletzung einer solchen Vereinbarung nicht stattgegeben werden. Eng verwandt mit diesem Prinzip war ein anderer, nach dem keine Vertragspartei eine Haftungsbefreiung für *fundamental breach* begehren konnte. Die Voraussetzungen hierfür sind nicht besonders klar. Im Ergebnis scheint dieses Prinzip darauf hin-

---

[863] Smeaton Hanscomb & Co. Ltd. v Sassoon I. Setty Son & Co. [1953] 1 W.L.R. 1468, 1470.

auszulaufen, daß sich nur eine Partei, die sich an den Vertrag hält, auf eine Haftungsbefreiung berufen kann, nicht dagegen eine, die vom Vertrag abweicht oder selbst eine Vertragsverletzung verschuldet, die die Wurzeln des Vertrages berührt[864]. Die beiden Prinzipien sind häufig untereinander ausgetauscht worden oder die Begriffe sind teilweise synonym verwendet worden. Hinter den beiden Prinzipien bzw. Begriffen verbarg sich eine Auslegungsregel, die die Anwendbarkeit von Haftungsbefreiungsregeln betraf[865].

Die Doktrin von fundamental breach bzw. breach of a fundamental term wurde mit der Entscheidung Photo Production Ltd. v. Securicor Transport Ltd. aufgegeben[866]. Es ist heutzutage davon auszugehen, daß es keine besondere Kategorie bzw. keine besondere Auslegungsregel für die Kategorien *„fundamental breach"* und *„breach of a fundamental term"* gibt[867]. Die beiden Ausdrücke werden in neuerer Zeit zum Teil benutzt, um Vertragsverletzungen, die die Grundalge des Vertrages berühren, zu umschreiben, in der Regel also Vertragsvereinbarungen, die als *condition* zu werten sind[868].

5. Intermediate terms

Jahrzehntelang war es üblich, die Vertragsverletzungen und die Zulässigkeit verschiedener Rechtsbehelfe danach zu beurteilen, ob die verletzte Verpflichtung aus *condition* oder aus *warranty* herrührt. Der Vorteil dieser klaren Klassifizierung der Vertragsvereinbarungen war die Rechtssicherheit. Andererseits bestand auch das Bedürfnis, für den Einzelfall gerechte Lösungen zu finden. Denn soweit jede Verletzung einer *condition*, sei sie auch so klein und konsequenzlos, zur Vertragsaufhebung berechtigt, sind Nachteile und Härte für den Vertragsbrüchigen nicht zu vermeiden. Die Nachteile aus dieser Zweiteilung haben die Gerichte dadurch zu beheben versucht, daß sie eine neue Kategorie vertraglicher Vereinbarungen anerkannt haben, die sog. *intermediate* oder *innominate terms.*

In der grundlegenden Entscheidung Hongkong Fir Shipping Co. Ltd. v Kawasaki Kisen Kaisha Ltd.[869] wird festgestellt, daß einige vertragliche Vereinbarungen zu komplex sind, um einer der beiden Kategorien zugeordnet zu werden. Bei solchen Vereinbarungen kann nicht von vorneherein gesagt werden, ob eine Verletzung zur Aufhebung des Vertrages berechtigt oder nicht. Die Beurteilung, ob die von der Vertragsverletzung betroffene Partei zur Aufhebung berechtigt ist oder nicht, hängt von der Schwere und der Natur der Vertragsverletzung sowie von

---

[864] Chitty on Contracts-Guest, 14-018.
[865] U.G.S. Finance Ltd. v National Mortgage Bank of Greece and National Bank of Greece S.A. [1964] 1 Lloyd's Rep. 446, 450, CA; Suisse Atlantique Société d'Armement Marititme S.A. v N.V. Rotterdamsche Kolen Centrale [1967] 1 A.C. 361;Atiyah, Indroduction, S. 177.
[866] [1980] A.C. 827; gewisse Vorankündigung für diese Entscheidung bietet Suisse Atlantique Société d'Armement Marititme S.A. v N.V. Rotterdamsche Kolen Centrale [1967] 1 A.C. 361.
[867] Chitty on Contracts-Guest, 14-022; Benjamin's Sale of Goods-Reynolds, 13-047.
[868] Chitty on Contracts-Guest, 14-022.
[869] [1962] 1 All ER 474, CA.

deren Folgen ab[870]. Eine Vertragsaufhebung wäre nur dann zulässig, wenn der wirtschaftliche Zweck der Unternehmung vereitelt wäre. Das ist dann der Fall, wenn der betroffenen Partei im wesentlichen alle Vorteile, die sie durch die korrekte Erfüllung des Vertrages hätte erwarten dürfen, entzogen werden[871]. Es ist danach zu fragen, ob die tatsächlich eingetretene Verletzung der vertraglichen Vereinbarung die Grundlagen des Vertrages betrifft[872]. Das kann dazu führen, daß die betroffene Partei unter Umständen abwarten muß, um zu sehen, wie gravierend die Konsequenzen der Vertragsverletzung sind[873]. Die betroffene Partei kann sich erst dann vom Vertrag lösen, wenn mit einer gewissen Wahrscheinlichkeit angenommen werden kann, daß der mit dem Vertrag erstrebte Vorteil praktisch vollständig wegfallen wird. Sind die Verletzungsfolgen in absehbarer Zeit nur schwer abzuschätzen, so spricht das unter Umständen dafür, eine *condition* zu bejahen, da bei der hierfür erforderlichen ex ante-Betrachtung eine die Grundlage des Vertrages berührende Verletzung nicht ausgeschlossen ist[874].

Die flexible Betrachtung von Vertragsklauseln bzw. deren Vertragsverletzungen führt auf der anderen Seite zur Rechtsunsicherheit. Das veranlaßt manche Autoren dazu, anzunehmen, daß im modernen englischen Recht davon auszugehen ist, daß Vertragsvereinbarungen eher als *intermediate term* qualifiziert werden als als *condition*. Ausnahmen hiervon liegen dann vor, wenn Vertragsvereinbarungen durch Gesetz, durch vorangegangene Gerichtsentscheidungen, durch ausdrückliche Vertragsvereinbarung oder kraft Natur der Sache als *condition* qualifiziert worden sind[875].

Der Sale of Goods Act 1979 ordnet, wie oben ausgeführt, für eine Reihe von *implied terms* die Qualifizierung als *condition* oder als *warranty* an. Es stellt sich daher die Frage, ob *intermediate terms* im Rahmen von Warenkaufverträgen überhaupt Platz haben oder ob es bei der klassischen Zweiteilung bleibt. Soweit die gesetzliche Einordnung der *implied terms* in sec 12-15 SGA einschlägig ist, ist für *intermediate terms* in der Tat kein Raum. In der Leitentscheidung Cehave N.V. v Bremer Handelsgesellschaft mbH (The Hansa Nord)[876] hat der Court of Appeal die gesetzliche Dichotomie bezüglich der Einteilung aller Vertragsvereinbarungen abgelehnt. In der Entscheidung wurde angenommen, daß die ausdrückliche Vereinbarung, daß die Ware in gutem Zustand verschifft werden soll, ein *intermediate term* ist. Das führt zu der einzigartigen Folge, daß Qualitätsvereinbarungen durch *express terms* als *intermediate terms* qualifiziert werden können, während

---

870 Smith, S. 120; Cooke/Oughton, S. 211; Anson's Law of Contract, S. 138f.

871 Hongkong Fir Shipping Co. Ltd. v Kawasaki Kisen Kaisha Ltd. [1962] 1 All ER 474, CA; Goode, S. 129; Smith, S. 121.

872 "to go to the root of the contract".

873 Anson's Law of Contract, S. 139.

874 Brownsword, in: Birds/Bradgate/Villers, S. 225,243.

875 Anson's Law of Contract, S. 139f.; Chitty on Contracts-Guest, 12-024; Dobson, Rn. 7-04.

876 [1975] 3 All ER 739, CA; s. auch Tradax International S.A. v Goldschmidt S.A. [1977] 2 Lloyd's Rep. 604, QBD; Bunge Corpn v Tradax SA [1981] 2 All ER 513, QBD, CA& HL, per Lord Roskill 546, 549, HL.

ein inhaltsgleicher *implied term* wegen der gesetzlichen Anordnung *condition* wäre[877].

Die Anwendbarkeit der *intermediate terms* bei Warenkaufverträgen stützt sich auf sec 62 sub-s 2 SGA, die die allgemeinen Regeln des *common law* für anwendbar erklärt, soweit sie nicht mit dem Act unvereinbar sind. Gegen die Anwendbarkeit der Lehre von *intermediate terms* im Warenkaufrecht wird eingewendet, daß der Gesetzgeber bei der Neuverkündung des Acts 1979 und bei den Änderungen 1994 diese nicht berücksichtig hat. Diese Änderungen berühren jedoch die Einteilung von *terms* in verschiedene Kategorien gar nicht. Es bestand für den Gesetzgeber kein Anlaß, sich mit der Frage auseinanderzusetzen. In der Rechtsprechung ist die Anwendbarkeit von *intermediate terms* bei Warenkaufverträgen anerkannt[878]. Die *intermediate terms* gehören zum *common law* und sind daher über sec 62 SGA auch auf Warenkaufverträgen anwendbar. Diese Paralellität von *statute law* und *common law* ist vom Gesetzgeber gewollt. Die Ansprüche des Käufers können alternativ auf Verletzung von ausdrücklichen Vereinbarungen oder auf Verletzung von *implied terms* gestützt werden. Ein Vorrang existiert nicht. Dieses Nebeneinander von gesetzlicher Haftung und *intermediate terms* ist in der Rechtsprechung bestätigt worden[879].

6. Rechtsfolgen der Vertragsaufhebung

Der Käufer muß dem Verkäufer selbstverständlich zur Kenntnis bringen, daß er die Aufhebung des Vertrages wünscht. Durch die Figur der *acceptance of redpudiation*, also der Annahme des Vertragsbruches, erscheint die Vertragsaufhebung als eine Art Vertrag über die Beendigung des Vertrages[880]. Es würde jedoch zu weit gehen, einen echten Vertrag anzunehmen. Es liegt eher ein Recht vor, aus dem Vertragsbruch des Verkäufers Konsequenzen zu ziehen. Diese sind jedoch mit der Gefahr verbunden, daß soweit sie ohne tatsächlichen Grund erfolgen, der Käufer selbst vertragsbrüchig und daher unter Umständen dem Verkäufer schadensersatzpflichtig werden kann.

Die Auswirkungen des ausgeübten Rechtsbehelfs auf den Vertrag selbst sind nicht ganz eindeutig, was zum Teil mit der Benutzung unterschiedlicher Begriffe zusammenhängt. Zum einen wird vertreten, daß mit der Annahme der *repudiation* durch den Käufer der Vertrag aufgehoben wird, d. h., er hört auf zu existieren[881]. Zu anderen wird vertreten, der Vertrag bleibe weiter bestehen, die vertragskonforme Partei werde von ihrer künftigen Erfüllungspflicht befreit[882] . Für die zweite

---

[877] Atiyah, Introduction, S. 177.

[878] Cehave N V v Bremer Handelsgesellschaft mbh [1975] 3 All ER 739, CA per Roskill, LJ 750ff.

[879] Aktion Maritime Corporation of Liberia v S. Kasmas&Brothers Ltd. And others, („The Aktion") [1987] 1 Lloyd's Rep 283, 294, QBD.

[880] S. Treibel/Hodgson, Rn. 161.

[881] Suisse Atlantique Société d'Armement Marititme S.A. v N.V. Rotterdamsche Kolen Centrale [1967] 1 A.C. 361; Moschi v Lep Air Services Ltd. [1973] AC 331.

[882] Heyman v Dawins Ltd. [1942] AC 356; Johnson v Agnew [1980] AC 367; Moschi v Lep Air Services Ltd. [1973] AC 331.

Ansicht spricht, daß bei der Vertragsaufhebung wegen *breach of contract* ein vertraglicher Schadensersatzanspruch gewährt wird, der nicht bestünde, wenn der Vertrag wegfallen würde[883]. Würde der Vertrag nicht existieren, so müßte der Schadensersatzanspruch gesetzlich angeordnet sein oder aus *tort* hergeleitet werden.

Die Vertragsaufhebung (*right to repudiate the contract*) wirkt also grundsätzlich für die Zukunft[884]. Die Parteien sind demnach von der Erfüllung noch ausstehender Verpflichtungen frei. Rechte und Pflichten, die aus dem teilweisen Vollzug des Vertrages entstanden sind, bleiben grundsätzlich unberührt. Bei Warenkaufverträgen wird das in der Regel nur dann der Fall sein, wenn die Leistung teilbar ist, insb. wenn ein Sukzessivlieferungsvertrag vorliegt. Ist das Eigentum an der Ware bereits auf den Käufer übergegangen, so fällt es nach der Vertragsaufhebung auf den Verkäufer zurück[885].

Mit der Vertragsaufhebung werden die Primärpflichten der Parteien beendet. Die Primärpflicht der vertragsbrüchigen Partei wird durch die Sekundärverpflichtung, der verletzten Partei Schadensersatz zu zahlen, ausgetauscht[886]. Soweit der Käufer den Kaufpreis bereits gezahlt hat, kann er das Geld im Wege der *restitution*[887] zurückverlangen[888]. Auf diesen bereicherungsrechtlichen Rechts-behelf weist sec 54 SGA ausdrücklich hin. Die Voraussetzung für diesen Rechtsbehelf ist, daß die *consideration* gänzlich verfehlt worden ist[889]. Von einer Darstellung des Inhalts und der einzelnen Funktionen, die die Rechtsfigur der *„consideration"* bei der Vertragsbegründung im englischen Recht spielt, wird hier abgesehen[890]. Die *consideration* soll hier der Gegenleistung im weiten Sinne gleichgestellt werden[891].

Zwei Hauptargumente werden dafür ins Feld geführt, daß nur bei einer kompletten Verfehlung der Gegenleistung der Betroffene sein bereits gezahltes Geld zurückverlangen kann. Zum einen ist dem *common law* die Teilung der Leistung fremd, weil man nicht annehmen kann, daß alle Teile einer Leistung gleichen Wert haben und der Vertragspreis stufenweise gebildet worden ist. Zum anderen kann der Vorteil, den der Kläger durch die Teilleistung erhalten hat, sehr oft nicht bewertet werden[892]. Diese undifferenzierte Vorgehensweise führt zu ungerechten

---

[883] Cooke/ Oughton, S. 212.
[884] Beale/Hartkamp/Kötz/Tallon, S. 745 – "..in English Law termination is seen as essentially prospective...".
[885] Atiyah, S. 477.
[886] Anson's Law of Contract, S. 551; Cooke/Oughton, S. 213.
[887] Entspricht im wesentlichen der deutschen ungerechtfertigte Bereicherung.
[888] Benjamin's Sale-Harris, 17-084.
[889] Goff & Jones, S. 412; Kwei Tek Chao v British Traders and Shippers Ltd [1954] Q.B. 459.
[890] Eine übersichtliche Darstellung dazu findet sich bei Anson's Law of Contract, S. 88ff. sowie bei Chitty on Contracts-Treitel, 3-004ff..
[891] An sich ist die consideration ein von der anderen Partei versprochener rechtlich relevanter Vorteil oder hingenommener Nachteil (grundlegende Entscheidung Currie v Misa [1875] L.R. 10 Ex 153, 162). Die considartion sichert unter anderem die Vollstreckbarkeit des Vertrages.
[892] Anson's Law of Contract, S. 605.

Ergebnissen[893]. Im Falle der sofortigen Zurückweisung der vertragswidrigen Ware bzw. einer Vertragsaufhebung wird eine komplette Verfehlung in der Regel vorliegen, so daß der Käufer die Zahlung des Kaufpreises zurückverlangen kann. Das gilt auch dann, wenn der Käufer weder Eigentum noch Besitzrecht an der Sache erhalten hat. In diesem Fall hat der Käufer keine der vereinbarten Gegenleistungen bekommen[894]. Fraglich sind die Fälle, in denen der Käufer irgendeinen Nutzen aus der Sache gezogen hat[895]. Soweit er diesen Nutzen herausgeben kann und tatsächlich herausgibt, steht der Nutzungsvorteil dem Erstattungsanspruch nicht entgegen[896]. Die Schwierigkeiten, die bei der Bemessung des Nutzungsvorteils entstehen, insbesondere in Fällen, in denen die Sache durch mehrere Hände gegangen ist, lassen eine großzügigere Handhabung dieser Regel zulässig erscheinen. Ob der Ausfall der Gegenleistung vollständig („*total*") ist, ist nach einer Interessenabwägung zwischen dem ursprünglichen Zweckbestreben der Parteien und den erfolgten Beeinträchtigungen zu entscheiden. Diese Ansicht wird durch den mit Wirkung zum 31. März 2003 in Kraft getretenen sec 48C sub-s 3 SGA bestätigt. Dieser sieht bei Verbraucherkaufverträgen eine Anrechnung der Nutzung der Sache durch den Käufer auf etwaige Rückerstattungen des Verkäufers vor.

Der Erstattungsanspruch wegen Verfehlung der Gegenleistung ist für den Käufer unter Umständen günstiger als ein Schadensersatzanspruch, da er weder einen Schaden nachzuweisen braucht, noch einer Schadensminderungsobliegenheit unterliegt[897]. Der Käufer kann selbstverständlich auch Schadensersatz wegen Nichterfüllung (*damages for non-delivery*) geltend machen.

V. Zusammenfassung: Aufhebungsrecht nach englischem Recht

Im spezifisch kaufrechtlichen Bereich, steht dem Käufer grundsätzlich dann ein Aufhebungsrecht zur Verfügung, wenn eine *condition* verletzt worden ist oder, wenn die Auswirkungen der Vertragsverletzung des Verkäufers so tiefgreifend sind, daß der vertraglich zu erwartende Vorteil praktisch gänzlich weggefallen ist (bei *intermediate terms*). Bei Verbraucherverträgen hat der Käufer darüber hinaus das Recht, den Vertrag bei Vertragswidrigkeit der Ware aufzuheben.

Eine *condition* ist eine Vertragsklausel, die die Substanz des Vertrages betrifft, für den Vertrag als solchen so wesentlich ist, daß deren Nichterfüllung als grundsätzliche Verfehlung der Erfüllung des gesamten Vertrages anzusehen ist. Eine „*condition*" ist dann anzunehmen, wenn ein Gesetz eine Abrede als solche bestimmt, wenn eine gerichtliche Entscheidung dies bestimmt oder wenn die Parteien diese Qualifizierung vertraglich, explizit oder konkludent vereinbart haben. Im Bereich

---

[893] s. Kritik bei Goff & Jones, S. 415ff.; Burrows, Restitution, S. 259ff.
[894] Rowland v Divall [1923] 2 KB 500; Barber v NWS Bank plc [1996] 1 All ER 906, CA.
[895] s. Kritik Law Commission Report s1983), Law Com. No. 121, §§ 1.9.-1.12; Law Commission Working Paper No. 85 (1983), §§ 6.1-6.21.
[896] Kircher, S. 184.
[897] Bejanim's Sale of Goods, para. 12-067.

des Warenkaufrechts qualifiziert der Sale of Goods Act eine Reihe von *implied terms* als *condition*.

Gemäß sec 12 sub-s 1 SGA ist der Verkäufer grundsätzlich verpflichtet, zum Zeitpunkt des Vertagabschlusses oder spätestens zum Zeitpunkt des Eigentumsübergangs das Recht inne zu haben, die Ware zu verkaufen, d. h. verfügungsberechtigt zu sein. Diese Verpflichtung des Verkäufers ist gem. sec 12 sub-s 5A SGA eine *condition*. *Conditions* sind auch die Verpflichtungen des Verkäufers, eine Ware zu liefern, die der Beschreibung, bei einem Kauf nur nach Beschreibung (sec 13 SGA), oder dem Muster, bei einem Kauf nach Muster (sec 15 SGA), entspricht. Die *implied terms* bezüglich der Qualität und Tauglichkeit der verkauften Ware gem. Sec 14 sub-s 2 und 3 SGA sind ebenfalls *conditions* (sec 14 sub-s 6 SGA).

Nach der grundlegenden Entscheidung Hongkong Fir Shipping Co. Ltd. v Kawasaki Kisen Kaisha Ltd. erkennt das englische Recht neben der traditionellen Kategorien „*condition*" und „*warranty*" eine dritte Kategorie vertraglicher Vereinbarungen an, die sog. *intermediate* oder *innominate terms*. Die Anerkennung dieser dritten Kategorie beruht auf der Feststellung, daß bei komplexen vertraglichen Vereinbarungen nicht von vorneherein gesagt werden kann, ob eine Verletzung zur Aufhebung des Vertrages berechtigt oder nicht. Die Beurteilung, ob die von der Vertragsverletzung betroffene Partei zur Aufhebung berechtigt ist, hängt von der Schwere und der Natur der Vertragsverletzung sowie von deren Folgen ab. Eine Vertragsaufhebung soll nur dann zulässig sein, wenn der wirtschaftliche Zweck der Unternehmung vereitelt wäre. Das ist dann der Fall, wenn der betroffenen Partei im wesentlichen alle Vorteile, die sie durch die korrekte Erfüllung des Vertrages hätte erwarten dürfen, entzogen werden.

Ist der Käufer ein Verbraucher, also eine natürliche Person, die nicht zum Zwecke ihres Gewerbes, Geschäftsbetriebs oder Berufs handelt, so hat er nach den Sale and Supply of Goods to Consumers Regulations 2002 gem. sec 48A sub-s 2 lit. (b) (ii), 48C SGA das Recht, den Vertrag aufzuheben, wenn die verkaufte Ware zum Zeitpunkt der Lieferung vertragswidrig ist. Weitere Voraussetzung hierfür ist jedoch, daß der Käufer keine Nacherfüllung mehr erhalten kann, sei es, daß eine solche unmöglich ist oder daß der Verkäufer diese nicht innerhalb der ihm gesetzten angemessenen Frist vorgenommen hat. Der Verbraucher kann sich daneben auf das Aufhebungsrecht wegen Verletzung einer *condition* berufen, unterliegt aber den soeben erwähnten Beschränkungen, wenn er zunächst Nacherfüllung verlangt hat.

Das Recht des Käufers bei Verletzung einer *condition,* den Vertrag als aufgehoben zu betrachten, ist nicht absolut. In einigen Fällen wird die Ausübung des Aufhebungsrechtes von Gesetzes wegen eingeschränkt, um etwa unbillige Härten zu vermeiden oder um die Endgültigkeit des Warenaustausches zu sichern. Das ist bei Nichtverbraucherverträgen vor allem dann der Fall, wenn die Verletzung so geringfügig ist, daß es unangemessen wäre, die Ware zurückzuweisen und den Vertrag aufzuheben. Ähnliche Voraussetzungen gelten gem. sec 30 sub-s 2A

SGA für die Einschränkung des Zurückweisungsrechts des Käufers bei quantitativen Abweichungen in der Lieferung.

Die Vertragsaufhebung (*right to repudiate the contract*) wirkt also grundsätzlich für die Zukunft. Mit der Vertragsaufhebung werden die Primärpflichten der Parteien beendet. Die Primärpflicht der vertragsbrüchigen Partei wird durch die Sekundärverpflichtung, der verletzten Partei Schadensersatz zu zahlen, ausgetauscht.

D. Wandelung und Rücktritt nach deutschem Recht

Wie jedes Rechtssystem gewährt auch das deutsche Recht dem Käufer die Möglichkeit, sich bei Vorliegen bestimmter Voraussetzungen vom Vertrag zu lösen. Das BGB sah dafür vor dem Inkrafttreten des Schuldrechtsmodernisierungsgesetzes eine Vielzahl an verschiedenen Tatbeständen mit unterschiedlichen Voraussetzungen und zum Teil unterschiedlichen Rechtsfolgen vor. Weitere Fälle des Rücktritts wurden von Rechtsprechung und Literatur entwickelt. Nach dem 01.01.2002 werden die Rücktrittsvoraussetzungen vereinheitlicht und in wenigen Vorschriften geregelt. Gleichzeitig wurden die Voraussetzungen für den Rücktritt und für den Schadensersatz statt der Leistung inhaltlich angeglichen und aufeinander abgestimmt. Rücktritt und Schadensersatz schließen sich nunmehr nicht mehr gegenseitig aus, was in § 325 BGB ausdrücklich klar gestellt wird.

I. Wandelung und Rücktritt nach BGB a.F.

§ 462 BGB eröffnete dem Käufer die Möglichkeit, bei Vorliegen eines Sachmangels i. S. v. § 459 BGB a.F. die Rückgängigmachung des Kaufvertrages (Wandelung) zu verlangen. Historisches Vorbild für diesen Rechtsbehelf war die actio redhibitoria des römischen und des gemeinen Rechts. Die empfangsbedürftige Erklärung des Käufers, daß er Wandelung verlange, hatte keine gestaltende Wirkung (§§ 465, 467BGB a.F.). Nach §§ 462, 465 BGB richtete sich der Anspruch des Käufer gegen den Verkäufer darauf, daß dieser sich mit der Wandelung einverstanden erklärt. Die sich hieraus ergebenden Probleme waren die gleichen wie bei der Minderung[898]. Mit dem Vollzug der Wandelung entfielen die beiderseitigen Leistungspflichten der Parteien. Die Wandelung bewirkte eine Umgestaltung der ursprünglichen Leistungspflichten in ein auf Abwicklung gerichtetes Schuldverhältnis. Bereits erbrachte Leistungen waren zurückzugewähren (§§ 467, 346 BGB a.F.). Die Unmöglichkeit, die Sache in ihren ursprünglichen Zustand zurückzugewähren, führte zum Ausschluß des Wandelungsrechts, soweit der Käufer die Verschlechterung zu vertreten hatte.

War die verkaufte Sache mit einem Rechtsmangel behaftet, so konnte der Käufer nach Maßgabe des §§ 440, 320 ff. BGB a.F. vom Kaufvertrag zurücktreten. Es war umstritten, ob die in § 440 BGB enthaltene Verweisung auf die allgemeinen

---

[898] s. oben Seite 201.

Regeln des Leistungsstörungsrechts als Rechtsgrund-[899] oder als Rechtsfolgenverweisung[900] zu verstehen war oder ob gar eine Kombination der beiden Arten richtig wäre[901]. Die Meinungsverschiedenheiten liefen in gewissem Umfang parallel zu denen über die Haftung für anfängliches Unvermögen. Bei richtigem Verständnis des BGB und des Willens des historischen Gesetzgebers war von einer Rechtsfolgenverweisung auszugehen. Der Meinungsstreit ist jedoch mit der Gesetzesänderung obsolet geworden, so daß hier von einer näheren Auseinandersetzung abgesehen wird.

Dem Käufer standen weitere Rücktrittsrechte gem. § 325 BGB a.F. und § 326 BGB a.F. zur Verfügung. Gemäß § 325 Abs. 1 S. 1 BGB a.F. konnte eine Vertragspartei vom Vertrag zurücktreten, wenn der anderen Vertragspartei die Leistung infolge eines Umstandes, den sie zu vertreten hat, nachträglich objektiv oder subjektiv[902] unmöglich geworden war. Bezüglich sachmängelbedingten Leistungsstörungen war § 325 BGB a.F. nur bis zum Gefahrübergang bzw. bis zur Konkretisierung anwendbar[903]. Die Rücktrittserklärung mußte den Rücktrittswillen eindeutig bekunden. Nicht ausreichend war eine Rücktrittserklärung mit gleichzeitigem Schadensersatzvorbehalt. Der Schadensersatzausschluß war auch der Grund für die praktisch geringe Bedeutung des Rücktritts gem. § 325 BGB a.F. Zudem wurde der Käufer, der seine Leistung noch nicht erbracht hatte, gem. § 325 Abs. 1 i. V. m. § 323 BGB a.F. von seiner Leistungspflicht frei, ohne daß es eines Rücktritts bedurfte[904].

Der Rücktritt gem. § 326 BGB a.F. setzte voraus, daß der Verkäufer mit einer ihm obliegenden Hauptleistungspflicht im Verzug war, der Käufer ihm zur Vornahme der Leistung eine Nachfrist gesetzt hatte und angedroht hatte, daß er nach Ablauf der Frist die Annahme der Leistung ablehnen werde. War die Nachfrist erfolglos verstrichen, konnte der Käufer den Rücktritt erklären. § 326 BGB a.F war bei Rechtsmängeln (auch über § 440 BGB a.F.) nur dann anwendbar, wenn diese behebbar waren. Bei Sachmängeln war er vor Gefahrübergang anwendbar, danach hatten die Gewährleistungsvorschriften Vorrang[905]. Bestand jedoch ein Nachbesserungs- oder Ersatzlieferungsanspruch, so war § 326 BGB a.F. auf diesen anwendbar. Die Voraussetzungen des Verzuges des Schuldners gem. §§ 284, 285 BGB a.F. mußten vollständig erfüllt sein[906]. Dazu kam eine gesonder-

---

899 Huber, Leistungsstörungen, Bd. I, § 23, S. 545ff.; Soergel/ Huber, § 440 Rn. 1, 7ff.; RGRK/Metzger, § 440 4ff.

900 Medicus, Schuldrecht BT, Rn. 24; Larenz, Schuldrecht II-, S. 32f.; Reinicke/Tiedtke, Rn. 230; Staudinger/Köhler, § 440 Rn. 24ff..

901 MünchKomm/Westermann, § 440 Rn. 4ff.; Jauering/Vollkommer, § 440 Rn. 6ff.; Fikentscher, § 68 I 2, S. 423.

902 Soergle/Wiedmann, § 325 Rn. 8; Huber, Leistungsstörungen, Bd. I, § 4 II 1 c, S. 105f..

903 str., so Soergel/Wiedmann, § 325 Rn. 15; BGHZ 129, 103, 105f.; 138, 195, 209; a. A. MünchKomm/Emmerich, § 325 Rn. 9f..

904 Huber, Leistungsstörungen, Bd. II, § 54 III 1, S. 669.

905 Str.; s. MünchKomm/Emmerich, § 326 Rn. 11; Huber, Leistungsstörungen, Bd. II, § 45 II 2, S. 424f.; Soegerl/Wiedmann, § 326 Rn. 5; BGHZ 113, 232, 235.

906 zu den Voraussetzungen des Verzuges, die auch nach neuer Rechtslage im wesentlichen die gleichen geblieben sind, s. unten Seite 366 ff.

te Nachfristsetzung, die dem Schuldner eine letzte Chance bieten sollte, seine Leistung doch noch zu erbringen[907]. Die Wirkung der Nachfristsetzung bestand in erster Linie darin, daß mit fruchtlosem Ablauf die beiderseitigen Erfüllungsansprüche erloschen, § 326 Abs. 1 S. 2 2. HS BGB a.F.. Das Schuldverhältnis wandelte sich mit Fristablauf in ein Abwicklungsverhältnis um[908]. Die Nachfristsetzung konnte grundsätzlich erst nach Verzugseintritt erfolgen. Eine Verbindung mit der für die Verzugsbegründung notwendige Mahnung war jedoch zulässig[909]. Eine verfrühte Nachfristsetzung war wirkungslos[910]. Die Nachfristsetzung konnte unter Umständen entbehrlich sein, insbesondere dann, wenn sie nur eine sinnlose Formalität gewesen wäre[911].

Die Nachfristsetzung mußte mit der Erklärung verbunden werden, daß der Gläubiger nach dem Ablauf der Frist die Annahme der Leistung verweigern werde (§ 326 Abs. 1 S. 1 BGB a.F.). Diese sog. Ablehnungsandrohung mußte eindeutig zu erkennen geben, daß der Käufer nach dem Ablauf der Frist an dem Erfüllungsanspruch nicht festhalten will[912]. Nur eine eindeutige Erklärung entsprach dem Zweck der Ablehnungsandrohung, nämlich, im Interesse der Parteien und der Verkehrssicherheit klare Verhältnisse zu schaffen. Entscheidend für die Frage, ob der Schuldner seine Leistung noch innerhalb der ihm gesetzten Nachfrist bewirkt hat oder nicht, war die Vornahme der Leistungshandlung[913].

Die Vertragsparteien konnten auch vertraglich ein Rücktrittsrecht vorsehen (§ 346 BGB). Unter bestimmten Voraussetzungen, insbesondere bei Unzumutbarkeit des Festhaltens des Gläubigers am Vertrag, konnte auch eine positive Vertragsverletzung den Rücktritt als Rechtsfolge haben.

Das Rücktrittsrecht, unabhängig davon, ob gesetzlich begründet oder vertraglich vereinbart, war im Gegensatz zum Wandelungsrecht ein Gestaltungsrecht[914]. Durch seine Ausübung wurde das vertragliche Schuldverhältnis für die Zukunft in ein Abwicklungsverhältnis umgewandelt[915]. Der Rücktritt bewirkte, daß die noch nicht erfüllten primären Leistungspflichten oder sekundären Ansprüche auf Schadensersatz wegen Nichterfüllung erloschen[916].

Zusammenfassung: Wandelungs- und Rücktrittsrecht nach BGB a.F.

Wie bereits aus der Darstellung ersichtlich, war die alte Rechtslage von einer

---

[907] Soergel/Wiedemann, § 326 Rn. 26.
[908] MünchKomm/Emmerich, § 326 Rn. 40.
[909] RGZ 50, 255, 262; Larenz, Schuldrecht I, S. 356; Palandt/Heinrichs, § 326 Rn. 14 (61. Aufl.).
[910] RGZ 93, 180, 181.
[911] s. näheres zur Nachfristsetzung Seite 336 f.
[912] BGH NJW 1983, 1731, 1732; BGH ZIP 1996, 1987, 1988.
[913] MünchKomm/Emmerich, § 326 Rn. 72.
[914] MünchKomm/Janßen, Vor § 246 Rn. 16.
[915] BGHZ 16, 153, 156; 72, 246, 248; 86, 313, 319; RGRK/Ballhaus, § 346 Rn. 12; Soergel/Hadding, § 346 Rn. 4; Larenz, Schuldrecht I, S. 403 ff..
[916] BGHZ 51, 69, 72; 58, 121, 122.

Vielzahl von Rücktrittstatbeständen mit zum Teil sehr umstrittenen Voraussetzungen und Konkurrenzenverhältnissen geprägt. Bei einigen Tatbeständen war Voraussetzung des Rücktritts, daß der Schuldner die Störung i. S. v. §§ 276 ff. BGB zu vertreten hatte (§§ 325, 326 BGB a.F., pVV), bei anderen war das bloße Vorhandensein der Störung ausreichend (insb. Wandelung).

Ein erheblicher Nachteil der Rücktrittsfolgen war, daß der Anspruch auf Schadensersatz, der für den Gläubiger häufig günstiger war, ausgeschlossen wurde. Das war der wesentliche Grund, warum die Rechtsprechung an die Rücktrittserklärung zum Teil überzogen hohe Anforderungen stellte. Als weiterer Nachteil wurde der automatische Ausschluß des Erfüllungsanspruchs nach erfolglosem Ablauf der Nacherfüllungsfrist gem. § 326 Abs. 1 S. 2 2. HS BGB a.F. empfunden.

Der Gesetzgeber des Schuldrechtsmodernisierungsgesetzes hat versucht, durch die Neuregelung einige dieser Nachteile zu beseitigen. Andere sinnvolle und in der Praxis bewährte Regelungen wie die Nachfristsetzung hat der Gesetzgeber beibehalten und als Regelvoraussetzung für sekundäre Rechtsbehelfe postuliert.

II. Rücktritt nach dem Schuldrechtsmodernisierungsgesetz

Der besondere gewährleistungsrechtliche Rechtsbehelf der Wandelung ist nach neuer Rechtslage in dem allgemeinen Rücktrittsrecht aufgegangen. Der Gesetzgeber war bestrebt, die Angleichung des allgemeinen und des besonderen Schuldrechts auch durch eine einheitliche Regelung des Rücktrittsrechts zu verwirklichen. Dies wird insbesondere durch die Neuregelung der Pflicht des Verkäufers zur Leistung einer sach- und rechtsmangelfreien Sache (§ 433 Abs. 1 S. 2 BGB) ermöglicht. Diese erleichtert die Einordnung einer mangelhaften Lieferung in dem Rechtsbehelfsystem des allgemeinen Leistungsstörungsrechts.

Die zentrale Regelung des Rücktrittsrechts des Käufers ist in § 323 BGB enthalten. Diese ist sowohl direkt als auch aufgrund der Verweisung in § 437 Nr. 2 BGB anwendbar. Weitere Regelungen über den Rücktritt enthalten die §§ 324, 326, 440 sowie 346 ff. BGB.

1. Voraussetzungen gem. § 323 BGB

Der Rücktritt des Käufers setzt zunächst voraus, daß der Verkäufer eine fällige Leistung nicht oder nicht ordnungsgemäß erfüllt hat. Es ist nicht erforderlich, daß die verletzte Pflicht in Synallagma steht[917]. § 323 Abs. 1 BGB erfaßt den Rücktritt wegen pflichtwidriger Verzögerung der Leistung und wegen pflichtwidriger Schlechtleistung, worunter auch die Lieferung einer mit Sach- oder Rechtsmängeln behafteten Sache fällt.

---

[917] Regierungsentwurf, S. 425; Wilmowsky, S. 16; s. alten Rechtslage Huber, Leistungsstörungen, Bd. II, § 41 II 4, S. 334f.; § 44, S. 387ff...

a) Nichterbringung der Leistung

Die rein sprachlich von dem Begriff „Nichterbringung der Leistung" erfaßbaren Fälle des Ausbleibens der Leistung infolge Unmöglichkeit i.w.S. sollen nach dem Willen des Gesetzgebers nicht von § 323 erfaßt werden, sondern durch § 326 BGB geregelt werden[918]. § 326 BGB regelt diese Fälle speziell und in einigen Punkten abweichend. Die Anwendbarkeit der Bestimmungen des § 323 BGB setzt daher die Nachholbarkeit der Leistung voraus. Dies ergibt sich auch daraus, daß § 323 BGB eine Fristsetzung verlangt, die bei einer nicht nachholbaren Leistung sinnlos wäre[919].

Unter der Nichterbringung der Leistung ist daher die Nichterfüllung wegen Verzögerung zu verstehen. Im Gegensatz zu § 326 BGB a.F. verzichtet das Gesetz nunmehr darauf, den Verzug als Voraussetzung für das Rücktrittsrecht des Gläubigers zu machen. Die Leistung muß lediglich fällig und zum vertraglich versprochenen Zeitpunkt nicht erbracht worden sein. Auf die weiteren Merkmale des Verzugs wurde deshalb verzichtet, weil der Rücktritt erst nach erfolglosem Verstreichen einer Nacherfüllungsfrist möglich ist[920]. Nach Meinung des Gesetzgebers wäre anderenfalls das Verhältnis zwischen Mahnung gem. § 286 BGB und die nach § 323 BGB erforderliche Fristsetzung unklar. Da Mahnung und Fristsetzung miteinander verbunden werden können, kann auf das Erfordernis der Mahnung für den Rücktritt verzichtet werden. Eine eigenständige Bedeutung der Mahnung ist sonst nicht erkennbar[921]. Es war Anliegen der Gesetzesreform, den Rücktritt unabhängig davon zu ermöglichen, ob der Schuldner das Ausbleiben der ihm obliegenden Leistung zu vertreten hat oder nicht. Die sachliche Rechtfertigung für die Rücktrittsmöglichkeit des Gläubigers liegt darin, daß der Schuldner die von ihm geschuldete Leistung nicht oder jedenfalls nicht so wie geschuldet erbringt. Der Grund hierfür ist irrelevant[922].

Ist die geschuldete Leistung teilbar, so z. B. bei Sukzessivlieferungsverträgen, und hat der Verkäufer einen Teil der Leistung pflichtwidrig verzögert, so richtet sich das Rücktrittsrecht des Käufers nach § 323 Abs. 1 BGB. Das Rücktrittsrecht ist nur auf den Teil des Vertrages beschränkt, der durch den verzögerten Leistungsteil und den entsprechenden Teil der Gegenleistung gebildet wird[923]. Ein Rücktritt vom ganzen Vertrag steht dem Käufer nur gem. § 323 Abs. 5 S. 1 BGB zu. Er muß nachweisen, daß er auf Grund der Verzögerung an dem anderen Teil der Leistung kein Interesse mehr hat[924]. Wie bereits nach der alten Rechtslage (§ 326 Abs. 2 BGB a.F.) wird es also entscheidend sein, ob das Interesse des Gläubigers an dem Leistungsaustausch insgesamt infolge der Verzögerung weggefallen ist. Der Interessenfortfall ist, ausgehend von den individuellen

918 Regierungsentwurf, S. 425, 427.
919 Regierungsentwurf, S. 425.
920 Regierungsentwurf, S. 426.
921 Regierungsentwurf, S. 426.
922 Regierungsentwurf, S. 426.
923 Regierungsentwurf, S. 432 = BT-Dr. 6040, S. 186.
924 Wilmowsky, S. 16.

Verhältnissen des Gläubigers, objektiv zu beurteilen[925]. Ein Interessenwegfall ist grundsätzlich nur dann anzunehmen, wenn der Gläubiger gerade infolge der Verzögerung des Schuldners die Leistung nicht mehr in der vorgesehenen Weise verwenden kann[926].

b) Schlechtleistung

§ 323 Abs. 1 BGB regelt des weiteren den Rücktritt für den Fall der Schlechterfüllung („nicht vertragsgemäß erbracht"). Aus welchen Gründen die Leistung nicht vertragsgemäß ist, ist unerheblich. Die Schlechtleistung kann sowohl auf der Verletzung einer Haupt-, als auch auf der Verletzung einer Nebenleistungspflicht beruhen. Beides wird, im Gegensatz zur alten Rechtslage, gleich behandelt[927]. Maßgeblich ist allein der erfolglose Ablauf einer dem Schuldner vom Gläubiger gesetzten angemessenen Nachfrist. Lediglich für den Fall, daß Pflichten gem. § 241 Abs. 2 BGB verletzt werden, richten sich die Voraussetzungen des Rücktritts nach § 324 BGB und nicht nach § 323 BGB. § 241 Abs. 2 BGB regelt die Pflicht zur Rücksichtnahme auf die Rechte, Rechtsgüter und Interessen des Vertragspartners. Diese Rücksichtnahmepflichten verlangen ein neben der eigentlichen Leistungserbringung stehendes weiteres Verhalten des Schuldners[928].

Da bei einer Schlechtleistung mangels Teilbarkeit der Leistung ein Teilrücktritt nicht in Betracht kommt, sieht das Gesetz eine Einschränkung des Rücktrittsrechts bei unerheblichen Pflichtverletzungen vor, § 323 Abs. 5 S. 2 BGB. Ist z. B. der Mangel der gelieferten Sache unerheblich, so ist der Rücktritt vom Vertrag gänzlich ausgeschlossen. Die Vorschrift nimmt die Bestimmung des Art. 3 Abs. 6 der Verbrauchsgüterkaufrichtlinie auf, wonach der Anspruch des Verbrauchers auf Vertragsauflösung bei geringfügigen Vertragswidrigkeiten ausgeschlossen ist. Der Käufer kann aber Minderung verlangen.

Beim Kaufvertrag kann eine hinreichend klare Abgrenzung zwischen der Teilleistung nach § 323 Abs. 5 S. 1 und der Schlechtleistung nach S. 2 unter Umständen auf Schwierigkeiten stoßen. Es macht aus der Sicht des Käufers keinen Unterschied, ob nur 45 der 50 bestellte Sachen geliefert werden oder ob er alle 50 erhält, 5 davon aber kaputt sind. Gemäß § 434 Abs. 3 BGB umfaßt der Begriff des Sachmangels auch die Lieferung einer zu geringen Menge. In solchen Fällen könnte an sich sowohl § 323 Abs. 5 S. 1 als auch S. 2 eingreifen. Auch wenn gewisse Argumente für die Behandlung der ZuwenigLieferung als Teilleistung sprechen könnten[929], ist es wegen der einheitlichen Behandlung des Rücktritts wegen Sachmangels geboten, stets § 437 Nr. 2 1. Alt. i. V. m. § 323 Abs. 5 S. 2 BGB

---

[925] MünchKomm/Emmerich, § 325 Rn. 127.
[926] MünchKomm/Emmerich, § 326 Rn. 83.
[927] Regierungsentwurf, S. 426; Knütel, S. 2520.
[928] Reischl, S. 45.
[929] so Haas, in Haas/Medicus, S. 207 - der in § 323 Abs. 5 S. 1 BGB verkörperte Rechtsgedanke, daß die Lösung vom Vertrag nur dann gerechtfertigt ist, wenn der Gläubiger an der erfolgten Lieferung kein Interesse mehr hat, gelte unabhängig von der Qualifizierung der Zuweniglieferung als Mangel gem. § 434 Abs. 3 BGB.

anzuwenden[930]. § 323 Abs. 5 S. 1 BGB ist beim Kaufvertrag deshalb insoweit nicht anwendbar, als ein Sachmangel im Sinne des § 434 BGB vorliegt[931]. Diese kaufrechtliche Besonderheit ist auf Art. 3 Abs. 6 der Verbrauchsgüterkaufrichtlinie zurückzuführen, wonach der Rücktritt allein durch die Unerheblichkeit der Vertragswidrigkeit ausgeschlossen werden kann[932].

c) Fristsetzung

Ein Rücktritt des Gläubigers kann den Schuldner unter Umständen hart treffen. Er verliert seinen Anspruch auf die Gegenleistung, ohne Rücksicht darauf, ob ihn ein Verschulden trifft oder nicht. Daher soll der Schuldner grundsätzlich eine zweite Chance für die Bewirkung seiner Leistung bekommen. Zentrale Voraussetzung des Rücktritts gem. § 323 Abs. 1 BGB ist deshalb, daß der Gläubiger dem Schuldner eine angemessene Frist zur Nacherfüllung gesetzt hat und diese Frist erfolglos verstrichen ist. Die Vorschrift nimmt die Nachfristsetzung aus dem alten § 326 BGB a.F. zum Vorbild. Im Gegensatz zu der alten Rechtslage ist jedoch eine Ablehnungsandrohung nicht mehr erforderlich. Der Gesetzgeber ist mit diesem Verzicht einem Vorschlag der Schuldrechtskommission gefolgt. Grund dafür ist, daß die Ablehnungsandrohung als unpraktikabel und gekünstelt und daher als Hindernis empfunden wurde[933].

aa) Grundsatz

Der Gläubiger muß eine angemessene Frist zur Leistung oder Nacherfüllung bestimmen. Kommen verschiedene Leistungen in Betracht, so muß der Käufer die geforderte Leistung genau bezeichnen. Der Käufer kann dem Verkäufer zur Bewirkung der Leistung einen bestimmten Endtermin setzen oder eine bestimmte, ausnahmsweise auch lediglich eine angemessene Frist setzen[934]. Die Frist muß in jedem Fall, berechnet ab Zugang der Erklärung, angemessen sein[935]. Die Beurteilung der Angemessenheit ist eine Tatsachenfrage, die in jedem Fall unter Berücksichtigung der Umstände und der Interessen beider Parteien zu entscheiden ist, wobei die Interessen des Gläubigers gewissen Vorrang genießen dürften[936]. Die Frist muß jedenfalls so lang sein, daß der Schuldner die Leistung tatsächlich erbringen kann. Sie muß allerdings dem Schuldner, der noch nichts zur Erbringung der Leistung unternommen hat, nicht ermöglichen, die Leistung erst anzufangen und zu erbringen[937]. Dem Schuldner, der seiner ursprünglichen Lei-

---

[930] OLG Celle, ZGS 2004, 74 vertritt auch die Auffassung, daß eine qualitative Minderleistung nicht unter § 323 Abs. 5 Satz 1 BGB fällt, liefert jedoch keine Begründung hierfür.

[931] Regierungsentwurf, S. 433.

[932] Hoeren/Martinek/Wolff, S. 351 Rn. 17; Grundmann/Bianca/Bianca, Art. 3 Rn. 43f.

[933] Regierungsentwurf, S. 316f., 427.

[934] Soergel/Wiedemann, § 326 Rn. 326, MünchKomm/Emmerich, § 326 Rn. 51; a.A. Huber, Leistungsstörungen, Bd. II, § 43 I 2, S. 362f. – der Gläubiger muß immer eine konkrete Frist nennen.

[935] nach Gsell, JZ 2001, S. 69 läuft die angemessene Nacherfüllungsfrist ipso iure ab Aufforderung des Käufers.

[936] zum Teil anders Wilmowsky, S. 10: "Die Angemessenheit der Frist bestimmt sich vorrangig nach den Interessen des Gläubigers."

[937] BGH NJW 1982, 11279, 1280; BGH NJW 1985, 855, 857; OLG Düsseldorf, NJW-RR 1992,

stungspflicht nicht hinreichend entsprochen hat, können größere Anstrengungen und damit schnelleres Handeln zugemutet werden[938]. Ist die vom Gläubiger gesetzte Frist unangemessen kurz, so setzt sie eine angemessene Frist in Lauf[939].

bb) Ausnahmen

Die Nachfristsetzung kann unter Umständen entbehrlich sein. Die Fälle, bei denen die Fristsetzung unterbleiben kann, sind im wesentlichen die nach der alten Rechtslage zum Teil gesetzlich geregelten, zum Teil von der Rechtsprechung und Literatur entwickelten. Diese Fälle sind nunmehr in § 323 Abs. 2 BGB aufgeführt.

- *Endgültige und ernsthafte Verweigerung der Leistung*

Gemäß § 323 Abs. 2 Nr. 1 BGB ist die Fristsetzung dann entbehrlich, wenn der Schuldner die Leistung endgültig und ernsthaft verweigert. Durch die ernsthafte und endgültige Leistungsverweigerung gibt der Schuldner zu erkennen, daß eine Fristsetzung sinnlos ist. Beruft er sich dann gegenüber dem Gläubiger, der den Rücktritt erklären will auf die fehlende Fristsetzung, so setzt er sich mit seinem eigenen Verhalten in Widerspruch und verstößt damit gegen das Gebot von Treu und Glauben. Für die Annahme einer Verweigerung hat die Rechtsprechung bei der alten Rechtslage strenge Anforderungen gestellt. Diese sollten auch nach der Neufassung beibehalten werden. Die Erklärung des Schuldners muß also den Rückschluß ermöglichen, daß er von seiner Position, nicht zu leisten, nicht abrükken wird[940]. Das Gesamtverhalten des Schuldners muß die Mahnung als sinnlose Formalität erscheinen lassen. Das Verlangen nach Stundung, Neuverhandlung oder Aufschub des Liefertermins ist nicht ausreichend[941].

- *Einfaches Fixgeschäft*

§ 323 Abs. 2 Nr. 2 BGB betrifft den Fall des einfachen Fixgeschäfts. Im Kaufvertrag muß also festgelegt worden sein, daß der Verkäufer zu einer bestimmten Zeit zu leisten habe und daß das Leistungsinteresse des Käufers mit Ablauf dieser Leistungszeit entfallen werde. Bei fehlender ausdrücklicher Angaben, was Regelfall sein dürfte, ist unter Heranziehung der Vertragsumstände und typischer Formulierungen durch Auslegung zu ermitteln, ob es sich um eine vertragliche Vereinbarung i. S. v. Nr. 2 handelt.

- *Besondere Interessenlage*

§ 323 Abs. 2 Nr. 3 BGB ist ein Auffangtatbestand für die in Nr. 1 und 2 nicht erfaßten Fälle und soll den Gerichten entsprechende Bewertungsspielräume erlauben[942]. Der Gläubiger kann bei Vorliegen besonderer Umstände, unter Abwägung

951.

[938] Regierungsentwurf, S. 315.

[939] RGZ 56, 231, 234f.; 62, 66, 69; BGH NJW 1985, 2640f.

[940] BGH NJW 1992, 1956, 1957.

[941] Eingehend Huber, Leistungsstörungen, Bd. II, § 52, S. 589ff.,

[942] Regierungsentwurf, S. 430.

der beiderseitigen Interessen sofort, also ohne Fristsetzung, vom Vertrag zurücktreten. Es dürften zunächst solche Fälle erfaßt sein, bei denen zwar kein Fixgeschäft vorliegt, der Käufer jedoch ein besonderes Interesse an der rechtzeitigen Lieferung der verkauften Sache hat, weil er diese sonst nicht mehr wie vorgesehen verwenden kann[943]. Des weiteren könnten solche Fälle erfaßt sein, bei denen feststeht, daß der Schuldner innerhalb einer angemessenen Frist nicht erfüllen kann[944]. Bei allen Fällen dürfte maßgeblich sein, ob das Erfordernis der Fristsetzung nicht nur eine sinnlose Formalität wäre. Auch die nach der alten Rechtslage entwickelte Fallgruppe der sog. Selbstmahnung[945] kann unter § 323 Abs. 2 Nr. 3 BGB fallen. Eine sog. Selbstmahnung lag dann vor, wenn der Schuldner die Leistung für einen bestimmten Termin in Aussicht gestellt oder mitgeteilt hatte, daß die Ware unterwegs sei und dadurch den Gläubiger von einer Mahnung (i. S. v. § 284 BGB a.F.) treuewidrig abhielt. An der Annahme einer Selbstmahnung waren strenge Anforderungen zu stellen; bloße Ankündigung der Leistung oder die erklärte Bereitschaft zu liefern, reichten grundsätzlich nicht aus[946]. Der Grundgedanke der Treu und Glauben widersprechenden Verhinderung einer Erklärung des Vertragspartners ist auch auf die Fristsetzung anwendbar. Ob es jedoch dieser besonderen Fallgruppe wirklich bedarf ist fraglich, da die Fälle unter dem Aspekt des Rechtsmißbrauchs und Treu und Glauben allgemein zu lösen sind.

- *Offensichtliche Leistungsverfehlung vor Fälligkeit*

Ein Rücktritt ohne Fristsetzung und bereits vor Fälligkeit ist gem. § 323 Abs. 4 BGB dann zulässig, wenn bereits vor Fälligkeit offenkundig ist, daß die Voraussetzungen des Rücktritts eintreten werden. Das sind vor allem Fälle, bei denen bereits vor Fälligkeit feststeht, daß ein unbehebbares Leistungshindernis droht oder der Schuldner unmißverständlich und endgültig seine Leistungsweigerung angekündigt hat. Um ein unzumutbares Abwarten des Fälligkeitszeitpunktes zu vermeiden, gestatteten Rechtsprechung und Literatur bereits nach der alten Rechtslage den Rücktritt schon vor Fälligkeit, sog. vorweggenommenen Vertragsbruch. Dieser ist jetzt in § 323 Abs. 4 BGB geregelt.

- *Besondere kaufrechtliche Ausnahmen*

Im Bereich des Kaufrechts dürften die in § 440 BGB gesondert geregelten Ausnahmen von dem Fristsetzungserfordernis von besonderer praktischer Relevanz sein. Das sind die Fälle der Verweigerung der Nacherfüllung wegen unverhältnismäßiger Kosten gem. § 439 Abs. 3 BGB, das Fehlschlagen der Nacherfüllung gem. § 440 BGB und die Unzumutbarkeit der Nacherfüllung für den Käufer[947].

Die Fristsetzung ist bei Erhebung der Einrede des Verkäufers gem. § 439 Abs. 3 BGB nur dann entbehrlich, wenn der Verkäufer beide Arten der Nacherfül-

---

[943] s. Beispiele Regierungsentwurf, S. 430f.; Wilmowsky, S. 16.
[944] BGHZ 50, 160, 166; BGH NJW 1992, 905, 906.
[945] Zitelmann, S. 288ff.
[946] Soergel/Wiedemann, § 284 Rn. 45.
[947] Krit. Gsell, JZ 2001, S. 68.

lung verweigert hat. Besteht die Einrede nur hinsichtlich der einen Art der Nacherfüllung, so muß der Käufer zur Erfüllung der anderen Art eine Frist setzen, bevor er zurücktreten kann. Der Verkäufer muß die Nacherfüllung verweigert haben, d. h. er muß sich auf die Einrede berufen haben. Es reicht nicht aus, daß lediglich die Voraussetzungen der Einrede vorliegen.

Der Gesetzgeber hat es als erforderlich erachtet, den Fall der fehlgeschlagenen Nacherfüllung ausdrücklich als Ausnahme von dem Fristsetzungserfordernis zu regeln[948]. Ausschlaggebend dafür war, daß gem. § 323 Abs. 2 Nr. 3 BGB eine Fristsetzung nur entbehrlich ist, wenn aus besonderen Gründen unter Abwägung der „beiderseitigen" Interessen die sofortige Geltendmachung des Rücktritts gerechtfertigt ist. Wenn aber die Nacherfüllung fehlgeschlagen ist, kann dem Käufer eine weitere Fristsetzung nicht zugemutet werden. Auf das mögliche Interesse des Verkäufers, am Vertrag festzuhalten, kommt es daher nicht mehr an. Die „dem Käufer zustehende" Art der Nacherfüllung muß fehlgeschlagen sein. Dem Käufer steht die Art der Nacherfüllung zu, die er gewählt und die der Verkäufer nicht zu Recht verweigert hat.

In einem Teilbereich überschneiden sich die Fälle des Fehlschlagens der Nacherfüllung mit denen der Unzumutbarkeit der Nacherfüllung für den Käufer. Die Aufnahme der Unzumutbarkeit dient zum einen der Umsetzung von Art. 3 Abs. 5, 3. Spiegelstrich der Verbrauchsgüterkaufrichtlinie. Dieser behandelt den Fall, daß eine Abhilfe mit erheblichen Unannehmlichkeiten für den Verbraucher verbunden ist[949]. Darüber hinaus dürften aber auch Fälle erfaßt sein, bei denen wegen der besonderen Beschaffenheit der Ware dem Käufer ein (bereits der erste) Nachbesserungsversuch nicht zugemutet werden kann[950]. Allein die Mangelhaftigkeit der Leistung des Verkäufers begründet jedoch kein sofortiges Rücktrittsrecht des Käufers[951]. Dazu muß eine gesteigerte Sorglosigkeit oder Nachlässigkeit des Verkäufers gegeben sein. Dies gilt insbesondere deshalb, weil den Verkäufer keine Untersuchungspflicht bezüglich der verkauften Sache trifft[952]. Ein besonderer Fall der Unzumutbarkeit ist die arglistige Täuschung des Verkäufers über die Mangelfreiheit der Sache[953]. Dies gilt insbesondere wenn aufgrund der Begleitumstände der arglistigen Täuschung die Vertrauensgrundlage so zerstört, daß der Käufer auf eine ordnungsgemäße Nachbesserung durch den Verkäufer nicht vertrauen kann[954].

Eine Nachbesserung gilt gem. § 440 S. 2 BGB nach dem zweiten erfolglosen Versuch als fehlgeschlagen, wenn sich nicht aus der Art der Sache oder des

[948] Regierungsentwurf, S. 547.
[949] Regierungsentwurf, S. 547.
[950] Schubel, S. 317 nennt als Beispiel eine große Gefährdung, die von der mangelhaften Sache für Leib und Gesundheit des Käufers ausgeht und durch Nachbesserung nicht beseitigt werden kann.
[951] Jud, Jahrbuch 2001, S. 218; Bitter/Meidt, S. 2117f..
[952] Regierungsentwurf, S. 490.
[953] Büdenbender, Anwaltskommentar, § 440 BGB Rn. 9.
[954] LG Bonn, NJW 2004, 74.

Mangels oder den sonstigen Umständen etwas anderes ergibt. Den Begriff „Fehlschlagen" hat das AGB-Gesetz im bisherigen § 11 Nr. 10 lit. b) verwendet. Ein „Fehlschlagen" war nach der bisherigen Rechtsprechung im wesentlichen bei objektiver oder subjektiver Unmöglichkeit, unberechtigter Verweigerung, unzumutbarer Verzögerung und bei einem vergeblichen Versuch der Nachbesserung bzw. Nachlieferung anzunehmen [955]. § 440 S. 2 BGB darf nicht dahingehend interpretiert werden, daß es auf jeden Fall zweier vergeblicher Nacherfüllungsversuche bedarf, um ein Fehlschlagen anzunehmen[956]. Dies ergibt sich bereits aus dem Wortlaut des Gesetzes. Die Parteien können sich darauf verständigen, daß es bei einem Versuch bleiben soll oder daß die Nachbesserung nur innerhalb einer bestimmten Frist vorgenommen werden kann[957].

- *Rückgriff des Unternehmers*

Gemäß § 478 Abs. 1 BGB bedarf es keiner Fristsetzung bei den Rückgriffsansprüchen des Letztverkäufers gegen seinen Lieferanten. Diese Ausnahme gilt für Verträge in einer Lieferkette, bei der der letzte Vertrag ein Verbrauchsgüterkauf ist, also ein Kauf eines Verbrauchers (§ 13 BGB) von einem Unternehmer (§ 14 BGB). Beim Verbrauchsgüterkauf treffen den Verkäufer gegenüber dem Verbraucher unabdingbare Gewährleistungspflichten, so daß eine „Gewährleistungsfalle" droht, soweit die eigenen Ansprüche des Letztverkäufers gegenüber seinem Vordermann in der Lieferkette nach Inhalt und Durchsetzbarkeit hinter den Rechten des Verbrauchers zurückbleiben[958]. In Umsetzung des Art. 4 der Verbrauchsgüterkaufrichtlinie bestimmt § 478 Abs. 1 BGB, daß der Unternehmer, der die verkaufte neu hergestellte Sache als Folge ihrer Mangelhaftigkeit zurücknehmen mußte oder der Verbraucher den Kaufpreis gemindert hat, die Rechte eines Käufers gem. § 437 BGB gegen den Unternehmer, der ihm die Sache verkauft hat (Lieferant), wegen des vom Verbraucher geltend gemachten Mangels ohne einer sonst erforderlichen Fristsetzung geltend machen kann.

Das bedeutet praktisch, daß der Letztverkäufer sofort Rücktritt erklären kann oder Schadensersatz verlangen kann, ohne daß der jeweilige Lieferant den Anspruch durch Ersatzlieferung abwehren könnte[959]. Diese Ausnahme von der Fristsetzungserfordernis ist zum Teil stark kritisiert worden[960]. Es ist in der Tat nicht einleuchtend, warum der Letztverkäufer sofort zurücktreten kann oder Schadensersatz verlangen kann, ohne daß der Großhändler z. B. die Möglichkeit hätte, in seinem Lager vorhandene fehlerfreie Stücke anzubieten. In seiner Bestrebung, den Letztverkäufer vor der Gewährleistungsfalle zu schützen, hat der Gesetzgeber den Lieferanten stärker belastet. Nach dem Gesetzeswortlaut reicht als Vor-

---

[955] BGH NJW 1994, 1004f.; BGHZ 93, 62f.; Palandt/Heinrichs, § 11 AGBG Rn. 57 mwN (61. Aufl.).

[956] so auch zumindest für die Verkäuferperspektive, Bitter/Meid, S. 2117.

[957] Westermann, NJW S. 249.

[958] Ernst/Gsell, ZIP 2001, S. 1393; s. näheres zu möglichen Regreßfallen von Sachsen Gessaphe, S. 727..

[959] Palandt/Putzo, § 478 Rn. 6; kritisch Maultzsch, S. 1172f..

[960] Ernst/Gsell, ZIP 2001, S. 1397f.

aussetzung zunächst aus, daß der Unternehmer die Sache infolge ihrer Mangelhaftigkeit „zurücknehmen mußte". Dies ist zum einen der Fall bei Ersatzlieferungsbegehren des Verbrauchers und zum anderen bei seinem Rücktritt. In beiden Fällen, insbesondere bei der Nachlieferung, kann der Unternehmer von seinem Lieferanten Nacherfüllung verlangen[961], er ist jedoch nicht dazu verpflichtet. Das bedeutet, daß der Unternehmer nach seinem eigenen Bedarf, wie z. B. Lagerkapazitäten, neue Sachen unter Rückgabe der alten vom Lieferanten beziehen kann. Er kann sich aber ebenso dazu entscheiden seine Kapazitäten herunterzufahren, sich für den Bezug des Produktes an einen günstigeren Anbieter zu wenden und das Risiko seiner Haftung gegenüber dem Verbraucher auf seinen Lieferanten abzuwälzen, ohne daß dieser die Chance einer zweiten Andienung hätte. Der Lieferant kann auch nicht durch vertragliche Vereinbarungen sein Andienungsrecht schützen, da gem. § 478 Abs. 4 BGB vom Abs. 1 abweichende Vereinbarungen nicht zulässig sind.

Entgegen der geäußerten Kritik[962], ist nachvollziehbar, warum die Fristsetzung gem. § 478 Abs. 1 BGB nur dann entbehrlich ist, wenn der Unternehmer die Sache zurücknehmen mußte oder der Verbraucher den Kaufpreis gemindert hat. Für den Fall, daß der Letztverkäufer nachgebessert hat, eröffnet ihm § 478 Abs. 2 BGB einen Aufwendungsersatzanspruch[963]. Da dieser ebenfalls keiner Fristsetzung bedarf[964], kann der Unternehmer möglichst schnell seine Kosten auf seinen Lieferanten abwälzen, der die mangelhafte Sache geliefert hat.

2. Voraussetzungen des Rücktritts gem. § 324 BGB

Gemäß § 324 BGB kann der Käufer auch dann vom Vertrag zurücktreten, wenn lediglich nicht leistungsbezogene Nebenpflichten, also die in § 241 Abs. 2 BGB genannten Pflichten, verletzt werden. Soweit sich die Verletzung dieser Pflichten auf die Hauptleistung auswirkt und zur Folge hat, daß die Leistung nicht vertragsgemäß erbracht wird, ist § 323 BGB einschlägig.

§ 241 Abs. 2 BGB regelt die Pflicht zur Rücksichtnahme auf die Rechte, Rechtsgüter und Interessen des Vertragspartners. Solche Schutzpflichten bestehen im Kaufrecht dergestalt, daß der Verkäufer keine Kaufsache liefern darf, die aufgrund ihrer Mängel einen Integritätsschaden anrichtet[965].

Auch wenn die Verletzung der Neben- und Schutzpflichten das eigentliche Leistungsinteresse des Gläubigers unberührt läßt, kann der Gläubiger ein Interesse daran haben, vom Vertrag zurückzutreten. Das ist etwa dann der Fall, wenn der

---

961 Dies übersieht zum Teil die Kritik von Ernst/Gsell, ZIP 2001, S. 1397.
962 Ernst/Gsell, ZIP 2001, 1398.
963 s. von Sachsen Gessaphe, S. 731 – § 478 Abs. 2 ist eine eigenständige Anspruchsgrundlage.
964 § 478 Abs. 2 BGB kann nur als selbständiger Rechtsbehelf des Unternehmers verstanden werden und nicht als ein modifizierter Unterfall des Aufwendungsersatzanspruches gem. § 284 BGB. Die Voraussetzungen des Anspruches ergeben sich daher unmittelbar aus § 478 Abs. 2 BGB, der gerade keine Fristsetzung vorsieht.
965 Reischl, S. 47.

Schuldner die von ihm versprochene Leistung zwar an sich ordnungsgemäß erbringt, aber unter Begleitumständen, die für den Gläubiger nicht erträglich sind[966].

Auf die ursprünglich im Regierungsentwurf vorgesehene Voraussetzung, daß die Verletzung einer sonstigen Pflicht wesentlich sei muß, wurde im Laufe des Gesetzgebungsverfahrens verzichtet[967]. Ausschlaggebend war vor allem das Argument, daß der Wesentlichkeit der Pflichtverletzung neben der Unzumutbarkeit für den Gläubiger keine eigenständige Bedeutung zukommt[968]. Voraussetzung des Rücktritts ist neben der Pflichtverletzung nunmehr, daß das Festhalten am Vertrag dem Gläubiger nicht zuzumuten ist. Wann dies der Fall ist, ist eine Wertungsfrage, bei der die Interessen der beiden Vertragsparteien zu berücksichtigen sind. Bei der Abwägung kann herangezogen werden, ob der Gläubiger den Schuldner im Bezug auf die Pflichtverletzung bereits abgemahnt hat oder nicht[969]. Für die Entscheidung der Frage sind die von der Rechtsprechung unter der alten Rechtslage entwickelten Wertungskriterien zu der Zulässigkeit des Rücktritts vom ganzen Vertrag im Rahmen der positiven Vertragsverletzung heranzuziehen. Danach ist der Rücktritt zulässig, wenn der Vertragszweck derart gefährdet war, daß dem Gläubiger das Festhalten an dem Vertrag nach Treu und Glauben nicht zugemutet werden kann[970].

3. Voraussetzungen des Rücktritts gem. § 326 Abs. 5 BGB

Wird das Schuldverhältnis dadurch gestört, daß der Schuldner die vertraglich zugesagte Leistung gem. § 275 BGB nicht erbringen muß, so kann der Gläubiger gem. § 326 Abs. 5 BGB vom Vertrag zurücktreten. Die Vorschrift ist auch aufgrund des Verweises in § 437 Nr. 2 BGB anwendbar, wenn dem Käufer eine mangelhafte Sache geliefert worden ist. Dabei bezieht sich die Unmöglichkeit i. S. v. § 275 BGB auf die mangelfreie Nacherfüllung.

Der Schuldner braucht gem. § 275 Abs. 1 bis 3 BGB nicht zu leisten, wenn die Leistung unmöglich oder unzumutbar geworden ist. Die ursprüngliche Beschränkung der Regelung auf nicht vertragsgemäße Leistung ist im Laufe des Gesetzgebungsverfahren aufgegeben worden[971]. In den Fällen der Unmöglichkeit bzw. bei Leistungshindernissen nach § 275 BGB sollte der Gläubiger generell die Möglichkeit erhalten, zurückzutreten. Das ist vor allem dann von Bedeutung, wenn der Gläubiger den genauen Grund für die Nichtleistung des Schuldners nicht kennt.

---

[966] s. Regierungsentwurf, S. 434, 322.

[967] s. BT-Dr. 14/7052 S. 33 – die Gegenüberstellung der Fassung des Regierungsentwurf und der Beschlüsse des 6. Ausschusses.

[968] s. BT-Dr. 14/7052, S. 186.

[969] Regierungsentwurf, S. 323; Stellungnahme des 6. Ausschusses BT-Dr. 14/7052, S. 186; Pick, S. 1179.

[970] BGHZ 11, 80, 87f; BGH NJW-RR 1996, 949, 950; s. Palandt/Heinrichs, § 276 Rn. 124 (61. Aufl.).

[971] s. BT-Dr. 14/7052, S. 33.

Setzt der Gläubiger dann nach § 323 Abs. 1 BGB eine angemessene Nachfrist, so kann er nach deren Ablauf jedenfalls zurücktreten[972].

Ist die Leistung gem. § 275 BGB ausgeschlossen, so richtet sich das Rücktrittsrecht des Gläubigers im übrigen nach § 323 BGB. Diese in § 326 Abs. 5 2. HS BGB vorgesehene Verweisung bezieht sich vor allem auf die Sonderregelungen des § 323 Abs. 3 bis 6 BGB, die den vorweggenommenen Vertragsbruch, Rücktritt wegen Teilleistung und Rücktrittausschluß wegen Verschulden des Gläubigers vorsehen. Die Voraussetzung einer Fristsetzung gem. § 323 Abs. 1 BGB ist in § 326 Abs. 5 BGB ausdrücklich abgedungen. Eine Fristsetzung ist bei feststehender Unmöglichkeit schlechthin sinnlos.

Der Anwendungsbereich des Rücktrittsrechts gem. § 326 Abs. 5 BGB ist relativ eingeschränkt. Dies ergibt sich aus der Regelung des § 326 Abs. 1 BGB S. 1, der einen Wegfall des Anspruchs des Schuldners auf die Gegenleistung ipso iure vorsieht, wenn der Schuldner gem. § 275 Abs. 1 bis 3 BGB nicht zu leisten braucht. In diesen Fällen würde der Rücktritt des Gläubigers keine Rechtsänderung bewirken. Seine Verpflichtung zur Gegenleistung erlischt kraft Gesetzes. Hat er die Gegenleistung schon erbracht, so kann er sie gem. § 326 Abs. 4 BGB nach den Vorschriften über den Rücktritt (§§ 346 ff. BGB) zurückfordern. Eine konstitutive Wirkung erzielt die Rücktrittserklärung daher nur in den Fällen einer Teilleistung, in denen der Gläubiger vom gesamten Vertrag zurücktreten will[973].

4. Vertraglich vorbehaltener Rücktritt

Den Vertragsparteien eines jeden Vertrages steht es frei, sich für bestimmte Fälle oder ohne nähere Einschränkung den Rücktritt vertraglich ausdrücklich oder stillschweigend vorzubehalten. Das Rücktrittsrecht kann sich auch aus einem unter Kaufleuten bestehenden Handelsbrauch ergeben (§ 346 HGB). Ob eine Vereinbarung als Rücktritt aufzufassen ist, ist durch Auslegung zu ermitteln, wobei es auf die von den Parteien gewählte Bezeichnung nicht ankommt.

Ein Rücktritt kann auch in den allgemeine Geschäftsbedingungen vereinbart werden. § 308 Nr. 3 BGB untersagt jedoch den Vorbehalt eines Rücktrittsrechts des Verwenders ohne sachliche Rechtfertigung und im Vertrag angegebenen Grund. Gemäß § 308 Nr. 7 BGB ist eine Klausel, die im Falle des Rücktritts unangemessen hohe Nutzungsvergütung oder Aufwendungsersatzansprüche vorsieht, unzulässig. Gemäß § 309 Nr. 8 lit. a) BGB ist eine AGB-Klausel unwirksam, wenn sie bei einer vom Verkäufer zu vertretenden, nicht in einem Mangel der Kaufsache liegende, Pflichtverletzung das Rücktrittsrecht des Käufers einschränkt oder ausschließt[974].

---

972 BT-Dr. 14/7052, S. 193; Wilmowsky, S. 17.

973 Wolmowsky, S. 17.

974 § 305 Nr. 7 BGB und § 306 Nr. 8 lit. a) BGB gelten nicht nur für das vertraglich vorbehaltene, sondern auch für das gesetzliche Rücktrittsrecht, soweit dieses durch AGB eingeschränkt werden soll.

5. Erklärung des Rücktritts

Im Gegensatz zur alten Rechtslage, nach der die Wandelung als Anspruch und der Rücktritt als Gestaltungsrecht ausgestaltet war, ist der Rücktritt jetzt in allen Fällen als Gestaltungsrecht konzipiert. Er muß daher erklärt werden und dem Vertragspartner zugehen, § 349 BGB. Als empfangsbedürftige Willenserklärung unterliegt die Rücktrittserklärung den Bestimmungen des §§ 105 ff., 116 ff. BGB. Als Gestaltungsrecht ist sie bedingungsfeindlich. Die Rücktrittserklärung ist grundsätzlich nicht formgebunden. Sie muß nur eindeutig den Willen des Käufers zum Ausdruck bringen, vom Vertrag Abstand nehmen zu wollen[975]. Die Angabe des Rücktrittgrundes ist nicht erforderlich[976].

Die Erklärung des Rücktritts beendet das ius variandi des Käufers[977]. Die Ausübung des Gestaltungsrechts wandelt den Kaufvertrag in ein Rückabwicklungsverhältnis um.

6. Rechtsfolgen nach dem Schuldrechtsmodernisierungsgesetz

Durch die Ausübung des Gestaltungsrechts, also mit Zugang der Rücktrittserklärung, wird das vertragliche Schuldverhältnis für die Zukunft in ein Abwicklungsverhältnis umgewandelt[978]. Der Rücktritt läßt die durch den Vertrag begründeten primären Leistungspflichten, soweit sie nicht erfüllt sind, erlöschen (Befreiungswirkung) und begründet zugleich für beide Vertragsteile eine Pflicht zur Rückgewähr der empfangenen Leistungen. Die empfangenen Leistungen sind zurückzugewähren, die gezogenen Nutzungen herauszugeben. Das gilt unabhängig davon, ob der Rücktritt auf Grund vertraglich vorbehaltenem Recht erfolgt oder eine gesetzliche Grundlage hat, § 346 Abs. 1 BGB.

Der Rücktritt wirkt grundsätzlich nur schuldrechtlich[979]. Hat der Käufer bereits Eigentum an der verkauften Sache erlangt, so hat er ihn nach den sachenrechtlichen Vorschriften, i. d. R. durch Einigung und Übergabe, zurückzuübertragen. Eine dingliche Wirkung kann dem Rücktritt nur dann zukommen, wenn die Beteiligten die Einigung über den Eigentumsübergang an der Ware unter die auflösende Bedingung (§ 158 Abs. 2 BGB) des Rücktritts gestellt haben.

7. Zusammenfassung: Rücktrittsvoraussetzungen nach neuer und alter Rechtslage

Das nunmehr einheitlich geregelte Rückrittsrecht des Käufers setzt eine Pflichtverletzung des Verkäufers voraus. Eine Pflichtverletzung ist das objektive Abwei-

---

975 Westermann/Kaiser, S. 188.
976 Haas, in: Haas/Medicus u.a., S. 213.
977 Haas, in Haas/Medicus u.a., S. 212.
978 BGHZ 16, 153, 156; 72, 246, 248; 86, 313, 319; RGRK/Ballhaus, § 346 Rn. 12; Soergel/Hadding, § 346 Rn. 4; Larenz, Schuldrecht I, S. 403 ff..
979 Westermann/Kaiser, S. 189.

chen des Schuldners von seinem Pflichtenkatalog[980]. Ob dem Verkäufer die Nichteinhaltung der Pflicht persönlich vorwerfbar ist, ist keine Frage des Vorliegens der Pflichtverletzung und hat diesbezüglich keine Relevanz.

Der Rücktritt des Käufers ist zunächst dann möglich, wenn der Verkäufer seine Leistung pflichtwidrig verzögert hat oder wenn er pflichtwidrig eine Schlechtleistung getätigt hat. Ein Vertretenmüssen i. S. v. §§ 276 BGB ist nicht erforderlich. Quasi als Ausgleich dafür bekommt der Verkäufer ein Recht auf zweite Andienung dadurch, daß der Käufer grundsätzlich erst dann zurücktreten kann, wenn er eine Nacherfüllungsfrist gesetzt hat. Ausnahmen sind dann zugelassen, wenn die Fristsetzung nur bloße Formalität ohne wirklichen Sinn wäre. Der Käufer kann auch dann vom Vertrag zurücktreten, wenn der Verkäufer eine nichtleistungsbezogene Pflicht i. S. v. § 241 Abs. 2 BGB verletzt hat und dem Käufer das Festhalten am Vertrag nicht mehr zumutbar ist. Des weiteren kann der Käufer dann zurücktreten, wenn der Verkäufer seine vertragliche Leistung gem. § 275 BGB nicht zu erbringen braucht.

Grundlegende Unterschiede bezüglich der Voraussetzungen des Rücktritts- bzw. Wandelungsrechtes des Käufers ergeben sich aus der einheitlichen Regelung des Rücktritts und vor allem durch das grundsätzliche Erfordernis der Setzung einer Nacherfüllungsfrist. Während der Käufer nach alter Rechtslage bei Mangelhaftigkeit der Sache sofort vom Vertrag zurücktreten konnte, ist er nach dem neuen Recht grundsätzlich gehalten, dem Verkäufer zunächst eine Nacherfüllungsfrist zu setzten. Insoweit liegt möglicherweise eine Schlechterstellung des Käufer gegenüber altem Recht vor[981]. Im Gegensatz dazu ist die Regelung des Rücktrittsrechts durchgehend als Gestaltungserklärung eine Besserstellung gegenüber der alten Lage, nach der für die Wandelung ein Einverständnis des Verkäufers erforderlich war.

Mit Zugang der Rücktrittserklärung endet das Wahlrecht des Käufers bezüglich seiner Rechtsbehelfe. Im Gegensatz zur alten Rechtslage schließen sich jedoch Rücktritt und Schadensersatz wegen Nichterfüllung nicht gegenseitig aus. Die Konsequenzen dieser Wahleinschränkung sind daher nicht so dramatisch wie nach alter Rechtslage. Dem Käufer entfällt bei Erklärung des Rücktritts lediglich die Möglichkeit Minderung zu verlagen sowie auf Erfüllung zu bestehen. Letzteres dürfte allerdings nach Verstreichen der Nacherfüllungsfrist für den Käufer nicht von besonderem Interesse sein. Ein Bedürfnis für die restriktive Auslegung der Rücktrittserklärung, das die Rechtsprechung nach alter Rechtslage empfand, besteht wegen der Möglichkeit Schadensersatz zu verlangen, nicht mehr.

Wesentlicher Änderung bei den Rücktrittsvoraussetzungen ist der generelle Verzicht auf das Vertretenmüssen des Rücktrittsgrundes. Der Rücktritt ist nach neuer Rechtslage verschuldensunabhängig. Die Verschuldenserfordernis der alten Rechtslage wurde als widersprüchlich empfunden – wer selbst nicht zur Leistung

980 Wilmowsky, S. 3.
981 so Boerner, S. 2269.

bereit oder imstande war, dürfe nicht erwarten, daß der andere Vertragspartner an einem für in wertlos gewordenen Vertrag festgehalten wird[982]. Der Verzicht auf Verschulden als Voraussetzung für das Rücktrittsrecht ermöglicht auch die Verschmelzung der früher verschuldensunabhängigen Wandelung und des Rücktrittsrechtes in einem einheitlichen Rechtsbehelf[983]. Die Schaffung eines einheitlichen Rechtsbehelfs erleichtert seine Regelung als Gestaltungsrecht, womit der an sich überflüssige Streit über die Durchsetzung des Wandelungsanspruches entbehrlich wird.

Novum ist ebenfalls die Gleichordnung von gesetzlichem und vertraglichem Rücktritt. Auf eine Verweisung auf die Regeln über Rechtshängigkeits- bzw. Bösgläubigenhaftung im Eigentümer-Besitzer-Verhältnis wird im neuen Recht verzichtet[984].

III. Einschränkungen des Wandelungs- und Rücktrittsrechts

1. Einschränkungen nach der alten Rechtslage

Die Gründe, die das Rücktrittsrecht oder die Wandelung des Käufers nach alter Rechtslage ausschließen konnten, waren in §§ 350-353 BGB a.F. geregelt. Im Ergebnis war der Rücktritt bzw. die Wandelung des Käufers dann ausgeschlossen, wenn er die Unmöglichkeit der Hersausgabe der empfangenen Kaufsache verschuldet hatte[985]. Diese Regelung bereitete gewisse Schwierigkeiten, da der Käufer zumindest vor Kenntnis seines Rücktritts- bzw. Wandelungsrechts grundsätzlich mit der Sache nach Belieben verfahren durfte (§ 903 BGB). Zumindest in den Fällen des gesetzlichen Rücktritts[986] war daher nicht von einem Verschuldensbegriff im üblichen Sinne auszugehen[987], sondern von einem Verschulden imuntechnischen Sinne[988]. Ein weiterer Auslegungsstreit betraf die Bedeutung undTragweite des § 327 S. 2 BGB a.F.[989]. Dieser ersetzte die in § 347 BGB a.F. bestimmte strenge Haftung nach den §§ 987 ff. BGB durch eine Haftung nach Bereicherungsrecht und gab dem Rückgewährschuldner damit die Möglichkeit, sich auf den Wegfall der Bereicherung (§ 818 Abs. 3 BGB) zu berufen. Begünstigt werden sollte nach dem Gesetzeswortlaut der Rücktrittsgegner, sofern er den

---

[982] Canaris, ZRP S. 332.
[983] Reischl, S. 42.
[984] kritisch Kohler, S. 326ff.
[985] Die Regelung der §§ 350ff. a.F. war umstritten. Überblick über den unterschiedlichen Meinungen s. Staudinger/Kaiser, § 350 Rn. 7; Soergel/Hadding, § 350 Rn. 1; MünchKomm/Janßen, § 350 Rn. 3 f..
[986] Huber, ZIP 1993, 896, 899 – das Verschulden im § 351 BGB i.S. v. Verschulden gegen sich selbst gilt nicht nur in bezug auf gesetzliche Rücktrittsrechte, sondern auch bei vertraglich vereinbartem Rücktrittsrecht.
[987] MünchKomm/Janßen, § 347 Rn. 13, § 351 Rn. 5; Larenz, Schuldrecht I, s. 408; Medicus, Schuldrecht AT, Rn. 559; a.A. Soergel/Hadding, § 347 Rn. 6ff., § 351 Rn. 6.
[988] Medicus, Schuldrecht AT, Rn. 559; Huber, ZIP 1993, 896, 899; „Verschulden gegen sich selbst"- MünchKomm/Janßen, § 351 Rn. 5; „Obliegenheitsverletzung" – Esser/Schmidt, S. 278; „Risikoerhöhendes Verhalten" – Larenz, Schuldrecht I, S. 409f.
[989] s. kurze Übersicht in Palandt/Heinrichs, § 327 Rn. 3 (61. Aufl.).

Rücktrittsgrund nicht zu vertreten hatte. In den Fällen der §§ 325, 326 BGB a.F., auf die sich der § 327 S. 2 BGB a.F. systematisch bezog, hatte aber der Rücktrittsgegner den Rücktrittsgrund stets zu vertreten.

Der maßgebliche Zeitpunkt für den Ausschluß wegen verschuldeten Untergangs war im Wandelungs- und im Rücktrittsrecht unterschiedlich. Bei der Wandelung kam es auf den Zeitpunkt des Wandelungsvollzugs an[990]. Hatte der Käufer nach der Wandelungserklärung, aber vor Vollzug die gekaufte Sache schuldhaft zerstört, so konnte er nicht mehr wandeln. Wurde die Sache erst nach Vollzug der Wandelung schuldhaft zerstört oder beschädigt, so hatte das keine Auswirkungen auf die Wirksamkeit der Wandelung[991]. Der Käufer haftete aber gem. § 347 BGB a.F. auf Schadensersatz. Wegen der Gestaltungswirkung der Rücktrittserklärung kam es bei einem Rücktrittsrecht auf den Zeitpunkt der Erklärung an.

2. Einschränkungen nach dem Schuldrechtsmodernisierungsgesetz

a) Ausschluß des Rücktrittsrechts bei weit überwiegender Verantwortlichkeit

Das Schuldrechtsmodernisierungsgesetz knüpft den Ausschluß des Rücktrittsrechts nicht mehr an die Unmöglichkeit der Rückgewähr an. Das Rücktrittsrecht ist gem. § 323 Abs. 6 BGB dann ausgeschlossen, wenn der Gläubiger den ihn zum Rücktritt berechtigenden Umstand allein oder weit überwiegend zu vertreten hat oder wenn er sich im Annahmeverzug befindet, wenn der vom Schuldner nicht zu vertretende Umstand eintritt. Kurzum ist der Rücktritt dann ausgeschlossen, wenn der Gläubiger die Pflichtverletzung zu verantworten hat. Der Ausschlußgrund gem. § 323 Abs. 6 BGB betrifft den Rücktritt wegen pflichtwidriger Verzögerung und pflichtwidriger Schlechtleistung sowie den Rücktritt gem. § 326 Abs. 5 BGB. Auf den Rücktritt gem. § 324 BGB ist er nicht anwendbar, da er zum Teil mit der Natur der Pflichtverletzung nicht vereinbar ist, zum Teil die entscheidenden Überlegungen bereits innerhalb der Frage der Zumutbarkeit des Festhaltens am Vertrag angestellt werden.

Die Schwelle der „weit überwiegenden" Verantwortlichkeit des Gläubigers soll einen Grad der Mitverantwortung umschreiben, der bei Anwendbarkeit § 254 BGB einen Schadensersatzanspruch ausschließen würde[992]. Der Gesetzgeber wollte auch hier soweit wie möglich die Voraussetzungen von Schadensersatz und Rücktritt angleichen. Bei dem Rücktrittsrecht ist eine Gewichtung der Verursachung der nichtvertragsgemäßen Bewirkung der Leistung, wie ihn § 254 BGB vorsieht, nicht möglich. Das Rücktrittsrecht kann entweder insgesamt oder gar nicht ausgeschlossen sein. Daher wurde mit der gewählten Schwelle eine Angleichung bezüglich des Ausschlusses von Schadensersatz und Rücktrittsrecht angestrebt.

---

[990] RGZ 59, 97, 99; BGH NJW 1960, 237; Larenz, Schuldrecht II-1, S. 53.
[991] Reinicke/Tiedtke, Rn. 373.
[992] Regierungsentwurf, S. 434.

b) Wertersatzpflicht

Das Rücktrittsrecht des Käufers ist im Gegensatz zur alter Rechtslage dann nicht mehr ausgeschlossen, wenn dieser die Unmöglichkeit der Rückgewähr zu vertreten hat[993]. Die Neuregelung übernimmt damit den Gedanken der früheren §§ 7 Abs. 4 VerbrKrG, 3 Abs. 1 HaustürWG, 13a UWG und § 5 Abs. 6 TzWrG. Der Schuldner hat statt Rückgewähr der Sache Wertersatz zu leisten, soweit die Rückgabe der Sache unmöglich geworden ist, § 346 Abs. 2 BGB. Die Wertersatzpflicht soll sich in erster Linie nach der im Vertrag bestimmten Gegenleistung ausrichten, § 346 Abs. 2 S. 2 BGB. Soweit eine solche Bestimmung fehlt, sind wie in § 818 Abs. 2 BGB die objektiven Wertverhältnisse maßgebend[994]. Da § 346 Abs. 2 BGB einen Wertersatz- und keinen Schadensersatzanspruch gewährt, ist in erster Linie der verlorengegangene Substanzwert zu ermitteln[995].

Gemäß § 346 Abs. 2 Nr. 1 BGB wird Wertersatz geschuldet, wenn die Leistung ihrer Natur nach nicht herausgegeben oder zurückgewährt werden kann. Das trifft vor allem dann zu, wenn Dienste geleistet oder Sachen zum Gebrauch überlassen wurden. Die Dienstleistung oder Gebrauchsüberlassung muß nicht Hauptleistungspflicht des Rückgewährgläubigers sein[996]. Die Wertersatzpflicht tritt an Stelle der primären Rückgewährpflicht gem. § 346 Abs. 1 BGB („statt" in Abs. 2). Demnach hat der Schuldner gem. § 346 Abs. 1 BGB das zurückzugewähren, was er noch in Natura herausgeben kann, unabhängig davon, ob dies die Primärleistung ist oder daraus gezogene Nutzungen, etwa Früchte gem. §§ 99, 100 BGB. Können die gezogenen Gebrauchsvorteile wegen ihrer Art nicht in Natura herausgegeben werden, so ist dafür Wertersatz gem. § 346 Abs. 2 Nr. 1 BGB zu leisten. § 346 Abs. 2 Nr. 1 BGB gewährt Ersatz für die tatsächlich gezogenen Nutzungen[997].

Wertersatz wird gem. § 346 Abs. 2 Nr. 2 BGB des weiteren dann geschuldet, wenn der Rückgewährschuldner den empfangenen Gegenstand verbraucht, veräußert, belastet, verarbeitet oder umgestaltet hat. Auch in diesen Fällen kann der Leistungsgegenstand nicht oder nicht wie empfangen zurückgegeben werden. Vor diesem Hintergrund sind auch die Fälle von Belastung oder Veräußerung des Gegenstandes zu sehen. Ist der Rückgewährschuldner im Stande, den Gegenstand zurückzuerwerben oder die Belastung aufzuheben, so wird kein Wertersatz, sondern Rückgewähr in Natura geschuldet. Erst wenn er nach den Maßstäben des §§ 275 Abs. 1 und 2 BGB endgültig außer Stande ist, die Belastung oder Veräußerung rückgängig zu machen, schuldet er Wertersatz gem. § 346 Abs. 2 Nr. 2 BGB[998].

---

993 Regierungsentwurf, S. 451.
994 Regierungsentwurf, S. 455.
995 Schwab, S. 631.
996 Schwab, S. 631; a.A. Hager, Anwaltskommentar, § 346 Rn. 29f. mit Hinweis auf der alten Rechtlage und Umgehungsgefahr der Voraussetzungen des § 347 Abs. 1 S. 1 BGB.
997 Schwab, S. 631.
998 Hager, Anwaltskommentar, § 346 Rn. 34; Schwab, S. 632.

Der Rückgewährschuldner ist auch dann zum Wertersatz verpflichtet, wenn der empfangene Gegenstand sich verschlechtert hat oder untergegangen ist (§ 346Abs. 2 Nr. 3 BGB). Eine durch den bestimmungsgemäßen Gebrauch entstandene Verschlechterung bleibt dabei außer Betracht. Besondere Bedeutung erlangt diese Ausnahme bei dem Verkauf von Neuwagen, bei denen bereits die erstmalige Zulassung zu einer Wertminderung von bis zu 20 % führt. Für eine solche Wertminderung muß der berechtigt zurücktretende Käufer keinen Wertersatz leisten. Die Abgrenzung der privilegierten Abnutzung und der wertersatzpflichtigen Verschlechterung kann unter Umständen schwierig sein.

c) Wegfall der Wertersatzpflicht

Die Pflicht zum Wertersatz entfällt, wenn der zum Rücktritt berechtigende Mangel sich erst während der Verarbeitung oder Umgestaltung der Sache gezeigt hat (§ 346 Abs. 3 Nr. 1 BGB). Diese Interessenbewertung bestand bereits nach alter Rechtslage.

Die Wertersatzpflicht entfällt auch dann, wenn der Rückgewährgläubiger die Verschlechterung oder den Untergang zu vertreten hat oder diese auch bei ihm eingetreten wären (§ 346 Abs. 3 Nr. 2 BGB). Die erste Alternative umfaßt vor allem den Fall, daß die Sache aufgrund des zum Rücktritt berechtigenden Mangels untergegangen ist[999]. Die Regelung des § 346 Abs. 3 Nr. 2 BGB bedeutet im Umkehrschuß, daß der Rückgewährschuldner grundsätzlich auch dann zum Wertersatz verpflichtet ist, wenn der Untergang oder die Verschlechterung auf Zufall beruht. Damit bewirkt das Schuldrechtsmodernisierungsgesetz insoweit eine Umkehr der Risikoverteilung. Nach alter Rechtslage traf das Risiko des zufälligen Untergangs den Rückgewährgläubiger (§ 350 BGB a.F.)[1000]. Unter „Untergang" ist dabei die vollständige Zerstörung der Sache zu verstehen. Mit „Verschlechterung" ist nicht die Abnutzung durch den bestimmungsgemäßen Gebrauch gemeint, sondern nur eine weitergehendere Beeinträchtigungen der herauszugebenden Sache[1001]. Dazu zählen Substanzverletzungen und Abnutzungen infolge eines übermäßigen Gebrauchs. § 346 Abs. 2 Nr. 3, 2. HS. BGB stellt klar, daß Wertminderungen durch die bestimmungsgemäße Ingebrauchnahme außer Betracht bleiben. § 346 Abs. 3 S. 2 BGB legt fest, daß der Schuldner die etwa verbleibende Bereicherung herauszugeben hat. Die Bestimmung ist als Rechtsfolgenverweisung auf die §§ 812 ff. BGB zu verstehen[1002].

In den Fällen eines gesetzlichen Rücktrittsrechts entsteht die Wertersatzpflicht auch dann nicht, wenn die Verschlechterung oder der Untergang bei dem Rücktrittsberechtigten eingetreten sind, obwohl dieser diejenige Sorgfalt beobachtet hat, die er in eigenen Angelegenheiten anzuwenden pflegt, § 346 Abs. 3 S. 1 Nr. 3. BGB i. V. m. § 277 BGB. Das Privileg der eigenüblichen Sorgfalt gilt nur zugunsten des Rücktrittsberechtigten. Der Rücktrittsgegner haftet für jede, auch

---
999 Westermann/Kaiser, S. 193.
1000 Schwab, S. 634.
1001 Regierungsentwurf, S. 455.
1002 Regierungsentwurf, S. 457.

zufällige Verschlechterung, wenn nicht zu seinen Gunsten eine Ausnahme eingreift[1003].

Die Haftungsmilderung nur zugunsten des gesetzlich Rücktrittberechtigten beruht auf der Überlegung, daß der Berechtigte in diesem Fall sein Rücktrittsrecht nicht kennt und daher davon ausgehen darf, daß die Sache endgültig Bestandteil seines Vermögens geworden ist und er daher mit ihr nach Belieben verfahren darf[1004]. Diese grundsätzlich zutreffende Überlegung trifft ausnahmsweise dann nicht zu, wenn die Sache zu einem Zeitpunkt untergeht, in dem der Rückgewährschuldner sein Rücktrittsrecht bereits kennt. Fraglich ist, ob die Haftungsmilderung auch in diesen Fällen zuzubilligen ist. Ein ähnliches Problem bestand bereits nach alter Rechtslage, wonach die Regeln des §§ 346 BGB a.F. für das vertragliche Rücktrittsrecht konzipiert waren, bei dem der Käufer in der Regel mit einem Rücktritt zu rechnen hatte und diese Regeln für Fälle des gesetzlichen Rücktritts kraft Verweisung galten, ohne die dort bestehenden Besonderheiten zu berücksichtigen. Die umstrittene[1005] herrschende Meinung[1006] nahm an, der gesetzlich Rücktrittsberechtigte hafte nicht gem. §§ 347, 987 ff. BGB a.F. wie ein bösgläubiger Besitzer, sondern entsprechend §§ 327 S. 2, 818 BGB a.F. wie ein gutgläubiger Bereicherungsschuldner. Eine Haftung nach EBV-Regeln griff erst ab dem Zeitpunkt der Kenntnisnahme vom Rücktrittsgrund ein. Gerade diesen Meinungsstreit und die als ungerecht empfundene scharfe Haftung nach EBV-Grundsätzen wollte der Gesetzgeber des Schuldrechtsmodernisierungsgesetzes vermeiden bzw. durch die Neuregelung klarstellen. Das ist ihm insoweit mißlungen als der Gesetzestext keinen Hinweis auf den Zeitpunkt der Kenntnisnahme enthält. Die Vorschrift ist aber ihrem Sinn und Zweck nach im Wege einer teleologischen Reduktion dahingehend zu verstehen, daß der Rückgewährschuldner nur bis zum Zeitpunkt der Kenntnis vom Rücktrittsgrund privilegiert ist[1007].

d) Ausschluß des Rücktrittrechts bei unerheblicher Pflichtverletzung

Der Rücktritt des Gläubigers ist bei einer nicht vertragsgemäßen Leistung des Schuldners gem. § 323 Abs. 5 S. 2 BGB ausgeschlossen, wenn die Pflichtverletzung unerheblich ist. Die Vorschrift dient der Umsetzung des Art. 3 Abs. 6 der Verbrauchsgüterkaufrichtlinie, wonach der Anspruch des Verbrauchers auf Vertragsauflösung bei geringfügigen Vertragswidrigkeiten ausgeschlossen ist. Für den Bereich des Sachmangels erfüllt die Regelung eine ähnliche Funktion wie § 459 Abs. 1 S. 2 BGB a.F., der unerhebliche Mängel aus dem Fehlerbegriff ausschloß. Für die Feststellung, wann die Pflichtverletzung unerheblich ist, kann auf die bisherige Rechtsprechung zur Unerheblichkeit eines Mangels zurückgegriffen

[1003] Schwab, S. 635; kritisch Dauner-Lieb, Stellungnahme vor dem Rechtsauschuß, S. 70; Kohler, 327 u. 330ff.
[1004] Regierungsentwurf. S. 454.
[1005] Kohler, S. 328 mwN.
[1006] BGHZ 53, 144, 148f.; Planadt/Heinrichs, § 347 Rn. 8 mwN.
[1007] s. Schwab, S. 635.

werden[1008]. Demnach ist die Bedeutung der Pflichtverletzung nach derVerkehrsauffassung und den Umständen des Einzelfalles zu würdigen[1009].

e) Sonstige Ausschlußgründe

Will der Käufer sein Rücktrittsrecht wegen der Mangelhaftigkeit der Sache ausüben, so ist ihm die Berufung auf diesen Rechtsbehelf verwehrt, wenn er den Mangel kannte oder infolge grober Fahrlässigkeit nicht kannte, § 442 BGB.

Liegt ein beiderseitiger Handelskauf vor, so kann sich der Käufer auf sein Rücktrittsrecht wegen Mangelhaftigkeit der Sache nicht berufen, wenn er den Mangel nicht gem. § 377 Abs. 1 HGB rechtzeitig gerügt hat.

Die Parteien eines Kaufvertrages sind grundsätzlich frei, den Rücktritt durch vertragliche Vereinbarung auszuschließen. Der Verkäufer darf sich jedoch auf einen Haftungsausschluß dann nicht berufen, wenn er den Mangel der verkauften Ware arglistig verschwiegen hat oder eine Garantie für die Beschaffenheit der Sache übernommen hat, § 444 BGB[1010]. Im Bereich des Verbrauchsgüterkaufrechts ist ein Haftungsausschluß weitgehend unzulässig. Gemäß § 475 Abs. 1 BGB können vor Mitteilung des Mangels an den Unternehmer die Rechtsbehelfe des Verbrauchers nicht zu dessen Nachteil abgedungen oder abweichend geregelt werden. § 475 Abs. 1 S. 2 BGB umfaßt auch Umgehungsversuche.

3. Zusammenfassung: Einschränkungen des Rückrittsrechts nach alter und neuer Rechtslage

Das Schuldrechtsmodernisierungsgesetz hat die neuen Regeln über den Ausschluß des Rückrittsrechts in vielen Fällen im Hinblick auf die Korrektur von als mißglückt empfundenen Regelungen des alten Rechts vorgenommen[1011].

Nach alter Rechtslage war der Rücktritt bzw. die Wandelung des Käufers im Prinzip dann ausgeschlossen, wenn der Käufer die Unmöglichkeit der Herausgabe der empfangenen Kaufsache zu vertreten hatte. Im Gegensatz dazu knüpft das Schuldrechtsmodernisierungsgesetz nicht an die Unmöglichkeit der Rückgewähr an, sondern daran, wer den zum Rücktritt berechtigenden Umstand herbeigeführt hat. Der Rücktritt des Käufers ist im Prinzip dann ausgeschlossen, wenn dieser den zum Rücktritt berechtigenden Umstand allein oder weit überwiegend zu vertreten hat. In den Fällen, in denen der Käufer wegen eigenes Verschuldens die empfangene Sache nicht zurückgeben kann, eröffnet ihm das Gesetz nach neuer Rechtslage die Möglichkeit, bei Zahlung von Wertersatz dennoch vom Vertrag zurückzutreten. Damit gibt es nach neuer Rechtslage wesentlich weniger Fälle, in denen der Käufer sich nicht vom Vertrag lösen kann, als nach alter Rechtslage.

[1008] Haas, in Haas/Medicus, S. 206.
[1009] BGHZ 10, 242.
[1010] Zum Problemkreis Haftungsausschluß und Garantie s. oben Seite 173 ff.
[1011] Regierungsentwurf, S. 456; Reischl, S. 667.

Soweit das Rücktrittsrecht des Käufers bei unerheblichen Pflichtverletzungen ausgeschlossen ist, ergibt sich keine inhaltliche Änderung im Vergleich zur alten Rechtslage. Die Schranke der Unerheblichkeit wurde durch den alten Fehlerbegriff wahrgenommen, wonach unerhebliche Mängel nicht zu berücksichtigen waren.

Insgesamt erleichtern die neuen Regelungen den Rücktritt vom Vertrag, auch wenn man dafür unter Umständen für die Unmöglichkeit der Rückgewähr der Sache den „Preis" eines Wertersatzes zu zahlen hat. Die Neufassung macht viele der alten Meinungsstreitigkeiten entbehrlich, auch wenn sie nicht für alle Bereiche eindeutige Regelungen findet.

IV. Zusammenfassung: Wandelungs- und Rücktrittsrecht nach deutschem Recht

Das Schuldrechtsmodernisierungsgesetz hat eine Neuordnung des Gläubigerrechts, Abstand vom Vertrag zu nehmen, bewirkt. Der gesonderte gewährleistungsrechtliche Rechtsbehelf der Wandelung wurde aufgegeben. Das Gesetz schafft nunmehr ein einheitliches System des Rücktrittsrechts. Voraussetzung des Rückrittsrecht des Käufers ist zunächst eine Pflichtverletzung des Verkäufers. Unter Pflichtverletzung ist das objektive Abweichen des Schuldners von seinem Pflichtenkatalog zu verstehen. Auf das Verschulden kommt es bei der Frage, ob eine Pflichtverletzung vorliegt, nicht an. Das Gesetz verzichtet im Rahmen des Rücktrittrechtsbehelfs insgesamt auf die Voraussetzung eines Vertretenmüssens der Pflichtverletzung. Der Rücktritt ist nach neuer Rechtslage verschuldensunabhängig. Der Verzicht auf Verschulden als Voraussetzung für das Rücktrittsrecht ermöglicht die Verschmelzung der früher verschuldensunabhängigen Wandelung und des Rücktrittsrechtes in einen einheitlichen Rechtsbehelf.

Das Rücktrittsrecht des Käufers erfordert grundsätzlich die Setzung einer Nacherfüllungsfrist. Damit soll der Verkäufer eine Möglichkeit zur zweiten Andienung erhalten. Ausnahmsweise ist die Fristsetzung entbehrlich, wenn abzusehen ist, daß dies bloße Formalität wäre, ohne daß der dahinterstehende Sinn – dem Verkäufer eine zweite Erfüllungschance zu bieten – erreicht werden könnte.

Das Rücktrittsrecht ist nach neuer Rechtslage einheitlich als Gestaltungsrecht geregelt. Mit Zugang der Rücktrittserklärung endet das Wahlrecht des Käufers bezüglich seiner Rechtsbehelfe. Allerdings schließt der Rücktritt im Gegensatz zur alten Rechtslage einen Schadensersatzanspruch des Käufers nicht aus. Der Käufer begibt sich mit Geltendmachung des Rücktrittsrechts der Möglichkeit, weiterhin Erfüllung zu verlangen oder Minderung zu begehren. Das ursprüngliche Vertragsverhältnis wird mit Zugang der Rücktrittserklärung in ein Abwicklungsverhältnis umgewandelt. Die empfangenen Leistungen sind zurückzugewähren und die gezogenen Nutzungen herauszugeben.

Ist die Rückgabe des empfangenen Gegenstandes durch den Käufer unmöglich, so ist sein Rücktrittsrecht im Gegensatz zur alter Rechtslage dennoch nicht ausgeschlossen. Soweit der Käufer die Unmöglichkeit der Rückgabe zu vertreten hat, hat er Wertersatz für die untergegangene oder beschädigte Sachen zu leisten.

E. Rechtsvergleichende Analyse des Aufhebungsrechts des Käufers

Alle untersuchten Rechtssysteme geben dem Käufer die Möglichkeit, sich bei Vertragsverletzungen des Verkäufers vom Vertrag zu lösen. Die Hürde, die Voraussetzungen des Rücktritts- oder Aufhebungsrecht des Käufers schaffen, sind je nach Rechtsordnung unterschiedlich hoch.

Einheitlich ist das Bestreben der untersuchten Rechtssysteme, die Aufhebung des Vertrages bei geringfügigen Abweichungen vom Pflichtenprogramm zu unterbinden. Die Lösungsansätze sind jedoch unterschiedlich. Zum Teil wird das Aufhebungsrecht nur bei besonders schwerwiegenden Verstößen gegen Vertragspflichten zugelassen. So gewährt das CISG dem Käufer ein Aufhebungsrecht bei wesentlicher Vertragsverletzung des Verkäufers. Eine wesentliche Vertragsverletzung liegt dann vor, wenn der Vertragsbruch des Verkäufers für diesen erkennbar zum Wegfall des Leistungsaustauschinteresses des Käufers führt. Das englische Recht läßt eine Vertragsaufhebung nur bei *breach of condition* und bei Hinzutreten besonderer erschwerender Umstände auch bei *breach of intermediate term* zu. Eine *condition* ist per definitionem eine wesentliche, für den Vertrag als solches essentielle vertragliche Bedingung, deren Nichterfüllung als grundsätzliche Verfehlung der Erfüllung des gesamten Vertrages anzusehen ist. Bereits aus dem Stellenwert, der einer *„condition"* zugesprochen wird, ergibt sich, daß Vertragsaufhebung auch im englischen Recht nur bei wesentlichen Vertragsverletzungen zulässig ist. Eine Vertragsaufhebung bei *breach of intermediate term* ist nur dann zulässig, wenn der wirtschaftliche Zweck der Unternehmung vereitelt ist. Das ist dann der Fall, wenn dem Käufer im wesentlichen alle Vorteile, die er durch die korrekte Erfüllung des Vertrages hätte erwarten dürfen, entzogen werden. Im bulgarischen und deutschen Recht wird diese höhere Hürde bei der Vertragsaufhebung wegen eines Mangels der Sache zum Teil dadurch erreicht, daß die Lösung vom Vertrag ausgeschlossen ist, wenn der Mangel bzw. die Pflichtverletzung geringfügig ist. Das bulgarische Recht setzt hierbei bereits am Mangelbegriff an. Im deutschen Recht ist der Ausschluß explizit in § 323 Abs. 5 S. 2 BGB vorgesehen.

Ein anderer Ansatz, das Aufhebungsecht des Käufers nur bei schwerwiegenden Verletzungen zuzulassen, ist in allen untersuchten Rechtssystemen, wenn auch in unterschiedlichem Zusammenhang, zu beobachten. Dem Käufer wird vom Prinzip her ein Aufhebungs- bzw. Rücktrittsrecht nur dann zugestanden, wenn er dem Verkäufer eine Frist zur Erfüllung bzw. Nacherfüllung gesetzt hat und diese ergebnislos verstrichen ist. Diesen Ansatz vertritt das CISG in Art. 49 bei der Nichtlieferung durch den Verkäufer, das deutsche Recht in § 323 Abs. 1 BGB bei der verzögerten oder nicht vertragsgemäßen Erfüllung des Verkäufers, das bulgarische Recht in Art. 87 Abs. 1 GVV bei vom Schuldner zu vertretender Nichterfüllung und das englische Recht bei der Vertragsaufhebung durch einen Verbraucher bei Lieferung mangelhafter Sachen.

In den untersuchten Rechtssystemen ist als Tendenz der generelle Verzicht auf das Vertreten-müssen des Aufhebungs- bzw. Rücktrittsgrundes durch den Verkäufer festzustellen. Diese Entwicklung hat vor allem das deutsche Recht mit dem Inkrafttreten des Schuldrechtsmodernisierungsgesetzes gemacht. Der Rücktritt ist nach neuer Rechtslage verschuldensunabhängig. Das Verschuldenserfordernis der alten Rechtslage wurde als widersprüchlich empfunden – wer selbst nicht zur Leistung bereit oder imstande war, dürfe nicht erwarten, daß der andere Vertragspartner an einem für ihn wertlos gewordenen Vertrag festgehalten wird. Mit der neuen Regelung hat sich das deutsche Recht an die Regelungen des Wiener Übereinkommens und des englischen Rechts angenähert, die die Möglichkeit einer Vertragsauflösung ohne Berücksichtigung der subjektiven Voraussetzungen in der Person des Schuldners vorsehen. Von den untersuchten Rechtsordnungen verzichtet allein das bulgarische Recht nicht generell auf das Verschulden des Schuldners als Voraussetzung des Rücktritts des Gläubigers bei Nichterfüllung des Vertrages. Die Aufhebung des Vertrages wegen Lieferung mangelhafter Sachen und wegen Eviktion setzt auch nach bulgarischem Recht kein Verschulden des Verkäufers voraus.

Einheitliche Rechtsfolge des Aufhebungs- bzw. Rücktrittsrechtes, das durchgehend einer an den Verkäufer gerichteten Willenserklärung des Käufers bedarf, ist die Befreiung der Parteien von deren primären Leistungspflichten. Wenn auch auf unterschiedlicher dogmatischer Grundlage, sehen alle untersuchten Rechtsordnungen die Rückabwicklung des Vertrages als Folge der Aufhebung vor.

Nach den Regelungen des CISG und des bulgarischen GVV ist das Aufhebungsrecht des Käufers wegen Mangelhaftigkeit der gelieferten Sache ausgeschlossen, wenn der Käufer aus von ihm zu verantwortenden Gründen nicht in der Lage ist, die empfangene Sache in einem im wesentlichen unveränderten Zustand zurückzugeben. Ähnlich sieht das deutsche Recht als allgemeines Prinzip vor, daß das Rücktrittsrecht des Käufers ausgeschlossen ist, wenn er den Rücktrittsgrund weit überwiegend zu verantworten hat.

Als gemeinsames Prinzip der untersuchten Rechtsordnungen kann festgehalten werden, daß das Recht des Käufers, den Vertrag aufzuheben, nur dann zulässig ist, wenn eine schwerwiegende Störung des vertraglichen Verhältnisses eingetreten ist. Eine solche Störung liegt in der Regel dann vor, wenn der Verkäufer trotz der durch Nachfristsetzung eingeräumten Möglichkeit den Vertrag nicht ordnungsgemäß erfüllt. Das Recht des Käufers, sich vom Vertrag zu lösen, ist vom Verschulden des Verkäufers unabhängig. Das Aufhebungs- bzw. Rücktrittsrecht bewirkt die Befreiung der Parteien von deren primären Leistungspflichten und führt grundsätzlich zur Verpflichtung der Parteien, die jeweils empfangenen Leistungen zurückzugewähren.

5. Kapitel Schadensersatzansprüche

Einer der wesentlichen und bei Störungen im Vertragsprogramm vom Käufer am häufigsten in Anspruch genommene Rechtsbehelf ist der Anspruch auf Schadensersatz. Alle untersuchten Rechtsordnungen stellen diesen Rechtsbehelf zur Verfügung. Zwar beruht der Anspruch auf Schadensersatz auf unterschiedlichen dogmatischen Grundlagen, jedoch zeichnet sich in allen Rechtsordnungen eine Unterscheidung danach ab, ob der Käufer die Leistung des Verkäufers erhalten hat, sie behalten will und lediglich den darüber hinausgehenden Schaden ersetzt verlangt oder ob er keine Leistung des Verkäufers begehrt, sondern nur Schadensersatz fordert.

A. Schadensersatzanspruch des Käufers nach CISG

Art. 45 Abs. 1 lit. b) CISG gewährt dem Käufer bei jeder Vertragsverletzung des Verkäufers einen Schadensersatzanspruch. Art. 45 Abs. 2 CISG hebt ausdrücklich hervor, daß das Schadensersatzverlangen des Käufers nicht durch die Ausübung anderer Rechtsbehelfe ausgeschlossen ist. Die Anspruchskumulation darf aber nicht zu einer Überentschädigung des Käufers führen[1012]. Durch den Schadensersatzanspruch soll der Käufer die Möglichkeit bekommen, lediglich den Schaden auszugleichen, der durch die Ausübung anderer Rechtsbehelfe nicht behoben worden ist. Der Anspruchsumfang variiert daher entsprechend, je nachdem welchen Rechtsbehelf der Käufer im übrigen ausgeübt hat.

I. Haftungsgrund

Der die Schadensersatzhaftung des Verkäufers auslösende Tatbestand ist gem. Art. 45 Abs. 1 CISG allein die Nichterfüllung einer durch den Vertrag übernommenen Pflicht. Die Haftung des Verkäufers ist also eine Garantiehaftung, auf Verschulden kommt es prinzipiell nicht an.

Die Art der verletzten Pflicht ist grundsätzlich irrelevant[1013]. Es muß sich jedoch um eine Pflicht und nicht lediglich um eine Obliegenheit handeln[1014]. Ein Obliegenheit liegt dann vor, wenn der Beteroffene lediglich eigenen Interessen zuwiderhandelt und als Konsequenz dieser Zuwiderhandlung Rechte einbüßt. Problematisch bei der Beurteilung können vor allem Fälle von Anzeige- und Mitteilungspflichten sein, z. B. die Versendungsanzeige gem. Art. 32 Abs. 1 CISG oder die Auskunftserteilung gem. Art. 32 Abs. 3 CISG. In solchen Fällen muß durch Auslegung ermittelt werden, ob es sich um eine echte Pflicht oder um eine Obliegenheit handelt. Es ist darauf abzustellen, ob der Zweck der konkreten Verpflich-

---

[1012] Welser, in Doralt, S. 116; Enderlein/Maskow/Strohbach, Art. 45 Bem. 6.

[1013] Witz/Salger/Lorenz/Witz, Art. 74 Rn. 4.

[1014] Staudinger/Magnus, Art. 74 Rn. 13, Schlechtriem/Stoll, Art. 74 Rn. 8; Herber/Czerwenka, Art.74 Rn. 2; Karollus, S. 207.

tung erfordert, daß ihre Verletzung zum Schadensersatz verpflichtet oder ob sie bloß Voraussetzung für Rechtsnachteile des Berechtigten ist[1015].

Grundsätzlich muß die die Schadensersatzhaftung auslösende Vertragsverletzung bereits begangen worden sein, damit der Käufer den Anspruch geltend machen kann. Ausnahmsweise genügt jedoch bereits eine drohende Vertragsverletzung, wenn die Voraussetzungen der Vertragsaufhebung gem. Art. 72 CISG vorliegen[1016]. Demnach ist eine Vertragsaufhebung bereits vor dem für die Erfüllung bestimmten Zeitpunkt zulässig, wenn offensichtlich ist, daß eine Partei eine wesentliche Vertragsverletzung begehen wird.

II. Haftungsumfang

1. Grundsatz

Gemäß Art. 74 CISG ist dem Gläubiger der infolge der Vertragsverletzung des Schuldners entstandene Verlust einschließlich des entgangenen Gewinns zu ersetzen. Verlust und entgangener Gewinn stehen sich gleich. Die Differenzierung im Text dient nur der Klarstellung gegenüber Rechtsordnungen, die den entgangenen Gewinn nicht zu dem ersatzfähigen Schäden rechnen. Die Vertragsverletzung muß für den entstandenen Schaden kausal im Sinne der Bedingungslehre sein[1017].

Aus der Formulierung des englischen Originaltextes („*a sum equal to the loss*") geht deutlich hervor, daß Ersatz nur in Geld geschuldet wird und demnach nicht der im deutschen Rechtsraum geltende Grundsatz der Naturalrestitution übernommen wurde. Daher schließt der Schadensersatzanspruch nicht die Befugnis ein, von dem Vertrag Abstand zu nehmen und Rückabwicklung zu verlangen.

Der Gläubiger hat einen Anspruch auf vollen Ausgleich der ihm durch die Vertragsverletzung zugefügten Nachteile[1018]. Welche Nachteile dabei in Betracht kommen, ergibt sich aus dem Vergleich der Lage, in der sich der Gläubiger nach der Vertragsverletzung tatsächlich befindet mit derjenigen, in der sich der Gläubiger bei ordnungsgemäßer Erfüllung des Vertrages befinden würde[1019]. Der Schadensersatzanspruch hat also sowohl das Interesse des Gläubigers an den mit der Erfüllung verbundenen Vorteilen (das sog. Erfüllungsinteresse, *expectation interest*) als auch das Interesse daran auszugleichen, nicht durch die Vertragsverletzung Einbußen an vorhandenen Rechten und Gütern, zu erleiden (sog. Integri-

---

1015 Stoll, in Schlechtreim, S. 260; Ryffel, S. 27.
1016 Staudinger/Magnus, Art. 74 Rn. 10; Enderlein/Maskow/Strohbach, Art. 74 Bem.1; Herber/Czerwenka, Art. 72 Rn. 2; Witz/Salger/Lorenz/Witz, Art. 74 Rn. 5; a.A. Schlechtriem/Stoll, Art. 74 Rn. 7; ders., RabelsZ 52, S. 627.
1017 Staudinger/Magnus, Art. 74 Rn. 28.
1018 Enderlein/Maskow/Strohbach, Art. 74 Anm. 4; Bianca/Bonell/Knapp, Art. 74 Anm. 3.2; Schlechtriem/Stoll, Art. 74 Rn. 2; Weler, in: Doralt, S. 126.
1019 Schlechtriem/Stoll, Art. 74 Rn. 2; Staudinger/Magnus, Art. 74 Rn. 26; Kranz, S. 210f.; Schlechriem, Internat. UN-Kaufrecht, Rn. 300.

tätsinteresse, *indemtity interest*)[1020]. Ausgenommen ist gem. Art. 5 CISG die Haftung des Verkäufers für durch die Ware verursachten Tod oder Körperverletzung einer Person[1021]. Insoweit ist auf das jeweils anwendbare nationale Recht zurückzugreifen.

Problematisch könnte sein, ob der Schadensersatz auch das sog. Vertrauensinteresse des Käufers (*reliance interest*) ausgleichen soll, also diejenigen Aufwendungen, die in Erwartung der ordnungsgemäßen Durchführung des Vertrages getätigt worden sind. Gesetz den Fall, würde sich der Schadensersatzanspruch also auf die wertmäßige Herstellung jener Lage richten, in der sich der Käufer befände, wenn er nicht auf die Gültigkeit und Durchführung des Vertrages vertraut hätte. Der Wortlaut von Art. 74 CISG gibt für die Beantwortung der Frage keine Anhaltspunkte. Das Konzept der Verkäuferhaftung als Garantiehaftung spricht eher dagegen, denn es ist eine Haftung für das Nichteinhalten des Erfüllungsversprechens, also primär auf das Erfüllungsinteresse gerichtet. Dennoch gewähren Teile der Literatur dem Käufer ein Wahlrecht zwischen Ausgleich des Erfüllungsinteresses und des Vertrauensinteresses[1022], zum Teil auch für den Fall, daß der Vertrag zur Durchführung gelangt[1023]. Es ist allerdings fraglich, ob man uneingeschränktes Wahlrecht gewähren soll mit dem Argument, zugunsten des Käufers greife bis zum Beweis des Gegenteils eine Rentabilitätsvermutung ein[1024]. Das wäre eine Übertragung von durch die nationale Rechtsprechung entwickelten Regelungen auf das Übereinkommen. Ein solcher Rückgriff ist aber zumindest nicht wünschenswert. Das Vertrauensinteresse ist daher nur dann ausgleichbar, wenn der Gläubiger zur Abstandnahme vom Vertrag befugt ist. Dann hat der Gläubiger ein Wahlrecht, ob er sein Erfüllungs- oder sein Vertrauensinteresse geltend machen will. Eine Kumulation des Ausgleichs für beide Interessen ist unzulässig, denn der Schadensersatz soll nicht der Neuverteilung von Risiken und der Besserstellung des Ersatzberechtigten dienen, sondern tatsächlich entstandene und durch die Vertragsverletzung der anderen Partei verursachte Nachteile beheben.

Das Übereinkommen unterscheidet nicht zwischen unmittelbarem und mittelbarem Schaden. Art. 74 CISG sprich von „Verlust" („*loss*") schlechthin. Zu ersetzen ist daher grundsätzlich der gesamte durch die Vertragsverletzung tatsächlich entstandene Verlust. Einschränkungen können sich aus der Vorhersehbarkeit des Schadens ergeben.

2. Einschränkung durch Voraussehbarkeit des Schadens

Art. 74 S. 2 CISG begrenzt die Ersatzpflicht des Schuldners auf den bei Vertragsschluß vorhersehbaren Schaden. Die Regelung soll jeder Partei ermöglichen,

[1020] Staudinger/Magnus, Art. 74 Rn. 20; Schlechtriem/Stoll, Art. 74 Rn. 2; Karollus. S. 214.
[1021] Hintergrund der Regelung ist, daß man den Komplex der Produkthaftung im Übereinkommen nicht aufnehmen wollte, s. dazu Rummel, in Hoyer/Posch, S. 180; Hoyer, ebenda S. 40f.
[1022] Schlechtriem/Stoll, Art. 74 Rn. 3; Staudinger/Magnus, Art. 74 Rn. 21; Ryffel, S. 48; Karollus, S. 215f.; Schlechtriem, Internat. UN-Kaufrecht, Rn. 308; Schackel, S. 270f..
[1023] Ziegler, S. 207; Stoll, in Schlechtriem, S. 261.
[1024] Stoll, in: Schlechtriem, S. 261; Schlechtiem, Internat. UN-Kaufrecht, Rn. 308.

schon beim Vertragsschluß ihr Haftungsrisiko zu erkennen, um besser kalkulieren zu können und ggf. das Risiko durch Versicherungen abdecken zu können[1025]. Die Voraussehbarkeit bezieht sich laut. Art. 74 S. 2 CISG auf den Verlust als mögliche Folge einer Vertragsverletzung. Auf die Vorhersehbarkeit der Vertragsverletzung oder ein Verschulden an der Vertragsverletzung kommt es nicht an[1026].

Voraussehbarkeit bedeutet, daß der Schuldner oder eine verständige Person in seiner Lage erkennen konnte, daß eine Vertragsverletzung einen Schaden im wesentlichen vom Art und Umfang des tatsächlich eingetretenen verursachen würde. Eine sichere Voraussehbarkeit des Schadens oder eine ziffernmäßige Höhe des Schadensumfanges sind nicht erforderlich. Andererseits genügt auch die stets gegebene Möglichkeit, daß eine Vertragsverletzung irgendeinen Schaden auslösen kann, nicht[1027].

Die Voraussehbarkeit richtet sich also zunächst nach das durch den Vertrag übernommene Haftungsrisiko des Verkäufers. Soweit ausdrückliche vertragliche Vereinbarungen fehlen, ist dieses durch Auslegung zu ermitteln[1028]. Darüber hinaus enthält die Voraussehbarkeitsregel ein normatives Element im Sinne einer Haftungserweiterung[1029]. Das gilt insofern, als der vertragsbrüchigen Partei auch solche Folgen zugerechnet werden, die sie zwar selbst nicht vorausgesehen hat, aber eine vernünftige Person in ihrer Lage bei Vertragsschluß hätte voraussehen können[1030].

Maßgeblicher Zeitpunkt für die Beurteilung, ob eine bestimmte Schadensfolge voraussehbar war, ist gem. Art. 74 S. 2 CISG der Zeitpunkt des Vertragsschlusses. Auch wenn im Streitfall die Voraussehbarkeit erst im Nachhinein beurteilt wird, ist entsprechend dem Zweck der Regelung auf die Lage abzustellen, die bei Risikoübernahme erkennbar war. Das übernommene Haftungsrisiko kann jedoch nicht dadurch erweitert werden, daß der Verkäufer erst nach Vertragsschluß, aber bereits vor der Vertragsverletzung Umstände erfährt oder auf solche hingewiesen wird, die einen außergewöhnlich hohen Schaden als Folge des Vertragsbruchs befürchten lassen[1031].

1025 Schlechtriem, Internat. UN-Kaufrecht, Rn. 302; Staudinger/Magnus, Art. 74 Rn. 31; Schlechtriem/Stoll, Art. 74 Rn. 4; Posch, in: Doralt, S. 177; Piltz, § 5 Rn. 450.

1026 Staudinger/Magnus, Art. 74 Rn. 32; Karollus, S. 217; Bianca/Bonell/Knapp, Art. 74 Anm. 2.9; Enderlein/Maskow/Strohbach, Art. 74 Anm. 8; Schlechtriem/Stoll, Art. 74 Rn. 35; Herber/Czerwenka, Art. 74 Rn. 10; Piltz, § 5 Rn. 450.

1027 Schlechtriem/Stoll, Art. 74 Rn. 37; Staudinger/Magnus, Art. 74 Rn. 34; Bianca/Bonell/Knapp, Art. 74 Bem. 2.9; Herber/Czerwenka, Art. 74 Rn. 10; Kranz, S. 213; Ziegler, S. 210.

1028 Ryffel, S. 61.

1029 Schlechtriem/Stoll, Art. 74 Rn. 36; Karollus, S. 217.

1030 Karollus, S. 217; Ryffel, S. 62; Stoll, in: Schlechtriem, S. 260f.; Staudinger/Magnus, Art. 74 Rn. 35; Piltz, § 5 Rn. 452; Kranz, S. 212.

1031 Ryffel, S. 59; Schlechtriem/Stoll, Art. 74 Rn. 37; Staudinger/Magnus, Art. 74 Rn. 38; Enderlein/Maskow/Strohbach, Art. 74 Anm. 7; Bianca/Bonell/Knapp, Art. 74 Anm. 2. 13.

3. Schadensberechnung

Das Übereinkommen enthält keine allgemeingültige ausdrückliche Regelung über die Schadensberechnung. Nähere Bestimmungen enthält das CISG nur für den Fall der Vertragsaufhebung, Art. 75 und 76 CISG.

a) Grundsatz

Der dem Gläubiger durch die Vertragsverletzung entstandene Schaden ist grundsätzlich konkret zu berechnen[1032]. Der Gläubiger muß daher seinen Schaden einschließlich des entgangenen Gewinns konkret darlegen. Die abstrakte Berechnung des Interesses ist nur unter den besonderen Voraussetzungen des Art. 76 CISG zulässig.

Als berücksichtigungsfähige Posten kommen grundsätzlich alle Positionen in Betracht, die im Handels- und Geschäftsverkehr wirtschaftlichen Wert haben[1033]. Dazu können auch immaterielle Werte wie z. B. good will, Markenechtheit u.a. gehören[1034].

Soweit durch die Vertragsverletzung ein bezifferbarer immaterieller Verlust eingetreten ist, kann der Käufer diesen ersetzt verlangen. Dies wird jedoch nur selten der Fall sein[1035].

b) Schadensberechnung bei Vertragsaufhebung gem. Art. 75 CISG

Die Schadensberechnung nach Art. 75 CISG ist nur dann zulässig, wenn der Vertrag aufgehoben worden ist und ein Deckungsgeschäft tatsächlich abgeschlossen worden ist. Die Vertragsaufhebung muß wirksam und zu Recht erklärt worden sein, denn nur dann gewinnen die Parteien ihre Dispositionsfreiheit zurück[1036]. Daher reicht die bloße Möglichkeit einer Vertragsaufhebung nicht aus.

Das Deckungsgeschäft muß tatsächlich abgeschlossen worden sein, dagegen braucht es noch nicht erfüllt zu sein[1037]. Ein Deckungsgeschäft liegt dann vor, wenn der Ersatzberechtigte in hinreichendem zeitlichem und sachlichem Zusammenhang mit dem ursprünglichen Vertrag ein Ersatzgeschäft vornimmt, um die Folgen der Nichterfüllung damit zu beseitigen[1038]. Ein hinreichender zeitlicher Zusammenhang ist dann gegeben, wenn das Ersatzgeschäft innerhalb angemessener Zeit nach der Vertragsaufhebung abgeschlossen wird. Anknüpfungspunkt für den Beginn des relevanten Zeitraums ist der Zeitpunkt des Wirksamwerdens der Aufhebungserklärung. Vorbeugende Deckungsgeschäfte, die vor der Vertrags-

---

[1032] Schlechtriem/Stoll, Art. 74 Rn. 28; Staudinger/Magnus, Art. 74 Rn. 25; Ryffel, S. 72; Piltz, § 5 Rn. 426; Herber/Czerwenka, Art. 74 Rn. 9; Reinhart, Art. 74 Rn. 3; Stoll, in: Schlechrteim, S. 266.
[1033] Piltz, § 5 Rn. 426.
[1034] Staudinger/Magnus, Art. 74 Rn. 27.
[1035] Ryffel, S. 49f.
[1036] Piltz, § 5 Rn. 428; Karollus, S. 219; Staudinger/Magnus, Art. 75 Rn. 7.
[1037] Staudinger/Magnus, Art. 75 Rn. 13; Karollus, S. 219.
[1038] Staudinger/Magnus, Art. 75 Rn. 10.

aufhebung vereinbart wurden, sind als Abrechnungsgrundlage ungeeignet[1039]. Damit soll Spekulationen zu Lasten des Schadensersatzpflichtigen vorgebeugt werden[1040]. Die Beweislast für das Vorliegen eines Deckungsgeschäfts trägt der Anspruchsteller[1041].

Das Deckungsgeschäft muß in angemessener Weise vorgenommen werden. Der Maßstab korrespondiert mit der Schadensminderungspflicht gem. Art. 77 CISG. Danach ist ein Deckungsgeschäft in angemessener Weise vorgenommen, wenn der Gläubiger sich beim Abschluß des Geschäfts wie ein vorsichtiger und umsichtiger Geschäftsmann verhalten hat und sich um ein möglichst günstiges Geschäft bemüht hat[1042]. Um als Ersatz für den aufgehobenen Vertrag gelten zu können, muß das Deckungsgeschäft diesem im wesentlichen vergleichbar sein[1043]. Die Konditionen des Deckungsgeschäfts müssen mit denen des Ausgangsgeschäfts nicht vollständig deckungsgleich sein. Entscheidend ist vielmehr, ob der Gesamtaufwand bei vergleichbaren Modalitäten – die Beschaffung von Ware gleicher Art und Qualität – vergleichbar ist[1044].

Ist das Deckungsgeschäft angemessen, so hat der Gläubiger einen Anspruch auf die Differenz zwischen dem Vertragspreis und dem Preis des Deckungsgeschäfts. Eine Überprüfung, ob der Differenzschaden als möglicher Schaden voraussehbar i. S. Art. 74 CISG war, findet in aller Regel nicht statt[1045].

Ein über den Differenzschaden hinausgehender Schaden ist demgegenüber gem. Art. 74 CISG zu ersetzen.

c) Abstrakte Schadensberechnung bei Vertragsaufhebung gem. Art. 76 CISG

Ist der Vertrag wirksam aufgehoben worden und hat der Schadensersatzberechtigte kein Deckungsgeschäft gem. Art. 75 CISG vorgenommen, so kann er, soweit die Ware einen Marktpreis hat, die Differenz zwischen dem vertraglich festgelegten Preis und dem Marktpreis verlangen, Art. 76 CISG.

Art. 76 CISG, der eine abstrakte Schadensberechnung zuläßt, stellt eine Ausnahmevorschrift dar. Sie unterstellt ein hypothetisches Deckungsgeschäft zu üblichen Marktbedingungen[1046]. Für die Anwendbarkeit ist die Feststellung erforderlich, daß die Ware laufend Gegenstand von Angebot und Nachfrage ist[1047], so daß ein ermittelbarer Marktpreis gegeben ist. Art. 76 CISG definiert den Begriff

---

1039 Witz/Salger/Lorenz/Witz, Art. 75 Rn. 6.
1040 Ryffel, S. 73.
1041 Witz/Salger/Lorenz/Witz, Art. 75 Rn. 6.
1042 Schlechtriem/Stoll, Art. 75 Rn. 7; Karollus, S. 217; Herber/Czerwenka, Art.75 Rn. 4; Kranz, S. 220 Fn. 2; Staudinger/Magnus, Art. 75 Rn. 16.
1043 Piltz, § 5 Rn. 429; Bianca/Bonell/Knapp, Art. 75 Bem. 2.4.
1044 Witz/Salger/Lorenz/Witz, Art. 75 Rn. 8.
1045 Rummel, in: Hoyer/Posch, S. 183.
1046 Ryffel, S. 75.
1047 Witz/Salger/Lorenz/Witz, Art. 76 Rn. 3.

des Marktpreises nicht, legt nur seinen zeitlichen und örtlichen Bezug fest. Unter Heranziehung der Preisbestimmungen gem. Art. 55 CISG analog läßt sich als Marktpreis der Preis bezeichnen, der für Waren gleicher Art berechnet wird, die in dem betreffenden Geschäftszweig unter vergleichbaren Umständen gehandelt werden[1048]. Nur Geschäftsabschlüsse über qualitativ gleichwertige Ware auf derselben Vertriebsstufe kommen in Betracht[1049]. Unzulässig ist die mittelbare Errechnung des Marktpreises unter Berücksichtigung des Preises der Basisprodukte und der Veredelungskosten[1050].

Maßgeblicher Ort für die Ermittlung des Marktpreises ist gem. Art. 76 Abs. 2 CISG derjenige, an dem die Ware hätte geliefert werden sollen oder vertragsgemäß geliefert worden ist. Ist für den Lieferort kein Marktpreis feststellbar, so ist der Marktpreis an einem angemessenen Ersatzort heranzuziehen. Als Ersatzorte kommen solche in Betracht, in denen vergleichbare Marktbedingungen herrschen und an denen die gleiche Ware gehandelt wird[1051].

Ein weiterer, über der Preisdifferenz hinausgehender Schaden ist wiederum nur nach Maßgabe des Art. 74 CISG zu ersetzen.

Maßgeblich ist grundsätzlich der Marktpreis zum Zeitpunkt der Vertragsaufhebung (Art. 76 Abs.1 S. 1 CISG). Das ist gem. Art. 27 CISG der Zeitpunkt, zu dem die Aufhebungserklärung auf geeignetem Wege abgeschickt wird. Hat der Ersatzberechtigte die Ware allerdings schon übernommen, so gilt der Marktpreis zur Zeit der Übernahme (Art. 76 Abs. 1 S. 2 CISG). Unter Übernahme ist die Besitzerlangung durch den Gläubiger oder durch eine von ihm dazu ermächtigte Person zu verstehen. Die Vorschrift eröffnet dem Käufer gewisse Einflußmöglichkeiten auf den maßgeblichen Marktpreis. Eine erkennbar mißbräuchliche, spekulative Verzögerung des Zeitpunktes der Vertragsaufhebung ist über die Schadensminderungsobliegenheit gem. Art. 77 CISG zu berücksichtigen.

4. Schadensminderungspflicht

Die ersatzberechtigte Partei ist ihrerseits gem. Art. 77 CISG verpflichtet, alle angemessenen Maßnahmen zu ergreifen, um den Verlust so niedrig wie möglich zu halten. Genügt sie dieser Schadensminderungspflicht nicht, so kann die vertragsbrüchige Partei insoweit eine Reduzierung des Schadensersatzes verlangen, als der Schaden durch vernünftige Maßnahmen seitens des Gläubigers hätte vermieden werden können.

Trotz des etwas mißverständlichen Wortlauts bezieht sich die Schadensminderungspflicht nicht nur auf die Verringerung bereits entstandener Schäden, son-

---

[1048] Staudinger/Magnus, Art. 76 Rn. 13; Herber/Czerwenka, Art. 76 Rn. 6.
[1049] Witz/Salger/Lorenz/Witz, Art. 76 Rn. 9.
[1050] Piltz, NJW 1994, 1106.
[1051] Herber/Czerwenka, Art. 76 Rn. 8.

dern auch auf die Verhütung künftiger Schäden[1052]. Bei anderem Verständnis würde man gegen den Grundgedanken der Norm, daß vermeidbare Verluste nicht entschädigungswürdig sind, verstoßen[1053].

Bei der Schadensminderungspflicht des Art. 77 CISG handelt es sich um eine Obliegenheit und nicht um eine echte Rechtspflicht[1054]. Ihre Erfüllung kann nicht erzwungen werden und ihre Versäumung führt zu Rechtsnachteilen für den Pflichtigen, nicht aber zu Schadensersatzansprüchen der anderen Partei. Dies bringt auch Art. 77 CISG zum Ausdruck, indem er lediglich die Herabsetzung des Schadensersatzanspruchs vorsieht, nicht jedoch einen selbständigen Anspruch gewährt.

Der Ersatzberechtigte hat alle zur Schadensverringerung angemessenen Maßnahmen zu ergreifen, gleichgültig, ob es sich um Handlungen oder Unterlassungen handelt. Die Angemessenheit richtet sich nach den Umständen des Einzelfalles und hat den Besonderheiten des konkreten Geschäfts und des abzuwendenden Schadens Rechnung zu tragen[1055]. Dabei ist auf das Verhalten eines verständigen Ersatzberechtigten in gleicher Lage unter Berücksichtigung der einschlägigen Gebräuche (Art. 9 CISG), abzustellen[1056]. Demnach obliegen dem Käufer nur solche Maßnahmen, die nach Treu und Glauben erwartet werden dürfen[1057].

Verstößt der Gläubiger gegen seine Schadensminderungspflicht, so ist sein Anspruch in der Höhe, in der der Schaden hätte vermieden werden können, ausgeschlossen[1058]. Eine Gestaltungserklärung des Schadensersatzpflichtigen ist nicht notwendig[1059], es handelt sich bei Art. 77 CISG um eine von Amts wegen zu berücksichtigende Einwendung[1060], nicht um eine Einrede[1061].

5. Zusammenfassung: Haftungsumfang

Der Schadensersatzanspruch umfaßt grundsätzlich alle dem Käufer infolge der

---

[1052] Kranz, S. 228; Ryffel, S. 81; Staudinger/Magnus, Art. 77 Rn. 8; Schlechtriem/Stoll, Art. 77 Rn. 1; Herber/Czerwenka, Art. 77 Rn. 4.

[1053] Piltz, § 5 Rn. 459; Staudinger/Magnus, Art. 77 Rn. 2; Schlechtriem/Stoll, Art. 77 Rn. 3.

[1054] Schlechtriem/Stoll, Art. 77 Rn. 4; Staudinger/Magnus, Art. 77 Rn. 5; Kranz, S. 228; Ryffel, S. 80; Herber/Czerwenka, Art. 77 Rn. 2; Soergel/Lüderitz/Dettmeier, Art. 77 Rn. 1; Ziegler, S. 214; BGHZ 141, 129, 135; mißverständlich Rummel, in: Hoyer/Posch, S. 183, der von einer „echten Schadensminderungspflicht" spricht, als Rechtsfolge aber nur die Herabsetzung des Schadensersatzanspruchs zuläßt, als Verlust eigener Rechte.

[1055] Ryffel, S. 81; Staudinger/Magnus, Art. 77 Rn. 11; Piltz, § 5 Rn. 462; Hutter, S. 196.

[1056] Schlechtriem, Internat. UN-Kaufrecht, Rn. 315; Schlechtriem/Stoll, Art. 77 Rn. 9.

[1057] Witz/Salger/Lorenz/Witz, Art. 77 Rn. 9.

[1058] Karollus, S. 225; Hutter, S. 197; Stoll, in: Schlechtreim, S. 268; Schlechtriem/Stoll, Art. 77 Rn. 12; Staudinger/Magnus, Art. 77 Rn. 19.

[1059] Piltz, § 5 Rn. 464; Kranz, S. 231 Fn. 5.

[1060] Hutter, S. 197; Schlechtriem/Stoll, Art. 77 Rn. 12; Staudinger/Magnus, Art. 77 Rn. 21; Herber/Czerwenka, Art. 77 Rn. 8; Ziegler, S. 214; Witz/Salger/Lorenz/Witz, Art. 77 Rn. 13.

[1061] so aber Schlechtriem, Internat. UN-Kaufrecht, Rn. 316.

Vertragsverletzung des Verkäufers entstandene Verluste einschließlich des entgangenen Gewinns. Der Schadensersatzanspruch hat grundsätzlich sowohl das Interesse des Gläubigers an den mit der Erfüllung verbundenen Vorteilen (das sog. Erfüllungsinteresse) als auch das Interesse durch die Vertragsverletzung keine Einbußen an bereits vorhandenen Rechten und Gütern zu erleiden (sog. Integritätsinteresse).

Die dem Käufer entstandenen Schäden sind ersetzbar, soweit beim Vertragsschluß voraussehbar war. Voraussehbarkeit bedeutet, daß der Schuldner oder eine verständige Person in seiner Lage erkennen konnte, daß eine Vertragsverletzung einen Schaden vom Art und Umfang des tatsächlich eingetretenen verursachen würde. Nicht ersetzbar sind auch solche Schäden, die der Käufer bei sorgfältiger Beachtung seiner Schadensminderungsobliegenheit hätte vermeiden können.

Der Käufer kann seinen Schaden grundsätzliche konkret, anhand der Kosten für einen vergleichbaren Deckungskauf, berechen. Soweit ein Markt für die Ware vorhanden ist, kann der u. U. den Schaden auch abstrakt berechnen.

III. Haftungsbefreiung des Schuldners

Als Korrelat zu der verschuldensunabhängigen Haftung des Schuldners sieht Art. 79 CISG eine Haftungsbefreiung vor. Gemäß Art. 79 CISG hat eine Partei für die Nichterfüllung einer ihrer Pflichten nicht einzustehen, wenn sie nachweist, daß die Nichterfüllung auf einem außerhalb ihres Einflußbereiches liegenden Hinderungsgrund beruht und daß von ihr vernünftigerweise nicht erwartet werden konnte, den Hinderungsgrund bei Vertragsabschluß in Betracht zu ziehen oder ihn oder seine Folgen zu vermeiden oder zu überwinden.

Art. 79 CISG erhebt also die mangelnde Beherrschbarkeit eines Risikos zum allgemeinen Entlastungsprinzip. Die Beherrschbarkeit darf jedoch nicht rein abstrakt, ohne Berücksichtigung des Vertragsinhalts beurteilt werden[1062]. Soweit ausdrückliche vertragliche Regelungen fehlen, ist der Vertragsinhalt darauf zu untersuchen, wie nach dem objektiven Sinn des Vertrages bei verständiger Interpretation des Parteiwillens (Art. 8 CISG) die Risikoverteilung vorzunehmen ist[1063]. Die Beherrschbarkeit eines Risikos ist daher nur ein Indiz dafür, daß der Schuldner mit Vertragsschluß die Einstandspflicht für die Überwindung des Risikos übernommen hat. Dieses Indiz kann aber widerlegt werden[1064]. Die Entlastung kann bezüglich aller Vertragspflichten eingreifen, die gegenüber der anderen Vertragspartei bestehen[1065].

[1062] Keil, S. 37f.; Schlechtriem/Stoll, Art. 79 Rn. 7; Honnold, Rn. 424.
[1063] Keil, S. 38.
[1064] Schlechtriem/Stoll, Art. 79 Rn. 7.
[1065] Staudinger/Magnus, Art. 79 Rn. 11.

1. Voraussetzungen der Entlastung

Zu seiner Entlastung muß der Schuldner gem. Art. 79 Abs. 1 CISG zweierlei nachweisen: zunächst, daß der der Erfüllung entgegenstehende Hinderungsgrund außerhalb seines Einflußbereichs liegt und dann, daß von ihm nicht erwartet werden konnte, diesen Hinderungsgrund bei Vertragsabschluß in Betracht zu ziehen, zu vermeiden oder dessen Folgen zu überwinden.

a) Hinderungsgrund

Die Nichterfüllung einer vertraglichen Pflicht muß auf einem Hinderungsgrund beruhen, d. h. es muß objektiv ein Hindernis vorliegen, das die Vertragserfüllung verhindert. Es spielt dabei keine Rolle, ob das Hindernis schon vor dem Vertragsschluß bestand oder erst später entstanden ist[1066].

Gewisse Unsicherheiten bei der Bestimmung der Hinderungsgründe entstehen durch den Gebrauch des Begriffs *„impediment"*. Die Vorgängernorm des heutigen Art. 79 CISG, Art. 74 EKG benutzte eine elastischere Umschreibung von leistungshindernden Umständen - *„circumstance"*[1067]. In diesem Wechsel der Begriffe wird zum Teil eine sachliche Neuorientierung gesehen, vor allem bei der praktisch wichtigen Frage, ob sich der Verkäufer, der fehlerhafte Ware geliefert hat, auf Art. 79 CISG berufen kann[1068]. Der Begriff „Umstände" umfaßt alle Fälle der Nichterfüllung, so daß keine Zweifel aufkommen, ob eine Schlechterfüllung ein Leistungshindernis sein kann[1069]. Der Begriff *„impediment"* soll die Berufung auf Art. 79 CISG im Falle mangelhafter Lieferung ausschließen, weil das durch die enge Auslegung geboten wird. Diese Auffassung hat ihre Hintergründe im wesentlichen in dem nationalen englischen und amerikanischen Recht[1070]. Der bloße Begriffwechsel rechtfertigt jedoch nicht den Ausschuß der Berufung auf Art. 79 CISG in Fällen mangelhafter Lieferung. Es ist zu beachten, daß die Verfasser bemüht waren, möglichst dogmatisch unvorbelastete Begriffe zu verwenden und daß für die Auslegung eines Begriffs nicht das Verständnis einer nationalen Rechtsordnung zugrunde gelegt werden soll[1071]. Das Übereinkommen kennt im Rahmen der allgemeinen Lieferpflicht, die Verpflichtung des Verkäufers, die Ware frei von Mängeln zu verschaffen. Erfüllt der Verkäufer diese Verpflichtung nicht, so ist auch in diesem Fall nach einer nicht beherrschbaren Behinderung zu fragen. Es besteht kein zwingender Grund, die Entlastungsmöglichkeit von vornherein auf bestimmte Formen der Nichterfüllung zu beschränken[1072]. Die Verwendung des Begriffs *„impediment"* dient dazu, die Entlastungsklausel zu objektivie-

---

[1066] Hutter, S. 205.
[1067] Stoll, in: Schlechtriem, S. 271.
[1068] Honnold, Art. 79 Rn. 427.
[1069] Lautenbach, S. 33; Bartels/Motomura, S. 663.
[1070] Schlechtriem/Stoll, Art. 79 Rn. 12.
[1071] Keil, S. 36.
[1072] Schlechtriem/Stoll, Art. 79 Rn. 12.

ren[1073] und auf das Erfordernis einer gewissen Schwere des Hindernisses hinzudeuten[1074].

b) Hinderungsgrund außerhalb des Einflußbereichs

Das Leistungshindernis muß außerhalb des Einflußbereichs des Schuldners liegen („*beyond his control*"). Die Formulierung geht davon aus, daß es einen typischen Verantwortungsbereich gibt, für den der Schuldner grundsätzlich einzustehen hat[1075]. Der Schuldner haftet für alle Störungen, die er schon aufgrund seiner Herrschaft über die Vorgänge, die zur Vorbereitung, Organisation und Durchführung der Erfüllung gehören, hätte abwenden können, dies aber nicht getan hat[1076]. Zu dem typischen Verantwortungsbereich des Schuldners gehören auch alle persönlichen Umstände. So begründen z. B. Erkrankung, Tod oder Verhaftung des Verkäufers keinen entlastenden Grund i. S. Art. 79 CISG [1077], weil der Schuldner seinen Geschäftsbetrieb so zu organisieren hat, daß der Ausfall seiner Person nicht der Vertragsabwicklung entgegensteht[1078]. Selbstverständlich gehören zu dem Verantwortungsbereich des Schuldners Leistungshindernisse, die er selbst oder seine Leute schuldhaft herbeigeführt haben. Schuldunfähigkeit oder persönliche Entschuldbarkeit des Versagens ändern nichts daran. Selbst ein entschuldbarer Rechtsirrtum ist kein Hinderungsgrund i. S. Art. 79 CISG[1079].

Die Hinderungsgründe, die nicht im Einflußbereich des Verkäufers liegen, können vielfältig sein. Dazu gehören vor allem Naturkatastrophen, Kriegsausbrüche, staatliche Eingriffe wie Ein- oder Ausfuhrverbote, Embargos, Boykotte und ähnliche Vorgänge[1080]. Auch allgemeine, nicht um die Arbeitsbedingungen im Betrieb des Schuldners geführte Arbeitskämpfe, insbesondere ein politischer Streik, können Entlastungsgründe i. S. Art. 79 CISG sein, soweit sie beim Vertragsschluß nicht in Betracht zu ziehen waren und deren Folgen nicht durch zumutbare Maßnahmen zu überwinden sind[1081].

c) Keine Voraussehbarkeit oder Vermeidbarkeit des Hinderungsgrundes

Selbst für einen Hinderungsgrund, der außerhalb seines Einflußbereiches liegt, hat der Schuldner einzustehen, wenn von ihm vernünftigerweise erwartet werden kann, daß er diesen Hinderungsgrund bei Abschluß des Vertrages in Betracht zieht, ihn oder seine Folgen vermeidet oder überwindet.

[1073] Keil, S. 36f.; Schlechtriem/Stoll, Art. 79 Rn. 17.
[1074] Hutter, S. 205.
[1075] Piltz, § 4 Rn. 228; Karollus, S. 207f.
[1076] Schlechtreim, Einheitliches UN-Kaufrecht, S. 95; Welser, in: Doralt, S. 128; Ryffel, S. 90.
[1077] Schlechtriem/Stoll, Art. 79 Rn. 17; Ryffel, S. 90; Karollus, S. 208; Piltz, § 4 Rn. 225.
[1078] Keil, S. 106.
[1079] Schlechtriem/Stoll, Art. 79 Rn. 17.
[1080] Staudinger/Magnus, Art. 79 Rn. 27f.; Herber/Czerwenka, Art. 79 Rn. 8 („höhere Gewalt"); Kranz, S. 199; Ryffel, S. 90f.; Schlechtriem/Stoll, Art. 79 Rn. 20f.; van Houtte, 4.52.
[1081] Keil, S. 169; Piltz, § 4 Rn. 229.

Die Unvorhersehbarkeit, also daß der Verkäufer den Hinderungsgrund nicht in Betracht zu ziehen brauchte, dürfte in der Praxis am schwierigsten nachzuweisen sein[1082]. Denn es gibt kaum einen Zustand oder ein Geschehen, der bzw. das bei abstrakter Betrachtung nicht vorhersehbar wäre. Entscheidend kann daher nur sein, ob eine vernünftige Person in der Lage des Schuldners bei Vertragsabschluß nach den konkreten Umständen mit einer gewissen Wahrscheinlichkeit mit der Existenz oder dem Auftreten eines Hindernisses rechnen mußte[1083].

Selbst ein bei Vertragsabschluß unvorhersehbares Hindernis entlastet den Schuldner nicht, wenn er das Hindernis oder seine Folgen noch vermeiden oder überwinden kann[1084]. Der Schuldner muß daher alle zumutbaren Anstrengungen unternehmen, um den Vertrag dennoch zu erfüllen. Ausschlaggebend ist dabei, was der Schuldner objektiv und tatsächlich hätte tun können, um das Hindernis zu vermeiden bzw. zu überwinden[1085]. Bei der Frage, ob die Vermeidung dem Verkäufer zumutbar war, ist ein strenger Maßstab zugrundezulegen[1086]. Dem Schuldner wird insbesondere auch zugemutet, die zur Einhaltung des Vertrages erforderlichen erheblichen Mehraufwendungen zu tragen und damit das Geschäft mit Verlust abzuwickeln[1087].

2. Haftung für Dritte

Art. 79 Abs. 2 CISG sieht eine Entlastungsmöglichkeit für den Fall vor, daß die Nichterfüllung einer Pflicht des Schuldners auf der Nichterfüllung eines Dritten beruht, dessen sich der Schuldner zur völligen oder teilweisen Vertragserfüllung bedient. Voraussetzung hierfür ist, daß der Schuldner selbst gem. Art. 79 Abs. 1 CISG befreit ist *und* daß der Dritte bei hypothetischer Anwendung des Art. 79 Abs. 1 CISG selbst nach dieser Bestimmung befreit wäre.

Für die Beantwortung der Frage, wer Dritter i. S. Art. 79 Abs. 2 CISG ist, ist eine Differenzierung geboten. Bedient sich der Schuldner zur Vertragserfüllung eigener Leute, die seinem Betrieb angehören oder sonst seiner Kontrolle unterliegen, so hat er für deren Fehlleistungen stets nach Art. 79 Abs. 1 CISG einzustehen[1088]. In der Organisation des Schuldners eingegliederte Personen gehören zu seinem Einflußbereich. Dritte i. S. v. Art. 79 Abs. 2 CISG können daher nur selbständige Unternehmer sein, denen die Erfüllung des Vertrages vom Schuldner ganz oder teilweise übertragen wurde[1089]. Werden Dritte nicht zur Erfüllung gegenüber dem

---

1082 Piltz, § 4 Rn. 232.

1083 Schlechtriem/Stoll, Art. 79 Rn. 23; Piltz, § 4 Rn. 232; Enderlein/Maskow/Strohbach, Art. 79 Anm. 5.3; Herber/Czerwenka, Art. 79 Rn. 11; Bianca/Bonell/Tallon, Art. 79 Anm. 2.6.3..

1084 Staudinger/Magnus, Art. 79 Rn. 34; Herber/Czerwenka, Art. 79 Rn. 12; Piltz, § 4 Rn. 233; Schlechtriem/Stoll, Art. 79 Rn. 24.

1085 Lautenbach, S. 31; Bartels/Motomura, S. 664.

1086 Piltz, § 4 Rn. 235; Schlechtriem/Stoll, Art. 79 Rn. 25.

1087 Karollus, S. 209.

1088 Welser, in. Doralt, S. 130; Ryffel, S. 99; Rummel, in: Hoyer/Posch, S. 190; Keil, S. 146f.

1089 Karollus, S. 211; Schlechtriem/Stoll, Art. 79 Rn. 35; Staudinger/Magnus, Art. 79 Rn. 38; Kranz, S. 202; Herber/Czerwenka, Art. 79 Rn. 16; Enderlein/Maskow/Strohbach, Art. 79 Anm. 7.2; Bianca/Bonell/Tallon, Art. 79 Anm. 2.7.1.

Gläubiger eingesetzt, sondern ist ihre Leistung nur Voraussetzung für die Erfüllung durch den Schuldner, so ist nicht Art. 79 Abs. 2 CISG, sondern Abs. 1 anwendbar[1090]. Unter diesen Personenkreis fallen vor allem Zulieferer, für deren Fehlleistungen der Schuldner also stets einzustehen hat.

Die Bedeutung von Art. 79 Abs. 2 CISG liegt darin, daß der Schuldner auch für selbständig handelnde Dritte einzustehen hat, soweit diese die Erfüllung des Vertrages übernommen haben. Die Übertragung der Erfüllungsverpflichtung auf Dritte fällt also in den Risikobereich des Verkäufers[1091]. Die Vorschrift enthält insoweit eine Haftungsverschärfung[1092].

3. Mitteilungspflicht

Der Verkäufer, der sich auf einen Hinderungsgrund berufen will, muß diesen Grund und seine Auswirkung auf seine Erfüllungsfähigkeit dem Käufer binnen angemessener Frist mitteilen, Art. 79 Abs. 4 CISG. Die Benachrichtigung soll der anderen Partei die Möglichkeit geben, selbst rasche Abhilfemaßnahmen zu treffen[1093].

Die Mitteilung ist, sofern Art. 12 CISG nicht eingreift, an keine Form gebunden, bedarf aber abweichend von Art. 27 CISG des Zugangs innerhalb einer angemessenen Frist. Eine fehlende, ungenügende oder verspätete Mitteilung schließt die Entlastung des Schuldners nicht aus, verpflichtet ihn aber zum Ersatz derjenigen Schäden, die durch die nicht ordnungsgemäße Mitteilung entstanden sind.

4. Dauer der Haftungsbefreiung

Liegt ein Hinderungsgrund gem. Art. 79 Abs. 1 oder 2 CISG vor, so entlastet er den Schuldner nur, solange er vorliegt, Art. 79 Abs. 3 CISG. Somit schuldet der Verkäufer nur für die Zeit des Bestehens des Leistungshindernisses keinen Schadensersatz. Fällt das Hindernis später weg, so trifft ihn wieder die ganze Verantwortung, jedoch wird für die Zeit des Bestehens des Hinderungsgrundes kein Verzugsschaden geschuldet[1094].

IV. Zusammenfassung: Schadensersatz nach CISG

Dem Käufer steht grundsätzlich bei jeder Art von Vertragsverletzung des Verkäufers und unabhängig von der Geltendmachung anderer Rechtsbehelfe ein Scha-

---

[1090] Stoll, in: Schlechtriem, S. 277; Welser, in: Doralt, S. 131; Kranz, S. 203; Ryffel, S. 101; Karollus, S. 212; Enderlein/Maskow/Strohbach, Art. 79 Anm. 7.2; Bianca/Bonell/Tallon, Art. 79 Bem. 2.7.1.
[1091] Ryffel, S. 103.
[1092] Schlechtriem/Stoll, Art. 79 Rn. 35.
[1093] Staudinger/Magnus, Art. 79 Rn. 45; van Houtte, 4.52.
[1094] Staudinger/Magnus, Art. 79 Rn. 44; Hutter, S. 218; Herber/Czerwenka, Art. 79 Rn. 20; Schlechtriem/Stoll. Art. 79 Rn. 48.

densersatzanspruch zu. Die Schadensersatzhaftung ist grundsätzlich eine Garantiehaftung, so daß es auf die Frage des Verschuldens nicht ankommt.

Zu ersetzen ist der infolge der Vertragsverletzung des Schuldners entstandene Verlust, einschließlich des entgangenen Gewinns (Art. 74 CISG). Der Schadensersatzanspruch dient sowohl dem Ausgleich des Gläubigerinteresses an die mit der Erfüllung verbundenen Vorteilen (sog. Erfüllungsinteresse), als auch des Interesses, keine durch die Vertragsverletzung verursachten Einbußen an bereits vorhandenen Rechten und Gütern zu erleiden (sog. Integritätsinteresse). Nach hier vertretener Ansicht ist das Vertrauensinteresse des Gläubigers nur dann ausgleichfähig, wenn der Gläubiger zur Abstandnahme vom Vertrag befugt ist. Nur dann hat der Gläubiger ein Wahlrecht, ob er sein Erfüllungs- oder sein Vertrauensinteresse geltend machen will. Eine Kumulation des Ausgleichs für beide Interessen ist unzulässig, da der Schadensersatz nicht der Neuverteilung von Risiken dienen soll.

Der entstandene Schaden ist grundsätzlich konkret zu berechnen (Art. 75 CISG). Ausnahmsweise kann der Schaden aufgrund eines hypothetischen Deckungskaufes abgerechnet werden, soweit ein Marktpreis für die geschuldete Ware besteht (Art. 76 CISG).

Um die scharfe Haftung des Verkäufers abzumildern, sieht das Übereinkommen eine Haftungsbefreiung für den Fall vor, daß die Vertragsverletzung auf einem Hindernisgrund beruht, der außerhalb des Einflußbereiches des Verkäufers liegt und der bzw. dessen Folgen weder voraussehbar noch vermeidbar sind (Art. 79 CISG). Grundlage dieser Regelung ist die Überlegung, daß die mangelnde Beherrschbarkeit eines Risikos zur Entlastung führen muß. Ob ein Risiko beherrschbar ist, ist nicht rein abstrakt, sondern unter Heranziehung der vertraglich vereinbarten Risikoverteilung zu beurteilen.

B. Schadensersatzansprüche des Käufers nach bulgarischem Recht

Nach bulgarischem Recht hat der Käufer unabhängig von der Ausübung anderer Rechtsbehelfe das Recht, vom Verkäufer Ersatz für die durch die Nichterfüllung oder Schlechterfüllung verursachten Schäden, zu verlangen.

I. Haftungsgründe

Das GVV enthält eine Reihe von Tatbeständen, die dem Gläubiger Schadensersatz gewähren. Die Voraussetzungen der Schadensersatzansprüche des Käufers richten sich zunächst nach dem Grund der Verkäuferhaftung.

1. Pflichtverletzung

Erste Voraussetzung für das Entstehen der Verkäuferhaftung ist eine von ihm begangene Pflichtverletzung. Im folgenden werden die gesetzlich typisierten Pflichtverletzungen dargestellt.

a) Nichterfüllung

Gemäß Art. 79 Abs. 1, 2. Alt. GVV kann der Gläubiger Schadensersatz wegen Nichterfüllung verlangen, wenn der Schuldner seine Verpflichtung nicht oder nicht genau erfüllt[1095]. Nichterfüllung liegt dann vor, wenn der Schuldner den geschuldeten Erfolg nicht herbeigeführt hat. Eine vollständige Nichterfüllung liegt dann vor, wenn der Schuldner keine der ihm obliegenden Handlungen vorgenommen hat oder wenn er so spät oder so schlecht erfüllt hat, daß die Erfüllung für den Gläubiger nutzlos geworden ist[1096]. Ungenau ist jede Erfüllung, die von der vertraglich vereinbarten Art und Weise abweicht.

b) Verzug

Gemäß Art. 79 Abs. 1, 1. Alt. GVV kann der Käufer sein Erfüllungsbegehren mit der Forderung nach Ersatz der ihm entstandenen Verzugsschäden verknüpfen.

Der Verkäufer gerät in Verzug, wenn er nicht zu dem richtigen Zeitpunkt erfüllt und dies zu vertreten hat, Art. 84 i.V. Art. 81 GVV . Ist für die Erfüllung ein bestimmter Tag vereinbart worden, so gerät der Schuldner mit Verstreichen des Tages in Verzug, Art. 84 Abs. 1 GVV. Ist kein bestimmter Tag vereinbart worden, so gerät der Schuldner in Verzug, wenn er die durch die Erfüllungsaufforderung des Gläubigers gewährte Frist verstreichen läßt. Der Verzug ist dann ausgeschlossen, wenn der Verkäufer die Verzögerung der Leistung nicht zu vertreten hat, Art. 81 Abs. 1 GVV.

c) Mängel der Sache

Der Käufer kann gem. Art. 195 Abs. 2 GVV Schadensersatz nach den allgemeinen Regeln über Nichterfüllung verlangen, wenn die verkaufte Sache mit Mängeln behaftet ist. Hintergrund der Regelung ist, daß die Übergabe von mangelhaften Sachen eine Nichterfüllung der vertraglichen Qualitätsverpflichtung darstellt[1097].

Ein Mangel ist jede zum Zeitpunkt des Gefahrüberganges vorhandene oder angelegte nachteilige Qualitätsabweichung, die den Preis der verkauften Sache oder ihre Brauchbarkeit zur gewöhnlichen oder vertraglich vereinbarten Nutzung wesentlich mindert. Um sich auf die Haftung des Verkäufers berufen zu dürfen, muß der Käufer den Mangel rechtzeitig gerügt haben (Art. 194 GVV; Art. 324 HG). Der Schadensersatzanspruch steht dem Käufer unabhängig von der Ausübung anderer Rechtsbehelfe zu.

[1095] ВС Nr. 1511 v. 6.X. 1995 дело Nr. 2551/94, V. Z.S; Urteil des СГС vom 11.04.2003 дело 1599/2002.
[1096] Христофоров/НеделчеваS. 61.
[1097] Големинов, Правна същина на отговорността, S. 22.

d) Vertragsaufhebung

Liegen Vertragsverletzungen vor, die das Erfüllungsinteresse des Käufers nachhaltig beeinträchtigen, so kann der Käufer gem. Art. 87 GVV den Vertrag für aufgehoben erklären[1098]. Trotz des rückwirkenden Wegfalls des Vertrages[1099] kann der Käufer gem. Art. 88 Abs. 1 S. 2 GVV Schadensersatz wegen Nichterfüllung verlangen. Das gleiche Recht hat der Käufer auch dann, wenn er den Vertrag wegen Mängel der Sache nach Art. 195 GVV oder Eviktion gem. Art. 189, 190 GVV aufhebt.

2. Verschulden

Die Pflichtverletzung führt nur dann zu einer Schadensersatzhaftung des Verkäufers, wenn sie schuldhaft begangen wurde. Gemäß Art. 81 Abs. 1 GVV haftet der Schuldner nicht, wenn die Unmöglichkeit der Erfüllung auf einem Umstand beruht, den der Schuldner nicht zu vertreten hat[1100]. Als solche Umstände kommen sowohl Natur- und Staatsgewalt, als auch Kapazitäts-, Technologie-, Mitarbeiter- oder Lieferschwierigkeiten in Betracht [1101]. Der Ursprung des Hinderungsgrundes ist nicht relevant. Entscheidend ist, daß der Umstand, der den Schuldner an der Erfüllung gehindert hat, zufällig, unvorhergesehen und unvorhersehbar war und nicht von seinem Willen abhing[1102]. Die Nichterfüllung muß trotz Anwendung der erforderlichen Sorgfalt unvermeidbar sein[1103].

Problematisch erscheint die Entlastung des Schuldners, wenn seine Nichterfüllung durch Verhalten seiner Zulieferer verursacht wurde. Für Dritte, die der Verkäufer zur Erfüllung seiner Verbindlichkeiten gegenüber dem Käufer einsetzt, hat er voll einzustehen[1104]. Der Zulieferer ist aber kein solcher Erfüllungsgehilfe. Seine Handlungen dienen der Beschaffung der Sache, die noch verkauft werden soll oder schon verkauft worden ist.

Es müssen zwei Konstellationen unterschieden werden: a) der Verkäufer kann seine Verpflichtungen wegen eines Umstandes nicht erfüllen, den der Zulieferer zu vertreten hat und b) den Zulieferer trifft kein Verschulden an der Nichterfüllung seiner Pflichten. Das GVV enthält keine explizite Regelung dieses Problems. Das bis 1993 geltende Gesetz über die Verträge der sozialistischen Organisationen

---

1098 s. näher zur Vertragsaufhebung nach bulgarischem Recht Seite 219 ff.

1099 Таджер, Неустойката, S. 79. Es herrscht zum Teil Streit in der bulgarischen juristischen Literatur über die Natur der Haftung. Eine Mindermeinung vertritt die Auffassung, daß wegen der Aufhebung des Vertrages die Haftung deliktischer Natur sei. Die herrschende Meinung und die Rechtsprechung sehen die Haftung des Verkäufers als vertragliche Haftung an. S. näher Стефанов, S. 47ff.

1100 Eine dem Text treue Übersetzung wäre – „einem Umstand, der ihm nicht zum Verschulden zugerechnet werden kann".

1101 Големинов, Освобождаване от отговорност, S. 102ff.; ВС Nr. 1790/1955, IV. гр. о., Bd. 1955, 361; ВС Nr. 1441/1956, IV. гр. о., Bd. 1956, 56.

1102 ВС Nr. 2633/1972, I. гр. о., Bd. 1975, H. 9, S. 20; ОС БДА Nr. 336/1962.

1103 Големинов, Освобождаване от отговорност, S. 107; Цачев, Bd. I, S. 368.

1104 Кожухаров, Облигационно право I, S. 239; Христофоров/НеделчеваS. 65.

hat in Art. 38 Abs. 2 die Haftungsbefreiung des Lieferanten dann vorgesehen, wenn den Lieferanten selbst kein Verschulden vorzuwerfen war und seinen Lieferanten auch kein Verschulden bezüglich der Nichterfüllung traf. Der Lieferant müßte also die Erfüllungsschwierigkeiten seines Zulieferers nicht voraussehen können und alles Erforderliche getan haben, um die Erfüllung seiner Pflichten doch noch zu ermöglichen. Der in Art. 38 Abs. 2 GVSO enthaltene Rechtsgedanke bleibt auch nach Aufhebung des Gesetzes gültig. Denn er enthält eine sinnvolle Risikoverteilung. Nur wenn keiner der Beteiligten die Nichterfüllung zu vertreten hat, kann das Risiko dem Gläubiger angelastet werden. Hat der Zulieferer dagegen schuldhaft nicht erfüllt, so hat der Verkäufer einen Schadensersatzanspruch gegen ihn. Im Rahmen dessen kann der Verkäufer auch den Schaden geltend machen, der ihm durch die Haftung gegenüber dem Käufer entstanden ist. Diese Regreßmöglichkeit des Verkäufers ist von seiner Organisation unabhängig, daher hat das aufgehobene GVSO lediglich ein allgemeingültiges Prinzip zum Ausdruck gebracht.

Der Schuldner wird von der Schuldvermutung befreit, wenn er darlegt und beweist, daß die erfüllungshindernden Umstände zufällig, unvorhergesehen und unvorhersehbar waren und daß sie trotz Anwendung der erforderlichen Sorgfalt unvermeidbar waren.

3. Zusammenfassung: Haftungsgründe

Der Käufer kann grundsätzliche immer dann Schadensersatz vom Verkäufer verlangen, wenn dieser eine seiner Pflichten nicht oder nur ungenau erfüllt hat. Eine Pflichtverletzung kann sowohl in der vollständigen Nichterfüllung als auch im Verzug oder in der Übergabe einer mangelhaften Sache liegen. Die Pflichtverletzung ist nur dann für die Schadensersatzhaftung des Verkäufers relevant, wenn sie schuldhaft begangen wurde, Art. 81 Abs. 1 GVV. Der Umstand, der den Verkäufer an der (genauen) Erfüllung gehindert hat, muß zufällig, unvorhergesehen und unvorhersehbar gewesen sein und darf nicht vom Willen des Verkäufers abhängig gewesen sein.

II. Haftungsumfang

Der Schadensersatz wegen Nichterfüllung umfaßt gem. Art. 82 GVV den Ersatz des positiven[1105] und des negativen[1106] Interesses, soweit die Schäden direkte und unmittelbare Folge der Nichterfüllung sind.

1. Schaden

Unter Schäden werden nachteilige Folgen verstanden, die das Vermögen (mate-

---

1105 Русчев, Заплащане на разноските , S. 27; Таджер, Гражданско право, S. 296.
1106 ВС Nr. 1211 v. 6.X. 1995 дело Nr. 2551/94, V. гр. о.

rielle Schäden) oder die persönlichen Interessen des Gläubigers (immaterielle Schäden) betreffen[1107].

Der materielle Schaden umfaßt die erlittenen Verluste und den entgangenen Gewinn (Art. 82 GVV). Der Verlust ist die Minderung des gegenwärtigen Vermögens des Käufers. Entgangener Gewinn ist der Verlust der Möglichkeit, sein Vermögen durch einen bei ordnungsgemäßem Verlauf erwarteten Gewinn zu vermehren[1108]. Der Vermögensschaden ist der Unterschied zwischen der Vermögenslage des Gläubigers nach der Nichterfüllung bzw. Schlechterfüllung und die Vermögenslage, die bestünde, wenn ordnungsgemäß erfüllt worden wäre[1109].

Umstritten ist die Frage, ob der Schadensersatz wegen Nichterfüllung bzw. Schlechterfüllung auch den immateriellen Schaden umfaßt. Das GVV selbst spricht von immateriellen Schäden in Art. 52, der im Abschnitt „Unerlaubte Handlungen" steht. Art. 52 GVV bestimmt, daß Schadensersatz für immaterielle Schäden vom Gericht nach Billigkeit festgesetzt wird. Aus dieser Bestimmung werden zum Teil gegensätzliche Schlußfolgerungen gezogen. Nach einer Auffassung hat der Gesetzgeber gesehen, daß auch immaterielle Schäden zugefügt werden können und eine Entschädigungspflicht geschaffen[1110]. Der Schadensersatzanspruch richtet sich daher stets auch auf den Ersatz immaterielle Schäden. Art. 52 GVV regelt demnach nur die Ermittlung der Schadensersatzhöhe. Die Ersatzpflicht für immaterielle Schäden ist also ein Grundsatz, der auch innerhalb der Vertragshaftung zur Geltung kommt. Die Stellung des Art. 52 GVV im Abschnitt „Unerlaubte Handlung" steht nach dieser Auffassung dieser Interpretation nicht entgegen[1111].

Wegen der systematischen Stellung im Gesetz kann aber auch darauf geschlossen werden, daß die Ersatzverpflichtung für immaterielle Schäden nur bei der Deliktshaftung besteht. Dafür spricht auch die Gegenüberstellung der den Schadensersatz regelnden Normen – nämlich Art. 82, Art. 51 und Art. 52 GVV. Der Art. 82 GVV spricht von Entschädigung für Verlust und entgangenen Gewinn. Er bezieht sich also nur auf den materiellen Schaden. Art. 51 GVV regelt ebenfalls nur den Ersatz von materiellen Schäden. Demgegenüber bestimmt Art. 52 GVV die Ersatzpflicht für immaterielle Schäden. Aus dieser ausdrücklichen Regelung im Deliktsrecht und aus dem Fehlen einer entsprechenden Norm bei der Vertragshaftung wird darauf geschlossen, daß der Gesetzgeber Schadensersatz für immaterielle Schäden nur im Deliktsrecht zulassen wollte. Eine planwidrige Regelungslücke fehlt, somit ist eine Analogie nach dieser Auffassung unzulässig. Zudem ist Art. 52 GVV eine Ausnahmeregelung und daher keiner extensiven Auslegung zugänglich. Diese Meinung hat der Oberste Gerichtshof erstmals in einem Fall aus dem Jahre 1970 vertreten, in dem die Kläger Ersatz der durch die

[1107] Христофоров/НеделчеваS. 62; Кожухаров, Облигационно право I, S 264.
[1108] Кънчев/ Цончев, S. 4; ВС Nr. 2065/1959, II. гр. о., Bd. 1959, 289.
[1109] Михов/ Варбчев, S.30; Кожухаров, Облигационно право I, S. 270; Русчев, Заплащане на разноските , S. 34; Кънчев/ Цончев, S. 3.
[1110] Гоцев, S. 33.
[1111] Кожухаров, Облигационно право I, S. 266.

Schlechterfüllung verursachten immateriellen Schäden begehrt hatten[1112]. Die Rechtsprechung hat die Anwendung von Art. 52 GVV[1113] oder das „Inkorporieren"[1114] von immateriellen Schäden im Schadensersatz wegen Nichterfüllung abgelehnt. In der Literatur wird die Schadensersatzpflicht für immaterielle Schäden auch für das Vertragsrecht zum Teil bejaht[1115] bzw. eine Rechtsprechungsänderung verlangt[1116].

Die Entscheidung der Frage, ob immaterielle Schäden vom Schadensersatz wegen Nichterfüllung bzw. Schlechterfüllung umfaßt werden, ist deshalb wichtig, weil zum Teil eine absolute Konkurrenz zwischen vertraglicher und deliktischer Haftung angenommen wird[1117]. D. h., der Käufer, der wegen Mängeln der Sache immaterielle Schäden erlitten hat, z. B. wegen mangelhafter Bremsen einen Unfall hatte und sein Gesicht verunstaltet wurde, kann sich nur auf die Vertragshaftung stützen. Dahinter steht die Prämisse, daß ein und dieselbe Handlung nicht zugleich Nichterfüllung, also Vertragsverletzung und Delikt, also Verletzung der allgemeinen Verpflichtung, niemanden zu schaden sein kann. Zum anderen befürchten manche Autoren, daß die Einschränkung des Art. 82 GVV auf voraussehbare Schäden bei Kumulierung der beiden Haftungen umgangen werden könnte[1118]. Der Ausschluß des Ersatzes von immateriellen Schäden für die Vertragshaftung bei gleichzeitiger Annahme von absoluter Anspruchskonkurrenz ist, wie schon am Beispiel ersichtlich, ungerecht.

Einen durchaus sinnvollen und vernünftigen Weg zeigt ОСГК Nr. 54/1986 auf. Danach umfaßt der Schadensersatz wegen Nichterfüllung nicht die immateriellen Schäden. Der Verkäufer schulde nur die durch die Mängel der Sache verursachten materiellen Schäden. Die deliktsrechtliche Haftung sei keine Schadensersatzhaftung für Mängel der Sache, sondern für Schäden an Personen und an anderen Sachen. Bei der Mängelhaftung werde Schadensersatz für Mängel der Sache gefordert. Bei der Deliktshaftung dagegen handelt es sich um Schäden in der Rechtssphäre des Eigentümers oder einer dritten Person, die rechtlich geschützten Güter außerhalb der Sache betreffen.

Die Entscheidung weist einen vernünftigen Lösungsweg. Bei dem Schadenser-

---

[1112] ВС Nr. 1786 v. 2.VII.1970 дело Nr. 1148/70 I.гр. о.

[1113] Entsch. des Schiedsgericht bei BCCI v. 16.XI.1994 дело Nr. 63/94, spricht von der ständigen Rechtsprechung des ВС/ВКС, wonach immaterielle Schäden bei Vertragshaftung nicht geschuldet werden.

[1114] ОГС Nr. 197 v. 19. 02. 1997 дело Nr. 250/95, V. гр. о.; ОСГК Nr. 54/1986, Bd. 1986, 35.

[1115] Кожухаров, Облигационно право I, S. 266; Апостолов, S. 98, der allerdings je nach Vertragsgrundlage unterscheidet – handelt es sich um Verträge, deren Grundlage ein immaterieller Wert ist, z. B. Herausgebervertrag, so wird bei Nichterfüllung Schadensersatz auch für immaterielle Schäden geschuldet.

[1116] Сталев, S. 9f.

[1117] ВС v. 30.08.1956, IV.гр. о., Bd. 1956, 322 – die durch Nichterfüllung von Vertragspflichten verursachte Schäden können nur aus Vertragshaftung geltend gemacht werden, nicht jedoch mit einem Anspruch aus unerlaubter Handlung; ВС Nr. 645/1958, II. гр. о., Bd. 1958, 135; ВС Nr. 961/1964,I. гр. о., Bd. 1964, 70; Попов, Конкуренцията, S. 51.

[1118] Попов, Конкуренцията, S. 46.

satz wegen Nichterfüllung ist eine Entschädigung für immaterielle Schäden nicht vorgesehen. Diese dennoch durch analoge Anwendung und extensive Auslegung ersetzen zu wollen grenzt an einer Überstrapazierung des Gesetzes. Weder der Gesetzeswortlaut, noch die systematische Stellung des Art. 52 GVV lassen eine solche Ausdehnung zu. Für eine strikte Trennung – Vertrag ist Vertrag, Delikt ist Delikt - und wenn ein Vertrag vorliegt, kann es kein Delikt geben - sind im Gesetz keine Anhaltspunkte ersichtlich. Im Gegenteil – soweit ein Vertrag vorhanden ist und seine Nichterfüllung Schäden verursacht hat, enthält das Gesetz spezielle Regelungen. Diese betreffen aber nur die unmittelbare, auf den Vertragsgegenstand beschränkte Beziehung der Parteien. Werden dagegen bereits vorhandene Güter einer Partei beschädigt, dann ist das eine Verletzung der allgemeinen Verpflichtung, niemanden zu schädigen. Bezüglich dieser Güter liegt zwischen den Parteien kein vertragliches Verhältnis vor, so daß auch eine Vertragshaftung nicht einschlägig ist. Ob man bei dieser Lösung von relativer Konkurrenz der Ansprüche oder von Kumulation sprechen möchte, sei hier dahingestellt. Beide Begriffe bergen Mißverständnisse, können aber auch als „Etikette" benutzt werden.

Zusammenfassend ist festzuhalten, daß der Verkäufer grundsätzlich wegen einer vertraglichen Pflichtverletzung nur den Ersatz entstandener materieller Schäden, also Verluste und entgangenen Gewinn, schuldet. Eine darüber hinaus gehende Haftung nach deliktrechtlichen Grundsätzen bleibt davon unberührt.

2. Grenzen des Schadensersatzes

Gemäß Art. 82 GVV haftet der Schuldner für Verluste und entgangenen Gewinn, soweit diese eine direkte und unmittelbare Folge der Nichterfüllung sind und bei der Begründung der Verpflichtung vorausgesehen werden konnten. War der Schuldner unredlich, so haftet er für alle direkten und unmittelbaren Schäden.

a) Direkte und unmittelbare Folge

Der Schaden ist dann direkt, wenn er eine unbedingt notwendige, gesetzmäßige Folge der Pflichtverletzung ist[1119]. Die „Direktheit" der Folge schließt damit den Begriff der Unmittelbarkeit ein[1120].

Was ein direkter und unmittelbarer Schaden ist, ist nach dem Sinn und Zweck der Norm zu entscheiden. Ziel der Regelung ist es, den Schuldner von der Haftung für Schäden zu befreien, die nur infolge eines atypischen, anormalen und außerordentlichen Kausalverlaufs eingetreten sind[1121]. Schäden, die Folge eines ungewöhnlichen Geschehensablaufes sind, sind allgemeine Lebensrisiken und sollen von demjenigen getragen werden, in dessen Lebenssphäre sie aufgetreten sind.

1119 Кожухаров, Облигационно право I, S. 280; Рачев/ Иванов/ Неделчева etc., S. 184.
1120 Кожухаров, Облигационно право I, S. 282, Fn. 257, meint „unmittelbar" sei überflüssig und verwirrend und auf die Übernahme des französischen suite immédiate, Art. 1121 Code civil, zurückzuführen.
1121 Апостолов, S. 112.

b) Voraussehbarkeit der Schäden

Die Schäden müßten zum Zeitpunkt des Entstehens der Verpflichtung voraussehbar gewesen sein. Voraussehbar sind solche Schäden, die ein Mensch mit gesundem Verstand und durchschnittlicher Intelligenz sich als normale und daher wahrscheinliche Folge der Nichterfüllung leicht vorstellen könnte oder müßte[1122]. Maßgeblicher Zeitpunkt ist derjenige des Vertragsabschlusses[1123]. Was im Einzelnen voraussehbar war, ist eine Tatfrage[1124], die nur unter Berücksichtigung aller Umstände des Falles entschieden werden kann.

c) Unredlichkeit des Schuldners

Die Beschränkung der Haftung auf voraussehbare Schäden gilt dann nicht, wenn der Schuldner unredlich war. Der unredliche Schuldner haftet für alle direkten, unmittelbaren Schäden.

Unredlich ist jedenfalls derjenige Schuldner, der vorsätzlich handelt[1125]. Ob auch derjenige, der grob fahrlässig handelt[1126], unredlich ist, ist umstritten. Gegen die Gleichstellung von Vorsatz und grober Fahrlässigkeit spricht, daß die Verschuldensintensität unterschiedlich ist[1127]. Andererseits ist die Unterscheidung schwierig und in der Praxis der Nachweis, daß der Schuldner vorsätzlich gehandelt hat, oft schwierig bis unmöglich zu erbringen. Von der Grundlage der Verpflichtung, daß jeder Schuldner bei der Erfüllung seiner Verbindlichkeiten gewissenhaft handeln soll (Art. 63 GVV), ist der Vorwurf der Vertragsverletzung gegenüber dem vorsätzlich und dem grob fahrlässig Handelnden ähnlich schwer[1128]. Eine Gleichstellung von Vorsatz und grober Fahrlässigkeit kann auch dem Art. 94 Abs. 1 GVV entnommen werden. Danach ist eine Vereinbarung der Parteien, die die Haftung für Vorsatz und grobe Fahrlässigkeit im voraus erläßt, unwirksam.

Wegen der Ähnlichkeit der Schwere des Vertragsbruchs und um Abgrenzungsschwierigkeiten in der Praxis zu vermeiden, ist nicht nur der vorsätzlich, sondern auch der grob fahrlässig Handelnde als unredlich i. S. von Art. 82 S. 2 GVV anzusehen.

[1122] Кожухаров, Облигационно право I, S. 275; Entsch. des Schiedsgericht bei BCCI v. 18.12.2001 дело Nr. 34/2001.

[1123] Апостолов, S. 104.

[1124] Anders BC Nr. 1511 v. 6.X. 1995 – die Voraussehbarkeit sei keine im Einzelfall zu beurteilende Tatfrage. Sie ergebe sich vielmehr aus den gesetzlichen und untergesetzlichen Normbestimmungen. In dem Fall ging es um die Voraussehbarkeit eines Schadens, der Folge zu später Durchführung einer Anweisung durch die Bank war. In diesem Fall bestehen tatsächlich zahlreiche Regelungsnormen. In einer Reihe anderer Fälle würden aber solche nicht bestehen oder sollten je nach Fall ermittelt werden. Daher ist die Voraussehbarkeit wohl eine Frage des konkreten Einzelfalls.

[1125] Попов, Вина и отговорност, S. 242; Кожухаров, Облигационно право I, S. 277; Конов, Основи, S. 161; Гоцев, S. 55.

[1126] so Гоцев, S. 55.

[1127] Попов, Вина и отговорност, S. 243.

[1128] Гоцев, S. 55.

3. Mitverursachung der Schäden durch den Gläubiger

Eine weitere Begrenzung des Schadensersatzumfangs ergibt sich aus Art. 83 GVV. Gemäß Art. 83 Abs. 1 GVV kann das Gericht den geschuldeten Schadensersatz herabsetzen oder den Schuldner von seiner Schadensersatzpflicht gänzlich befreien, wenn seine Nichterfüllung auf einem Umstand beruht, für den der Gläubiger verantwortlich ist. Der Gläubiger muß die Nichterfüllung mitverursacht haben, also einen kausalen Beitrag für den Nichteintritt des geschuldeten Erfolgs geleistet haben[1129]. Dem Gläubiger ist ein Verschulden gegen sich selbst - eine Zuwiderhandlung gegen die eigenen Interessen - vorzuwerfen[1130]. Es wäre unbillig, diese Nachlässigkeit des Gläubigers auf den Schuldner abzuwälzen.

Gemäß Art. 83 Abs. 2 GVV schuldet der Verkäufer keinen Schadensersatz für die Schäden, die der Käufer hätte vermeiden können, wenn er die Sorgfalt eines ordentlichen Geschäftsherrn angewandt hätte. Den Gläubiger trifft also eine Schadensminderungsobliegenheit. Der Verstoß gegen diese Obliegenheit führt zum Rechtsverlust.

4. Haftungsausschluß

Die Parteien sind frei, eine Vereinbarung zu treffen, wonach der Schuldner von seiner Schadensersatzpflicht befreit ist. Gemäß Art. 94 Abs. 1 GVV ist jedoch eine im voraus getroffene Abrede, wonach der Verkäufer für Vorsatz und grobe Fahrlässigkeit nicht haftet, unwirksam. Diese Regelung ist verständlich. Übernimmt jemand eine Verpflichtung und weiß er gleichzeitig, daß ihm keine Konsequenzen drohen, wenn er diese nicht erfüllt, so hätte diese Verpflichtung keinen Wert. Die Erfüllung würde einzig und allein von dem Willen des Schuldners abhängen. Zudem würde die Gefahr bestehen, daß die stärkere Vertragspartei solche Regelungen zum Nachteil des schwächeren Partners durchsetzen könnte.

5. Zusammenfassung: Haftungsumfang

Der Schadensersatz wegen Nichterfüllung umfaßt gem. Art. 82 GVV den Ersatz des positiven und des negativen Interesses. Art. 82 GVV umfaßt richtiger Ansicht nach nur die materiellen Schäden. Zu ersetzen sind daher die entstandene Verluste und der entgangene Gewinn. Der Vermögensschaden ist die Differenz zwischen der Vermögenslage des Gläubigers nach der Nichterfüllung bzw. Schlechterfüllung und die Vermögenslage, die bestünde, wenn ordnungsgemäß erfüllt worden wäre. Schadensersatz für immaterielle Schäden kann der Käufer nur nach deliktsrechtlichen Grundsätzen verlangen.

Gemäß Art. 82 GVV haftet der Schuldner für Verluste und entgangenen Gewinn, soweit diese eine direkte und unmittelbare Folge der Nichterfüllung sind und bei der Begründung der Verpflichtung vorausgesehen werden konnten. War der

---

[1129] Голева, S. 73.
[1130] Кожухаров, Облигационно право I, S. 284.

Schuldner unredlich, so haftet er für alle direkten und unmittelbaren Schäden. Direkter und unmittelbarer Schaden ist derjenige, der als Folge eines typischen, normalen und wahrscheinlichen Kausalverlaufs aufgetreten ist. Schäden, die Folge eines ungewöhnlichen Geschehensablaufes sind, sind allgemeine Lebensrisiken und sollen von demjenigen getragen werden, in dessen Lebenssphäre sie aufgetreten sind. Voraussehbar sind solche Schäden, die ein Mensch mit gesundem Verstand und durchschnittlicher Intelligenz sich zum Zeitpunkt des Vertragsschlusses als normale und daher wahrscheinliche Folge der Nichterfüllung leicht vorstellen könnte oder müßte. Ist der Schuldner unredlich, d. h. begeht er die Pflichtverletzung vorsätzlich oder grob fahrlässig, so haftet für alle direkten, unmittelbaren Schäden.

Der Verkäufer ist des weiteren für solche Schäden nicht haftbar, die auf das Verhalten des Käufers zurückzuführen sind. Der Käufer muß also einen kausalen Beitrag zur Pflichtverletzung des Verkäufers geleistet haben.

Die Haftung des Verkäufers kann grundsätzlich durch vertragliche Vereinbarung ausgeschlossen werden. Gemäß Art. 94 Abs. 1 GVV ist jedoch eine im voraus getroffene Abrede, wonach der Verkäufer für Vorsatz und grobe Fahrlässigkeit nicht haftet, unwirksam.

III. Bemessung des Schadensersatzes

Der Schadensersatzanspruch des Käufers kann sich sowohl auf Naturalrestitution als auch auf Ersatz in Geld richten. Gewissen Vorrang hat die Naturalrestitution[1131]. Dieser wird durch Art.79 Abs. 2 GVV gewährleistet. Verlangt der Gläubiger Schadensersatz wegen Nichterfüllung, so kann der Schuldner Erfüllung und Ausgleich der Verzugsschäden anbieten, soweit das Interesse des Käufers an der Erfüllung nicht weggefallen ist. In diesem Fall wird eigentlich das ursprünglich Geschuldete geleistet.

Der Geldersatz kann durch die Zahlung einer einmaligen Summe oder durch wiederkehrende Zahlungen, die dem Wert des Schadens entsprechen, geleistet werden. Die Summe entspricht grundsätzlich dem relativen Wert des Geschuldeten[1132]. D.h., das besondere Interesse des Gläubigers an der Leistung des Schuldners ist zu berücksichtigen. Der Schadensersatz entspricht also nicht ausschließlich dem Marktwert des nicht geleisteten Gegenstands. Diese Art der Schadensersatzfestsetzung ist unpraktikabel und führt dazu, daß mittelbar durch Berücksichtigung von Affektionsinteressen immaterielle Schäden ersetzt werden, was das Gesetz im Rahmen der Vertragshaftung nicht vorsieht. Eine Verobjektivierung der Schadensersatzbemessung ist notwendig und entspricht den Erfordernissen des Rechtsverkehrs. Der Wert des Schadensersatzes ist daher allein nach dem maßgeblichen Marktwert zu bestimmen.

[1131] Die sozialistischen Organisationen waren früher verpflichtet, soweit möglich, den Schadensersatz im Wege der Naturalrestitution zu suchen.
[1132] Кожухаров, Облигационно право I, S. 291.

Maßgeblicher Zeitpunkt für die Bemessung des Schadens ist der Zeitpunkt seiner Entstehung[1133]. Eventuelle nachträgliche Vergrößerungen des Schadens sollten jedoch berücksichtigt werden, wenn sie unmittelbar durch die Nichterfüllung verursacht wurden[1134].

Der Käufer muß den ihm entstandenen Schaden beweisen können[1135]. Das ist einer der Hauptunterschiede zwischen der Schadensersatzpflicht und der in der bulgarischen Vertragspraxis weit verbreiteten Vertragsstrafe[1136]. Der Käufer kann seinen Schaden durch Offenlegung seiner Bücher nachweisen. Der Schaden kann auch durch die Kosten eines vorgenommenen Deckungskaufes nachgewiesen werden[1137]. Diese Möglichkeit ist ausdrücklich in Art. 323 HG vorgesehen. Eine Einschränkung auf den Handelskauf erscheint nicht geboten. Damit der Deckungskauf als Nachweis dienen kann, muß er innerhalb einer angemessenen Frist nach der Nichterfüllung bzw. Aufhebung des Vertrages abgeschlossen worden sein. Der Deckungskauf muß dem gleichen wirtschaftlichen Interesse des Käufers dienen[1138].

Durch die Nichterfüllung verursachte Vorteile sind auf den Schaden anzurechnen. Der Schadensersatzanspruch dient dazu, den erstandenen Schaden auszugleichen, er sollte aber nicht zur Bereicherung des Gläubigers beitragen[1139]. Die eingetretenen Vorteile sind nur dann anrechnungsfähig, wenn sie durch die Nichterfüllung des Verkäufers hervorgerufen wurden.

IV. Zusammenfassung: Schadensersatzansprüche nach bulgarischem Recht

Der Käufer kann grundsätzlich immer dann Schadensersatz vom Verkäufer verlangen, wenn dieser eine seiner Pflichten nicht oder nur ungenau erfüllt hat. Eine Pflichtverletzung kann die Nichterfüllung oder Schlechterfüllung der vertraglichen Pflichten sein. Die Pflichtverletzung ist nur dann für die Schadensersatzhaftung des Verkäufers relevant, wenn sie schuldhaft begangen wurde, Art. 81 Abs. 1 GVV.

Hat die schuldhaft begangene Pflichtverletzung des Verkäufers bei dem Käufer Schäden verursacht, so kann der Käufer diese ersetzt verlangen. Auszugleichen sind solche materielle Schäden, die unmittelbare und direkte Folge der Pflichtverletzung des Verkäufers sind und bei der Begründung der Verpflichtung voraus-

---

[1133] ВС Nr. 871/1955, IV. гр. о.; ВС Nr. 1227/ 1956, IV. гр. о.; ВС Nr. 1698/1959, II. Z. S., Bd. 257.
[1134] Кожухаров, Облигационно право I, S. 292.
[1135] Mateeva-Stojanova, S. 46; Entsch. des Schiedsgericht bei BCCI v. 14.12.2001 дело Nr. 13/2000.
[1136] Mateeva-Stojanova, S. 46; Bojanov, S. 20f.
[1137] Русчев, Заплащане на разноските , S. 29.
[1138] Герджиков, S. 71.
[1139] Кожухаров, Облигационно право I, S. 271.

sehbar waren. Hat der Verkäufer seine Pflichten vorsätzlich oder grob fahrlässig nicht erfüllt, war er also unredlich, dann haftet er für alle unmittelbaren Schäden.

Der Vermögensschaden ist die Differenz zwischen der Vermögenslage des Gläubigers nach der Nichterfüllung bzw. Schlechterfüllung und der Vermögenslage, die bestünde, wenn ordnungsgemäß erfüllt worden wäre. Der Schaden ist dann eine direkte und unmittelbare Folge der Pflichtverletzung, wenn er bei einem typischen, normalen und wahrscheinlichen Kausalverlauf bei Pflichtverletzungen solcher Art zu erwarten ist. Der Schaden ist dann voraussehbar, wenn ein Mensch mit gesundem Verstand und durchschnittlicher Intelligenz zum Zeitpunkt des Vertragsschlusses diesen Schaden als normale und daher wahrscheinliche Folgeder Nichterfüllung erwartet hätte oder erwarten müßte. Der Verkäufer haftet dabei für solche Schäden nicht, die durch das Verhalten des Käufers verursacht worden sind. Die Haftung des Verkäufers kann durch vertragliche Vereinbarung ausgeschlossen werden. Gemäß Art. 94 Abs. 1 GVV ist jedoch eine im voraus getroffene Abrede, wonach der Verkäufer für Vorsatz und grobe Fahrlässigkeit nicht haftet, unwirksam.

C. Schadensersatzansprüche nach englischem Recht

Im englischen Recht ist der Schadensersatz ein quasi universeller Rechtsbehelf des Käufers. Zum einen beruht dies auf dem grundsätzlichen Verständnis des *common law*, daß der Vertrag eine Garantieerklärung darstellt, im Falle einer Verletzung Schadensersatz zu zahlen. Diese Vorstellung ist historisch dadurch zu erklären, daß das Vertragsrecht und die vertraglichen Rechtsbehelfe aus den deliktischen Klagen entwickelt worden sind. Zum anderen entspricht das am häufigsten den praktischen Bedürfnissen des Warenverkehrs. Denn soweit die Ware am Markt verfügbar ist, kann sich der Käufer eindecken und wird sich nicht auf einen unter Umständen langwierigen Prozeß einlassen wollen, um die Ware vom Verkäufer zu bekommen.

I. Haftungsgrund

Dem Käufer steht ein Schadensersatzanspruch sowohl im Falle der Vertragsaufhebung als auch bei einem *breach of warrnaty* zu. Des weiteren kann auch bei *breach of intermediate term* Schadensersatz verlangt werden.

Der Schadensersatzanspruch kann grundsätzlich zwei Anknüpfungspunkte haben: zum einen die Nichtlieferung (*damages for non-delivery*), zum anderen die Verletzung von vertraglichen Verpflichtungen bezüglich bereits gelieferter Sachen. Der erste Fall ist in sec 51 sub-s 1 SGA geregelt. Danach kann der Käufer dann, wenn der Verkäufer es unberechtigterweise unterläßt oder ablehnt die Ware zu liefern, Schadensersatz wegen Nichterfüllung verlangen. Gemäß sec 53 SGA kann der Käufer Schadensersatz verlangen, wenn ein *breach of warranty* vorliegt oder wenn der Käufer einen *breach of condition* als *breach of warranty* behandelt.

1. Breach of warranty

Nach der Legaldefinition von sec 61 sub-s 1 SGA ist „*warranty*“ eine Vereinbarung bezüglich der vertraglich bedungenen Waren, die im Hinblick auf den Hauptzweck des Vertrages nur eine Nebenabrede darstellt. Die Verletzung einer solchen Abrede eröffnet einen Schadensersatzanspruch, gibt dagegen nicht das Recht, die Waren zurückzuweisen und den Vertrag als erledigt zu betrachten. Die Definition bezieht damit zum Teil auch die Rechtsfolgen der Verletzung der vertraglichen Vereinbarung ein. Daher ist bei der Entscheidung, ob die Vereinbarung als „*warrnaty*“ oder „*condition*“ zu qualifizieren ist, immer auch die mögliche Schwere der Verletzungsfolgen im Blick zu behalten. Eine formalisierte Abgrenzungsmöglichkeit im Kaufrecht bietet der SGA dadurch, daß er bestimmte *implied terms* von Gesetzes wegen als *condition* qualifiziert, so daß angenommen werden kann, daß alle anderen zunächst der Kategorie „*warranty*“ zuzuordnen sind. Im übrigen ist aus sec 11 sub-s 3 SGA zu entnehmen, daß die Einordnung einer Vereinbarung als *condition* oder *warranty* im jedem einzelnen Fall von der Gestaltung des Vertrages abhängt[1140].

Wegen der Vielzahl der vertraglich möglichen Abreden wird im Folgenden auf die gesetzlich typisierten Verpflichtungen des Verkäufers eingegangen, die als *warranty* anzusehen sind.

a) Lastenfreiheit der verkauften Ware

Gemäß sec 12 sub-s 2 lit. a SGA ist der Verkäufer verpflichtet, die verkaufte Sache frei von Belastungen zu übergeben. Diese Verpflichtung gilt bei Kaufverträgen, in denen der Verkäufer versprochen hat, dem Käufer volles Eigentum zu verschaffen und ist als sog. *implied term* konzipiert. Die Verpflichtung des Verkäufers nach sec 12 sub-s 2 lit. (a) SGA besteht darin, zu gewährleisten, daß die verkaufte Ware zum Zeitpunkt des Vertragsschlusses frei von Belastungen ist, die dem Käufer nicht bekannt waren oder bekannt gegeben worden sind und bis zum Zeitpunkt des Eigentumsüberganges frei von solchen bleibt.

aa) Belastungen

Unter Belastung[1141] sind eigentums- oder besitzbezogene Rechte an der Sache, wie z. B. Pfandrechte, zu verstehen[1142]. Lediglich vertraglich begründete Rechte fallen nicht darunter[1143].

bb) Zeitpunkt des Eigentumsüberganges

Für die Bestimmung des Zeitpunktes des Eigentumsüberganges ist zunächst da-

---

[1140] S. dazu Cehave N V v Bremer Handelsgesellschaft mbh [1975] 3 All ER 739, CA.
[1141] sec 12 sub-s 2 lit. a SGA spricht von "charge or encumbrance".
[1142] Bejamanin's Sale-Guest, 4-022; Athens Cape Naviera S. A. v Deutsche Dampfschiffahrtsgesellschaft "Hansa" Aktiengesellschaft and another („The Barenbels") (1985) 1 Lloyd's Report. 528, CA.
[1143] Atiyah, S. 84.

nach zu unterscheiden, ob sich der Vertrag auf Speziessachen, auf bestimmte Sachen bezieht oder ob es sich um eine (noch nicht konkretisierte) Gattungsschuld handelt.

Das Eigentum an der Ware kann nur dann übergehen, wenn die Sache hinreichend bestimmt ist (sec 16 SGA). Im übrigen richtet sich der Zeitpunkt des Eigentumsübergangs primär nach der Absicht der Vertragsparteien. Soweit eine solche im Vertrag nicht explizit kundgetan ist, sind für die Ermittlung des Parteiwillens, der Vertrag, das Handeln der Parteien und die Umstände des Falles heranzuziehen (sec 17 sub-s 2 SGA). So können Zahlungsvereinbarungen, Verpflichtungen zum Abschluß von Versicherungen oder Abreden zur Risikoübernahme von besonderer Bedeutung sein. Im Zweifel geht das Risiko mit dem Eigentumsübergang auf den Käufer über (sec 20 SGA). Haben die Parteien eine andere Risikoverteilung gewählt, so kann das als Indiz für die Bestimmung des Eigentumsüberganges genutzt werden. Sec 18 SGA liefert einige Regeln, die dann anwendbar sind, wenn der Vertrag keine anderen bzw. keine ausreichenden Bestimmungen enthält.

• *Eigentumsübergang bei Verträgen über Speziessachen*

Das Eigentum geht mit Abschluß des Kaufvertrages über, soweit es sich um einen Vertrag handelt, der nicht unter Bedingung steht und der sich auf Speziessachen bezieht, die sich in einem lieferbaren Zustand befinden (sec 18 Rule 1 SGA). Dabei ist irrelevant, ob Lieferung und Kaufpreiszahlung später erfolgen sollten. Die Voraussetzung, daß der Vertrag unter keiner Bedingung stehen soll, bezieht sich auf solche Bedingungen, die den Eigentumsübergang betreffen, wie z. B., daß das Eigentum erst mit Zahlung des Preises übergehen soll. Nach einer alternativen Auslegung dieser Voraussetzung bedeutet die Bedingungsfeindlichkeit, daß keine wesentliche Vertragsbestimmung, deren Verletzung dem Käufer ein Aufhebungsrecht bieten könnte, von dem Verkäufer unerfüllt bleiben soll[1144]. Diese alternative Auslegung scheint nur durch ungeschickte Formulierung und Interpretation der Umstände der zur Entscheidung anstehenden Fälle entstanden zu sein[1145]. Die erste Auslegung ist die stimmige und daher richtige[1146]. Grund für die Bedingungsfeindlichkeit des Vertrages ist die Notwendigkeit, den Zeitpunkt des Eigentumsüberganges eindeutig bestimmen zu können und nicht die Sicherung der Vertragserfüllung.

Rule 1 bezieht sich nur auf *specific goods* (Speziessachen). Das sind solche Sachen, die bereits zum Zeitpunkt des Vertragsabschlusses bestimmt wurden. Diese befinden sich dann in einem lieferbaren Zustand, wenn sie einen solchen Zustand ausweisen, daß der Käufer verpflichtet wäre, die Leistung des Verkäufers anzunehmen (sec 61 sub-s 5 SGA). Soweit es sich um einen Kaufvertrag über

---

[1144] Taylor v. Combined Buyer Ltd. [1924] N.Z.L.R. 627; Benjamin's Sale-Guest, 5-019; Atiyah, S. 272.

[1145] Die Auslegungsschwierigkeiten bei dieser Norm beruhen auf der Mehrdeutigkeit des Begriffs „condition", der sowohl Bedingung als auch wesentliche Vertragsvereinbarung bedeuten kann.

[1146] Benjamin's Sale-Guest, 5-019; Atiyah, S. 273; Bridge, S. 66f..

Speziessachen handelt und der Verkäufer noch bestimmte Handlungen unternehmen muß, um die Sachen in einen lieferbaren Zustand zu bringen, geht das Eigentum erst dann über, wenn der Verkäufer das Nötige unternommen hat und den Käufer hiervon in Kenntnis gesetzt hat (sec 18 Rule 2 SGA). Ähnliches gilt, wenn der Vertrag zwar Waren im lieferbaren Zustand betrifft, der Verkäufer jedoch noch ausstehende Handlungen vornehmen muß, um den Preis bestimmen zu können, wie z. B. Wiegen, Messen etc (Rule 3).

- *Eigentumsübertragung bei Kauf auf Probe*

Soweit die Waren zur Probe oder auf Billigung dem Käufer geliefert worden sind, geht das Eigentum dann über, wenn der Käufer sie gebilligt hat (sec 18 Rule 4 SGA). Der Billigung stehen Handlungen gleich, die eine Aneignung bedeuten[1147]. Solche sind z. B. Weiterverkauf oder Verpfändung der Ware. Die Vertragsvereinbarungen sind dabei zu berücksichtigen, da sie unter Umständen eine Weiterveräußerung oder Weitergabe der Ware gestatten können, ohne daß diese eine Auswirkung auf die Eigentumsübertragung hätten.

Falls der Käufer eine Billigung nicht signalisiert, die Ware aber behält, geht das Eigentum zu dem Zeitpunkt über, zu dem die Waren hätten zurückgegeben werden sollen oder, soweit ein solcher Zeitpunkt nicht bestimmt worden war, mit Ablauf einer angemessenen Frist (Rule 4 lit. b). Wird die Rückgabe der Ware ohne jegliches Verschulden des Käufers oder Personen, für die er verantwortlich ist, unmöglich, bevor die Rückgabefrist oder eine angemessene Frist abgelaufen ist, so geht das Eigentum nicht auf den Käufer über und er ist nicht zur Kaufpreiszahlung verpflichtet[1148].

- *Eigentumsübertragung bei Verträgen über unbestimmte oder künftige Sachen*

Soweit es sich um einen Kaufvertrag über unbestimmte oder künftige Sachen handelt, die nur aufgrund einer Beschreibung ohne eine In-Augenschein-Nahme ausgewählt worden sind[1149], ist für den Eigentumsübergang eine eindeutige Zuordnung der Ware zu dem Vertrag erforderlich. Die Zuordnung kann explizit oder konkludent durch eine der beiden Parteien mit Zustimmung der anderen vorgenommen werden (sec 18 Rule 5 (1)). Die Zustimmung kann sowohl im voraus als auch nachträglich erteilt werden und kann ebenfalls explizit oder konkludent erfolgen. Selbstverständlich muß sich die Zuordnung auf die im Vertrag beschriebenen Waren beziehen. Wird eine andere Art von Waren zugeordnet, so geht kein Eigentum an diese über. Das gleiche gilt, wenn sowohl Ware der im Vertrag beschriebenen Art als auch Ware anderer Art dem Vertrag zugeordnet wird[1150]. Im Einzelfall ist jedoch auf das Ausmaß der Abweichung und auf den Willen der

---

1147 „any other act adopting the transaction"
1148 Benajmin's Sale-Guest, 5-054.
1149 Halsbury's Statutes, Note 2 zu sec 13.
1150 Bejamanin's Sale-Guest, 5-084.

Vertragsparteien abzustellen. Bei geringfügigen Abweichungen kann der Eigentumsübergang trotzdem gewollt sein.

Eine eindeutige Zuordnung ist im Zweifel dann anzunehmen, wenn der Verkäufer im Einvernehmen mit dem Vertrag die Ware an einen Dritten, z. B. Spediteur, zwecks Auslieferung übergibt und auf sein Dispositionsrecht über die Ware im Transport verzichtet (sec 18 Rule 5 (2) SGA). Das gilt jedoch nur insoweit, als die Übergabe an einen Transporteur die Zuordnung zu dem konkreten Vertrag tatsächlich ermöglicht. Das ist z. B. dann nicht der Fall, wenn der Verkäufer die Ware für mehrere Lieferungen an den Spediteur übergibt und die einzelnen Lieferungen nicht gekennzeichnet sind[1151]. Weitere Voraussetzung ist, daß der Verkäufer auf sein Dispositionsrecht (sec 19 SGA) verzichtet. Der Verzicht auf das Dispositionsrecht kann explizit oder konkludent erfolgen. Die Forderung nach diesem Verzicht ist logisch, weil sonst die für den Eigentumsübergang notwendige eindeutige Zuordnung nicht möglich wäre. Der Verkäufer könnte jederzeit die Ware umdisponieren und einem anderen Käufer zukommen lassen. Wäre der Eigentumsübergang bereits mit Auslieferung an den Transporteur ohne Dispositionsverzicht möglich, dann würde der Verkäufer über fremde Sachen disponieren und würde damit fremde Eigentumsrechte verletzen.

Die Anwendbarkeit von sec 18 Rule 5 (2) SGA auf Verbraucherverträge beim Fernabsatz könnte fraglich sein. Würde das Eigentum schon bei der Übergabe der Ware zur Post auf den Verbraucher übergehen, so würde der Transport vollständig auf Risiko des Verbrauchers geschehen. Dies ist jedoch nach den Sale and Supply of Goods to Consumers Regulations 2002 gem. Sec 20 sub-s 4 SGA nicht zulässig. Das Risiko des Transports bleibt bei Verbraucherverträgen bis zur Aushändigung der Ware an den Käufer beim Verkäufer.

Sec 18 Rule 5 (3) und (4) SGA enthalten weitere Regelungen für Kaufverträge über eine bestimmte Menge von Sachen in lieferbarem Zustand, die einen Teil einer beschränkten Gattungsschuld darstellen. Auf diesen Bereich beziehen sich auch sec. 20A und 20B SGA. Diese Regelungen sind auf Vorschlag der Law Commission durch den Sale of Goods Amendment Act 1995 eingefügt worden. Grund für die gesonderte Regelung waren die Schwierigkeiten, die bei einem Verkauf von einer bestimmten Menge aus einer beschränkten Gattungsschuld entstehen können, also wenn z. B. 500 der 1.000 Tonnen der Ladung eines namentlich bestimmten Schiffes verkauft werden. Bei einer solchen Beschreibung ist die Zuordnung der Ware zum Vertrag nicht hinreichend konkret erfolgt, so daß gem. sec 16 SGA kein Eigentum an den 500 Tonnen übergehen kann. Hat der Käufer aber schon die Ware bezahlt und wird der Verkäufer dann insolvent, so kann der Käufer i. d. R. weder die Ware noch sein Geld zurückbekommen. Um so größere Mengen mit einem Schiff oder Lkw transportiert werden können, desto wahrscheinlicher ist es, daß die Ladung an verschiedene Käufer verkauft wird. Um eine gerechtere Verteilung von Verlust- und Insolvenzrisiko zu gewährleisten, sieht sec 20A SGA vor, daß unter bestimmten Voraussetzungen der Käufer Eigentum

---

[1151] Healy v Howlett & Sons [1917] 1 K.B. 337.

erwerben kann, bevor eine endgültige Zuordnung der verkauften Menge vorgenommen worden ist. Dazu müssen drei Voraussetzungen erfüllt sein: (1) es muß sich um eine genaue Menge von unbestimmten Sachen handeln, (2) diese müssen ein Teil von einer im Vertrag oder durch nachträgliche Übereinstimmung bestimmten beschränkten Gattungsschuld sein, z. B. 50 Tonnen aus dem Lager A oder von der Ladung des Schiffes XY, (3) der Käufer muß zumindest einen Teil der verkauften Ware bezahlt haben. Soweit die Voraussetzungen erfüllt sind, erwirbt der Käufer anteilig Eigentum (sec 20 sub-s 2 SGA). Der Anteil des Käufers entspricht der Menge der bezahlten und geschuldeten Ware im Verhältnis zu denen in der entsprechend konkretisiertem Behältnis befindlichen Waren[1152].

Ist zum Zeitpunkt des Vertragsabschlusses bei Speziessachen, zum Zeitpunkt der Billigung bei Kauf auf Probe oder zum Zeitpunkt der eindeutigen Zuordnung unbestimmter Ware zu dem konkreten Vertrag, kurzum ist zum Zeitpunkt des Eigentumsüberganges eine Belastung vorhanden, so ist die Verpflichtung des Verkäufers gem. sec 12 sub-s 2 lit. (a) SGA verletzt, ohne daß es auf weitere Voraussetzungen ankommt. Eine aktuell gewordene Gefährdung aufgrund der Belastung, etwa eine geltendgemachte Forderung oder eine entsprechende Klage, ist nicht erforderlich[1153].

b) Ungestörter Besitz an der verkauften Ware

Ebenfalls durch einen *implied term* wird gem. sec 12 sub-s 2 lit. (b) SGA der Verkäufer verpflichtet, dem Käufer den ungestörten Besitz an der verkauften Ware zu gewähren. Diese Verpflichtung umfaßt jedoch nicht solche Störungen, die von dem Eigentümer oder einer anderen berechtigten Person ausgehen und die der Käufer kannte. Der Verkäufer kann nicht für jede Störung des Besitzes durch jeden Dritten haftbar gemacht werden. Das würde zu weit gehen[1154]. Dem Verkäufer können nur Störungen, die aus seiner Sphäre stammen, angelastet werden. So wird der Besitz durch unerlaubte Handlungen des Verkäufers gestört. Der Besitz kann auch durch die Eintragung eines Patentes nach dem Zeitpunkt des Verkaufs gestört sein, soweit dies die Verwendung der Ware unmöglich macht[1155].

c) Uneinschränkbarkeit der Haftung für Lastenfreiheit und ungestörtem Besitz

Sec 6 subs-1 Unfair Contract Terms Act 1977 untersagt die Befreiung und die Beschränkung der Haftung für Verletzungen der Verpflichtungen nach sec 12 SGA. Davon sind zunächst explizite Klauseln über die Haftungsbefreiung oder über die Beschränkung der Haftung nur für Vorsatz bzw. grobe Fahrlässigkeit betroffen. Darüber hinaus will der Unfair Contract Terms Act 1977 auch alle Umgehungsversuche unterbinden. Es sollen auch solche Klauseln vermieden werden, die die Haftung oder ihre Durchsetzung erschweren. Das gleiche gilt für Klauseln,

---

1152 Atiyah, S. 296.
1153 Bejamanin's Sale-Guest, 4-019.
1154 Benjamin's Sale-Guest, 4-022; Atiyah, S. 85.
1155 Microbeads AC v Vinhurst Road Markings Ltd [1975] 1 All ER 529, CA.

die ein Recht oder einen Rechtsbehelf des Käufers im Haftungsfall einschränken oder den Käufer einer bestimmten Verhaltensweise unterwerfen sollen. Es sollen auch solche Klauseln verhindert werden, die Beweis- oder Verfahrensregeln ausschließen oder einschränken. Des weiteren darf auch die jeweilige Verpflichtung des Verkäufers nicht vertraglich ausgeschlossen oder eingeschränkt werden (sec 13 sub-s 1 Unfair Contract Terms Act 1977). Die Haftung für Lastenfreiheit und ungestörten Besitz ist daher absolut. Die Verpflichtungen gem. sec 12 SGA sind zwingender Bestandteil des Vertrages[1156].

d) Zeitpunkt der Lieferung

Der Verkäufer ist grundsätzlich gehalten, den Vertrag genau zu erfüllen[1157]. Das bedeutet unter anderem, die Ware zum richtigen Zeitpunkt zu leisten. Die Lieferung (*delivery*) besteht i. d. R. in der freiwilligen Übertragung des Besitzes an den Sachen von einer Person auf eine andere (sec 61 sub-s 1 SGA). Was sie im einzelnen beinhaltet, richtet sich nach der vertraglichen Vereinbarung. So ist zwischen Hol-, Bring- und Schickschuld zu unterscheiden. Je nachdem, was vereinbart worden ist, kann die Erfüllungs- bzw. Lieferungshandlung des Verkäufers darin bestehen, die Ware dem Käufer zur Verfügung zu stellen und diesen hiervon zu benachrichtigen, die Ware zum Käufer zu bringen oder diese an einen Transporteur zu übergeben.

Ob es sich bei der Bestimmung des Zeitpunktes der Lieferung um eine wesentliche Abrede (*condition*) oder um eine Nebenabrede (*warranty*) handelt, hängt von dem konkreten Vertrag ab (sec 10 sub-s 2 SGA). Die Abrede bezüglich der Zeit kann auch ein sog. *intermediate term* sein. Soweit der Zeitpunkt für die Erfüllung genau bestimmt ist, wird im *common law* grundsätzlich angenommen, daß dies für den Vertrag wesentlich ist, so daß eine *condition* vorliegt[1158]. Es wird häufig angenommen, daß der Erfüllungszeitpunkt im kaufmännischen Verkehr von besonderer Bedeutung ist[1159]. Nicht nur aus der expliziten Vereinbarung der Parteien, sondern auch aus den Umständen des Falles, insbesondere aus der Natur des Vertrages, kann sich ergeben, daß die Zeit der Erfüllung für den Vertrag essentiell ist[1160].

Soweit kein Zeitpunkt für die Lieferung bestimmt worden ist und eine Schickschuld vorliegt, hat der Verkäufer die Ware innerhalb einer angemessenen Frist zu versenden (sec 29 sub-s 3 SGA). Was eine angemessene Frist ist, ist eine Tatsachenfrage (sec 59 SGA). Die Bestimmung der Frist hängt dabei von den Umständen des Einzelfalles ab[1161].

[1156] Davies on Contract, S. 235.
[1157] Anson's Law of Contract, S. 476.
[1158] British and Commonwealth Holdings plc. v Quasrex Holdings Inc. [1989] 1 Q. B. 842; Bunge Corpn v Tradax SA [1981] 2 All ER 513, QBD, CA& HL; Blair, S. 52; Davies on Contract, S. 240.
[1159] Hartley v Hymans [1920] 3 K.B. 475; Finagrain S.A. Geneva v P. Kruse Hamburg [1976] 2 Lloyd's Rep. 508, CA; United Scientific Holdings Ltd. v Burnley Borough Council. [1978] A. C. 904,924.s
[1160] Anson's Law of Contract, S. 479; Benjamin's Sale-Guest, 8-025.
[1161] Hick v Raymond and Reid [1891-4] All ER Rep 491, HL, per Lord Herschell 493.

e) Zusammenfassung: warranty

Gemäß sec 61 sub-s 1 SGA ist „*warranty*" eine Vereinbarung bezüglich der vertraglich vereinbarten Waren, die im Hinblick auf den Hauptzweck des Vertrages nur eine Nebenabrede darstellt. Die Verletzung einer solchen Abrede eröffnet einen Schadensersatzanspruch, gibt dagegen nicht das Recht, die Waren zurückzuweisen und den Vertrag als erledigt zu betrachten. Der Sale of Goods Act qualifiziert einige der gesetzlich vorgesehenen Verpflichtungen der Parteien als *conditions,* so daß alle anderen gesetzlich vorgesehenen Verpflichtungen als „*warranty*" anzusehen sind, soweit der Vertrag keine abweichende Beurteilung gebietet.

Nach SGA sind als *warranty* insbesondere die Verpflichtung des Verkäufers zum Zeitpunkt des Gefahrübergangs die Sache frei von Belastungen mit eigentums- oder besitzbezogenen Rechten Dritter zu halten. Des weiteren ist die Verpflichtung des Verkäufers, den ungestörten Besitz der Sache dem Käufer zu gewähren, als *warranty* zu qualifizieren. Je nach Vertragsvereinbarung oder Natur des Vertrages kann die Festlegung des Lieferzeitpunktes eine *warranty* sein.

2. Behandlung einer condition als warranty

Die Rechtsbehelfe für *breach of warranty* stehen dem Käufer auch dann zur Verfügung, wenn er sich dazu entschlossen hat oder dazu gehalten wird, die Verletzung einer wesentlichen Vertragsvereinbarung (*breach of condition*) als *breach of warranty* zu behandeln. Aus welchem Grund der Käufer einen *breach of condition* als einen *breach of warranty* behandeln möchte, ist irrelevant. Ihm könnte z. B. trotz der Vereinbarung eines Fixgeschäfts, bei dem der Lieferungszeitpunkt eine wesentliche Abrede darstellt, im nachhinein der Liefertermin doch nicht so wichtig sein, so daß er lieber die Waren erhalten möchte und nicht vom Vertrag zurücktreten will.

Der Käufer ist gehalten, einen *breach of condition* dann als einen *breach of warranty* zu behandeln, wenn er bei einem nicht trennbaren Vertrag die Waren oder Teile dieser bereits akzeptiert hat (sec 11 sub-s 4 SGA). Der Käufer hat die Ware dann akzeptiert, wenn er sie als im wesentlichen vertragskonform gebilligt hat. Dies kann er ausdrücklich, durch Mitteilung an den Verkäufer, oder konkludent, z. B. durch das Behalten der Ware und das Verstreichenlassen der Rückgabefrist bzw. eines angemessenen Zeitraumes tun.

Ein Nichtverbraucher, also derjenige, der geschäftsmäßig handelt, unterliegt weiteren Restriktionen. Gemäß sec 15A SGA muß er die Verletzung einer condition über Qualität und Tauglichkeit oder die Abweichung von einem Muster oder von einer Beschreibung als *breach of warranty* behandeln, wenn die Abweichung bzw. die Verletzung so geringfügig ist, daß es unvernünftig wäre, die Ware zurückzuweisen[1162]. Die Beweislast für die Geringfügigkeit der Verletzung obliegt

[1162] „the breach is so slight that it would be unreasonable for him to reject them" dem Verkäufer (sec 15A sub-s 3 SGA). Diese Bestimmung ist durch vertragliche Vereinbarung abdingbar (sub-s 2). Ob die Verletzung geringfügig ist und ob die Zurückweisung der Ware vernünftig ist, ist nach den Umständen des Einzelfalles zu beurteilen.

3. Damages for non-delivery

Gemäß sec 51 sub-s 1 SGA kann der Käufer *damages for non-delivery* (Schadensersatz wegen Nichterfüllung) verlangen, wenn der Verkäufer die Lieferung der Ware unrechtmäßig unterläßt oder verweigert. Der Verkäufer handelt dann fehlerhaft, wenn er seine vertraglichen Verpflichtungen verletzt[1163]. Der Käufer kann auch dann *damages for non-delivery* begehren, wenn er den Vertrag berechtigterweise aufgehoben hat[1164], unabhängig davon, ob die Aufhebung wegen *breach of condition* oder wegen *breach of intermediate term* erfolgt ist. Der Schadensersatzanspruch des Käufers ist von der Frage des Eigentumsüberganges unabhängig[1165].

4. Zusammenfassung: Haftungsgrund

Primärer Grund für die Schadensersatzhaftung des Verkäufers ist die Verletzung einer als *warranty* zu qualifizierenden Vertragsbestimmung. *Warranty* ist eine sich hinsichtlich des Hauptzweckes des Vertrages lediglich als eine Nebenbestimmung darstellende Vertragsvereinbarung. Für die Beurteilung, ob eine vertragliche Bestimmung *condition* oder *warranty* darstellt, ist eine Betrachtung aller Umstände des Einzelfalles unter Heranziehung des mutmaßlichen Parteiwillens erforderlich. Für die gesetzlich vorgesehenen sog. *implied terms* besteht insoweit eine Vermutung, als Anforderungen, die nicht vom Gesetzes wegen als condition eingestuft worden sind, prima facie als *warranty* zu qualifizieren sind.

Weiterer Haftungsgrund ist die freiwillige oder vom Gesetz angeordnete Behandlung einer an sich als *condition* zu qualifizierenden Vertragsbestimmung als *warranty*. Letzteres ist insbesondere dann der Fall, wenn die Vertragsverletzung so geringfügig ist, daß es unbillig wäre, dem Käufer die Zurückweisung der Ware und die Aufhebung des Vertrages zu gestatten.

Hat der Käufer den Vertrag berechtigterweise wegen *breach of condition* oder wegen *breach of intermediate term* aufgehoben oder ist die Lieferung unberechtigterweise unterblieben, so kann der Käufer Schadensersatz wegen Nichtlieferung verlangen (*damages for non-delivery*).

II. Haftungsumfang

Der Schadensersatz für Vertragsverletzungen ist Kompensation für den Schaden,

---

[1163] Treitel, The Law of Contract, S. 875.
[1164] Treitel, The Law of Contract, S. 884.
[1165] Atiyah, S. 481.

den Verlust oder die Verletzung, die eine Partei durch den Vertragsbruch der anderen erlitten hat. Der Umfang des Schadensersatzes richtet sich im einzelnen nach der verletzen Pflicht und nach dem sonstigen Verhalten des Geschädigten, insbesondere danach, ob der Käufer den Vertrag aufgehoben hat oder nicht.

1. Ersetzbare Schäden

Die Funktion des Schadensersatzes ist, soweit es durch Geldleistung möglich ist, die verletzte Partei in die Position zu versetzen, in der sie sich befinden würde, wenn der Vertrag ordnungsgemäß erfüllt worden wäre[1166]. Es ist also unabhängig vom Haftungsgrund, primär der Erfüllungsschaden zu ermitteln[1167]. Der Schadensersatz bezieht sich grundsätzlich auf den Nachteil des Geschädigten und nicht auf den Vorteil, den die vertragsbrüchige Partei durch die Vertragsverletzung erlangt hat[1168].

Der Käufer kann wahlweise auch den Ersatz seines Vertrauensschadens verlangen[1169]. Das gilt insbesondere in solchen Fällen, in denen der Umfang des Erfüllungsschadens schwer zu berechnen ist. Der Vertrauensschaden umfaßt Aufwendungen, die dem Käufer zur Vorbereitung seiner Erfüllung, also im Zusammenhang mit dem Vertrag, entstanden sind und die durch die Vertragsverletzung nutzlos geworden sind[1170]. Dem Schuldner steht die Möglichkeit frei, dieser Forderung mit dem Nachweis entgegenzutreten, der Vertrauensschaden würde den Erfüllungsschaden übersteigen. Bei einem Gelingen des Nachweises ist der Ersatz des Vertrauensschadens ausgeschlossen, da der Käufer dann besser gestellt wäre als im Falle der Erfüllung des Vertrages. Dieser Maßstab gilt auch dann, wenn der Käufer sowohl den Erfüllungs- als auch den Vertrauensschaden ersetzt verlangt. Der dem Käufer entstandene Schaden darf nur einmal ersetzt werden, eine Überkompensation ist unzulässig.

Der Schadensersatz umfaßt grundsätzlich den gesamten entstandenen Verlust, also Nachteile (*harm*) an der Person oder am Eigentum sowie Verletzungen von wirtschaftlichen Positionen. Der Schaden umfaßt damit zum einen den materiellen Nachteil, der durch den Erhalt einer nichtvertragsgemäßen Ware bzw. durch die Nichtlieferung entstanden ist und zum anderen diejenigen Schäden, die an anderen Rechtsgütern des Käufers entstanden sind. Der Schadensersatz kann auch immaterielle Schäden einschließen[1171]. Bei der Geltendmachung des Schadensersatzanspruches, muß der Käufer nachweisen, daß der Schaden mit an-

---

1166 Robinson v Harman [1848] 1 Ex 850, 855: "...the rule of the common law is that where a party sustains a loss by reason of a breach of contract he is so das as money can do it to be placed in the same situation as id the contract had been performed".

1167 Anson's Law of Contract, S. 564; Benjamin's Sale-Harris, 16-028; Burrows, Remedies, S. 15; Surrey County Council v. Bredero Homes Ltd [1993] 1 WLR 1361, CA..

1168 Butterworths, S. 1271; Treitel, The Law of Contract, S. 865f. mit Beispielen für Ausnahmen hiervon, die überwiegend den Bereich des Immobilienrechts betreffen.

1169 Cheshire, Fifoot, Furmston's, S. 609; Treitel, The Law of Contract, S. 877.

1170 Anson's Law of Contract, S. 566; Kircher, S. 170.

1171 McGregor on Damages, Rn. 29f.,52, 91ff.; Duxbury, S. 117.

gemessen sicherer Wahrscheinlichkeit in dem geforderten Umfang entstanden ist[1172].

2. Grenzen des Schadensersatzes

Nicht jeder Schaden, der infolge der Vertragsverletzung entstanden ist, kann vom Käufer geltend gemacht werden. Ersetzbar ist nur derjenige Schaden, der von der Vertragsverletzung verursacht wurde und mit dem die Parteien abstrakt oder konkret gerechnet haben bzw. rechnen mußten.

a) Kausalität

Der klagende Käufer muß zunächst nachweisen, daß die Nichterfüllung bzw. der *breach of warranty* den eingetretenen Schaden „effektiv" verursacht hat[1173]. Das ist dann nicht der Fall, wenn die Vertragsverletzung lediglich die Möglichkeit eröffnet hat, daß der Käufer einen Schaden erleidet. Soweit ein weiteres Ereignis dazu tritt, ist danach zu fragen, ob dieser Eintritt wahrscheinlich gewesen ist, wenn erst einmal die Vertragsverletzung eingetreten ist. Ist das Auftreten des weiteren Ereignisses wahrscheinlich, so unterbricht dieses die Kausalkette nicht[1174]. Wenn aber das Auftreten dieses weiteren Ereignisses bei einem Vertragsbruch als unwahrscheinlich anzusehen ist, dann kann die Kausalkette unterbrochen sein[1175].

b) Voraussehbarkeit

Nicht jeder durch die Vertragsverletzung kausal verursachter Schaden muß ersetzt werden. Die Ersatzfähigkeit des Schadens hängt von seiner Voraussehbarkeit ab. Ein Teil des Schadens kann zu „entfernt"[1176] sein. Je nachdem wird zwischen allgemeinem Schaden (*general damges*) und entfernterem, speziellem Schaden (*special damges*) unterschieden. Der Käufer kann grundsätzlich den allgemeinen Schaden immer, seinen speziellen Schaden nur bei Vorliegen weiterer Voraussetzungen ersetzt verlangen.

aa) Grundsätze des Schadensersatzrechtes

Die grundlegenden Prinzipien des Schadensersatzrechts sind in der Entscheidung Hadley v Baxendale festgelegt worden[1177]. Die in dieser Entscheidung entwickelten Regeln wurden in sec 51 sub-s 2, 53 sub-s 2 und 54 SGA übernommen. Demnach sind Schäden bei Vertragsverletzungen zum einen dann ersetzbar, wenn anständiger- und vernünftigerweise erwogen werden könnte, daß sie

---

[1172] Burrows, Remedies, S. 30.
[1173] Burrows, Remedies, S. 25 ff.
[1174] Anson's S. 567; Galoo Ltd. v Bright Grahame Murray [1994] 1W.L.R. 1360; Young v Purdy [1997] P.N.L.R. 130.
[1175] Anson's S. 568.
[1176] Too remote, oder sog. Remotness of damages.
[1177] Hadley v Baxendale (1854) 9 Exch. 341.

sich naturgemäß aus der Vertragsverletzung, d. h. entsprechend dem gewöhnlichen Lauf der Dinge, ergeben könnten. Diese erste Regel betrifft die sog. *general damages*. Zum anderen sind Schäden dann ersetzbar, wenn vernünftigerweise angenommen werden kann, daß sie von den Parteien bei Vertragsabschluß in Erwägung gezogen worden sind[1178]. Diese zweite Regel bezieht sich auf die *special damages.*

Hinter den beiden Regeln der Entscheidung steht ein allgemeines Prinzip. Dieses besagt, daß nur derjenige Schaden ersetzt werden muß, den die vertragsbrüchige Partei zum Zeitpunkt des Vertragsabschlusses hätte voraussehen können[1179]. Was voraussehbar ist, hängt von der Kenntnis der Parteien ab[1180]. Diese kann wiederum eine latente und eine aktuelle sein[1181]. Jede vernünftige Person ist gehalten zu wissen, was der ordentliche Gang der Dinge ist und was für Schäden aus der Vertragsverletzung resultieren können[1182]. Auf diese latente Kenntnis bezieht sich die erste Regel. Dazu kann aber die aktuelle Kenntnis über besondere, von dem Vertragspartner mitgeteilte Umstände, hinzukommen.

Soweit der Käufer also dem Verkäufer keine besonderen Umstände mitgeteilt hat, kann der Letzte nur dazu gehalten werden, ein solches Ausmaß der Verletzung in Betracht zu ziehen, das gewöhnlich bei einer Verletzung eines Vertrages der in Frage stehenden Art entsteht[1183].

bb) Special damages

Die Grundregel im englischen Schadensersatzrecht ist, wie oben dargestellt, daß das verlangt werden kann, was als unmittelbare und natürliche Folge der Verletzung als Verlust entstanden ist. Sec 54 SGA stellt klar, daß das Recht, darüber hinaus *special damages* zu fordern, unberührt bleibt.

Der Schuldner haftet dann für *special damages*, wenn die Möglichkeit des Schadenseinritts von den Parteien bei dem Abschluß des Vertrages bedacht wurde. Die zweite Regel des Hadley v Baxendale Falles ist also nur dann anwendbar, wenn der Käufer dem Verkäufer beim Vertragsabschluß die besonderen Umstän-

---

[1178] Hadley v Baxendale (1854) 9 Exch. 354: "Where two parties have made a contract which one of them has broken, the damages which the other party ought to receive in respect of such breach of contract should be such as may fairly and reasonably be considered either as arising naturally, ie according to the usual course of things, from such breach of contract itself, or such as may reasonably be supposed to have been in the contemplation of both parties, at the time they made the contract, as the probable result of the breach of it."

[1179] Victoria Laundry (Windsor) Ltd. v Newman Industries Ltd. [1949] 2 K.B. 528.

[1180] Harris/Campbell/Halson, S. 91: „The test of remoteness has often been explained in terms of encouraging the efficient exchange of information by the parties."

[1181] „For this purpose, knowledge `possessed` is of two kinds: one imputed, the other actual", Victoria Laundry v Newman, Asquith L.J., s.o.

[1182] Bulk Oil (Zug) A.G. v Sun International [1984] 1 Lloyd's Rep 531, 543; QBD; Harris/Campbell/Halson, S. 95 betonen, daß sich die Voraussehbarkeit auf die Art der auftretenden Schäden bezieht und nicht auf die Vertragsverletzung selbst..

[1183] Hadley v Baxendale, [1854] 9 Exch. 341.

den, die zu einem höheren als dem gewöhnlichen Verlust führen können, mitgeteilt hat. Der Grund dafür ist zum einen, daß der Verkäufer dann die Möglichkeit hat, die Höhe der Schäden eher vorauszusehen und sich gegebenenfalls dagegen abzusichern. Zum anderen können die Parteien bereits im Vertrag besondere Regelungen bezüglich des Schadensersatzes vereinbaren.

Grundsätzlich sollte die bloße Kenntnis der besonderen Umstände für die Haftung der vertragsbrüchigen Partei ausreichen[1184]. Es wird jedoch zum Teil vertreten, dies allein reiche nicht aus, vielmehr müßte die vertragsbrüchige Partei ausdrücklich oder konkludent die Haftung für den höheren Schaden übernommen haben[1185]. Die Forderung nach einer gesonderten Haftungsvereinbarung bezüglich der höheren Schäden geht zu weit[1186]. Die ausreichende Kenntnis des Vertragspartners genügt, um zu gewährleisten, daß er als gewissenhafter Geschäftsmann diese berücksichtigt und die hieraus resultierenden besonderen Folgen einer Vertragsverletzung voraussehen kann[1187]. Es kann nicht verlangt werden, daß der Verkäufer den genauen Umfang des Schadens voraussehen konnte[1188].

3. Schadensminderungspflicht

Die verletzte Vertragspartei muß angemessene Schritte unternehmen, um eine Vergrößerung des durch die Vertragsverletzung entstandenen Schadens zu vermeiden. Der Käufer kann keinen Ersatz von Schäden verlangen, die nicht auf der Vertragsverletzung, sondern auf seinem eigenen Unterlassen, den Schaden zu mindern, beruhen[1189]. Die Schadensminderungspflicht greift ab dem Moment ein, in dem die Vertragsverletzung offensichtlich wird[1190]. Im Falle der Verletzung von *intermediate terms*, in denen unter Umständen der Käufer erst abwarten muß, um das genaue Ausmaß des Schadens erkennen zu können, entsteht ein gewisses Konfliktpotential bezüglich der Schadensminderungspflicht.

Dem Käufer kann im Falle der Nichtlieferung durch den Verkäufer ein Teil des Schadensersatzes verwehrt bleiben, wenn er es unterläßt verfügbare Ersatzwaren zu kaufen. Der Kläger könnte unter besonderen Umständen sogar dazu angehalten werden, ein angemessenes Angebot des Beklagten zu akzeptieren, das

---

1184 Anson's Law of Contract, S. 576; Kircher, S. 171.

1185 British Columbia etc. Saw-Mill Co Ltd. v Nettleship [1868] L.R. 3 C.P. 499, 509; Seven Seas Properties v Al Essa [1993] 3 AllER 577.

1186 Heywood v Wellers [1976] 1 Q.B. 446 (tort); Koufos v Czarnikow Ltd. [1969] 1 A.C. 350, 422; Anson's Law of Contract, S. 576f.; Butterworths, S. 1288.

1187 Butterworths, S. 1288: "Thus the true proposition becomes: the communication must be in circumstances such that a reasonable person in the position of the party in breach would, if he had bothered to think about it, have become aware of the loss which in fact occurred irrespective of whether such communication would be sufficient to support a contractual term of that effect."

1188 Brown v KMR Services [1994] 4 All ER 385, 398f., QBD; Anson's Law of Contract, S. 570; Harris/Campbell/Halson, S 95.

1189 British Westinghouse Electric & Manufacturing Co Ltd v Underground Electric Railways. Co. of London Ltd. [1912] A.C. 673, 689

1190 Harris, 76.

den Schaden mindern oder wiedergutmachen soll[1191]. Der Käufer kann aber nicht gehalten werden, die angebotenen mangelhaften Waren, die er zurückgewiesen hat, anzunehmen, weil der Verkäufer sie jetzt zu einem niedrigeren Preis abgeben will[1192]. Der Käufer ist ebenfalls nicht verpflichtet, Maßnahmen außerhalb des gewöhnlichen Laufes seines Geschäfts zu ergreifen[1193].

Es ist eine Einzelfallfrage, ob der Käufer sich wie eine vernünftige Person verhalten hat und was für ein Verhalten von ihm in Anbetracht der Umstände erwartet werden konnte[1194]. So ist der Käufer nicht gezwungen, Ware minderer Qualität anzunehmen oder seinen guten Ruf zu gefährden[1195]. Genau so wenig ist er verpflichtet, komplizierte Rechtsstreitigkeiten bzw. Prozesse anzustreben[1196]. Haben die Maßnahmen, die der Käufer zur Schadensminderung unternommen hat, Kosten verursacht, so kann er diese, soweit es der Angemessenheit entspricht, ersetzt verlangen[1197].

Die Schadensminderungspflicht der verletzten Partei ist keine Verpflichtung im strengen Sinne[1198]. Es ist vielmehr eine Obliegenheit. Das Zuwiderhandeln gegen die Schadensminderungspflicht gibt der anderen Partei kein selbständiges Schadensersatzrecht. Es hindert nur denjenigen, der gegen die eigenen Interessen verstoßen hat, von dem Vertragsbrüchigen den Schaden ersetzt zu verlangen, der durch eine geeignete und zumutbare Maßnahme hätte abgewendet werden können.

4. Zusammenfassung: Haftungsumfang

Der Verkäufer ist grundsätzlich zum Ersatz derjenigen Schäden verpflichtet, die durch die Vertragsverletzung effektiv verursacht wurden und voraussehbar waren. Welche Schäden im einzelnen voraussehbar sind, hängt von der Kenntnis der Parteien ab. Jede vernünftige Person ist gehalten zu wissen, was der ordentliche Gang der Dinge ist und was für Schäden aus der Vertragsverletzung resultieren können. Soweit der Käufer keine besonderen Umstände mitgeteilt hat, ist der Verkäufer verpflichtet, ein solches Ausmaß der Verletzung in Betracht zu ziehen, welches gewöhnlich bei einer Verletzung eines Vertrages der in Frage stehenden Art entsteht. Der Schuldner haftet für darüber hinaus entstandene Schäden, sog. *special damages*, wenn die Parteien die Möglichkeit des Schadenseintritts beim Vertragsschluß bedacht haben. Das ist der Fall, wenn der Käufer dem

---

1191 Brace v Calder [1895] 2 Q.B. 253; Payzu Ltd. v Saunders [1919] 2 K.B. 581; Sotiros Shipping Inc. v Sameiet Solholt (The „Solholt") [1983] 1 Lloyd's Rep. 605, CA; Anson's Law of Contract, S. 582.

1192 Harris, S. 76.

1193 Anson's Law of Contract, S. 582.

1194 The „Solholt" [1983] 1 Lloyd's Rep. 605, CA

1195 Heaven & Kesterton Ltd. v Etablissement Francois Albiac & Cie [1956] 2 Lloyd's Rep 316, QBD.

1196 Burrows, S. 66f.

1197 Treibel/Hodgson, Rn. 178.

1198 Anson's Law of Contract, S. 583; Harris, S. 75; McGregor on Damagges, Rn. 288.

Verkäufer beim Vertragsabschluß die besonderen Umständen, die zu einem höheren als dem gewöhnlichen Verlust führen können, mitgeteilt hat. Nicht ersetzbar ist der Schaden, den der Käufer bei ordnungsgemäßer Erfüllung seiner Schadensminderungsobliegenheit hätte vermeiden können.

Der Käufer hat ein Wahlrecht, ob er den Erfüllungsschaden oder den Vertrauensschaden geltend machen will. Der Käufer kann also entweder verlangen, so gestellt zu werden, wie er stünde, wenn der Vertrag ordnungsgemäß erfüllt worden wäre oder Ersatz der Aufwendungen verlangen, die ihm zur Vorbereitung der Erfüllung durch den Verkäufer entstanden sind und infolge der Vertragsverletzung nutzlos geworden sind.

III. Bemessung des Schadensersatzes

Die Bemessung des Schadens richtet sich zunächst nach einem Vergleich zwischeb der Position des Käufers mit der Vertragsverletzung und derjenigen, die bestünde, wenn der Vertrag ordnungsgemäß erfüllt worden wäre[1199]. Die Berechnung der Schadenshöhe kann sich zum einen auf die Wertdifferenz zwischen geschuldeter und erhaltener Ware stützen, zum anderen können dafür die Kosten für die Herstellung des vertragsgemäßen Zustandes herangezogen werden.

Die Schadensersatzbemessung hängt im einzelnen davon ab, ob der Vertrag bestehen bleibt oder nicht. Dementsprechend regeln sec 51 SGA den Schadensersatz im Falle der Nichterfüllung und sec 53 SGA den Schadensersatz bei *breach of warranty*. Sowohl die abstrakte als auch die konkrete Schadensberechnung sind grundsätzlich zulässig.

1. Abstrakte Schadensberechnung

Der Sale of Goods Act enthält zwei Vorschriften, die die abstrakte Schadensberechnung zwecks Beweiserleichterung zulassen- sec 51 sub-s 3 und sec 53 sub - s 3.

Sec 51 sub-s 3 SGA betrifft den Fall der Nichtlieferung. Soweit ein Markt für die Ware verfügbar ist, ist der Schaden prima facie die Differenz zwischen dem Vertragspreis und dem Marktpreis zum Zeitpunkt, zu dem die Ware hätte geliefert werden sollen oder soweit ein solcher nicht vereinbart worden ist, zum Zeitpunkt, zu dem die Lieferung abgelehnt worden ist[1200]. Diese Bestimmung berücksichtigt nicht den Fall, in dem der Kaufpreis bereits bezahlt worden ist. Ist die Zahlung erfolgt, so umfaßt der Schadensersatz auch den Preis. Der Grund für diese Beweisregel ist die Möglichkeit des Käufers, bei Nichtlieferung des Verkäufers sich am Markt einzudecken. Ein anderer Grund für diese Art der Schadensersatzberechnung ist die Schadensminderungsobliegenheit. Sec 51 sub-s 3 SGA präsu-

---

[1199] Treitel, The law of Contract, S. 869f..
[1200] Duxbury, S. 120.

miert, daß ein vernünftiger Käufer die Ware sofort nach dem Vertragsbruch des Verkäufers am Markt beschaffen würde[1201].

Bei einer verspäteten Lieferung ist der Schaden prima facie die Differenz zwischen dem Wert der Ware zu dem Zeitpunkt, an dem sie hätte geliefert werden müssen und dem bei der tatsächlich vorgenommenen Lieferung[1202].

Ob ein verfügbarer Markt (*available market*) vorhanden ist, ist aus der Sicht des Käufers zu bestimmen. Es muß also eine ausreichende Anzahl von angebotswilligen Verkäufern vorhanden sein, so daß vergleichbare Güter schnell angeschafft werden könnten[1203]. Der relevante Markt ist grundsätzlich derjenige am Ort der Lieferung. Die Frage, wieweit der neue Verkäufer von dem Ort der ursprünglichen Lieferung entfernt sein darf, ist unter Berücksichtigung der Schadensminderungsobliegenheit zu beantworten. Sie hat sich danach zu richten, was für den Käufer nach den Umständen des Falles angemessen ist[1204]. Die Angemessenheit ist auch für die Bestimmung des zeitlichen Rahmens maßgebend. Bei der Bestimmung des Markpreises ist auf die Ankaufspreise abzustellen sowie die jeweilige Marktbeziehung zwischen den Teilnehmern zu berücksichtigen, d. h., ob die Transaktion zwischen Großhändlern, zwischen Großhandel und Einzelhandel oder zwischen Händler und Endkonsument stattfindet[1205].

Soweit es sich um eine Verletzung von *warranty* bezüglich der Qualität handelt, ist der Schaden prima facie die Differenz zwischen dem Wert der Sachen zum Zeitpunkt der Lieferung und dem Wert, den die Sachen gehabt hätten, wenn die Qualitätsvereinbarung eingehalten worden wäre (sec 53 sub-s 3 SGA). Verallgemeinert heißt die Regel, der Schaden ist die Differenz zwischen dem Wert der Ware zum Zeitpunkt der Lieferung an den Käufer und dem Wert der Ware, die sie gehabt hätte, wenn sie den Voraussetzungen der jeweils verletzten *warranty* entsprochen hätte[1206]. Die Beweiserleichterung mittels einer abstrakten Schadensberechnung betrifft also nur die Schäden an der Kaufsache selbst, sog. Mangelschäden. Schäden an anderen Rechtsgütern als der Kaufsache sind vom Käufer voll zu beweisen, unabhängig davon, ob sie als *general* oder als *special damages* zu ersetzen sind[1207].

Bei der abstrakten Berechnung des allgemeinen Schadens werden grundsätzlich für den Vertragspartner unbekannte Weiterveräußerungen außer Acht gelassen[1208]. Unter Umständen wird aber ein Weiterverkauf doch berücksichtigt, etwa

---

[1201] Benjanim's Sale-Harris, 17-003; Harris/Campbell/Halson, S. 100.
[1202] Halsbury's Statutes, note 3 zu sec 51; Anson's Law of Contract, S. 574; Butterworths, S. 1245; Harris/Campbell/Halson, S. 104:" The general rule is that damages should be assessed as at the date of the breach, which is th edate when the cause of action arose"..
[1203] Bejamin's Sale-Harris, 17-004.
[1204] McGregor on Damages, Rn. 743; Bejamin's Sale-Harris, 17-004.
[1205] Benjamin's Sale-Harris, 17-016.
[1206] Benjamin's Sale-Harris, 17-046; Treitel, The Law of Contract, S. 885.
[1207] Kircher, S. 172.
[1208] Anson's Law of Contract, S. 577; Benjamin's Sale- Harris, 17-027.

dann, wenn das Gericht vermeiden will, daß der Käufer einen Schaden geltend macht, den er tatsächlich nicht erlitten hat[1209]. Das kann bei verspäteter Lieferung dann der Fall sein, wenn der Käufer bei fallenden Marktpreisen es geschafft hat, die Ware zu einem über dem Marktpreis liegenden Preis zu verkaufen. Beispielsweise, wenn der Marktpreis zum Zeitpunkt der geschuldeten Lieferung bei 70 lag, zum Zeitpunkt der tatsächlichen Lieferung bei 60 und der Käufer die Ware zu 65 weiterverkauft hat, würde der ersatzfähige Schaden anstatt bei 10 nur bei 5 liegen[1210]. Diese Berücksichtigung ist aber problematisch. Vor allem dann, wenn der Verkäufer nichts von dem Weiterverkauf wußte, kann er nicht darauf vertrauen, daß der Käufer mit einem höheren Weiterverkaufspreis den Schaden mindern wird. Der Käufer ist zudem auch nicht gehalten, ausgerechnet die Ware aus diesem Vertrag zu veräußern. Er kann sich vielmehr vom Markt eindecken, um seinen Vertrag rechtzeitig zu erfüllen oder bei einem schwankenden Markt die jeweiligen Preisvorteile auszunutzen[1211]. Überobligationsmäßige Anstrengungen und besonderes kaufmännisches Geschick des Käufers sollten daher nicht zur Minderung der Schadensersatzverpflichtung des Verkäufers führen.

2. Konkrete Schadensberechnung

Die Regel von sec 53 sub-s 3 und sec 53 sub-s 3 SGA und die in Anlehnung daran entwickelten Prinzipien gelten nur prima facie. Dem Käufer steht es frei, andere Schäden nachzuweisen und auch der Verkäufer kann im Einzelfall einen geringeren Schaden beweisen. Die prima facie Regeln sind auch dann nicht anwendbar, wenn für die betroffene Sache kein objektiver Wert ermittelt werden kann. Das ist z. B. dann der Fall, wenn kein Mark für die Sache existiert, sei es, weil es sich um einen Prototypen handelt, sei es, weil sie sonst einzigartig ist, wie z. B. ein einmaliges Antiquitätenstück.

In diesen Fällen richtet sich die konkrete Schadensersatzbemessung nach den allgemeinen Regeln von sec 51 sub-s 2 und sec 53 sub-s 2 SGA. Danach ist der allgemeine Schaden derjenige, der bei gewöhnlichem Lauf der Dinge eine direkte und natürliche Folge der Verletzung der vertraglichen Vereinbarungen darstellt. Maßstab für die Beurteilung ist die Frage, was ein vernünftiger Geschäftsmann als natürliche oder mögliche Folge der Vertragsverletzung erwogen haben müßte[1212]. Ein vernünftiger Geschäftsmann ist gehalten, die gewöhnlichen Handelsbräuche und die Notwendigkeiten der Branche und des Geschäfts des anderen zu verstehen[1213]. Bei der Bemessung des Schadens können alle relevanten Faktoren berücksichtigt werden, wie etwa die Kosten für die Beschaffung und den Transport der Ware sowie ein angemessener Gewinn.

1209 Williams Bros. v E.T. Agius Ltd. [1914] A.C. 510; Pagnan and Fratelli v Corbisa Industrial Agropacuaria Ltda [1970] 1 WLR 1306.

1210 Bespiel und Ergebnis nach Wertheim v Chicoutimi Pulp Co. Ltd. [1911] A.C. 301.

1211 Teilweise Kritik s. Slater v Hoyle & Smith Ltd. [1920] 2 K.B. 11; Anson's Law of Contract, S. 578.

1212 Monarch Steamship Co Ltd. V Karlshamns Oljefabriker (A/B) [1949] A.C. 196; Bulk Oil (Zug) A.G. v Sun International [1984] 1 Lloyd's Rep 531, 543; QBD.

1213 Bulk Oil (Zug) A.G. v Sun International [1984] 1 Lloyd's Rep 531, 543; QBD.

Für die Bemessung des Schadensersatzes kann in vielen Fällen, in denen nichtvertragsgemäße Ware geliefert worden ist, der Betrag herangezogen werden, der erforderlich wäre, um die Ware von einem Dritten zu beschaffen oder um die Ware in den vertragsgemäßen Zustand zu versetzen[1214]. Wenn allerdings die Wiederherstellung des vertragsgemäßen Zustandes unangemessen teuer ist, kann der volle Ersatz der Kosten versagt bleiben[1215]. Bei Verbraucherkaufverträgen ergibt sich diese Wertung aus sec 48B sub-s 3,4 SGA, wonach die Nachbesserung ausgeschlossen ist, wenn sie unangemessen hohe Kosten im Vergleich zu anderen Rechtsbehelfen verursacht.

Weiterhin können Schäden an anderen Rechtsgütern als dem Kaufgegenstand eine direkte und natürliche Folge der Vertragsverletzung sein. Das wird in vielen Fällen davon abhängen, was verkauft worden ist und ob der Schaden bei Vertragsschluß voraussehbar war oder erst durch besondere Umstände eingetreten ist[1216]. Wenn diese besonderen Umstände dem Verkäufer zur Kenntnis gebracht worden sind, dann kommen *special damages* in Betracht.

Ähnliches gilt nach dem *remoteness* Grundsatz auch für den entgangenen Gewinn. Dieser ist nur dann ersetzbar, wenn der Verkäufer wußte oder hätte in Erwägung ziehen müssen, daß die Ware für den Weiterverkauf bestimmt ist. Einen außergewöhnlichen Gewinn, der nur unter besonderen Umständen zu erzielen ist und der dem Käufer infolge der Vertragsverletzung entgangen ist, hat der Verkäufer auch bei Kenntnis der Weiterverwertung der Ware nicht zu ersetzen[1217]. Dieser wäre nur dann ersetzbar, wenn der Verkäufer von seiner möglichen Realisierung wußte.

In den Bereich der unmittelbaren, voraussehbaren Schäden gehören auch Schmerzensgeld[1218] und unter Umständen seelischer Diskomfort[1219]. Letzteres ist jedoch nur dann der Fall, wenn die eigene Nutzung der Sache im Vordergrund stand oder Gegenstand des Vertrages war, daß die Kaufsache dem Käufer „Freude und Vergnügen" bereiten soll[1220].

Verlangt der Käufer irgendeinen Schaden als *spezial damages,* so muß er diesen ausdrücklich geltend machen und ihn voll beweisen. Die häufigsten Fälle von *spezial damages* bei Warenkaufverträgen beruhen auf der Unmöglichkeit des Käufers, seine eigenen Verpflichtungen aus einer Weiterverkaufsvereinbarung zu

---

1214 Anson's Law of Contract, S. 565; Benjamin's Sale-Harris, 17-020; Burrows, Remedies, S. 122f..

1215 Ruxley Electronics & Conctrustions Ltd. v Forsyth [1996] 1 A.C. 344– betrifft einen Werkvertrag, ein Swimmingpool wurde nicht tief genug gebaut, die Kosten für die Herstellung der vertragsgemäßen Tiefe überstiegen den Vertragspreis um einiges. Dem Besteller wurde eine „Entschädigung" für die entgangene Erfüllung und nichtfinanziellen Konsumentenmehrwert. Auch wenn dies kein Kaufrechtsfall gewesen ist, ist das Prinzip übertragbar.

1216 Benjamin's Sale of Goods-Harris, 17-068.

1217 Victoria Laundry (Windsor) Ltd. v Newman Industries Ltd. [1949] 2 K.B. 528.

1218 Godley v Perry [1960] 1 All ER 36, 41 QBD.

1219 Bernstein v Pamson Motors (Golders Green) Ltd [1987] 2 All ER 220, QBD.

1220 Kircher, 178.

erfüllen. *Spezial damages* können sowohl die Aufwendungen für eine Schadensersatzzahlung und evtl. gerichtliche Auseinandersetzungen mit dem Abnehmer des Käufers als auch den entgangenen Gewinn erfassen.

3. Einwendung der Preisminderung

Eine besondere Art der Schadensberechnung sieht sec 53 sub-s 1 SGA vor. Danach kann der Käufer dem Verkäufer im Prozeß im Wege der Widerklage entgegensetzen, daß der Preis für die Ware wegen eines *breach of warranty* gemindert werden soll. Der Schaden des Käufers entspricht der Differenz zwischen dem Wert der Ware zum Zeitpunkt der Lieferung und dem Wert, den sie hätte, wenn sie den vertraglichen Anforderungen entsprechen würde[1221]. Die Regelung berücksichtigt die besondere prozessuale Situation des Käufers und gibt ihm insoweit eine Einwendung gegen die Kaufpreisforderung des Verkäufers. Die Vorschrift beinhaltet dagegen keinen eigenständigen Minderungsanspruch.

4. Vertragsstrafen und pauschalierter Schadensersatz

Die Parteien können vereinbaren, daß die vertragsbrüchige Partei der anderen eine bestimmte Summe zu zahlen hat. Diese Vereinbarung kann je nach Inhalt und Umständen des Einzelfalles zum Zeitpunkt der Vereinbarung sowohl als Vertragsstrafe (*penalties*) als auch als pauschalierter Schadensersatz (*liquidated damages*) zu bewerten sein[1222]. Die Bezeichnung durch die Parteien ist nicht ausschlaggebend[1223]. Nach englischem Recht sind die Vertragsstrafen im Gegensatz zum pauschalierten Schadensersatz nicht durchsetzbar[1224]. Eine Vertragsstrafe ist dann anzunehmen, wenn der primäre Zweck der vereinbarten Summe ist, die Erfüllung des Vertrages zu sichern[1225]. Eine Vertragsstrafe liegt z. B. dann vor, wenn die Summe extravagant und übertrieben im Vergleich zu dem größtmöglichen aus der Verletzung resultierenden Verlust ist[1226]. Haben die Parteien dagegen bei dem Vertragsabschluß ernsthaft den Schaden zu schätzen versucht, so spricht das für einen Pauschalschaden[1227]. Weiteres Indiz kann die Staffelung des Schadensersatzes nach Zeitabschnitten bei Verzugsschäden oder nach Schwere der Mängel sein.

[1221] Mondel v Steel [1841] 8 M&W 858; Rabel, S. 234.

[1222] Dunlop Pneumatic Tyre Co. Ltd. v New Garage and Motor Co. Ltd. [1915] A.C. 79, 86: "The essence of a penalty is a payment of money stipulated as *in terrorem* of the offending part; the essence of liquidated damages is a genuine covenanted pre-estimate of damages"; Lombank Ltd. v Excell [1963] 3 All ER 486, CA; Philips Hong Kong Ltd v A-G of Hong Kong (1993) 61 BLR 41, 56.

[1223] Cheshire, Fifoot, Furmston's, S. 635.

[1224] Benjamin's Sale- Harris, 16-029; Cooke/Oughton, S. 229.

[1225] Cheshire, Fifoot, Furmston's, S. 635.

[1226] Dunlop Pneumatic Tyre Co. Ltd. v New Garage and Motor Co. Ltd. [1915] A.C. 79 Lord Dunedin, mit weiteren Kriterien und Beispiele; Harris/Campbell/Halson, S. 142ff..

[1227] Treibel/Hodgson, Rn. 181.

IV. Haftungsbefreiung

Unter gewissen Umständen kann der Verkäufer von seiner Haftung für Vertragsverletzungen befreit sein. Die Parteien sind grundsätzlich frei, einen Haftungsausschluß vertraglich zu vereinbaren. Einige der Fälle der Haftungsbefreiung sind gesetzlich geregelt.

1. Frustration

Die Haftung kann dann ausgeschlossen sein, wenn der Vertrag ohne jegliches Verschulden der beiden Parteien vereitelt (*frustrated*) worden ist. Die Vereitelung des Vertrages bewirkt die Befreiung der Parteien von der künftigen Erfüllung[1228]. Ein Kaufvertrag kann durch jedes nach dem Vertragsabschluß aber vor Eigentums- und Risikoübergang aufgetretenes Ereignis vereitelt werden, das die Grundlage des Vertrages gänzlich zerstört, die Erfüllung des Vertrage wirtschaftlich oder physisch unmöglich macht oder die Verpflichtungen der Parteien radikal ändert[1229]. Ein Spezialfall der *frustration* wird durch sec 7 SGA geregelt. Soweit es sich um einen Vertrag über Speziessachen handelt, bei dem das Eigentum später übergehen soll (sog. a*greement to sell* gem. sec 2 sub-s 5 SGA), und die verkaufte Ware ohne Verschulden einer der beiden Parteien untergeht, bevor das Risiko auf den Käufer übergegangen ist, wird der Vertrag nichtig. Unter Untergang der Sache ist nicht nur die physische Zerstörung zu verstehen, sondern auch eine solche Veränderung, die die Ware als etwas anderes, als das vertraglich Vereinbarte, erscheinen läßt[1230].

Ist der Vertrag *frustrated*, so werden die Parteien von ihren vertraglichen Pflichten befreit, der Käufer schuldet also keinen Kaufpreis und der Verkäufer haftet nicht für die Nichterfüllung, er braucht also keinen Schadensersatz zu leisten. Die Frustration bewirkt mit Auftreten des vereitelnden Ereignisses also eine Beendigung des Vertrags für die Zukunft[1231].

SGA enthält keine Regelungen bezüglich der *frustration* von Verträgen über unbestimmte Sachen. Ob ein solcher Vertrag vereitelt werden kann, hängt zunächst von der Art der unbestimmten Ware. Handelt es sich um eine uneingeschränkte Gattungsschuld, so kann der Vertrag nur dann vereitelt werden, wenn alle Sachen der gesamten Gattung untergehen. Im Prinzip gilt also *genus numquam perit*. Bezieht sich der Vertrag auf eine beschränkte Gattungsschuld, so kann der Vertrag bei Untergang dieser Gattung vereitelt werden[1232]. So wenn z. B. die Ernte eines bestimmten Feldes verkauft worden ist und die Ernte infolge Überschwemmung zerstört wird.

Hat der Käufer bereits den Preis oder einen Teil davon im voraus bezahlt, so gibt

---

[1228] Dobson, Rn. 4-13; Davies on Contract, S. 250.
[1229] Atiyah, S. 308; Treitel, The law of Contract, S. 806; Chitty on Contracts-McKendrick, 23-001.
[1230] Benjamin's Sale-Guest, 6-029; Atiyah, s. 74.
[1231] Treitel, Outline, S. 300; Dobson, Rn. 4-11.
[1232] Treitel, The law of Contract, S. 810.

ihm der Frustrated Contracts Act (sec 1 sub-s 2) das Recht, den Preis zurückzuverlangen. Dies gilt auch in Fällen, in denen der Vertrag nur zum Teil vereitelt worden ist. So kann z. B. der Käufer, der 1.000 Tonnen gekauft hat, die in Raten geliefert werden sollten, den im voraus gezahlten Kaufpreis zurückfordern, wenn nach der ersten Lieferung der Vertrag vereitelt wird[1233]. Soweit der Verkäufer Unkosten im Zusammenhang mit der Erfüllung gehabt hat, kann er vor Gericht begehren, daß diese bei der Rückzahlung berücksichtigt werden. Der Frustrated Contracts Act gilt jedoch nicht für den in sec 7 SGA geregelten Fall[1234].

Haben sich die Umstände so verändert, daß die Erfüllung des Vertrages z. B. wegen zu hoher Inflation oder gestiegener Kosten für den Verkäufer unwirtschaftlich geworden ist, so reicht das nach überwiegender Meinung nicht aus, um den Vertrag als vereitelt anzusehen und den Verkäufer von seiner Haftung zu befreien[1235].

2. Vertraglicher Haftungsausschluß

Der Verkäufer kann von seiner Schadensersatzpflicht auch durch Haftungsausschlußklauseln im Vertrag freigestellt werden. Die Ausschlußklauseln dürfen nicht mehrdeutig sein. Sie müssen ihre Intention klar und deutlich zu erkennen geben. Es muß eindeutig ersichtlich sein, ob eine Verpflichtung als solche oder die Haftung für Pflichtverletzungen eingeschränkt werden soll[1236]. Die Parteien sind frei, auch ein bestimmtes Haftungslimit zu vereinbaren[1237].

Die Haftungsausschlußklauseln unterliegen der Kontrolle nach dem Unfair Contract Terms Act 1977. Die Kontrolle ist komplex und umfassend und erfolgt in drei grundsätzlichen Richtungen[1238]. Zum einen werden solche Klauseln untersucht, die die Fahrlässigkeit (*negligence*) betreffen (sec 2, 5). *Negligence* ist die Verletzung von allen im Vertrag, sei es durch *express* oder *implied term*, begründeten Verpflichtungen, bei der Erfüllung des Vertrages eine angemessene Sorgfalt oder Können anzuwenden. Des weiteren solche Verpflichtungen, die durch common law begründet sind oder durch den Occuper´s Liability Act 1957 (sec 1). Zum anderen unterliegen der Kontrolle nach dem Unfair Contract Terms Act solche Klauseln, die die Haftung für Verletzungen von bestimmten durch *implied term* begründeten Verpflichtungen ausschließen oder einschränken[1239]. Des weiteren ist eine allgemeine Kontrolle solcher Klauseln vorgesehen, die die Haftung für Vertragsverletzung einschränken oder ausschließen oder den Vorbehalt einräumen, etwas anderes als das ursprünglich Vereinbarte oder gar nichts zu liefern (sec 3

[1233] Beispiel von Atiyah, S. 315.
[1234] Treitel, Outline, S. 302; Blair, S. 50.
[1235] Benjamin's Sale-Guest, 6-048; Chitty on Conracts- McKendrick, 23-035; Tennants (Lancashire) Ltd. v CS. Wilson & Co. Ltd. [1917] A.C. 495; Davis Contractors Ltd. v Fareham U.D.C. [1956] A.C. 696; National Carriers Ltd. v Panalpina (Northern) Ltd. [1981] A.C. 675.
[1236] Chitty on Contracts-Guest, 14-005ff.
[1237] Bejamin's Sale-Harris, 16-033.
[1238] Chitty on Contracts-Guest, 14-046.
[1239] S. zu sec. 6 Unfair Contract Terms Act oben Seiteon page 243 f.

Unfair Contract Terms Act). Diese Kontrolle ist jedoch nur dann einschlägig, wenn eine Partei Verbraucher ist oder wenn die Haftungseinschränkungen durch allgemeine Geschäftsbedingungen vorgenommen worden sind. Wird bei der Prüfung einer Haftungsausschlußklausel festgestellt, daß sie gegen das Gesetz verstößt, so kann sie als Ganzes für nichtig erklärt werden oder insoweit erhalten bleiben, als sie den Anforderungen der Angemessenheit entsprechen würde.

Eine Freistellung von der Schadensersatzpflicht können *force majeure* Klauseln bewirken. Es wird angenommen, daß *force majeure* Klauseln keine Haftungsausschlußklauseln (*exemption clauses*) sind, auch wenn die Abgrenzung im Einzelfall schwierig ist, da beide Arten von Klauseln die Befreiung des Schuldners bewirken können[1240]. Die *force major* Klauseln sind Gegenstand der Angemessenheitsprüfung von sec 3 Unfair Contract Terms Act 1977. Es ist eher unwahrscheinlich, daß in Handelsverträgen eine Klausel, die dem Verkäufer lediglich erlaubt seine Verpflichtung zu verschieben, zu suspendieren oder nicht zu erfüllen, weil Ereignisse eingetreten sind, die jenseits seiner Kontrolle und Beeinflußbarkeit liegen, als unangemessen erklärt wird. Die Umstände des Einzelfalles sind jedoch stets in Betracht zu ziehen, so daß eine solche Klausel unter Umständen dann unangemessen ist, wenn sie z. B. in einem Exklusivlieferungsvertrag den Verkäufer bei Auftreten von bestimmten Ereignissen freistellt, dem Käufer aber nicht erlaubt, die Ware anderweitig zu beziehen[1241].

V. Zusammenfassung: Schadensersatzanspruch nach englischem Recht

Primärer Grund für die Schadensersatzhaftung des Verkäufers ist die Verletzung einer als *warranty* zu qualifizierende Vertragsbestimmung. Nach der Legaldefinition der sec 61 sub-s 1 SGA ist *warranty* eine Vereinbarung, die hinsichtlich des Hauptzweckes des Vertrages lediglich eine Nebenbestimmung darstellt. Für die Beurteilung, ob eine vertragliche Bestimmung als *condition* oder als *warranty* zu interpretieren ist, ist eine Betrachtung aller Umstände des Einzelfalles unter Heranziehung der möglichen Verletzungsfolgen vorzunehmen. Für die gesetzlich vorgesehenen sog. *implied terms* besteht insoweit eine Vermutung, als Anforderungen, die nicht von Gesetzes wegen als condition eingestuft worden sind, als *warranty* zu qualifizieren sind.

Schadensersatz kann auch bei *breach of intermediate term* verlangt werden. Weiterer Haftungsgrund ist die freiwillige oder vom Gesetz angeordnete Behandlung einer *condition* als *warranty*, vor allem dann, wenn die Vertragsverletzung so geringfügig ist, daß es unbillig wäre, dem Käufer die Zurückweisung der Ware und die Aufhebung des Vertrages zu gestatten.

Hat der Käufer den Vertrag berechtigterweise wegen *breach of condition* oder wegen *breach of intermediate term* aufgehoben oder ist die Lieferung unberechtigterweise vollständig ausgeblieben, so kann der Käufer Schadensersatz wegen

---

1240 Chitty on contracts-Guest, 14-004; Bejamin's Sale of Goods-Guest, 8-084.

1241 Bejamin's Sale-Guest, 8-100.

Nichtlieferung verlangen (*damages for non-delivery*).

Der Verkäufer ist grundsätzlich zum Ersatz derjenigen Schäden verpflichtet, die durch die Vertragsverletzung effektiv verursacht wurden und voraussehbar waren. Voraussehbar sind grundsätzlich solche Schäden, die jede vernünftige Person als wahrscheinliche Folge der Vertragsverletzung ansehen würde. Soweit der Käufer keine besonderen Umstände mitgeteilt hat, ist der Verkäufer verpflichtet, ein solches Ausmaß der Verletzung in Betracht zu ziehen, das gewöhnlich bei einer Verletzung eines Vertrages der in Frage stehenden Art entsteht. Der Verkäufer haftet für darüber hinaus entstandene Schäden, sog. *special damages*, wenn der Käufer dem Verkäufer beim Vertragsabschluß die besonderen Umständen, die zu einem höheren als dem gewöhnlichen Verlust führen können, mitgeteilt hat.

Der Käufer hat ein Wahlrecht, welchen Schaden er geltend macht. Er kann verlangen, so gestellt zu werden, wie er stünde, wenn der Vertrag ordnungsgemäß erfüllt worden wäre. Der Käufer kann aber statt dessen Ersatz derjenigen Aufwendungen verlangen, die ihm zur Vorbereitung der Erfüllung entstanden sind und die infolge der Vertragsverletzung für ihn nutzlos geworden sind.

Die Bemessung des Schadens richtet sich zunächst nach der begehrten Schadensart. Verlangt der Käufer Ersatz seines Erfüllungsinteresses, so ist der Schaden die Differenz zwischen dem Vermögensstand des Käufer mit der Vertragsverletzung und demjenigen, der bestünde, wenn der Vertrag ordnungsgemäß erfüllt worden wäre. Die Berechnung der Schadenshöhe kann sich zum einen auf die Wertdifferenz zwischen geschuldeter und erhaltener Ware stützen, zum anderen können dafür die Kosten für die Herstellung des vertragsgemäßen Zustandes herangezogen werden. Die Schadensersatzbemessung hängt im einzelnen auch davon ab, ob der Vertrag bestehen bleibt oder nicht.

Der Schadensersatz kann sowohl abstrakt als auch konkret berechnet werden. Eine abstrakte Schadensberechnung ist dann gegeben, wenn der Schaden anhandder Differenz zwischen dem vertraglich vereinbarten Preis und dem Marktpreise zum Zeitpunkt der Nichterfüllung ermittelt wird. Konkret erfolgt die Berechnung dann, wenn der Nachweis durch die Kosten eines vorgenommenen Dekkungsgeschäftes oder durch die Reparaturkosten für die gelieferte mangelhafte Sache erfolgt.

Der Schadensersatzanspruch kann in bestimmtem Umfang oder insgesamt ausgeschlossen sein. Der Verkäufer schuldet keinen Schadensersatz für Schäden, die der Käufer bei ordnungsgemäßer Befolgung seiner Schadensminderungsobliegenheit hätte vermeiden können. Der Schadensersatzanspruch ist dann ausgeschlossen, wenn der Vertrag vereitelt (*frustrated*) ist oder die Haftung vertraglich ausgeschlossen wurde. Ein Kaufvertrag kann durch jedes nach dem Vertragsabschluß, aber vor Eigentums- und Risikoübergang, aufgetretenem Ereignis vereitelt werden, das die Grundlagedes Vertrages gänzlich zerstört, die Erfüllung des Vertrages wirtschaftlich oder physisch unmöglich macht oder die Verpflichtungen der Parteien grundlegend verändert. Die Vereitelung des Vertrages bewirkt die Befreiung der Parteien von der künftigen Erfüllung. Die Schadensersatzhaftung des Verkäufers kann auch vertraglich ausgeschlossen oder beschränkt werden. Die Haftungsausschlußklauseln unterliegen einer umfassenden Kontrolle nach dem Unfair Contract Terms Act 1977.

D. Schadensersatz nach deutschem Recht

Wie jede andere Rechtsordnung gewährt auch das deutsche Recht dem Gläubiger die Möglichkeit, unter bestimmten Voraussetzungen einen durch Tun oder Unterlassen des Schuldners hervorgerufenen Schaden ersetzt zu verlangen. Im Folgenden werden die einzelne Anspruchsgrundlagen nach altem und neuem Recht dargestellt, gefolgt von Ausführungen zu den Grundsätzen der Schadensermittlung und -berechnung. Zum besseren Verständnis werden einige allgemeine Anmerkungen zur Systematik der Schadensersatzansprüche vorangestellt.

I. Systematik der Schadensersatzansprüche

1. Systematik nach alter Rechtslage

Das Schadensersatzrecht des Warenkäufers war nach der alten Rechtslage durch eine Vielfalt von Anspruchsgrundlagen geprägt. Diese waren zum Teil gesetzlich geregelt, zum Teil beruhten sie – wie der Anspruch aus positiver Vertragsverletzung – auf Gewohnheitsrecht. Bei den unterschiedlichen Regelungen wurde stark nach dem Grund des Schadensersatzanspruchs differenziert. Einige Schadenersatzansprüche setzten Verschulden des Schuldners voraus, andere waren davon unabhängig. Die starke Differenzierung und die unterschiedlichen Voraussetzungen brachten zum Teil Ungereimtheiten und unbillige Lücken mit sich.

Im Gegensatz zu den oben untersuchten Rechtsordnungen war nach dem ursprünglichen Konzept des BGB der Schadensersatzanspruch kein universeller Begleitrechtsbehelf, der neben fast allen anderen Rechtsbehelfen des Käufers ausgeübt werden konnte. Vom Grundsatz her war der Käufer gezwungen, zwischen Schadensersatz und Rücktritt zu wählen[1242]. Das Schuldrechtsmodernisierungsgesetz rückt von diesem Grundsatz ab und eröffnet die Möglichkeit, von dem Schadensersatz als allgemeinem subsidären Anspruch Gebrauch zu machen.

[1242] Daß im Ergebnis zumindest bei dem sog. großen Schadensersatz Rücktritt und Schadensersatzanspruch doch kombiniert werden konnten, wird an dieser Stelle außer Acht gelassen. Diese Möglichkeit beruht nicht auf einer gewollten Ausnahme, sondern ist Ergebnis der Besonderheiten des deutschen Schadensersatzrechts.

2. Systematik der Schadensersatzansprüche nach dem Schuldrechtsmodernisierungsgesetz

Das Schuldrechtsmodernisierungsgesetz ist bestrebt, in Abkehr von der früheren Systematik die Schadensersatzhaftung des Schuldners zu vereinheitlichen und in einigen wenigen Normen zu regeln.

a) Begriff der Pflichtverletzung

Im Mittelpunkt des allgemeinen Leistungsstörungsrechts steht seit dem Inkrafttreten des Schuldrechtsmodernisierungsgesetzes der Begriff der „Pflichtverletzung". Das Merkmal der Pflichtverletzung verlangt lediglich den objektiven Verstoß gegen eine Pflicht[1243]. Der Schuldner muß daher zunächst nur hinter dem Pflichtenprogramm des Schuldverhältnisses zurückgeblieben sein. Für die Bestimmung der Pflichtverletzung kommt es nicht darauf an, ob den Schuldner ein Schuldvorwurf trifft. Ebenso wenig ist es von Bedeutung, auf welchen Gründen die Pflichtverletzung beruht oder welche Folgen sie hat[1244]. Es ist ebenfalls gleichgültig, ob die Leistung ganz oder teilweise auf Dauer ausbleibt oder in zeitlicher oder qualitativer Hinsicht Defizite aufweist. Die Pflichtverletzung umfaßt auch die Verletzung von Schutz- und anderen Nebenpflichten[1245].

Dieses Konzept der Pflichtverletzung ist nicht unumstritten. Ein Teil der Kritik wendet sich gegen den Begriff der Pflichtverletzung[1246] und äußert überwiegend sprachliche Bedenken[1247]. Der oben beschriebene rein objektive Inhalt des Tatbestandes der Pflichtverletzung werde wegen des Wortteils „Verletzung" in dem Begriff der Pflichtverletzung nicht hinreichend deutlich. „Verletzung" werde unwillkürlich mit einem Verschuldensvorwurf verbunden[1248]. Es wurde deshalb gelegentlich vorgeschlagen, zu dem von Huber gewählten Begriff der Nichterfüllung zurückzukehren, der diese Assoziation nicht weckt[1249] oder den Begriff „Störung des Schuldverhältnisses i.w.S." zu verwenden[1250]. Huber hat selbst, unter Abstandnahme von seiner früheren Gutachtenstellung, überzeugend dargelegt, daß der Begriff *„non performance"* bzw. die deutsche Übersetzung „Nichterfüllung" untrennbar mit dem System der Garantiehaftung im UN-Kaufrecht verbunden ist[1251] und daher für eine unreflektierte Übernahme in das deutsche Recht ungeeignet ist.

Das BGB verwendet den Begriff „Verletzung" jedoch auch dann, wenn der

---

1243 Regierungsentwurf, S. 202; Anders, ZIP S. 185; Dauenr-Lieb, Anwaltskommentar, § 28 Rn. 13.

1244 S. Übersicht über mögliche Pflichtverletzungstatbestände und Vergleich zur alter Rechtslage bei Westermann/Schultz, S. 23ff.

1245 Regierungsentwurf, S. 304; Dauner-Lieb, Anwaltskommentar, § 20 Rn. 58.

1246 Huber, ZIP 2000, S. 2274ff. – ein „juristisches Glasperlenspiel".

1247 Kritisch, im Ergebnis aber zustimmend Westermann/Schulz, S. 22f.

1248 Schapp, S. 585.

1249 Huber, in BMJ-Gutachten, S. 699ff.; Anders, ZIP S. 185.

1250 Schapp, S. 584f.

1251 Huber, in: Ernst/Zimmermann, S. 103ff.; ders. ZIP 2000, S. 2278ff.

Schuldner sein Fehlverhalten nicht zu vertreten hat, wie z. B. § 823 Abs. 1 BGB. Dort ist die Schadensersatzpflicht objektiv an die Verletzung eines Rechtsgutes und subjektiv an ein Verschulden geknüpft[1252]. Ebenfalls setzt die positive Forderungsverletzung eine objektive Pflichtverletzung voraus[1253]. Ein rein objektives Verständnis des Verletzungsbegriffs ist daher nicht grundlegend neu und dem deutschen Recht nicht völlig fremd.

Die Kritik richtet sich jedoch nicht nur gegen den Begriff selbst, sondern auch gegen das damit verfolgte Ziel, der Schaffung eines einheitlichen Haftungstatbestandes[1254]. Die drei verschiedenen Leistungsstörungstypen - Unmöglichkeit, Verzug und Schlechterfüllung seien nicht nur im Bewußtsein der Rechtsanwender fest verankert, sondern seien auch als „Archetypen" zu verstehen, die der Gesetzgeber vorfinde und nicht gewissermaßen „wegregeln" könne[1255]. Gerade im Falle der Unmöglichkeit sei der Schuldner von seiner Leistungspflicht befreit, daher könne eine Pflicht, die nicht bestehe, nicht verletzt werden[1256].

Zwei wesentliche Gründe haben den Gesetzgeber dazu bewogen, den Begriff der Pflichtverletzung zu verwenden[1257]. Zum einen war die Auffassung, der als Alternative angebotene Begriff der Nichterfüllung werde im BGB zur Bezeichnung des ganzen oder teilweisen Ausbleibens der Leistung verwendet und sei daher ungeeignet. Gerade die Schlechterfüllung ließe sich mit einem an die Nichterfüllung anknüpfenden allgemeinen Leistungsstörungstatbestand kaum angemessen erfassen. Dies gilt insbesondere, soweit die jetzt in § 280 Abs. 1 BGB festgeschriebenen Regeln der positiven Forderungsverletzung auch die Verletzung von Nebenpflichten betreffen können, die auch nicht leistungsbezogen sein können. Zum anderen ist nach Meinung des Gesetzgebers der Begriff der Pflichtverletzung für die Verwirklichung der gewollten Neuordnung des Leistungsstörungsrechts besser geeignet. So sollte es möglich werden, die Rechtsfigur der positiven Vertrags- oder Forderungsverletzung gesetzlich zu regeln. Der „Pflichtverletzung" entspricht

---

[1252] Palandt/Heinrichs, § 280 Rn. 3.

[1253] Rolland, in: Europäisches Kaufgewährleistungsrecht, S. 16; Reischl, S. 41.

[1254] Huber, ZIP 2000, S. 2276 – das logische Problem: „Wenn ein Leistungsstörungsrecht von dem Prinzip ausgeht, daß es Leistungshindernisse gibt, die den Schuldner entlasten, und zwar mit der Konsequenz, daß der Schuldner weder zur Erfüllung verpflichtet noch zum Schadensersatz, dann beseitigt das Leistungshindernis die Pflicht, und eine Pflichtverletzung liegt überhaupt nicht vor."; Schapp, S. 584; Stoll, S. 593.

[1255] Altmeppen DB 1131, S. 1132; ders. DB 1821, S. 1822.

[1256] Mattheus, S. 213. Nur auf Hintergrund dieser Kritik und dem Festhalten am Begriff der *Pflicht*verletzung kann die Meinung von Mattheus verstanden werden, in Fällen der nachträglichen Unmöglichkeit folge die Pflichtverletzung aus dem Tun oder Unterlassen des Schuldners, welche die Unmöglichkeit herbeigeführt habe. Auch wenn darin ein Bestreben nach sauberer Dogmatik erblickt werden kann, ist diese Meinung mit der Zielsetzung des Schuldrechtsmodernisierungsgesetz nicht vereinbar. Denn sie hätte zur Konsequenz, daß der Gläubiger statt die Unmöglichkeit der Leistung, die Umstände, die dazu geführt haben und i. d. R. in der Sphäre des Schuldners liegen, nachzuweisen hätte, um Schadensersatz verlangen zu können. Dies ist eine Verschlechterung der Gläubigerstellung, die vom Gesetz nicht gewollt ist.

[1257] s. Regierungsentwurf, S. 306.

nach Meinung des Gesetzgebers zudem mehr der international verwendete Begriff der Vertragsverletzung („*breach of contract*").

Die Verwendung des Begriffs „Pflichtverletzung" und die Neuregelung des Kaufvertragsrechts ermöglichen es, die Ansprüche des Käufers in das allgemeine Leistungsstörungsrecht einzufügen. Das gilt vor allem für die neu geregelte Pflicht des Verkäufers, auch beim Stückkauf eine mangelfreie Sache zu liefern[1258]. Dadurch kann die Lieferung einer mangelhaften Sache als Pflichtverletzung eingeordnet werden. Für diese gelten grundsätzlich die Rechtsfolgen des allgemeinen Leistungsstörungsrechts. Damit soll auch die problematische Unterscheidung zwischen Mangelschäden und Mangelfolgeschäden entfallen[1259].

b) Einheitlicher Tatbestand

Für die Schadensersatzansprüche des Gläubigers besteht nach dem Willen des Gesetzgebers ein einheitlicher Grundtatbestand - § 280 Abs. 1 BGB[1260]. Danach führt jede Pflichtverletzung zu einem Schadensersatzanspruch, es sei denn, der Schuldner hat die Pflichtverletzung nicht zu vertreten. Eine Unterscheidung nach der Art der verletzten Pflicht wird nicht vorgenommen. Insbesondere kommt es nicht darauf an, ob der Schuldner eine Haupt- oder eine Nebenpflicht, eine Leistungs- oder eine Schutzpflicht verletzt hat. Es kommt ebensowenig darauf an, ob er überhaupt nicht, nicht rechtzeitig oder am falschen Ort geleistet hat oder ob er eine ganz andere als die geschuldete Leistung oder eine Leistung erbracht hat, die nach Menge, Qualität und Art oder aus sonstigen Gründen hinter der vertraglich geschuldeten Leistung zurückbleibt[1261]. Dadurch werden in § 280 Abs. 1 BGB zum einen die Voraussetzungen und Rechtsfolgen der positiven Forderungsverletzung im Gesetz festgeschrieben[1262]. Zum anderen sollen darüber hinaus auch diejenigen Fälle erfaßt werden, in denen nach der alten Rechtslage Ansprüche auf Schadensersatz wegen Nichterfüllung nur bei Vorliegen besonderer Leistungsstörungstatbestände – insbesondere Unmöglichkeit oder Verzug – gegeben waren. Denn auch dann liegt die Grundvoraussetzung für einen Schadensersatzanspruch des Gläubigers darin, daß der Schuldner die ihm nach dem Vertrage obliegende Leistung nicht erbracht und für die Schadensfolgen der darin

---

[1258] Die Harmionisierung des allgemeinen Leistungsstörungsrechts und der Gewährleitungsvorschriften prägt das Gesamtkonzept des Gesetzgebers, s. Regierungsentwurf, S. 206; BT-Dr. 14/6040, S. 208f., Schubel, S. 315; Dauner-Lieb, Anwaltskommentar, § 280 Rn. 20.

[1259] Regierungsentwurf, S. 206. Der Unterscheidung zwischen Mangel- und Mangelfolgeschäden mag in Zukunft nicht die Brisanz zukommen, die sie unter der alten Rechtslage hatte, vor allem weil die Unterscheidung bei der Verjährung und Zulässigkeit des Magelschandensersatzes keine Rolle mehr spielen wird. Wegfallen wird die Notwendigkeit einer Differenzierung jedoch nicht. Dies gilt schon deshalb, weil die Schadensersatzansprüche unterschiedlichen Vorsaussetzungen unterliegen. Die Mangelschäden betreffen die Leistungspflicht - der Schadensersatz statt der Leistung setzt eine Fristsetzung voraus, wogegen der Ersatz der Mangelfolgeschäden § 280 Abs. 1 BGB direkt unterliegt und keiner Fristsetzung bedarf.

[1260] Regierungsentwurf. S. 202; als einzige selbständige Anspruchsgrundlage soll daneben § 311a Abs. 2 BGB zu sehen sein. Berechtigte Zweifel hiergegen Reischl S. 41, 43.

[1261] Regierungsentwurf, S. 203; zur Kaufrechtritlinie Anders, ZRP S. 295.

[1262] Regierungsentwurf, S. 202; Mattheus, 210; Dauner-Lieb, Anwaltskommentar, § 280 Rn. 20.

liegenden Pflichtverletzung einzutreten hat, sofern er nicht beweisen kann, daß er die Pflichtverletzung nicht zu vertreten hat[1263].

Die allgemeine Grundregel des § 280 Abs. 1 BGB wird durch spezifische Ausformungen für die einzelnen Typen der Leistungsstörungen ergänzt. Der Schadensersatzanspruch bei Unmöglichkeit der Leistung nach § 283 BGB wird als ein Unterfall des Schadensersatzes aus § 280 Abs. 1 BGB verstanden. Das gleiche gilt für den Schadensersatz wegen Verzögerung oder Schlechtleistung gem. § 281 BGB. Dies ergibt sich aus § 280 Abs. 3 BGB und aus der Bezugnahme auf § 280 Abs. 1 BGB in §§ 281, 282, 283 BGB.

Die Schadensersatzansprüche des Käufers wegen Mangelhaftigkeit der Sache, für die früher die besonderen Regelungen des Gewährleistungsrechts galten, sind jetzt ebenfalls in dem einheitlichen Tatbestand integriert. Dies geschieht rechtstechnisch durch die Neubestimmung der Verkäuferpflicht. Der Verkäufer ist verpflichtet, dem Käufer die Sache frei von Sach- und Rechtsmängeln zu verschaffen. Damit ist die Leistung einer mangelfreien Sache auch beim Stückkauf Gegenstand der Erfüllungspflicht. Die Lieferung einer mangelhaften Sache stellt problemlos eine Pflichtverletzung i. S. v. § 280 BGB dar. Diese Integration des Gewährleistungsrechts setzt sich jedoch nicht bruchlos fort. Vor allem bei der Frage der Verjährung ist die Regelung des besonderen Schuldrechts, § 438 BGB zu berücksichtigen. Daher wird wie bereits unter der alten Rechtslage danach zu unterscheiden sein, wann die Gefahr auf den Käufer übergegangen ist. Bis zum Gefahrübergang sind die Vorschriften des allgemeinen Leistungsstörungsrechtes unmittelbar anzuwenden, danach gelten sie auf Grund der Verweisung in § 437 Nr. 3 BGB[1264]. Des weiteren wird die Differenzierung nach dem Schadensersatzgrund – Mangel des geschuldeten Gegenstandes oder Nebenpflichtverletzung – im Hinblick auf die Verjährung nicht wegfallen können[1265]. Wegen der Intesgration des Gewährleistungsrechts in das System des allgemeinen Leistungsstörungsrechts bedarf es einer besonderen Regelung der Schadensersatzansprüche des Käufers wegen des Fehlens einer zugesicherten Eigenschaft und wegen arglistigen Verschweigens eines Fehlers nicht mehr. Beide Ansprüche gehen in dem allgemeinen Schadensersatzanspruch wegen einer vom Verkäufer zu vertretenden Pflichtverletzung auf.

c) Kein Ausschluß von Rücktritt und Schadensersatz

Im Unterschied zur alten Rechtslage kann der Gläubiger gemäß § 325 BGB auch dann, wenn er vom Vertrag zurückgetreten ist, Schadensersatzansprüche wegen Nichterfüllung des Vertrages geltend machen. Er kann also vom Vertrag zurücktreten und gleichzeitig die Mehrkosten aus einem Deckungsgeschäft oder den entgangenen Gewinn ersetzt verlangen. Der Ersatz der vergeblichen Aufwendungen ist in § 284 BGB ausdrücklich geregelt. Die Pflicht zum Schadensersatz ent-

[1263] Regierungsentwurf, S. 203.
[1264] Palandt/Heinrichs, § 280 Rn. 17.
[1265] Dauner-Lieb, Anwaltskommtar, § 280 Rn. 22.

fällt, wenn der Schuldner die rücktrittsbegründende Pflichtverletzung nicht zu vertreten hat[1266].

d) Verschulden als Voraussetzung aller Schadensersatzansprüche

Neben dem Bestehen eines Schuldverhältnisses und der Pflichtverletzung ist die dritte Voraussetzung aller Schadensersatzansprüche das Verschulden des Schuldners. Dies ergibt sich aus der zentralen Norm des § 280 Abs. 1 BGB. Wie sich aus der negativen Formulierung des § 280 Abs. 1 S. 2 BGB ergibt, wird die Verantwortlichkeit des Schuldners für die Pflichtverletzung vermutet. Will der Schuldner der Schadensersatzhaftung entgehen, muß er darlegen und ggf. beweisen, daß er die Verletzung nicht zu vertreten hat. Diese Verteilung der Behauptungs- und Beweislast entspricht der alten Rechtslage gem. §§ 282, 285 BGB a.F., wird allerdings auf andere Fälle von Leistungsstörungen ausgedehnt[1267].

Das Verschulden des Verkäufers muß sich auf die Pflichtverletzung beziehen. Verschulden liegt vor, wenn der Schuldner oder sein Erfüllungsgehilfe die Pflichtverletzung durch vorsätzliches oder fahrlässiges Handeln verursacht hat, §§ 276, 278 BGB. Der Schuldner hat außer bei Vorsatz und Fahrlässigkeit eine Pflichtverletzung auch dann zu vertreten, wenn er ein Beschaffungsrisiko übernommen hat. Dadurch wird § 279 BGB a.F. ersetzt. Der Schuldner haftet also bei Gattungsschulden nach wie vor verschuldensunabhängig[1268]. Ausnahmsweise haftet der Verkäufer für eine Pflichtverletzung auch dann ohne Verschulden, wenn er eine Garantie dafür übernommen hat, daß Pflichtverletzungen wie die eingetretene nicht eintreten werden (§ 276 Abs. 1 S. 1 BGB). Die eingetretene Pflichtverletzung muß in den Schutzbereich der Garantie fallen, wofür die Reichweite der Garantie im Zweifel durch Auslegung zu ermitteln ist[1269].

Die Verschuldensvermutung des § 280 Abs. 1 S. 2 BGB gilt kraft Verweisung auch für den Schadensersatz statt der Leistung gem. § 281 BGB. Da dieser eine erfolglose Fristsetzung voraussetzt, ist fraglich, auf welchen Zeitpunkt sich das Verschulden des Schuldners beziehen muß – auf den Zeitpunkt des Ausbleibens der Leistung (Zeitpunkt der Pflichtverletzung) oder auf den Zeitpunkt des Ablaufs der gesetzten Frist. Der Wortlaut von § 280 Abs. 1 S. 2 BGB spricht eher für das Abstellen auf den Zeitpunkt der Pflichtverletzung. Der Tatbestand der Pflichtverletzung, die den Anspruch aus § 281 begründet, ist jedoch erst mit Ablauf der Frist vollendet[1270]. Entscheidend ist daher der Zeitpunkt des Fristablaufs[1271]. In

---

[1266] Regierungsentwurf, S. 205.
[1267] Huber/Faust, S. 73.
[1268] Canaris, DB S. 1815; ders. JZ S. 518; differenzierter Huber/Faust, S. 76ff.
[1269] Wilmowsy,S. 20; Huber/Faust, S. 75.
[1270] Nach Lorenz, ZGS S. 399, schließt eine ohne erforderliche Friststetzung durch den Käufer vorgenommene Selbstvornahme der Nacherfüllung das Verschulden des Verkäufers aus. Nach Lorenz liegt der Bezugspunkt des Vertretenmüsses „für den Schadensersatz statt der Leistung bei einem bei Vertragsschluß zwar vorliegenden, aber erst nachträglich unbehebbar gewordenen Mangel nicht im Sachmangel selbst, sondern in der Unmöglichkeit seiner Behebung im Wege der Nacherfüllung. Diese aber hat der Käufer zu vertreten, der vor Ablauf einer erforderlichen Nach-

den Fällen, in denen eine Fristsetzung entbehrlich ist (§ 281 Abs. 2 BGB), ist der Eintritt des Ereignisses maßgeblich, das anstelle des Fristablaufs tritt. Die Wertung der Gefahrtragungsregeln sind jedoch auch hier zu berücksichtigen.

Bei dem Verkauf einer mangelhaften Sache liegt die für die Schadensersatzhaftung des Verkäufers erforderliche Pflichtverletzung bereits in der Lieferung einer mangelhaften Sache. Den Verkäufer, der nicht selbst Hersteller ist oder nicht wie ein solcher auftritt, wird vielfach kein Verschulden treffen. Die Herstellung der Kaufsache gehört beim Kaufvertrag nicht zum Pflichtenprogramm des Verkäufers. Daher ist der Hersteller der Ware in der Regel kein Erfüllungsgehilfe des Verkäufers, so daß sein Verschulden dem Verkäufer nicht zugerechnet werden kann[1272]. Nach ständiger Rechtsprechung obliegt dem Verkäufer einer Sache grundsätzlich keine Untersuchungspflicht[1273]. Das Schuldrechtsmodernisierungsgesetz will an diesem Grundsatz nichts ändern[1274]. Dem Verkäufer kann daher nur vorgeworfen werden, daß er den Mangel, obwohl er nicht zur Untersuchung verpflichtet ist, infolge Fahrlässigkeit nicht kannte und dementsprechend nicht auf den Mangel hingewiesen hat[1275]. Dies kann beispielsweise bei einem sachkundigen Verkäufer der Fall sein, wenn er einen für ihn ohne nähere Untersuchung erkennbaren Fehler übersehen hat.

3. Zusammenfassung: Systematik der Schadensersatzansprüche nach neuem Recht

Die Schadensersatzregelungen des Schuldrechtsmodernisierungsgesetzes bauen auf einem einheitlichen Haftungstatbestand auf. Er wird in § 280 Abs. 1 BGB geregelt und soll neben § 311a Abs. 2 BGB die einzige Anspruchsgrundlage für den Anspruch auf Schadensersatz sein[1276]. § 280 Abs. 1 BGB greift unmittelbar und allein ein, wenn es um die Haftung auf Schadensersatz neben der Leistung wegen einer vertraglichen Pflichtverletzung geht. Hiervon gibt es zwei Ausnahmegruppen, bei denen zusätzliche Anforderungen vorliegen müssen, die in den §§ 281 bis 286 BGB geregelt sind.

Die erste Gruppe betrifft den Verzögerungsschaden. Grundlage für den Verzögerungsschaden ist § 280 BGB. Für den Verzögerungsschaden müssen aber zusätzlich die Voraussetzungen des Verzugs gemäß § 286 BGB vorliegen, was § 280 Abs. 2 ausdrücklich bestimmt.

---

erfüllungsfrist den Mangel selbst beseitigt“. Daraus ergibt sich nach Lorenz die Konsequenz, daß der Verkäufer in direkter Anwendung von § 326 Abs. 2 S. 2 BGB die infolge der Befreiung von der Nacherfüllungspflicht ersparten Aufwendungen anrechnen lassen muß und diese nach § 326 Abs. 4 BGB zu erstatten hat. Diese auch von Palandt/Heinrichs § 326 Rn.9, 13 und Plandt/Putzo, § 437 Rn. 4a vertretene Ansicht ist von der Rechtsprechung abgelehnt worden. S. LG Gießen, ZGS 2004, 238ff.; LG Aachen, Urteil vom 23. 10. 2003 - 6 S 99/03; AG Kempen, ZGS 2003, 440.

1271 Palandt/Heinrichs, § 281 Rn. 16.

1272 Haas, S. 1317.

1273 BGH NJW 1981, 1269; Palandt/Heinrichs, § 280 Rn. 19.

1274 Regierungsentwurf, S. 490.

1275 Altmeppen, DB 1131, S. 1131; Hoeren/Martinek/Wolff, S. 355 Rn. 38.

1276 Regierungsentwurf, S. 307.

Die zweite Fallgruppe betrifft den Schadensersatz statt der Leistung. Dieser kann gemäß § 280 Abs. 3 BGB nur verlangt werden, wenn zusätzliche Voraussetzungen vorliegen, die nach den typischen Leistungsstörungen unterschiedlich gestaltet sind. Bei Verzug und Schlechtleistung müssen die Anforderungen des § 281 BGB erfüllt werden. Bei Unmöglichkeit müssen die Voraussetzungen des § 283 BGB vorliegen. Bei einem Schadensersatz statt der Leistung wegen Verletzung einer sonstigen, nicht leistungsbezogenen Pflicht müssen die zusätzlichen Voraussetzungen des § 282 BGB gegeben sein.

II. Schadensersatz unter Ausschluß der Primärleistung

Eine Vielzahl von Normen gewähren dem Käufer bei Vertragsverletzungen des Verkäufers einen Anspruch auf Schadensersatz unter Ausschluß der Primärleistung. Nach der Terminologie des BGB vor dem Inkrafttreten des Schuldrechtsmodernisierungsgesetzes handelte es sich hierbei um einen Schadensersatz wegen Nichterfüllung. Die Neufassung benutzt den Terminus Schadensersatz statt der Leistung. Damit soll bereits begrifflich verdeutlicht werden, daß dieser Schadensersatzanspruch an die Stelle des Erfüllungsanspruches des Käufers tritt und mit diesem daher nicht vereinbar ist. Trotz dieser begrifflichen Klarstellung weist das Gesetz in § 281 Abs. 4 BGB darauf hin, daß der Anspruch auf die Leistung ausgeschlossen ist, sobald der Gläubiger Schadensersatz statt der Leistung verlangt. Der Regelungsgehalt der Vorschrift besteht in der Bestimmung, wann das ius variandi des Gläubigers endet. Da im Gegensatz zur alten Rechtslage mit Ablauf der vom Gläubiger gesetzten Frist sein Erfüllungsanspruch nicht untergeht, bedarf es insoweit einer Regelung. Denn dem Schuldner ist nicht zuzumuten, sich über einen unter Umständen erheblichen Zeitraum sowohl auf Erfüllung als auch auf Schadensersatzleistung einrichten zu müssen. Für den Ausschluß des Erfüllungsanspruchs des Gläubigers kommt es nicht darauf an, ob er tatsächlich Schadensersatz erhält[1277]. Entscheidend ist nur, daß er sich mit der Beanspruchung von Schadensersatz letztlich hierfür entschieden hat. Damit wird eine Parallele zum Rücktritt gezogen.

Wie oben dargestellt, sieht die deutsche Rechtsordnung den Erfüllungsanspruch als das primäre Recht des Käufers an[1278]. Der Übergang von einem Anspruch auf die Primärleistung zu einem diese Leistung ersetzenden Schadensersatzanspruch kann einem dringenden Interesse des Gläubigers entsprechen, aber auch den Schuldner schwer belasten. Dieser mag schon erhebliche Anstrengungen gemacht haben, um den Gegenstand seiner Primärleistungspflicht herzustellen oder zu beschaffen; solche Anstrengungen können nutzlos werden. Die Verschaffung liquider Mittel für den Schadensersatz kann den Schuldner u. U. mehr belasten als die Leistung. Aus diesem Grund unterliegt der Übergang vom primären Leistungsanspruch zu einem, eben diese primäre Leistung ausschließenden, Sekundäranspruch besonderen Voraussetzungen. Diese besonderen Vorausset-

[1277] Regierungsentwurf, S. 320.
[1278] s. auch Stoll, S. 590.

zungen des sekundären Schadensersatzanspruches werden im Folgenden näherdargestellt.

1. Schadensersatz wegen Nichterfüllung nach BGB a.F.

Ein Schadensersatz wegen Nichterfüllung stand dem Käufer nach alter Rechtslage grundsätzlich dann zu, wenn der Verkäufer den Vertrag nicht erfüllen konnte oder wollte.

Bei Nichterfüllung der Verpflichtung zur Verschaffung des lastenfreien Eigentums und des ungestörten Besitzes haftete der Verkäufer gem. § 440 Abs. 1 BGB a.F. nach den allgemeinen Regeln des Leistungsstörungsrechtes. Die Bedeutung der Vorschrift war umstritten. Abweichend von § 440 Abs. 1 enthielt § 440 Abs. 2 BGB a.F. eine Einschränkung des Schadensersatzrechtes des Käufers einer beweglichen Sache. Die zusätzlichen Voraussetzungen sollten verhindern, daß der Käufer wegen eines Rechtsmangels Ansprüche geltend macht, obwohl er die Sache weiterhin als Besitzer nutzen konnte. Die Norm stellte eine rudimentäre Kodifikation der Eviktionshaftung dar[1279].

Der Käufer konnte gem. § 325 Abs. 1 S. 1, 1. Alt. BGB a.F. Schadensersatz wegen Nichterfüllung verlangen, wenn dem Verkäufer die Leistung unmöglich geworden war und er dies zu vertreten hatte. Bezüglich sachmängelbedingter Leistungsstörungen war § 325 BGB a.F. nur bis zum Gefahrübergang bzw. bis zur Konkretisierung anwendbar[1280]. Anspruchsvoraussetzung war also, daß die Erfüllung einer im Gegenseitigkeitsverhältnis (Synallagma) liegenden Verpflichtung dem Verkäufer nachträglich, also nach Vertragsabschluß, objektiv oder subjektiv unmöglich geworden war. Das Vertretenmüssen richtete sich nach §§ 276-278 BGB[1281]. Da der Käufer grundsätzlich frei zwischen Schadensersatz und Rücktritt wählen konnte, mußte er erklären, welchen Rechtsbehelf er geltend machen will. Umstritten war, ab welchem Moment er an seine Wahl gebunden war. Die h.M., vor allem die Rechtsprechung, beurteilte die Maßgeblichkeit der verschiedenen in Betracht kommenden Zeitpunkte je nach ausgewähltem Rechtsbehelf unterschiedlich. Eine Bindung mit Zugang der Erklärung wurde bei Rücktritt angenommen[1282], da damit das Schuldverhältnis endgültig in ein Abwicklungsverhältnis umgestaltet werde. Der Schadensersatzanspruch war dagegen von der Erklärung des Käufers unabhängig. So konnte der Käufer, auch wenn er sich zuvor für Schadensersatz entschieden hatte, später doch noch zu einem Rücktritt übergehen[1283]. Eine Teilkorrektur dieser Auffassung hat die Rechtsprechung

---

[1279] Soergel/Huber, § 440 Rn. 51.
[1280] str., so Soergel/Wiedmann, § 325 Rn. 15; BGHZ 129, 103, 105f.; 138, 195, 209; a. A. MünchKomm/Emmerich, § 325 Rn. 9f..
[1281] Larenz, Schuldrecht II-1, S. 32.
[1282] RGZ 85, 280, 282f.; 107, 345, 348; BGH NJW 1979, 762f.; BGH NJW 1982, 1279; BGH NJW 1988, 2877; BGH ZIP 1998, 109, 110f.; Palandt/Heinirichs, § 325 Rn. 8 (61.Aufl.); Jauering/Vollkommer, § 325 Rn. 13; a.A. MünchKomm/Emmerich, § 325 Rn. 29; Larenz, Schuldrecht I, S. 337; Esser/Schmidt, S. 424f.; Soergel/Wiedemann, § 325 Rn. 26.
[1283] BGHZ 16, 388, 393.

durch die sehr hohen Anforderungen an die Rücktrittserklärung im technischen Sinne bewirkt. So wurde ein Schreiben, in dem Rücktritt erklärt wird und Schadensersatz vorbehalten wird, selbst dann nicht als Rücktrittserklärung i. S. v. § 349 BGB aufgefaßt, wenn der Verfasser ein Rechtsanwalt war[1284].

War dem Verkäufer eine im Gegenseitigkeitsverhältnis liegende Leistung teilweise unmöglich geworden, so konnte der Käufer gem. § 325 Abs. 1 S. 2, 1. Alt. i. V. m. § 280 Abs.2 BGB a.F. Schadensersatz wegen Nichterfüllung der ganzen Verbindlichkeit verlangen, wenn die teilweise Erfüllung des Vertrages für ihn kein Interesse hatte. Eine teilweise Unmöglichkeit lag jedenfalls bei quantitativ teilbaren Leistungen vor. War die Leistung unteilbar, so lag eine Vollunmöglichkeit vor. Mit der Durchsetzung des engen gegenständlichen Leistungs- und Vermögensbegriffes waren für den Bereich der Teilunmöglichkeit nur wenige Grenzfälle übrig geblieben[1285]. Der Käufer konnte auch dann Schadensersatz wegen Nichterfüllung verlangen, wenn der Verkäufer nach rechtskräftiger Verurteilung zur Leistung und Fristsetzung die Leistung bis Fristablauf ganz oder teilweise nicht bewirkt hatte (§ 325 Abs. 2 i. V. m. § 283 BGB a.F.). Der Schadensersatzanspruch war ausgeschlossen, wenn die Leistung des Verkäufers wegen eines Umstandes unmöglich wurde, den der Verkäufer nicht zu vertreten hatte, § 283 Abs. 1 S. 3 BGB a.F..

Gemäß § 326 BGB a.F. konnte der Käufer Schadensersatz wegen Nichterfüllung verlangen, wenn der Verkäufer mit einer ihm obliegenden, im Gegenseitigkeitsverhältnis liegenden Leistung in Verzug geraten war. Der Käufer mußte dem Verkäufer zur Vornahme der Leistung eine Nachfrist gesetzt haben und angedroht haben, daß er nach Ablauf der Frist die Annahme der Leistung ablehnen werde. War die Nachfrist erfolglos verstrichen, konnte der Käufer Schadensersatz begehren[1286].

§ 326 Abs. 1 S. 3 i. V. m. § 325 Abs. 1 S. 2 BGB a.F. eröffnete dem Käufer die Möglichkeit, Schadensersatz wegen Nichterfüllung zu verlangen, wenn der Verkäufer innerhalb der eingeräumten Nachfrist nur teilweise erfüllt hatte. Wegen der identischen Interessenlage wurde die Vorschrift über ihren Wortlaut hinaus auch auf Teilleistungen vor Nachfristsetzung angewandt[1287]. Für den Interessenwegfall gem. § 325 Abs. 1 S. 2 BGB a.F. war entscheidend, ob der Käufer nach seinen Verhältnissen bei objektiver Betrachtung kein Interesse mehr daran hatte, die schon empfangene Leistung gegen eine entsprechend geminderte Gegenleistung zu behalten. Der Interessenwegfall mußte auf dem Verzug des Verkäufers mit der noch offenen Teilleistung beruhen[1288].

Gemäß § 463 BGB a.F. konnte der Käufer anstelle eines Wandelungs- oder Minderungsanspruchs einen Anspruch auf Schadensersatz wegen Nichterfüllung geltend machen, wenn der verkauften Sache eine zugesicherte Eigenschaft fehlte

---

[1284] BGH NJW 1982, 1279f.; BGH NJW 1988, 2878, 2879.
[1285] s. Näheres MünchKomm/Emmerich, § 275 Rn. 6ff., 49ff..
[1286] S. Näheres zu § 326 BGB a.F. oben Seite 251 f.
[1287] MünchKomm/Emmerich, § 326 Rn. 103.
[1288] MünchKomm/Emmerich, § 326 Rn. 110.

(S. 1) [1289]. Das gleiche galt, wenn der Verkäufer eine Eigenschaft arglistig verschwiegen hatte (§ 463 S. 2 BGB a.F.). Nach allgemeiner Ansicht wurde die Vorschrift über ihren Wortlaut hinaus auch auf die Fälle angewandt, in denen der Verkäufer eine nicht vorhandene Eigenschaft arglistig vorgespielt hatte[1290]. Das gleiche galt gem. § 480 Abs. 2 BGB a.F. für den Gattungskauf.

Die Haftung des Verkäufers aus §§ 463 S. 1, 480 Abs. 2 BGB wegen Fehlens der zugesicherten Eigenschaft setzte kein Verschulden voraus. Es handelte sich um eine Garantiehaftung des Verkäufers[1291]. Die Haftung nach § 463 S. 2 BGB a.F. setzte dagegen arglistiges Handeln des Verkäufers voraus. Arglistig handelte der Verkäufer, wenn er den Fehler kannte oder für möglich hielt und wußte, daß der Käufer bei Kenntnis der wahren Lage den Vertrag nicht oder nicht zu diesem Preis abschließen würde. Der Verkäufer nutzte also einen von ihm erkannten Irrtum des Käufers aus[1292]. Der Verkäufer handelte auch dann arglistig, wenn er eine Frage des Käufers ohne tatsächliche Anhaltspunkte („ins Blaue hinein") unrichtig beantwortete, obwohl er mit der Möglichkeit rechnete, daß seine Antwort falsch war[1293].

Zusammenfassung: Schadensersatz wegen Nichterfüllung

Zusammenfassend ist festzustellen, daß nach alter Rechtslage im wesentlichen vier Möglichkeiten gegeben waren, um von einem Anspruch auf Primärleistung zu einem Schadensersatz wegen Nichterfüllung überzugehen zu können. War die Leistung unmöglich geworden, so wurde aus dem Erfüllungsanspruch gem. § 325 Abs. 1 BGB a.F. ipso facto ein Schadensersatzanspruch wegen Nichterfüllung. Der Verzug mit einer Hauptleistungsfrist bewirkte nach erfolgloser Fristsetzung mit Ablehnungsandrohung gem. § 326 BGB a.F. den automatischen Ausschluß des Erfüllungsanspruches und eröffnete den Übergang zum Schadensersatz wegen Nichterfüllung. Bei Teilunmöglichkeit und Teilverzug konnte der Interessenwegfall des Gläubigers diesen Übergang begründen. Und schließlich stand dem Gläubiger der Weg über § 283 BGB a.F. offen, wenn er einen rechtskräftigen Titel gegen den Schuldner erstritten hatte. Dem Käufer stand darüber hinaus ein gewährleistungsrechtlicher Schadensersatzanspruch zu, wenn der Verkäufer eine Eigenschaft der Kaufsache zugesichert hatte und diese dennoch fehlte sowie dann, wenn der Verkäufer einen Mangel der Sache arglistig verschwiegen hatte oder eine nicht vorhandene Eigenschaft arglistig vorgespiegelt hat.

2. Schadensersatz statt der Leistung nach dem Schuldrechtsmodernisierungsgesetz

Das Schuldrechtsmodernisierungsgesetz versucht durch eine Neukonzeption der

---

[1289] S. Näheres zur Zusicherung oben Seite 156 ff.

[1290] Paladt/Putzo, § 463 Rn. 13; Soergel/Huber, § 463 Rn. 26; MünchKomm/Westermann, § 463 Rn. 10; Staudinger/Honsell, § 463 Rn. 33; Reinicke/Tiedtke, Rn. 459.

[1291] Soergel/Huber, § 463 Rn. 14; MünchKomm/Westermann, § 463 Rn. 1.

[1292] Larenz, Schuldrecht II-1, S. 59; Reinicke/Tiedke, Rn. 456; Walter, § 5 II 4a, S. 173ff..

[1293] BGHZ 63, 382, 388; BGH NJW 1981, 1441, 1442; BGH WM 1987, 137, 138.

Schadensersatzansprüche die Nachteile der alten Rechtslage zu vermeiden. Der Gläubiger eines primären Leistungsanspruchs soll grundsätzlich die Möglichkeit haben, nach Fristsetzung zu einem Schadensersatzanspruch überzugehen. Auf eine Differenzierung nach Störungsursachen hat aber auch der Gesetzgeber des Schuldrechtsmodernisierungsgesetzes nicht verzichten wollen. Neben den Tatbeständen der §§ 281 ff. BGB, die den Übergang vom Primärleistungsanspruch zum Schadensersatzanspruch regeln, enthält § 311a BGB eine weitere Anspruchsnorm für den Fall der anfänglichen Unmöglichkeit, bei der der primäre Leistungsanspruch *per se* ausgeschlossen ist.

a) Schadensersatz statt der Leistung wegen nicht oder nicht wie geschuldet erbrachter Leistung gem. § 281 Abs. 1 S. 1 BGB

Der Käufer kann Schadensersatz statt der Leistung verlangen, soweit der Schuldner die Leistung nicht oder nicht wie geschuldet erbringt, §§ 280, 281 Abs. 1 BGB[1294]. Nach dem System des Schuldrechtsmodernisierungsgesetzes bildet § 280 BGB die Anspruchsgrundlage und § 281 BGB bestimmt die zusätzlichen Voraussetzungen des Schadensersatzanspruches und nimmt eine Konkretisierung des Begriffs „Pflichtverletzung" vor.

aa) Nichterbringung der Leistung i. S. v. § 281 Abs. 1 S. 1 BGB

Der tatbestandliche Anknüpfungspunkt des Schadensersatzanspruchs gem. § 281 Abs. 1 S. 1 BGB ist, daß die vertraglich vereinbarte Leistung nicht oder nicht wie geschuldet erbracht wird. Mit den Worten „Leistung nicht ... erbringt" wird die Verzögerung der Leistung beschrieben. Die rein sprachlich mögliche Subsumtion von Unmöglichkeitsfällen soll dagegen nicht unter § 281 BGB fallen. Eine spezielle Regelung der Unmöglichkeit enthält § 283 BGB, die besondere Voraussetzungen aufstellt und insoweit § 281 BGB verdrängt[1295]. Aus der gem. § 281 Abs. 1 S. 1 BGB erforderlichen Fristsetzung ergibt sich, daß diese Vorschrift nur Leistungsstörungen erfaßt, die noch behebbar sind. Eine so verstandene Nichterbringung der Leistung ist nur dann eine Pflichtverletzung, wenn der Anspruch auf die Leistung vollwirksam und fällig ist[1296]. Dem Leistungsanspruch des Käufers dürfen also keine Einreden entgegenstehen und der Käufer müßte zur Leistungsforderung zu diesem Zeitpunkt berechtigt sein (§ 271 BGB)

Anders als § 326 BGB a.F. ist der Verzug des Schuldners keine förmliche Voraussetzung für den Schadensersatzanspruch des Gläubigers gem. § 281 Abs. 1 BGB. Ein wesentlicher Unterschied ergibt sich hieraus jedoch nicht. Denn die nach § 281 BGB erforderliche Fristsetzung enthält inhaltlich eine Leistungsaufforderung, in der man stets auch eine Mahnung i. S. der Verzugsvorschriften sehen wird. Zudem setzt der Schadensersatzanspruch ein Verschulden des Schuldners voraus. So kann der Fall nicht auftreten, daß der Gläubiger zwar

---

[1294] Zur Verkürzung der Darstellung wird unter nur § 281 zitiert. Näheres zur Systemantik und zur Zitierweise s. oben Seite 325 ff.

[1295] Regierungsentwurf, S. 314.

[1296] Palandt/Heinrrichs, § 281 Rn. 8.

Schadensersatz statt der Leistung nach § 281 Abs. 1 S. 1 BGB verlangen kann, der Schuldner sich aber noch nicht nach § 286 BGB in Verzug befindet[1297].

bb) Schlechtleistung i. S. v. § 281 Abs. 1 S. 1 BGB

Außer der Leistungsverzögerung erfaßt § 281 Abs. 1 Satz 1 BGB auch die Schlechterfüllung. Sie wird mit den Worten „Leistung ... nicht wie geschuldet erbringt" beschrieben. Worin die Schlechterfüllung besteht, ist für die Anwendung von § 281 Abs. 1 S. 1 BGB grundsätzlich unerheblich[1298]. Zu berücksichtigen ist jedoch, daß § 282 BGB einen speziellen Fall der Schlechterfüllung - die Verletzung einer nichtleistungsbezogenen Pflicht i. S. v. § 241 Abs. 2 BGB - besonders regelt und in seinem Anwendungsbereich § 281 Abs. 1 S. 1 BGB vorgeht.

cc) Fristsetzung

Wie bereits oben angesprochen, kann ein Schadensersatzanspruch unter Ausschluß der Leistung den Schuldner unangemessen beeinträchtigen. Das Gesetz gibt dem Schuldner daher grundsätzlich eine weitere Gelegenheit zur Erfüllung. Wesentliche Voraussetzung des Schadensersatzanspruchs statt der Leistung ist deshalb gem. § 281 Abs. 1 S. 1 BGB der erfolglose Ablauf einer dem Schuldner zur Leistung gesetzten angemessenen Frist[1299]. Die Angemessenheit der Frist ist eine Tatsachenfrage, bei der die Umstände des Falles berücksichtigt werden müssen. Die Frist muß so lang sein, daß der Schuldner die Leistung tatsächlich erbringen kann[1300]. Erweist sich die Frist als unangemessen kurz, so ist sie dennoch nicht völlig unwirksam. Vielmehr setzt sie eine angemessene Frist in Lauf, wenn nicht der Gläubiger deutlich gemacht hat, daß es ihm gerade auf die Kürze der Frist ankommt[1301].

§ 281 Abs. 1 S. 1 BGB nennt als Gegenstand der Fristsetzung neben der Leistung noch die Nacherfüllung. Letztere stellt einen Unterfall der Leistung dar. Die Benennung der Nacherfüllung dient der Verdeutlichung, daß der ausgebliebene „Leistungsrest", zu dessen Erbringung aufgefordert wird, einen unterschiedlichen Inhalt haben kann, je nachdem, ob der Schuldner überhaupt nicht geleistet oder einen Teil der geschuldeten Leistung bereits erbracht hat. Auf den letzten Fall bezieht sich der Ausdruck „Nacherfüllung". § 439 BGB enthält eine Konkretisierung dessen, was der Käufer bei Lieferung einer mangelhaften Sache vom Verkäufer im Rahmen der Nacherfüllung verlangen kann[1302]. Die Erwähnung in § 281 Abs. 1 S. 1 BGB dient damit der Verdeutlichung, daß in diesem Fall Gegenstand der Fristsetzung die Erfüllung des in § 439 BGB beschriebenen Nacherfüllungsanspruchs des Käufers ist[1303]. Problematisch ist, ob der Käufer erneut eine Frist

1297 Regierungsentwurf, S. 314; Palandt/Heinrichs, § 281 Rn. 7.
1298 Regierungsentwurf, S. 314.
1299 AG Daunen, ZGS 2003, 398.
1300 s. Näheres oben Seite 254 ff.
1301 Regierungsentwurf, S. 315.
1302 s. Näheres oben Seite 161 ff.
1303 Regierungsentwurf, S. 315.

setzen muß, wenn der Verkäufer innerhalb der gesetzten Erfüllungsfrist mit einer mangelhaften Sache zu erfüllen versucht[1304].

Im Gegensatz zur alten Rechtslage ist neben der Fristsetzung keine Ablehnungsandrohung mehr erforderlich[1305]. Wie nach alter Rechtslage muß die Fristsetzung jedoch eine bestimmte und eindeutige Aufforderung zur Erbringung der Leistung enthalten[1306].

§ 281 Abs. 2 BGB bestimmt die Fälle, in denen eine Fristsetzung entbehrlich ist. Danach ist die Fristsetzung entbehrlich, wenn der Schuldner die Leistung endgültig und ernsthaft verweigert hat oder wenn besondere Umstände vorliegen, die unter Abwägung der beiderseitigen Interessen die sofortige Geltendmachung des Schadensersatzanspruches rechtfertigen. Wie bei dem Rücktritt handelt es sich bei der Leistungsverweigerung um einen Fall, in dem die Setzung der Frist eine bloße Formalität und daher sinnlos wäre. Der zweite in Abs. 2 benannte Fall eröffnet dem Gericht die Möglichkeit, die besonderen Umstände des Falles zu berücksichtigen. Bei der Schaffung der Vorschrift Der Gesetzgeber hat vor allem an „Just-in-time-Verträge" gedacht. Bei diesen muß der Verkäufer zu einem bestimmten Zeitpunkt liefern, damit die Produktion des Vertragspartners ordnungsgemäß betrieben werden kann. Bleibt die Leistung ganz oder teilweise aus, so müßte der Gläubiger die Möglichkeit haben, sofort Ersatz zu beschaffen, weil sein Schaden sonst viel größer werden könnte[1307].

Eine weitere Ausnahme von der Fristsetzungserfordernis sieht § 440 S. 1 BGB vor. Demnach ist eine Nachfristsetzung dann entbehrlich, wenn der Verkäufer beide Arten der Nacherfüllung verweigert hat oder wenn die dem Käufer zustehende Art der Nacherfüllung fehlgeschlagen oder dem Verkäufer unzumutbar ist[1308].

b) Schadensersatz statt der ganzen Leistung bei Teilleistungen gem. § 281 Abs. 1 S. 2 und S. 3 BGB

Gemäß § 281 Abs. 1 S. 1 BGB ist Schadensersatz statt der Leistung bei erfolgloser Fristsetzung stets nur insoweit geschuldet, als die Leistung ausgeblieben ist. Dies bedeutet, daß bei einer teilweisen Leistung Schadensersatz statt der Leistung nur für den ausgebliebenen Teil beansprucht werden kann. Der Gläubiger könnte jedoch unter Umständen kein Interesse daran haben, Ausgleich nur für die ausgebliebene Leistung zu bekommen. Dem Gläubigerinteresse mag es in manchen Fällen vielmehr entsprechen, Schadensersatz statt der ganzen Leistung zu verlangen. Nach Überzeugung des Gesetzgebers müssen die Anforderungen für einen solchen Anspruch höher sein. Das wird mit der höheren Belastung des

---

[1304] Altmeppen DB 1821, S. 1822.
[1305] s. Näheres oben Seite 182 ff.
[1306] Palandt/Heinrichs, § 281 Rn. 9; Zimmer, NJW S. 5.
[1307] Regierungsentwurf, S. 319.
[1308] Näheres zu den Ausnahmetatbestände s. oben Seite 258 ff.

Schuldners durch diese gesteigerte Schadensersatzverpflichtung gerechtfertigt sowie dadurch, daß diese Vorgehensweise des Gläubigers zum Scheitern des gesamten Vertrags führt[1309]. § 281 Abs. 1 S. 2 BGB bestimmt deshalb, daß Schadensersatz statt der ganzen Leistung nur dann verlangt werden kann, wenn der Gläubiger an der Teilleistung kein Interesse mehr hat. Diese Formulierung ist aufgrund der Beschlußempfehlung des Rechtsausschusses ins Gesetz aufgenommen worden[1310]. Ziel war es, einen Gleichlauf mit den Rücktrittsvorschriften zu erreichen[1311]. Bei dem Rücktritt kommt es gem. § 323 Abs. 5 S. 1 BGB bei einer Teilleistung ebenfalls auf das Interesse des Gläubigers an. Ein Gleichlauf der Voraussetzungen war deshalb wünschenswert, weil anderenfalls der Gläubiger zunächst zurücktreten könnte und dann Schadensersatz statt der ganzen Leistung verlangen könnte[1312], da die Kombination aus Rücktritt und Schadensersatz nach dem Schuldrechtsmodernisierungsgesetz im Gegensatz zur alten Rechtslage nunmehr zulässig ist.

Der Gläubiger müßte nachweisen, daß er auf Grund der Verzögerung an der Teilleistung kein Interesse mehr hat. Wie bereits nach § 326 Abs. 2 BGB a.F. wird daher entscheidend sein, ob das Interesse des Gläubigers an dem Leistungsaustausch insgesamt weggefallen ist. Ein Interessenwegfall ist grundsätzlich nur dann anzunehmen, wenn der Gläubiger gerade infolge der Verzögerung des Schuldners die Leistung nicht mehr in der vorgesehenen Weise verwenden kann[1313].

Wie beim Rücktritt, stellt sich auch beim Schadensersatz die Frage, ob die Lieferung einer geringeren als der vertraglich vereinbarten Menge eine Teillieferung oder eine Schlechtleistung darstellt[1314]. Der Sachmengenbegriff gem. § 434 Abs. 3 BGB umfaßt zum einen die Lieferung einer zu geringen Menge. Des weiteren ist die gesetzgeberische Bestrebung, Rücktritt und Schadensersatz weitgehend gleich zu behandeln sowie alle Sachmängel den gleichen Regeln zu unterwerfen, zu berücksichtigen[1315]. Aus dem Zusammenspiel dieser Aspekte kann nur der Schluß gezogen werden, daß der Schadensersatzanspruch statt der ganzen Leistung des Käufers wegen eines Sachmangels stets nach § 437 Nr. 3 i. V. m. § 281 Abs. 1 S. 3 BGB zu behandeln ist. § 281 Abs. 1 S. 3 BGB bestimmt, daß der Gläubiger bei Schlechtleistung („nicht wie geschuldet bewirkt") keinen Schadensersatz statt der ganzen Leistung verlangen kann, wenn die Pflichtverletzung unerheblich ist. Auch insoweit war ein Gleichlauf mit den Rücktrittsvorschriften gewollt[1316]. Eine unerhebliche Pflichtverletzung ist eine solche, die das Leistungsinteresse des Gläubigers dem Grunde nach nicht beeinträchtigt[1317].

[1309] Regierungsentwurf, S. 318.
[1310] s. BT Dr. 14/7052, S. 13.
[1311] s. BT Dr. 14/7052, S. 185.
[1312] so auch Mattheus, S. 210.
[1313] MünchKomm/Emmerich, § 326 Rn. 83.
[1314] s. zu Parallelfrage im Rücktrittsrecht oben Seite 256 f.
[1315] Ähnlich Hoeren/Martinek/Wolff, S. 357f, Rn. 48f..
[1316] s. BT Dr. 14/7052, S. 185.
[1317] Regierungsentwurf, S. 432f..

c) Schadensersatz statt der Leistung wegen Verletzung einer Pflicht nach § 241 Abs. 2 BGB gem. § 282 BGB

Gemäß § 282 BGB kann der Gläubiger unter der Voraussetzungen des § 280 Abs. 1 BGB Schadensersatz statt der Leistung verlangen, wenn der Schuldner eine Pflicht nach § 241 Abs. 2 BGB verletzt hat und dem Gläubiger die Leistung durch den Schuldner nicht zuzumuten ist.

Soweit sich die Verletzung dieser nicht leistungsbezogenen Nebenpflichten auf die Hauptleistung auswirkt und zur Folge hat, daß die Leistung nicht vertragsgemäß erbracht wird, ist § 281 BGB einschlägig. Der Gläubiger kann jedoch auch dann ein Interesse daran haben, Schadensersatz statt der Leistung zu verlangen, wenn die Verletzung der Neben- und Schutzpflichten[1318] das eigentliche Leistungsinteresse des Gläubigers unberührt läßt. Das ist etwa dann der Fall, wenn der Schuldner die von ihm versprochene Leistung zwar an sich ordnungsgemäß erbringt, aber unter Begleitumständen, die für den Gläubiger nicht erträglich sind[1319]. In solchen Fällen soll der Schadensersatz statt der Leistung nicht von einer erfolglosen Fristsetzung abhängig gemacht werden. Eine Fristsetzung ist schon deshalb sinnlos, weil es nicht um die Verletzung eines Anspruchs auf eine Leistung geht, deren Nachholung der Gläubiger von dem Schuldner verlangen könnte[1320]. Die Unzumutbarkeit setzt jedoch in der Regel eine Abmahnung des Schuldners voraus[1321].

Die Bezugnahme auf § 241 Abs. 2 BGB sollte nicht dahingehend interpretiert werden, daß nach § 282 BGB Schadensersatz statt der Leistung auch in Fällen einer vorvertraglichen Pflichtverletzung verlangt werden kann[1322]. Zum einen ist das vorvertragliche Schuldverhältnis in § 311 Abs. 2 BGB geregelt und nicht in § 241 Abs. 2 BGB. Zum anderen regelt § 282 BGB den die Leistung ersetzenden Schadensersatzanspruch wegen leistungsbegleitender Pflichtverletzung. § 282 BGB ist daher nur dann anwendbar, wenn ein Leistungsanspruch zunächst entstanden ist. Das ist bei einem vorvertraglichen Verhältnis gerade nicht der Fall.

d) Schadensersatz statt der Leistung bei Ausschluß der Leistungspflicht gem. § 283 BGB

§ 283 BGB bestimmt i. V. m. § 280 Abs. 1 BGB die Voraussetzungen für den Schadensersatz statt der Leistung im Fall der Unmöglichkeit[1323]. Voraussetzung

---

[1318] Näher zu den Pflichten nach § 241 Abs. 2 BGB, s. oben Seite 262.
[1319] s. Regierungsentwurf, S. 434, 322; zur Parallelfragen bei Rücktritt s. oben Seite 262 .
[1320] Regierungsentwurf, S. 322.
[1321] Palandt/Heinrichs, § 282 Rn. 4.
[1322] BT-Dr. 14/7052, S. 186; Nach Brüggemeier/Reich, S. 215 dagegen unklar, ob § 241 Abs. 2 auch c.i.c umfaßt. C.i.c ist jedoch gesondert geregelt, wodurch zum Ausdruck kommt, daß diese Figur nicht vom § 241 Abs. 2 erfaßt wird.
[1323] Palandt/Heirnichs, § 283 Rn. 2 – vertritt zum Teil berechtigt die Meinung, daß § 283 ein an sich überflüssiger Tatbestand ist, da bei Vorliegen der Voraussetzungen des § 283 notwendig auch die Voraussetzungen des § 281 erfüllt sind. Die Entbehrlichkeit der Fristsetzung bei Unmöglichkeit ergebe sich aus § 281 Abs. 2 2. Alt.. Die Feststellung ist insoweit durchaus zutreffend, der Vorschrift kommt überwiegend eine klarstellenden Bedeutung zu.

des Schadensersatzanspruchs ist zunächst, daß der Schuldner nach § 275 Abs. 1 bis 3 BGB nicht zu leisten braucht. Es muß also entweder ein Fall „wirklicher" objektiver oder subjektiver Unmöglichkeit gem. § 275 Abs. 1 BGB oder eine sog. faktische Unmöglichkeit gem. § 275 Abs. 2 vorliegen[1324]. Im Falle des § 275 Abs. 2 BGB braucht der Schuldner nur dann nicht zu leisten, wenn die Voraussetzungen dieser Vorschrift vorliegen und der Schuldner sich auf die Einrede beruft[1325]. § 283 BGB ist auf die nachträgliche Unmöglichkeit zugeschnitten, weil er das Bestehen einer vertraglichen Leistungspflicht voraussetzt[1326]. Die Bestimmung der Pflichtverletzung des Schuldners wird in der Literatur unterschiedlich angesehen. Zum Teil wird schlicht darauf hingewiesen, daß die Bestimmung der Pflichtverletzung nicht eindeutig ist[1327]. Andere Stimmen setzten die Pflichtverletzung mit der Nichterbringung der Leistung gleich[1328] und wiederum andere sehen die Pflichtverletzung darin, daß der Schuldner Umstände herbeigeführt hat, die zu seiner Leistungsbefreiung führen[1329]. Das Verständnis der Pflichtverletzung i. S. v. § 283 BGB als Nichterbringung der Leistung hängt im wesentlichen mit der Überzeugung zusammen, allein das Ausbleiben der Leistung könne keine Pflichtverletzung sein, da der Schuldner gerade gem. § 275 BGB von der Primärleistung befreit sei. Diese Argumentation weist Parallelen zur Kritik an dem Begriff der „Pflichtverletzung" auf. Faßt man den Begriff, wie vom Gesetzgeber gewollt, rein objektiv auf, so ist allein das Ausbleiben der vertraglich geschuldeten Leistung eine Pflichtverletzung. Betrachtet man den Willen des Gesetzgebers, das Konzept des Gesetzes und die Verteilung der Darlegungs- und Beweislast, so kann die für § 283 BGB maßgebliche Pflichtverletzung nur in dem Ausbleiben der Leistung gesehen werden. Bei einer anfänglichen Unmöglichkeit liegt die dem Schuldner vorzuwerfende Pflichtverletzung darin, daß der Schuldner die Leistungspflicht übernimmt, obwohl er weiß oder wissen muß, daß er sie nicht erfüllen kann[1330]. Richtige Anspruchsgrundlage für den Schadensersatzanspruch des Gläubigers ist dann § 311a Abs. 2 BGB, der auch infolge der Rechtsgrundverweisung in § 437 Nr. 3 BGB gilt[1331].

Wie bereits oben dargestellt, ist nach der Vorstellung des Gesetzgebers § 283 BGB keine eigenständige Anspruchsgrundlage, was auch durch den Verweis auf die Voraussetzungen des § 280 Abs. 1 BGB zum Ausdruck gebracht wird. Die Verweisung soll zudem klarstellen, daß die Unmöglichkeit bzw. die Einrede nach § 275 Abs. 2 zu einem Schadensersatzanspruch führt, wenn der Schuldner sich hinsichtlich seines Vertretenmüssens nicht entlasten kann. Damit

1324 s. näher zu Unmöglichkeit oben Seite 89 ff.
1325 Regierungsentwurf, S. 324.
1326 Lorenz, JZ 2001, S. 743.
1327 Huber/Faust, S. 113.
1328 Canaris, JZ 2001, S. 512.
1329 Huber/Faust, S. 113.
1330 BT-Dr. 14/7052, S. 190.
1331 Lorenz, JZ 2001, S. 743.

soll zugleich der Auffassung begegnet werden, daß die in § 280 Abs. 1 S. 1 BGB vorausgesetzte Pflichtverletzung dann nicht vorliegen kann, wenn der Schuldner wegen § 275 BGB gerade keine Pflicht zur Leistung hat[1332].

Die in § 283 S. 2 BGB enthaltene Verweisung regelt die Fälle der Teilunmöglichkeit und der Unmöglichkeit der Nacherfüllung bei einer Schlechtleistung. Anwendbar sind insoweit die oben dargelegten Grundsätze gem. §281 Abs. 1 S. 2,3 BGB.

e) Schadensersatz statt der Leistung bei anfänglichem Ausschluß der Leistungspflicht gem. § 311a Abs. 2 BGB

§ 311a Abs. 1 BGB bestimmt ausdrücklich, daß der Gültigkeit eines Vertrags nicht entgegensteht, daß die Leistung für den Schuldner oder für jedermann schon bei Vertragsschluß unmöglich ist. Damit verdeutlicht das Gesetz die Abkehr vom früheren § 306 BGB a.F., nach dem ein auf eine unmögliche Leistung gerichteter Vertrag nichtig war. Auch bei Gültigkeit des Vertrags kommt ein Anspruch auf die Primärleistung wegen der anfänglichen Unmöglichkeit von vornherein nicht in Betracht. Es entsteht also ein Vertrag ohne primäre Leistungspflicht. Dieser bildet die Grundlage für die Ersatzansprüche gem. § 311a Abs. 2 BGB.

§ 311a Abs. 2 BGB ist eine eigenständige Anspruchsgrundlage und nicht lediglich ein Unterfall des allgemeinen Pflichtverletzungstatbestandes des § 280 BGB. Dies beruht darauf, daß das Schuldrechtsmodernisierungsgesetz von einem unterschiedlichem Pflichtenprogramm des Schuldners vor und nach Vertragsschluß ausgeht. Vor Vertragsschluß geht es im wesentlichen um Informationspflichten, nachher um Pflichten bezüglich des Leistungsgegenstandes selbst[1333]. Die dem Schuldner innerhalb des § 311a Abs. 2 BGB vorzuwerfende Pflichtverletzung liegt darin, daß er eine Leistungspflicht übernimmt, obwohl er weiß oder wissen muß, daß er sie nicht erfüllen kann[1334]. Die Eigenständigkeit der Anspruchsgrundlage wird mittelbar dadurch bestätigt, daß in § 311a Abs. 2 BGB anders als in den §§ 281 bis 283 nicht auf § 280 BGB Bezug genommen wird.

Anspruchsvoraussetzung ist neben einem Leistungshindernis gem. § 275 BGB, das schon bei Vertragsschluß vorliegt, auch das Verschulden des Schuldners. Der Schuldner haftet dann nicht, wenn er das Leistungshindernis nicht kannte und seine Unkenntnis auch nicht zu vertreten hat. Dem allgemeinen Prinzip entsprechend vermutet das Gesetz, daß der Schuldner den Grund für die aus seinem Bereich stammende Störung zu vertreten hat. Die Verschuldensabhängigkeit der Ansprüche gem. § 311a Abs. 2 BGB ist zum Teil kritisiert worden[1335]. Kritik erntet auch die im § 311a Abs. 2 BGB angeordnete Rechtsfolge. Mit einer i. d. R. an die fahrlässige Unkenntnis des unvermögenden Schuldners bei Vertragsab-

---

[1332] Regierungsentwurf, S. 324.
[1333] Reischl, S. 255, Medicus, JuS 2003, S. 527.
[1334] BT-Dr. 14/7052, S. 190.
[1335] Altmeppen DB 1821, S. 1823; ders. DB 1399, 1401ff.; Huber, ZIP 2000, S. 2278.

schluß gestützte Verschuldenshaftung lasse sich keine Haftung auf das positive Interesse begründen. Es fehle insoweit am erforderlichen Rechtswidrigkeitszusammenhang. Bei anfänglichem Unvermögen sei eine auf Erfüllungsinteresse gerichtete Haftung nur aufgrund einer Garantiehaftung möglich[1336].

Hat der Schuldner seine Unkenntnis von der Unmöglichkeit nicht zu vertreten, so steht dem Gläubiger nach dem Gesetzeswortlaut überhaupt kein Ersatzanspruch zu. Der Gesetzgeber hat sich bewußt gegen eine ausdrückliche Regelung entschieden und die Klärung der Frage, ob dem Gläubiger ein Ersatzanspruch bei vom Schuldner nicht zu vertretender Unkenntnis der Unmöglichkeit zusteht, der Rechtsprechung überlassen[1337]. Canaris hat für diesen Fall eine entsprechende Anwendung von § 122 BGB vorgeschlagen[1338]. Diesem Vorschlag liegt die Überlegung zugrunde, daß § 311a Abs. 2 BGB dazu führt, daß der Schuldner aufgrund eines bloßen Motivirrtums, der i. d. R. einen Eigenschaftsirrtum i. S. v. § 119 Abs. 2 BGB darstellt oder einem solchen zumindest stark ähnelt, von seiner vertraglich übernommenen Leistungspflicht ersatzlos frei wird. Darin liegt ein Wertungswiderspruch zum Regelungsmodell der §§ 119 Abs. 2, 122 BGB. Danach ist eine Entlastung in Form der Lösung des Anfechteden vom Vertrag nur um den Preis einer ihn treffenden verschuldensunabhängigen Haftung auf das negative Interesse zulässig. Um annäherungsweise eine Wertungsharmonie herzustellen, soll im Wege der Rechtsfortbildung § 122 BGB herangezogen werden.

Die analoge Anwendung des § 122 BGB setzt jedoch eine planwidrige Regelungslücke und eine gleichwertige Interessenlage voraus. Das neue Recht strebt die einheitliche Durchsetzung des Verschuldensprinzips bei der Schadensersatzhaftung an und hat die frühere Garantiehaftung bei der anfänglichen Unmöglichkeit ausdrücklich verworfen[1339]. Eine analoge Anwendung des § 122 BGB hätte zur Folge, daß das Verschuldensprinzip nur für den Schadensersatz statt der Leistung konsequent durchgeführt wäre, wogegen bei dem Ersatz des Vertrauensschadens ein Ergebnis ähnlich wie § 307 BGB a.F. erzielt würde[1340]. Dies widerspricht aber dem erklärten Willen des Gesetzgebers. Im Rahmen von § 311 a Abs. 2 BGB kann anstelle des Schadensersatzes statt der Leistung Aufwendungsersatz gem. § 284 BGB geltend gemacht werden. Nach der im § 284 BGB getroffenen Anordnung wird Aufwendungsersatz nur bei schuldhaftem Irrtum des Schuldners über seine bei Vertragsschluß bestehende Leistungsfähigkeit gewährt[1341]. Diese Entscheidung wäre durch eine analoge Anwendung des § 122 BGB unterlaufen[1342]. Die gesetzliche Wertung, die durch die Streichung des § 307 BGB a.F. und die Einführung des verschuldensabhängigen § 284 BGB zum Ausdruck kommt, sprechen gegen die Annahme einer Regelungslücke.

[1336] Altmeppen, DB 1399, S. 1402.
[1337] Regierungsentwurf, S. 382.
[1338] s. JZ 2001, 57.
[1339] Regierungsentwurf, S. 381 = BT-Dr. 14/6040, S. 165; Canaris JZ 2001, S. 506.
[1340] Schulte-Nölke/Behren, S. 259.
[1341] Schulte-Nölke/Behren, S. 259.
[1342] Dötsch, S. 164.

Nicht unproblematisch ist auch die Gleichwertigkeit der Interessenlage. Irrt sich der Schuldner über eine Eigenschaft der Kaufsache, so kann er gem. § 119 Abs. 2 BGB anfechten, wenn die Sache besser war als er angenommen hatte. Er muß dafür aber gem. § 122 BGB den Vertrauensschaden ersetzen. Der Ersatz des Vertrauensschadens ist quasi die „Entschädigung" für die Innanspruchnahme des Rechts, sich vom Vertrag zu lösen. Der Schuldner, der schuldlos über seine Leistungsfähigkeit irrt, hat dagegen keine Wahl zwischen verschiedenen Optionen. Er kann schlichtweg nicht leisten. Die Funktion des § 122 BGB, zum Schutze des Vertragspartners den Irrenden für den Gebrauch seines Anfechtungsrechts einen „Preis" zahlen zu lassen, ist daher auf die hier zu überprüfenden Konstellation nicht übertragbar[1343]. Eine für die analoge Anwendung des § 122 BGB erforderliche gleichwertige Interessenlage ist daher nicht gegeben.

Liegen die Voraussetzungen des § 311a Abs. 2 BGB vor, so kann der Gläubiger Schadensersatz statt der Leistung oder Ersatz seiner Aufwendungen gem. § 284 BGB verlangen. Durch den Anspruch auf Schadensersatz statt der Leistung kann der Gläubiger sein positives Interesse ersetzt verlangen. Der Gesetzgeber hielt die Klarstellung für erforderlich, weil sich aus der Verletzung einer vorvertraglichen Informationspflicht nach den allgemeinen Regeln des Schadensersatzrechts grundsätzlich nur ein Anspruch auf das negative Interesse ergibt. Er hingegen sah einen Anspruch auf das positive Interesse als die angemessene Rechtsfolge an[1344]. Diese Regelung ist als Verstoß gegen die Grundregeln der Schadensdogmatik kritisiert worden[1345]. Die Kritik beruht im wesentlichen auf der Annahme, daß die in § 311a Abs. 2 vorgesehene Haftung auf das positive Interesse an die Verletzung der Pflicht, bei Vertragsschluß das anfängliche Leistungshindernis zu erkennen und den Vertragspartner hiervon zu informieren, anknüpft. Der Haftungstatbestand des § 311a Abs. 2 BGB sei in der Unterlassung ausreichender Aufklärung bei der Vertragsanbahnung zu sehen. Diese Pflichtverletzung sei aber für den zu ersetzenden Erfüllungsschaden nicht kausal. Denn wenn der Schuldner bei der Vertragsanbahnung das anfängliche Leistungshindernis erkannt hätte, dann wäre der Vertrag gar nicht zustande gekommen und der Gläubiger hätte keinen Erfüllungsanspruch erworben. Daher dürfe eine auf Kenntnis des anfänglichen Leistungshindernisses gestützte Haftung nur auf das negative Interesse gerichtet sein[1346]. Die Schadensersatzpflicht beruht jedoch nicht auf Verletzung vorvertraglicher Verpflichtungen. Dogmatisch gesehen folgt der Anspruch aus der Nichterfüllung des gem. § 311a Abs. 1 BGB wirksamen Leistungsversprechens[1347]. Für die Kausalität der Schadensberechnung ist daher zu fragen, wie der Gläubiger stünde, wenn das Versprechen ordnungsgemäß erfüllt worden wäre. Der Anspruch richtet sich daher ohne jeglichen Widerspruch zur Schadensdogmatik auf das positive Interesse.

[1343] Schulte-Nölke/Behren, S. 259.
[1344] Regierungsentwurf, S. 380.
[1345] Altmeppen, DB 1399ff.; ders. DB 1821, S. 1823.
[1346] Altmeppen, DB 1399, S. 1402, für das anfängliche Unvermögen möchte Altmeppen an der unter der alten Rechtslage herrschenden Garantiehaftung festhalten, da er die Haftung auf das bloße Vertrauensinteresse für verfehlt hält.
[1347] Canaris, JZ 2001, 507; Gsell, Jahrbuch 2001, S.120; Mattheus, S. 214.

Gegen den Anspruch auf Schadensersatz statt der Leistung ist eingewandt worden, dieser lasse sich bei anfänglich objektiv unmöglicher Leistung schwer berechnen, wenn es den verkauften Gegenstand nie gegeben hat und nie geben kann[1348]. Diese Berechnungsschwierigkeit ist weder neu noch eine typische Besonderheit des § 311a BGB[1349]. In einer Vielzahl von Fällen, etwa dann, wenn der Vertragsgegenstand als solcher existiert, jedoch vor Vertragsschluß untergegangen ist, werden solche Schwierigkeiten i. d. R. nicht bestehen oder überwindbar sein. Der an sich wirksame Vertrag enthält alle essentialia negotii, also i. d. R. auch die Bestimmung der Gegenleistung, im Kaufvertrag den Kaufpreis, der jedenfalls als Richtlinie für die Schadensberechnung herangezogen werden kann.

Alternativ erhält der Gläubiger einen Anspruch auf Aufwendungsersatz gem. § 284 BGB. Das entspricht dem Bestreben, die anfängliche Unmöglichkeit hinsichtlich der Rechtsfolgen genauso zu behandeln wie die nachträgliche[1350].

§ 311a Abs. 2 S. 3 BGB verweist auf § 281 Abs. 1 S. 2 und 3 BGB, der sich auf eine Teilleistung bezieht. Da auch die anfängliche Unmöglichkeit sich nur auf einen Teil der Leistung beschränken kann, wird durch die Verweisung bestimmt, unter welchen Voraussetzungen Schadensersatz statt der ganzen Leistung verlangt werden kann. Demnach ist der Interessenfortfall oder die Erheblichkeit der Pflichtverletzung maßgeblich[1351].

3. Zusammenfassung: Schadensersatz statt der Leistung nach dem Schuldrechtsmodernisierungsgesetz

Das Schuldrechtsmodernisierungsgesetz baut die Schadensersatzregeln im Grundsatz auf einem einheitlichen Tatbestand auf, verzichtet aber im Bereich der Regelungen des Schadensersatzes statt der Leistung nicht auf eine Differenzierung nach den Störungsursachen. Je nach Störungsursache sieht das Gesetz besondere Voraussetzungen vor. So ist bei Teilleistung ein Schadensersatz statt der (ganzen) Leistung nur dann zulässig, wenn der Gläubiger kein Interesse an der Teilerfüllung hat (§ 281 Abs. 1 S. 2 BGB). Verletzt der Schuldner eine nichtleistungsbezogene Pflicht i. S. v. § 241 Abs. 2 BGB, so kann der Gläubiger Schadensersatz statt der Leistung nur dann verlangen, wenn ihm die Leistung durch den Schuldner nicht zumutbar ist.

Das zugrundliegende Prinzip ist dagegen für alle Fälle des Schadensersatzes statt der Leistung einheitlich. Um von dem Primärleistungsanspruch zu einem diesen ausschließenden Schadensersatzanspruch übergehen zu können, muß der Gläubiger dem Schuldner grundsätzlich eine angemessene Frist zur Nacherfüllung setzen. Die Nachfristsetzung ist nur dann entbehrlich, wenn sie lediglich formelle, aber ansonsten inhaltsleere und sinnlose Voraussetzung wäre. Dies ist

---

1348 Dauner-Lieb, Stellungnahme vor dem Rechtsauschuß, S. 52.
1349 Regierungsentwurf, S. 380; Canaris, JZ 2001, 507.
1350 s. zum Anspruch gem. § 284 BGB unten Seite 361 ff.
1351 s. dazu oben Seite 327 ff.

zum einen dann der Fall, wenn der Schuldner die Leistungserbringung ernsthaft und endgültig verweigert hat oder wenn besondere Umstände vorliegen, die unter Abwägung der beiderseitigen Interessen die sofortige Geltendmachung des Schadensersatzanspruches rechtfertigen (§ 281 Abs. 2 BGB). Zum anderen wäre eine Fristsetzung dann eine sinnlose Formalität, wenn die verletzte Pflicht nicht mehr nachholbar ist. Das ist zum einen der Fall, wenn die Leistung gem. § 275 BGB unmöglich geworden ist, zum anderen dann, wenn eine Pflicht gem. § 241 Abs.2 BGB verletzt worden ist. Die Fristsetzung ist daher keine Voraussetzung des Schadensersatzes statt der Leistung gem. § 283 BGB und § 282 BGB.

Durchgehend zwingende Voraussetzung des Anspruchs auf Schadensersatz statt der Leistung ist grundsätzlich das Verschulden des Schuldners bezüglich der den Schadensersatz begründenden Pflichtverletzung. Diese Voraussetzung gilt auch für die Fälle anfänglicher Unmöglichkeit, bei denen der Gläubiger einen Schadensersatzanspruch gem. § 311a Abs. 2 BGB geltend machen kann.

4. Großer und kleiner Schadensersatzanspruch nach alter und neuer Rechtslage

Nach alter Rechtslage stand innerhalb des Schadensersatzanspruches gem. § 463 BGB a.F. dem Käufer grundsätzlich ein Wahlrecht zu[1352]. Er konnte die Sache zurückgeben und vollen Schadensersatz wegen Nichterfüllung geltend machen. Diese Art der Schadensberechnung ist der sog. „große Schadensersatzanspruch". Der Käufer konnte sich aber auch dazu entscheiden, die mangelhafte Sache zu behalten und den Minderwert als Schadensersatz zu verlangen. Diese Berechnung ist der sog. „kleine Schadensersatzanspruch".

Der große Schadensersatzanspruch stellte den Käufer so, als ob er gewandelt hätte und zusätzlich den Ersatz seiner weitergehenden Schäden erhalten hätte. Die Rückgängigmachung des Kaufvertrages erfolgte im Rahmen der Schadensregulierung und folgte allgemeinen Prinzipien des Schadensrechts[1353]. Daher stellte der große Schadensersatzanspruch keinen Verstoß gegen das nach alter Rechtslage geltende Prinzip der Ausschließlichkeit von Rücktritt und Schadensersatz dar. Wegen der Ähnlichkeit der Wandelungslage wurden die Wandlungs- und damit die Rücktrittsvorschriften analog angewandt[1354]. Der große Schadensersatzanspruch war demnach ausgeschlossen, wenn der Käufer den Untergang oder eine wesentliche Verschlechterung der Sache verschuldet hatte, § 351 BGB a.F. Der Käufer, der die Sache zurückgeben wollte, brauchte nicht nachzuweisen, daß er kein Interesse mehr hatte, die Sache zu behalten[1355]. Der Käufer konnte jedoch gegen § 242 BGB verstoßen, wenn er wegen geringfügiger Mängel den großen Schadensersatz geltend machte[1356].

1352 RGZ 53, 89, 92; 90, 332, 334; BGHZ 27, 215, 218f.
1353 Soergel/Huber, § 463 Rn. 39; Reinicke/Tiedtke, Rn. 463.
1354 Soergel/Huber, § 463 Rn. 45; Reinicke/Tiedtke, Rn. 463.
1355 RGZ 52, 352, 355; BGHZ 27, 215, 219; 96, 283, 287; RGRK/Mezger, § 463 Rn. 14; Palandt/Putzo, § 463 Rn. 19 (61.Aufl.); Soergel/Huber, § 463 Rn. 42f..
1356 BGH NJW 1986, 920, 921f.; Soergel/Huber, § 463 Rn. 44.

Nach dem Schuldrechtsmodernisierungsgesetz setzt die Geltendmachung des Schadensersatzes statt der ganzen Leistung je nach Art der Pflichtverletzung einen Interessenwegfall oder eine Erheblichkeit der Pflichtverletzung voraus, § 281 Abs. 1 S. 2 und 3 BGB. Damit ist der große Schadensersatz nach der neuen Rechtslage an engere Voraussetzungen geknüpft[1357] und stellt nicht lediglich eine frei wählbare Berechnungsmöglichkeit dar. Der Käufer kann Schadensersatz statt der ganzen Leistung gem. § 281 Abs. 1 S. 3 nur bei nicht unerheblichen Mängeln der Sache verlangen. Bei unerheblichen Mängeln kann er lediglich den Minderwert der Kaufsache oder die Reparaturkosten im Wege eines Schadensersatzanspruches verlangen[1358].

Die uneingeschränkte Verwendung der Begriffe „großer" und „kleiner" Schadensersatz kann zu Mißverständnissen führen. Der durch das Schuldrechtsmodernisierungsgesetz herbeigeführte Systemunterschied sollte beachtet werden. Es handelt sich nicht mehr um eine bloße Berechnungsmodalität, die der Gläubiger mehr oder weniger frei wählen kann. Nach neuer Rechtslage unterliegen die mit den beiden Begriffen bezeichneten Fälle des Schadensersatzes unterschiedlichen Voraussetzungen.

Verlangt der Gläubiger Schadensersatz statt der ganzen Leistung, so ist der Schuldner berechtigt, das bereits Geleistete nach Maßgabe des Rücktrittsrechts, §§ 346 bis 348 BGB zurückzufordern, § 281 Abs. 5 BGB.

Bei dem kleinen Schadensersatz konnte der Käufer die Kaufsache behalten, daher war es irrelevant, ob er zur Rückgabe in der Lage war. Der Schadensersatz entsprach der Differenz zwischen dem Wert der fehlerhaften und dem Wert der fehlerfreien bzw. zwischen dem Wert der Sache ohne zugesicherte oder vorgespiegelte Eigenschaft und dem Wert der Sache mit dieser Eigenschaft. Der Käufer konnte den Minderwert auch anhand der Reparaturkosten, die für die Herstellung des mangelfreien Zustandes erforderlich sind, berechnen, soweit diese nicht in wirtschaftlich unvertretbarer Höhe lagen[1359]. Daneben konnte auch der Nutzungsausfall während einer angemessenen Reparaturzeit verlangt werden[1360]. Der kleine Schadensersatz entspricht dem Schadensersatz statt der Leistung gem. § 281 Abs. 1 S.1 BGB. Die Berechnung des Schadens unterliegt allgemeinen Grundsätzen.

Zusammenfassung: großer und kleiner Schadensersatz

Das Schuldrechtsmodernisierungsgesetz sieht für den sog. großen Schadensersatz oder den Schadensersatz statt der ganzen Leistung engere Voraussetzungen vor. Insoweit schafft das Gesetz ein Rangverhältnis. Nach alter Rechtslage wurde mit dem Begriffspaar „großer und kleiner Schadensersatz" die frei Wahl des Käufers bezeichnet, wie er seinen Schadensersatz berechnen wollte. Bei der

---

[1357] Dauner-Lieb, JZ S. 14; Lorenz JZ 2001, S. 744.
[1358] Schubel, S. 318.
[1359] BGH NJW 1983, 1424, 1425; BGH WM 1989, 1390, 1392.
[1360] Soergel/Huber, § 463 Rn. 53.

weiterhin verbreiteten Verwendung der Begriffe sollte der in der Sache unterschiedliche Inhalt berücksichtigt werden.

Die für den sog. großen Schadensersatz geltenden engeren Voraussetzungen sind weitgehend sachgerecht[1361]. Die Anhebung der Anforderungen war vor allem für die Angleichung der Schadensersatz- und der Rücktrittsvoraussetzungen erforderlich (§ 325 Abs. 5 S. 2 BGB).

5. Zusammenfassung: Voraussetzungen des Anspruchs des Käufers auf Schadensersatz unter Ausschluß der Primärleistung nach alter und neuer Rechtslage

Mit der Einbindung der kaufrechtlichen Mängelgewährleistung in das allgemeine Leistungsstörungsrecht hat das Schuldrechtsmodernisierungsgesetz auch den Bereich der Schadensersatzansprüche des Käufers grundlegend geändert. Nach alter Rechtslage konnte der Käufer, dem eine mangelhafte Sache übergeben wurde, nur dann Schadensersatz verlangen, wenn der Sache eine zugesicherte Eigenschaft fehlte oder der Verkäufer den Fehler arglistig verschwiegen bzw. die Mangelfreiheit der Sache arglistig vorgetäuscht hat. Nach neuer Rechtslage kann der Käufer bei Lieferung einer mangelhaften Sache allgemein Schadensersatz verlangen. Er muß jedoch dem Verkäufer grundsätzlich die Möglichkeit geben, den Mangel durch Nachbesserung oder Ersatzlieferung zu beheben. Einer Nachfristsetzung bedarf es nicht, wenn der Verkäufer beide Arten der Nacherfüllung verweigert hat oder die Interessenlage eine sofortige Geltendmachung des Schadensersatz rechtfertigt. Der Verkäufer schuldet nur dann Schadensersatz, wenn er die Mangelhaftigkeit der Sache oder eine andere, den Anspruch begründende Pflichtverletzung, zu vertreten hat.

Hinsichtlich der Rechtsfolgen nimmt das Schuldrechtsmodernisierungsgesetz die bekante Unterscheidung nach sog. kleinem und großem Schadensersatz auf. Im Gegensatz zu der alten Rechtslage wird der sog. große Schadensersatz strengeren Anforderungen unterworfen und ist nicht mehr lediglich eine Berechnungsoption.

III. Haftungsumfang des Schadensersatzes wegen Nichterfüllung bzw. des Schadensersatzes statt der Leistung

Für alle oben erwähnte Fälle des Schadensersatzes wegen Nichterfüllung bzw. des Schadensersatzes statt der Leistung gelten für die Ermittlung und die Berechnung des Schadens grundsätzlich dieselben Prinzipien.

1. Grundsatz

Mit dem Begehren eines Schadensersatzes wegen Nichterfüllung bzw. statt der Leistung will der Käufer die nachteiligen Folgen der Vertragsverletzung des Ver-

---

[1361] Boerner, S. 2272.

käufers in seinem Vermögen ausgeglichen bekommen. Das Ziel des Anspruches ist, den Käufer, soweit mit Geld möglich, so zu stellen, wie er stünde, wenn der Verkäufer vertragsgemäß erfüllt hätte[1362]. Der Schadensersatzanspruch richtet sich daher auf Ersatz des Erfüllungsinteresses, des sog. positiven Interesses. Der Käufer kann dagegen nicht verlangen, so gestellt zu werden, wie er stünde, wenn der Vertrag nicht abgeschlossen worden wäre, also das sog. negative Interesse ersetzt verlangen. Der Vertrauensschaden als solcher ist im Rahmen des Schadensersatzes statt der Leistung nicht zu ersetzen[1363]. Daran ändert auch der in § 284 BGB geregelte Aufwendungsersatzanspruch nichts. Dieser richtet sich zwar auf Ersatz von nutzlos gewordenen Aufwendungen und damit auf einen Teil des Vertrauensschadens[1364]. Der Anspruch besteht jedoch nur anstelle des Schadensersatzes statt der Leistung. Beide Ansprüche schließen sich also aus. Daraus folgt, daß der Gläubiger entweder den Ersatz seines positiven oder den Ersatz seines negativen Interesses verlangen kann, jedoch nicht beide kumulieren darf.

Der Schadensersatz wegen Nichterfüllung bzw. statt der Leistung setzt einen Gesamtvermögensvergleich voraus. Mit dem Eintritt der Haftungsvoraussetzungen wird das ursprüngliche Vertragsverhältnis in der Weise umgestaltet, daß an die Stelle der beiderseitigen Leistungsverpflichtungen ein einseitiges, am Erfüllungsinteresse ausgerichtetes Abrechnungsverhältnis tritt, bei dem die gegenseitigen Ansprüche nur unselbständige Rechnungsposten darstellen[1365]. Bereits daraus ergibt sich, daß der Schadensersatz wegen Nichterfüllung grundsätzlich auf Geld gerichtet ist. Die Naturalrestitution i. S. v. § 249 S. 1 BGB kommt in den Fällen, in denen der Käufer berechtigt ist, Schadensersatz wegen Nichterfüllung zu verlangen, nicht in Betracht. Denn ein auf Naturalrestitution gerichteter Schadensersatzanspruch wäre in diesem Fall mit dem Erfüllungsanspruch identisch[1366].

2. Einzelne Schadenspositionen

Bei dem Gesamtvergleich sind alle Vor- und Nachteile einzubeziehen, die die gescheiterte Vertragsdurchführung für den Käufer mit sich gebracht hätte, soweit ihre Berücksichtigung mit dem Sinn und Zweck der Schadensersatzpflicht des Verkäufers gem. §§ 249, 252 BGB vereinbar ist[1367]. Bei der Berechnung des Schadensersatzes können grundsätzlich neben dem entgangenen Gewinn des Käufers auch weitere Begleit- und Folgeschäden, sowie die bereits erbrachte Gegenleistung als auch sonstige mit dem Scheitern des Vertrages nutzlos gewordene Aufwendungen zur Ermöglichung und Durchführung des Vertrages, berücksichtigt werden[1368].

[1362] BGHZ 2, 310, 313f; 101, 325, 330; BGH NJW 1999, 3625; BGH NJW 2000, 2342, 2343.
[1363] BGHZ 99, 182, 195f.; 114, 193, 196.
[1364] s. näher unter Seite 361 ff.
[1365] BGHZ 87, 156, 158f; BGH NJW 1999, 3625.
[1366] S. Näheres Huber, Leistungsstörungen, Bd. II, § 36 I 2, S. 177ff.
[1367] BGHZ 136, 52, 54ff.; MünchKomm/Emmerich, § 325 Rn. 54.
[1368] MünchKomm/Emmerich, § 325 Rn. 54.

a) Entgangener Gewinn

Gemäß § 252 S. 1 BGB umfaßt der zu ersetzende Schaden auch den entgangenen Gewinn. Diese Verpflichtung ergibt sich bereits aus § 249 BGB, so daß § 252 S. 1 BGB eine klarstellende Bedeutung hat[1369]. Gemäß S. 2 gilt als entgangener Gewinn, welcher nach dem gewöhnlichen Lauf der Dinge oder nach den besonderen Umständen, insbesondere nach den getroffenen Anstalten und Vorkehrungen, mit Wahrscheinlichkeit erwartet werden konnte. Unter entgangenem Gewinn sind alle Vermögensvorteile zu verstehen, die dem Geschädigten im Zeitpunkt des schädigenden Ereignisses zwar noch nicht zugeflossen sind, die jedoch bei ihm ohne dieses Ereignis eingetreten wären[1370]. § 252 S. 2 BGB enthält eine Beweiserleichterung zugunsten des Geschädigten, daß und in welcher Höhe ihm ein Gewinn entgangen ist[1371]. Die Norm enthält dagegen keine materiellrechtliche Begrenzung des Schadensersatzes[1372]. Der Verkäufer kann die Vermutung durch Nachweis widerlegen. Die Tatsachen, aus denen sich die Prognose eines zukünftigen Gewinns ergibt, muß der Käufer selbst darlegen und in dem gem. § 287 ZPO erforderlichen Maß beweisen. Dabei kann sich der Käufer auf die Behauptung und den Nachweis von Tatsachen beschränken, bei deren Vorliegen die Vermutung gem. § 252 BGB eingreift.

Entgegen dem Wortlaut des Gesetzes ist nicht entscheidend, ob das Erzielen des Gewinns im Zeitpunkt der Vertragsverletzung wahrscheinlich war[1373]. Maßgeblich für die Bestimmung, ob dem Geschädigten ein Gewinn entgangen ist, ist der Zeitpunkt, in dem die Voraussetzungen des Schadensersatzanspruchs endgültig vorliegen[1374].

b) Begleit- und Folgeschäden

Der Verkäufer hat grundsätzlich jeden Schaden, der durch die Vertragsverletzung adäquat kausal verursacht wurde, zu ersetzen. Zu ersetzen sind daher nicht nur die unmittelbar durch die Nichterfüllung verursachten Schäden, sondern auch die mittelbaren Schäden, also neben dem entgangenen Gewinn auch die sonstigen Begleit- und Folgekosten. Dies können z. B. Betriebsunterbrechungen und Produktionsausfälle beim Käufer infolge des Ausbleibens der Ware sein. Des weiteren können das Vertragsstrafen oder Schadensersatzansprüche sein, die der Käufer seinen Abnehmern wegen der Nichterfüllung schuldet[1375].

c) Ersatz von Mangelfolgeschäden

Unter Mangelfolgeschäden werden die durch den Mangel der verkauften Sache

---

[1369] Palandt/Heinrichs, § 252 Rn. 1.
[1370] MünchKomm/Oetker, § 252 Rn. 4.
[1371] BGHZ 29, 393, 397ff.; BGH WM 1998, 1787, 1788; Esser/Schmidt, S. 510; Brox, Schuldrecht AT, Rn. 341; Lange/Schiemann, S. 341ff.
[1372] So eine früher vertretene Meinung s. Steindorff, AcP 158, S. 431ff, insb. 462ff..
[1373] Lange/Schiemann, S. 342.
[1374] BGHZ 29, 393, 398; RGRK/Alff, § 252 Rn. 7; Soergel/Mertens, § 252 Rn. 13.
[1375] Huber, Leistungsstörungen, Bd. II, § 39 I 2, S. 263f.

hervorgerufenen Schäden an bereits vorhandene Rechte, Rechtsgüter oder Interessen des Käufers verstanden. In Abgrenzung dazu ist der sog. Mangelschaden der mangelbedingte Minderwert der Kaufsache. Insoweit ist der Mangelfolgeschaden eine besondere Art der Begleit- und Folgeschäden.

Der Schadensersatz wegen Nichterfüllung gem. §§ 463, 480 Abs. 2 BGB a.F. erfaßte beim Fehlen einer zugesicherten Eigenschaft sowohl die eigentlichen Mängelschäden als auch die sog. „Mangelfolgeschäden"[1376]. Unter Mangelfolgeschäden waren die Schäden zu verstehen, die infolge des Fehlens der zugesicherten Eigenschaft an sonstigen Rechtsgütern des Käufers entstanden. Das galt nur insoweit, als die Zusicherung den Sinn hatte, den Käufer gerade vor Folgeschäden der eingetretenen Art zu schützen. Die Schäden müssen in den „Schutzbereich" der Zusicherung fallen[1377]. Das Schuldrechtsmodernisierungsgesetz hat den Begriff der zugesicherten Eigenschaft nicht beibehalten. Der Verkäufer haftet jedoch auch nach der neuen Rechtslage verschuldensunabhängig, wenn er eine Garantie für eine bestimmte Beschaffenheit oder Eigenschaft der Sache übernommen hat, § 276 Abs. 1 S. 1 BGB[1378]. Auch insoweit gilt die Einschränkung, daß das betroffene Rechtsgut des Käufers zum „Schutzbereich" der Garantie gehören muß. Im übrigen haftet der Verkäufer nach der neuen Rechtslage für Mangelfolgeschäden nur bei Verschulden gem. § 280 BGB[1379].

Bei der alten Rechtslage war umstritten, inwieweit der Schadensersatz des Käufers wegen arglistigen Verhaltens des Verkäufers gem. §§ 463 S. 2, 480 Abs. 2 2. Fall BGB a.F. die Mangelfolgeschäden erfaßte. Nach überwiegender Meinung hatte der Verkäufer bei Arglist die Mangelfolgeschäden immer zu ersetzen, soweit sie durch den verschwiegenen Mangel adäquat kausal verursacht waren[1380]. Nach anderer Ansicht war auch hier wie bei der Zusicherung zu verlangen, daß der Folgeschaden in den „Schutzbereich der verletzten Vertragspflicht" fällt[1381]. Der Verkäufer haftete nach dieser Ansicht nur für solche Schäden, von denen vernünftigerweise angenommen werden kann, daß die fehlerfreie Beschaffenheit der Sache bzw. die arglistig vorgespiegelte Eigenschaft auch den Zweck haben sollte, gerade Folgeschäden von der eingetretenen Art zu verhindern. Die hier zuletzt genannte Ansicht fügte sich dogmatisch besser in die allgemeinen Grundsätze des Schadensersatzrechts ein. Nach der herrschenden Meinung wurde dem Verkäufer dagegen eine Art Strafhaftung für unangemessenes Verhalten auferlegt. Nach der neuen Rechtslage richtet sich der Ersatz der Mangelfolge-

---

1376 BGHZ 50, 200, 204; 57, 292, 298; 59, 159, 161; Larenz, Schuldrecht II-1, S. 61f.; Esser/Weyers, S. 45f.; Brox, Schuldrecht BT, Rn. 91; Medicus, Schuldrecht BT, Rn. 72; MünchKomm/Westermann, § 463 Rn. 29f.

1377 Soergel/Huber, § 463 Rn. 60.

1378 Wilmowsky, S. 20; Medicus, JS 2003, S. 525; s. näheres zu Garantie oben Seite 173 ff.

1379 s. näher dazu unten Seite 371 ff.

1380 Reinicke/Teidtke, Rn. 470; Larenz, Schuldrecht II-1, S. 62; MünchKomm/Westermann, § 463 Rn. 31; RGRK/Mezger, § 463 Rn. 15; Palandt/Putzo, § 463 Rn. 15 (61.Aufl.); Staudinger/Honsell, § 463 Rn. 48ff, 55.

1381 Soergel/Huber, § 463 Rn. 65.

1382 a.A. Recker, S. 1248 – der Mangelfolgeschaden sei durch den Schadensersatz statt der Leischäden nach § 280 Abs. 1 BGB[1382], wobei bei Arglist des Verkäufers immer auch Verschulden i. S. v. § 276 BGB gegeben ist.

d) Mindestschaden

Neben dem entgangenen Gewinn und den Belastungen mit Ersatzansprüchen Dritter, sind der bereits erbrachte Kaufpreis, sowie infolge des Ausbleibens der Leistung nutzlos gewordene Aufwendungen weitere typische Schadensposten. Diese werden im Regelfall als zu ersetzender Mindestschaden anerkannt[1383]. Da diese Schäden nicht unmittelbar auf der Vertragsverletzung beruhen, weil sie auch bei ordnungsgemäßer Erfüllung entstanden wären, stellt die Rechtsprechung eine sog. Rentabilitätsvermutung auf. Diese beruht auf der Grundvorstellung, daß es dem Käufer im Regelfall bei ordnungsgemäßer Vertrageserfüllung gelingt, aus den Kosten, die er für den Erwerb, die Entgegennahme etc. aufgewendet hat, einen entsprechenden Vorteil zu ziehen. Daher wird eine widerlegbare Vermutung aufgestellt, daß es dem Käufer gelungen wäre, bei ordnungsgemäßer Durchführung des Vertrages aus dem Erwerb Vorteile zu ziehen, die die Kosten gedeckt hätten[1384]. Daher kann der Käufer die durch die Vertragsverletzung nutzlos gewordenen Aufwendungen, soweit sie durch die Rentabilitätsvermutung gedeckt sind, und dem Verkäufer kein Gegenbeweis gelungen ist, im Rahmen seines Schadensersatzanspruches wegen Nichterfüllung, geltend machen.

Daran soll sich nach einer verbreiteten Meinung grundsätzlich auch nach dem durch den Schuldrechtsmodernisierungsgesetz eingeführten Aufwendungsersatzanspruch gem. § 284 BGB nichts ändern[1385]. Dies erscheint jedoch sehr problematisch[1386]. Der Anspruch auf Aufwendungsersatz wird nach dem Gesetzeswortlaut anstelle des Anspruchs auf Schadensersatzes statt der Leistung. Ersetzbar sind Aufwendungen, die der Käufer billigerweise im Vertrauen auf die Erfüllung machen durfte[1387]. Diese Aufwendungen werden jedoch dann nicht ersetzt, wenn sie ihren Zweck auch ohne die Pflichtverletzung nicht erreicht hätten, also wenn sie also nicht rentabel gewesen wären. Soweit ein gegenseitiger, nicht ausschließlich auf ideelle Zwecke gerichteter Vertrag vorliegt, decken sich die Voraussetzungen des neuen Aufwendungsersatzanspruches und der Ersatzfähigkeit von frustrierten Aufwendungen nach der Rentabilitätsvermutung. Ein Käufer könnte dann, würde man der einleitend dargestellten Meinung folge, etwa seinen

---

[1382] a.A. Recker, S. 1248 – der Mangelfolgeschaden sei durch den Schadensersatz statt der Leistung umfaßt.

[1383] MünchKomm/Emmerich, § 325 Rn. 68; Huber, Leistungsstörungen, Bd. II, § 37 II, S. 200ff..

[1384] RGZ 127, 245, 248f.; BGHZ 71, 234, 238f.; 99, 182, 197; 114, 193, 196f.; Lange/Schiemann, S. 258; Soergel/Wiedemann, Vor § 275 Rn. 44; MünchKomm/Emmerich, § 325 Rn. 71; Huber, Leistungsstörungen, Bd. II, § 39 II 3, S. 271ff.; Emmerich, Leistungsstörungen, § 11 IV 2, S. 137f.; Reinicke/Tiedke, Rn. 451.

[1385] Canaris, JZ 2001, 517: „Unberührt bleibt selbstverständlich die Anwendung der Rentabilitätsvermutung im Rahmen des Schadensersatzes statt der Leistung. Dabei ist es allerdings ebenso selbstverständlich, daß das nur bei Wahrung der dieser Vermutung immanenten Grenzen und des Gebots der Methodenehrlichkeit gilt."; Palandt/Heinrichs, § 281 Rn. 23; LG Bonn, NJW 2004, 74.

[1386] s. Schellhammer, S. 51: „Insoweit dürfte die Rechtsprechung zum „Mindestschaden" und „Rentabilitätsvermutung" überholt sein".

[1387] s. näher unten Seite 361 ff.

entgangenen Gewinn und die frustrierten Aufwendungen ersetzt verlangen. So könnte der Käufer einerseits, z. B., Ersatz der Kosten für die Anschaffung eines besonderen Behältnisses für den im Ergebnis nicht geleisteten Kaufgegenstandes verlangen. Andererseits könnte er zuglich Ersatz für den seinen entgangenen Gewinn fordern. Angenommen, die Aufwendungen wären rentabel, da er ein lukratives Weiterveräußerungsgeschäft abgeschlossen hat oder nachweisbar abschließen konnte, dann läge zugleich mit der Rentabilitätsvermutung der Nachweis des entgangenen Gewinns aus dem Nichtabschluß des besagten lukrativen Geschäftes vor. Ob das nicht billig und gerecht ist, daß der Käufer Ersatz sowohl für die infolge der Nichtleitung des Verkäufers nutzlos gewordenen Aufwendungen als auch für die Verluste wegen eines infolge der Nichtleistung entgangenen lukrativen Geschäftes zustehen sollte, soll an dieser Stelle nicht diskutiert werden. De lege lata ist die in § 284 BGB zum Ausdruck gekommene gesetzgeberische Entscheidung maßgeblich, daß der Aufwendungsersatzanspruch dem Käufer anstelle des Anspruch auf Schadensersatz statt der Leistung zustehet. Der klare Gesetzeswortlaut läßt sich durch Versuche teleologischer Reduktion nicht dahingehend uminterpretieren, daß frustrierte Aufwendungen nach der Rentabilitätsvermutung innerhalb eines Schadensersatzes statt der Leistung zu erstatten sind. Der Aufwendungsersatzanspruch ist ein Anspruch auf Ersatz eines Teils des negativen Interesses[1388]. Daß der Vertrauensschaden innerhalb eines auf positives Interesse gerichteten Schadensersatzanspruchs nicht ersetzbar ist, war auch bis jetzt herrschende Meinung. Diese hat durch den Wortlaut des Gesetzes ihre Bestätigung gefunden. Eine Kumulierung von Schadensersatz für das Erfüllungsinteresse und Aufwendungsersatz wäre daher systemwidrig. Für die Berechnung des Schadensersatzes statt der Leistung sollten daher die aufgrund der Rentabilitätsvermutung für ersetzbar erklärten frustrierten Aufwendungen nicht berücksichtigt werden. Überwiegen die Kosten solcher Aufwendungen, so kann der Gläubiger sie gem. § 284 BGB ersetzt verlangen. Er muß sich also entscheiden, ob er sein positives oder sein negatives Interesse, zumindest einen Teil davon, ersetzt verlangen will.

e) Verzugsschaden

Das Ereignis, das den Käufer zum Schadensersatz wegen Nichterfüllung bzw. statt der Leistung berechtigt, z. B. die Unmöglichkeit der Leistung kann u. U. dann eintreten, wenn der Verkäufer sich bereits im Verzug befindet. Bei einem Verzug des Verkäufers steht dem Käufer grundsätzlich ein Anspruch auf Ersatz der Verzögerungsschäden zu (§§ 280 Abs. 2, 286 BGB)[1389]. Problematisch ist, ob der Käufer den im Zeitraum zwischen Verzugseintritt und Einritt der Unmöglichkeit eingetretenen Verzögerungsschaden neben oder innerhalb seines Schadensersatz wegen Nichterfüllung bzw. statt der Leistung geltend machen darf.

Es gibt zwei grundsätzliche Entscheidungsmöglichkeiten. Zum einen kann man dem Käufer erlauben, die beiden Schadensersatzansprüche nacheinander gel-

[1388] so auch Zimmer, NJW S. 10; Altmeppen, DB 1399, S. 1403.
[1389] s. näheres unten Seite 365 ff.

tend zu machen. Zum anderen kann man den Ersatz des Verzögerungsschadens nur im Rahmen des Schadensersatzes wegen Nichterfüllung bzw. statt der Leistung, d. h. nur als Rechnungsposition, zulassen. Die herrschende Meinung[1390] gewährt dem Käufer ein Wahlrecht. Der Käufer kann die Abrechnungsmethode frei bestimmen, soweit damit ein Schaden nicht doppelt liquidiert wird. Im Grundsatz ist der herrschenden Meinung zuzustimmen. Jedoch bedarf das Wahlrecht des Käufers einer Einschränkung, wenn er die Schadensberechnung nach der Differenztheorie vornimmt. Der Käufer erhält einen Anspruch auf Ersatz des Verzögerungsschadens als Ausgleich für die verspätete Leistung, für er trotzdem die vertraglich vereinbarte Gegenleistung erbringt. Bei dem Schadensersatz wegen Nichterfüllung bzw. statt der Leistung erhält der Gläubiger gar keine Leistung, daher auch keinen Ausgleich für die verspätete Leistung. Der Käufer würde bei einer Abrechnung „nacheinander" einen Teil des Äquivalents für seine Gegenleistung erhalten, ohne selbst etwas dafür aufwenden zu müssen. Damit gewährleistet werden kann, daß die Gegenseitigkeit der Leistungen im Kaufvertrag berücksichtig wird und der Käufer nicht einseitig bevorzug wird[1391], muß das Wahlrecht des Käufers, wie er bei Eintritt der Unmöglichkeit, seinen Verzögerungsschaden berechnet eingeschränkt werden. Rechnet der Käufer, wie in der Regel nach der Differenzmethode ab, so kann er den Verzögerungsschaden nur als Schadensposition innerhalb des Schadensersatzes wegen Nichterfüllung bzw. statt der Leistung geltend machen.

f) Immaterieller Schaden

Gemäß § 253 Abs. 1 BGB kann für einen Schaden, der nicht Vermögensschaden ist, nur dann eine Entschädigung gefordert werden, wenn das Gesetz dies ausdrücklich zuläßt. Im Bereich des Warenkaufrechts existiert keine Norm, die den Ersatz von immateriellen Schäden zuläßt. Im Vertragsrecht kann § 253 BGB durch Vertragsvereinbarung abgedungen werden[1392].

Die Bestimmung des § 253 BGB ist bzw. war zurecht umstritten[1393]. Das Zweite Gesetz zur Änderung schadensersatzrechtlicher Vorschriften, das am 1. August 2002 in Kraft getreten ist, hat zum Teil die bestehende Kritik aufgegriffen und einige nicht unwesentliche Änderungen im Schadensersatzrecht herbeigeführt.

§ 253 Abs. 2 BGB sieht anstelle des früheren § 847 BGB einen allgemeinen Anspruch auf Schmerzensgeld vor. Gemäß § 253 Abs. 2 BGB kann bei Verletzung von Körper, Gesundheit, Freiheit und sexueller Selbstbestimmung eine billige Entschädigung wegen des Schadens, der nicht Vermögensschaden ist, gefordert werden. Der Anspruch auf Schadensersatz ist nicht mehr nur bei Fällen von unerlaubten Handlungen, sondern auch bei Gefährdungshaftung und Vertragshaftung

---

[1390] BGHZ 88, 46, 49; BGH NJW 1953, 337; BGH ZIP 1997, 646, 647; Staundiger/Löwisch, § 286 Rn. 4; Staudinger/Otto, § 326 Rn. 159f.; MünchKomm/Emmerich, § 325 Rn. 57; Soergel/Wiedemann, § 326 Rn. 77; Palandt/Heinrichs, § 326 Rn. 26 (61.Aufl.).

[1391] s. ausführliche Begründung Huber, Leistungsstörungen, Bd. II, § 40 I 2 a, b, S. 304ff.

[1392] BGHZ 98, 212, 222f.

[1393] s. Lange/Schiemann, S. 424ff..

erlaubt[1394]. Die Erweiterung der Haftung auf Schmerzensgeld auch auf die vertragliche Haftung ist insbesondere dann von Bedeutung, wenn die Schädigung durch einen Erfüllungsgehilfen i. S. v. § 278 BGB erfolgte und die deliktische Haftung daran scheitert, daß der Handelnde mangels Weisungsgebundenheit kein Verrichtungsgehilfe gem. § 831 BGB ist[1395]. Welche Auswirkungen diese Gesetzesänderung in der Praxis konkret haben wird, bleibt abzuwarten. Die Ausdehnung des Schmerzensgeldanspruchs läßt eine vermehrte Innanspruchnahme von immateriellen Entschädigungen erwarten[1396].

3. Schadensermittlung

Für die Durchführung des Gesamtvermögensvergleiches sind nach dem Inkrafttreten des BGB verschiedene Methoden entwickelt worden. Diese sind unter den Bezeichnungen „Surrogationstheorie" bzw. „Austauschtheorie", „Differenztheorie" und „eingeschränkte Differenztheorie" bekannt.

a) Surrogationstheorie

Bereits zur Zeit des Inkrafttretens des BGB war umstritten, wie der Schadensersatz wegen Nichterfüllung zu berechnen ist. Nach der anfangs stärker vertretenen Austauschtheorie blieb der Gegenanspruch des Schuldners auf die Leistung des Gläubigers von dem Untergang des Erfüllungsanspruchs des letzteren unberührt[1397]. Das bedeutet, daß der Käufer, der seinen Erfüllungsanspruch wegen Unmöglichkeit oder gem. § 326 Abs. 1 S. 2 BGB a.F. verloren hat, dem Verkäufer zur Erfüllung seiner Kaufpreisschuld verpflichtet bleibt. Der Käufer erhält demnach Schadensersatz in Höhe des vollen Wertes der Leistung des Verkäufers im Austausch für den noch geschuldeten Kaufpreis.

b) Differenztheorie

Im Gegensatz dazu gehen die Rechtsprechung[1398] und die herrschende Lehre[1399] davon aus, daß mit dem Erlöschen des Anspruchs des Gläubigers auf die Leistung auch der Anspruch des Schuldners auf die Gegenleistung erlischt. Dieses wird mit der synallagmatischen Verknüpfung der Leistungen im gegenseitigen Vertrag begründet[1400]. Jede Partei eines gegenseitigen Vertrages verspricht ihre

---

1394 Ady, S. 239.

1395 Däubler, S. 626.

1396 Ady, S. 240.

1397 Oertmann § 325 Anm. 1b.

1398 RGZ 50, 255, 262ff., insb. 264ff.; 61, 87, 89; BGHZ 20, 338, 344; 87, 156, 158f.; 126, 131, 136; BGH ZIP 1998, 109, 111.

1399 Larenz, Schuldrecht I, S. 356 f.; Esser/Schmidt, S. 421f.; Staudinger /Otto, § 326 Rn. 154; MünchKomm/Emmerich, § 325 Rn. 61f, § 326 Rn. 99; Palandt/Heinrichs, § 325 Rn. 10f., § 326 Rn. 26 (61.Aufl.); aA. Kaiser, S. 2428.

1400 RGZ 50, 255, 263f., 266; BGHZ 20, 338, 344; BGH NJW 1994, 3351; Huber, Leistungsstörungen, Bd. II, § 36 I 4, S. 183f.; Staudinger/ Otto, § 326 Rn. 154; Palandt/Heinrichs, § 325 Rn. 10f. (61.Aufl.).

Leistung, um die Gegenleistung der anderen Partei zu bekommen[1401]. Entscheidet sich der Käufer für den Schadensersatz wegen Nichterfüllung bzw. Schadensersatz statt der Leistung und hat er seine Leistung noch nicht erbracht, so besteht der zu ersetzende Schaden in dem Geldwert der Leistung des Verkäufers abzüglich der ersparten Kaufpreiszahlung. Der Schadensersatz richtet sich also auf die Differenz zwischen dem Geldwert der Warenleistung und dem Kaufpreis. Eine gesetzliche Anerkennung hat die Differenztheorie für den Fall des Fixhandelskaufs in § 376 Abs. 2 HGB gefunden.

c) Eingeschränkte Differenztheorie

Bei dem Schadensersatzanspruch des Käufers führen beide Berechnungsmethoden praktisch zum gleichen Ergebnis. Gravierende Unterschiede zeigen die beiden Theorien im umgekehrten Fall, also wenn der Schuldner der Sachleistung, z. B. der Verkäufer, Schadensersatz wegen Nichterfüllung begehrt oder wenn ein Tauschvertrag vorliegt. Nach alter Rechtslage entfiel nach der Differenztheorie der Kaufpreisanspruch des Verkäufers mit Ablauf der Nachfrist[1402], aber auch seine Lieferungspflicht bestand nicht mehr. Der Verkäufer konnte mit der Kaufsache nach Belieben verfahren und vom Käufer seinen Differenzschaden verlangen. Nach der Austauschtheorie blieb der Verkäufer zur Leistung verpflichtet, obwohl er seinen Kaufpreisanspruch verloren hatte (§ 326 Abs. 1 S. 2 BGB a.F.). Der Schadensersatzanspruch des Verkäufers entsprach grundsätzlich dem Wert des Kaufpreises zuzüglich des Verzugsschadens. Im Ergebnis bedeutete das die Durchführung des Vertrages, was mit § 326 Abs. 1 S. 2 BGB a.F. unvereinbar war. Die Differenztheorie hat ihrerseits bei strikter Durchführung zu unvertretbaren Nachteilen geführt[1403].

Die Ungereimtheiten der beiden Theorien haben dazu geführt, daß die h. M. dem Gläubiger bei der Schadensberechnung ein Wahlrecht einräumt. Nach der sog. eingeschränkten Differenztheorie[1404] kann der Gläubiger seinen Schaden jedenfalls nach den Grundsätzen der Differenztheorie berechnen. Er bleibt aber berechtigt, dem Schuldner die Gegenleistung anzubieten und Schadensersatz nicht nur in Höhe der Differenz der beider Leistungen, sondern in Höhe des vollen Wertes der vom Schuldner ursprünglich zu erbringenden Leistung zu verlangen. Die eingeschränkte Differenztheorie wird den Interessen der beiden Parteien am besten gerecht und verdient daher den Vorzug. Das Wahlrecht des Gläubigers soll allerdings auch nach dieser Theorie entfallen, wenn dieser seine Leistung bereits erbracht hat[1405]. Schadensersatz kann bei bereits erbrachter Gegenleistung nur nach der Surrogationstheorie verlangt werden. Diese Einschränkung des Wahl-

---

[1401] zu Synallagma s. Larenz, Schuldrecht I, S. 202ff.
[1402] Unmöglichkeit der Kaufpreiszahlung kann nicht eintreten, s. § 279 BGB a.F..
[1403] S. dazu MünchKomm/Emmerich, § 325 Rn. .
[1404] RGZ 96, 20, 23ff. (noch offengelassen); BGHZ 20, 338, 344; 87, 156, 158f.; 126, 131, 136; BGH ZIP 1998, 109, 111; RGRK/Ballhaus, § 325 Rn. 15; Esser/Schmidt, S. 421f.; Emmerich, Leistungsstörungsrecht, § 11 III 4, S. 136; Staudinger /Otto, § 326 Rn. 157; MünchKomm/Emmerich, § 325 Rn. 61f, § 326 Rn. 99; Palandt/Heinrichs, § 325 Rn. 10f., § 326 Rn. 26 (61.Aufl.).
[1405] BGHZ 87, 156, 159; Palandt/Heinrichs, § 325 Rn. 13 (61.Aufl.).

rechts sollte verhindern, daß die nach alter Rechtslage grundsätzliche Entscheidung des Gesetzgebers, Schadensersatz und Rücktritt nicht zu kombinieren, umgangen wird[1406]. Dies galt jedoch nur für den Schuldner der Sachleistung, also bei Kaufvertrag für den Verkäufer. Der Käufer kann den bereits erbrachten Kaufpreis als Mindestschaden in Rahmen seines Schadensersatzanspruches geltend machen[1407]. Nach der neuen Rechtslage müßte von einer Einschränkung abgesehen werden, da Rücktritt und Schadensersatz sich nicht mehr gegenseitig ausschließen[1408]. Liegt Unmöglichkeit der Leistung vor, verliert der Schuldner gem. § 326 Abs. 1 S. 1 BGB seinen Anspruch auf die Gegenleistung. Der Gläubiger kann gem. § 326 Abs. 4 BGB die bereits bewirkte nicht geschuldete Gegenleistung zurückfordern. Daneben steht ihm ein nach der Differenzmethode berechenbarer Schadensersatzanspruch zu. Der Gläubiger kann aber auch Schadensersatz nach der Surrogartionstheorie verlangen. § 326 Abs. 4 BGB gibt dem Gläubiger zwar einen Rückerstattungsanspruch, verbietet jedoch nicht, die Gegenleistung dem Schuldner zu belassen. Der Gläubiger kann also die bereits erbrachte Gegenleistung dem Schuldner belassen und für die unmöglich gewordene Leistung Geldersatz verlangen.

Zum Teil wurde vertreten, die eingeschränkte Differenztheorie sei im Rahmen von § 326 BGB a.F. nicht anwendbar[1409]. Demnach hatte der Gläubiger im Rahmen von § 326 BGB a.F. ausnahmslos nach der strengen Differenztheorie vorzugehen. Dieses ergebe aus dem Erlöschen der beiderseitigen Leistungspflichten nach § 326 Abs. 1 S. 2 BGB a.F.. Die endgültige Überführung des Vertrages in ein Abwicklungsverhältnis sei mit der Austauschtheorie nicht vereinbar. Es sei widersprüchlich, wenn der Gläubiger erkläre, er lehne die Erfüllung ab, um sie später im Gewand des Schadensersatzanspruchs erneut zu fordern[1410]. Bedeutung erlangt dieses Problem wieder nur in den Fällen, in denen der Schuldner der Sachleistung Gläubiger des Schadensersatzanspruchs ist, im Kaufrecht also, wenn der Verkäufer Schadensersatz wegen Nichterfüllung begehrt oder wenn ein Tauschvertrag vorliegt. Die Argumentation ist zumindest insoweit inkonsequent, als sie sich nur auf § 326 BGB a.F. bezieht[1411], denn auch im Fall des § 325 BGB a.F. erloschen wegen der synallagmatischen Verknüpfung die beiderseitigen Leistungspflichten. Nach der neuen Rechtslage entfällt der Erfüllungsanspruch des Gläubigers bei Verzögerung der Leistung nicht mit Ablauf der Frist, sondern erst mit Geltendmachung des Schadensersatzes statt der Leistung. Der Gläubiger kann dann nur nach der Differenztheorie vorgehen. Will er Austausch von Sache gegen Geld oder der gegenseitig geschuldeten Sachen, so muß er Erfüllung verlangen. Daneben kann er Ersatz der Verspätungsschäden fordern.

1406 Kritisch dazu MünchKomm/Emmerich, § 325 Rn. 63ff.
1407 BGHZ 62, 119, 120.
1408 so auch Mattheus, S. 213; Reischl, S. 459f.
1409 BGH NJW 1994, 3351; BGH NJW 1999, 3115, 3117; Soergel/Wiedmann, § 326 Rn. 72ff.; Palandt/Heinrichs, § 326 Rn. 26 (61.Aufl.).
1410 Soergel/Wiedmann, § 326 Rn. 73.
1411 Kritisch zu dieser Meinung s. Kaiser, S. 2426ff.; MünchKomm/Emmerich, § 326 Rn. 101.

d) Zusammenfassung: Schadensermittlung

Im Ergebnis ist festzuhalten, daß der Gläubiger sowohl nach alter als auch nach neuer Rechtslage immer berechtigt ist, seinen Schadensersatz nach der Differenztheorie zu berechnen. Er kann aber grundsätzlich wählen und statt dessen nach der Austauschtheorie abrechnen. Bei den Schadensersatzansprüchen des Käufers führen alle Theorien zum gleichen Ergebnis.

4. Schadensberechnung

Die Schadensberechnung nach der Differenzmethode erfordert, daß der Wert der Sachleistung in Geld umgerechnet wird. Verlangt der Käufer Schadensersatz wegen Nichterfüllung bzw. statt der Leistung, so ist der Wert der Kaufsache zu ermitteln. Dazu gibt es grundsätzlich zwei Möglichkeiten, die konkrete und die abstrakte Schadensberechnung. Diese richten sich danach, ob der Wert der Sache anhand der Umstände des Einzelfalles oder anhand der Durchschnittspreise für gleichartige Waren ermittelt wird[1412].

a) Konkrete Schadensberechnung

Der Käufer kann den Wert der nicht gelieferten Ware konkret berechnen, indem er statt der vom Verkäufer geschuldeten Sache eine gleichwertige Kaufsache von einem Dritten erwirbt. Der Kaufpreis bzw. der Bruttoaufwand für diesen sog. Dekkungskauf stellt für den Käufer den Wert der Kaufsache dar[1413]. Für diese Art der konkreten Schadensabrechnung finden sich gesetzliche Regelungen für den Fixhandelskauf in § 376 Abs. 3 und 4 HGB. Gemäß § 376 Abs. 3 HGB muß der Deckungskauf bei Waren mit einem Börsen- oder Marktpreis sofort nach dem Ablauf der bedungenen Leistungszeit vorgenommen werden. Widrigenfalls kann das Deckungsgeschäft nicht der Schadensabrechnung zugrunde gelegt werden. Die Regelung will Spekulationen des Käufers zu Lasten des Verkäufers vermeiden.

Hatte der Käufer die noch nicht gelieferte Ware bereits weiterverkauft und kann der infolge des Vertragsbruchs des Verkäufers seine Abnehmer nicht bedienen, so kann er als Schadensersatz gem. § 252 BGB den entgangenen Gewinn aus dieser Weiterveräußerung beanspruchen[1414]. Ist der Käufer gegenüber seinem Abnehmer infolge des Vertragsbruchs des Verkäufers schadensersatzpflichtig geworden, so kann er auch insoweit Schadensersatz verlangen.

b) Abstrakte Schadensberechnung

Besteht für die vertraglich geschuldete Ware ein Marktpreis, so kann der Käufer seinen Schaden abstrakt berechnen[1415]. Die abstrakte Schadensberechnung wird

[1412] s. Huber, Leistungsstörungen, Bd. II, § 38, S. 232ff.
[1413] Huber, Leistungsstörungen, Bd. II, § 38 III 1, S. 242; Palandt/Heinrichs, § 281 Rn. 27.
[1414] BGH NJW 1980, 1742f.; Schlegelberger/Hefermehl, § 376 Rn. 29.
[1415] Der Begriff der abstrakten Schadensberechnung wird im unterschiedlichen Sinne benutz. Im engeren Sinne versteht man eine von den Umständen des Einzelfalles unabhängige Festlegung des Schadens, bei der der Schuldner keine Möglichkeit zum Gegenbeweis von tatsächlich gerin-

als eine Beweiserleichterung verstanden[1416]. Der Schaden des Käufers ist die Differenz zwischen dem Vertragspreis und dem höheren Marktpreis der Ware. Der Marktpreis kann wiederum sowohl nach dem Einkaufsmarkt, d. h. anhand eines hypothetischen Deckungskaufes des Käufers bestimmt werden als auch nach dem Verkaufsmarkt, d. h. nach einem hypothetischen Weiterverkauf durch den Käufer.

Für die Berechnung nach dem Deckungskauf spricht, daß der Käufer grundsätzlich die Möglichkeit hat, mit Entstehung der Voraussetzungen des Schadensersatzanspruches sich am Markt mit der Ware einzudecken und dem Verkäufer gegenüber die Preisdifferenz geltend zu machen. Diese Möglichkeit der Berechnung soll der Käufer auch dann haben, wenn er tatsächlich keinen oder erst später einen Deckungskauf vorgenommen hat, oder nicht in der Lage ist, einen konkreten Kauf nachzuweisen[1417]. Der überwiegende Teil der Literatur nimmt den hypothetischen Deckungskauf des Käufers als Grundlage für die abstrakte Schadensberechnung an[1418]. Die zweite Möglichkeit ist, den Marktpreis nach dem Verkaufspreis zu bestimmen, also auf Grundlage eines hypothetischen Weiterverkaufs. Der Schaden des Käufers wäre dann die entgangene Realisierungsmöglichkeit für die Differenz zwischen dem geschuldeten Vertragspreis und dem bei einem Weiterverkauf erzielten Preis. Unter abstrakter Schadensberechnung wird damit die Berechnung des entgangenen Gewinns i. S. v. § 252 BGB verstanden. Diese Ansicht wird überwiegend in der Rechtsprechung vertreten[1419]. Die Absicht und die Möglichkeit, einen Weiterveräußerungsgewinn zu erzielen, wird bei Kaufleuten vermutet, denn sie entspricht dem gewöhnlichen Verlauf der Dinge i. S. v. § 252 S. 2 BGB.

Die Berechnung nach den beiden hier dargestellten Möglichkeiten führt zum gleichen Ergebnis, wenn der Käufer Kaufmann ist, der Einkauf- und Verkaufsmarkt identisch sind und die Preise stabil bleiben. Diese Voraussetzungen dürften selten kumulativ erfüllt sein. Daher sollte eine interessengerechte Lösung herangezogen werden, die in der Kombination beider Ansätze liegen kann[1420]. Im Grundsatz sollte gelten, daß der Käufer, unabhängig davon, ob er Kaufmann ist, primär nach einem hypothetischen Deckungskauf abrechnen kann, denn der primäre Schaden des Käufers ist der durch die Nichtbelieferung entstandene Verlust. Dieser richtet sich nach dem Wert der Ware für den Käufer. Der Wert entspricht den

---

geren Kosten erhält, z. B. § 376 Abs. 2 HGB. Des weiteren wird mit abstrakter Schadensberechnung auch die bloße Vermutungsregel bezeichnet, bei der davon ausgegangen wird, daß der Schaden im konkreten Einzelfall den normalen Lauf der Dinge entspricht. Bei der letzten Annahme ist ein Gegenbeweis des Schuldners zugelassen, z. B. § 252 BGB. S. dazu Lange/Schiemann, S. 353ff..

1416 s. Palandt/Heinrichs, § 281 Rn. 30 mwN.

1417 Huber, Leitungsstörungen, Bd. II, § 38 III 2a, S. 244; Bardo, S. 94.

1418 Grundlegend Rabel, Bd. 1, S. 170ff.; Larenz, Schuldrecht I, S. 513; Lange/Schiemann, S. 347f.; Schlegelberger/Hefermehl, § 376 Rn. 24; MünchKomm/Emmerich, § 325 Rn. 88f.; Staudinger/Otto, § 325 Rn. 63ff.; Soergel/Wiedemann, § 325 Rn. 43, 46.

1419 RGZ 68, 163, 164f.; 90, 423, 425; 99, 46, 48f.; BGHZ 2, 310, 313; 29, 393, 399; z.T. BGH WM 1998, 931.

1420 In dieser Richtung BGH WM 1998, 931, BGH NJW 1998, 2901, 2902f..

Aufwendungen, die der Käufer tätigen muß, um gleichwertigen Ersatz zu beschaffen[1421]. Dem Käufer bleibt daneben die Möglichkeit offen, geltend zu machen, ihm sei tatsächlich ein Gewinn entgangen, der höher ist als die Differenz zwischen Vertragspreis und Einkaufsmarktpreis[1422].

Bei der Bestimmung des für die Schadensberechnung maßgeblichen Zeitpunktes soll zur Spekulationsvermeidung ein von dem Willen des Käufers unabhängiger Zeitpunkt gewählt werden. Daher scheiden der Zeitpunkt der Geltendmachung des Schadensersatzanspruches bzw. der Zeitpunkt der Klageerhebung aus[1423]. Für die Berechnung anhand eines hypothetischen Deckungskaufs kommt der Zeitpunkt des Eintritts der Unmöglichkeit bzw. der Ablauf der Nachfrist in Betracht. Ab diesem Zeitpunkt ist der Käufer nicht mehr verpflichtet, die Leistung des Verkäufers anzunehmen und er läuft damit keine Gefahr, gegebenenfalls die Ware doppelt zu erhalten[1424]. Eine Weiterveräußerung der Ware wäre schon zum Zeitpunkt der vertraglich vereinbarten Lieferung möglich. Maßgeblicher Zeitpunkt für die Berechnung nach der entgangenen Weiterveräußerung ist daher der Ablauf der Nachfrist bzw. nach alter Rechtslage der Eintritt des Verzugs[1425]. Bei der Ermittlung des entgangenen Gewinns ließ die herrschende Meinung dagegen dem Käufer die Wahl, den Schaden bei Verzug nach dem Zeitpunkt des Erfüllungseintritts oder des Ablaufs der Nachfrist bzw. sonstigen Erlöschens des Erfüllungsanspruchs zu berechnen[1426].

Die oben dargestellten Überlegungen gelten prinzipiell auch bezüglich des für die Schadensberechnung maßgeblichen Ortes. Bei der Berechnung nach dem hypothetischen Deckungskauf ist der vertraglich vereinbarte Lieferungsort maßgeblich[1427]. Bei der Berechnung anhand einer Weiterveräußerung gilt der Preis des Marktes am Bestimmungsort.

5. Mitverschulden

Der Käufer kann seinen Schaden in dem vollen oben beschriebenen Umfang nur dann geltend machen, wenn er seiner Schadensminderungsobliegenheit nicht zuwider gehandelt hat. § 254 BGB beschränkt die Schadensersatzpflicht des Schädigers, wenn bei der Entstehung (Abs. 1) oder bei der Entwicklung (Abs. 2) des Schadens ein Verschulden des Geschädigten mitgewirkt hat. Der Begriff „Verschulden" ist in § 254 BGB im untechnischen Sinne verwendet worden. Da

---

[1421] Rabel, Bd. I, S. 455.
[1422] Huber, Leitungsstörungen, Bd. II, § 38 III 4a, S. 252f.; Schlegelberger/Hefermehl, § 376 Rn. 25; Soergel/Wiedemann, § 325 Rn. 46.
[1423] Soergel/Wiedemann, § 325 Rn. 49.
[1424] Bardo, S. 101ff..
[1425] Huber, Leistungsstörungen, Bd. II, § 38 III 2 c, S. 246; Soergel/Wiedemann, § 325 Rn. 49, Bardo, S. 131.
[1426] RGZ 90, 423, 425; 98, 213, 214; Paladt/Heinrichs, § 325 Rn. 19; RGRK/Alff, § 252 Rn. 12; RGRK/Ballhaus, § 325 Rn. 19; Soergel/Mertens, § 252 Rn. 18; Lange/Schiemann, S. 349; zutreffend kritisch Emmerich, Leistungsstörungen, § 11 V 2 b, S. 141.
[1427] Schlegelberger/Hefermehl, § 376 Rn. 24; Huber, Leitungsstörungen, Bd. II, § 38 III 3b, S. 251; MünchKomm/Emmerich, § 325 Rn. 89.

die Rechtsordnung Selbstschädigung und Selbstgefährdung nicht verbietet, handelt es sich bei diesem Verschulden nicht um ein Zuwiderlaufen gegen eine Pflicht gegenüber Dritten oder der Allgemeinheit. Es handelt sich vielmehr um ein Zuwiderhandeln gegen die eigenen Interessen, um ein Verschulden gegen sich selbst[1428]. Daher ist die Schadensminderungspflicht auch keine Pflicht im technischen Sinne, sondern eine Obliegenheit. Ihre Verletzung führt zu Rechtsverlust, begründet jedoch keine Haftung gegenüber Dritten[1429]. Der Käufer verliert einen Teil seines Schadensersatzanspruchs, wenn er die Sorgfalt außer acht gelassen hat, die ein verständiger Mensch im eigenen Interesse aufwendet, um sich vor Schäden dieser Art zu bewahren[1430]. Maßstab ist die vernünftige und allgemein übliche Verkehrssorgfalt. Maßgeblich ist eine ex-ante-Betrachtung[1431]. Die Sorgfaltsverletzung muß die Entstehung oder das Ausmaß des Schadens adäquat kausal verursacht haben[1432]. Das Verhalten seiner Erfüllungsgehilfen wird dem Käufer entsprechend § 278 BGB zugerechnet.

Nach § 254 Abs. 2 S. 1 BGB ist der Käufer als Geschädigter verpflichtet, den Verkäufer auf die Gefahr eines ungewöhnlich hohen Schadens aufmerksam zu machen und den Schaden abzuwenden oder zu mindern. Der Käufer kann jedoch nicht unter Heranziehung dieser Schadensminderungspflicht dazu angehalten werden, dem Verkäufer eine Erfüllungsnachfrist zu setzen[1433]. Fraglich ist, ob der Käufer im Rahmen seiner Schadensminderungspflicht verpflichtet ist, ein Dekkungsgeschäft abzuschließen. Eine generelle Verpflichtung kann nicht angenommen werden[1434]. Soweit der Käufer die Möglichkeit hat, anhand eines hypothetischen Deckungskaufs abzurechnen, kann er auch nicht dazu angehalten werden, da dem Verkäufer kein Nachteil entsteht[1435]. Unter Umständen kann der Käufer nach Treu und Glauben unter dem Gesichtspunkt des § 254 BGB verpflichtet sein, einen Deckungskauf vorzunehmen[1436]. Der Deckungskauf muß dem Käufer zumutbar sein und zur Schadensminderung wesentlich beitragen[1437].

6. Zusammenfassung: Haftungsumfang des Schadensersatzes statt der Leistung

Mit der Geltendmachung des Anspruchs auf Schadensersatz statt der Leistung will der Käufer i. d. R. die durch die Vertragsverletzung des Verkäufers entstandenen Nachteile mit Geld ausgeglichen bekommen. Der Schadensersatzanspruch richtet sich daher primär auf den Ausgleich des sog. Erfüllungsinteresses.

1428 BGHZ 3, 46, 49; 33, 136, 142f.; 57, 137, 145; 135, 235, 240; Palandt/Heinrichs, § 254 Rn. 1; Lange/Schiemann, S. 549ff..

1429 BGHZ 135, 235, 240; MünchKomm/Oetker, § 254 Rn. 3; Larenz, Schuldrecht I, S. 540; kritisch Lange/Schiemann, S. 552f.; ablehnend Soergel/Mertens, § 254 Rn. 4.

1430 BGHZ 9, 316, 318; Palandt/Heinrichs, § 254 Rn. 12.

1431 MüchKomm/Oetker, § 254 Rn. 30.

1432 BGHZ 3, 46, 48; 61, 144, 147; Medicus, Schuldrecht AT, Rn. 678.

1433 so überzeugend Huber, Leistungsstörungsrecht, Bd. II, § 35 VI, S. 164ff.; dagegen BGH ZIP 1997, 646, 647f..

1434 Soergel/Wiedemann, § 325 Rn. 56.

1435 Huber, Leistungsstörungsrecht, Bd. II, § 38 III 5, S. 256.

1436 OLG Karlsruhe 1971, 1809, 1810.

1437 Soergel/Wiedemann, § 325 Rn. 56.

Der Käufer ist also durch die Geldleistung so zu stellen, wie er stünde, wenn der Vertrag ordnungsgemäß erfüllt worden wäre. Der Schaden des Käufer umfaßt grundsätzlich die entstandenen materiellen Verluste, einschließlich des entgangenen Gewinns. Der Schaden ist grundsätzlich die Differenz zwischen dem Wert der Verkäuferleistung und dem Kaufpreis. Dieser kann sowohl konkret, durch einen tatsächlich vorgenommenen Deckungskauf, als auch abstrakt anhand der Marktpreisdifferenz bemessen werden. Nach vorzugswürdiger Ansicht ist der Einkaufsmarkt am Ort des Käufers zum Zeitpunkt des Eintritts der Unmöglichkeit der Verkäuferleistung bzw. des Ablaufs der Nachfrist maßgeblich. Neben den Vermögensschäden kann der Käufer bei Verletzung von Körper und Gesundheit unter den Voraussetzungen des § 253 Abs. 2 BGB eine billige Entschädigung für seine immateriellen Schäden verlangen.

IV. Ersatz vergeblicher Aufwendungen gem. § 284 BGB

Anstelle des Schadensersatzes statt der Leistung kann der Gläubiger gem. § 284 BGB Ersatz der Aufwendungen verlangen, die er im Vertrauen auf den Erhalt der Leistung gemacht hat und billigerweise machen durfte. Dies gilt nicht, wenn der Zweck der Aufwendungen auch ohne die Pflichtverletzung des Schuldners nicht erreicht worden wäre.

Der Aufwendungsersatzanspruch steht dem Gläubiger anstelle des Anspruchs auf Schadensersatz statt der Leistung zu. Dem Gläubiger muß also dem Grunde nach Schadensersatz statt der Leistung zustehen, d. h. die Voraussetzung einer der oben dargestellten Vorschriften der §§ 281 bis 283 oder § 311a BGB müssen vorliegen. Daher regelt der § 284 BGB an sich nicht die Voraussetzungen eines Schadensersatzanspruches, sondern läßt ausdrücklich zu, daß der Schadensersatz sich auf den Ersatz des negativen Interesses, des sog. Vertrauensschadens richten kann. Es geht der Sache nach um die Art der Schadensberechnung. Das ist auch der Grund für das prinzipielle Alternativitätsverhältnis[1438] zwischen dem Schadensersatz statt der Leistung und dem Aufwendungsersatzanspruch. Der Gläubiger kann verlangen, so gestellt zu werden, wie er stünde, wenn der Vertrag ordnungsgemäß erfüllt worden wäre, also Ersatz des positiven Interesses bzw. Schadensersatz statt der Leistung begehren. Alternativ dazu kann der Gläubiger verlangen, so gestellt zu werden, wie er stünde, wenn der Vertrag nicht geschlossen worden wäre, also Ersatz des Vertrauensschadens anstreben[1439]. Allerdings beinhaltet bereits die Bezeichnung des Anspruchs als solchen auf Aufwendungsersatz eine Einschränkung. Der Gläubiger kann nicht sein volles negatives

[1438] Canaris, JZ 2001, S. 517: „Sollte sich freilich doch einmal ein Fall finden, in dem die kumulative Anerkennung beider Ansprüche schadensersatzrechtlich korrekt ist, läßt sich dem durch eine teleologische Reduktion der in § 284 KF enthaltenen Alternativitätsanordnung Rechnung tragen."

[1439] s. scharfe Kritik von Altmeppen, DB 1399, S. 1403 - § 284 verstöße gegen die Grundregeln des Schadensersatzrechts, nach welchem zwischen dem Schaden, den der Gläubiger ersetzt verlangt und der Pflicht, welcher der Schuldner verletzt haben soll, ein Rechtswidrigkeitszusammenhang bestehen muß. Wer vermögensmäßig so gestellt werde, als hätte der Schuldner seine Primärleistung ordnungsgemäß erbracht, erleide keinen Vertrauensschaden, weil sein Vertrauen in die Primärleistung vermögensmäßig nicht enttäuscht wird.

Interesse ersetzt verlangen, sondern nur frustrierte Aufwendungen. Der Gläubiger kann also nicht geltend machen, ihm sei dadurch ein ersetzbarer Schaden entstanden, daß er einen gleichartigen Gegenstand wie den gekauften zwischenzeitlich billiger bei einem Dritten hätte beziehen können und dies unterlassen hat, weil er an die (später gescheiterte) Erfüllung durch den Schuldner geglaubt habe[1440].

Nach alter Rechtslage war der Vertrauensschaden als solcher im Rahmen des Schadensersatzes wegen Nichterfüllung nicht zu ersetzen[1441], auch wenn in der Literatur zum Teil vorgeschlagen wurde, dem Käufer alternativ Ersatz des negativen oder des positiven Interesses zu gestatten[1442]. Der Käufer durfte jedoch auch nach alter Rechtslage infolge des Ausbleibens der Leistung nutzlos gewordene Aufwendungen im Regelfall als Mindestschaden ersetzt verlangen[1443]. Dieser Schaden beruht zwar nicht unmittelbar auf der Vertragsverletzung, weil dem Käufer die Aufwendungen auch bei ordnungsgemäßer Erfüllung entstanden wären. Diese Aufwendungen sind jedoch gerade infolge der Vertragsverletzung nutzlos geworden. Der Einbezug solcher Aufwendungen in den Anspruch auf Schadensersatz wegen Nichterfüllung wurde durch die sog. Rentabilitätsvermutung gerechtfertigt. Beim Scheitern des Vertrages wurde bis zum Beweis des Gegenteils vermutet, daß es dem Käufer gelungen wäre, aus den Vorteilen des Erwerbs die Kosten zu decken[1444]. Diese Vermutung half jedoch dann nicht weiter, wenn der Gläubiger sich aus dem Geschäft keine materielle, kostendeckende Gegenleistung, sondern immaterielle Gewinne erhofft hatte[1445].

Der Gesetzgeber des Schuldrechtsmodernisierungsgesetzes hielt es für erforderlich, dem betroffenen Gläubiger stets die Möglichkeit zur Verfügung zu stellen, Ersatz seiner Aufwendungen unabhängig von einer Rentabilitätsvermutung zu erlangen[1446]. Diese Aufwendungen sollten von demjenigen getragen werden, der das Scheitern des Vertrags zu vertreten hat[1447].

Der neue § 284 BGB läßt den Aufwendungsersatz nur unter engen Voraussetzungen zu[1448]. Es sollen nur solche Aufwendungen ersetzt werden, die der Gläu-

---

1440 Canaris, JZ 2001, 517.
1441 BGHZ 99, 182, 195f.; 114, 193, 196.
1442 Soergel/Wiedemann, § 325 Rn. 53; Schmidt, FS Gernhuber, S. 429f.; Derleder/Abramjuk, AcP 190, 640f..
1443 MünchKomm/Emmerich, § 325 Rn. 68; Huber, Leistungsstörungen, Bd. II, § 37 II, S. 200ff.. Die alte Rechtslage stimmt insoweit mit dem Umfang der ersetzbaren Schäden nach § 284 BGB überein- nämlich nur nutzlos gewordene Aufwendungen.
1444 RGZ 127, 245, 248f.; BGHZ 71, 234, 238f.; 99, 182, 197; 114, 193, 196f.; Lange/Schiemann, S. 258; Soergel/Wiedemann, Vor § 275 Rn. 44; MünchKomm/Emmerich, § 325 Rn. 71; Huber, Leistungsstörungen, Bd. II, § 39 II 3, S. 271ff.; Emmerich, Leistungsstörungen, § 11 IV 2, S. 137f.; Reinicke/Tiedke, Rn. 451.
1445 BGHZ 99, 182ff.
1446 Regierungsentwurf, S. 325.
1447 Medicus, JuS 2003, S. 522f.
1448 s. Dauner-Lieb u.a., Anmerkungen und Fragen zur KF, S. 35: „Diese Einschränkungen werden dazu führen, daß die Vorschrift keinen nennenswerten Anwendungsbereich haben wird."

biger billigerweise machen durfte. Daraus folgt zunächst, daß der Käufer diejenigen Aufwendungen nicht ersetzt erhält, die er macht, obwohl er mit der Erfüllung durch den Verkäufer nicht mehr rechnen durfte[1449]. Der Regelungsgehalt der Vorschrift ist insoweit fraglich, als sich diese Grenze des Ersatzanspruches bereits aus § 254 BGB ergibt[1450]. Die Vorschrift könnte höchstens als ein Hinweis darauf verstanden werden, daß § 254 BGB hier besonders strikt zu handhaben ist. Der Gläubiger darf also keine voreiligen Aufwendungen machen, insbesondere wenn bereits Abwicklungsschwierigkeiten zu erwarten sind. Andererseits darf er grundsätzlich von der Vertragstreue des Schuldners ausgehen und braucht nicht vorsorglich bis zum spätmöglichsten Zeitpunkt zu warten. Erst recht kommt es nicht darauf an, ob die Aufwendungen bei objektiver Betrachtungsweise als überflüssig oder überhöht zu qualifizieren sind[1451].

Der Aufwendungsersatz ist ausgeschlossen, wenn der Zweck der Aufwendungen auch ohne die Pflichtverletzung des Schuldners nicht erreicht worden wäre. Damit soll vor allem verhindert werden, daß der Gläubiger Aufwendungen, insbesondere Investitionen, die ohnehin verfehlt waren, mit Hilfe von § 284 BGB auf den Schuldner abwälzen kann[1452]. Auf diese Weise wird eine Übereinstimmung mit den Ergebnissen der Rentabilitätsvermutung erzielt[1453]. Wenn der Gläubiger zum Zweck der Gewinnerzielung handelt, jedoch ein verlustbringendes Geschäft, durch das nicht einmal seine Aufwendungen gedeckt werden, tätigt, wäre sein Zweck, nämlich die Gewinnerzielung, auch ohne die Pflichtverletzung des Schuldners, nicht erreicht worden. Andererseits kann man dem Gläubiger bei ideeller, spekulativer oder marktstrategischer Zielsetzung nicht entgegenhalten, sein Geschäft sei „unrentabel" gewesen, weil es darauf wegen der Besonderheit der Zwecksetzung des Vertrages gerade nicht ankommt[1454].

Zu eng ist die Auffassung, daß § 284 nach seinem Normzweck auf Verträge, die zu erwerbswirtschaftlichen Zwecken abgeschlossen werden, nicht anwendbar ist[1455]. Eine solche Einschränkung ist mit dem Wortlaut des Gesetzes nicht vereinbar. Es ist auch kein gesetzgeberischer Wille ersichtlich, der Vorschrift nur eine bestimmte Art von Verträgen zu unterstellen. Wie bereits oben festgestellt, kann diese Einschränkung bereits deshalb nicht gelten, weil nach der neuen Fassung für die Geltung der Rentabilitätsvermutung innerhalb des Schadensersatzes statt der Leistung kein Raum mehr besteht. Der Gesetzgeber hat aber keine Schlechterstellung des Gläubigers bezweckt, sondern eine Übereinstimmung mit den Ergebnissen der Rentabilitätsvermutung gewollt[1456]. Bezweckt war lediglich eine Ausdehnung der von Rechtsprechung entwickelten Grundsätze auch auf Verträge mit ideellen Zwecken.

1449 Hoeren/Martinek/Wolff, S. 363 Rn. 70.
1450 Canaris, JZ 2001, S. 517; Wilmowsky, S. 15.
1451 Canaris, JZ 2001, S. 517.
1452 Stoll, S. 595.
1453 Regierungsentwurf, S. 329.
1454 Canaris, JZ 2001, S. 516f.
1455 so aber Palandt/Heinrichs, § 284 Rn. 4.
1456 Regierungsentwurf, S. 329.

Zusammenfassung: Aufwendungsersatz gem. § 284 BGB

Das Schuldrechtsmodernisierungsgesetz eröffnet dem Gläubiger die Möglichkeit, anstelle seines Erfüllungsinteresses Ersatz für infolge der Pflichtverletzung des Verkäufers nutzlos gewordene Aufwendungen zu verlangen. Diese Möglichkeit soll dem Gläubiger offenstehen, unabhängig davon, ob er kommerzielle oder ideelle Zwecke verfolgt. Der Gesetzgeber hat insoweit eine Ausdehnung der von der Rechtsprechung zu der sog. Rentabilitätsvermutung entwickelten Grundsätze bezweckt. Ersetzbar sind Aufwendungen, die der Gläubiger billigerweise machen durfte, d. h. Aufwendungen, die der Gläubiger bei Anwendung gebotener Sorgfalt i. S. v. § 254 BGB hätte vermeiden können, sind nicht ersetzbar. Der Aufwendungsersatz ist ebenfalls ausgeschlossen, wenn der Zweck der Aufwendungen auch ohne die Pflichtverletzung des Schuldners nicht erreicht worden wäre.

V. Zusammenfassung: Schadensersatz unter Ausschluß der Primärleistung nach deutschem Recht

Trotz der Bestrebungen des Gesetzgebers des Schuldrechtsmodernisierungsgesetzes das Schadensersatzrecht möglichst in einem einheitlichen Tatbestand zu konzentrieren, konnte im Bereich der Regelungen des Schadensersatzes statt der Leistung auf eine Differenzierung nach Störungsursachen nicht verzichtet werden. Diese Differenzierung hängt mit den zum Teil unterschiedlichen Voraussetzungen und vor allem einer differenzierten Anforderungsschwelle für den Übergang vom primären Erfüllungsanspruch zum sekundären Schadensersatzanspruch zusammen.

Das Gesetz unterscheidet zwischen Schadensersatz statt der Leistung wegen Verzögerung der Leistung (§ 281 Abs. 1 S. 1 1. Alt BGB), wegen Schlechtleistung (§ 281 Abs. 1 S. 1 2. Alt BGB), bei Teilleistung (§ 281 Abs. 1 S. 2 BGB), bei Verletzung nicht leistungsbezogener Nebenpflichten (§ 282 BGB), bei Ausschluß der Leistung wegen Unmöglichkeit gem. § 275 BGB (§ 283 BGB) und schließlich Schadensersatz statt der Leistung bei anfänglichem Ausschluß der Leistungspflicht (§ 311a Abs. 2 BGB). Gemeinsame Voraussetzungen all dieser Anspruchsmöglichkeiten sind grundsätzlich das Verschulden des Schuldners und eine vom Gläubiger zur Nacherfüllung gesetzte Frist. Die Nacherfüllungsfrist ist nur dann entbehrlich, wenn sie bei vernünftiger Betrachtung eine sinnlose Formalität darstellt. Diese Fälle sind im Gesetz ausdrücklich geregelt. Gemäß § 281 Abs. 2 BGB ist die Fristsetzung entbehrlich, wenn der Schuldner die Leistung ernsthaft und endgültig verweigert hat oder wenn besondere Umstände vorliegen, die unter Abwägung der beiderseitigen Interessen die sofortige Geltendmachung des Schadensersatzanspruches rechtfertigen. Zum anderen ist eine Fristsetzung überflüssig, wenn die verletzte Pflicht nicht mehr nachholbar ist. Das sind die Fälle von Unmöglichkeit der Leistung gem. § 275 BGB und solche der Verletzung nicht leistungsbezogener Pflichten gem. § 241 Abs. 2 BGB. Die Fristsetzung ist daher keine Voraussetzung des Schadensersatzes statt der Leistung gem. § 283 BGB und § 282 BGB. Das Verschulden des Schuldners wird gem. §§ 280 Abs. 1,

311a Abs. 2 S. 2 BGB vermutet. Um einer Haftung zu entgehen, muß der Schuldner beweisen, daß er die Pflichtverletzung nicht zu vertreten hat.

Mit der Geltendmachung des Anspruchs auf Schadensersatz statt der Leistung will der Käufer die durch die Pflichtverletzung des Verkäufers entstandenen Nachteile ausgeglichen bekommen. Der Schadensersatzanspruch richtet sich daher primär auf den Ausgleich des sog. Erfüllungsinteresses. Der Käufer ist also so zu stellen, wie er stünde, wenn der Vertrag ordnungsgemäß erfüllt worden wäre. Für die Ermittlung des Schadens, der den entstandenen Verluste, einschließlich des entgangenen Gewinns umfaßt, ist ein Gesamtvergleich der hypothetischen Vermögenslage des Käufers bei ordnungsgemäßer Vertragserfüllung und dieser bei Vertragsverletzung. Bei dem Gesamtvergleich sind alle Vor- und Nachteile einzubeziehen, die die gescheiterte Vertragsdurchführung für den Käufer mit sich gebracht hat, soweit ihre Berücksichtigung mit dem Sinn und Zweck der Schadensersatzpflicht des Verkäufers gem. §§ 249, 252 BGB vereinbar ist. Der Schaden kann sowohl konkret, durch einen tatsächlich vorgenommenen Deckungskauf, als auch abstrakt anhand der Marktpreisdifferenz bemessen werden. Neben der Vermögensschäden kann der Käufer bei Verletzung von Körper und Gesundheit unter den Voraussetzungen des § 253 Abs. 2 BGB eine billige Entschädigung in Geld für seine immateriellen Schäden verlangen.

Der Käufer kann alternativ zum Ersatz des Erfüllungsinteresses den Ersatz seiner vergeblichen Aufwendungen gem. § 284 BGB verlangen. Das Gesetz stellt damit dem Gläubiger die Möglichkeit zur Verfügung, unabhängig davon, ob er mit dem Vertragsabschluß materielle oder immaterielle Zwecke verfolgt, einen bestimmten Teil seines Vertrauensschadens ersetzt zu bekommen. Ersetzbar sind Aufwendungen, die der Käufer billigerweise machen durfte.

In allen Fällen ist der Anspruch auf Schadensersatz statt der Leistung insoweit ausgeschlossen, als der Schaden auf einem Verstoß des Käufers gegen die ihm nach § 254 BGB obliegende Schadensminderungsobliegenheit beruht.

VI. Schadensersatz neben der Primärleistung

Der Käufer hat grundsätzlich die Möglichkeit, die nicht vertragsgemäß erbrachte Leistung zu behalten und den durch die Pflichtverletzung des Verkäufers entstandenen Schaden zu liquidieren.

1. Verzugs- bzw. Verzögerungsschaden

Der Käufer hat grundsätzlich die Möglichkeit, neben seinem Erfüllungsanspruch die durch den Verzug des Verkäufers entstandenen Schäden ersetzt zu verlangen, § 286 Abs. 1 BGB a.F. bzw. §§ 280 Abs. 2, 286 BGB.

a) Voraussetzungen des Verzugs

Voraussetzung des Schadensersatzanspruchs wegen Verzögerung der Leistung ist zunächst, daß der Verkäufer sich nach Maßgabe der §§ 284, 285 BGB a.F. bzw. § 286 BGB in Verzug befindet und daß der Käufer dadurch einen Schaden erlitten hat.

aa) Keine Unmöglichkeit der Leistung

Der Schuldner kann mit der ihm obliegenden Leistung nur dann in Verzug geraten, wenn die Leistung noch möglich ist. Die Leistung muß also nachholbar sein. Das ist ausgeschlossen, wenn dauernde objektive oder subjektive Unmöglichkeit die Leistung verhindert. Das Verstreichen des Liefertermins führt bei einem absoluten Fixgeschäft nicht zur Anwendbarkeit der Verzugsvorschriften, weil die Leistung nicht mehr nachholbar und damit unmöglich ist.

bb) Fälligkeit und Durchsetzbarkeit des Anspruchs

Weitere Voraussetzung des Verzuges ist, daß der Anspruch des Gläubigers auf die Leistung fällig ist. Die Fälligkeit i. S. v. § 286 Abs. 1 S. 1 BGB ist weit zu verstehen. Sie umfaßt sowohl die Fälligkeit im engeren Sinn als auch die Durchsetzbarkeit des Anspruchs[1457]. Die Fälligkeit der Leistung richtet sich nach der vertraglich vereinbarten oder sich aus den Umständen ergebenden Leistungszeit. Soweit solche nicht ermittelbar sind, hat der Verkäufer gem. § 271 BGB sofort zu leisten.

Der Anspruch des Käufers auf Vornahme der Leistung darf nicht einredebehaftet sein. Die Einrede hindert oder schwächt die Durchsetzung des Anspruchs dauernd oder zeitweilig und berechtigt den Schuldner, die Leistung zu verweigern[1458]. Umstritten ist die Frage, ob bereits das bloße Bestehen einer Einrede eine verzugshindernde Wirkung entfaltet[1459] oder es stets erforderlich ist, daß sich der Schuldner darauf beruft[1460]. Des weiteren stellt sich die Frage, ob die Berufung auf die Einrede rückwirkende Wirkung entfaltet oder nur für die Zukunft zu beachten ist. Eine differenzierende Betrachtung, die an jede Einrede anknüpft, führt zu gerechteren und ausgewogeneren Ergebnissen und ist daher vorzuziehen[1461]. So besteht z. B. selbst unter den Vertretern der hier zuerst zitierten Meinung Einigkeit darüber, daß die Einrede des Zurückbehaltungsrechts gem. § 273 BGB erhoben werden muß[1462]. Die Meinungsverschiedenheiten laufen daher im Ergebnis auf die Behandlung einzelner Einreden hinaus und die daraus folgende Ableitung eines Regel-Ausnahme-Verhältnisses. Bei der Betrachtung jeder Einrede ist auf

---

[1457] Huber, Leistungsstörungen, Bd. I, § 11 I 1, S. 289.
[1458] MünchKomm/Thode, § 284 Rn. 19; BGHZ 113, 232, 236.
[1459] Enneccerus/Lehmann, § 51 II 1; Brox, Schuldrecht AT, Rn. 273; Esser/Schmidt, S. 408; Palandt/Heinrichs, § 284 Rn. 11 (61.Aufl.).
[1460] Staudinger/Löwisch, § 284 Rn. 12; Jahr, JuS 1964, S. 301f.; Diederichsen, JuS 1985, S. 829; Medicus, Schuldrecht AT, Rn. 395.
[1461] Huber, Leistungsstörungen, Bd. I, § 12 II, S. 304.
[1462] Esser/Schmidt, S. 408; Palandt/Heinrichs, § 284 Rn. 11 (61.Aufl.).

die ratio legis der jeweiligen Bestimmung abzustellen[1463]. Im folgenden ist nur auf einige Einreden einzugehen.

Es besteht weitgehend Einigkeit darüber, daß die Einrede des nicht erfüllten Vertrages gem. § 320 BGB den Verzug des Schuldners ausschließt, ohne daß es darauf ankommt, ob sie dem Gläubiger gegenüber geltend gemacht worden ist[1464]. Dies gilt zum einen deshalb, weil der Käufer, der den Verkäufer in Verzug setzen will und wegen dieser Vertragsverletzung vorgehen will, sich selbst vertragswidrig verhält. Solange dem Verkäufer das Recht zusteht, die Leistung zu verweigern, ist der Anspruch gegen ihn nicht durchsetzbar, weil es an den tatbestandlichen Voraussetzungen des Verzugs fehlt. Denn nach materiellem Recht ist Verzugsvoraussetzung, daß entweder der Schuldner vorleistungspflichtig ist oder daß der Gläubiger seine Leistung bereits erbracht hat oder zumindest angeboten hat[1465]. Die Ausgestaltung dieses Leistungsverweigerungsrechts hat prozessuale Gründe. Der Gesetzgeber wollte dem Gläubiger die Darlegung in der Klagebegründung ersparen, daß er bereits geleistet hat bzw. Leistung gehörig angeboten hat oder daß der Schuldner vorleistungspflichtig ist[1466], eine Berufung des Schuldner auf die Einrede gem. § 320 BGB bedarf es nicht.

Anders ist die Einrede der Verjährung gem. § 214 Abs. 1 BGB bzw. § 222 Abs. 1 BGB a.F. zu beurteilen. Die verzugausschließende Wirkung dieser Einrede sollte nur bei Erhebung berücksichtig werden. Denn nach Sinn und Zweck des § 214 BGB soll der Schuldner selbst entscheiden, ob er sich auf die Verjährung berufen will oder nicht[1467]. Die Wirkung der Einrede ipso iure kann für den Schuldner unter Umständen dann nachteilig sein, wenn der Gläubiger über Sicherheiten verfügt, die er auch im Falle der Verjährung verwerten kann (§ 216 BGB). Der Zweck der Verjährung verlangt es andererseits, daß sie bei Erhebung den Verzug rückwirkend beseitigt[1468]. Die Verjährungseinrede ist unter anderem auch ein Verteidigungsmittel des Schuldners, der den Anspruch bestreitet und dessen Beweisführung infolge der verstrichenen Zeit schwieriger geworden sein kann. Daher ist es erforderlich, daß der Anspruch, gegen den sich der Schuldner mit der Verjährungseinrede verteidigt, als von Anfang an nichtbestehend behandelt wird[1469]. Widrigenfalls würde diese Schutzfunktion der Verjährungseinrede untergraben werden.

Einigkeit besteht darüber, daß die Einrede des Zurückbehaltungsrechts gem. § 273 BGB nur dann den Verzug ausschließt, wenn der Schuldner sich vor Eintritt des Verzuges darauf beruft. Einer späteren Berufung kommt keine Rückwirkung

[1463] Diederichsen, JuS 1985, S. 829.
[1464] BGHZ 84, 42, 44; 116, 244, 249; BGH NJW 1996, 923; Esser/ Schmidt, S. 234; Staudiner/Löwisch, § 284 Rn. 23; Palandt/Heinrichs, § 284 Rn. 12 (61.Aufl.).
[1465] Huber, Leistungsstörungen, Bd. I, § 12 III 1c, S. 310.
[1466] Motive I 204.
[1467] Jahr, JuS 1964, S. 295.
[1468] BGHZ 104, 6, 11f., offen gelassen, ob sich der Schuldner auf die Einrede berufen muß.
[1469] Huber, Leistungsstörungen, Bd. I, § 13 I 1a, S. 318.

zu[1470]. Dies gilt vor allem deshalb, weil der Gläubiger das Zurückbehaltungsrecht gem. § 273 Abs. 3 BGB durch Sicherheitsleistungen abwenden kann.

cc) Mahnung

Steht dem Käufer ein fälliger, nicht einredebehafteter Anspruch gegen dem Verkäufer zu, so muß er den Verkäufer grundsätzlich abmahnen, wenn er diesen in Verzug setzten will.

Die Mahnung ist die Erklärung des Gläubigers, durch die er den Schuldner zur geschuldeten Leistungsbewirkung auffordert[1471]. Die Mahnung ist nicht formgebunden, soweit die Parteien nicht eine bestimmte Form vereinbart haben. Sie ist zugangsbedürftig. Adressat der Mahnung ist der Schuldner oder sein Vertreter. Die Erhebung der Leistungsklage und die Zustellung eines Mahnbescheides stehen der Mahnung gleich (§ 286 Abs. 1 S. 2 BGB).

Die Mahnung muß nach Fälligkeit erfolgen. Eine vorher ausgesprochene Mahnung ist wirkungslos. Es ist jedoch zulässig, die Mahnung mit der der Fälligkeit begründenden Handlung zu verbinden[1472]. Die Mahnung ist auch dann wirksam, wenn der Käufer den Verkäufer zu mehr auffordert, als dieser noch schuldet. Dies gilt, soweit der Verkäufer nach den Umständen des Falles die Aufforderung zur Leistung des tatsächlich Geschuldeten verstehen muß und der Käufer zur Annahme der gegenüber seiner Vorstellung geringfügigeren Leistung bereit ist[1473].

Unter Umständen ist eine Mahnung entbehrlich. Das ist zum einen dann der Fall, wenn für die Leistung eine Zeit nach dem Kalender bestimmt ist (§ 284 Abs. 2 Nr. 1 BGB). Die Bestimmung der Zeit kann durch Vertrag, Gesetz oder Urteil erfolgen[1474]. Eine Zeitbestimmung nach dem Kalender liegt dann vor, wenn die Leistungszeit, meist durch den Vertrag, so bestimmt ist, daß der Schuldner sie sich nach dem Vertragsschluß im Kalender notieren kann. Das ist nicht nur dann der Fall, wenn das Datum der Leistung genau bezeichnet ist, sondern auch dann, wenn ein bestimmter Kalenderabschnitt genannt ist oder sich die Zeit nach dem Kalender berechen läßt[1475] (jetzt zum Teil in Abs. 2 Nr. 2 geregelt).

Des weiteren ist eine Mahnung dann entbehrlich, wenn der Schuldner die Erfüllung der Leistung ernsthaft und endgültig verweigert hat. Dieser früher durch die Rechtsprechung und Literatur entwickelte Fall[1476] ist jetzt in § 286 Abs. 2 Nr. 3 BGB geregelt. Durch die ernsthafte und endgültige Erfüllungsverweigerung

1470 Larenz, Schuldrecht AT, S. 351; Esser/Schmidt, S. 408; Palandt/Heinrichs, § 284 Rn. 11 (61.Aufl.); Soergel/Wiedemann, § 284 Rn. 17; MünchKomm/Thode, § 284 Rn. 22.

1471 Palandt/Heinrichs, § 286 Rn. 16; zur Abgrenzungserfordernis gegenüber einer „Zahlungsaufforderung" s. Heinrichs, EG-Richtlinie, S. 161.

1472 Paland/Heinrichs, § 286 Rn. 16; Huber/Faust, S. 84.

1473 Palandt/Heinrichs, § 286 Rn. 20.

1474 Huber, Leistungsstörungen, Bd. I, § 18 I 1, S. 436.

1475 Huber, Leistungsstörungen, Bd. I, § 18 I 1, S. 437.

1476 RGZ 57, 105, 112f.; 156, 113, 120f.; BGHZ 2, 310, 312; 65, 372, 376f.; Soergel/Wiedemann, § 284 Rn. 42; MünchKomm/Thode, § 284 Rn. 53; Staudinger/Löwisch, § 284 Rn. 75ff.

gibt der Schuldner zu erkennen, daß eine Mahnung sinnlos ist. Beruft er sich dann gegenüber dem Gläubiger, der die Verzugsfolgen geltend machen will, auf die fehlende Mahnung, so setzt er sich mit seinem eigenen Verhalten in Widerspruch und verstößt damit gegen das Gebot von Treu und Glauben. An die Erfüllungsverweigerung sind strenge Anforderungen zu stellen. Die Erklärung des Schuldners muß den Rückschluß ermöglichen, daß er von seiner Position, nicht leisten zu wollen, nicht abrücken wird[1477]. Das Gesamtverhalten des Schuldners muß die Mahnung als eine inhaltslose Formalität erscheinen lassen. Das Verlangen nach Stundung, Neuverhandlung oder Aufschub des Lieferungstermins ist nicht ausreichend[1478]. Verweigert der Schuldner die Erfüllung ernsthaft und endgültig bereits vor Eintritt der Fälligkeit, so tritt der Verzug mit Fälligkeit des Anspruchs ein. Der Gläubiger kann jedoch bei einer vor Fälligkeit erklärten Verweigerung sofort zurücktreten oder Schadensersatz wegen Nichterfüllung verlangen (§ 326 BGB a.F. analog bzw. § 323 Abs. 4 BGB).

Eine Mahnung ist gem. § 286 Abs. 2 Nr. 4 BGB auch dann entbehrlich, wenn aus besonderen Gründen unter Abwägung der beiderseitigen Interessen der sofortige Eintritt des Verzugs gerechtfertigt ist. Das ist z. B. dann der Fall, wenn der Leistungstermin eindeutig feststeht, obwohl nicht kalendermäßig fixiert und der Gläubiger an der Einhaltung des Termins ein besonderes, schwerwiegendes Interesse hat, das dem Schuldner bekannt oder erkennbar ist[1479]. Unter diesem Auffangtatbestand könnten auch die Fälle der sog. Selbstmahnung[1480] fallen. Eine Selbstmahnung liegt vor, wenn der Schuldner die Leistung für einen bestimmten Termin in Aussicht stellt oder mitteilt, daß die Ware unterwegs sei und dadurch den Gläubiger von einer Mahnung treuewidrig abhält. An der Annahme einer sog. Selbstmahnung sind strenge Anforderungen zu stellen. Die bloße Ankündigung der Leistung oder die erklärte Bereitschaft zu liefern, reichen grundsätzlich nicht aus[1481].

dd) Verschulden

Trotz des Vorliegens der oben dargestellten Voraussetzungen kommt der Verkäufer gem. § 286 Abs. 4 BGB nicht in Verzug, soweit er die Verzögerung i. S. v. §§ 276 ff. BGB nicht zu vertreten hat. Der Schuldner muß die Tatsachen, aus denen sich ergibt, daß er die Verzögerung nicht zu vertreten hat, beweisen[1482].

b) Berechnung des Schadensersatzes wegen Verzögerung

Die Berechung des Verzugsschadens erfolgt nach §§ 249 ff. BGB. Der Käufer ist grundsätzlich so zu stellen, wie er stünde, wenn der Verkäufer rechtzeitig erfüllt

---

1477 BGH NJW 1992, 1956, 1957.

1478 Eingehend Huber, Leistungsstörungen, Bd. II, § 52, S. 589ff.

1479 Soergel/Wiedemann, § 284 Rn. 40f; BGH NJW 1959, 933.

1480 Zitelmann, S. 288ff.

1481 Soergel/Wiedemann, § 284 Rn. 45.

1482 Zu den einzelnen in Betracht kommenden Entschuldigungsgründe s. MünchKomm/Thode, § 285 Rn. 3ff.; Soergel/Wiedemann, § 285 Rn. 4ff.

hätte. Zu ersetzen sind die entstandenen Verluste und der entgangene Gewinn. Darunter fallen auch Aufwendungen des Käufers für eine infolge des Verzuges notwendig gewordene vorübergehende Beschaffung eines Ersatzgegenstandes zum eigenen Gebrauch[1483]. Kann z. B. der Käufer infolge des Verzuges des Verkäufers den gekauften Wagen nicht benutzen und muß er deswegen einen Mietwagen nehmen, so kann er die Mietkosten als Verzugsschaden geltend machen. War die gekaufte Sache nicht zur Weiterveräußerung bestimmt und hat der Käufer tatsächlich keine Aufwendungen, z. B. für die Anmietung eines Ersatzes gehabt, so stellt sich die Frage, ob die durch den Verzug vereitelte eigene Nutzung der Sache einen ersatzfähigen Vermögensschaden darstellt. Der Große Senat des BGH hat aufgrund eines aus dem deliktischen Bereich stammenden Sachverhaltes entschieden, daß die entgangenen Gebrauchsvorteile einer privat genutzten Sache dann einen Vermögenswert darstellen, wenn es sich um ein Wirtschaftsgut von allgemeiner und zentraler Bedeutung für die Lebenshaltung handelt und der Schadensersatzgläubige in dem fraglichen Zeitraum das Gut tatsächlich genutzt hätte[1484]. Das ist der vorsichtige Versuch des BGH, die in der Rechtsprechung anerkannte Ersetzbarkeit von entgangenen Gebrauchsvorteilen bei Beschädigung von Kraftfahrzeugen auszudehnen. Unter den vom BGH genannten Voraussetzungen – Berechnung anhand der Vorhaltekosten plus eines maßvollen Zuschlages – ist im Bereich der Verzugsschäden bei Warenkaufverträgen kaum ein relevanter Fall vorstellbar[1485]. Von einer kritischen Würdigung dieser Entscheidung und der darin entwickelten Kriterien wird daher hier abgesehen.

Der Käufer unterliegt auch bei dem Anspruch auf die Verzugsschäden der Schadensminderungsobliegenheit gem. § 254 BGB.

2. Zusammenfassung: Schadensersatz wegen Verzögerung

Um seine durch die Verzögerung der Leistung entstandenen Schäden ersetzt verlangen zu können, muß der Käufer den Verkäufer in Verzug gesetzt haben. Der Verzug setzt grundsätzlich einen fälligen, durchsetzbaren, d. h. nicht einredebehafteten Anspruch, dessen Erfüllung noch möglich ist, voraus. Der Käufer muß den Verkäufer abgemahnt haben, also zur Leistung aufgefordert haben. Der Verkäufer gerät ohne Mahnung in Verzug, wenn für die Leistung ein bestimmter Zeitpunkt vereinbart war oder wenn die Mahnung nach den Umständen des Falles entbehrlich ist, so vor allem, wenn der Verkäufer die Leistung endgültig und ernsthaft verweigert hat. Der Schuldner muß des weiteren die Verzögerung zu vertreten haben. Ist der Schuldner im Verzug, kann der Gläubiger verlangen, so gestellt zu werden, wie er stünde, wenn die Leistung rechtzeitig erfolgt wäre. Der Käufer ist zur Begrenzung der Schäden nach Maßgabe des § 254 BGB gehalten.

[1483] MünchKomm/Thode, § 286 Rn. 19.
[1484] BGHZ 98, 212, 216ff..
[1485] s. nähere Untersuchung Huber, Leistungsstörungen, Bd. II, § 32 II, S. 90ff..

3. Anspruch auf Ersatz der Integritätsschäden

Dem Käufer können außer durch verzögerte Lieferung oder durch die Lieferung einer mangelhaften Sache Schäden an anderen Rechtsgütern als der verkauften Sache selbst entstehen. Diese sog. Integritätsschäden sind Schäden, die durch die Abweichung des Schuldners von seinem Pflichtenprogramm in das Vermögen des Gläubigers, das er unabhängig von dem konkreten Schuldverhältnis besitzt, verursacht werden. Die Abgrenzung erfolgt auch anhand der Gegenüberstellung von Äquivalenzinteresse und Integritätsinteresse. Das Äquivalenzinteresse des Käufers besteht darin, als Gegenleistung für den Kaufpreis die vertragsgemäße, mangelfreie Ware zu bekommen. Dazu gehören vor allem der Kaufpreis selbst, der entgangene Gewinn, Reparaturkosten und ähnliche[1486]. Das Integritätsinteresse des Käufers ist dann beeinträchtigt, wenn er Schäden an anderen Rechtsgütern dadurch erleidet, daß er die Sache in Gebrauch nimmt oder dadurch, daß der Verkäufer vertragliche Nebenpflichten verletzt. Geschützt sind nicht nur absolute Rechtsgüter, sonder auch das Vermögen[1487].

a) Schadensersatz für Integritätsschäden nach alter Rechtslage

Bei Lieferung einer mangelhaften Sache konnte der Käufer nach alter Rechtslage grundsätzlich nur Wandelung oder Minderung verlangen. Schadensersatz stand ihm nur unter den engen Voraussetzungen der §§ 463, 480 Abs. 2 BGB zu. Daher war es fraglich, ob und in welchem Umfang dem Käufer ein weiterer Schadensersatzanspruch zustehen könnte. Besonders umstritten war die Frage, wenn der Schaden des Käufers gerade durch die Lieferung einer mangelhaften Sache verursacht worden ist. Das wohl berühmteste Beispiel ist die Lieferung giftigen Pferdefutters, das der Käufer weiterveräußert hat und von seinen Abnehmern, deren Pferde nach Verzehr des Futters eingegangen waren, in Anspruch genommen wurde[1488].

In solche Fällen gewährte die h.M. einen Anspruch nach den Grundsätzen der positiven Vertragsverletzung bzw. positiven Forderungsverletzung[1489]. Als positive Vertragsverletzung wurde jede Leistungsstörung bezeichnet, die nicht unter den gesetzlich geregelten Fällen der Unmöglichkeit und des Verzuges fiel und nicht durch Gewährleistungsrecht geregelt war[1490]. Das auf einer Fehlinterpretation des Gesetzes beruhende[1491], auf Staub zurückzuführende[1492] und später als Ge-

[1486] BGHZ 77, 215, 218; BGH NJW 1978, 2241, 2242; BGH WM 1980, 1388, 1389.
[1487] RGZ 52, 18, 19; BGHZ 77, 215, 218; BGH WM 1989, 575, 577.
[1488] RGZ 66, 289.
[1489] RGZ 66, 289, 290f.; BGHZ 77, 215, 217ff.; 101, 337, 339; BGH WM 1994, 1119, 1121; BGH WM 1996, 1592, 1593.
[1490] BGHZ 11, 80, 83; RGRK/Alff, § 276 Rn. 115; Soergel/Wiedemann, Vor § 275 Rn. 353; MünchKomm/Emmerich, Vor § 275 Rn. 203; Emmerich, Leistungsstörungsrecht, § 21 I, S. 226.
[1491] Die Fälle der positive Vertragsverletzung sind nach dem Willen des Gesetzgebers eigentlich unter Teilunmöglichkeit zu subsumieren. S. näher Himmelschein, AcP 135; Huber, Leistungsstörungsrecht, Bd. I, § 3 II 3, S. 79ff.; MünchKomm/Emmerich, Vor § 275 Rn. 204ff.
[1492] Staub, Die positive Vertragsverletzungen, 1902.

wohnheitsrecht allgemein anerkannte[1493] Institut der positiven Vertragsverletzung, wurde im Laufe der Zeit als Instrument für die Lösung vieler als vom Gesetz nicht geregelt empfundener und durchaus heterogener Fälle herangezogen.

Entscheidend für die Frage, ob dem Käufer ein Schadensersatzanspruch aus pVV zusteht, war nach h.M die Frage, ob der zu ersetzende Schaden ein Mangel- oder ein Mangelfolgeschaden war. Betrafen die Folgen der Mangelhaftigkeit nur die verkaufte Sache selbst, so lag Mangelschaden vor, der nach Gewährleistungsrecht ersetzbar war. Waren dagegen auch andere Sachen betroffen, so sprach man von einem Mangelfolgeschaden, der den Grundsätzen der positiven Forderungsverletzung unterlag. Für die Abgrenzung war dabei zu unterscheiden, ob der Schaden in unmittelbarem oder nur in mittelbarem Zusammenhang mit dem Sachmangel stand. Zum anderen war entscheidend, an welchem Rechtsgut der Schaden entstanden war. Eine klare Abgrenzung war oft schwierig, manchmal sehr gewagt. Das war die wesentliche Angriffsfläche, die die herrschende Meinung bot[1494].

Daneben stand dem Käufer bei schuldhafter Verletzung einer selbständigen vertraglichen Nebenpflicht durch den Verkäufer ebenfalls nach den Grundsätzen der positiven Vertragsverletzung ein Anspruch auf Ersatz des daraus entstandenen Schadens zu. Dabei war es irrelevant, ob der Schaden an der verkauften Sache selbst oder an anderen Rechtsgütern des Käufers eingetreten war[1495]. Die verletzten Nebenpflichten konnte Aufklärungs-, Beratungs- und Untersuchungspflichten sein, Schutzpflichten sowie sonstige Pflichten, wie z. B. die Montage- und Verpackungspflicht sein[1496].

b) Schadensersatz für Integritätsschäden nach neuer Rechtslage

Nach der Neufassung des BGB kommt als Anspruchsgrundlage für den Ersatz von Integritätsschäden inkl. Mangelfolgeschäden § 280 Abs. 1 BGB in Betracht.

Nach § 280 Abs. 1 BGB führt jede Pflichtverletzung zu einem Schadensersatzanspruch, es sei denn, der Schuldner hat die Pflichtverletzung nicht zu vertreten[1497]. Der Begriff „eine Pflicht aus einem Schuldverhältnis" umfaßt sowohl die vertraglichen Nebenpflichten, die der Erfüllung des spezifisch vertraglichen Leistungsinteresses des Gläubigers dienen, als auch die Schutzpflichten, die die Wahrung seiner sonstigen Rechte und Güter vor Schäden zum Ziel haben[1498].

Haftungsvoraussetzung ist zunächst die Beeinträchtigung eines Rechts, eines Rechtsguts oder eines rechtlich geschützten Interesses, das dem Käufer unab-

---

1493 BGHZ 11, 80, 83; Larenz, Schuldrecht I, S. 363ff..
1494 MünchKomm/Emmerich, Vor § 275 Rn. 213; Reinicke/Tiedtke, Rn. 664; Soergel/Huber, Vor § 459 Rn. 55ff.; Esser/Weyers, S. 63; Emmerich, Leistungsstörungsrecht, § 21 I 1 c, S. 230.
1495 Reinicke/Tiedtke, Rn. 671 mit Beispielen Rn. 673ff..
1496 Soergel/Wiedemann, Vor § 275 Rn. 464.
1497 Zu Pflichtverletzungsbegriff näher oben Seite 325 ff.
1498 Regierungsentwurf, S. 309.

hängig vom Kaufvertrag zusteht. Die Verletzung des Rechtsgutes verstößt gegen eine Pflicht aus dem Kaufvertrag, wenn die Auslegung des Vertrages ergibt, daß der Verkäufer verpflichtet wäre, auf Rechtsgüter des Käufers wie dasjenige, das verletzt wurde, Rücksicht zu nehmen. Der Kaufvertrag verpflichtet, wie jedes andere Schuldverhältnis, die Vertragsparteien auf die Rechte, Rechtsgüter und Interessen des anderen Teils Rücksicht zu nehmen (§ 241 Abs. 2 BGB). Der Verkäufer ist daher verpflichtet so zu leisten, daß Rechtsgüter des Käufers, die dieser unabhängig vom Vertrag besitzt, nicht geschädigt werden. Diese Verpflichtung geht über die Pflicht zur Lieferung mangelfreier Kaufsachen hinaus. Der Verkäufer verletzt seine Schutzpflicht, wenn er eine Kaufsache liefert, die aufgrund ihrer Mängel Schäden an sonstigen Rechten, Rechtsgütern oder Interessen des Käufers verursacht[1499].

Der Schuldner haftet nur, wenn er die Pflichtverletzung i. S. v. §§ 276 ff. BGB zu vertreten hat. Das Verschulden des Schuldners wird bis zum Beweis des Gegenteils vermutet. Diese Verteilung der Behauptungs- und Beweislast ist eine Verallgemeinerung der unter der alten Rechtslage geltenden Beweislastanordnung bei Unmöglichkeit und Verzug gem. §§ 282, 285 BGB a.F.[1500].

4. Haftungsumfang

Nach alter Rechtslage war der Verkäufer grundsätzlich verpflichtet, alle durch die positive Vertragsverletzung entstandenen Schäden auszugleichen[1501].

Die Haftung des Verkäufers gem. § 280 Abs. 1 BGB erstreckt sich auf alle durch die Pflichtverletzung an Rechtsgütern, Rechten oder Interessen des Käufers, die dieser unabhängig vom Kaufvertrag besitzt, verursachten Schäden. Der Schadensersatz gem. § 280 umfaßt also denjenigen Schaden nicht, der anstelle der primär geschuldeten Leistung des Verkäufers treten würde[1502].

Art und Umfang des Schadensersatz richten sich nach §§ 249 ff. BGB[1503]. Zu ersetzen ist grundsätzlich jeder Schaden des Käufers. Eine Begrenzung findet der Schadensersatzanspruch allgemein durch den Schutzzweck der verletzten Pflicht[1504]. Die Mitverschuldensgrundsätze gem. § 254 BGB bleiben selbstverständlich anwendbar[1505].

[1499] Wilmowsky, S. 20; Reischl, S. 42.

[1500] Zimmer, NJW S. 7 mit Kritik an der Regelung, die von der Rechtsprechung zu pVV entwickelte Differenzierung der Beweislastverteilung nach Gefahren- und Verantwortlichkeitsbereiche nicht berücksichtigt.

[1501] BGHZ 11, 80, 83.

[1502] Wilmowsky, S. 20. Zumindest mißverständlich ist die Behauptung von Recker, S. 1247, daß § 280 bei unmittelbarer Anwendung auf Ersatz des Vertrauensinteresses (sog. negatives Interesse) gerichtet sei, weil nicht die Verletzung des Leistungs- sondern des Integritätsinteresses betroffen sei.

[1503] Soergel/Wiedemann, Vor § 275 Rn. 492; MünchKomm/Emmerich, Vor § 275 Rn. 278.

[1504] Soergel/Wiedemann, Vor § 275 Rn. 492; MünchKomm/Emmerich, Vor § 275 Rn. 279; Palandt/Heinrichs, § 280 Rn. 32.

[1505] s. dazu oben Seite 359.

5. Zusammenfassung: Schadensersatz wegen Integritätsschäden

Das Schuldrechtsmodernisierungsgesetz beseitigt grundsätzlich den Dualismus in der Behandlung von Mangel- und Mangelfolgeschäden. Jedoch wird die Unterscheidung zwischen den beiden Schadensarten nicht entbehrlich, da sie zum Teil unterschiedlichen Anspruchsvoraussetzungen unterliegen. Die Brisanz der Unterscheidung und die Wertungswidersprüche des alten Rechts, insbesondere die unterschiedliche verjährungsrechtliche Behandlung und strenge Beschränkung der Fälle, in denen Schadensersatz für Mangelschäden geschuldet wurden, ist durch die neue Regelung überwunden. Der Gläubiger kann nach neuer Rechtslage bei verschuldeter Verletzung einer Pflicht, unabhängig von ihrer Art, Ersatz seiner Integritätsschäden verlangen.

VI. Zusammenfassung: Schadensersatz neben der Primärleistung

Der Gläubiger hat grundsätzlich die Möglichkeit, für Schäden, die ihm durch die Verzögerung der Leistung entstanden sind, Ersatz zu verlangen. Voraussetzung hierfür ist nach neuer, wie nach alter Rechtslage, daß sich der Verkäufer mit der Erbringung der Leistung in Verzug befindet. Der Verzug setzt einen fälligen, durchsetzbaren Anspruch des Gläubigers, Nichterbringung der Leistung durch den Schuldner trotz Mahnung oder bestimmten Liefertermins sowie Verschulden des Schuldners bezüglich der Verzögerung voraus.

Sowohl nach alter als auch nach neuer Rechtslage hat der Gläubiger die Möglichkeit, Ersatz seiner Integritätsschäden zu verlangen. Integritätsschäden sind Schäden an bereits vorhandenem Vermögen des Käufers, die durch eine Pflichtverletzung des Verkäufers oder seiner Erfüllungsgehilfen schuldhaft herbeigeführt wurden. Nach neuer Rechtslage richtet sich der Anspruch nach § 280 Abs. 1 BGB und ist von der Art der verletzten Pflicht unabhängig.

In beiden Fällen ist der Gläubiger so zu stellen, wie er stünde, wenn die Pflichtverletzung nicht eingetreten wäre. Der Umfang des Schadenersatzanspruches richtet sich im einzelnen nach §§ 249 ff. BGB.

VII. Haftungsausschluß

Die Parteien können grundsätzlich durch vertragliche Vereinbarung im voraus auf eventuelle Schadensersatzansprüche verzichten. Solche Vereinbarungen haben regelmäßig Auswirkungen auf alle in Betracht kommenden Anspruchsgrundlagen des Verletzten, so daß sie nicht nur die Ersatzansprüche aus Vertrag, sondern auch die Ersatzpflicht aus Delikt oder Gefährdungshaftung ausschließen oder beschränken[1506]. Der Gesetzgeber hat wegen dieser möglichen, teilweise weitreichenden Auswirkungen der Parteiautonomie gewisse Grenzen gesetzt. Einige davon gelten für alle Verträge, andere Einschränkungen berücksichtigen die typischen Gefahren von allgemeinen Geschäftsbedingungen und wiederum andere

[1506] Lange/Schiemann, S. 652.

Grenzen sind spezifisch für den Rechtsverkehr mit Verbrauchern.

Unzulässig ist zunächst bei allen Verträgen der im voraus vereinbarte Ausschluß der Haftung wegen Vorsatzes, § 276 Abs. 3 BGB. Dies betrifft auch summenmäßige Beschränkungen der Höhe des Schadensersatzes. Jede Partei kann jedoch gem. § 278 S. 2 BGB ihre Haftung für vorsätzliches Handeln ihrer Erfüllungsgehilfen bereits im voraus abbedingen.

Weiterer Einschränkungen unterliegt ein in den allgemeinen Geschäftsbedingungen vereinbarter Haftungsausschluß. Die Kontrolldichte bei im Vertrag einbezogenen AGB ist unterschiedlich, je nachdem, wem gegenüber allgemeine Geschäftsbedingungen verwendet werden (§ 310 BGB). Ist die Vertragspartei des Verwenders ein Unternehmer, eine juristische Person des öffentlichen Rechts oder ein öffentlich-rechtliches Sondervermögen, so unterliegt der in den allgemeinen Geschäftsbedingungen vereinbarte Haftungsausschluß einer allgemeinen Kontrolle gem. § 307 BGB. Bei dieser ist unter umfassender Wertung der Umstände des Falles eine Haftungsausschlußklausel dann unzulässig und damit unwirksam, wenn sie den Vertragspartner des Verwenders unangemessen benachteiligt. Unzulässig ist danach insbesondere die Freizeichnung von der schuldhaften Verletzung solcher Pflichten, deren Erfüllung die ordnungsgemäße Durchführung des Vertrages erst ermöglichen und auf dessen Erfüllung der Vertragspartner des Verwenders daher berechtigterweise vertraut. Hierbei ist vor allem an Hauptleistungspflichten und bedeutende Schutzpflichten zu denken. In Extremfällen kann auch außerhalb eines Verbrauchervertrages gem. §§ 138 Abs. 1, 242 BGB eine in einem Individualvertrag vereinbarte Haftungsausschlußklausel deshalb unwirksam sein, weil sie die gesetzliche Risikoverteilung in unvertretbarer Weise verlagert oder weil der Benachteiligte keine ausreichende Kompensationen erhält[1507].

In allen übrigen Fällen, vor allem dann, wenn der Vertragspartner des Verwenders ein Verbraucher ist, sieht das Gesetz bestimmte Klauselinhalte als unzulässig (§ 309 BGB) oder als im Regelfall unzulässig (§ 308 BGB) an. Unzulässig ist der Ausschluß der Haftung für Verletzung von Leben, Körper und Gesundheit und generell für vorsätzliche und grob fahrlässige Pflichtverletzung des Verwenders sowie für vorsätzliches oder grob fahrlässiges Verhalten seines gesetzlichen Vertreters oder seiner Erfüllungsgehilfen (§ 309 Nr. 7 BGB). Bei neu hergestellten Sachen sind die Einschränkungen des § 309 Nr. 8 b) BGB zu beachten. Demnach ist ein vollständiger Ausschluß jeglicher Rechte wegen Mängel der Sache ausgeschlossen. Zulässig ist dagegen, selbst bei Verbraucherverträgen, ein Haftungsausschluß oder eine Haftungsbeschränkung nur im Bezug auf den Schadensersatzanspruch (§ 475 Abs. 3 BGB).

Der Verkäufer darf sich auf einen vereinbarten Haftungsausschluß oder eine Haftungsbeschränkung dann nicht berufen, wenn er den haftungsbegründenden

[1507] Lange/Schiemann, S. 653f.

Mangel arglistig verschwiegen hat. Die Berufung auf einen Haftungsausschluß ist dem Verkäufer auch insoweit verwehrt, als er eine Garantie für die Beschaffenheit der Sache übernommen hat, § 444 BGB[1508].

VIII. Zusammenfassung: Schadensersatz nach dem deutschen Recht

Das Schuldrechtsmodernisierungsgesetzes hat zum Teil umfassende Änderungen bei den Ansprüchen des Käufers auf Schadensersatz bewirkt. Mit der Einbindung der kaufrechtlichen Mängelgewährleistung in das allgemeine Leistungsstörungsrecht hat das Schuldrechtsmodernisierungsgesetz auch den Bereich der Schadensersatzansprüche des Käufers grundlegend geändert. Nach alter Rechtslage konnte der Käufer, dem eine mangelhafte Sache übergeben wurde, nur dann Schadensersatz verlangen, wenn der Sache eine zugesicherte Eigenschaft fehlte oder der Verkäufer den Fehler arglistig verschwiegen bzw. die Mangelfreiheit der Sache arglistig vorgetäuscht hat. Nach neuer Rechtslage kann der Käufer bei Lieferung einer mangelhaften Sache grundsätzlich immer Schadensersatz verlangen.

Die Schadensersatzregelungen des Schuldrechtsmodernisierungsgesetzes bauen auf einem einheitlichen Haftungstatbestand auf. Er wird in § 280 Abs. 1 BGB geregelt und soll neben § 311a Abs. 2 BGB die einzige Anspruchsgrundlage für den Anspruch auf Schadensersatz sein. § 280 Abs. 1 BGB sieht als grundlegende Voraussetzungen der Schadensersatzhaftung eine objektiv zu bestimmende Pflichtverletzung des Schuldners und das Verschulden des Schuldners bezüglich der Pflichtverletzung vor. Das Gesetz postuliert das Verschuldensprinzip als Grundsatz im Rahmen der vertraglichen Schadensersatzhaftung. Im Gegensatz zur alten Rechtslage haftet der Schuldner auch bei anfänglicher Unmöglichkeit nur, wenn er sein Leistungshindernis nicht kannte und die Unkenntnis nicht zu vertreten hat (§ 311a Abs. 2 S. 2 BGB).

Für die Bestimmung der weiteren Voraussetzungen des Schadensersatzanspruches des Käufers ist zunächst danach zu unterscheiden, ob der Käufer Schadensersatz für eingetretenen Nachteile begehrt, die Primärleistung jedoch behalten will oder ob der Käufer Schadensersatz fordert und zugleich von der Primärleistung Abstand nimmt, also sog. Schadensersatz statt der Leistung verlangt. Schadensersatz statt der Leistung kann gemäß § 280 Abs. 3 BGB nur verlangt werden, wenn zusätzliche Voraussetzungen vorliegen, die nach den typischen Leistungsstörungen unterschiedlich gestaltet sind. Das Gesetz unterscheidet zwischen Schadensersatz statt der Leistung wegen Verzögerung der Leistung (§ 281 Abs. 1 S. 1 1. Alt BGB), wegen Schlechtleistung (§ 281 Abs. 1 S. 1 2. Alt BGB), bei Teilleistung (§ 281 Abs. 1 S. 2 BGB), bei Verletzung nichtleistungsbezogener Nebenpflichten (§ 282 BGB) und bei Ausschluß der Leistung wegen Unmöglichkeit gem. § 275 BGB (§ 283 BGB). Fordert der Käufer einen Schadensersatz statt der (ganzen) Leistung bei Teilleistung des Verkäufers, so muß er nachweisen, daß er kein Interesse an der Teilerfüllung hat (§ 281 Abs. 1 S. 2 BGB). Verletzt

[1508] Zum Problemkreis Haftungsausschluß und Garantie s. oben Seite 173 ff.

der Schuldner eine nichtleistungsbezogene Pflicht i. S. v. § 241 Abs. 2 BGB, so kann der Gläubiger Schadensersatz statt der Leistung nur dann verlangen, wenn ihm die Leistung durch den Schuldner nicht zumutbar ist. Gemeinsame Voraussetzungen aller Ansprüche aus Schadensersatz statt der Leistung ist neben dem Verschulden des Schuldners, daß der Gläubiger dem Schuldner eine Frist zur Nacherfüllung setzt. Die Nacherfüllungsfrist ist nur dann entbehrlich, wenn sie nur eine sinnlose Formalität darstellen würde. Diese Fälle sind im Gesetz ausdrücklich geregelt. Gemäß § 281 Abs. 2 BGB ist die Fristsetzung entbehrlich, wenn der Schuldner die Leistung ernsthaft und endgültig verweigert hat oder wenn besondere Umstände vorliegen, die unter Abwägung der beiderseitigen Interessen die sofortige Geltendmachung des Schadensersatzanspruches rechtfertigen. Zum anderen ist eine Fristsetzung überflüssig, wenn die verletzte Pflicht nicht mehr nachholbar ist. Das sind die Fälle von Unmöglichkeit der Leistung gem. § 275 BGB und solche von Verletzung nichtleistungsbezogener Pflichten gem. § 241 Abs. 2 BGB. Die Fristsetzung ist daher keine Voraussetzung des Schadensersatzes statt der Leistung gem. § 283 BGB und § 282 BGB.

Der Anspruch auf Schadensersatz statt der Leistung richtet sich auf einen Ausgleich der durch die Pflichtverletzung des Verkäufers entstandenen Nachteile. Der Schadensersatzanspruch richtet sich daher primär auf Ausgleich des sog. Erfüllungsinteresses. Der Käufer ist durch Geldleistung so zu stellen, wie er stünde, wenn der Vertrag ordnungsgemäß erfüllt worden wäre. Der Schaden des Käufers umfaßt grundsätzlich die entstandenen materiellen Verluste einschließlich des entgangenen Gewinns. Der Schaden kann sowohl konkret, durch einen tatsächlich vorgenommenen Deckungskauf, als auch abstrakt, anhand der Marktpreisdifferenz berechnet werden. Nach vorzugswürdiger Ansicht ist der Einkaufmarkt am Ort des Käufers zum Zeitpunkt des Ablaufs der Nachfrist maßgeblich. Neben den Vermögensschäden kann der Käufer bei Verletzung von Körper und-Gesundheit unter den Voraussetzungen des § 253 Abs. 2 BGB eine billige Entschädigung für seine immateriellen Schäden verlangen. Der Käufer kann alternativ zum Ersatz des Erfüllungsinteresses den Ersatz seiner vergeblichen Aufwendungen gem. § 284 BGB verlangen. Das Gesetz eröffnet dem Käufer die Möglichkeit, einen bestimmten Teil seines Vertrauensschadens ersetzt zu bekommen, unabhängig davon, ob er mit dem Vertragsabschluß materielle oder immaterielle Zwecke verfolgt. Ersetzbar sind Aufwendungen, die der Käufer billigerweise machen durfte.

Sowohl nach alter als auch nach neuer Rechtslage hat der Gläubiger die Möglichkeit, die Primärleistung zu behalten und Ersatz seiner Schäden wegen verzögerter Erfüllung oder Ersatz seiner sog. Integritätsschaden zu verlangen. Voraussetzung für den Schadensersatz wegen Verzögerung der Leistung ist, daß der Verkäufer sich mit der Erbringung der Leistung in Verzug befindet. Der Verzug setzt einen fälligen, durchsetzbaren Anspruch des Gläubigers, Nichterbringung der Leistung durch den Schuldner trotz Mahnung oder bestimmten Liefertermins sowie Verschulden des Schuldners bezüglich der Verzögerung voraus. Integritätsschäden sind Schäden an bereits vorhandenem Vermögen des Käufers, die durch eine Pflichtverletzung des Verkäufers oder seiner Erfüllungsgehilfen schuldhaft herbeigeführt wurden. Nach neuer Rechtslage richtet sich der Anspruch nach § 280 Abs. 1 BGB und ist von der Art der verletzten Pflicht unabhängig.

In allen Fällen ist der Anspruch auf Schadensersatz insoweit ausgeschlossen, als der Schaden auf einen Verstoß des Käufers gegen die ihm nach § 254 BGB obliegende Schadensminderungsobliegenheit beruht. Die Schadensersatzhaftung kann in bestimmten Grenzen durch vertragliche Vereinbarung der Parteien beschränkt oder ausgeschlossen werden.

E. Rechtsvergleichende Analyse der Schadensersatzansprüche des Käufers

Nachdem das deutsche Recht mit dem Inkrafttreten des Schuldrechtsmodernisierungsgesetzes auch dogmatisch die prinzipielle Alternativität zwischen Rücktritt und Schadensersatz aufgegeben hat, sehen nunmehr alle untersuchten Rechtssysteme den Schadensersatzanspruch des Käufers als grundsätzlich gegebenen, universellen Rechtsbehelf an. Der Käufer kann Schadensersatz unabhängig davon begehren, welchen anderen Rechtsbehelf er ausgeübt hat. Die Frage, ob und welches seiner Rechte der Käufer neben seinem Schadensersatzanspruch geltend gemacht hat, ist erst bei der Bestimmung des Schadensersatzumfanges relevant.

Primäre Voraussetzung des Schadensersatzanspruches des Käufers ist nach allen untersuchten Rechtssysteme die Nichterfüllung oder ungenaue Erfüllung einer vertraglichen Verpflichtung durch den Verkäufer. Während das CISG und das englische Recht keine nähere Differenzierung bezüglich der verletzten Pflicht vornehmen, sehen das bulgarische und das deutsche Recht auch spezielle Schadensersatztatbestände vor. Das bulgarische Recht enthält besondere Regelungen bezüglich des Schadensersatzes bei einem Verzug des Verkäufers, bei Lieferung einer mangelhaften Sache sowie bei der Vertragsaufhebung durch den Käufer. Allerdings stellen alle diese Fälle lediglich speziell geregelte Unterfälle und eine Konkretisierung des Begriffes „ungenaue Erfüllung" einer Vertragspflicht dar. Weit differenziertere Regelungen sieht das deutsche Recht vor. Danach ist für die Frage, ob im objektiven Tatbestand des Schadensersatzanspruches neben der Pflichtverletzung des Verkäufers weitere Voraussetzungen vorliegen müssen, zunächst danach zu unterscheiden, ob der Käufer Schadensersatz statt der Leistung oder neben der Primärleistung verlangt. Schadensersatz statt der Leistung kann gemäß § 280 Abs. 3 BGB nur verlangt werden, wenn zusätzliche Voraussetzungen vorliegen, die nach den typischen Leistungsstörungen unterschiedlich gestaltet sind. Diese zusätzlichen Voraussetzungen sind vor allem die ergebnislose Festsetzung einer Nacherfüllungsfrist und der Wegfall des Leistungsinteresses des Käufers infolge der Pflichtverletzung des Verkäufers. Grund für diese zusätzliche Anforderung ist der hohe dogmatische Stellenwert des primären Erfüllungsanspruches und die vom Gesetzgeber angestrebte Sicherung der vertraglichen Erfüllung. Um vom primären Leistungsanspruch zu einem sekundären Anspruch, der die Erfüllung des Vertrages ausschließt, übergehen zu dürfen, muß der Käufer dem Verkäufer grundsätzlich eine angemessene Frist zur Nacherfüllung setzen. Soweit der Übergang zu einem Schadensersatzanspruch statt der Leistung auch ohne einer Nachfristsetzung zulässig ist, liegt in der Regel eine gravierende Pflichtverletzung des Verkäufers vor, die das Festhalten an der Leistung sinnlos oder unzumutbar werden läßt. Durch diese Voraussetzungen wird sichergestellt, daß die Parteien primär Erfüllung des Vertrages anstreben werden. Insoweit laufen die Voraussetzungen des Anspruchs des Käfers auf Schadensersatz statt der Leistung parallel zu den Voraussetzungen des Rücktrittrechts. Diese Übereinstimmung ist erklärtes Ziel des Gesetzgebers des Schuldrechtsmodernisierungsgesetzes.

Einen grundlegenden Unterschied weisen die untersuchten Rechtssysteme bezüglich der Frage auf, ob die Schadensersatzhaftung des Verkäufers dessen Verschulden voraussetzt. In dieser Frage scheinen die dogmatischen Ansätze grundsätzlich verschieden und unversöhnlich zu sein. Das CISG und das englische Recht verzichten auf die Verschuldensvoraussetzung. Die vertragliche Garantiehaftung des Verkäufers wird auf der Rechtsfolgenseite durch den normativen Maßstab der voraussehbaren Schäden begrenzt. Das bulgarische Recht kennt zwar auch die Begrenzung des Schadensersatzes auf voraussehbare Schäden, verlangt trotzdem auf der Tatbestandsseite ein Verschulden des Verkäufers bezüglich der haftungsbegründenden Pflichtverletzung. Im deutschen Recht ist das Verschuldensprinzip als Grundsatz der vertraglichen Schadensersatzhaftung postuliert. Der Verkäufer haftet grundsätzlich nur dann, wenn er oder seine Erfüllungsgehilfen die Pflichtverletzung durch vorsätzliches oder fahrlässiges Handeln verursacht haben.

Weitgehende Übereinstimmungen zwischen den untersuchten Rechtssystemen bestehen hingegen in Bezug auf die Art und den Umfang der ersetzbaren Schäden. Nach allen in der vorliegenden Arbeit dargestellten Rechtssystemen kann der Käufer Ersatz für die infolge der Vertragsverletzung eingetretenen Verluste, einschließlich des entgangenen Gewinns, verlangen. Der Schadensersatzanspruch des Käufers richtet sich primär auf Ersatz seines Erfüllungsinteresses oder/und seines Integritätsinteresses. Neben dem Ersatz seiner materiellen Schäden kann der Käufer nach englischem und deutschem Recht unter engen, im Kern unterschiedlichen Voraussetzungen auch Ersatz für immaterielle Schäden verlangen.

Das CISG, das bulgarische und das englische Recht sehen explizit eine Beschränkung des Haftungsumfanges auf unmittelbar durch die Pflichtverletzung verursachte und für den Verkäufer bei dem Vertragsschluß voraussehbare Schäden vor. Voraussehbar sind solche Schäden, die der Schuldner oder eine verständige Person in seiner Lage als normale und wahrscheinliche Folge einer Vertragsverletzung der begangenen Art zum Zeitpunkt des Vertragsschlusses erwogen hätte. Das deutsche Recht kommt in der Regel zu den gleichen Ergebnissen mit der Anwendung der Prinzipen der adäquaten Kausalität und der Schutzzwecklehre. Zusammenfassend ist also festzustellen, daß alle untersuchten Rechtssysteme nur solche Schäden als ersetzbar betrachten, die eine nach der allgemeinen Lebenserfahrung wahrscheinliche Folge der begangenen Pflichtverletzung sind. Außergewöhnliche Entwicklungen gehören zum allgemeinen Lebensrisiko und fallen daher nicht in der Risikosphäre des Käufers.

Übereinstimmung besteht in den untersuchten Rechtssystemen bezüglich der Art und Weise, wie der eingetretene Schaden zu bemessen ist. Der Käufer kann grundsätzlich sowohl konkret als auch abstrakt seinen Schaden berechnen. Einen gewissen Vorrang genießt die konkrete Schadensberechnung, da sie einen genaueren Schadensnachweis erlaubt.

In allen untersuchten Rechtssysteme unterliegt der Käufer einer Schadensminderungspflicht. Verstößt er hiergegen, so darf er den Schaden, den er durch geeignete und zumutbare Maßnahmen hätte abwenden können, nicht beim Verkäufer liquidieren.

Im Bereich der die Haftung für Schadensersatz ausschließenden vertraglichen Vereinbarungen besteht ebenfalls eine weitgehende Übereinstimmung. Auch in diesem Bereich zeigt sich die Harmonisierungsfunktion der europäischen Gesetzgebung. Die gesetzlichen Regelungen, die das deutsche und englische Recht bezüglich der Kontrolle von Haftungsausschlußklauseln in allgemeinen Geschäftsbedingungen vorsehen, beruhen auf der Umsetzung der Richtlinie 1993/13/EWG des Rates vom 5. April 1993 über mißbräuchliche Klauseln in Verbraucherverträgen. Danach sind Haftungsbeschränkungen, insbesondere gegenüber Verbrauchern, unzulässig, wenn sie den Käufer unangemessen benachteiligen. Eine ähnliche, ebenfalls auch auf die AGB-Richtlinie zurückzuführende Kontrolle von unrechtmäßigen Klauseln sieht das fünfte Kapitel des bulgarischen Gesetzes zum Schutz der Verbraucher und über die Regeln des Handels vor. Das bulgarische und das deutsche Recht unterbinden darüber hinaus einen im voraus, also vor der Pflichtverletzung, vereinbarten Ausschluß der Haftung für Vorsatz. Das bulgarische Recht dehnt das Verbot auch auf Vereinbarungen aus, die die Haftung für grob fahrlässiges Verhalten ausschließen wollen. Das CISG enthält keine spezifischen Bestimmungen über Haftungsklauseln oder über die Gültigkeit von allgemeinen Geschäftsbedingungen, da es die Gültigkeit von Verträgen generell nicht regelt. Es zeigt sich damit, daß alle Rechtsordnungen spezielle Bestimmungen zur Wirksamkeit von Haftungsausschlußklauseln vorsehen. Diese Bestimmungen dienen vor allem dem Verbraucherschutz und dem Schutz vor besonderen Gefahren aus allgemeinen Geschäftsbedingungen. Als gemeinsames Prinzip aller untersuchten Rechtssysteme kann festgehalten werden, daß dem Käufer grundsätzlich dann ein Schadensersatzanspruch zusteht, wenn der Verkäufer eine vertragliche Verpflichtung nicht oder nicht ordnungsgemäß erfüllt hat. Keine Übereinstimung besteht bezüglich der Frage, ob der Schadensersatzanspruch des Käufers das Verschulden des Verkäufers hinsichtlich der Vertragsverletzung voraussetzt. Weitgehende Übereinstimmung besteht darin, daß nur solche Schäden ersetzbar sind, die durch die Vertragsverletzung verursacht worden sie und die voraussehbar waren. Überinstimmung besteht auch dahingehend, daß solche Schäden nicht ersetzbar sind, die der Käufer bei ordnungsgemäßer Befolgung seiner Schadensminderungspflicht hätte vermeiden können.

Schlußbemerkungen

Das Ziel der vorliegenden Arbeit war, in einer vertieften Untersuchung unterschiedlicher Rechtssystemen die Gemeinsamkeiten und die Unterschiede der vertraglichen Rechtsbehelfe des Käufers eines Warenkaufvertrages darzustellen. Die für die Untersuchung ausgesuchten Rechtssysteme haben eine stellvertretende Funktion für den jeweiligen Rechtskreis, aus dem sie stammen. Die Untersuchung konzentrierte sich auf drei der größten in Europa vertretenen Rechtskreise – den deutschen, den romanischen und common law. Das Übereinkommen der Vereinten Nationen über Verträge über den internationalen Warenkauf wurde als Beispiel für ein in der Praxis funktionierendes und bewährtes Regelungsmodell, das in allen angesprochenen Rechtskreisen anwendbar ist, herangezogen.

Die Untersuchung hat gezeigt, daß die Übereinstimmungen der hier analysierten Rechtssysteme in den praktischen Ergebnissen weiter reicht als dies auf den ersten Blick erscheinen mag, wenn man nur die systematischen Unterschiede und nicht auch die praktischen Ergebnisse im Blick behält. Anhand dieses Befundes ist festzuhalten, daß ein einheitliches europäisches Kaufrecht durchaus denkbar und umsetzbar ist, soweit man einen ergebnisorientierten und keinen rein dogmatischen Ansatz wählt.

Die Analyse der untersuchten Rechtsordnungen hat ferner allgemeine Tendenzen in der rechtlichen Entwicklung aufgezeigt, die vielfach durch das CISG oder durch europäische Richtlinien mitgestaltet worden sind. Diese Beobachtung bestätigt die von der Europäischen Kommission gewählte Strategie, die Harmonisierung des Vertragsrechts in Europa primär durch Richtliniensetzung voranzutreiben. Allerdings birgt dieser sektorale Ansatz die Gefahr, daß parallel entwickelte, nicht ausreichend aneinander angepaßte Vorschriften entstehen, die der Rechtspraxis erhebliche Probleme bereiten. Diese in der Praxis bereits bestehenden Schwierigkeiten sind im Rahmen der Konsultationen zu der ersten Mitteilung der Europäischen Kommission zum Europäischen Vertragsrecht vom 11. Juli 2001 (KOM (2001) 398) besonders deutlich hervorgetreten. Daher könnte ein einheitliches, in den Mitgliedstaaten subsidiär geltendes allgemeines Vertragsgesetzbuch für die Konsistenz des Europäischen Vertragsrechts erhebliche Vorteile bringen.

Aus den in dieser Untersuchung erarbeiteten Befunden sind für ein einheitliches Europäisches Kaufvertragsrecht folgende Schlußfolgerungen zu ziehen:

1. In allen untersuchten Rechtssysteme besteht die Tendenz, die Rechtbehelfe des Käufers an die Verletzung einer vertraglichen Pflicht des Verkäufers zu knüpfen. Daher sollte der zentrale Begriff eines europäischen Leistungsstörungsrechtes ein einheitlicher Begriff der Vertragsverletzung sein, der alle Formen von Leistungsstörungen in der vertraglichen Abwicklung umfaßt. Der Begriff sollte objektiv zu bestimmen sein.

2. Beim Vorliegen einer Vertragsverletzung sollten die Parteien zunächst dazu angehalten werden, die Erfüllung des Vertrages zu suchen. Der primäre Rechtsbehelf des Käufers bei einer Vertragsverletzung des Verkäufers sollte daher der Anspruch auf Erfüllung bzw. Nacherfüllung sein. Das Rangverhältnis der Rechtsbehelfe des Käufers ist dadurch zu gewährleisten, daß der Käufer grundsätzlich zur Aufhebung des Vertrages nur dann berechtigt ist, wenn er dem Verkäufer erfolglos eine angemessene Frist zur Herbeiführung des vertraglich geschuldeten Zustandes gesetzt hat.

3. Führt der Anspruch auf Erfüllung bzw. Nacherfüllung nicht zu dem gewünschten Ziel oder steht fest, daß dieses Ziel nicht mehr erreicht werden kann, so sollte dem Käufer das Recht zustehen, den Vertrag aufzuheben sowie die durch die Vertragsverletzung des Verkäufers verursachten Schäden ersetzt zu verlangen.

4. Das Recht des Käufers, den Vertrag aufzuheben, sollte vom Verschulden des Verkäufers hinsichtlich der Vertragsverletzung unabhängig sein. Rechtsfolge des Aufhebungsrechts sollte die Befreiung der Parteien von ihren primären Leistungspflichten sein; dies sollte grundsätzlich dazu führen, daß die Parteien ihre jeweils bereits erbrachten Leistungen zurückfordern dürfen.

5. Dem Käufer sollte unabhängig von der Art der Vertragsverletzung des Käufers ein Anspruch auf Ersatz aller durch die Vertragsverletzung verursachten, bei Vertragsschluß von den Parteien objektiv voraussehbaren Schäden zustehen. Der Schadensersatzanspruch sollte ebenfalls wie das Aufhebungsrecht von der Frage des Verschuldens des Verkäufers hinsichtlich der Vertragsverletzung unabhängig sein.

Frankfurter wirtschaftsrechtliche Studien

Herausgegeben von
Theodor Baums, Andreas Cahn, Friedrich Kübler, Hans-Joachim Mertens,
Eckard Rehbinder, Gunther Teubner

Band 1 Tomas Brinkmann: Unternehmensinteresse und Unternehmensrechtsstruktur. Aufgaben und Grenzen eines normativen Regulativs unternehmenspolitischer Prozesse. 1983.

Band 2 Rüdiger Hahn: Behinderungsmißbräuche marktbeherrrschender Unternehmen. Eine Untersuchung der Beeinträchtigung von Wettbewerb und Marktstruktur durch horizontalen Nichtleistungswettbewerb als Gegenstand der Mißbrauchaufsicht nach § 22 Abs. 4 S. 2 Nr. 1 GWB. 1984.

Band 3 Peter Buchmann: Registerpublizität und Gläubigerschutz bei der Einmann-Gesellschaft. 1984.

Band 4 Christian Joerges/Eugen Hiller/Knut Holzscheck/Hans-W. Micklitz: Vertriebspraktiken im Automobilersatzteilsektor. Ihre Auswirkungen auf die Interessen der Verbraucher. 1985.

Band 5 Annette Boerner: Die Haftung des herrschenden Kommanditisten. 1985.

Band 6 Dirk H. Mahler: Rechtsmißbrauch und einstweiliger Rechtsschutz bei Dokumentenakkreditiven und "Akkreditiven auf erstes Anfordern": Eine rechtsvergleichende Untersuchung. 1986.

Band 7 Brigitte Kratz: Ausländische Eingriffsnorm und inländischer Privatrechtsvertrag. 1986.

Band 8 Dimitris Tsibanoulis: Die genossenschaftliche Gründungsprüfung. 1987.

Band 9 Jürgen Braun: Rechtsfragen des Transport-Unfall-Informations- und Hilfeleistungs-Systems der deutschen chemischen Industrie. 1987.

Band 10 Thomas Pfeiffer: Die Bedeutung des privatrechtlichen Immissionsschutzes. Eine Untersuchung zu §§ 1004, 906 BGB. 1987.

Band 11 Michael Bothe/Josef Brink/Christian Kirchner/Albrecht Stockmayer: Rechtsfragen der internationalen Verschuldungskrise. Voraussetzungen, Formen und Verfahren internationaler Umschuldungsmaßnahmen und Umschuldungsvereinbarungen. 1988.

Band 12 Felix Dörr: Die fehlerhafte GmbH. 1989.

Band 13 Rolf Trittmann: Anwendungsprobleme des Haager Beweisübereinkommens im Rechtshilfeverkehr zwischen der Bundesrepublik und den Vereinigten Staaten von Amerika. Exklusive Regelung zur Überbrückung der Unterschiede zwischen dem kontinental-europäischen und anglo-amerikanischen Zivilprozeßrechtssystem? 1989.

Band 14 Margaretha Sudhof: Dreieckige Rechtsverhältnisse im Wirtschaftsverwaltungsrecht - Am Beispiel von Konkurrentenklagen. 1989.

Band 15 Michael Weigel: Schriftformklauseln in Allgemeinen Geschäftsbedingungen. 1989.

Band 16 Hans-Peter Schröder: Der sichere Weg bei der Vertragsgestaltung. 1990.

Band 17 Matthias Haas: Haftungsfreizeichnungsklauseln in Allgemeinen Geschäftsbedingungen. Eine rechtsdogmatische und ökonomische Analyse. 1991.

Band 18 Andreas Hahn: Instandhaltungsverträge. Begriffe, Einordnung, Rechtsfolgenbestimmung, Auswirkung auf die Kautelarpraxis. 1991.

Band 19 Jürgen Götz: Der Entherrschungsvertrag im Aktienrecht. 1991.

Band 20 Friedrich Wächtershäuser: Das Gesellschaftsrecht des internationalen Joint Ventures. 1992.

Band 21 Christina Escher-Weingart: Nutzungsausfall als Schaden und sein Ersatz. 1993.

Band 22 Jean-Claude Zerey: Rechtliche Probleme der Finanzierung von *Leveraged Buyouts* und *Tender Offers* durch Banken in den USA und in der Bundesrepublik Deutschland. Eine rechtsvergleichende Studie über die Rolle der Banken bei Unternehmenskontrolltransaktionen in den USA und in der Bundesrepublik Deutschland. 1994.

Band 23 Markus Bauer: Gläubigerschutz durch eine formelle Nennkapitalziffer - Kapitalgesellschaftsrechtliche Notwendigkeit oder überholtes Konzept? Eine rechtsvergleichende Untersuchung der Gläubigerschutzkonzepte des amerikanischen und deutschen Kapitalgesellschaftsrechts. 1995.

Band 24 Marion Vollmann: Minderheitenschutz im aktienrechtlichen Beschlußmängelrecht. Eine Bestandsaufnahme und Vorschläge zu einer rechtspolitischen Reform. 1997.

Band 25 Lydia Klose-Mokroß: Gläubigerschutz im Kapitalgesellschaftsrecht am Beispiel der Lehre von der verdeckten Sacheinlage. 1997.

Band 26 Stephan Aubel: Der vereinfachte Bezugsrechtsausschluß. Aktionärs- und Gesellschaftsinteressen beim vereinfachten Bezugsrechtsausschluß nach Maßgabe des § 186 Absatz 3 Satz 4 AktG. 1998.

Band 27 Kurt Peter Dittrich: Die Privatplazierung im deutschen Kapitalmarktrecht. Eine Untersuchung der Vorschriften des Auslandinvestmentgesetzes, des Wertpapier-Verkaufsprospektgesetzes und des Gesetzes über Kapitalanlage-Gesellschaften unter Berücksichtigung des Rechts der Vereinigten Staaten von Amerika und des Vereinigten Königreichs. 1998.

Band 28 Viola Sailer: Aktienrechtliche Minderheitskompetenzen zwischen Mißbrauch und unternehmerischer Entscheidungsfreiheit. 1999.

Band 29 Marc Zimmerling: Kapitalerhaltung und Konzernfinanzierung. Eine Untersuchung der kapitalerhaltungsrechtlichen Problematik aufsteigender Sicherheiten im Konzern. 1998.

Band 30 Joachim Wichert: Die Finanzen der Kommanditgesellschaft auf Aktien. 1999.

Band 31 Kerstin Andrea Müller: Produktverantwortung und ihre Durchsetzung. Eine kartellrechtliche Beurteilung von Selbstverpflichtungen im Umweltrecht aus deutscher und europäischer Sicht unter besonderer Berücksichtigung der Altautoentsorgung. 1999.

Band 32 Bettina Friedrich: Konvergenzen im Gesellschaftsrecht. Recht-Fertigung durch Status- und Befundsicherung. 2000.

Band 33 Rudolf Lemke: Haftungsrechtliche Fragen des Ratingwesens – ein Regelungsproblem? 2000.

Band 34 Klaus R. Roller: Die Vergütung des Aufsichtsrats in Abhängigkeit vom Aktienkurs. 2000.

Band 35 Bettina Bokelmann: Personelle Verflechtungen über Aufsichtsräte. Aufsichtsratsmitglieder mit hauptberuflicher Vorstandsfunktion. 2000.

Band 36 Kai-Uwe Steck: Regulierung von US-amerikanischen Investmentgesellschaften (Investment Companies). Unter besonderer Berücksichtigung des National Securities Markets Improvement Act of 1996 (NSMIA) und anderer aktueller Rechtsanpassungen. 2000.

Band 37 Kristofer Bott: Wissenszurechnung bei Organisationen. 2000.

Band 38 Ursula Lenzen: Unerlaubte Eingriffe in die Börsenkursbildung. 2000.

Band 39 Martin Schulz: Verfassungsrechtliche Vorgaben für das Kollisionsrecht in einem Gemeinsamen Markt. Eine rechtsvergleichende Untersuchung zu den Grenzen einzelstaatlicher Anknüpfungsmethoden im internationalen Vertrags-, Delikts- und Gesellschaftsrecht am Beispiel der Vereinigten Staaten von Amerika. 2000.

Band 40 Maximilian Koch: Diversifizierung und Vorstandskompetenzen. 2001.

Band 41 Corrado Wohlwend: Die Hauptversammlung im Wandel der Kommunikationsformen. 2001.

Band 42 Michael Rozijn: Der Unternehmensmaklervertrag. Zur Anwendung des allgemeinen Maklervertragsrechts auf Mergers & Acquisitions-Dienstleistungen. 2001.

Band 43 Konstantinos N. Kyriakakis: Die Überwachung einer US-amerikanischen Aktiengesellschaft durch institutionelle Anleger. 2002.

Band 44 Uta Fredebeil: Aktienemissionen. Das underwriting agreement (der Übernahmevertrag) und seine spezifischen Klauseln. 2002.

Band 45 Michaela G. Döbler: Die Einführung des WTO-weiten Erschöpfungsgrundsatzes in das Markenrecht der EU und der USA. 2002.

Band 46 Jan Liersch: Regulierung des Blockhandels an den organisierten Aktienmärkten der Vereinigten Staaten, Großbritanniens und Deutschlands. 2002.

Band 47 Sascha Lotze: US-amerikanisches Kapitalmarktrecht und Internet. Aufsichts- und haftungsrechtliche Fragen des Internet-Einsatzes bei Wertpapieremissionen und im Wertpapierhandel. 2002.

Band 48 Boris Trautmann: Die Konkurrenz von Haftpflicht- und Versicherungsanspruch. Ein Beitrag zur ökonomischen Analyse des Rechts unter Berücksichtigung von Unsicherheit und Verhaltensanomalien. 2002.

Band 49 Matthias Möller: Rechtsformen der Wagnisfinanzierung. Eine rechtsvergleichende Studie zu den USA und zu Deutschland. 2003.

Band 50 Heiner Feldhaus: Die Eignung zur erheblichen Kursbeeinflussung bei der Ad-hoc-Publizität. Eine rechtsvergleichende und interdisziplinäre Untersuchung unter Berücksichtigung der europarechtlichen Vorgaben. 2003.

Band 51 Matthias Janke: Gesellschaftsrechtliche Treuepflicht. Neubewertung der richterrechtlichen Generalklausel im Rahmen einer rechtsvergleichenden und ökonomischen Analyse. 2003.

Band 52 Katrin Thoma: Eigengeschäfte des Vorstands mit der Aktiengesellschaft. Eine vergleichende Untersuchung zum englischen, U.S.-amerikanischen und deutschen Recht. 2003.

Band 53 Mathias Stöcker: Rechtsfragen grenzüberschreitender Unternehmenszusammenschlüsse - unter besonderer Berücksichtigung des Falles Daimler/Chrysler - 2003.

Band 54 Otto Korte: Zur mißbräuchlichen Wahrnehmung der aktienrechtlichen Anfechtungsbefugnis. 2003.

Band 55 Wilhelm Wilderink: Die Auflösung, die Übertragung und die Verschmelzung von In vestmentfonds. 2003.

Band 56 Anja Birkenkämper: Rechtsfragen feindlicher Übernahmen. Jurisitische Nachlese zum Fall Krupp/Thyssen. 2003.

Band 57 Manuel Lorenzo Alonso: Die Neuausrichtung der Zwischenstaatlichkeitsklausel der Art. 81, 82 EG. Folgen der neuesten Entwicklungen des Gemeinschaftsrechts für die Zwischenstaatlichkeitsklausel - unter besonderer Berücksichtigung des Bankenbereichs. 2003.

Band 58 Dirk Kocher: Kapitalgesellschaft & Co. KG in Finnland. Eine Untersuchung zur Frage der Übertragbarkeit der deutschen Grundtypenvermischung auf das finnische Recht. 2003.

Band 59 Ruiting Qin: Parteiautonomie: Eine rechtsvergleichende Untersuchung. Versuch zur Entwicklung einer Gerechtigkeitsjurisprudenz im IPR. 2003.

Band 60 René Runte: Walter Julius Derenberg – Leben und Werk. 2004.

Band 61 Udo Prinz: Umstrukturierung durch *Schemes of Arrangement* mit Gesellschaftern im englischen Recht. – Ein Vorbild? 2004.

Band 62 Rainer Schmitz: Die Haftung des Vorstands gegenüber den Aktionären. Eine rechtsvergleichende Untersuchung nach deutschem und US-amerikanischem Recht. 2004.

Band 63 York Oehlschläger: Die typische und atypische stille Beteiligung an einer Aktiengesellschaft. Möglichkeiten und Grenzen der Gestaltung für die stille Gesellschaft zwischen Personengesellschaftsrecht, Aktienrecht, Konzernrecht und Umwandlungsrecht. 2004.

Band 64 Stefan Klein: Die Rechtsstellung auswärtiger Gesellschaften im deutschen und US-amerikanischen Recht. Ein Beitrag zur Neuausrichtung des deutschen internationalen Gesellschaftsrechts unter besonderer Berücksichtigung des Europäischen Gemeinschaftsrechts. 2004.

Band 65 Knut Sauer: Haftung für Falschinformation des Sekundärmarktes. 2004.

Band 66 Michael Senger: Bankenaufsicht, Unternehmensverbindungen und Bankengruppen. 2004.

Band 67 Maximilian Rittmeister: Gewährleistung beim Unternehmenskauf. Die Gewährleistungshaftung des Verkäufers bei einem Unternehmenskauf seit In-Kraft-Treten des Schuldrechtsmodernisierungsgesetzes. 2005.

Band 68 Ole Ziegler: Der Anteilserwerb am Kapitalmarkt nach der Schuldrechtsreform. 2005.

Band 69 Maia Tacheva: Rechtsbehelfe des Käufers im Warenkaufrecht. Eine rechtsvergleichende Untersuchung des Übereinkommens der Vereinten Nationen über Verträge über den internationalen Warenkauf (CISG), des englischen Sale of Goods Act, des bulgarischen Kaufrechts und des deutschen Kaufrechts vor und nach dem Schuldrechtsmodernisierungsgesetz. 2005.

Alexander Mittmann

Einheitliches UN-Kaufrecht und europäische Verbrauchsgüterkauf-Richtlinie

Konkurrenz- und Auslegungsprobleme

Frankfurt am Main, Berlin, Bern, Bruxelles, New York, Oxford, Wien, 2004.
XVI, 195 S.
Beiträge zum UN-Kaufrecht. Herausgegeben von Ulrich Magnus. Bd. 1
ISBN 3-631-52855-8 · br. € 39.–*

Der Verfasser untersucht das Verhältnis des UN-Kaufrechts zur europäischen Verbrauchsgüterkauf-Richtlinie 1999/44/EG vom 25. Mai 1999. Auf Grund der zum Teil bestehenden Überschneidungen zwischen beiden Regelungen stellt sich die Frage nach dem Rangverhältnis, die zugunsten des UN-Kaufrechts beantwortet wird. Um dem Regelungsgehalt der Verbrauchsgüterkauf-Richtlinie trotz ihres Zurücktretens Rechnung zu tragen, wird die Möglichkeit einer „harmonisierenden Auslegung" des UN-Kaufrechts im Licht der Richtlinie geprüft und grundsätzlich bejaht. Im Rahmen einer Vergleichung der beiden Regelungen werden sodann im Überschneidungsbereich die Unterschiede ermittelt und bei festgestellten Abweichungen eine Auslegung des UN-Kaufrechts unter Berücksichtigung des Regelungsgehalts der Richtlinie vorgenommen, soweit sich diese als geboten erweist.

Aus dem Inhalt: UN-Kaufrecht · Europäische Verbrauchsgüterkauf-Richtlinie · Grundsätzliches Verhältnis beider Regelungen zueinander · Rangverhältnis · „Harmonisierende Auslegung" des vorrangigen UN-Kaufrechts im Lichte der Richtlinie · Vergleichung der beiden Regelungen · Ermittlung der Überschneidungen · Ermittlung der Unterschiede zwischen den Regelungen, soweit Überschneidungen bestehen · Bei festgestellten Unterschieden Prüfung der Möglichkeit, einzelne Bestimmungen des UN-Kaufrechts im Licht der Bestimmungen der Richtlinie auszulegen

FSC
www.fsc.org
MIX
Papier | Fördert gute Waldnutzung
FSC® C083411

Kolibri 360 GmbH
Ferdinand-Jühlke-Straße 7
99095 Erfurt, Deutschland
produktsicherheit@kolibri360.de

Druck:
CPI Druckdienstleistungen GmbH
im Auftrag der
Kolibri 360 GmbH
Ferdinand-Jühlke-Str. 7
99095 Erfurt